CAROLINA
SANTANA
RICARDO
ERSE

PORTUGUÊS TOTAL

CONCURSOS, VESTIBULARES E ENEM

SEGUNDA EDIÇÃO

2018 © Editora Foco

Autores: Carolina Santana e Ricardo Erse
Diretor Acadêmico: Leonardo Pereira

Editor: Roberta Densa
Revisora Sênior: Georgia Renata Dias
Assistente Editorial: Paula Morishita
Revisora: Luciana Pimenta
Capa: Leonardo Hermano
Projeto Gráfico e Diagramação: Ladislau Lima
Impressão miolo e capa: Gráfica EXPRESSÃO & ARTE

Dados Internacionais de Catalogação na Publicação (CIP)
Vagner Rodolfo CRB-8/9410

S232p

Santana, Carolina

Português total: concursos, vestibulares e enem / Carolina Santana, Ricardo Erse. - 2. ed. - Indaiatuba, SP : Editora Foco, 2018.

464 p. : il. ; 17cm x 24cm.

ISBN 978-85-8242-213-7

1. Língua portuguesa. 2. Gramática. 3. Concursos Públicos. 3. Vestibulares. 4. Exame Nacional do Ensino Médio – ENEM. I. Erse, Ricardo. II. Título.

2017-770 CDD 469.5 CDU 81'36

Índices para Catálogo Sistemático:
1. Língua portuguesa : Gramática 469.5
2. Língua portuguesa : Gramática 81'36

NOTAS DA EDITORA:

Atualizações do Conteúdo: A presente obra é vendida como está, atualizada até a data do seu fechamento, informação que consta na página II do livro. Havendo a publicação de legislação de suma relevância, a editora, de forma discricionária, se empenhará em disponibilizar atualização futura. Os comentários das questões são de responsabilidade dos autores.

Bônus ou *Capítulo On-line*: Excepcionalmente, algumas obras da editora trazem conteúdo extra no *on-line*, que é parte integrante do livro, cujo acesso será disponibilizado durante a vigência da edição da obra.

Erratas: A Editora se compromete a disponibilizar no site www.editorafoco.com.br, na seção Atualizações, eventuais erratas por razões de erros técnicos ou de conteúdo. Solicitamos, outrossim, que o leitor faça a gentileza de colaborar com a perfeição da obra, comunicando eventual erro encontrado por meio de mensagem para contato@editorafoco.com.br. O acesso será disponibilizado durante a vigência da edição da obra.

Impresso no Brasil (04.2018)
Data de Fechamento (04.2018)

2018

Al. Júpiter, 542 – American Park Distrito Industrial
CEP 13347-653 – Indaiatuba – SP

E-mail: contato@editorafoco.com.br
www.editorafoco.com.br

APRESENTAÇÃO

Esta é uma obra escrita a quatro mãos. Na verdade, é o registro de um conjunto de práticas que, ao longo de nossa vida profissional, adquirimos e aperfeiçoamos. Profissionais de sala de aula, por anos a fio, sentíamos necessidade de ter em um único volume o material que levaríamos para a classe, já com toda a teoria a ser trabalhada; não só sintetizada, mas exposta da forma como sempre fizemos – simplificada – em tom de um bate-papo, como se conversássemos com nosso aluno. Outro aspecto fundamental para nós era ter um bom volume de questões de bancas organizadoras variadas: partilhamos da opinião de que não se consegue sistematizar o uso da língua portuguesa sem a prática. As gramáticas tradicionais não trazem questões; apresentam a teoria de forma que, muitas vezes, confunde em vez de esclarecer. Além disso, é fundamental ter uma análise discursiva no tratamento das questões gramaticais, como as bancas e o Enem fazem; uma abordagem que parte do uso efetivo da língua materna.

Pensamos também em outro aspecto: o aluno do ensino médio é integrante de uma sociedade que cobra a capacidade de ser flexível. Assim, ele pensa em terminar seus estudos, foca no Exame Nacional do Ensino Médio (a nova porta da Universidade de um modo geral) e ainda adianta a preocupação com o que fazer profissionalmente. Assim, chegamos a um consenso: deveríamos ter questões de vestibulares tradicionais, teríamos que dedicar uma parte da obra ao ENEM e – por que não – acrescentar questões de concursos públicos. Temos uma obra atualizada e moderna, atendendo à necessidade e à ansiedade que o jovem traz no seu processo educativo e no mercado de trabalho.

Como Gramática por si só não deve ser vista de modo descontextualizado, pensamos em uma estratégia: além dos capítulos que tratam da produção do texto e das teorias relativas aos gêneros, inserimos em cada capítulo uma seção – "Pra começo de conversa" – que contextualiza aquele conteúdo, além de trazermos um arremate de interpretação textual por capítulo, habilidade indispensável para a formação do leitor/usuário da língua.

Foi assim que concluímos este volume: muitas horas de trabalho, construindo juntos a teoria, em um laboratório de Universidade – onde havia máquinas paralelas disponíveis a nós, em nossos intervalos de aula. A realização de uma parceria harmônica que tem como meta ajudar o aluno a, mais do que estudar português, gostar dessa língua maravilhosa que traz possibilidades múltiplas de abordagem, entendimento e uso.

Esperamos que os interessados gostem da obra, tanto quanto tivemos o prazer de produzir o trabalho. Um forte abraço;

Carolina e Ricardo

SUMÁRIO

TEXTO E TEXTUALIDADE

Abismo de Chocolate

Para a massa

- 1 pacote de biscoito cremoso de chocolate
- 1 lata de leite condensado
- 2 colheres (sopa) de chocolate em pó
- 1 colher (sopa) de manteiga

Para o recheio

- 300 g de chocolate em barra meio amargo
- 1 lata de creme de leite
- raspas de laranja

Confecção: Base: misture todos os ingredientes e leve ao fogo mexendo sempre até engrossar e soltar das laterais. Passe para um refratário e apoie os biscoitos de chocolate cremoso nas beiradas, deixando-os em pé. Deixe esfriar e reserve.

Recheio: Derreta o chocolate em banho-maria, acrescente o creme de leite Parmalat e as raspas de laranja. Deixe esfriar. Após frio, recheie a base, cubra com chantilly e decore a gosto. Sirva bem gelado.

O texto (do latim *textum*: tecido) é uma unidade básica de organização e transmissão de ideias, conceitos e informações de modo geral. O texto não se limita à realidade escrita. Também são formas textuais uma escultura, um quadro, um símbolo, um sinal de trânsito, uma foto, um filme, uma telenovela. Todas essas realidades geram um todo de sentido, propriedade a partir da qual iniciaremos a reflexão sobre nosso objeto de estudo. Vejamos algumas características de "texto":

... em um sistema semiótico bem organizado, um signo já é um texto virtual, e, num processo de comunicação, um texto nada mais é que a expansão da virtualidade de um sistema de signo.

ECO, Umberto. *Conceito de texto*. São Paulo: T.A. Queiroz, 1984, p.4.

Um texto não é simplesmente uma sequência de frases isoladas, mas uma unidade linguística com propriedades estruturais específicas.

KOCH, Ingedore G. Villaça. *A coesão textual*. São Paulo: Contexto, 1989, p. 11.

Os textos são sequencias de signos verbais sistematicamente ordenados.

FÁVERO, Leonor Lopes & KOCH, Ingedore G. Villaça. *Linguística textual: uma introdução*. São Paulo: Cortez, 1983.

O texto é, pois, uma produtividade, e isso significa que

1) a sua relação com a língua da qual faz parte é redistributiva (destrutiva-construtiva), sendo, por conseguinte, abordável através de categorias lógicas mais do que puramente linguísticas;

2) é uma permutação de textos, uma intertextualidade: no espaço de um texto, cruzam-se e neutralizam-se.

KRISTEVA, Julia. O texto fechado. In: *Linguística e literatura.*
Org. BARTHES, Roland et al. Lisboa: Edições 70, 1970. p. 17.

(...) tecido de significantes que constitui a obra, o texto é o próprio aflorar da língua.

BARTHES, Roland. *Aula.* São Paulo: Cultrix, 1977. p. 17.

O texto é considerado por alguns especialistas como uma unidade semântica onde vários elementos são materializados através de categorias lexicais, sintáticas, semânticas, estruturais.

KLEIMAN, Ângela. *Texto e leitor: aspectos cognitivos da leitura.* 4. ed. Campinas: Pontes, 1995. p. 45.

O texto é um evento comunicativo em que convergem as ações linguísticas, sociais e cognitivas, e não apenas uma sequência de palavras que são faladas ou escritas.

BEAUGRANDE, Robert de. *New foundations for a Science of text and discourse: cognition, communication and freedom of acess to knowlegde and society.* Norwood,: Ablex Publishing Corporation, 1997, p. 1.

O texto será entendido como uma unidade linguística concreta (perceptível pela visão ou audição), que é tomada pelos usuários da língua (falante, escritor/ouvinte, leitor), em uma situação de interação comunicativa específica, como uma unidade de sentido e como preenchendo uma função comunicativa reconhecível e reconhecida, independentemente da sua extensão.

TRAVAGLIA, Luiz Carlos. *Gramática e interação: uma proposta para o ensino de gramática no 1º e 2º graus.* São Paulo: Cortez, 1997, p.67.

Texto não é apenas uma unidade linguística ou uma unidade contida em si mesma, mas um evento (algo que acontece quando é processado); não é um artefato linguístico pronto que se mede com os critérios da textualidade; é constituído quando está sendo processado; não possui regras de boa formação; é a convergência de 3 ações: linguísticas, cognitivas e sociais.

MARCUSCHI, L.A. *Linguística de texto: retrospectiva e prospectiva.*
Palestra proferida na FALE/UFMG. 28 out. 1998.

1. ATIVIDADE DE ENTENDIMENTO

Leia o poema abaixo.

PROVÉRBIO REVISTO

A voz do povo
é a voz de Deus...
que povo?
que Deus?

o que beijou Stalin?
o que delirou com Hitler?
ou o que soltou Barrabás?
(será que Deus já teria se
Enforcado em suas próprias cordas vocais?)

Newton de Lucca.
Disponível em : http://www.blocosonline.com.br/literatura/poesia/p98/p980911.htm

a) Releia apenas os dois primeiros versos do texto. Ao lê-los, excluídos do contexto, você acha que o título estaria justificado? Por quê?

b) Releia apenas os dois últimos versos do poema. Que interpretação poderia ser dada a eles?

c) Se lêssemos os mesmos versos dentro do contexto global, a interpretação continuaria a mesma? Por quê?

2. DIALOGO COM OUTROS TEXTOS E COM O CONTEXTO

Na apresentação do provérbio, apareceram seis questionamentos. Para resolvê-los, é necessário determinar com quais textos esse poema dialoga. Inicialmente, há o desejo, expresso no título, de revisão do provérbio apresentado nos dois primeiros versos. Esse provérbio afirma que há uma identidade entre o povo e Deus. No entanto, a seguir, o eu-lírico opõe uma série de situações factuais, verificáveis na História, as quais, em princípio, contestariam a pretensa confirmação divina. Melhor explicando, além de estabelecer uma reflexão sobre o provérbio, o poema traz para seu interior um fato bíblico (o povo teria pedido libertação de Barrabás no lugar de Jesus Cristo, o que, pela lógica, do provérbio, teria tido aval de Deus), além de dois fatos da História (a glorificação de Hitler e de Stalin, líderes alemão e soviético, respectivamente, que tiveram apoio popular e que foram responsáveis pela morte de milhões de pessoas, os quais, mais uma vez, portanto, pela lógica do provérbio, teriam tido aval divino). É nesse sentido que se estabelece um diálogo com outros textos (Bíblia e provérbio) e com contextos específicos (a Europa nas décadas de 30 e 40). No entanto, se o leitor desconhece quem foram Hitler, Stálin ou Barrabás, a leitura do poema como um objeto de revisão de determinado conteúdo histórico não se complementa. É necessário, pois, conhecer o referente (o contexto) que fundamenta o enunciado. Conclusão: o conhecimento prévio e a capacidade de perceber as relações intertextuais são pontos fundamentais no entendimento amplo de qualquer texto.

2.1. Perspectiva e ideologia

Lendo atentamente o poema, pode-se chegar ainda à perspectiva do autor e perceber qual o sistema de ideias que norteia a construção de seu texto.

a) O autor pretende revelar:

( ) a incoerência de Deus.

( ) a não validade da visão de mundo do provérbio.

Justifique sua resposta.

QUESTÕES DE PROVAS

Hoje, em diversos concursos, o gênero textual das charges e/ou tirinhas vem ganhando cada vez mais espaço. Esse tipo de texto mais direto, num mundo que exige velocidade, nem sempre significa uma empreitada mais fácil.

QUESTÃO 1

TIRINHA HUGO BARACCHINI

Fonte: www.laerte.com.br

- Beth, o que você acha do monopólio na área da informática?

- Sou totalmente contra.

- Estou há horas querendo estrear esse *game* e você não sai de cima desse computador.

Sobre o texto, é INCORRETO afirmar que:

a) pertence ao gênero tirinha, que se configura como uma narrativa curta, cuja progressão temporal se organiza quadro a quadro.

b) ilustra uma situação do cotidiano das pessoas imersas numa sociedade em que "a tecnologia vira um fenômeno cultural".

c) o humor é provocado pela quebra de expectativa que se instala na articulação entre as duas falas da personagem Beth.

d) tem o propósito de criticar as relações humanas numa sociedade dominada pela informática.

QUESTÃO 2

Considere as seguintes afirmações sobre o texto:

I. O uso de negrito, no segundo quadrinho, pode sinalizar impaciência da personagem Beth diante da situação em curso.

II. A palavra monopólio, no primeiro quadrinho, pode ser entendida como exploração abusiva do mercado, impedindo a venda de produtos pela concorrência.

III. A partir da leitura do segundo quadrinho, pode-se inferir que a personagem Beth, de forma irônica, associa a atitude do personagem Hugo à das empresas que detêm exclusividade para comercialização de seus produtos.

Assinale

a) se apenas a afirmativa I for verdadeira.
b) se todas as afirmativas forem verdadeiras.
c) se apenas as afirmativas I e II forem verdadeiras.
d) se apenas as afirmativas II e III forem verdadeiras.

QUESTÃO 3

Redija um texto, RESPONDENDO à pergunta de Hugo, de maneira pertinente e coerente com a visão do mundo atual.

Outro tipo de cobrança dos vestibulares recentes é a exploração de pequenos textos, em substituição aos grandes. Veja um exemplo:

QUESTÃO 4

JEITINHO.
A GENTE AINDA MORRE DISSO.

De jeitinho em jeitinho, o Brasil está numa situação que a gente fica até sem jeito de falar. E o que mais preocupa é que esse "jeitinho" é cada vez mais tido como uma virtude, quando na verdade é um defeito. Um defeito grave que está levando nosso país cada vez mais para o fundo. Vamos ser um país sem jeitinho. Quem sabe aí a coisa começa a tomar jeito.

(Trecho retirado de material didático)

Em todas as alternativas, há uma análise adequada do trecho em destaque, EXCETO:

a) Em *a gente ainda morre disso*, recupera-se um discurso do senso comum – a voz do povo.
b) Em *De jeitinho em jeitinho*, pode-se ver relação intertextual com o provérbio popular *de grão em grão a galinha enche o papo*, o que realça uma ironia.
c) O uso das aspas, em *jeitinho*, pode ser interpretado como uma estratégia por meio da qual o produtor procura desqualificar uma imagem do comportamento do povo brasileiro, vista por muitos como positiva.
d) Em *O Brasil está numa situação que a gente está até sem jeito*, não há expressões de cunho coloquial.

QUESTÃO 5

Considere as afirmações sobre o texto:

I. Identifica-se a atuação do produtor que interpela o leitor como aquele que também se investe da condição de ser brasileiro. As expressões empregadas que concorrem para promover tal efeito são: "a gente", "nosso país", "vamos ser um país" (...).
II. Em relação aos elementos coesivos, percebe-se que em *A gente ainda morre* ***disso***, o pronome negritado retoma o referente jeitinho; em *quando na verdade é um defeito. Um* ***defeito*** *grave*; ocorre retomada do mesmo elemento linguístico feita por repetição.
III. Em *Quem sabe aí a* ***coisa*** *começa a tomar jeito*, a expressão em negrito deve ser entendida como um recurso linguístico por meio do qual o produtor pretende expressar inúmeros fatos que fazem do brasileiro um sujeito sem compromisso, despreocupado.

Assinale:

a) Se apenas a afirmativa I for verdadeira.
b) Se apenas as afirmativas I e II forem verdadeiras.
c) Se apenas as afirmativas II e III forem verdadeiras.
d) Se as afirmativas I, II e III forem verdadeiras.

QUESTÃO 6

REDIJA um parágrafo, EXEMPLIFICANDO o que se costuma chamar de "jeitinho brasileiro" e JULGANDO esse traço "cultural" de nosso povo.

TRECHO 1

Sobre a atual vergonha de ser brasileiro

Que vergonha, meu Deus! ser brasileiro
e estar crucificado num cruzeiro
erguido num monte de corrupção.
Antes nos matavam de porrada e choque
nas celas da subversão. Agora
nos matam de vergonha e fome
exibindo estatísticas na mão.
Estão zombando de mim. Não acredito.
Debocham à viva voz e por escrito
É abrir jornal, lá vem desgosto.
Cada notícia é um vídeo-tapa no rosto.
Cada vez é mais difícil ser brasileiro.
(...)

Affonso Romano de Sant'Anna (www.releituras.com)

TRECHO 2

Chega desse negócio

Manifesto contra a moda de se falar mal do Brasil

Sim, o Brasil tem problemas medonhos e não é um exemplo de desenvolvimento e justiça social, mas, com perdão da má palavra, já ando de saco cheio desse negócio de tudo aqui ser o pior do mundo, ninguém aqui prestar e nada aqui funcionar e sermos culpados de tudo o que de ruim acontece na Terra. Saco cheiíssimo de sair do Brasil e enfrentar ares de superioridade e desprezo por parte da gringalhada, todos nos olhando como traficantes de cocaína, assassinos de índios e crianças, corruptos natos e mais uma vasta coleção de outras coisas, a depender do país e da plateia.

Tem muito brasileiro que, nessas ocasiões, bota o rabo entre as pernas, já vi muitos. Eu não. Posso ter envergonhado a Pátria por escrever mal ou me comportar de forma pouco recomendável em coquetéis literários, mas, em matéria de reagir a dichotes, nunca envergonhei. Não nego os problemas brasileiros, mas me recuso a aceitar que sejamos os únicos vilões e que não se veja em nós nenhuma qualidade positiva, a não ser sambar, distribuir abraços e beijos a todos e exibir os traseiros de nossas mulheres a quem solicitar. Aí eu dou um troco a eles. (...)

João Ubaldo Ribeiro (Veja, PR, ano 26, nº 13)

QUESTÃO 7

São corretas todas as afirmações sobre os trechos, EXCETO:

a) O trecho 1 exemplifica o discurso da indignação a uma realidade social, enquanto o trecho 2 sugere uma resposta a críticas que denigrem a imagem do brasileiro.

b) O trecho 2 traz uma voz que reage a um sentimento de submissão a um discurso considerado hegemônico.

c) O trecho 1 faz alusão a fatos para ilustrar, no percurso da história do país, a dificuldade de se assumir como brasileiro.

d) No trecho 1, não se projeta possibilidade alguma de superação dos problemas apontados, enquanto, no trecho 2, há passagens que permitem vislumbrar mudanças no cenário brasileiro.

QUESTÃO 8

Considere as seguintes passagens retiradas dos trechos 1 e 2:

I. "(...) já ando de saco cheio desse negócio de tudo aqui ser o pior do mundo, ninguém aqui prestar e nada aqui funcionar e sermos culpados de tudo."

II. "Tem muito brasileiro que, nessas ocasiões, bota o rabo entre as pernas, já vi muitos. Eu não."

III. "Não nego os problemas brasileiros, mas me recuso a aceitar que sejamos os únicos vilões (...)".

IV. "Que vergonha, meu Deus! ser brasileiro".

V. "Estão zombando de mim. Não acredito."

VI. "Cada vez é mais difícil ser brasileiro."

São corretas todas as análises das passagens em destaque, EXCETO:

a) Nos itens I e II, identificam-se estratégias que reiteram um posicionamento de não submissão.

b) No item III, manifesta-se o recurso da refutação, o que revela um posicionamento crítico em relação ao cenário brasileiro.

c) Nos itens IV e V, são utilizados recursos linguísticos que não só produzem um efeito de ironia, mas também revelam um posicionamento de inquietação.

d) No item VI, há uma voz por meio da qual se nega uma identidade nacional.

QUESTÃO 9

Leia o texto para responder a questão.

ISTOÉ - Quem são os heróis de verdade?

Roberto Shinyashiki - Nossa sociedade ensina que, para ser uma pessoa de sucesso, você precisa ser diretor de uma multinacional, ter carro importado, viajar de primeira classe. O mundo define que poucas pessoas deram certo. Isso é uma loucura. Para cada diretor de empresa, há milhares de funcionários que não chegam a ser gerentes. E essas pessoas são tratadas como uma multidão de fracassados. Quando olha para a própria vida, a maioria se convence de que não valeu a pena porque não conseguiu ter o carro nem a casa maravilhosa. Heróis de verdade são aqueles que trabalham para realizar seus projetos de vida, e não para impressionar os outros.

(ISTOÉ, Entrevista. 19/10/2009, com adaptações).

Assinale a opção incorreta a respeito do desenvolvimento da argumentação do texto.

a) Para organizar os argumentos, o entrevistado refere-se, genericamente, às mesmas pessoas por meio do pronome "você", ou das expressões "poucas pessoas" e "essas pessoas".

b) Preserva-se a coerência da argumentação da resposta ao se deslocar a oração "Isso é uma loucura" e para antes do último período sintático do texto.

c) A organização semântica do texto permite entender que as pessoas que compõem "a maioria" compartilham do mesmo tipo de visão expressa em "Nossa sociedade ensina" e "O mundo define".

d) Através de exemplos e argumentos, o entrevistado prepara o leitor para aceitar a resposta que resume no último período sintático do texto.

QUESTÃO 10

Leia atentamente este parágrafo, observando as relações de sentido que se estabelecem entre as frases:

"Os semáforos ganharam uma inesperada função social. Passamos a exercitar nossa infinita bondade pingando esmolas em mãos rotas. Continuávamos de bem com nossos travesseiros."

Em todas as alternativas, as palavras ou expressões destacadas traduzem corretamente as relações de sentido sugeridas no trecho original, **EXCETO** em:

A) Os semáforos ganharam uma inesperada função social. Dessa maneira, passamos a exercitar nossa infinita bondade pingando esmolas em mãos rotas. Por conseguinte, continuávamos de bem com nossos travesseiros.

B) Os semáforos ganharam uma inesperada função social. Então, passamos a exercitar nossa infinita bondade pingando esmolas em mãos rotas. Dessa forma, continuávamos de bem com nossos travesseiros.

C) Os semáforos ganharam uma inesperada função social. Logo passamos a exercitar nossa infinita bondade pingando esmolas em mãos rotas. Assim, continuávamos de bem com nossos travesseiros.

D) Os semáforos ganharam uma inesperada função social. No entanto passamos a exercitar nossa infinita bondade pingando esmolas em mãos rotas. Em contrapartida, continuávamos de bem com nossos travesseiros.

QUESTÃO 11

O trecho abaixo contém os dois primeiros parágrafos de um texto maior, de Zuenir Ventura.

Que eles são problemáticos, todo mundo sabia. Que eles se sentem inseguros, já se desconfiava. Que eles são descrentes, já se supunha. Que são despolitizados também. O que não se sabia era até onde iam seus preconceitos contra negros, homossexuais, deficientes, prostitutas, enfim contra todos os que apresentam alguma diferença, sem falar no desencanto em relação à democracia, um sistema que muitos chegam a achar igual à ditadura.

Esse retrato dos jovens cariocas dos anos 90, obtido por meio de uma ampla pesquisa da UNESCO e da Fundação Oswaldo Cruz com mais de mil adolescentes entre 14 e 20 anos, preocupa principalmente quando se admite que eles não devem ser muito diferentes dos seus companheiros de idade em outras grandes cidades.

Revista Época

Que alternativa(s) apresenta(m) temas que poderiam constituir o desenvolvimento do texto, de modo a preservar sua unidade e coerência?

I. A história institucional da Fundação Oswaldo Cruz em ordem cronológica.

II. A comparação entre os dados da capital carioca e depoimentos de jovens de outras capitais brasileiras.

III. O relato sobre a participação de Zuenir Ventura em outras pesquisas realizadas pela UNESCO.

IV. O grau de preconceito em diferentes períodos da abertura política no Brasil e no mundo.

V. Enumeração de previsões em relação ao comportamento dos jovens nas cidades brasileiras.

VI. Indicação de possíveis causas históricas ou sociológicas para as formas de pensar dos jovens no período estudado.

As alternativas são:

a) II, IV, V e VI

b) III, V e VI

c) IV, V e VI

d) II, V e VI

e) II e V

QUESTÃO 12

Redija um pequeno texto, APRESENTANDO alguns motivos que levariam uma pessoa a ter orgulho de ser brasileiro.

GABARITOS

1 – D

2 – B

3 – Pessoal

4 – D

5 – B

6 – Pessoal

7 – D

8 – A

9 – A

10 – D

11 – D

12 – Pessoal

A TIPOLOGIA DESCRITIVA

TEXTO 1

Raimundo tinha vinte e seis anos e seria um tipo acabado de brasileiro, se não fossem os grandes olhos azuis, que puxara do pai. Cabelos muito pretos, lustrosos e crespos, tez morena e amulatada, mas fina, - dentes claros que reluziam sob a negrura do bigode, estatura alta e elegante, pescoço largo, nariz direito e fronte espaçosa. A parte mais característica de sua fisionomia era os olhos grandes, ramalhudos, cheios de sombras azuis, pestanas eriçadas e negras, pálpebras de um roxo vaporoso e úmido, - as sobrancelhas, muito desenhadas no rosto, como a nanquim, faziam sobressair a frescura da epiderme, que, no lugar da barba raspada, lembrava os tons suaves e transparentes de uma aquarela sobre papel de arroz.

Tinha os gestos bem educados, sóbrios, despidos de pretensão, falava em voz baixa, distintamente, sem armar ao efeito, vestia-se com seriedade e bom gosto; amava as artes, as ciências, a literatura e, um pouco menos, a política.

AZEVEDO, Aloísio. *O mulato*. São Paulo: Ática, 1992, p.40.

a) Qual o objetivo do texto acima?

b) Retire do texto 3 substantivos e os adjetivos que os caracterizam.

TEXTO 2

Esta de áureos* relevos, trabalhada
De divas* mãos, brilhante copa, um dia,
Já de aos deuses servir como cansada,
Vinda do Olimpo, a um novo deus servia.

Era o poeta de Teos* que o suspendia
Então, e, ora repleta ora esvasada,
A taça amiga aos dedos seus tinia,
Toda de roxas pétalas colmada*.

Depois... Mas, o lavor da taça admira,
Toca-a, e do ouvido aproximando-a, às bordas
Finas hás de lhe ouvir, canora e doce,

Ignota* voz, qual se da antiga lira
Fosse a encantada música das cordas,
Qual se essa voz de Anacreonte* fosse.

Alberto de Oliveira

*áureos: de ouro.
*divas: deusa, mulher formosa.
*Teos: Deus.
*colmada: coberta.
*ignota: desconhecida.
*Anacreonte: poeta grego.

http://sonetos.com.br/sonetos.php?n=1041

a) Qual é, agora, o enfoque desse texto?

b) RETEXTUALIZE o texto, construindo uma caracterização para o mesmo objeto, utilizando a forma de prosa e um vocabulário mais acessível.

TEXTO 3

Cidadezinha
Cidadezinha cheia de graça...
Tão pequenina que até causa dó...
Com seus burricos a pastar na praça...
Sua igrejinha de uma torre só...
Nuvens que vêm, nuvens e asas,
Não param nunca nem um segundo...
E fica a torre, sobre as velhas casas,
Fico cismando como é vasto o mundo!
Eu que de longe venho perdido,
Sem pouso fixo (a triste sina!)
Ah, quem me dera ter lá nascido!
Lá toda a vida pode morar!
Cidadezinha... tão pequenina
Que toda cabe num só olhar!

Mário Quintana

a) Assinale as alternativas que estão de acordo com o assunto do poema.
( ) Descrição de uma cidadezinha particular.
( ) Descrição de uma cidadezinha indeterminada.
( ) Sentimento de carinho com a cidadezinha.
( ) Desejo de viver na cidadezinha.

b) A expressão "...até causa dó...", no texto, não significa pena, compaixão com a cidade, pois o poeta gosta muito dela. Na verdade, o que significa então?

c) A descrição da cidade é objetiva ou subjetiva? Justifique sua resposta.

Todos os exemplos anteriores são especificações daquilo a que chamamos texto descritivo. A descrição é o tipo de texto que se caracteriza por ser uma espécie de retrato: de pessoas, objetos ou cenas. Para se produzir um "retrato" de um ser, de um objeto ou de uma cena, é possível utilizar a linguagem não verbal, como no caso das fotos, pinturas e gravuras, ou a linguagem verbal (oral e escrita). Utilizar uma dessas linguagens não exclui a possibilidade de usar a outra: é o caso, por exemplo, das fotos ou ilustrações com legendas, em que a linguagem verbal é utilizada como complemento da linguagem não verbal. Imagine um anúncio de um animal de estimação perdido em que, ao lado da descrição por meio de palavras, também seja apresentada, como complemento àquela informação, a sua foto. Veja um exemplo dessa situação:

Cão Perdido – Meggy

Bichon Frisé

Perdeu-se na ultima sexta-feira, 10 de maio de 2015.

Local: Desapareceu na Praça da Paz, em Bauru.

Nome: Meggy – Idade: 5 anos.

Porte: Pequeno – Sexo: Fêmea

Cor principal: branco – peludo

Contato: 9 9999 9999 / maedameggy@dogs.com.br

1. PARÁGRAFO DESCRITIVO

É aquele que apresenta as mesmas características da descrição como um todo. Assim, nele se descrevem objeto, ser, coisa, paisagem ou mesmo um sentimento. O processo descritivo ocorre pelo levantamento das características predominantes e pelo seu detalhamento.

Descrever perfeitamente não é necessariamente mostrar minúcias descritivas do objeto, mas reconstruí-lo por meio da imagem reproduzida pela rica imaginação e pela utilização correta dos recursos de expressão, apresentando traços específicos do objeto da descrição, sem se preocupar com os supérfluos.

O texto se constrói a partir do ponto de vista do observador, ou seja, o ângulo do qual será feita a descrição – não só o aspecto físico, mas também a atitude da observação.

O autor deve apresentar posicionamento físico do objeto em questão, de forma a permitir ao leitor a criação do espaço em sua mente. O efeito é conseguido pela disposição ordenada dos detalhes, o que cria uma cadeia de ideias que será absorvida pelo leitor.

Outro aspecto a ser apresentado é o posicionamento psicológico, que direciona a descrição para diferentes caminhos: o do subjetivismo, que revela posturas, preferências e opiniões. Descreve-se não apenas o que se vê, mas o que se pensa ver, usando-se, para tal, expressões carregadas de simbologias; a descrição pode ser também direcionada para o objetivismo, que é a pura descrição, retratando exatamente o quadro contemplado e, dessa forma, com a pura utilização da linguagem denotativa.

Os tipos devem também ser retratados – talvez seja a tarefa mais complexa – uma vez que a simples enumeração de características tornaria o personagem pouco atraente. Deve-se formar uma representação viva do objeto descrito, transmitindo, além das características físicas, o retrato psicológico de tais figuras.

A descrição deve conter também a paisagem ou ambiente, muitas vezes influenciando ações de um personagem, o que o integra ao quadro e permite maior dinâmica à descrição.

> Não podia tirar os olhos daquela criatura de catorze anos, alta, forte e cheia, apertada em um vestido de chita, meio desbotado. Os cabelos grossos, feitos em duas tranças, com as pontas atadas uma à outra, à moda do tempo, desciam-lhe pelas costas. Morena, olhos claros e grandes, nariz reto e comprido, tinha a boca fina e o queixo largo. As mãos, a despeito de alguns ofícios rudes, eram curadas com amor (...)
>
> ASSIS, Machado. *Dom Casmurro*. São Paulo: Abril, 1971, p.193.

Uma observação:

Dificilmente você encontrará um texto exclusivamente descrito (isso ocorre em catálogos, manuais e demais textos instrucionais). O mais comum é haver trechos descritivos inseridos em textos narrativos e dissertativos. Em romances, por exemplo, que são textos narrativos por excelência, você pode perceber várias passagens descritivas, tanto de personagens como de ambientes.

Observe o que diz Othon M. Garcia, em sua obra **Comunicação em Prosa Moderna**, p. 217:

> Nunca é, por exemplo, boa norma apresentar todos os detalhes acumulados em um só período. Deve-se, ao contrário, oferecê-los ao leitor pouco a pouco, verificando as partes focalizadas e associando-as ou interligando-as.
>
> Na descrição de uma pessoa, por exemplo, podemos, inicialmente, passar uma visão geral e depois, aproximando-se dela, a visão dos detalhes: como são seus olhos, seu nariz, sua boca, seu sorriso, o que esse sorriso revela (inquietação, ironia, desprezo, desespero...) etc.
>
> Na descrição de objetos, é importante que, além da imagem visual, sejam transmitidas ao leitor outras referências sensoriais, como as táteis (o objeto é liso ou áspero?), as auditivas (o som que ele emite é grave ou agudo?), as olfativas (o objeto exala algum cheiro?).
>
> A descrição de paisagens (uma planície, uma praia, por exemplo) ou de ambientes (como uma sala, um escritório) - as cenas - também não devem se limitar a uma visão geral. É preciso ressaltar seus detalhes, e isso não é percebido apenas pela visão. Certamente, numa paisagem ou ambiente haverá ruídos, sensações térmicas, cheiros, que deverão ser transmitidos ao leitor, evitando que a descrição se transforme numa fria e pouco expressiva fotografia. Também poderão integrar a cena pessoas, vultos, animais ou coisas, que lhe dão vida. É, portanto, fundamental destocar esses elementos.

2. DESCRIÇÃO TÉCNICA

Um tipo especial de descrição objetiva é a descrição técnica, que procura transmitir a imagem do objeto por meio de uma linguagem técnica, com vocabulário preciso, normalmente ligado a uma área da ciência. É o caso da descrição de peças e aparelhos, de experiências e fenômenos, do funcionamento de mecanismos, da redação de manuais de instrução e de artigos científicos.

Nas descrições técnicas, deve-se buscar a clareza e a precisão para que se alcance uma comunicação eficaz, objetiva e convincente, que não dê margem a interpretações variadas. Por isso, nesses textos, a linguagem deve ser denotativa.

Composição

As placas STYROFOAM* são constituídas em espuma de poliestireno extrudido. O processo de extrusão inventado e desenvolvido pela Dow produz uma estrutura rígida e uniforme de pequenas células fechadas, o que confere aos produtos STYROFOAM as suas características únicas.

Os produtos STYROFOAM não contêm clorofluorocarbonetos halogenados (CFC'S) e satisfazem a DirectivaEuropeia EC/3093/94, de 15 de dezembro de 1994, acerca de substâncias que contribuem para a destruição da camada de ozônio. Existem também disponíveis produtos sem CFC's, HCFC's e qualquer outro gás que contribua para a destruição da camada de ozônio estratosférico.

*Marca Registrada – The Dow ChemicalCompany

VERIFIQUE NO DICIONÁRIO
AS PALAVRAS POUCO CONHECIDAS POR VOCÊ!

3. A GRAMÁTICA DA DESCRIÇÃO

A descrição apresenta uma gramática muito particular: predominam as frases nominais, as orações centradas em predicados nominais (afinal, estamos descrevendo o "mundo das coisas"; falamos como as coisas são); os adjetivos ganham expressividade tanto na função de adjunto adnominal quando na de predicativo; os períodos são curtos e prevalece a coordenação; quando há subordinação, predominam as orações adjetivas (adjuntos adnominais de um substantivo). Um recurso comum às descrições é a comparação (para que o interlocutor tenha mais elementos para montar a imagem do ser descrito); daí o emprego constante do conectivo "como".

Por não trabalhar com a sucessão temporal (como faz a narração), os verbos aparecem no presente (como as coisas são no momento da fala) ou no pretérito, com predomínio do imperfeito (como as coisas eram quando o observador as percebeu); quando há um marco temporal no passado, é possível o emprego do mais-que-perfeito.

3.1. Propostas

ATIVIDADE 1

Deu por si na calçada, ao pé da porta: disse ao cocheiro que esperasse, e rápido enfiou pelo corredor, e subiu a escada. A luz era pouca, os degraus comidos dos pés, o corrimão pegajoso; mas ele não viu nem sentiu nada. Trepou e bateu. Não aparecendo ninguém, teve ideia de descer; mas era tarde, a curiosidade fustigava-lhe o sangue, as fontes latejavam-lhe; ele tornou a bater uma, duas, três pancadas. Veio uma mulher; era a cartomante. Camilo disse que ia consultá-la, ela fê-lo entrar. Dali subiram ao sótão, por uma escada ainda pior que a primeira e mais escura. Em cima, havia uma salinha, mal alumiada por uma janela, que dava para os telhados dos fundos. Velhos trastes, paredes sombrias, um ar de pobreza, que antes aumentava do que destruía o prestígio.

Machado de Assis

REDIJA um texto, DESCREVENDO o ambiente no qual o personagem entrou.

ATIVIDADE 2

CHARGE JORNAL DO COMÉRCIO (PE), 24/03/05. www.chargeonline.com.br

A partir da charge acima, independentemente de ela retratar um momento histórico -político específico, REDIJA um parágrafo, DESCREVENDO o possível contexto que gerou a produção do Jornal do Comércio.

Atente-se para não redigir um texto narrativo.

ATIVIDADE 3

Leia este texto, de Carlo Drummond de Andrade.

Anúncio de João Alves

Figura o anúncio em um jornal que o amigo me mandou, e está assim redigido:

"À procura de uma besta. - A partir de 6 de outubro do ano cadente, sumiu-me uma besta vermelho-escura com os seguintes característicos: calçada e ferrada de todos os membros locomotores, um pequeno quisto na base da orelha direita e crina dividida em duas seções em consequência de um golpe, cuja extensão pode alcançar de 4 a 6 centímetros, produzido por jumento."

"Essa besta, muito domiciliada nas cercanias deste comércio, é muito mansa e boa de sela, e tudo me induz ao cálculo de que foi roubada, assim que hão sido falhas todas as indagações."

"Quem, pois, apreendê-la em qualquer parte e a fizer entregue aqui ou pelo menos notícia exata ministrar, será razoavelmente remunerado. Itambé do Mato Dentro, 19 de novembro de 1899. (a) João Alves Júnior."

Um anúncio como esse, nos dias atuais, custaria bem mais caro do que uma besta! Sua tarefa agora é a de reformatá-lo: torne-o adequado à nova realidade dos "classificados".

ATIVIDADE 4

Imagine a seguinte situação: Ana Carolina dos Anjos é turista, eleita Miss Simpatia do Navio Queen Mary, onde estava fazendo um cruzeiro pelas Ilhas Gregas. Essa é a foto de Ana. Você, que também estava no navio, quer contar alguns detalhes sobre a moça.

REDIJA uma descrição física e, em seguida, acrescente alguns dados comportamentais dela.

freepik.com

GABARITOS

Todas as atividades deste capítulo são de questões abertas e de respostas pessoais.

A TIPOLOGIA NARRATIVA

1. FÁBULA E CONTO

O CORVO E A RAPOSA

O Corvo, pousado numa árvore, segurava no bico um queijo. E a Raposa, atraída pelo cheiro que de lá vinha, respondeu rapidamente à força desse estímulo e se pôs a jogar uma conversa cheia de agrados e artimanhas para cima do Corvo.

- Olá, Corvo! Bom dia! Como você é bonito! Que penas lindas! Falando sério, se seu canto tem alguma semelhança com a sua plumagem, você é uma figura rara, sem igual, entre os moradores destes bosques.

Ao som dessas palavras, o Corvo, quase que sufocado pela vaidade, não cabe em si de tão alegre. E, para mostrar sua bela voz, abre o bico até atrás e deixa cair ao chão o queijo que a Raposa, ávida, logo, logo dele toma posse.

- Oh, Corvo! Meu jovem corvo! Fique sabendo que todo adulador vive à custa daquele que o escuta. Não há dúvida de que esta lição vale, certamente, um queijo.

A raposa se retira e deixa o Corvo lamentando-se da trapaça de que fora vítima. Depois de muito pensar, envergonhado, ele jurou, mas um pouco tarde, que noutra arapuca nunca mais o apanhariam.

LA FONTAINE. *Fábulas de La Fontaine*. São Paulo: Livraria e Editora Logos. [s.d.]. Tomo 1 . (Adaptação)

O texto apresentado é uma fábula, espécie do gênero narrativo, que se constrói com o objetivo de passar uma lição de moral, decorrente de uma situação apresentada. O que se poderia definir como *texto narrativo*? De acordo com as orientações do manual do candidato da UNICAMP, consta o seguinte:

> Quando eu era jovem, desprezava-se o elemento narrativo, chamando-o de "historinha" e esquecendo-se que a poesia começou como narrativa; nas raízes da poesia está a épica, e a épica é o gênero poético primordial – e narrativo. Na épica encontra-se o tempo; ela tem um antes, um durante e um depois.
>
> Jorge Luis Borges

2. CARACTERÍSTICAS DO TEXTO NARRATIVO

Quando se solicita uma narrativa em um contexto de exame vestibular, espera-se uma redação em que apareçam de forma articulada os elementos constitutivos desse tipo de texto. Isso porque construir um texto narrativo (...) não é meramente relatar um acontecimento ou, em outras palavras, não é apenas encarar fatos, produzindo uma história. Você já sabe que sua tarefa não será somente a de construir uma narrativa, mas de fazê-la para atender à solicitação de um exame vestibular (...) em que habilidades específicas – tais como, capacidade para selecionar e interpretar dados e fatos, de estabelecer relações e elaborar hipóteses – estarão sendo avaliadas. Sendo assim, ao ocupar-se da caracterização dos elementos constitutivos desse tipo de texto, você terá de levar em conta algumas exigências/informações da banca que determinam em parte esses elementos e que já são fornecidas na apresentação da proposta. Em suma, a proposta da Unicamp não é somente um estímulo para a criação de um texto narrativo; ela é, isto sim, constituída por um conjunto de exigências/informação que devem ser articuladas às caracterizações e desenvolvimentos que o candidato pretende dar às categorias do texto narrativo na hora de produzir sua redação. É exatamente pelo fato de que a proposta delimita espaços autorizados para a criação ficcional que os textos narrativos podem ser avaliados segundo critérios objetivos (...). A esta altura você ainda sabe de que categorias narrativas nós estamos falando? Claro que sabe, mas sempre é bom recordar: narrador, personagem, enredo, cenário e tempo. Agora o importante é você refletir um pouco sobre o que significa caracterizar e desenvolver essas categorias narrativas. Vamos tentar ajudá-lo nesta tarefa.

Comecemos pelo *narrador*. A afirmação mais óbvia que se pode fazer a respeito desta categoria é a de que toda história precisa ser contada por "alguém"; esse "alguém" que conta a história em um texto narrativo é chamado de *narrador*. Ao se dizer que é o narrador quem conta a história em um texto narrativo, se está dizendo que é através dele que tomamos conhecimento do enredo, das características das personagens, da descrição dos cenários etc. Da mesma forma é igualmente importante atentar para as decorrências da escolha de um narrador. Quer ele seja fixado previamente pela proposta da banca, quer ele seja escolhido por você, há que se tomar muito cuidado com as consequências dessa determinação. Por exemplo, o grau de consciência que esse narrador pode ter das características (no caso, de personagens ou de cenário), ações, motivações etc., envolvidas na trama. Como você já sabe, esse grau de consciência depende muito de qual dos dois tipos de foco narrativo for adotado: narrador em 1ª ou 3ª pessoa. Se for em 3ª, ele pode saber tudo, se for em 1ª, depende da sua atuação dentro do enredo.

Sobre as *personagens*, é muito importante pensar no que significa caracterizá-las, de fato. Você certamente já imaginou fisicamente algumas delas (altura, cor dos cabelos, dos olhos etc.), mas uma boa caracterização de personagens não pode levar em consideração apenas aspectos físicos. Elas têm de ser pensadas como representações de pessoas e, por isso, sua caracterização é bem mais complexa, devendo levar em conta também aspectos psicológicos de tipos humanos. E isso, por sua vez, deverá estar sempre presente na sua cabeça quando você for trabalhar as ações das personagens dentro da trama que está criando. Ou seja, como acontece com as pessoas, o comportamento delas é em grande parte determinado por tais características psicológicas.

A presença obrigatória de elementos de *cenário* dentro de um texto narrativo não tem função de testar a capacidade do candidato de produzir trechos descritivos, descritivizados, ou sabe-se lá quais outras preciosidades de nomenclatura criadas a esse respeito. Na verdade, os cenários em uma narrativa devem ter uma função determinada no texto, ou seja, devem manter com a trama uma relação significativa. Explicando: o cenário não é apenas um palco onde as ações se desenrolam, mas deve integrar-se aos demais elementos da narrativa, por exemplo, ao sustentar a presença de personagens, ao motivar ações específicas, ao fornecer indícios (pistas) sobre determinados acontecimentos etc.

Assim como as personagens representam pessoas e os cenários, espaços físicos (naturais, ambientais, geográficos etc.), o tempo numa narrativa representa, justamente... o *tempo*. Óbvio? Deveria ser, mas grande parte dos problemas de verossimilhança dentro de textos narrativos são derivados da maneira como frequentemente se lida com essa categoria, tempo. É muito comum, nas redações de vestibular ou não, o autor perder de vista o fato de que ele deveria estar, ficcionalmente, representando o transcurso de existência,de ações possíveis, no tempo. E ações e existências "consomem" tempo, na vida real. Portanto, por que não o fariam também no espaço ficcional? A orientação aqui, para se dar uma, é bastante simples: atenção para a maneira como os fatos, acontecimentos e ações das personagens se articulam no plano temporal, ou, em termos mais simples, atenção para o fato de que acontecimentos e ações têm, necessariamente, uma *duração*.

Pulamos o *enredo*? Na verdade, não. Apenas deixamos para comentá-lo no final – e de passagem –, por um lado porque é dele que você certamente tem a ideia mais bem formada (o *enredo* é a própria história); por outro, porque ele simplesmente não existe sem a caracterização e o desenvolvimento dos outros quatro elementos: o enredo é resultado da atuação das *personagens* em determinados *cenários*, durante certos períodos de *tempo*, tudo isso contado, para o leitor, por um *narrador*.

Disponível em: www.convest.unicamp.br (adaptação)

2.1. Propostas

Reconhecendo os elementos

IDENTIFIQUE, na Fábula de La Fontaine, os elementos componentes que caracterizam a história como sendo um texto narrativo.

O texto que abre esse capítulo foi, na verdade, o "motivo" de uma questão de vestibular da UFMG. Volte ao texto, para fazer o que se pede.

ATIVIDADE 1

REDIJA um texto narrativo, contanto uma experiência pessoal em que, à maneira do Corvo, você tenha sido seduzido por estratégias publicitárias. Como conclusão, faça considerações sobre a vaidade humana.

ATIVIDADE 2

OS SABERES DE CADA UM

O galinheiro estava em polvorosa. Cocorocós de galos, cacarejos de galinhas, *tofracos* de angolinhas, pios de pintinhos – tudo se misturava num barulho infernal. Todos haviam sido convocados a uma assembleia pelo Chantecler, o galo prefeito do galinheiro, para tratar de um assunto de grande importância: o fato de vários ovos chocados pela Cocota terem sido comidos por um ladrão num breve momento em que ela abandonara o ninho para comer milho e beber água.

As pegadas eram inconfundíveis: o ladrão era uma raposa. Raposas são animais muito perigosos. Comem não somente ovos como também pintinhos e mesmo galinhas mais crescidas. Com um sonoro cocoricó, Chantecler pediu silêncio, expôs o problema e franqueou a palavra.

Mundico, um galinho garnisé que adorava discursar, começou: "Companheiros, peço a atenção de vocês para as ponderações que vou fazer acerca da crise conjuntural em que nos encontramos. A história dos bichos é marcada pela luta em que os mais fortes devoram os mais fracos. Os mais aptos sobrevivem, os outros morrem."

"Assim, a crise conjuntural em que nos encontramos nada mais é do que uma manifestação da realidade estrutural que rege a história dos bichos. E o que é que faz com que as raposas sejam mais aptas do que nós?

As raposas são mais aptas e nos devoram porque elas detêm um monopólio do saber que nós não temos.

Somente nos libertaremos do jugo das raposas quando nos apropriarmos dos saberes que elas têm."

"Como se transmitem os saberes? Por meio da educação. Sugiro então que empreendamos uma reforma em nossos currículos e programas. Se, até hoje, nossos currículos e programas ensinavam a nossos filhos saberes galináceos, de hoje em diante, eles ensinarão saberes de raposa."

ALVES, Rubem. *Folha S. Paulo* , 28 jan. 2003. Sinapse. (Adaptação)

REDIJA uma continuação para essa narrativa, introduzindo uma ideia oposta às ideias de Mundico.

ATIVIDADE 3

Leia os Textos 1 e 2.

O Texto 1 é um trecho de uma coluna de jornal que publica pedidos, reclamações e sugestões dos leitores, bem como a resposta do jornal a essas manifestações.

Texto 1

Atendimento

Leitor - Há uma senhora que fica na esquina da rua Iraí com o Largo José Cavalini. Ela dorme no chão, espalha lixo e parece ser doente. Quem pode socorrer essa senhora?

Resposta - A Assessoria de Imprensa da Secretaria de Desenvolvimento Social disse que a referida senhora já foi atendida pelo Programa de População de Rua da Prefeitura de Belo Horizonte e também pelo Departamento de Saúde Mental da Regional Centro-Sul. A última abordagem foi no último dia 20. Ela aparenta ter doença mental e, apesar de não ser agressiva, resiste aos encaminhamentos. Mesmo assim será realizada outra tentativa de encaminhá-la por equipe especializada.

Jornal de Casa, Belo Horizonte, p.4, 8-14 fev. 1998. (adaptação)

Texto 2

Reportagem

O trem estacou na manhã fria,
num lugar deserto, sem casa de estação:

a parada do Leprosário...
Um homem saltou, sem despedidas,
deixou o baú à beira da linha,
e foi andando. Ninguém lhe acenou...
Todos os passageiros olharam ao redor,
com o medo de que o homem que saltara
tivesse viajado ao lado deles...
Gravado no dorso do bauzinho humilde,
não havia nome ou etiqueta de hotel:
só uma estampa de Nossa Senhora do Perpétuo Socorro...
O trem se pôs logo em marcha apressada,
e no apito rouco da locomotiva
gritava o impudor de uma nota de alívio...
Eu quis chamar o homem, para lhe dar um sorriso,
mas ele ia já longe, sem se voltar nunca,
como quem não tem frente, como quem só tem costas...

ROSA, João Guimarães. *Magma*. Rio de Janeiro: Nova Fronteira, 1997, p. 68-69.

A partir dessa leitura, REDIJA um texto narrativo, em prosa, que atenda aos seguintes requisitos:

a) tenha, como material básico, o episódio documentado no Texto 1, acrescido de outros elementos criados por você;

b) apresente estratégia narrativa semelhante à do Texto 2 - um narrador que fala em primeira pessoa, adota uma posição exterior aos acontecimentos e, ao mesmo tempo, expressa sua avaliação pessoal quanto a esses acontecimentos;

c) configure-se como matéria publicável em jornal de grande circulação, capaz de provocar o interesse dos leitores.

3. TIPOS DE DISCURSO NO TEXTO NARRATIVO

Chama-se "discurso" o procedimento do narrador ao reproduzir as falas ou o pensamento das personagens. E tal representação pode se dar de maneiras diferentes. No texto "O corvo e a raposa", há a seguinte passagem:

"- Olá, Corvo! Bom dia! Como você é bonito! Que penas lindas! Falando sério, se seu canto tem alguma semelhança com a sua plumagem, você é uma figura rara, sem igual, entre os moradores destes bosques."

Em "Os saberes de cada um", tem-se esta outra:

"Companheiros, peço a atenção de vocês para as ponderações que vou fazer acerca da crise conjuntural em que nos encontramos. A história dos bichos é marcada pela luta em que os mais fortes devoram os mais fracos. Os mais aptos sobrevivem, os outros morrem."

Esses fragmentos são exemplos do que se chama de **discurso direto**. Nesse caso, o narrador, após introduzir as personagens, faz com que elas reproduzam a fala e o pensamento por si mesmas, de modo direto, utilizando o diálogo. Note que, no exemplo 1, temos o discurso direto introduzido por travessão (maneira mais tradicional) e, no 2, a fala da personagem encontra-se entre aspas (maneira mais moderna).

Releia um trecho da fábula "O corvo e a raposa":

"Depois de muito pensar, envergonhado, ele jurou, mas um pouco tarde, que noutra arapuca nunca mais o apanhariam."

E uma outra passagem de "Os saberes de cada um":

"Com um sonoro cocoricó, Chantecler pediu silêncio, expôs o problema e franqueou a palavra."

Note que, desta vez, não se reproduziram de maneira direta (por travessão ou aspas) a fala dos personagens. Trata-se, agora, do chamado **discurso indireto**. Nele, não há diálogo; o narrador não põe as personagens a falar e a pensar diretamente, mas ele faz o intérprete delas, transmitindo o que disseram e pensaram, sem reproduzir, diretamente, o discurso que elas teriam empregado.

Existe ainda, um outro tipo mais elaborado de construir a narrativa: o **discurso indireto livre**, que consiste na fusão entre narrador e personagem, isto é, a fala da personagem insere-se no discurso do narrador, sem o emprego dos verbos de elocução (como dizer, afirmar, perguntar, responder, pedir e exclamar). Veja um fragmento do romance *Vidas Secas*, de Graciliano Ramos:

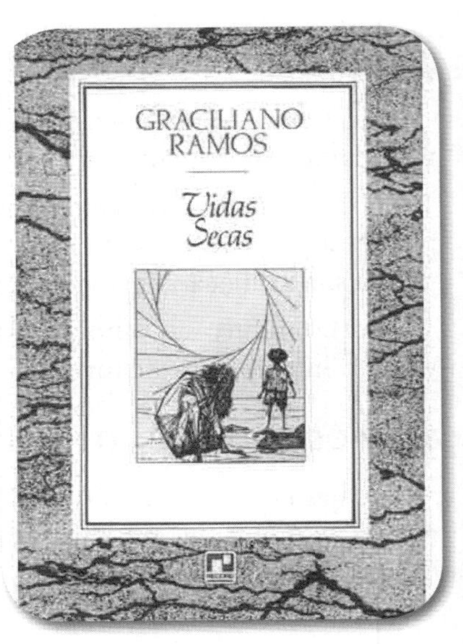

"Havia engano, provavelmente o amarelo o confundira com outro. Não era senão isso. Então porque um sem-vergonha desordeiro se arrelia, bota-se um cabra na cadeia, dá-se pancada nele? Sabia perfeitamente que era assim, acostumara-se a todas as violências, a todas as injustiças. E aos conhecidos que dormiam no tronco e aguentavam cipó de boi oferecia consolações: - Tenha paciência. Apanhar do governo não é desfeita. Mas agora rangia os dentes, soprava. Merecia castigo?"

Existem duas "marcas" típicas do discurso indireto livre:

a) a presença de juízos de valor:

Havia engano, provavelmente o amarelo o confundira com outro. Não era senão isso.
Sabia perfeitamente que era assim, acostumara-se a todas as violências, a todas as injustiças.

b) a presença de questionamentos:

Então porque um sem-vergonha desordeiro se arrelia, bota-se um cabra na cadeia, dá-se pancada nele?

Mas agora rangia os dentes, soprava. Merecia castigo?

3.1. Proposta

REDIJA uma fábula em que se possam perceber os três tipos de discurso estudados. Seja criativo e tente traduzir humor na sua criação. Capriche!

4. O CONTO – MODALIDADE NARRATIVA

O conto pode ser considerado uma designação que damos à forma narrativa. Tem menor extensão e essa é uma das características que o diferencia de outras modalidades narrativas. No conto, geralmente, evitam-se análises mais aprofundadas e complicações do enredo e o tempo e o espaço são categorias muito bem delimitadas. Observamos, portanto, que a concisão, a precisão e a leveza na densidade são as principais características do conto.

Missa do Galo

Nunca pude entender a conversação que tive com uma senhora, há muitos anos, contava eu dezessete, ela trinta. Era noite de Natal. Havendo ajustado com um vizinho irmos à missa do galo, preferi não dormir; combinei que eu iria acordá-lo à meia-noite.

A casa em que eu estava hospedado era a do escrivão Meneses, que fora casado, em primeiras núpcias, com uma de minhas primas A segunda mulher, Conceição, e a mãe desta acolheram-me bem quando vim de Mangaratiba para o Rio de Janeiro, meses antes, a estudar preparatórios. Vivia tranquilo, naquela casa assobradada da Rua do Senado, com os meus livros, poucas relações, alguns passeios. A família era pequena, o escrivão, a mulher, a sogra e duas escravas. Costumes velhos. Às dez horas da noite toda a gente estava nos quartos; às dez e meia a casa dormia. Nunca tinha ido ao teatro, e mais de uma vez, ouvindo dizer ao Meneses que ia ao teatro, pedi-lhe que me levasse consigo. Nessas ocasiões, a sogra fazia uma careta, e as escravas riam à socapa; ele não respondia, vestia-se, saía e só tornava na manhã seguinte. Mais tarde é que eu soube que o teatro era um eufemismo em ação. Meneses trazia amores com uma senhora, separada do marido, e dormia fora de casa uma vez por semana. Conceição padecera, a princípio, com a existência da comborça; mas afinal, resignara-se, acostumara-se, e acabou achando que era muito direito.

Boa Conceição! Chamavam-lhe "a santa", e fazia jus ao título, tão facilmente suportava os esquecimentos do marido. Em verdade, era um temperamento moderado, sem extremos, nem grandes lágrimas, nem grandes risos. No capítulo de que trato, dava para maometana; aceitaria um harém, com as aparências salvas. Deus me perdoe, se a julgo mal. Tudo nela era atenuado e passivo. O próprio rosto era mediano, nem bonito nem feio. Era o que chamamos uma pessoa simpática. Não dizia mal de ninguém, perdoava tudo. Não sabia odiar; pode ser até que não soubesse amar.

Naquela noite de Natal foi o escrivão ao teatro. Era pelos anos de 1861 ou 1862. Eu já devia estar em Mangaratiba, em férias; mas fiquei até o Natal para ver "a missa do galo na Corte". A família recolheu-se à hora do costume; eu meti-me na sala da frente, vestido e pronto. Dali passaria ao corredor da entrada e sairia sem acordar ninguém. Tinha três chaves a porta; uma estava com o escrivão, eu levaria outra, a terceira ficava em casa.

- Mas, Sr. Nogueira, que fará você todo esse tempo? perguntou-me a mãe de Conceição.

- Leio, D. Inácia.

Tinha comigo um romance, Os Três Mosqueteiros, velha tradução creio do Jornal do Comércio. Sentei-me à mesa que havia no centro da sala, e à luz de um candeeiro de querosene, enquanto a casa dormia, trepei ainda uma vez ao cavalo magro de D'Artagnan e fui-me às aventuras. Dentro em pouco estava completamente ébrio de Dumas. Os minutos voavam, ao contrário do que costumam fazer, quando são de espera; ouvi bater onze horas, mas quase sem dar por elas, um acaso. Entretanto, um pequeno rumor que ouvi dentro veio acordar-me da leitura. Eram uns passos no corredor que ia da sala de visitas à de jantar; levantei a cabeça; logo depois vi assomar à porta da sala o vulto de Conceição.

- Ainda não foi? perguntou ela.

- Não fui, parece que ainda não é meia-noite.

- Que paciência!

Conceição entrou na sala, arrastando as chinelinhas da alcova. Vestia um roupão branco, mal apanhado na cintura. Sendo magra, tinha um ar de visão romântica, não disparatada com o meu livro de aventuras. Fechei o livro, ela foi sentar-se na cadeira que ficava defronte de mim, perto do canapé. Como eu lhe perguntasse se a havia acordado, sem querer, fazendo barulho, respondeu com presteza:

- Não! qual! Acordei por acordar.

Fitei-a um pouco e duvidei da afirmativa. Os olhos não eram de pessoa que acabasse de dormir; pareciam não ter ainda pegado no sono. Essa observação, porém, que valeria alguma cousa em outro espírito, depressa a botei fora, sem advertir que talvez não dormisse justamente por minha causa, e mentisse para me não afligir ou aborrecer Já disse que ela era boa, muito boa.

- Mas a hora já há de estar próxima, disse eu.

- Que paciência a sua de esperar acordado, enquanto o vizinho dorme! E esperar sozinho! Não tem medo de almas do outro mundo? Eu cuidei que se assustasse quando me viu.

- Quando ouvi os passos estranhei: mas a senhora apareceu logo.

- Que é que estava lendo? Não diga, já sei, é o romance dos Mosqueteiros.

- Justamente: é muito bonito.

- Gosta de romances?

- Gosto.

- Já leu a Moreninha?

- Do Dr. Macedo? Tenho lá em Mangaratiba.

- Eu gosto muito de romances, mas leio pouco, por falta de tempo. Que romances é que você tem lido?

Comecei a dizer-lhe os nomes de alguns. Conceição ouvia-me com a cabeça reclinada no espaldar, enfiando os olhos por entre as pálpebras meio-cerradas, sem os tirar de mim. De vez em quando passava a língua pelos beiços, para umedecê-los. Quando acabei de falar, não me disse nada; ficamos assim alguns segundos. Em seguida, vi-a endireitar a cabeça, cruzar os dedos e sobre eles pousar o queixo, tendo os cotovelos nos braços da cadeira, tudo sem desviar de mim os grandes olhos espertos.

- Talvez esteja aborrecida, pensei eu.

E logo alto:

- D. Conceição, creio que vão sendo horas, e eu...

- Não, não, ainda é cedo. Vi agora mesmo o relógio, são onze e meia. Tem tempo. Você, perdendo a noite, é capaz de não dormir de dia?

- Já tenho feito isso.

- Eu, não, perdendo uma noite, no outro dia estou que não posso, e, meia hora que seja, hei de passar pelo sono. Mas também estou ficando velha.

- Que velha o que, D. Conceição?

Tal foi o calor da minha palavra que a fez sorrir. De costume tinha os gestos demorados e as atitudes tranquilas; agora, porém, ergueu-se rapidamente, passou para o outro lado da sala e deu alguns passos, entre a janela da rua e a porta do gabinete do marido. Assim, com o desalinho honesto que trazia, dava-me uma impressão singular. Magra embora, tinha não sei que balanço no andar, como quem lhe custa levar o corpo; essa feição nunca me pareceu tão distinta como naquela noite. Parava algumas vezes, examinando um trecho de cortina ou concertando a posição de algum objeto no aparador; afinal deteve-se, ante mim, com a mesa de permeio. Estreito era o círculo das suas ideias; tornou ao espanto de me ver esperar acordado; eu repeti-lhe o que ela sabia, isto é, que nunca ouvira missa do galo na Corte, e não queria perdê-la.

- É a mesma missa da roça; todas as missas se parecem.

- Acredito; mas aqui há de haver mais luxo e mais gente também. Olhe, a semana santa na Corte é mais bonita que na roça. S. João não digo, nem Santo Antônio...

Pouco a pouco, tinha-se reclinado; fincara os cotovelos no mármore da mesa e metera o rosto entre as mãos espalmadas. Não estando abotoadas as mangas, caíram naturalmente, e eu vi-lhe metade dos braços, muito claros, e menos magros do que se poderiam supor. A vista não era nova para mim, posto também não fosse comum; naquele momento, porém, a impressão que tive foi grande. As veias eram tão azuis, que apesar da pouca claridade, podia, contá-las do meu lugar. A presença de Conceição espertara-me ainda mais que o livro. Continuei a dizer o que pensava das festas da roça e da cidade, e de outras cousas que me iam vindo à boca. Falava emendando os assuntos, sem saber por que, variando deles ou tornando aos primeiros, e rindo para fazê-la sorrir e ver-lhe os dentes que luziam de brancos, todos iguaizinhos. Os olhos dela não eram bem negros, mas escuros; o nariz, seco e longo, um tantinho curvo, dava-lhe ao rosto um ar interrogativo. Quando eu alteava um pouco a voz, ela reprimia-me:

- Mais baixo! mamãe pode acordar.

E não saía daquela posição, que me enchia de gosto, tão perto ficavam as nossas caras. Realmente, não era preciso falar alto para ser ouvido: cochichávamos os dois, eu mais que ela, porque falava mais; ela, às vezes, ficava séria, muito séria, com a testa um pouco franzida. Afinal, cansou, trocou de atitude e de lugar. Deu volta à mesa e veio sentar-se do meu lado, no canapé. Voltei-me e pude ver, a furto, o bico das chinelas; mas foi só o tempo que ela gastou em sentar-se, o roupão era comprido e cobriu-as logo. Recordo-me que eram pretas. Conceição disse baixinho:

- Mamãe está longe, mas tem o sono muito leve, se acordasse agora, coitada, tão cedo não pegava no sono.

- Eu também sou assim.

- O quê? perguntou ela inclinando o corpo, para ouvir melhor.

Fui sentar-me na cadeira que ficava ao lado do canapé e repeti-lhe a palavra. Riu-se da coincidência; também ela tinha o sono leve; éramos três sonos leves.

- Há ocasiões em que sou como mamãe, acordando, custa-me dormir outra vez, rolo na cama, à toa, levanto-me, acendo vela, passeio, torno a deitar-me e nada.

- Foi o que lhe aconteceu hoje.

- Não, não, atalhou ela.

Não entendi a negativa; ela pode ser que também não a entendesse Pegou das pontas do cinto e bateu com elas sobre os joelhos, isto é, o joelho direito, porque acabava de cruzar as pernas. Depois referiu uma história de sonhos, e afirmou-me que só tivera um pesadelo, em criança. Quis saber se eu os tinha. A conversa reatou-se assim lentamente, longamente, sem que eu desse pela hora nem pela missa Quando eu acabava uma narração ou uma explicação, ela inventava outra pergunta ou outra matéria e eu pegava novamente na palavra. De quando em quando, reprimia-me:

- Mais baixo, mais baixo. . .

Havia também umas pausas. Duas outras vezes, pareceu-me que a via dormir; mas os olhos, cerrados por um instante, abriam-se logo sem sono nem fadiga, como se ela os houvesse fechado para ver melhor. Uma dessas vezes creio que deu por mim embebido na sua pessoa, e lembra-me que os tornou a fechar, não sei se apressada ou vagarosamente. Há impressões dessa noite, que me aparecem truncadas ou confusas. Contradigo-me, atrapalho-me. Uma das que ainda tenho frescas é que em certa ocasião, ela, que era apenas simpática, ficou linda, ficou lindíssima. Estava de pé, os braços cruzados; eu, em respeito a ela, quis levantar-me; não consentiu, pôs uma das mãos no meu ombro, e obrigou-me a estar sentado. Cuidei que ia dizer alguma cousa; mas estremeceu, como se tivesse um arrepio de frio voltou as costas e foi sentar-se na cadeira, onde me achara lendo. Dali relanceou a vista pelo espelho, que ficava por cima do canapé, falou de duas gravuras que pendiam da parede.

- Estes quadros estão ficando velhos. Já pedi a Chiquinho para comprar outros.

Chiquinho era o marido. Os quadros falavam do principal negócio deste homem. Um representava "Cleópatra"; não me recordo o assunto do outro, mas eram mulheres. Vulgares ambos; naquele tempo não me pareciam feios.

- São bonitos, disse eu.

- Bonitos são; mas estão manchados. E depois francamente, eu preferia duas imagens, duas santas. Estas são mais próprias para sala de rapaz ou de barbeiro.

- De barbeiro? A senhora nunca foi à casa de barbeiro.

- Mas imagino que os fregueses, enquanto esperam, falam de moças e namoros, e naturalmente o dono da casa alegra a vista deles com figuras bonitas. Em casa de família é que não acho próprio. É o que eu penso, mas eu penso muita coisa assim esquisita. Seja o que for, não gosto dos quadros. Eu tenho uma Nossa Senhora da Conceição, minha madrinha, muito bonita; mas é de escultura, não se pode pôr na parede, nem eu quero. Está no meu oratório.

A ideia do oratório trouxe-me a da missa, lembrou-me que podia ser tarde e quis dizê-lo. Penso que cheguei a abrir a boca, mas logo a fechei para ouvir o que ela contava, com doçura, com graça, com tal moleza que trazia preguiça à minha alma e fazia esquecer a missa e a igreja. Falava das suas devoções de menina e moça. Em seguida referia umas anedotas de baile, uns casos de passeio, reminiscências de Paquetá, tudo de mistura, quase sem interrupção. Quando cansou do passado, falou do presente, dos negócios da casa, das canseiras de família, que lhe diziam ser muitas, antes de casar, mas não eram nada. Não me contou, mas eu sabia que casara aos vinte e sete anos.

Já agora não trocava de lugar, como a princípio, e quase não saíra da mesma atitude. Não tinha os grandes olhos compridos, e entrou a olhar à toa para as paredes.

- Precisamos mudar o papel da sala, disse daí a pouco, como se falasse consigo.

Concordei, para dizer alguma cousa, para sair da espécie de sono magnético, ou o que quer que era que me tolhia a língua e os sentidos. Queria e não queria acabar a conversação; fazia esforço para arredar os olhos dela, e arredava-os por um sentimento de respeito; mas a ideia de parecer que era aborrecimento, quando não era, levava-me os olhos outra vez para Conceição. A conversa ia morrendo. Na rua, o silêncio era completo.

Chegamos a ficar por algum tempo, - não posso dizer quanto, - inteiramente calados. O rumor único e escasso, era um roer de camundongo no gabinete, que me acordou daquela espécie de sonolência; quis falar dele, mas não achei modo. Conceição parecia estar devaneando. Subitamente, ouvi uma pancada na janela, do lado de fora, e uma voz que bradava: "Missa do galo! missa do galo!"

- Aí está o companheiro, disse ela levantando-se. Tem graça; você é que ficou de ir acordá-lo, ele é que vem acordar você. Vá, que hão de ser horas; adeus.

- Já serão horas? perguntei.

- Naturalmente

- Missa do galo! repetiram de fora, batendo.

- Vá, vá, não se faça esperar. A culpa foi minha. Adeus até amanhã.

E com o mesmo balanço do corpo, Conceição enfiou pelo corredor dentro, pisando mansinho. Saí à rua e achei o vizinho que esperava. Guiamos dali para a igreja. Durante a missa, a figura de Conceição interpôs-se mais de uma vez, entre mim e o padre; fique isto à conta dos meus dezessete anos. Na manhã seguinte, ao almoço falei da missa do galo e da gente que estava na igreja sem excitar a curiosidade de Conceição. Durante o dia, achei-a como sempre, natural, benigna, sem nada que fizesse lembrar a conversação da véspera. Pelo Ano-Bom fui para Mangaratiba. Quando tornei ao Rio de Janeiro em março, o escrivão tinha morrido de apoplexia. Conceição morava no Engenho Novo, mas nem a visitei nem a encontrei. Ouvi mais tarde que casara com o escrevente juramentado do marido.

MACHADO DE ASSIS. Missa do Galo. In: *Contos Consagrados*. São Paulo: Ediouro, s/d. Coleção Prestígio.

A ideia do conto, como você viu, é uma Missa do Galo, uma ideia inocentíssima, uma Missa do Galo, uma noite, e tem um jovem lendo assim sob a luz do lampião, está lendo, e vem aquela senhora, que bonita essa figura, a dona Conceição, a senhora solitária; o marido está lá com a amante, uma concubina, a palavra é esta, concubina, ele está lá com a amante. Ele começa a rondar aquele jovem que está lendo, e que tem um encontro com um amigo, porque vai à missa do Galo. Não tem nada, o que é que tem esse conto? Beleza! Aranha, olhem a aranha. A aranha é a ideia, é justamente a provocação, o quase amor onde não acontece nada.

Osman Lins - eu queria dizer isso a vocês, que isso é importante, principalmente para os professores aqui presentes; há um livro da Sumus Editorial, que se chama Missa do Galo, variações em torno do mesmo tema - Osman Lins, que está esquecido, grande contista, grande romancista pernambucano, teve essa ideia: chamou cinco escritores para escreverem sobre a Missa do Galo, cada um com suas variações em torno dessa Missa. Por exemplo, ele ficou sendo o rapaz que está esperando um amigo. A mulher dele, a Julieta Godói Ladeira, ficou sendo a Conceição, aquela mulher noturna com suas roupas noturnas, e rodeando aquele rapaz que está lendo, provocando e não provocando. Tem provocação e não tem provocação nenhuma, é Machado.

Lygia Fagundes Telles. 02. Set. 2000. Disponível em: http://www.academia.org.br/2000/pales18.htm

4.1. Proposta

Agora é a sua vez!

Sua tarefa agora é, alterando o foco narrativo do conto lido, retextualizá-lo, sob o ponto de vista de outra personagem que não seja o dos protagonistas, conforme foi feito na obra mencionada por Lygia Fagundes Telles. Escolha um momento do conto que seja mais interessante para você.

5. O FOCO NARRATIVO

O exercício que você acabou de fazer alterou o foco narrativo e, por causa disso, houve alteração nos detalhes e até a forma de contar a história. Assim, como o autor inventa personagens, ele também cria um narrador para conduzir o texto – o autor e narrador não são a mesma pessoa. É claro que o autor imprime no texto suas visões de mundo e subjetividades, mas essa construção é toda tecida por meio de ficção. O enfoque ou ângulo sob o qual o autor vai contar a história é o que determina o foco narrativo.

5.1. O narrador

O narrador pode aparecer em primeira pessoa, como sendo o personagem principal ou como mero expectador; ou ainda, em terceira pessoa, tanto da forma onisciente (do latim *oni* + *sciente* = aquele que sabe de tudo) quanto objetiva, como observador dos fatos. Quando o narrador está em primeira pessoa e é a personagem principal, ele contará a sua própria história, será a protagonista. Há também a personagem que narra em primeira pessoa, mas só relata os fatos observados no decorrer do enredo. Esse tipo de narrador é, muitas vezes, escolhido por dar um tom mais acentuado a verossimilhança à narrativa descrita; nesse caso, é como se para o leitor fosse mais interessante, verdadeiro, o relato de alguém que "estava lá" quando o episódio ocorreu. Na forma de terceira pessoa, quando o narrador é **onisciente**, ele tem maior liberdade de se expressar no texto. Como ele sabe tudo, até o que as personagens pensam, ele antecipa-se, pode conversar com o leitor – enfim, opina e manipula o tempo todo, trazendo mobilidade à narrativa. Existe também a forma mais objetiva de narrar em terceira pessoa, na qual o narrador pretende ser neutro, não se envolvendo na trama narrativa. Nesse caso, somente observa e descreve, objetiva e diretamente, o que "esta vendo".

DR. Watson é o narrador das peripécias de Sherlock Holmes

5.2. A narrativa e o narrador

Uma história bem contada é o resultado de uma série de fatores vivido pelo seu contador. Não acredito que alguém encontre a maneira certa de contar uma boa história por seguir uma cartilha ou uma pretensão de romper com os padrões narrativos. O que importa é o momento e a situação enfrentada pelo roteirista. Exemplo: Imaginem que num vagão de trem estão três homens, são eles: Quentin Tarantino, Steven Spielberg e Woody Allen. De repente, surge um casal. Os dois estão discutindo, não dá pra ouvir o que eles falam. Após algum tempo, o homem, num gesto transloucado, avança sobre a mulher e a estrangula, deixando os nossos três cineastas de boca aberta e sem reação. Após o homem matar a mulher, ele se atira do trem. Quando o trem chega à estação, os três cineastas, testemunhas do crime, são chamados para prestarem depoimentos. Na sala do investigador, Tarantino é o primeiro a depor. O investigador, ao invés de perguntar como foi que aconteceu o crime-suicídio, ele quer saber do depoente a sua opinião sobre a tragédia, pois tanto o assassino como a vítima estão mortos e não há mais nada a fazer, o investigador precisa apenas cumprir sua rotina. Tarantino, para por uns 38 segundos, e logo dispara a sua metralhadora verborrágica sobre o que teria levado o casal àquela tragédia:

Versão do Tarantino

Eles estavam indo para Boston. Ele acabou de sair da cadeia - estava cumprindo pena por assalto à banco - mas antes de ir preso, deixou o dinheiro dos seus assaltos para o irmão da moça depositar num banco. Não é que o rapaz resolveu aplicar a grana na bolsa de valores, comprando ações da rede de lanchonete HAMBURGATTOR, que após servir lanches estragados, faliu e afundou com todos os seus investidores. A grana não existe mais e o cara só descobriu isso um pouco antes de embarcar no trem. A moça defende seu irmão e para piorar a situação, a ideia de investir o dinheiro com as ações da lanchonete foi dela. O cara, agora sem grana e ainda tendo que cumprir a condicional, enlouquece e sem perspectiva de vida, acaba matando a moça.

Versão de Woody Allen

Os dois embarcaram no trem para uma viagem de lua de mel. O rapaz é um professor de filosofia; enquanto a moça é uma crítica de arte moderna. Conheceram-se numa sessão de cinema de arte que exibia Pocilga de Pasolini. Ele já havia visto o filme mais de oito vezes. Ela estava vendo pela primeira vez. Quando a luz acendeu anunciando que sessão terminara, os dois descobriram que estavam sentados lado a lado, e num efeito mágico pós-filme, começaram uma conversa sobre "vida, divindade e morte". A conversa durou a noite inteira e se prolongou até o final do dia seguinte - foi então que descobriram que a conversa ia ser mais longa do que o previsto e decidiram se casar. Na viagem de trem, o rapaz percebe que é impossível viver em um mundo assim, e num gesto transloucado, ele a estrangula e depois se mata, acreditando que os dois possam ser felizes em outra dimensão.

Versão de Spielberg

O jovem casal apaixonado estava fugindo de suas famílias. Os dois mantinham um namoro escondido, pois seus pais são concorrentes nos negócios de fabricação de chips - Tudo começou quando um descobriu que o outro estava realizando espionagem industrial - A guerra foi declarada, só que a ironia do destino fez com que seus filhos se apaixonassem. Impedidos de viver essa paixão, eles fogem de trem e simulam o crime-suicídio, tipo Romeu e Julieta, todos vão pensar que os dois estão mortos, mas na verdade, eles estão felizes em alguma cidade do México. O investigador então pergunta para Spielberg de quem são os corpos que foram encontrados (o corpo da moça ficou no trem e o corpo do rapaz fora encontrado perto do trilho). Spielberg diz que isso é a lógica, a realidade, e o que mais importa pra ele é o sonho. O investigador passa a mão em seu bigode (ele tem um) e dispara: "SE VOCÊ PREFERE O SONHO, POR QUE PRECISA DA REALIDADE?" Spielberg responde: "COMO SABEREI O QUE É O ALÍVIO, SE NUNCA SENTIR A DOR?"

Moral da História

"A explicação da realidade está na lógica do absurdo."

Altenir Silva

5.3. Propostas

ATIVIDADE 1

A partir de toda essa história narrada por Altenir Silva, faça um comentário crítico a respeito do que ele chama de "moral da história".

ATIVIDADE 2

Como se pode fazer uma associação entre o conceito de foco narrativo como que chamamos de "moral da história"?

ATIVIDADE 3

Qual das três versões você achou mais interessante? Por quê? REDIJA um pequeno texto, opinando a esse respeito.

ATIVIDADE 4

Agora você irá redigir um parágrafo, exemplificando cada um dos quatro tipos de foco narrativo, em primeira e terceira pessoa. Capriche no enredo.

a) Em primeira pessoa, como personagem principal:

b) Em primeira pessoa, como observador:

c) Em terceira pessoa, narrador onisciente:

d) Em terceira pessoa, narrador objetivo:

ATIVIDADE 5

Leia este texto:

COMO SE CONJUGA UM EMPRESÁRIO

Acordou. Levantou-se. Aprontou-se. Lavou-se. Barbeou-se. Enxugou-se. Perfumou-se. Lanchou.Escovou. Abraçou. Beijou. Saiu. Entrou. Cumprimentou. Orientou. Controlou. Advertiu. Chegou. Desceu. Subiu. Entrou. Cumprimentou. Assentou-se. Preparou-se. Examinou. Leu. Convocou. Leu. Comentou. Interrompeu. Leu. Despachou. Conferiu. Vendeu. Vendeu. Ganhou. Ganhou. Ganhou. Lucrou. Lucrou. Lucrou. Lesou. Explorou. Escondeu. Burlou. Safou-se. Comprou. Vendeu. Assinou. Sacou. Depositou. Depositou. Depositou. Associou-se. Vendeu-se. Entregou. Sacou. Depositou. Despachou. Repreendeu. Suspendeu. Demitiu. Negou. Explorou. Desconfiou. Vigiou. Ordenou. Telefonou. Despachou. Esperou. Chegou. Vendeu. Lucrou. Lesou. Demitiu. Convocou. Saiu. Chegou. Beijou. Negou. Lamentou. Justificou-se. Dormiu. Roncou. Sonhou. Sobressaltou-se. Acordou. Preocupou-se. Temeu. Suou. Ansiou. Tentou. Despertou. Insistiu. Irritou-se. Temeu. Levantou. Apanhou. Rasgou. Engoliu. Bebeu. Rasgou. Engoliu. Bebeu. Dormiu. Dormiu. Dormiu. Acordou. Levantou-se. Aprontou-se...

MINO. In: PINILLA, A.; RIGONI, C.; INDIANI, M. T. Coesão e coerência como mecanismos para a construção do texto. Disponível em: www.pead.letras.ufrj.br/tema09/conceitodecoesao.html. Acessado em 7 jun. 2004. (adaptação)

Suponha que o personagem desse texto tem uma secretária que, além de muito formal e metódica, é anticapitalista. Ela mantém o hábito de anotar, em seu diário, reflexões sobre o dia a dia do empresário retratado nesse texto.

REDIJA uma página do diário da secretária, em que ela manifesta uma visão crítica em relação ao comportamento do empresário.

ATIVIDADE 6

Leia o início daquilo que seria um texto narrativo:

O rapaz varou a noite inteira conversando com os amigos pela Internet. O pai, quando acordou às 6 horas, percebeu a porta do escritório fechada e a luz acesa. O filho ainda estava no computador e não havia ido dormir. Sem que este percebesse, trancou a porta por fora. Meia hora depois...

a) Desenvolva a ideia acima, colocando uma complicação, um clímax e um desfecho.

b) Reescreva a Narração, invertendo a ordem: coloque primeiro o desfecho e depois o restante da narrativa.

QUESTÃO DE PROVA

Questão 1 (UFV)

Reescreva duas vezes a passagem seguinte, mudando o ponto de vista narrativo da 3ª para a 1ª pessoa, de modo que o narrador seja respectivamente o gerente e a funcionária. Deve ser mantida a ordem do texto.

O gerente mostrou grande interesse pela situação da funcionária, propondo-se inclusive a ajudá-la financeiramente, se necessário. Ela abriu-se com ele, contou-lhe sua vida de dificuldades e, agradecida, convidou-o para padrinho de seu filho mais novo.

1ª reescrita (→ o narrador é o gerente):

2ª reescrita (→ a narradora é a funcionária):

GABARITOS

Todas as atividades deste capítulo são de questões abertas e de respostas pessoais.

A TIPOLOGIA DISSERTATIVA

Todos os homens [...] se empenham dentro de certos limites em submeter a exame ou defender uma tese, em apresentar uma defesa ou uma acusação. A maioria das pessoas fazem-no um pouco ao acaso, sem discernimento; as restantes, por força de um hábito proveniente de uma disposição. Como de ambos os modos se alcança o fim almejado, é óbvio que se poderia chegar à mesma meta seguindo um método determinado.

(Aristóteles) http://www.convest.unicamp.br/vest99/redacao/item3.html

Dissertar é discutir, debater um tema. O texto dissertativo deve apresentar clareza, objetividade e coerência quanto ao que está sendo debatido. Para satisfazer a argumentação, é necessário que o autor do texto explicite sua opinião com argumentos precisos e bem selecionados daquilo em que eles se baseiam. Para tal, é importante que o debatedor tenha informações suficientes sobre o assunto e a capacidade de organizar os dados e o discurso de uma forma convincente. Veja, a seguir, um exemplo do que seria um texto dissertativo.

A POSIÇÃO SOCIAL DA MULHER DE HOJE

Ao contrário de algumas teses predominantes até bem pouco tempo, a maioria das sociedades de hoje já começam a reconhecer a não existência de distinção alguma entre homens e mulheres. Não há diferença de caráter intelectual ou de qualquer outro tipo que permita considerar aqueles superiores a estas.

Com efeito, o passar do tempo está a mostrar a participação ativa das mulheres em inúmeras atividades. Até nas áreas antes exclusivamente masculinas, elas estão presentes, inclusive em posições de comando. Estão no comércio, nas indústrias, predominam no magistério e destacam-se nas artes. No tocante à economia e à política, a cada dia que passa, estão vencendo obstáculos, preconceitos e ocupando mais espaços.

Cabe ressaltar que essa participação não pode nem deve ser analisada apenas pelo prisma quantitativo. Convém observar o progressivo crescimento da participação feminina em detrimento aos muitos anos em que não tinham espaço na sociedade brasileira e mundial.

Muitos preconceitos foram ultrapassados, mas muitos ainda perduram e emperram essa revolução de costumes. A igualdade de oportunidades ainda não se efetivou por completo, sobretudo no mercado de trabalho. Tomando-se por base o crescimento qualitativo da representatividade feminina, é uma questão de tempo a conquista da real equiparação entre os seres humanos, sem distinções de sexo.

Disponível em: http://www.graudez.com.br/redacao/ch05.htm.

Agora que você já pensou um pouco no que é um texto dissertativo, leia atentamente o que a Unicamp sugere:

Características do texto dissertativo

Quando se pede a alguém que disserte por escrito sobre um determinado tema, espera-se um texto em que sejam expostos e analisados, de forma coerente, alguns dos aspectos e argumentos envolvidos na questão tematizada. *Não há escrita sem leitura*, sem reflexão, sem a adoção de um ponto de vista e, pode-se mesmo dizer, sem um desejo, por parte de quem escreve, de se manifestar a respeito de um determinado tema. Assim, é especialmente importante que, em uma dissertação, sejam apresentados e discutidos fatos, dados e pontos de vista acerca da questão proposta.

Do que foi dito anteriormente, você deveria concluir imediatamente que escrever um texto dissertativo não é *apenas* tecer comentários impessoais sobre determinado assunto, tampouco limitar-se a apresentar aspectos favoráveis e contrários e/ou positivos e negativos da questão.Mas vamos tentar ajudá-lo um pouco mais, uma vez que tal conclusão pode não ser tão imediata assim. Consideremos duas instruções que muito frequentemente acompanham "definições" de dissertação: (1) que nela não se deve "falar" em 1ª pessoa; (2) que devem, em um texto dissertativo, ser apresentados argumentos favoráveis e contrários à(s) ideia(s) sobre a(s) qual(is) se está escrevendo.

A primeira das "instruções" é, de fato, pertinente, mas costuma-se exagerar o seu valor – esse cuidado não é suficiente para garantir que se está, realmente, dissertando. Sempre será verdade que enfraquecem a força do texto dissertativo expressões como *eu acho que e em minha opinião*, mas o problema está muito mais no caráter opinativo e no "achismo" nelas contido do que no uso da 1ª pessoa do singular. Contudo, saiba que a postura mais adequada para se dissertar é mesmo escrever impessoalmente, como se autor daquele texto fosse o próprio *bom senso*, a própria *lógica*, a *razão*, ou ainda, a *verdade*. Da mesma forma, uma dissertação não se dirige a um interlocutor específico ou a um grupo deles; dirige-se, isto sim, a um "leitor universal", algo que poderia ser definido como: todos os seres humanos alfabetizados e dotados de raciocínio.

Quanto à segunda "instrução", essa sim é um completo equívoco. Em uma dissertação, deve-se defender uma tese, ou seja: organizar dados, fatos, ideias, enfim, *argumentos*, em torno de um ponto de vista definido sobre o assunto em questão. Uma dissertação deve, na medida do possível, concluir algo. Portanto, não tem cabimento ficar simplesmente elencando argumentos favoráveis ou contrários a determinada ideia. Só se trazem ao texto argumentos contrários à tese defendida para destruí-los, para anulá-los... e, mesmo isso, quando for pertinente fazê-lo.

unicamp.br. (adaptação) 02/02/2007

1. PROPOSTA

Agora é a sua vez!

Depois de refletir um pouco mais sobre a teoria dissertativa, REDIJA um texto de 18 a 25 linhas com a mesma temática exemplificada anteriormente, ou seja, "A posição social da mulher de hoje".

2. O TEXTO DISSERTATIVO-ARGUMENTATIVO ORAL

A partir do momento em que reconhecemos a função do texto dissertativo-argumentativo como sendo a de persuadir e convencer o interlocutor, podemos pensar em algumas outras estratégias para a expressão da modalidade oral, além, é claro, da boa seleção de argumentos para que se alcance o objetivo previsto, tais como:

- a escolha da melhor variedade linguística (coloquial ou culta) e, a partir dessa escolha, o grau de formalismo mais adequado a dada situação;

- a maneira de se expressar, de forma segura e clara;

- a organização na ordem de desenvolvimento do texto oral: não se podem misturar partes de ideias sem desenvolvê-las como um todo de cada parte:

- as oscilações negativas na voz, que demonstrem nervosismo, irritabilidade ou agressividade devem ser evitadas;

- o uso de expressões tais como né, tá, ok, aí, entre outras, que, repetidas vezes, podem desviar a atenção do ouvinte e atrair críticas, devem ser evitadas ainda que o grau de formalismo escolhido seja mais coloquial.

Levando em conta esses cuidados, é possível fazer-se entender e causar uma boa impressão. Essa prática permite o aperfeiçoamento da modalidade oral em contextos diferenciados e faz com que o texto escrito tenha menos vícios e flua de maneira mais segura.

3. A ESTRUTURA DO TEXTO DISSERTATIVO

3.1. Assunto

Saber delimitar um aspecto/recorte acerca do tema proposto é fundamental para uma boa e eficiente abordagem do assunto no texto. Não há como fazer uma análise aprofundada sobre qualquer fato se o tema for amplo, por isso, especifica-se o assunto e o recorte a serem desenvolvidos. A delimitação do tema deve ser feita na introdução do texto e, a partir daí, o leitor saberá que aquele aspecto será explorado no decorrer do texto, até a sua conclusão fechamento.

Observe alguns exemplos:

Televisão – a influência da televisão na conduta de vida das pessoas / a violência na televisão / a televisão e a opinião pública / a televisão e o mundo infantil;

A vida nas grandes cidades – a vida social dos jovens nas grandes cidades / os problemas das grandes cidades / as diferenças entre a vida no campo e a vida na cidade / as oportunidades trazidas pela cidade grande;

Preconceitos – preconceitos raciais / causas do preconceito racial / a questão da opção sexual x preconceito / o tratamento do preconceito na escola / a manutenção social do preconceito;

Progresso – a forma como se dá o progresso com a evolução dos tempos / vantagens e desvantagens sociais do progresso / progresso e evolução humana / o que é, verdadeiramente, o progresso.

3.2. Planejamento

A etapa mais importante na construção de um texto para qualquer concurso é o planejamento. É a partir dele que o aluno conseguirá focar no que for mais importante para que consiga produzir um texto coerente, pertinente à proposta sugerida.

A base de uma dissertação é a fundamentação de seu ponto de vista, sua opinião sobre o assunto. Um texto dissertativo usa como parâmetro um espaço de vinte a trinta linhas para a construção do texto pelo aluno. Pensando nessa distribuição de linhas, é interessante que, espacialmente, o aluno distribua seu texto em quatro parágrafos: o primeiro para a introdução, o segundo e o terceiro para o desenvolvimento, a argumentação propriamente dita, e o quarto para a conclusão. Nessa distribuição espacial, faz-se fundamental lembrar que há uma lógica estética em relação a essa distribuição, que não deve ser esquecida ou ignorada. Em tese, a introdução é, sem dúvida, o menor parágrafo do texto e a conclusão, o parágrafo de tamanho intermediário. Ao desenvolvimento é destinada a maior parcela, espaço fundamental para a discussão do assunto propriamente dito.

Assim que se recebe uma proposta de redação, uma série de conhecimentos prévios de mundo sobre o assunto vêm a mente. Devem-se registrar todos esses pensamentos, sob forma de pequenos esquemas, no papel. Fatos, informações, opiniões, um caso que aconteceu na sua rua... Essa primeira fase, denominada "fluxo de ideias ou tempestade cerebral", é fundamental para a execução da redação. Nesse momento, provavelmente, acontecerá o fato das ideias serem descartadas e outras acrescentadas, dependendo do foco a ser dado à redação do texto. Não se deve pensar que esse simples planejamento consiste em uma "perda de tempo"; ao contrário, a partir do momento em que você se concentra para pensar sobre um assunto e "rabisca" seus pensamentos, o próximo passo – "cortar" e organizar o que realmente será útil – fica muito mais tranquilo. Experimente!

3.3. Argumentação

Para saber como e quando dividir os parágrafos do desenvolvimento, é oportuno que se utilize o critério da bipolaridade. Esse critério se baseia na organização de possíveis divisões para o assunto a ser tratado, especialmente no momento do desenvolvimento. O tema proposto poderia ser, por exemplo, "alfabetização e inclusão digital"; o ideal é que você, numa dissertação maior (de 20 a 30 linhas), escolha dois recortes, dentro da temática prevista, para discutir em seu desenvolvimento. Você pode escolher, entre muitas outras, as possíveis divisões:

- o antes e o depois do movimento de inclusão digital;
- causa e consequência do movimento de inclusão digital;
- a visão popular e a visão elitista do movimento de inclusão digital;
- prós e contras do movimento de inclusão digital.

Organizando-se o texto dessa maneira, o segundo parágrafo da dissertação seria, por exemplo, a discussão da causa / motivo do surgimento do mundo digital e, no terceiro parágrafo, a consequência dessa alfabetização / inclusão digital. É muito importante manter uma abordagem mais ampla, mostrar os dois lados da questão. O texto esquematizado previamente reflete organização e técnica, valorizando bastante a redação. Logo, um texto equilibrado e redigido dessa forma tem mais chances de receber melhores notas dos avaliadores, por demonstrar que o candidato se empenhou para construí-lo, além do fato de se diminuírem as possibilidades de erro na estruturação argumentativa e condução do raciocínio.

Um recurso adicional – para elucidar uma ideia e demonstrar atualização – pode ser a apresentação de forma bastante objetiva e breve de um exemplo relacionado ao assunto. Note que, por uma questão de paralelismo semântico, se você optou por colocar um exemplo que ilustre o seu segundo parágrafo, você deverá também optar por exemplificar o terceiro parágrafo do texto.

3.4. Conclusão

Na conclusão, você poderá tanto projetar o assunto que foi tratado / desenvolvido quanto apresentar possíveis soluções para a temática que foi discutida. Caso opte pela segunda opção, um cuidado a ser observado seria o de não traçar uma possível solução como uma novidade absoluta sobre a qual ninguém nunca tenha pensado, ou ainda, evite redigir solução, apontando-a como solução óbvia ou simples demais.

3.5. Recapitulando

A divisão de um texto para seu vestibular ou para seu concurso público se faz assim:

- no primeiro parágrafo você escreverá uma **introdução**, ou seja, apresentará o tema proposto e o(s) objetivo(s) a ser (serem) discutidos(s);

- no segundo e no terceiro parágrafos você irá desenvolver o texto proposto, baseando-se no critério de **bipolaridade** para que seu texto fique claro e consistente;

- no quarto e último parágrafo, você irá **concluir**, fechar seu texto, levando em conta os objetivos propostos e a forma que você usou para desenvolvê-lo.

3.6. Propostas

ATIVIDADE 1

Com o seguinte esboço de um planejamento, produza uma dissertação de 20 a 25 linhas, a ser publicada no jornal do seu bairro:

- o acesso ao ensino;

- o papel do vestibular no sistema de ensino brasileiro;

- as vantagens e desvantagens do vestibular como mecanismo de seleção ao curso superior;

- uma possível solução para o desequilíbrio entre oferta e demanda de vagas no ensino superior .

ATIVIDADE 2

Para treinarmos um pouco a questão do texto dissertativo, e a identificação de temáticas / assunto do texto, faremos agora parte de uma prova da UFJF.

Leia com atenção os fragmentos seguintes, selecionados, com adaptação, do texto Literatura e Subdesenvolvimento (Texto I), de Antônio Candido, publicado em A educação pela noite e outros ensaios, (São Paulo: Ática, 1987, p. 140-162).

Texto I

"[...] 2.

Se pensarmos nas condições materiais de existência da literatura, o fato básico talvez seja o analfabetismo, que nos países de cultura pré-colombiana adiantada é agravado pela pluralidade linguística ainda vigente, com as diversas línguas solicitando o seu lugar ao sol. Com efeito, ligam-se ao analfabetismo as manifestações de debilidade cultural: falta de meios de comunicação e difusão (editoras, bibliotecas, revistas, jornais); inexistência, dispersão e fraqueza dos públicos disponíveis para a literatura, devido ao pequeno número de leitores reais (muito menor que o número já reduzido de alfabetizados); impossibilidade de especialização dos escritores em suas tarefas literárias, geralmente realizadas como tarefas marginais ou mesmo amadorísticas; falta de resistência ou discriminação em face de influências e pressões externas. O quadro dessa debilidade se completa por fatores de ordem econômica e política, como os níveis insuficientes de remuneração e a anarquia financeira dos governos, articulados com políticas educacionais ineptas ou criminosamente desinteressadas. Salvo no tocante aos três países meridionais que formam a 'América branca' (no dizer dos europeus), tem sido preciso fazer revoluções para alterar as condições de analfabetismo predominante, como foi o caso lento e incompleto do México e o caso rápido de Cuba.

Os traços apontados não se combinam mecanicamente e sempre do mesmo modo, havendo diversas possibilidades de dissociação e agrupamento entre eles. O analfabetismo não é sempre razão suficiente para explicar a fraqueza de outros setores, embora seja o traço básico do subdesenvolvimento no terreno cultural. (...) Nas metrópoles que ainda hoje têm áreas subdesenvolvidas (Espanha e Portugal), a literatura foi e continua sendo um bem de consumo restrito, em comparação com os países plenamente desenvolvidos, onde os públicos podem ser classificados pelo tipo de leitura que fazem, e tal classificação permite comparações com a estratificação de toda a sociedade. Mas tanto na Espanha e em Portugal quanto em nossos países cria-se uma condição negativa prévia, o número de alfabetizados, isto é, os que podem eventualmente constituir os leitores das obras. Esta circunstância faz com que os países latino-americanos estejam mais próximos das condições virtuais das antigas metrópoles do que, em relação às suas, os países subdesenvolvidos da África e da Ásia, que falam idiomas diferentes dos falados pelo colonizador e enfrentam o grave problema de escolher o idioma em que deve manifestar-se a criação literária. (...) Isto é dito para mostrar que são maiores as possibilidades de comunicação do escritor latino-americano no quadro do Terceiro Mundo, apesar da situação atual, que reduz muito os seus públicos eventuais. No entanto, é também possível imaginar que o escritor latino-americano esteja condenado a ser sempre o que tem sido: um produtor de bens culturais para minorias, embora no caso estas não signifiquem grupos de boa qualidade estética, mas simplesmente os poucos grupos dispostos a ler.

Com efeito, não esqueçamos que os modernos recursos audiovisuais podem motivar tal mudança nos processos de criação e nos meios de comunicação, que quando as grandes massas chegarem finalmente à instrução, quem sabe irão buscar fora do livro os meios de satisfazer as suas necessidades de ficção e poesia.

Dizendo de outro modo: na maioria dos nossos países há grandes massas ainda fora do alcance da literatura erudita, mergulhando numa etapa folclórica de comunicação oral. Quando alfabetizadas e absorvidas pelo processo de urbanização, passam para o domínio do rádio, da televisão, da história em quadrinhos, constituindo a base de uma cultura de massa. Daí a alfabetização não aumentar proporcionalmente o número de leitores da literatura, como a concebemos aqui; mas atirar os alfabetizados, junto com os analfabetos, diretamente da fase folclórica para essa espécie de folclore urbano que é a cultura massificada. No tempo da catequese os missionários coloniais escreviam autos e poemas, em língua indígena ou em vernáculo, para tornar acessíveis ao catecúmeno os princípios da religião e da civilização metropolitana, por meio de formas literárias consagradas, equivalentes às que se destinavam ao homem culto de então. Em nosso tempo, uma catequese às avessas converte rapidamente o homem rural à sociedade urbana, por meio de recursos comunicativos que vão até à inculcação subliminar, impondo-lhe valores duvidosos e bem diferentes dos que o homem culto busca na arte e na literatura.

Aliás, este problema é um dos mais graves nos países subdesenvolvidos, pela interferência maciça do que se poderia chamar o *know-how* cultural e dos próprios materiais já elaborados de cultura massificada, provenientes dos países desenvolvidos. Por este meio, tais países podem não apenas difundir normalmente os seus valores, mas atuar anormalmente através deles para orientar a opinião e a sensibilidade das populações subdesenvolvidas no sentido dos seus interesses políticos. É normal, por exemplo, que a imagem do herói de *far-west* se difunda, porque, independente dos juízos de valor, é um dos traços da cultura norte-americana incorporado à sensibilidade média do mundo contemporâneo. Em países de larga imigração japonesa, como o Peru e sobretudo o Brasil, está-se difundindo de maneira também normal a imagem do samurai, sobretudo por meio do cinema. Mas é anormal que tais imagens sirvam de veículo para inculcar nos públicos dos países subdesenvolvidos atitudes e ideias que os identifiquem aos interesses políticos e econômicos dos países onde foram elaboradas. Quando pensamos que a maioria dos desenhos animados e das histórias em quadrinhos são de *copyright* norte-americano, e que grande parte da ficção policial e de aventura vem da mesma fonte, ou é decalcada nela, é fácil avaliar a ação negativa que podem eventualmente exercer, como difusão anormal junto a públicos inermes.

A este respeito convém assinalar que na literatura erudita o problema das influências pode ter um efeito estético bom, ou deplorável; mas só por exceção repercute no comportamento ético ou político das massas, pois atinge um número restrito de públicos restritos. Porém, numa civilização massificada, onde predominem os meios não literários, paraliterários ou subliterários, como os citados, tais públicos restritos e diferenciados tendem a se uniformizar até o ponto de se confundirem com a massa, que recebe a influência em escala imensa. E, o que é mais, por meio de veículos onde o elemento estético se reduz ao mínimo, podendo confundir-se de maneira indiscernível com desígnios éticos ou políticos, que, no limite, penetram na totalidade das populações. [...]"

O trecho selecionado do texto Literatura e Subdesenvolvimento, de Antônio Cândido, apresenta uma **tese sobre a cultura de massa.**

a) IDENTIFIQUE a tese.

b) CITE dois argumentos utilizados para sustentar essa tese.

Argumento 1:

Argumento 2:

Leia novamente o fragmento selecionado a seguir, para responder às Atividades 3 e 4.

"[...] Daí a alfabetização não aumentar proporcionalmente o número de leitores da literatura, como a concebemos aqui; mas atirar os alfabetizados, junto com os analfabetos, diretamente da fase folclórica para essa espécie de folclore urbano que é a cultura massificada. No tempo da **catequese** os missionários coloniais escreviam autos e poemas, em língua indígena ou em vernáculo, para tornar acessíveis ao catecúmeno os princípios da religião e da civilização metropolitana, por meio de formas literárias consagradas, equivalentes às que se destinavam ao homem culto de então. Em nosso tempo, uma **catequese** às avessas converte rapidamente o homem rural à sociedade urbana, por meio de recursos comunicativos que vão até à inculcação subliminar, impondo-lhe valores duvidosos e bem diferentes dos que o homem culto busca na arte e na literatura. [...]".

ATIVIDADE 3

O autor afirma que o aumento do número de alfabetizados no Brasil não se refletirá, obrigatoriamente, no aumento do número de leitores da literatura. EXPLIQUE, de maneira concisa, **uma possível contradição na afirmação destacada.**

ATIVIDADE 4

Antônio Cândido utiliza o termo "catequese" em dois contextos, conforme destacado no fragmento anterior. EXPLIQUE o significado do termo nos dois contextos.

Contexto 1:

Contexto 2:

Leia com atenção, os fragmentos selecionados da reportagem **Para construir leitores** (texto II), de Antônio Arruda, publicado na Folha de S. Paulo, em sua edição de 28 de setembro de 2004, para responder às Atividades 5 e 6.

TEXTO II

Ele já ajudou a construir centenas de casas, mas talvez nenhuma como a dele próprio, com 40 mil livros e um nome, Biblioteca Comunitária Tobias Barreto, localizada no bairro de Vila da Penha, no Rio de Janeiro. O pedreiro sergipano Evando dos Santos, 40, declamou poesias enquanto era entrevistado e, além do autor preferido – o que deu nome à casa-biblioteca –, falou de Pablo Neruda, Che Guevara, Machado de Assis, Voltaire, Ramsés, Dom Pedro, Gabriela Mistral e Aluízio Azevedo. "Livro para mim é vida".

Evando estudou na roça, na cidade de Aquidabã (SE), até o que ele acredita ser o segundo ano do ensino fundamental. "Quando eu ouvia falarem de língua portuguesa, pensava que portuguesa era uma pessoa, acredita?" Como não havia livros em sua casa e ele deixou cedo a escola, a possibilidade de que surgisse alguma intimidade com a leitura era remota. "Meu único contato era com a literatura de cordel, que eu ouvia nas ruas", conta.

Apesar das condições contrárias e da pouca educação formal, a erudição do pedreiro e sua história são uma rara exceção no universo da leitura no Brasil – Evando lê cerca de dez livros por mês, o que o coloca muito acima da média de leitura dos brasileiros, que é de 1,8 livro por pessoa, por ano, de acordo com a CBL (Câmara Brasileira do Livro). [...]

Por não ter frequentado a escola o quanto deveria e por não ter tido o estímulo para a leitura dentro de casa, Evando é um contraexemplo. Segundo os especialistas ouvidos pela reportagem, o gosto e o interesse pelos livros são adquiridos socialmente, apesar de a leitura ser um ato individual. [...]

Para Vera Masagão, da ONG Ação Educativa, o principal ambiente em que as pessoas podem ser acostumadas ao universo da leitura é a escola, "com todas as deficiências que ela tem". Ao lado dela, está a família. "Quem nasceu em uma família de leitores, independentemente do poder aquisitivo dessa família, tem muita chance de se tornar um grande apreciador dos livros", acredita o presidente do Instituto Brasil Leitor, William Nacked. Um dado do Inaf (Indicador Nacional de Analfabetismo Funcional) parece sustentar essa opinião: a mãe é indicada por 41% dos entrevistados como uma das duas pessoas que mais influenciam o gosto pela leitura - professores são citados por 36%, e o pai, por 24% [...].

ATIVIDADE 5

Considerando a reportagem de Antônio Arruda,

a) EXPLIQUE a maneira pela qual Evando é um contraexemplo no universo de leitores brasileiros.

b) COMENTE a atitude de Evando em abrir uma biblioteca, considerando os argumentos apresentados no texto de Antônio Candido (Texto I): essa iniciativa é suficiente para reverter o quadro de "subdesenvolvimento literário" no Brasil?

ATIVIDADE 6

Com base na leitura dos fragmentos do texto de Antônio Cândido (Texto I) e da reportagem de Antônio Arruda (Texto II), APRESENTE três elementos importantes na formação do quadro de leitores de literatura.

ATIVIDADE 7

Observe com atenção a figura seguinte, reprodução de foto de Fernando Priamo, publicada na Tribuna de Minas, em sua edição de 29 de junho de 2003.

Com base nos fragmentos lidos do texto de Antônio Cândido (Texto I) e da reportagem e Antônio Arruda (texto II), COMENTE o flagrante capturado nessa foto:

a) apresentando o possível perfil do leitor retratado na foto;

b) esclarecendo a importância dos meios de comunicação na formação de leitores.

Em seu texto, verifique se você apresentou os dois tópicos listados na instrução dada.

Leia o texto a seguir para responder às atividades propostas.

FATO E OPINIÃO

Sociedade doente, Estado omisso

[...] Sim, somos uma sociedade estruturalmente violenta, apesar do mito da 'nação cordial'. Tivemos origem numa colonização violenta, passamos pela escravidão. Hoje, desrespeitam-se os direitos humanos a toda hora; aceita-se a agressão como padrão de reação à frustração nos programas televisivos infantis; convive-se com os preconceitos; grassa a corrupção em alguns escalões administrativos; priorizam-se o lucro e o consumo, em detrimento dos valores humanos.

E o que é a escola senão o ponto de encontro dessas tensões da sociedade? Espaço de formação, mas também de reprodução e explicitação de conflitos, muito especialmente em regiões onde a praça de convivência é, quase exclusivamente, a escola. Pesquisa recente no Rio de Janeiro, patrocinada pela UNESCO, mostra que, para os jovens, é muito mais "criminoso" lesar o patrimônio do que agredir o ser humano. Somente 25% dos entrevistados acharam "muito grave" humilhar homossexuais, prostitutas, travestis. Daí a colocar fogo em índio é um passo... mas, para a maioria, pichar muros é falta grave. Assustam os dados de que 21% dos mais ricos e 12% dos mais pobres acham que a ditadura é a melhor solução. Além disso, 36,6% dos mais pobres e 26,3% dos mais ricos não sabem dizer se a democracia é melhor.

Essa pesquisa mostrou o desencanto dos jovens com a política e os políticos e a valorização da família, das igrejas e da televisão como espaços de formação. E daí? Como enfrentar essas questões? Para onde estão indo nossos jovens? Quais as suas expectativas?

REIS, Patricia – Fragmento. In: http://www.trtrio.gov.br/concursos/funcionarios/pronta_ANAL_ADMINISTRATIVA.pdf

ATIVIDADE 8

O texto trabalha causas atuais e históricas para trata da violência entre os jovens, especialmente no contexto da escola.

a) CITE algumas causas atuais, transcreva trechos que comprovem sua resposta.

b) IDENTIFIQUE as causas históricas explicitadas no texto e transcreva trechos que comprovem sua resposta.

ATIVIDADE 9

Ao defender seu ponto de vista, a autora do texto utiliza opiniões pessoas – julgamentos e dados objetivos da realidade apresentada.

a) CITE dois exemplos de opiniões e dois exemplos de dados que possam ser comprovados cientificamente e que foram citados no texto.

b) Agora, REDIJA uma conclusão: Qual a diferença entre o fato e opinião?

É possível que haja um texto argumentativo contendo só fatos ou só opiniões, mas, de maneira geral, o uso equilibrado dessas duas modalidades torna o texto mais convincente, persuasivo. É o que podemos chamar, a partir dessa mistura, de "texto dissertativo argumentativo". Quando há privilégio quanto à opção por utilizar somente fatos/dados no texto, costumamos denominá-lo "texto dissertativo padrão" ou "texto dissertativo-expositivo".

Leia atentamente o texto seguinte para responder às questões propostas.

Processos televisivos na formação do telespectador crítico

Os interesses de leitura são vivenciais. O indivíduo busca sua satisfação na leitura literária e nos outros tipos de leitura possíveis: pictórica, musical, dramática, televisiva. Em atenção a tal fato, a televisão veicula uma programação destinada a diversas faixas de público. A população infantil é um dos alvos desse veículo. A interferência da televisão sobre a formação do indivíduo tem sido um tema polêmico ao longo das últimas décadas.

A televisão é, seguramente, um dos mais controvertidos meios de comunicação. Cercado de críticos e defensores apaixonados, esse meio continua sendo de atentos estudos. Alguns estudiosos se debruçam sobre a televisão na tentativa de decifrar a magia da sedução; outros buscam novas formas para explorar o potencial comunicativo do veículo.

A televisão tem o poder de alterar hábitos nas comunidades aonde chega. A simples presença de um aparelho que transmite sons e imagens gerados em qualquer parte do mundo simultaneamente ao fato ocorrido provoca uma revolução de costumes: as mensagens veiculadas na "aldeia global" oferecem novas formas de pensar e agir. O conteúdo dos shows, filmes, novelas etc. influi no comportamento do público até porque, principalmente, no que diz respeito aos comerciais, o objetivo é induzir ao ato de consumo, gerando necessidades de ações automáticas.

O que se discute é a problemática dos efeitos exercidos pela televisão na sociedade moderna. Alguns teóricos veem na televisão um perigoso elemento de regressão capaz de dispensar a atenção, embotar a sensibilidade e alienar a consciência dos telespectadores. Outros acreditam ser o veículo um instrumento de formação rápida e certeira, de educação e de sociabilização.

Nesse sentido, a propriedade sedutora da televisão é, comprovadamente, capaz de mudar comportamentos e provocar e desestimular atitudes. Esse poder pode ser explorado pelo sistema político e econômico com vistas à preservação da ordem. Diz Umberto Eco:

"A televisão tem, portanto, a capacidade de tornar-se o instrumento eficaz para uma ação de pacificação e controle, a garantia da conservação da ordem estabelecida, através da resposta contínua daquelas opiniões e daqueles gostos médios que a classe dominante julga mais próprios para manter o *status quo*."

Essas informações são válidas quando pensamos na formação das crianças, pois, por estarem suscetíveis a tudo aquilo que assistem, é necessário que pais, professores e profissionais dos meios de comunicação de massa estejam atentos e preparados para um trabalho questionador que poderá ou não formar o telespectador mirim crítico. Como afirma Eco, "a televisão é um dos fenômenos básicos de nossa civilização e é preciso, portanto, não só encorajá-la nas suas tendências mais válidas, como também estudá-la nas suas manifestações".

SOUZA, Renata Junqueira de, pós-doutorada de British Columbia em Vancouver – Canadá.
Revista Páginas Abertas. (adaptação)

ATIVIDADE 10

Com relação à estrutura do texto, todas as alternativas apresentam informações corretas, EXCETO:

a) As ideias dos dois primeiros parágrafos apontam o porquê de muitos críticos estarem debatendo o tema televisão.

b) As ideias do terceiro e quarto parágrafo exemplificam as ideias apresentadas no segundo parágrafo.

c) O quinto e o sexto parágrafo apresentam possíveis efeitos da televisão sobre o público que justificam a preocupação dos estudiosos.

d) O sétimo parágrafo discute uma forma ineficaz de os telespectadores, independentemente da idade, não serem influenciados pela TV.

ATIVIDADE 11

Todas as afirmativas podem ser confirmadas a partir do texto, EXCETO.

a) Pontos positivos e negativos da televisão são apresentados, ressaltando-se, assim, o seu caráter polêmico e controverso.

b) A televisão tem o poder de mudar comportamentos, provocar e desestimular atitudes das pessoas de uma maneira geral.

c) O ser humano busca satisfazer-se através de leituras diversificadas, mas prefere a televisão por seu fácil acesso no dia a dia.

d) A criança deve ser preparada por pais e profissionais da educação para entender o caráter real ou ficcional da televisão.

ATIVIDADE 12

RETIRE do texto exemplificações do que venha a ser o fato e opinião utilizados pela autora para a elaboração de sua argumentação. Você concorda com o ponto de vista dela? JUSTIFIQUE-SE.

ATIVIDADE 13

Leia o texto para resolver a questão que segue:

> Há sem dúvida, uma relação entre miséria e o aumento de violência, enquanto o desespero de quem passa por extrema necessidade leva ao descontrole e até desatinos. [...]
>
> No entanto, percebemos todos que a violência não está ligada unicamente à fome e à exclusão social. Os dois jovens que assassinaram seus colegas em Littleton, Denver e dispararam 900 tiros possuíam um razoável nível de vida. [...]
>
> Às vezes, na origem de atos violentos está o desajuste psíquico de quem na infância não recebeu amor e se sente abandonado ao longo da vida. Mas, infelizmente, na maioria dos casos, o motivo encontra-se no egoísmo e no ódio.
>
> Hoje, o álcool e a droga agravam muito a situação, especialmente dos jovens, e fazem crescer de modo assustador os índices de violência. [...]
>
> ALMEIDA, Luciano Mendes de. *Folha de S. Paulo*: Pesquisa/arquivo. Folha em 05/05/2005.

Um texto é, geralmente, carregado de fatos e opiniões. Todos os trechos seguintes ilustram os fatos mencionados pelo autor, na construção da argumentação, EXCETO

a) Há, sem dúvida, uma relação entre miséria e o aumento de violência, enquanto o desespero de quem passa por extrema necessidade leva ao descontrole e até desatinos.

b) Os dois jovens que assassinaram seus colegas em Littleton, Denver e dispararam 900 tiros possuíam um razoável nível de vida.

c) Às vezes, na origem de atos violentos está o desajuste psíquico de quem na infância não recebeu amor e se sente abandonado ao longo da vida.

d) Hoje, o álcool e a droga agravam muito a situação, especialmente dos jovens, e fazem crescer de modo assustador os índices de violência. [...]

4. A CRÔNICA ARGUMENTATIVA

CRÔNICA DE CONSUMO: A LÂMPADA QUEIMADA DA POESIA

Um dia de crônica não faz mal a ninguém, caminhar pelas ruas a imaginar como seria perambular por elas se acaso não estivessem ali, ou seja, flanar um pouco além da pura vertigem da imaginação, arriscando-se a viver outra experiência que não a sua, espécie de estadia não estando, sentindo com todo o espírito como seria o mundo se por ali e naquele momento não se estivesse nele. Claro que isto parte sempre de uma presunção, considerando pertinente minha estadia no mundo. Não há outra: o homem já vem de fábrica com essa débil arrogância. E o termo não é incorreto uma vez que tudo foi transformado em produto. Em um mundo habitado por consumidores, não há distinção mais entre compradores e vendedores, porque todos atuam, ou melhor, sofrem a atuação do mercado, enfim: o que nos diferencia é um dado meramente temporal: quando somos compradores e quando somos vendedores. De tal maneira que nossa personalidade está medida pela carga horária de atuação em uma e outra instância. Nem isso: já nos permitimos tal ambiguidade, ou seja, somos e não somos ao mesmo tempo. Isto quer dizer que abolimos este conceito primeiro da individualidade enquanto característica geradora de um ambiente múltiplo em termos de tendências, percepções, interpretações etc.

Pronto. Há que ver detalhes, nada mais. Por exemplo, saber se a amizade pode funcionar como um produto aspiracional. Viver com mais liberdade significa não crer em mais nada, não compartilhar opiniões, radicalizar o status de sua condição solitária no mundo. Apagar todos os rastros de conceitos como os de confiabilidade e discordância explícita. É isto o que está por trás da máscara de uma entrevista com David Shah[1], o simpático inglês, consultor de tendências que, ao diagnosticar o fim da moda, nos leva a uma indagação: extinto o hábito, extingue-se a cultura em toda sua amplitude? Como então ser teólogo do nada em uma terra de nada? Quais os hábitos de David Shah? O que veste? Com quem se encontra? Em quem confia? Nesta entrevista ele faz uma apologia da "recontextualização", algo não tão simples como mudar os móveis de posição em uma sala, mas, ao fim, essencialmente isto. As metáforas criam suas ambiguidades, e desgraçadamente anseiam por ambientar-se, e é justamente quando se mostram o que são: desambientadas.

Os poetas brasileiros parecem discípulos de David Shah. Ah sim, esta seria uma primeira reação de um poeta brasileiro, porque eu também sou poeta e brasileiro. Mas a coisa não se resolve – a favor de ninguém – assim tão facilmente. Até porque o dilema não se restringe ao comportamento do poeta brasileiro. Há uma passagem na entrevista do inglês Shah em que ele assevera: "Hoje em dia, a maioria dos produtos se parece e tem basicamente a mesma qualidade, sejam japoneses, coreanos ou britânicos. Para diferenciá-los, é preciso atribuir a eles uma personalidade." Esta, que é a ótica do consumo, em muito se assemelha a uma ótica não declarada do fazer poético no Brasil. Recorda afirmação que me fez Ademir Demarchi, em uma mesa no Instituto Goethe[2], no sentido de que os poetas brasileiros haviam atingido uma técnica admirável. Sim, é verdade, dentro dos padrões atuantes, de circulação,

1. "Não há mais moda", entrevista conduzida por Luciana Stein. Época # 336, São Paulo, 25/10/2004.
2. Ciclo de palestras e debates: "Além do mercado: Literatura/As revistas literárias". Instituto Goethe. São Paulo, SP. Outubro de 2001.

aceitos pela crítica – hoje restrita ao âmbito da análise acadêmica -, todos escrevem certinho, com boa sintaxe, pausadamente etc. Careceria então aplicar o método Shah, ou seja, atribuir-lhes uma personalidade? Não precisamente, pois do que se trata, antes de tudo, é da aceitação de que essa poesia tornou-se produto, nada mais. Que é outra sua instância de atuação. A partir daí evocar as tendências do mercado livreiro etc. Não importa, aqui, também seguir a trilha da poesia brasileira em si, tanto quando o comportamento de nossos intelectuais. Como reagimos diante de crises? Como as aceitamos? Como passamos por cima delas em um exercício de alheamento?

Toda vez que o título de uma matéria na imprensa acusa "Não há mais moda" isto nos leva a pensar em correlatos do tipo "Não há mais orgasmo", "Não há mais poesia", quantos mais. Todo dia a imprensa tem que dizer que algo não mais existe, para assim poder reanimá-lo no dia seguinte. Jornalistas não entendem mais de ilusionismo do que poetas, apenas dispõem infinitamente mais de espaço para o exercício de sua perversão. Uma afinidade entre jornalistas e advogados é que o assunto central nunca se restringe a conceitos como verdade e justiça e sim à sua decorrência: o ganho de causa. A manchete é o ganho de causa em se tratando de imprensa. Vivemos um mundo completamente previsível, onde o telejornal, por exemplo, confirma ácida ambiguidade entre o que relata e o ânimo que nos desperta. Em alguns casos é quase como uma conclama: apesar do mundo que lhe apresentamos, tratem de ter esperança. Mas tudo isto porque temos que seguir vendendo. Eis aí onde David Shah está mais implacavelmente correto: "Você pode ter todas as ideias que quiser – é muito fácil ser criativo. O difícil é começar a produzir o que imaginou e colocar na rua para ver se vende." Ou seja, tudo se resume a técnicas de venda, uma vez que presumivelmente a condicionante estética já tenha sido resolvida de forma conveniente.

http://www.revista.agulha.nom.br/ag43martins.htm

Características da crônica argumentativa

- A crônica argumentativa reúne características tanto da crônica quanto do texto dissertativo.

- O início do texto é o espaço reservado para apresentar a questão a ser discutida ou polemizada.

- Ao tema é dado tratamento subjetivo, o cronista imprime sua marca pessoal no tema do texto.

- A linguagem segue o padrão da língua culta, mas geralmente é leve e criativa.

4.1. Proposta

Agora é a sua vez!

A crônica argumentativa pode ser escrita em primeira ou terceira pessoa. A crônica portanto é um gênero híbrido, que oscila entre a literatura e o jornalismo. Diferentemente de outros tipos de texto, ela não se limita a simplesmente contar um fato; vai além, expõe opiniões, vivências e experiências do cronista, de modo mais ou menos explicito. O fato é que esse jogo contribui para o reconhecimento e envolvimento do leitor com o assunto abordado.

Escolha um fato bastante recente e polêmico – que seja do seu interesse. Redija uma crônica a partir desse fato, dessa reportagem ou notícia lida. Apresente seu texto em classe. Esse trabalho pode se tornar uma revista de crônica da turma. Vamos lá, capriche!

GABARITOS

1 – Resposta pessoal
2 – Resposta pessoal
3 – Resposta pessoal
4 – Resposta pessoal
5 – Resposta pessoal
6 – Resposta pessoal
7 – Resposta pessoal
8 – Resposta pessoal
9 – Resposta pessoal
10 – D
11 – C
12 – Resposta pessoal
13 – A

ESTRUTURA DO TEXTO DISSERTATIVO PADRÃO

A folha em branco, o tempo passando. As unhas roídas, o tema na lousa, nenhuma ideia.

Você talvez já tenha passado por uma situação semelhante, em que não sabia absolutamente por onde começar a escrever sobre determinado assunto – "deu branco".

Veja outra situação: dez minutos depois de ter sido dado o tema, o aluno, para admiração do professor, já entrega a redação. Provavelmente, ele amontoou no papel uma série de ideias que jorraram de sua mente – "Qualquer coisa que eu escrever já está bom".

Em ambos os casos, faltou planejamento para o texto. Escrever não significa apenas preencher o papel com frases. Escrever pressupõe uma série de operações anteriores, entre as quais está o planejamento.

1. MONTANDO UM TEXTO DISSERTATIVO

Vamos partir do princípio de que escrever é comunicar, é transmitir uma mensagem ao leitor. Portanto, quem quer comunicar e ser bem compreendido precisa ser claro, bem organizado nos seus atos de comunicação.

Um texto dissertativo, para ser entendido, precisa ter uma estrutura bem organizada também. O que acontece, muitas vezes, é que o aluno "joga" as suas ideias caoticamente no papel, não conseguindo criar uma linha de raciocínio, não relacionando uma ideia com outra, não provando absolutamente nada. Então, como seria uma dissertação bem organizada?

Existe um modelo de dissertação que se organiza em três partes: introdução, desenvolvimento e conclusão.

A introdução normalmente apresenta a ideia central, que vai ser discutida, de modo que o leitor já saiba do que o texto irá tratar. Corresponde geralmente a um parágrafo.

O desenvolvimento corresponde ao desdobramento da ideia central. Corresponde à exposição dos argumentos que vão provar a ideia contida na introdução. Pode haver um ou mais parágrafos.

A conclusão "amarra" o texto. Pode funcionar como uma confirmação da tese inicial, resumindo os principais aspectos discutidos no texto. A conclusão consta geralmente de um parágrafo.

Frisa-se bem: nem todos os textos dissertativos que você lê no dia a dia seguem essa estrutura, porém podemos crer que esta é uma maneira clara e compreensível de se expressar. Vejamos um modelo.

Os microcomputadores: uma ameaça?

(1) A expansão tecnológica prossegue acelerada nestes últimos anos, modificando dia a dia a feição e os hábitos de nossa Sociedade.

(2) Talvez a maior novidade, que começa a preocupar os observadores, seja a "revolução informática" e suas conquistas mais recentes: videogames, videocassetes e, principalmente, os microcomputadores, que começam a fazer parte do nosso cotidiano e cuja manipulação já é acessível não só aos adultos leigos, mas até às crianças, isso indica que já entramos na era do computador; e que uma revolução da mente acompanhará a revolução informática.

(3) Essa "revolução" iminente vem alertando os responsáveis pela Educação das crianças e jovens para a ameaça de robotização que o uso regular dos computadores, introduzidos nas escolas e fora delas, poderá provocar nas mentes em formação.

(4) Para neutralizar tal ameaça, faz-se urgente a descoberta (ou a adoção) de métodos ativos que estimulem a energia criativa dos novos. E principalmente se faz urgente que as movas gerações descubram a leitura estimuladora ou criadora e através dela descubram a formação humanística (Literatura, História, Filosofia, Ciências Humanas e Artes em geral) que lhes dará a base cultural indispensável para serem no futura os criadores de programas que a nova era irá exigir. E não os programas obsessivos em que forçosamente se transformarão em pouco tempo, "robotizados" pela automação exigida para uso dos computadores.

(5) Em lugar de lutarmos contra esse novo instrumento da civilização a e do progresso, urge que nos preparemos para dominá-lo.

COELHO, Nelly Novaes. *Panorama histórico da literatura infantil/juvenil.*

- Introdução: parágrafo 1. **Introduz** o tema que vai ser discutido, isto é, a mudança da nossa sociedade devida á expansão tecnológica.

- Desenvolvimento:

- parágrafo 2. **Delimita** o tema, coloca a questão das mudanças trazidas pela Informática.

- parágrafo 3. **Situa** as possíveis consequências da "revolução informática", especialmente na escola.

- parágrafo 4. **Apresenta** possíveis soluções para os problemas de uma revolução informática.

- Conclusão: parágrafo 5. Apoiada nas ideias discutidas no desenvolvimento, a autora coloca resumidamente uma proposta de ação que, de certa forma responde à questão colocada no título.

Você percebeu que, para articular um texto dissertativo, não se pode "ir jogando" uma ideia após a outra, sem um critério de divisão de parágrafos. Reproduzimos uma proposta de redação do vestibular da FUVEST.

1.1. Proposta

ATIVIDADE 1

Leia os textos abaixo:

Texto 1

O trabalho não é uma essência atemporal do homem. Ele é uma invenção histórica e, como tal, pode ser transformado e mesmo desaparecer.

(Adaptado de A. Simões)

Texto 2

Há algumas décadas, pensava-se que o progresso técnico e o aumento da capacidade de produção permitiriam que o trabalho ficasse razoavelmente fora de moda e a humanidade tivesse mais tempo para si mesma. Na verdade, o que se passa hoje é que uma parte da humanidade está se matando de tanto trabalhar, enquanto a outra parte está morrendo por falta de emprego.

(M.A. Marques)

Texto 3

O trabalho de arte é um processo. Resulta de uma vida. Em 1501, Michelangelo retorna de viagem a Florença e concentra seu trabalho artístico em um grande bloco de mármore abandonado. Quatro anos mais tarde fica pronta a escultura "David".

(Adaptado de site da Internet)

INSTRUÇÃO:

Os três textos acima apresentam diferentes visões de trabalho. O primeiro procura conceituar essa atividade e prever seu futuro; o segundo trata de suas condições no mundo contemporâneo; e o último, ilustrado pela famosa escultura de Michelangelo, refere-se ao trabalho de artista. Relacione esses três textos e com base nas ideias neles contidas, além de outras que julgue relevantes, redija uma **dissertação em prosa**, argumentando sobre o que leu acima e também sobre os outros pontos que você tenha considerado pertinentes.

ATIVIDADE 2

A seguir, analisaremos uma das redações produzidas a partir dessa proposta. Convém lembrar que os critérios de correção de texto variam de universidade para universidade.

Atenção: Leia atentamente as instruções na página 3 do caderno de questões antes de preencher essa folha.

Trabalho: necessidade ou imposição?

As últimas décadas viram florescer no pensamento ocidental novas teorias acerca do trabalho. Entre elas, destaca-se a estrondosa e aparentemente otimista teoria do fim do trabalho. Com efeito, já parece bem remoto o tempo em que, na Inglaterra recém-industrializada o desemprego era considerado "vagabundagem" e punido por lei; hoje, com as crescentes maquinização e informatização, a demanda por mão-de-obra tem caído, e seu total desaparecimento não parece uma previsão absurda.

No entanto, observando-se as sociedades modernas, uma constatação se impõe: contrariamente a um progressivo e homogêneo desaparecimento do trabalho, o que ocorre é uma diminuição do número de postos e uma concentração do trabalho em efetivos reduzidos, criando uma luta acirrada pelos empregos disponíveis e, ao mesmo tempo, uma pressão extrema sobre os empregados.

Por que, então, não se pôde desenvolver um modelo social compatível com o declínio do trabalho?
A resposta é simples: porque a concepção de tal modelo teria de considerar exclusivamente o aspecto técnico do trabalho, o que é um erro. Do mesmo modo que a parte técnica do trabalho de um gênio como Michelangelo é precedida pela maturação de um anseio criativo; no homem comum, a parte técnica do trabalho é precedida por um anseio produtivo que, não podendo materializar-se, torna-se frustração.

Não se deve esquecer, portanto, que o homem é um ser criativo e que a humanidade só encontra a si mesma quando produz.

Redação – FUVEST 2006

Após a leitura do texto, responda:

a) Em quantos parágrafos se articulou o texto?

b) Pelo que foi estudado no livro anterior, como você avalia a organização estética da redação do aluno?

c) O que se poderia perceber em relação à estética, sobretudo dos parágrafos de introdução e conclusão?

d) As ideias que se apresentaram no primeiro parágrafo podem ser consideradas apenas ideias introdutórias? Justifique sua resposta.

e) Por que se poderia afirmar que a presença do articulador "No entanto", no primeiro parágrafo do desenvolvimento, não é um procedimento adequado?

f) Observe que o aluno fragmenta seu texto, colocando, como um parágrafo, uma pergunta. Você julga esse procedimento adequado? JUSTIFIQUE sua resposta.

g) A conclusão do texto está de acordo com o que se propôs no parágrafo introdutório? Por quê?

h) O que você diria acerca da argumentação utilizada pelo aluno? É pertinente, profunda, coerente com a realidade?

i) Quanto ao desempenho linguístico gramatical, trata-se em sua opinião, de um candidato muito fraco?

j) Levando em consideração sua análise dos itens anteriores, que percentual de desempenho você atribuiria a esse candidato?

ATIVIDADE 3

Se você fosse candidato a uma vaga nesse vestibular da FUVEST, como seria seu texto?

Gostaríamos que você produzisse sua redação, dentro dos critérios já estudados; preocupe-se, também, com a distribuição dos parágrafos.

Uma boa atividade, posterior à elaboração de seu trabalho, seria um miniconcurso em sua classe. Troque com os colegas as redações e sejam colaboradores uns dos outros. Bom trabalho.

ATIVIDADE 4

Leia, a título de motivação, os seguintes textos:

TEXTO 1

O valor da vida humana

De há algum tempo venho refletindo sobre uma maneira de valorar a vida humana e comecei a preocupar-me com maior afinco na busca de entender o quanto vale a vida da gente a partir de um experimento fortuito que fiz.

Uma noite, observando formigas que transitavam pelo tanque do meu apartamento, senti um forte ímpeto de brincar de Deus. Simplesmente, abri a torneira do tanque e a força do jato d'água carreou-as todas ralo abaixo. Ou seja, tinha-me dado o direito de decidir sobre a vida, ou melhor, sobre a morte daquelas formigas. Imediatamente aquela "brincadeira" despertou-me para o fato de que ela, a minha brincadeira, guardava uma congruente analogia com as catástrofes naturais - avalanches, dilúvios, enchentes, terremotos, erupção de vulcões - que num só ato dizimam milhares, centenas de milhares de vidas humanas sem a menor chance de se defenderem. E conclui, numa primeira tentativa de avaliar a vida humana que, do ponto de vista da natureza e os referidos fenômenos, valemos tanto quanto as formigas. Aquelas do tanque, se lhes fosse dada a condição de raciocinar, pensariam que foram mortas por uma tromba d'água que eu provocara ao abrir a torneira.

Passado pouco tempo dessa vivência, tive que administrar um confuso sentimento, mescla de alegria por ver corroborada a teoria que desenvolvera e de tristeza pela desgraça que abateu incomensurável número de seres humanos quando ocorreram o tsunami do Oceano Índico, pouco tempo depois o tufão Katrina no Golfo do México e agora, nestes dias, o terremoto da Ilha de Java.Para mim, tudo isso significa uma grande lição sobre a humildade. São muito importantes e valiosos todos os avanços da ciência e da tecnologia, da medicina, das pesquisas e suas descobertas, do conhecimento humano enfim. Isto nos faz, com certeza, valer muito mais que as formigas, mas não nos autoriza a nos julgarmos superiores à mãe natureza que, se por um lado nos provê dessa perspectiva de superioridade, tira-nos a vida como se por um capricho, uma brincadeira ou uma maldade.

Diante dos episódios de violência recentemente desencadeados em São Paulo, estado e capital, sou novamente instado por mim mesmo a refletir sobre o valor da vida humana.

Dentre tantos detalhes do noticiário, um chama-me particularmente a atenção: a preocupação de que talvez a força policial, em revide aos ataques, saia matando a torto e a direito, podendo até justiçar inocentes. Pratica-se inclusive uma aritmética macabra: a cada policial morto, dois bandidos idem. Em suma, nesta altura, a vida humana transforma-se em mercadoria de barganha. O valor não é mais o valor individual mas o valor populacional e, como tal, pura e simplesmente um número.

Esta é uma realidade universal. Entre Palestinos e Israelenses, por exemplo, aplica-se a mesma aritmética. A cada atentado terrorista palestino, corresponde um revide judeu, em geral, de maior intensidade. No Iraque noticia-se, até agora, a morte de cerca de dois mil e quatrocentos militares americanos. Acaso, do ponto de vista do presidente dos Estados Unidos, isto significa mais que um número?E o que tem a ver essa prosopopéia com a violência desencadeada por organizações criminosas? Tudo, eu diria. O valor da vida humana tem que ser examinado sob duas vertentes: a do individual e a do coletivo. As autoridades responsáveis pela carceragem nem sempre atentam para este importante detalhe: o valor das vidas humanas que estão sob sua responsabilidade.

O valor efetivo da vida de um presidiário, numa cela, solitário, sob o regime disciplinar diferenciado, é zero do ponto de vista social e quase isto do ponto de vista individual. Porém, nesse resto de valor individual pode estar armazenado um enorme potencial de violência, e não é difícil entender. Um preso, nas condições descritas é, antes de tudo, um inconformado e lutará com todas as suas forças e empregará todos os meios de que dispuser, violentos ou não, para sair da condição de morto-vivo. Quem já está no fundo do poço não tem como afundar mais. Veste-se de uma coragem infinita e sem seletividade. A vida do semelhante, deste ponto de vista, vale tanto quanto a sua: nada.

E se for preciso, mata com a maior frieza na crença de estar realizando seu autorresgate. Esta pode não ser uma atitude humanitária mas é, certamente, consentânea com a natureza humana. Do mesmo modo, quando se amontoa num recinto previsto para alojar xis delinquentes, duas ou três vezes mais do que uma cela é capaz de comportar, não é diferente de guardar um monte de sacos de feijão num armazém. De novo a vida humana se reduz a um simples número. Aliás, não é por acaso que se usa a expressão "população carcerária".

Lamento que, no limiar do século vinte e um, o panorama que se descortina à minha observação, a menos que eu seja portador de grave miopia mental, mostra uma humanidade sob certos aspectos tangente e sob outros abaixo da animalidade.Todo o processo de melhoramento social haverá de fracassar, inevitavelmente, se antes não se encara o problema do indivíduo, sentenciou Pecotche.

(VOLPINI, Nestor. In: http://www.paralerepensar.com.br 31/05/2006. Acesso 7 jul. 2006).

TEXTO 2

Matemática Moderna

João foi à feira com 5 reais e comprou duas couves, meia dúzia de laranjas e cinco tomates. Ficou com 1 real e setenta centavos de troco e, na volta para sua casa, foi atingido por uma bala perdida, morrendo na calçada antes da chegada da ambulância.

Joana foi ao shopping com um cartão de crédito e comprou dois tops, um par de sandálias e três batons. Gastou 124 reais e setenta centavos. Na saída do shopping foi atingida por uma bala perdida, morrendo sem que tenha identificado o autor dos disparos.

CARDOSO, César. *Caros Amigos*. São Paulo: Casa Amarela, junho 2003.

Sabendo que a morte de João saiu num canto da página 10 e que a de Joana foi manchete de primeira página por uma semana; sabendo que o preço de um anúncio de jornal de primeira página é 178% mais caro que o mesmo anúncio na página 10; e sabendo que João e Joana estão mortos, responda: QUAL É O VALOR DA VIDA HUMANA?

Você deverá produzir um texto dissertativo-argumentativo que contenha entre 25 e 30 linhas.

*Crie um título para seu texto.

ATIVIDADE 5

O valor da vida humana

O valor da vida humana é hoje avaliado segundo fatores financeiros, consequência direta da vigente ordem econômica mundial.

Essa organização global é regida pelo capitalismo financeiro, sistema ávido por lucro, que tem por características sociais a impessoalidade e o ostracismo. Tal conjuntura supervaloriza indivíduos dotados de bens materiais. O dinheiro lhes traz notoriedade, o qual permite a certos segmentos da sociedade, como a justiça e a mídia, perceberem melhor essas ricas pessoas, tornando-as ícones entre homens comuns.

De forma oposta, maior é o anonimato daqueles que pouco dinheiro possuem. Parecem configurar-se como uma casta à parte da sociedade e por maior que seja o crime da sociedade e por maior que seja o crime perpetrado contra eles, raras vezes a justiça é feita. A injustiça faz parte da vida da maior parte da vida desta população de esquecidos.

O homem, em seu processo evolutivo, passou por diversas etapas morais. Hoje, perdeu-se o valor da vida humana baseada na individualidade, no conteúdo pessoal e toma-se agora por medida o que o indivíduo tem, em detrimento do que ele representa.

(Texto produzido por E.J.A., aluno de curso Pré-vestibular – Extensivo).

Após a leitura do texto escrito pelo aluno, RESPONDA:

a) Em quantos parágrafos se articulou o texto?

b) Pelo que foi estudado no livro anterior, como você avalia a distribuição estética da redação do aluno?

c) As ideias que se apresentaram no primeiro parágrafo podem ser consideradas apenas ideias introdutórias? Justifique sua resposta.

d) O que se poderia afirmar acerca do uso do articulador "De forma oposta", no início do segundo parágrafo de desenvolvimento?

e) A conclusão do texto está de acordo com o que se propôs no parágrafo introdutório? Por quê?

f) O que você diria acerca da argumentação utilizada pelo aluno?

g) Quanto ao desempenho linguístico-gramatical, trata-se, em sua opinião, de um candidato "muito fraco"?

h) Levando em consideração sua análise dos itens anteriores, que percentual de desempenho você atribuiria a esse candidato?

ATIVIDADE 6

Agora é com você!

Considerando os dois textos analisados e discutidos na atividade anterior e, ainda, a tirinha a seguir, prepare-se para refletir!

TEXTO 3

1. O sujeito, a linguagem e suas funções

Algum tempo depois

Calvin preocupa-se, na verdade, com o que podemos chamar de uma questão de cunho filosófico. Os concursos têm se preocupado, cada vez mais, com a discussão de questões dessa natureza.

Há dois riscos similares quando o assunto tem abordagem filosófica: o primeiro seria de o aluno se perder dos textos chamados "textos de base", como os que você leu anteriormente. Ao se perder, o aluno mistura o que ele leu nos textos ao que ele pensa, o que já vivenciou de forma muito explicita e **subjetiva,** podendo prejudicar o real atendimento da proposta, que geralmente é bastante direta. Outro grande risco é o de "aprofundar-se" **demasiadamente**, mesmo sendo de forma mais objetiva com que deverá redigir, em se tratando de um exame de concurso vestibular.

Vale ressalta, ainda, que textos-base, em provas, servem tão somente como apoio para redação. O texto-base auxilia o candidato no levantamento de conhecimentos prévios sobre o assunto e ainda o instrui, caso não tenha muito conhecimento sobre a questão discutida. Não é interessante o aluno fazer comentários sobre os textos lidos nem colocar citações do ti: "de acordo com o texto acima...", entre outras.

Em alguns concursos do país, por exemplo, diferentemente de outros, tem-se um espaço reduzido de linhas para o aluno desenvolver a questão. É um formato de texto intitulado "parágrafo único". Temos, então, um problema: como redigir um texto de caráter tão polêmico e complexo num espaço tão curto de linhas? Realmente... É preciso bastante treino! Vamos começar de leve... Ainda não nos preocuparemos com a divisão dentro do que chamamos de parágrafo padrão... MÃOS À OBRA!

Pensando...

a) Em sua opinião a angústia de Calvin justifica-se? Por quê?

b) Você acredita que a escola prepara o aluno de forma adequada para refletir sobre esse tipo de questão?

c) Releia o último quadrinho. Explique a resposta de Calvin à sua professora, levando em consideração o fato de ele não ter prestado atenção no que ela havia explicado anteriormente.

d) Com base nos textos lidos e nas discussões em classe, REDIJA um texto dissertativo, de 12 a 14 linhas, respondendo à questão: qual é o valor da vida humana?

ATIVIDADE 7

VAMOS TERMINAR EXTRAPOLANDO

Oito jeitos de mudar o mundo

Setembro de 2000. Os países-membros da ONU se reúnem para um pacto: assumir um compromisso compartilhado com a sustentabilidade do Planeta e com o futuro de casa um de nós. São oito macro-objetivos a serem atingidos até o ano de 2015, pelos governos e pela sociedade. Oito planos de ação concreta, para que possamos reverter o quadro de pobreza, fome e doenças – que oprime bilhões de pessoas. Veja a seguir:

1. Acabar com a fome e a miséria
2. Educação básica de qualidade para todos
3. Igualdade entre sexos e valorização da mulher
4. Reduzir a mortalidade infantil
5. Melhorar a saúde das gestantes
6. Combater a AIDS, a malária e outras doenças
7. Qualidade de vida e respeito ao meio ambiente
8. Todo mundo trabalhando pelo desenvolvimento

Um país de várias faces

Sob a coordenação da PUC Minas, laboratórios acadêmicos de cinco universidades apresentam a situação do Brasil em relação aos Objetivos do Milênio, compromissos assumidos pelos chefes de Estado na Cúpula do Milênio convocada pela ONU, em 2000.

Minas Gerais foi um dos estados do Sudeste que mais reduziu o percentual de pobres na última década - de 43,27%, em 1991, para 29,77% da população em 2000 - período em que reduziu ainda a mortalidade infantil, a evasão escolar e aumentou de 82,8% para 95,9% de crianças de 7 a 14 anos na escola. Dados como estes, divulgados por pesquisadores da PUC Minas, colocam Minas Gerais como um dos poucos estados brasileiros que devem reduzir a pobreza pela metade até 2015, uma das metas estabelecidas pela Cúpula do Milênio.

"O percentual de pobres e indigentes ainda é elevado, mas a redução em Minas foi importante. Pelas projeções, o Estado chegará em 2015 com 16% da população em condições de pobreza, abaixo da meta de 21% estabelecida para Minas", anunciou o pesquisador Márcio Antônio Salvato, do Instituto de Desenvolvimento Humano Sustentável (IDHS) da PUC Minas. "Este trabalho trará uma grande contribuição para o futuro do Estado e do País e deve ser uma bandeira assumida pela juventude, para que as medidas necessárias sejam implementadas", frisou o reitor da PUC Minas, professor Eustáquio Araújo, durante a divulgação das análises.

De acordo com os indicadores definidos, pobre é aquele que tem renda per capita, no domicílio, inferior à metade de um salário-mínimo; e indigente aquele com renda per capita, no domicílio, abaixo de um quarto do salário-mínimo. A Meta 1 dos Objetivos do Milênio é, até 2015, reduzir pela metade a proporção de pobres e a de pessoas que passam fome, o que se consubstanciaria em uma meta de 20,05% de pobres e 10, 14% de indigentes para o Brasil.

Em números absolutos, houve queda da pobreza em Minas na última década, uma vez que a quantidade de pobres passou de 6 milhões e 800 mil, em 1991, para 5 milhões e 300 mil, em 2000. O Estado reduziu também de 19,72% para 12,57%, a população na linha de indigência, no período, devendo chegar em 2015 com 5,93% de indigentes, bem abaixo da meta brasileira.

Brasil ainda longe de reduzir pobreza

As projeções apontam que nenhum estado do Norte e Nordeste e ainda o Distrito Federal e São Paulo deverá cumprir, até 2015, a meta assumida de reduzir pela metade a proporção de pobres. O percentual médio de pobres no País caiu, de 40,11% da população, para 32,88%, entre 1991 e 2000, devendo chegar em 2015, a 23,61%, acima portanto da meta, que é de 20,05% da população vivendo abaixo da linha de pobreza.

No Brasil, o percentual de indigentes também caiu de 20,27% para 16,41%, mas, pela projeção, o País não tem condições de cumprir essa meta, devendo chegar, em 2015, com 11,53% de indigentes, quando a meta é de 10,14%.

Nos estados do Amazonas, Amapá e São Paulo cresceu, na última década, o percentual de pessoas vivendo abaixo da linha de pobreza e também abaixo da linha de indigência, incluindo, neste último caso, também o Distrito Federal.

O consultor do IDHS, Afonso Henriques Borges Ferreira, ressalta que a melhora nos indicadores sociais brasileiros, sobretudo nas áreas de pobreza, educação e saúde, ocorreu justamente numa década de baixo crescimento econômico, invertendo a antiga máxima de crescimento econômico em alta e o social em baixa.

Ele observa ainda que os objetivos do milênio foram fixados levando em consideração o conjunto de países pobres, o que resultou em metas pouco ambiciosas, algumas já atingidas pelo Brasil, como a universalização da educação básica.

"Vimos que áreas como educação e saúde podem melhorar sem crescimento econômico. Já outros itens, como melhoria das condições de habitação, dependem mais do crescimento econômicos e constituem desafios maiores", situa o especialista. Segundo ele, por trás da redução da pobreza estão mecanismos de transferência de renda, como programas do tipo bolsa-escola e bolsa-família, e aumento dos chamados ativos produtivos dos pobres, nos quais se incluem acesso à educação, acesso à terra e ao capital através, por exemplo, de pequenas linhas de crédito.

Educação – Acesso amplo de baixa qualidade

O Brasil praticamente cumpriu a meta relativa à universalização do ensino básico, saltando de 79,4% para 94,5% o percentual de crianças de 7 a 14 anos na escola. Minas reduziu o analfabetismo nas várias faixas etárias, tem mais de 95% das crianças de 7 a 14 anos na escola e saiu da 25ª posição no ranking dos 26 estados para a 8ª no quesito evasão escolar. Passou da 10ª para a 3ª posição em taxa de repetência e do 9º para o 7º lugar em percentual de crianças na escola.

Mas a elevação ou mesmo manutenção da qualidade da educação ainda desafia o País. "Muitos indicadores melhoraram graças ao esforço de políticas públicas. Mas o Brasil não pode ser avaliado pelas médias, porque somos um país com realidades desiguais", pontuou o pesquisador Márcio Antônio Salvato.

Como exemplo, a taxa de analfabetismo em Alagoas, em 2000, foi de 19,2% entre jovens de 15 a 24 anos, próximo ao verificado para a África Subsahariana (22,1%). Já em Santa Catarina, jovens analfabetos eram apenas 1,4% em 2000, com projeção de 0,9% para 2015, taxa próxima à de países da Europa Central.

Sobre Minas, apesar do avanço em indicadores da educação, Salvato considera que poderiam estar melhores. "O Estado está em torno da 10ª posição na maioria deles, mas, em renda, temos posição melhor do que esta e, portanto, poderíamos ter melhorado mais". Os dados das análises do IDHS mostram que houve queda, em Minas, no investimento público em educação, que passou de 5% do PIB, em 1995, para 4,6%, em 1999.

Estágio crítico em Português e Matemática

Além das desigualdades nacionais, Márcio Antônio Salvato aponta como preocupantes também os dados do Sistema de Avaliação do Ensino Básico do Ministério da Educação, que avaliou as habilidades de alunos das 4ª e 8ª séries em Português e Matemática. Em 2001, 54% das crianças brasileiras na 4ª série foram avaliadas como estando em estágio crítico, ou muito crítico, na construção de competências em Língua Portuguesa.

Situação semelhante ocorreu na Matemática, com crianças saindo da 4ª série sem o domínio das quatro operações básicas, o que ainda se revela pior na 8ª série, quando 51,7% dos estudantes estavam em estágio crítico em Matemática, ou seja, não conseguiram estabelecer relações matemáticas básicas.

Saúde – Entre o Vietnã e os Estados Unidos

A mortalidade infantil sofreu grande redução em todos os estados brasileiros, indicando a possibilidade de cumprimento da meta, de reduzir em dois terços as mortes até cinco anos de idade, entre 1990 e 2015. "Mesmo assim, há disparidades regionais gritantes, que merecem muita atenção", alerta o professor da PUC Minas, Duval Magalhães Fernandes, destacando que, atingidas as metas em 2015, teremos no País estados, como Santa Catarina, com índices semelhantes aos dos Estados Unidos, e como Alagoas, com índices próximos aos hoje verificados no Vietnã.

A taxa de mortalidade infantil em Minas Gerais foi reduzida de 38,42 por 1.000 nascidos vivos, para 21,40 por 1.000, entre 1990 e 2000, com queda de 44% no período, semelhante à média do Brasil (42%). Ainda assim, Minas, embora esteja entre os estados que mais avançaram na área, ainda é o que tem a maior taxa de mortalidade infantil da região Sudeste.

No indicador mortalidade materna, cuja meta é reduzir em três quartos as mortes decorrentes de parto até 2015, Minas era o estado com a mais alta taxa do País em 1994 (130,34 por 100 mil nascidos vivos, mais do que o dobro da taxa nacional de 64,32). A redução foi expressiva, chegando a 33,92 por 100 mil nascidos vivos, em 2001, tendo o Estado praticamente atingido a meta.

Duval observa, porém, que os indicadores de mortalidade materna ainda devem ser mais bem monitorados, por terem partido de uma base não muito confiável no Brasil, podendo não espelhar a realidade. Isto porque, só a partir de 2003, a notificação da morte de mulheres em idade reprodutiva (15 a 49 anos) passou a ser compulsória no Brasil, permitindo avaliações e diagnósticos mais consistentes a respeito.

A PUC Minas: Jornal da PucMinas > Ano XVII – Número 265 – abril de 2005 >
Um país de várias faces. Acesso em 13 jul. 2006. www.pucminas.com

REDIJA um texto dissertativo sobre o tema "Oito jeitos de mudar o mundo", supostamente destinado a ser publicado no jornal da faculdade em que você estuda. Você deverá assumir a identidade de um estudante recém-chegado ao ensino superior, que está bastante preocupado com a mobilização da comunidade acadêmica em torno dessa temática (25 a 30 linhas).

Assuma a tarefa de:

a) MOSTRAR os oito planos sugeridos pela ONU para reverter o quadro de pobreza, fome e doenças – que oprime bilhões de pessoas;

b) DISCUTIR as formas de acionar esses planos no cotidiano desse grupo leitor;

c) SENSIBILIZAR o leitor para a necessidade de se comprometer a colocar em prática tais metas.

Não se esqueça de que você deverá redigir seu texto em terceira pessoa. Dê um título interessante ao seu texto!

1.2. Treinando ainda mais a argumentação

(UFV) INSTRUÇÕES PARA A REDAÇÃO 1

Atenção: Antes de iniciar sua redação, leita atentamente as instruções abaixo.

1. Produza um texto coeso e coerente, com um mínimo de 20 linhas e um máximo de 25 linhas;

2. Não se esqueça de dar um título, se necessário, ao seu texto;

3. Faça primeiro a redação na folha de rascunho, utilizando a página amarela encartada no centro do caderno de provas;

4. Passe o texto a limpo, a tinta e em letra legível.

As instruções acima serão observadas durante a avaliação de sua redação.

REDAÇÃO

- Leia os fragmentos abaixo, extraídos de matéria publicada em O Globo Revista, que remetem a um tema bastante discutido na atualidade.

FRAGMENTO 01

Manifestações perversas da cultura da aparência. É assim que psicanalistas analisam os episódios da jovem exposta à revelia na Internet mantendo relações sexuais com o "ficante" e da menina filmada durante a prática de sexo oral num banheiro de uma escola na Zona Sul do Rio. Segundo Sergio Nick, da Sociedade Psicanalítica do Rio de Janeiro (SPRJ), o valor dessa cultura da imagem não é ser, mas aparecer.

O que importa não é fazer sexo, mas ser visto fazendo. Esses casos não foram surpresa para os jovens, apenas para os adultos. A garotada está sabendo o que nós não estávamos até agora. Eles são filmados em festas e há muito tempo tomam cuidado para não parar em sites e blogs.

FRAGMENTO 02

Para o psicanalista Carlos Saba, a noção de exposição ou de violação da privacidade via Internet é relativa; só dá para medir intelectualmente, mas não afetivamente.

– Não dá para medir violação afetiva pela Internet porque as pessoas não têm noção do espaço que ocupam quando se exibem pela Internet ou por qualquer outra mídia. Os mesmos adolescentes que transaram diante da câmera talvez não tivessem coragem de repetir a atitude se o espaço fosse outro, por exemplo, um clube, diante de dez pessoas.

(MARINHO, Antônio; CEZIMBRA, Marcia; CLÉBICAR, Tatiana. Como proteger sua intimidade. In: O Globo Revista. Rio de Janeiro, n. 51, p. 20 e 23, 17 jul. 2005.)

Produza um texto coeso e coerente, com um mínimo de 20 linhas e um máximo de 25 linhas, de cunho argumentativo posicionando-se a respeito do tema proposto: **A exposição pessoal de adolescentes via Internet: caso de exibicionismo ou violação de privacidade?**

Tema: Inveja: um "pecado" em tempos de globalização

Considere, para o desenvolvimento do tema proposto, as informações apresentadas a seguir. Há quatro tipos de textos sugeridos para sua reflexão sobre o tema da redação. Os textos foram tirados de fontes diversas e apresentam opiniões e argumentos relacionados com o tema. Consulte a coletânea e utilize-a, segundo suas opiniões e conhecimentos sobre o assunto. Não a copie!

PRODUZA um texto argumentativo coeso e coerente, com um mínimo de 20 linhas e um máximo de 25. Dê um título ao seu texto.

1. Inveja: [*lat.invidia*].1. desgosto ou pesar pelo bem ou pela felicidade de outrem. Desejo violento de possuir o bem alheio.

(Novo Dicionário Aurélio da Língua Portuguesa)

2. "A inveja é o pecado mais adequado a um mundo que estimula a competitividade e a superação, que diz a todo o momento: – Seja um vencedor, inveje o próximo para superá-lo e, se possível, arrasá-lo."

(VENTURA, Zuenir. A inveja.)

3. "Sim, Senhores, a inveja aquele pecado capital destrutivo, que alguém caracterizou como mistura de cobiça, impotência e ressentimento niilista contra tudo que é honra de uma cultura. Infelizmente, como Tocqueville ressaltou, quanto maior a paixão igualitária numa sociedade, mais se disseminará nela a inveja. Numa cultura em que a noção de distinção entre indivíduos foi abolida, é normal que qualquer distinção social ou intelectual dê origem a uma furiosa onda de ressentimentos e animosidades invejosas."

(Disponível em: www.oindividuo.com/alvaro/alvaro57.htm)

4. "A finalidade do liberal-capitalismo é a concentração de grandes fluxos de indivíduos explorados (por outros indivíduos) e politicamente não pensantes, que têm por único objetivo a acumulação de capitais financeiros (fundos de pensão, de investimento etc.) em detrimento dos fundamentos políticos, morais e sociais indispensáveis numa sociedade que se queira verdadeiramente humanista. O indivíduo é vítima de uma sociedade que lhe suscita a inveja pelos outros (levando-o a consumir desenfreadamente para não se sentir inferior a eles) e a desumanização é assim cada vez maior (daí o interesse em criar-se a ideia de que a competição é inata ao ser humano, esquecendo-se de que a solidariedade – é o ainda mais)."

(O liberal-capitalismo e a globalização da economia, texto retirado da internet, de autor desconhecido.)

GABARITOS

Todas as atividades deste capítulo são de questões abertas e de respostas pessoais.

O PARÁGRAFO

Vestibular 2001
PUC-RIO
REDAÇÃO

OBS.: A identificação ANULA a prova.

Título: Paradoxo digital

É impossível analisar a sociedade deste novo milênio sem enxergar as modificações estruturais que as novas tecnologias têm provocado. Entre todas, a mais evidente é a revolução ocorrida nos meios
de comunicação com a entrada do computador, que causou um incremen-
5 to na globalização entre seus usuários, apesar de contribuir para
um afastamento ainda maior entre as pessoas, criando um verdadeiro paradoxo digital.

No momento em que o progresso tecnológico atingiu a troca
de informações, foi possível diversificar os conteúdos transmiti-
10 dos e acelerar as interações entre membros de diferentes partes
do mundo. Foram rompidas as fronteiras nacionais e iniciou-se a
criação de um modo de pensar global.

Apesar da criação desta cultura mais homogênea, só participam deste processo os indivíduos que podem pagar o preço por
15 toda esta tecnologia. Como a distribuição de renda é extremamente desigual, vemos que apenas uma minoria privilegiada pode desfrutar desta globalização, acentuando o abismo social já exis-
tente e promovendo um "apartheid" digital.

Além do afastamento causado pelas desigualdades econômicas,
20 existe um isolamento individual por causa de uma supervaloriza-
ção dos contatos realizados por computador. Os usuários estão trocando o convívio direto com os amigos no bar do bairro, por exemplo, por
longas conversas com amigos virtuais. Ou seja, cada um fica sozinho
com o seu computador fragmentando a própria comunidade.

25 Logo, ao analisarmos os efeitos da inserção do computador
nos meios de comunicação, vemos a formação do paradoxo digital
causado pela junção de um progresso de globalização com um de exclusão social. E é preciso quebrar este paradoxo promovendo uma integração dos excluídos neste processo de globalização para trazer
30 um desenvolvimento digno deste novo milênio.

(Disponível em: www.puc-rio.br/vestibular/redacoes/#) Acesso em 16/08/2006.

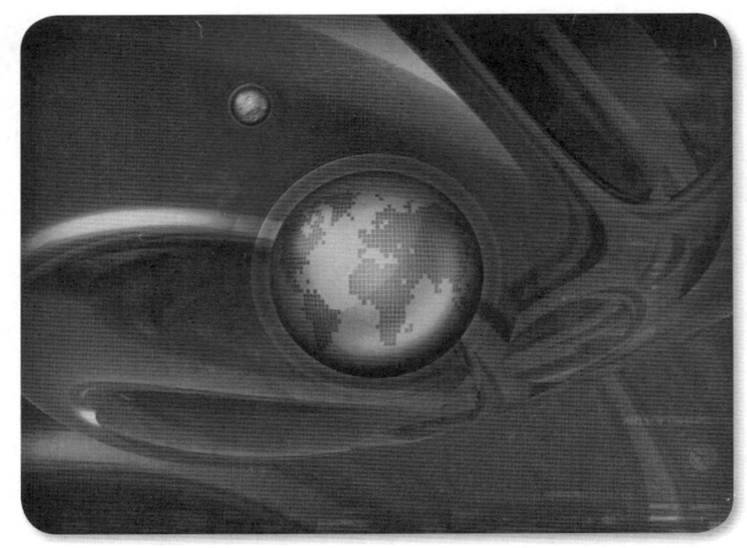

(Disponível em: www.hostamigo.com/Graficos/mundo-digital10.jpg.) Acesso em 16/08/2006.

O texto anterior é a reprodução de uma folha de redação de um vestibular da PUC-Rio, de 2001, em que se solicitou um texto dissertativo a respeito do tema "paradoxo digital".

Você percebeu que essa reprodução se articulou em parágrafos.

a) Pela leitura da introdução, você diria que o candidato apresentou explicitamente o tema e focou o objetivo? JUSTIFIQUE sua resposta.

b) Releia o último parágrafo do texto. Existe nele algum marcador de conclusão? ESPECIFIQUE-O.

c) As ideias, da maneira como foram apresentadas, no último parágrafo, servem de fato, como conclusão? JUSTIFIQUE sua resposta.

Afinal como dividir um texto em parágrafos?

A noção de parágrafo está ligada à noção de ideia central. Cada parágrafo deve desenvolver-se em torno de uma ideia e deve ter certa unidade.

É comum vermos redações de alunos que apresentam um parágrafo único. Outras vezes, pelo contrário, a cada frase corresponde um novo parágrafo. No primeiro caso, o aluno provavelmente colocou várias ideias em um só bloco, tornando o texto confuso. No segundo caso, é bem possível que ele tenha fragmentado uma mesma ideia, comprometendo a unidade textual.

Releia os parágrafos de desenvolvimento da redação produzida para o vestibular da PUC-Rio.

d) IDENTIFIQUE qual seria a ideia central de cada um dos três parágrafos destinados ao desenvolvimento.

e) Existem, nos parágrafos analisados, elementos formais coesivos que justificariam a transição de um parágrafo para o outro? Quais? Liste-os.

f) Qual é a relação lógico-semântica (causa, consequência, finalidade) estabelecida entre os parágrafos do desenvolvimento?

1. A ESTRUTURA DO PARÁGRAFO

Assim como no texto, podemos perceber, no parágrafo dissertativo, certa estrutura organizada em introdução, desenvolvimento e, às vezes, conclusão.

A *introdução* expressa, em um ou dois períodos curtos, a ideia central (chamada também de tópico frasal). A seguir, há o *desenvolvimento* da mesma ideia central. Finalmente, uma *conclusão*, nem sempre presente, retoma a ideia central. É importante salientar que a conclusão, no parágrafo dissertativo, é dispensável devido ao tamanho do texto, ou seja, o aluno acopla ao desenvolvimento a conclusão.

A sociedade da informação tem que ser para todos. Sua democratização deve possibilitar que toda a população tenha acesso às novas tecnologias, utilizando-as em todo o seu potencial, incluindo aí o acesso à rede mundial. O consumidor não precisa mais sair de casa para conferir seu saldo bancário, fazer aplicações, pagar suas contas, comprar bens e serviços. Isso faz do computador uma excelente ferramenta comercial.

A introdução é representada pelo período inicial ("A sociedade da Informação tem que ser para todos.").

O desenvolvimento detalha a generalização do tópico frasal, além de exemplificar a utilização da informática.

A conclusão endossa a presença da informação como característica da nossa sociedade. REDIJA uma reflexão a respeito dessa conclusão, apontando o caráter/tom pessoal dado ao fechamento desse parágrafo.

1.1. Propostas

ATIVIDADE 1

IDENTIFIQUE, nos textos a seguir, a introdução, o desenvolvimento e a conclusão.

TEXTO 1

Número de alunos de cursos a distância subiu 62,6% em 2005

O número de estudantes brasileiros que realizavam cursos a distância em 2005 era 62,6% maior que o registrado em 2004, de acordo com o Anuário Brasileiro Estatístico de Educação Aberta e a Distância 2006, realizado com patrocínio do MEC (Ministério da Educação).

No total, em 2005, havia 504 mil pessoas estudando a distância, em cursos certificados pela União.

O próprio estudo, porém, ressalta que, ao contrário do imaginado, o aumento não indica que há mais pessoas estudando pela internet. Grande parte dos cursos oferecidos a distância no Brasil - 84,7% - ainda usam meios impressos, principalmente apostilas.

O uso de internet - o chamado e-learning - e de CD-ROMs atinge respectivamente 61,2% e 41,8% dos cursos certificados.

Para especialistas, apesar da perspectiva, a tendência é que o material impresso tornese apoio do sistema virtual, em curto e médio prazo. O problema é que o avanço depende diretamente do maior acesso a computadores no país.

O maior aumento no número de alunos de cursos a distância foi observado na região Centro-Oeste, ainda de acordo com o anuário. O número subiu de 23.588 alunos em 2004 para 51.611 em 2005, um aumento de 118%. A região representa 10% do total de alunos de cursos a distância do país.

Somente no Distrito Federal, havia 150% mais pessoas estudando a distância em 2005 que em 2004. O número chegou a 42.783.

http://www1.folha.uol.com.br/folha/educacao/ult305u18732.shtml. 16/08/2006

a) Introdução:

De:

A:

b) Desenvolvimento:

De:

A:

a) Conclusão:

De:

A:

TEXTO 2

As influências familiares são poderosas na definição da carreira pelos jovens. Podem se manifestar abertamente, o que é cada vez mais raro, uma vez que os pais estão alertados por certo psicologismo que atravessa cada vez mais as camadas médias da sociedade industrial.

Enquanto rareiam tais pressões abertas, as famílias vão aperfeiçoando métodos mais sutis de influenciar seus pimpolhos, através de certa sugestão social, carregada de mensagens subliminares que caem no inconsciente e contra as quais não há como se defender.

Assim, a valorização (ou desvalorização) sutil de certas profissões, ou as afirmações de que, desde pequenina, por exemplo, a filha manifestou tendência para a Medicina porque arrancava os braços da boneca ou furava-lhes os olhos para ver como eram já faz parte do folclore de certas famílias que explicam a profissão dos filhos como algo baseado na mais perfeita e completa ideia de vocação como um "chamado místico" (conceito este totalmente superado pela moderna psicologia).

Mas há ainda o outro lado da medalha. Pais que abandonam a sua profissão nada mais farão do que ressaltar os aspectos negativos da sua carreira, esquecendo-se de que todas as profissões os possuem, e seus filhos estarão sendo bombardeados com mensagens que podem ser traduzidas assim: "Não caia no mesmo erro que eu. Escolha outra carreira."

Assim é que, positivamente ou negativamente, a influência dos pais tem peso considerável na definição profissional dos filhos, ainda que nem sempre eles reconheçam o fato. Tudo isso sem se falar nas facilidades profissionais advindas, para o jovem, da escolha da mesma profissão do pai. Neste caso, porém, o jovem precisa estar absolutamente seguro de suas tendências, já que não será fácil explicar o insucesso profissional, quando se pode contar com tudo pronto à espera do exercício de sua profissão.

WHITAKER, Dulce. A escolha da carreira.

a) Introdução:

De:

A:

b) Desenvolvimento:

De:

A:

c) Conclusão:

De:

A:

ATIVIDADE 2

Os parágrafos do texto a seguir estão fora de ordem. Cabe a você organizá-los em um texto lógico, coerente, com introdução, desenvolvimento e conclusão.

1) Além disso, uma floresta tropical (semelhante à Amazónia) está sendo recriada na região noroeste da Costa Rica, um país da América Central onde não há ditadura nem forças armadas. Segundo a revista News Week (25/1/1988), é um trabalho semelhante ao de Noé e sua lendária arca: implantar numa região isolada o equilíbrio das espécies. Calcula-se que lá serão reintroduzidos 350 espécies de pássaros, 160 mamíferos, 200 répteis e anfíbios e 3 mil tipos de insetos.

2) No mês passado aconteceu um congresso chamado Restaurando a Terra, em Berkeley, Califórnia. Participaram dele 800 cientistas, representantes das indústrias e do governo, todos devidamente preocupados com as catástrofes previstas por causa do desrespeito ao meio ambiente. Nesse congresso foram analisados projetos como o de restauração da vida selvagem no litoral do Estado de New Jersey. Uma empresa especializada aterrou pântanos, abriu canais para rejuvenescer o fluxo das marés, criou colinas artificiais para que patos selvagens colocassem seus ninhos. Os resultados já são visíveis - os pássaros estão voltando à região. O projeto custou até agora 4 milhões de dólares. Muito dinheiro? É nada. É o preço que se paga a um astro de cinema americano para realizar um único filme. É o dinheiro que circula em algumas poucas horas em Brasília em comissões, presentes e outras formas de corrupção branda.

3) Vemos que o ser humano não criou a vida no planeta e não tem o direito de destruí-la, como está fazendo. Não se trata apenas de uma questão moral, mas de sobrevivência. E se o homem destruiu tanto, não lhe resta outra saída hoje senão usar a sua capacidade técnica para restaurar o que foi destruído pela sua própria capacidade técnica. Não criamos a vida, mas podemos ajudar a recriá-la.

4) Existe uma nova tendência ecológica que está crescendo nos Estados Unidos: o restauracionismo. Essa corrente diz que não basta brecar a devastação da natureza causada pelo ser humano: é preciso restaurar o que já foi destruído, e aí o homem entra como um aliado da natureza, e não como seu adversário "natural".

Qual seria a numeração da ordem CORRETA do texto?

2. OS TIPOS DE DESENVOLVIMENTO DO PARÁGRAFO DISSERTATIVO

Como já foi dito nos livros anteriores, para que se desenvolva qualquer texto com qualidade, é preciso que se domine a técnica de produção textual. Com o parágrafo não é diferente. Cada texto necessitará de uma organização técnica e prática para uma exposição de assunto clara, destacando a ideia principal, podendo utilizar recursos de gêneros diferentes, seja através da imagem apresentada (descrição), seja através do fato bem apresentado (narração) ou através de teses bem fundamentadas (dissertação). Lembramos que à introdução ou, no caso do parágrafo, ao tópico frasal é dada a função de apresentação do assunto e dos objetivos a serem desenvolvidos ao longo do texto. À conclusão é dada a tarefa de fechar o que foi discutido. Na conclusão, opta-se por resolver a questão proposta ou projetar o assunto discutido, dando a ele um fechamento apropriado. Quando pensamos na parte do desenvolvimento, tanto de parágrafos quanto de textos mais longos, temos de estar atentos a outros processos que podemos utilizar e que ajudarão o aluno a redigir um texto satisfatório. Dentro dos processos de desenvolvimento do parágrafo temos: enumeração de detalhes, comparação, causa e consequência, tempo e espaço, explicitação.

2.1. Enumeração

É caracterizada pela apresentação de uma série de realidades, uma a uma. É modalidade apropriada à indicação de características, funções, processos, situações, complementando, de modo geral, a afirmação estabelecida no tópico frasal. Pode-se fazer enumeração, seguindo-se os critérios de relevância, preferência, classificação ou mesmo de modo aleatório.

Exemplo

> A geração mais jovem vem-se tornando obesa, devido a uma série de fatores de riscos: alimentação inadequada, falta de exercícios sistemáticos e demasiada permanência diante de computadores e aparelhos de TV, entre outras causas.

2.2. Comparação

O tópico frasal pode ser desenvolvido por meio da comparação, que confronta ideias, fatos, fenômenos e apresenta a eles as semelhanças e/ou dessemelhanças.

Exemplo

> "A juventude é uma infatigável aspiração de felicidade; a velhice, pelo contrário, é dominada por um vago e persistente sentimento de dor, porque já estamos nos convencendo de que a felicidade é uma ilusão, que só o sofrimento é real".
>
> (Arthur Schopenhauer)

2.3. Causa e consequência

O tópico frasal, de um modo geral, encontra no seu desenvolvimento um segmento casual (fato motivador) e, em outras situações, um segmento indicando consequências (fatos decorrentes).

Exemplo

> A procura pode instituições que preparam alunos para concursos públicos tem aumentado, uma vez que a carência de estabilidade empregatícia vem aumentando nas ultimas décadas no país. O espírito competitivo foi excessivamente exercido entre nós, de modo que hoje somos obrigados a viver numa sociedade fria e inamistosa.

2.4. Tempo e espaço

A evolução e organização das ideias de parágrafos dissertativos podem ser marcadas por articuladores temporais e espaciais para expressar, entre outros aspectos, os "processos".

Exemplos

Tempo

A comunicação de massas é resultado de uma lenta evolução. Inicialmente, a comunicação humana restringia-se a grunhidos. Somente muito tempo depois, inventou-se a escrita; séculos mais tarde é que, gradativamente, a linguagem foi evoluindo, permitindo a criação do fenômeno da "comunicação de massa".

Espaço

"O solo é influenciado pelo clima. Nos climas úmidos, os solos são profundos. Existe nessas regiões uma forte decomposição de rochas, isto é, uma forte transformação da rocha em terra pela umidade e calor. Nas regiões temperadas e ainda nas mais frias, a camada do solo é pouco profunda."

(Melhem Adas)

2.5. Explicitação

A conceituação, a exemplificação e o esclarecimento de ideias, em um parágrafo dissertativo, pode ser um recurso utilizado para tomar as ideias mais compreensíveis.

Exemplo

A artéria é um vaso que leva sangue proveniente do coração para irrigar os tecidos. Exceto no cordão umbilical e na ligação entre os pulmões e o coração, todas as artérias contêm sangue vermelho-vivo, recém-oxigenado. Na artéria pulmonar, porém, corre sangue venoso, mais escuro e desoxigenado, que o coração remete para os pulmões para receber oxigênio e liberar gás carbônico.

2.6. Propostas

Agora é a sua vez!

ATIVIDADE 1

Com base no texto discutido anteriormente sobre tipos de desenvolvimento do parágrafo dissertativo, leia as manchetes retiradas dos principais telejornais do país. A partir delas, REDIJA um parágrafo dissertativo exemplificando com três tipos diferenciados de cada desenvolvimento. Seu trabalho poderá ser apresentado para toda a classe, a fim de solucionar possíveis dúvidas que apareçam a respeito desse assunto. Capriche, mãos à obra!

Jornal Nacional - Globo

Começa o julgamento de um acusado de matar crianças no Sul.

Jornal da Band - Band

Na série sobre refugiados, a história de africanos que, sem saber para onde iam, chegaram ao Brasil escondidos em navios.

SBT Brasil - SBT

A NASA anuncia que perdeu as imagens da chegada do homem à Lua.

ATIVIDADE 2

Leia o trecho.

E se... o voto não fosse obrigatório?

A tentação é grande... Seus amigos querem saber o que você vai fazer no feriado, as agências de viagem anunciam pacotes para a data. E você pensa que, em pleno calor de 15 de novembro ou de 3 de outubro, um dia livre é mesmo um convite ao lazer. Afinal, com o fim do voto obrigatório, essas datas virariam simples feriados. Mas não é que, justo agora que acabou a obrigatoriedade de votar, a eleição parece mais interessante? Os temas da campanha são bem mais palpáveis, os problemas discutidos pelos candidatos se assemelham aos seus e tem até gente acenando com uma solução! "Será que eles, finalmente, descobriram que eu existo?", você pensa. Chega o dia da eleição. E, de repente, você está com o título de eleitor na mão, votando! Utopia? Coisa de país desenvolvido?

VOMERO, M. F. Superinteressante. São Paulo, n. 175, abr. 2002. p. 39. (Adaptação)

Em resposta à pergunta proposta no título, REDIJA uma continuação para esse artigo, apresentando suas próprias considerações sobre as vantagens e desvantagens da não obrigatoriedade do voto.

ATIVIDADE 3

Leia este trecho

A doce vida dos filhos-cangurus

Nos anos mais efervescentes das décadas de 1960 e 1970, a palavra de ordem da juventude era pôr o pé na estrada. Isso significava romper com os valores estabelecidos da sociedade, entre eles a família, e ir à busca de seus sonhos, mesmo quando estes não eram muito claros. Visto hoje, parece compreensível. Além de um mundo que pedia reformas, havia um imenso abismo entre esses jovens e a geração de seus pais. Sair de casa acabou virando sinônimo de liberdade. Mesmo que para isso tivessem que trocar o conforto familiar por uma espécie de república de estudantes ou compartilhar um apartamento com vários amigos. Os mais psicodélicos integravam-se em comunidades hippies ou adaptavam-se ao espaço de uma barraca de acampamento. No final dos anos 1970, essa prática já estava naturalmente incorporada à ideia de independência e realização pessoal.

O tempo passou e os filhos daquelas gerações rebeldes comportam-se hoje de forma diametralmente oposta. Ao contrário de seus pais, os jovens atuais não têm mais tanta pressa em sair de casa. A maioria, aliás, nem pensa no assunto. São os representantes da chamada geração-canguru, que resistem a abandonar a comodidade da casa paterna do mesmo modo que o filhote marsupial se agarra à bolsa protetora da mãe. Alguns, mais folgados, não arredam da barra da saia nem mesmo depois que se casam e têm filhos. Com isso, um novo fenômeno surgiu: o prolongamento da adolescência.

LOPES, C.F. Galileu, São Paulo, n. 95, jun. 1999. p.47-48. (Adaptação)

Com base no seu próprio ponto de vista, REDIJA um texto dissertativo, analisando uma consequência do comportamento de indivíduos que vivem o fenômeno atual do prolongamento da adolescência.

ATIVIDADE 4

Leia algumas cartas de leitores da Revista Veja, de 19 de setembro de 2007, acerca da matéria "Língua Portuguesa".

Excelente a reportagem "A riqueza da língua" (12 de setembro), sobre a reforma ortográfica e a importância que o uso correto da língua exerce na carreira e na ascensão profissional. Na área jurídica, em que atuo, o manejo adequado do vernáculo tem especial relevância, já que é o instrumento através do qual são veiculadas todas as pretensões, manifestações e decisões pelos advogados, magistrados e demais operadores do direito. Igualmente, nos concursos públicos, o domínio da norma culta da língua tem sido cada vez mais rigorosamente cobrado, o que exige dos candidatos intensa preparação e estudo. A despeito disso, não são raras as vezes em que nos defrontamos com verdadeiras aberrações linguísticas em peças processuais, provas e exames públicos, o que, mais que simples ofensa à língua portuguesa, revela um problema grave e profundo, que remonta à educação de base dos jovens e que certamente não será solucionado com a pretendida unificação ortográfica.

Gustavo Rogério, Advogado - Limeira, SP

Fiquei muito feliz com a reportagem e mais feliz ainda pela precisão com que aborda a questão da qualidade do português utilizado por executivos e profissionais liberais. Em meus quinze anos de vivência profissional em empresas multinacionais, tendo exercido diversos cargos de gerência, presenciei inúmeras contratações para as quais era exigido "inglês fluente", que na maioria das vezes nem seria utilizado, e nunca qualidade na nossa língua. E convivi todo esse tempo com colegas que mal conseguiam se expressar ou redigir textos minimamente condizentes com sua posição. VEJA mostrou que, felizmente, isso está mudando, e espero que os erros crassos citados sejam banidos de vez da vida corporativa.

Gilberto Baracat Júnior - Rio Branco, AC

Realmente maravilhosa a reportagem sobre a língua portuguesa. Mostrou de maneira clara como os idiomas evoluem. Adorei o resumo dos dez erros que mais fazem declinar uma carreira. Exatamente aqueles com que mais me debato para erradicar junto aos meus colegas de trabalho.

Adrimar Nascimento - Canoas, RS

A internet revolucionou comportamentos, posturas e até mesmo sentimentos. Tudo passou a ser diferente depois dela, ainda que, indiscutivelmente, com menos qualidade. Os jovens estariam fora da realidade se não acompanhassem essas mudanças e também seriam chamados de caretas por suas "tribos". Algo impensável para eles. Por que, então, vão se preocupar com novas regras de uso do hífen e dos acentos se sabem que, utilizando até menos de 5.000 palavras, podem chegar a cargos bem mais altos do que o de executivo de uma empresa?

Mirna Machado - Atibaia, SP

A língua, como organismo vivo, é um bem social coletivo e está propensa a mutações e à absorção de empréstimos, neologismos, jargões, gírias, o que não pode levá-la a perder sua essência, sua riqueza. Lamento ver que nossa língua, outrora chamada de "inculta e bela" e depois lapidada por mãos consagradas como as de Machado de Assis, Graciliano Ramos e Drummond, para citar apenas alguns, encontra-se, hoje, em uma nação desamparada de cultura para perpetuar sua beleza, seduzida pela ausência de fronteiras, submetida à velocidade do tempo e às demandas de comunicação.

Gislene Maria Bicalho, Diretora da Superintendência Regional de Ensino - Ubá, MG

Excelente a escolha da reportagem de capa, e o artigo de Reinaldo Azevedo está ótimo, como sempre. Sou professor de graduação em administração, fazendo doutorado, e atesto que a situação do domínio da norma culta da língua portuguesa está, na média, ruim. Certa vez, durante uma aula como professor substituto na Federal de Pernambuco, eu coloquei no quadro alguns erros de português cometidos pelos alunos. Não tardou para que uma aluna levantasse o braço e perguntasse (em tom aborrecido): "Mas o senhor não vai considerar isso na nota não, né, professor?". Eu parei um pouquinho e disse: "Claro que sim, o domínio do português é item de avaliação, conforme descrito no programa entregue no primeiro dia de aula".

Nelson Filho - Recife, PE

A partir da leitura da opinião dos leitores, caberá a você a tarefa de REDIGIR o suposto texto que gerou tais posicionamentos. Procure abordar, no seu artigo, pontos aos quais se fez referências.

QUESTÃO DE PROVA

Questão 1 (UFMG)

A surrada frase "rir é o melhor remédio" parece ter cada vez mais sentido para a ciência. O cardiologista Michael Miller, da Universidade de Maryland, Estados Unidos, liderou uma pesquisa sobre os benefícios do riso para a saúde do coração. Chegou a resultados surpreendentes.

Comparando as atitudes diante da vida de 150 pessoas com histórico de enfarto com o mesmo número de pessoas sadias, descobriu que aquelas que nunca tinham sofrido com problemas no coração eram as que demonstravam bom-humor constante. Para evitar problemas cardíacos, Miller recomenda combinar a velha receita de saúde (exercícios físicos regulares e dieta balanceada) com algumas gargalhadas durante o dia.

Revista Superinteressante, n.173,fev. 2002. (Adaptação)

REDIJA um texto dissertativo, explicitando a ideia proposta nesse trecho e acrescentando outras vantagens do bom-humor.

GABARITOS

Todas as atividades deste capítulo são de questões abertas e de respostas pessoais.

O TEXTO DISSERTATIVO – ARGUMENTATIVO

Apesar de termos falado da importância de se distribuírem bem as ideias num determinado perfil textual (modalidade textual), cabe, agora, acrescentar algo. Uma redação não pode por exemplo, ser reduzida à gramática e às suas organizações interna e externa. Antes de como se escreve, o autor precisa saber o que escreve. O avaliador, ou seja, o corretor de seu texto no vestibular, deve fazer a análise da informatividade de seu texto.

A informatividade é entendida pelos estudiosos como a capacidade do texto de acrescentar ao conhecimento do recebedor informações novas e inesperadas.

Contrariando a expectativa do que seria um bom texto, percebe-se que os alunos fazem coro com a voz do senso comum. Para dissertar, as bancas de vestibular ou concursos poderiam exigir leitura de ótimos textos em revistas e jornais. Esses veículos poderiam ser selecionados, e o aluno, para elaborar um conteúdo, deveria, antes, ler, ler, ler, ler.

O jornal Folha de S. Paulo, todos os domingos, publica o caderno Mais! e, em razão de sua importância, o aluno deveria lê-lo para não ser surpreendido pelos temas propostos nas provas. Leitura antes de escrever: antes da gramática ou da organização, o conteúdo. Isso evitaria, inclusive, a mera repetição de clichês ou frases feitas.

Quando solicitado a escrever a respeito da violência em São Paulo, um aluno escreveu o seguinte parágrafo em sua introdução:

abrilexame.files.wordpress.com

A metrópole dos criminosos

O Brasil inteiro está com os olhos voltados para a metrópole São Paulo, onde a população está literalmente nas mãos dos criminosos. A cidade transformou-se num caos total, onde pessoas são feitas vítimas a todo momento e ônibus são queimados; uma cidade onde até os presos mandam, ou seja: submissão.

Em que trechos você pode perceber generalizações?

Você já deve ter ouvido falar, muitas vezes, que generalizar é sempre um erro (para ironicamente enfatizar o erro). Como se poderia modalizar as informações de que o Brasil inteiro está com os olhos voltados para a metrópole São Paulo?

Em maio de 2006, as emissoras de TV transmitiram a falta de segurança que havia na cidade de São Paulo; daí você teria uma informação que, se acrescentada ao texto, colaboraria para uma maior exatidão do candidato.

A população não estaria literalmente nas mãos dos criminosos. Por quê?

Se você não domina a informação de que são 40 milhões de habitantes e que, assim, esse número de pessoas não cabe nas mãos dos criminosos, fica difícil não generalizar.

A cidade não se transformou em um caos total. O que, por exemplo, pode ser especificado como "caos"?

O aluno precisa especificar suas ideias e, para tanto deve ler o que se escreve em ótimas revistas e em ótimos jornais.

Para que um texto seja constituído, um dos fatores imprescindíveis é a informatividade. Não se deve, a partir disso, inferir que ela só está presente nos textos eminentemente referenciais. Qualquer natureza contextual veicula algum tipo de informação, desde os textos de comunicação diária, oral ou escrita, até daqueles com intenção estética, como os poéticos, por exemplo.

Existem graus de informatividades diferentes. Esses graus estão diretamente relacionados à informação veiculada: previsível / imprevisível, esperada / não esperada. Quanto mais se produzir um texto previsível, menor será o grau de informatividade e vice-versa. Por esse motivo, textos muito informativos exigem do leitor ou ouvinte (no caso dos textos orais) um esforço maior para sua compreensão.

Um texto de natureza científica, por exemplo, deve primeiramente produzir uma informação teórica, com a finalidade de transmitir conhecimentos acerca de seu objeto de estudo. Os jornalísticos têm, em sua essência, a função primordial de veicular uma informação. É preciso, também, lembra que, nos noticiários de TV e rádio, existem outros componentes: imagem e voz somam-se à referencialidade.

1. PROPOSTAS

ATIVIDADE 1

Fonte: Wikipedia

Ruy Barbosa nasceu em Salvador em 1849. O principal responsável pela famosa desenvoltura verbal do jurista foi seu pai, o médico baiano João José Barbosa de Oliveira. Ele fazia o menino Ruy discursar em pé, ainda criança, trepado numa velha mala. Ruy trouxe dessa época o hábito de manter a mão esquerda atrás do corpo e de gesticular apenas com a direita. Fez seus estudos básicos em Salvador e, aos 17 anos, seguiu para o Recife, onde iniciou o curso de Direito. Terminou a faculdade em São Paulo, no Largo de São Francisco, grande centro irradiador de ideias da época. Aos 23 anos, começou a trabalhar como advogado em Salvador. Casou-se em 1876, aos 27, com Maria Augusta Viana Bandeira, mãe de seus cinco filhos. Ficaria ao lado dela até o fim da vida. Em 1879, foi eleito deputado na Assembléia da Corte e se mudou para o Rio de Janeiro. Foi na então capital federal que Ruy Barbosa se tornou Ruy Barbosa.

Em mais de meio século de vida pública, Ruy liderou campanhas pelo abolicionismo, federalismo, pela separação entre Igreja e Estado, anistias e, principalmente, pela criação de instituições sólidas para a nascente democracia representativa brasileira. "Ruy é uma grande central telefônica a que vão dar todos os fios." Assim o definiu o escritor Monteiro Lobato. Monarquista liberal à moda inglesa, Ruy Barbosa só aderiu à República no último instante. Após a Proclamação de 1889, foi ministro da Fazenda do Gabinete Provisório. Candidatou-se quatro vezes à Presidência da República. Jamais venceu. Na disputa presidencial contra o Marechal Hermes da Fonseca, em 1910, conhecida como Campanha Civilista, combateu o militarismo e alastrou a consciência civil por todo o país. A farda ganhou as eleições, mas a toga ficou com a fama.

(In: http://revistaepoca.globo.com/Revista/Epoca/0,,EDR75278-6014,00.html).

Observe que o texto se articula em dois parágrafos.

a) Que tipo de texto seria esse?

b) Qual teria sido o critério para a transição de parágrafos?

c) GRIFE, em cada parágrafo, três trechos de caráter eminentemente informativo.

ATIVIDADE 2

ANIMAL PACK (45 PACKS)

Animal Pack é um módulo nutricional mega-dose para ampliar o resultado de suplementação de atletas de competição e fisiculturistas. É uma combinação perfeita e cientificamente elaborada de concentrados nutricionais, otimizadores da performance metabólica, fonte de aminoácidos, glicogênio, energia, e proteção anticatabólica. Dá melhor oxigenação celular e nutrição para o anabolismo muscular. Exclusivo para grandes esforços musculares.

BENEFÍCIOS de ANIMAL PACK (45 PACKS)

- Amplia o resultado de suplementação
- Combinação perfeita de concentrados nutricionais
- Otimiza a performance metabólica
- Proteção anticatabólica
- Melhora a oxigenação celular

MODO DE USAR ANIMAL PACK (45 PACKS)

Adicione 1 pack (15g) do produto em um copo de vitamina ou suco de frutas de sua preferência. Misture bem e consuma logo após o preparo. Opção 1: Treinos de alta intensidade; consumir 1 pack antes e outro imediatamente após o treino. Opção 2: Treinos de moderada intensidade; consumir 1 pack antes do treino.

O texto divide-se em três partes.

a) Qual é o teor informativo da primeira parte do texto?

b) TRANSFORME os itens que compõem a segunda parte do texto em parágrafo informativo (CONVERTA os tópicos em parágrafos padrão).

c) O tipo de instruções contidas na terceira parte do texto se assemelha a que outro gênero textual?

Essa outra estruturação textual pode, também, se considerada informativa? Por quê?

ATIVIDADE 3

CARTA

De: Magalhães e Couto Sociedade Ltda.

Para: Pré Moldados Amaral Ltda.

NESTA

REF: Referências Profissionais

Prezada Diretoria de: Premoldados Amaral Ltda.

O Sr. Dilermando Sepúlveda, tendo trabalhado em nossa empresa no período compreendido entre maio de 2000 e setembro de 2006, na função de torneiro mecânico, desempenhou durante este tempo todas as atividades de maneira eficiente, demonstrando sua competência profissional, bem como facilidade no aprendizado de novos afazeres e na transmissão dos seus conhecimentos a outros. Foi demitido devido a uma reestruturação financeira pela qual passou nosso quadro de funcionários, que precisou ser reduzido, nada constando, durante sua passagem pela nossa firma, que o desabonasse.

Portanto, vimos, por meio desta, reafirmar nosso entendimento de que são qualidades suas: competência, honestidade, capacidade e idoneidade, pelo que entendemos ser nossa obrigação recomendá-lo como ótima nova contratação de sua empresa, na qual certamente terá muito a acrescentar.

Sem mais.

Assino a presente,

Miguel Angelo Alencastro Couto

Presidente

Belo Horizonte, 8 de setembro de 2006.

Em que medida, em se tratando de uma carta, pode-se dizer que existe informatividade?

ATIVIDADE 4

Poesia Escapista

Millôr Fernandes

Aqui, onde estamos morando,
O lugar não pode ser mais belo.
São duas colinas e, consequentemente,
Um vale. Há um rio. E há um lago.
Doutrinas não há, a não ser as do
"Centro Acadêmico Dom Casmurro".
Mas isso é distante.

De manhã vê-se se o céu está claro
Ou nublado.
Previsões só as sobre o decorrer
(Meteorológico) do dia.
Planos - os de ir a pé ou a cavalo
Para o banho diário.

Os temores locais são poucos:
Se a ponte de madeira fica pronta antes
De São João,
Se o leite chegará para o fornecimento
De manteiga.
Não há estação de rádio.

Alguns benefícios do mundo de 60
Nos chegam pela estrada - penicilina,
Tecidos, matérias plásticas,
Adornos pessoais.
Por milagre, ninguém pede jornais.
Mas as mulheres daqui são bem tratadas
E, felizmente, nada naturais.

Muito prazer de corpo, muito ar.
Luz, água, cavalos, muita vida animal.
Definitiva ligação ao essencial.
Poucos temores, poucos riscos.
Muito pouca aflição:
A China é antiga como antigamente
Não há televisão.

Mas vem, de algum recanto sutil,
A informação

E se planta e cresce insuspeitada
Com outro nome que, traduzido,
Um dia será lido.
Pois é com alegria que o menino
Entra pela casa com um cão,
Seu amigo, seu primeiro grande amigo,
E o apresenta: "Papai, ele se chama Desintegração.

Existem graus de informalidades diferentes. Esses graus estão diretamente relacionados à informação veiculada: previsível / imprevisível, esperada / não esperada. Quanto mais se produzir um texto previsível, menor será o grau de informatividade e vice-versa. Por esse motivo, textos muito informativos exigem do leitor ou ouvinte (no caso dos textos orais) um esforço maior para sua compreensão.

Um texto de natureza científica, por exemplo, deve primeiramente produzir uma informação teórica, com a finalidade de transmitir conhecimentos acerca de seu objeto de estudo. Os jornalísticos têm, em sua essência, a função primordial de veicular uma informação. É preciso, também, lembrar que, nos noticiários de TV e rádio, existem outros componentes: imagem e voz somam-se à referencialidade.

2. O SENSO COMUM E A ARGUMENTAÇÃO

Estamos discutindo, ao longo deste livro, o texto argumentativo e a montagem do texto, propriamente dita. É importante, ao tratarmos de argumentação, pensarmos um pouco sobre o que vem a ser o senso comum. Existe uma diferença grande entre argumentos consensuais e lugares comuns. Argumentos consensuais são aqueles que não precisam necessariamente de uma comprovação imediata devido à comprovação cotidiana e histórica que podemos elencar sobre as teses baseadas nesse consenso. Por exemplo: "Todos os homens precisam do meio ambiente para seu bem-estar" ou "A mulher de hoje ocupa papéis diferenciados dos ocupados em séculos passados", entre outros. Esse tipo de argumento pode ser utilizado pelo aluno desde que com moderação, pois como são informações consensuais – que todas as pessoas pensam/sabem – o grau de persuasão argumentativa será baixo, lembrando que em um texto argumentativo a característica mais importante é a tentativa de persuasão do redator para com o leitor.

Por sua vez, podemos classificar o lugar comum em uma redação. Esse tipo de argumentação traz um tom preconceituoso ao texto e chama a atenção do leitor para esse aspecto negativo. Proposições como "Homem não chora", "Na favela só tem marginal", "Mulher é barbeira", entre outras, causam mal-estar ao leitor crítico de um texto; portanto, não devem ser utilizadas.

Observe outro exemplo, agora no corpo do texto:

> A violência nas grandes cidades acontece, principalmente, pelo fato de a maioria da população não ter onde morar com dignidade. Muitas vezes, essas pessoas não têm o que comer e, dessa forma, esses cidadãos miseráveis são obrigados a começar a roubar.
>
> Aluna da terceira série do ensino médio

Podemos notar que a aluna faz uma relação entre violência e miséria, o que não seria absurdo nem incorreto; no entanto, a aluna menciona, no final do parágrafo, que "os miseráveis são obrigados a começar a roubar". Essa afirmação nos parece incorreta e absurda, pois nem todo miserável rouba. São esses tipos de afirmações que as pessoas precisam começar a evitar. É importante revisar sempre o texto com a preocupação de detectar esse tipo de "deslize" para evitar problemas.

Espera-se, na verdade, que os candidatos expressem sua opinião sincera – em terceira pessoa – a respeito das questões propostas nos temas. Sendo assim, é importante deixar claro que os avaliadores da prova serão preparados para avaliar os textos dos candidatos e pontuá-los estritamente de acordo com a grade de correção, sem considerações de ordem ideológica ou de ordem pessoal. Os concursandos não têm motivos, portanto, para tentar adivinhar qual seria a opinião ou quais seriam os argumentos "preferidos" pelas bancas corretoras de redação.

3. CONTRA-ARGUMENTAR (OU "EVITAR PROBLEMAS")

Ai, palavras, ai, palavras,
Que estranha potência a vossa! (...)

A liberdade das almas,
Ai! Com letras se elabora...
E dos venenos humanos
Sois a mais fina retorta:
Frágil, frágil como o vidro
E mais que o aço poderosa!
Reis, impérios, povos, tempos,
Pelo vosso impulso rodam...

Cecília Meireles – Romanceiro da Inconfidência

Devido à essa "potência verbal", é que se deve ter cuidado com as palavras! Não se deve acreditar em tudo aquilo que se lê. É necessária muita habilidade para ligar com discursos, com textos, com o que se diz, com argumentos que se apresentam nos debates do dia a dia. Deve-se distinguir o que o vulgo confunde. Deve-se partir de critérios para aceitar ou rejeitar enunciados, argumentos, declarações feitas. Muitas carecem de fundamentação.

Vejamos alguns posicionamentos generalistas e que, portanto, devem ser evitados.

1. Os brasileiros gostam de praia, café, carnaval e futebol.

2. A lei que reduz o porte de armas de fogo deve ser abolida, pois, desde que entrou em vigor, a criminalidade aumentou.

3. Crentes, muçulmanos são todos uns fanáticos.

4. Os padres pedófilos, os advogados são uns enroladores, os políticos são corruptos, os médicos, uns açougueiros, os alunos são uns deitados etc.

5. Tratava-se de discutir e eleger o perfil dos professores ideal: ele seria autoritário ou deveria dar plena liberdade aos alunos?

6. A astrologia é uma arte adivinhatória praticada há milhares de anos no Oriente. Conta-se que os antigos reis da Babilônia teriam feito uso dela para saberem os dias mais propícios para as batalhas. Até os antigos imperadores chineses recorriam aos astros para

guiarem seus passos no governo. É inadmissível que ainda hoje não a considerem uma ciência.

7. Os índices de analfabetismo têm aumentado muito depois do advento da televisão. Obviamente, ela compromete a aprendizagem.

8. A grande maioria das pessoas deste país são favoráveis à pena de morte como meio de reduzir a violência. Ser contra a pena de morte é, pois, ridículo.

Todos os enunciados acima devem ser rejeitados. São falácias: apresentam-se como enunciados ou tentativas de persuadir o leitor mediante um raciocínio errôneo, fraudulento, enganoso.

3.1. Proposta

Agora é a sua vez!

Identifique os equívocos presentes nos argumentos anteriores e dê a cada um deles uma nova redação.

4. FALÁCIAS

Em vários discursos, como na publicidade, na política, nas religiões, na economia, no comércio etc., costuma-se lançar mão deste recurso:

Falácia é, pois, todo o raciocínio aparentemente válido, mas, na realidade, incorreto, que faz cair em erro ou engano.

4.1. Tipos de falácias

a) Apelo à força

Consiste em ameaçar com consequências desagradáveis se não for aceita ou acatada a proposição apresentada.

Contra-argumentação

Todo argumento apelativo não é racional nem chega a ser argumentativo. Apelar para a emoção não tem relação com a verdade ou a falsidade da proposição. Assim, evite argumentação baseada em convicção de cunho puramente pessoal.

b) Apelo à misericórdia, à piedade

Consiste em apelar à piedade, à misericórdia, ao estado ou virtudes do autor.

Contra-argumentação

Quem argumenta assim ignora a questão, foge do assunto. O tom de apelo emocional (ou "dramático") não é condizente com o que deve haver na dissertação.

c) Apelo ao Povo

Consiste em sustentar uma proposição por ser defendida pela população ou por parte dela. Sugere que, quanto mais pessoas defendem uma ideia, mais verdadeira ou correta ela é. Incluem-se aqui os boatos, o "ouvi falar", o "dizem", o "sabe-se que".

Contra-argumentação

O fato de a maioria acreditar em algo não o torna verdadeiro. É uma ilusão usar o senso comum como endosso de qualquer ideia.

d) Falso Axioma

Um axioma é uma verdade autoevidente sobre a qual outros acontecimentos devem se apoiar. Por exemplo: duas quantidades iguais a uma terceira são iguais entre si. Outro exemplo: a educação é a base do progresso. Muitas vezes, atribuímos, no entanto, status de axioma a muitas sentenças ou máximas que são, na realidade, verdades relativas, verdades aparentes.

Contra-argumentação

As frases de efeito, impactantes, bombásticas, retóricas, costumam ser meras estratégias por meio das quais se tenta convencer, persuadir o ouvinte/leitor em direção a um argumento. Não é bom que se usem provérbios em redação, até porque eles têm outro que se lhes opõe semanticamente.

- Ruim com ele, pior sem ele / Antes só do que mal acompanhado.
- Depois da tempestade vem a bonança / Uma desgraça nunca vem sozinha.
- Longe dos olhos, perto do coração / O que os olhos não vêem o coração não sente.

e) Generalização não qualificada

É uma afirmação ou proposição de caráter geral, radical e que, por isso, encerra um juízo falso em face da experiência.

Contra-argumentação

É necessário especificar os enunciados. Em vez de dizer: praticar esportes faz mal à saúde, modalize: A prática indiscriminada de certos esportes violentos é prejudicial à saúde dos jovens subnutridos.

f) Generalização apressada

Trata-se de julgar todo um universo com base numa amostragem reduzida.

Contra-argumentação

Argumente que dois médicos ruins não significam um hospital ruim; que em ciência é preciso o maior número de dados antes de tirar uma conclusão. Evitam-se os estereótipos: imagens preconcebidas de alguém ou de um grupo. Eles são usados em muitas piadas "racistas", como as de judeus (visto como avarentos), de negros (associados a malandros ou pertencentes a uma classe inferior), de portugueses (vistos no Brasil como sem inteligência) etc. Todo argumento preconceituoso é um erro.

g) Ataque à pessoa

Consiste em atacar, em desmoralizar a pessoa e não seus argumentos.

Contra-argumentação

Evite associar o caráter da pessoa à proposição defendida por ela. Evidenciar os defeito de alguém não é procedimento ético e, portanto, deve ser evitado.

h) Bola de Neve (derrapagem, redução ao absurdo)

Consiste em tirar de uma proposição uma série de fatos ou consequências que podem ou não ocorrer. É um raciocínio levado indevidamente ao extremo, às últimas consequências.

Contra-argumentação

Não é um bom argumento tirar conclusões e afirma-las de maneira semelhante às premonições, com uma dose de certeza plena. Argumente dizendo que as consequências, os fatos, os eventos podem ou não ocorrer. Ser categórico (ainda mais prevendo o negativo como desastre acumulativo) não é sensato.

i) Depois disso, logo por causa disso

É o erro de acreditar que, em dois eventos em sequência, um seja a causa do outro. No extremo, é uma forma de superstições: Eu estava sem camisa e meu time perdeu; portanto, vou vesti-la no próximo jogo.

Contra-argumentação

O fato de que dois eventos aconteçam em sequência não significa que um seja a causa do outro. A correlação imperativa não é procedimento adequado num texto.

j) Falsa analogia

Consiste em comparar que associar dois elementos é tarefa imprescindível. Argumente que as duas situações diferem de tal modo que analogia se torna insustentável. Mostre que o que vale para uma situação não vale para outra. Relativizar é ponto positivo em redações.

k) Falácia da ignorância

Consiste em concluir que algo é verdadeiro por não ter sido provado que é falso, ou que algo é falso por não ter sido provado que é verdadeiro. Ao dizer que *Não há evidências de que os discos voadores não estejam visitando a terra; portanto, eles existem,* comete-se esse desvio.

Contra-argumentação

Argumente que algo pode ser verdadeiro ou falso, mesmo que não haja provas.

l) Exigência de perfeição

É o erro de reivindicar apenas a solução perfeita para qualquer plano.

Contra-argumentação

Mais uma vez a importância da relativização: planos, medidas ou soluções não devem ser vistos como integralmente perfeitos ou prejudiciais. Pode haver objeções para qualquer medida.

4.2. Propostas

ATIVIDADE 1

A seguir, serão apresentados alguns períodos. Em cada um deles, existe um dos deslizes comentados anteriormente. DÊ a cada um uma nova redação, a fim de que se minimize o defeito argumentativo.

a) É melhor examinar os bandidos: você poderá ser a próxima vítima.

b) O presidente não pode ser condenado por suas atitudes: é bom pai de família, contribuiu com a escola, com a igreja.

c) Comenta-se que um disco voador caiu em Minas Gerais, e os corpos dos alienígenas estão com as Forças Armadas.

d) Segundo Shopenhauer, filósofo alemão do séc. XIX, "*toda verdade passa por três estágios: primeiro, ela é ridicularizada; segundo, sofre violenta oposição; terceiro, ela é aceita como autoevidente*".

e) Saiu a nova geladeira Polo Sul. Com design moderno, arrojado, ela é perfeita para sua família, sintonizada com o futuro.

f) Essas práticas remontam aos princípios da Era Cristã. Como podem ser questionadas?

g) Brasil: ame-o ou deixe-o.

h) Quem cedo madruga Deus ajuda.

i) Todo político é corrupto.

j) O álcool e uma dieta pobre também são grandes assassinos. Deve o governo regular o que vai à nossa mesa? A perseguição à indústria de fumo pode parecer justa, mas também pode ser o começo do fim da liberdade.

k) Os empregados são como pregos: temos que martelar a cabeça para que cumpram suas funções.

l) A automação cada vez maior dos elevadores desemprega muitas pessoas. Isso, portanto, é ruim, economicamente desaconselhável.

ATIVIDADE 2

Observe esta imagem e leia este fragmento de texto:

http://www2.uol.com.br/angeli/2005

Outras trovas

Quem é pobre, sempre é pobre, quem é pobre, nada tem: quem é rico sempre é nobre e às vezes não é ninguém...

Considerando as informações dessa imagem e desse fragmento de texto, REDIJA uma nota*, a ser enviada a um jornal de grande circulação, repudiando a má distribuição de renda do país.

OBSERVAÇÃO: Não se identifique nem escreva seu nome em nenhum trecho da nota.

FIQUE LIGADO: Uma "nota" a ser enviada a um jornal de grande circulação, ainda mais que tem uma autoria indicada (Candidato FUMEC 2006), também é um texto de natureza dissertativo-argumentativa. Note, também, que a trova apresentada usa generalizações que você (um candidato e não um poeta) não deve fazer.

ATIVIDADE 3

Leia este texto.

O alcoolismo constitui, hoje, grave problema de saúde pública no Brasil, com o agravamento de o jovem, especialmente o adolescente, ser estimulado, quotidianamente, pela enganosa publicidade das bebidas alcoólicas que predomina na mídia.

O Conselho Regional de Medicina de São Paulo lançou o manifesto a favor da proibição da propaganda de cervejas e outras bebidas alcoólicas, denominado "Propaganda sem bebida".

O Movimento Propaganda sem Bebida é uma iniciativa da "Aliança Cidadã pelo Controle do Álcool", articulação de entidades da sociedade civil, sem personalidade jurídica e sem fins lucrativos.

Com base nessa leitura, REDIJA um (ou dois) parágrafos para complementar o manifesto* apresentado a seguir, propondo argumentos a serem levados em conta pelo Movimento Propaganda sem Bebida.

Nós, cidadãs, cidadãos e entidades da sociedade civil,

DEFENDEMOS a restrição da propaganda de cervejas e outras bebidas alcoólicas nos meios de comunicação e em eventos esportivos, culturais e sociais, semelhante à legislação atual que limita as propagandas de cigarro.

CONCLAMAMOS todos a aderir à campanha de recolhimento de UM MILHÃO de assinaturas para sensibilizar o Governo Federal e o Congresso Nacional, a aprovar, em regime de urgência, lei que restrinja a publicidade do álcool.

ALERTAMOS que o consumo de álcool é, hoje, um dos mais graves problemas de saúde e segurança pública do Brasil, porque

SUGERIMOS, além de normas rígidas de restrição das propagandas, aumento do preço ou taxação das bebidas alcoólicas, com destinação dos recursos arrecadados para prevenção e tratamento de dependentes.

EXIGIMOS fiscalização e aplicação do Estatuto da Criança e do Adolescente (ECA), punição dos que vendem bebidas alcoólicas para menores; controle rigoroso dos motoristas alcoolizados, de acordo com o Código Brasileiro de Trânsito.

FIQUE LIGADO: O manifesto é um gênero textual que se situa entre o artigo de opinião e a carta. Sua natureza é também argumentativa, por expressar opiniões de defesa de determinado ponto-de-vista do produtor (que pode ser individual ou uma "voz coletiva").

QUESTÕES DE PROVA

Questão 1 (FUMEC)

TIRINHA LAERTE (RECUPERAR IMAGEM)

REDIJA um pequeno texto opinativo*, a ser enviado ao autor dessa tirinha, comentando a relação que, atualmente, configura-se entre os internautas e os computadores.

FIQUE LIGADO: Um texto opinativo também tem natureza argumentativa. Lembre-se do que foi dito neste capítulo: não acredite que sua opinião de "achismo" vale como argumento. Sedimente o que tem a dizer de modo mais objetivo e racional, mesmo sendo um texto pessoal.

Questão 2 (UFMG)

Violência nas Escolas Belohorizontinas

O Centro de Estudos de Criminalidade e Segurança Pública divulgou, em 2004, os seguintes dados de pesquisa a respeito da violência nas escolas:

- 67,5% dos alunos entrevistados já viram ou ouviram falar de pessoas quebrando janelas, fazendo arruaça ou tendo comportamento de desordem dentro da escola;

- 27,8% dos alunos já viram ou ouviram falar, pelo menos uma vez, de pessoas armadas dentro da escola;

- 36,2% dos alunos já viram ou ouviram falar de pessoas vendendo drogas nas escolas;

- 52,6% dos alunos já viram ou ouviram falar de criminosos ou bandidos na escola;

- 47% dos alunos já viram ou ouviram falar de alunos sendo assaltados.

Considerando os dados desse tema, REDIJA um MANIFESTO contra a violência como fator que compromete o aprendizado nas escolas.

Questão 3 (UNA)

A partir dos elementos contidos nos textos a seguir, e de outros que fazem parte do seu conhecimento a respeito do problema da segurança pública no Brasil, o que tem preocupado a todos que têm consciência de sua responsabilidade social, PRODUZA um texto dissertativo sobre o tema Segurança Pública: como equacionar os desafios? Reflita sobre o que pode e deve ser feito pelo Estado e pela sociedade em prol da segurança pública e da cidadania.

[1] Constituição da República Federativa do Brasil de 1988

Art. 3° Constituem objetivos fundamentais da República Federativa do Brasil:

I - construir uma sociedade livre, justa e solidária;

II - garantir o desenvolvimento nacional;

III - erradicar a pobreza e a marginalização e reduzir as desigualdades sociais e regionais;

IV - promover o bem de todos, sem preconceitos de origem, raça, sexo, cor, idade e quaisquer outras formas de discriminação.

[2] Constituição da República Federativa do Brasil de 1988; Capítulo III da Segurança Pública

Art. 144. A segurança pública, dever do Estado, direito e responsabilidade de todos, é exercida para a preservação da ordem pública e da incolumidade das pessoas e do patrimônio, através dos seguintes órgãos:

I - polícia federal;

II - polícia rodoviária federal;

III - polícia ferroviária federal;

IV - polícias civis;

V - polícias militares e corpos de bombeiros militares.

[3] Ética, Cidadania e Segurança Pública

São valores entrelaçados. Não pode haver efetiva vigência da Cidadania numa sociedade que não se guie pela Ética. Não vigora a Ética onde se suprima ou menospreze a Cidadania. A Segurança Pública é direito do cidadão, é requisito de exercício da Cidadania. A Segurança Pública é também um imperativo ético.

A luta pela Ética, a construção da Cidadania e a preservação da Segurança Pública não constituem dever exclusivo do Estado. Cabe ao povo, às instituições sociais, às comunidades participar desse processo político de sedimentação de valores tão essenciais à vida coletiva.

[4] Aprenda a chamar a Polícia... falando em desarmamento...

Eu tenho o sono muito leve, e numa noite dessas notei que havia alguém andando sorrateiramente no quintal de casa. Levantei em silêncio e fiquei acompanhando os leves ruídos que vinham lá de fora, até ver uma silhueta passando pela janela do banheiro.

Como minha casa era muito segura, com grades nas janelas e trancas internas nas portas, não fiquei muito preocupado, mas era claro que eu não ia deixar um ladrão ali, espiando tranquilamente.

Liguei baixinho para a polícia, informei a situação e o meu endereço.

Perguntaram-me se o ladrão estava armado ou se já estava no interior da casa.Esclareci que não e disseram-me que não havia nenhuma viatura por perto para ajudar, mas que iriam mandar alguém assim que fosse possível.

Um minuto depois, liguei de novo e disse com a voz calma:

- Oi, eu liguei há pouco porque tinha alguém no meu quintal. Não precisa mais ter pressa. Eu já matei o ladrão com um tiro da escopeta calibre 12, que tenho guardada em casa para estas situações. O tiro fez um estrago danado no cara!

Passados menos de três minutos, estavam na minha rua cinco carros da polícia, um helicóptero, uma unidade do resgate, uma equipe de TV e a turma dos direitos humanos, que não perderiam isso por nada neste mundo.

Eles prenderam o ladrão em flagrante, que ficava olhando tudo com cara de assombrado. Talvez ele estivesse pensando que aquela era a casa do Comandante da Polícia.

No meio do tumulto, um tenente se aproximou de mim e disse:

- Pensei que tivesse dito que tinha matado o ladrão.

Eu respondi:

- Pensei que tivesse dito que não havia ninguém disponível.

Luiz Fernando Veríssimo

[5]

O avanço da violência no Brasil não deve ser combatido apenas com o aumento do efetivo policial, mas também com ações preventivas e projetos de inclusão social. Você não pode ter somente elementos de controle e elementos repressivos. A segurança pública deve ser composta também pela segurança cidadã, que engloba aspectos ligados ao desenvolvimento. A única forma efetiva de lidar com a violência, é investindo conjuntamente em prevenção, em ações socais e na polícia.

(Péricles Gasparini, Diretor do Centro Regional das Nações Unidas para a Paz, o Desarmamento e o Desenvolvimento na América Latina e no Caribe).

GABARITOS

Todas as atividades deste capítulo são de questões abertas e de respostas pessoais.

A CARTA

A carta é um estilo de redação que preocupa os vestibulandos, especialmente pelo fato de não se saber ao certo como se comportar diante do texto na hora de redigir. Você, de modo geral, deve se preocupar com os aspectos formais (datas, vocativo, fecho) da carta e com o conteúdo a ser redigido. Deve ainda levar em consideração o tom do texto a ser produzido, pois a condição de produção e o contexto são fundamentais para o aspecto coesivo do texto. E para você? O que seria uma carta?

Antes tratamos da argumentação da carta propriamente dita, analisaremos os aspectos formais. É importante ressaltar que, desde 2005, a UFMG – entre outras universidades de Minas Gerais e do Brasil – tem dado maior relevância ao conhecimento estrutural do formato carta, não sobrepondo esse aspecto, é claro, à composição/arranjo argumentativo do texto.

A data deve ser a primeira informação colocada no texto. Geralmente, ela vem alinhada à margem direita ou centralizada. O nome da cidade e o mês devem ser redigidos por extenso.

Belo Horizonte, 22 de maio de 2007.

Logo após a data, tem-se o espaço do vocativo. Esta é a parte em que o candidato se dirigirá ao seu interlocutor fictício. Para atender às diferentes propostas solicitadas pelos vestibulares, existem pronomes de tratamento específicos para nos referirmos a nossos interlocutores em diferentes situações. Vejamos os pronomes de tratamento mais utilizados nos textos das provas:

I - Presidente
A carta começa com: Excelentíssimo Senhor Presidente da República
No corpo do texto: Vossa Excelência

II - Presidente da CNBB
A carta começa com: Vossa Excelência Reverendíssima
No corpo do texto: Excelentíssimo Senhor

III - Papa
A carta começa com: Vossa Santidade
No corpo do texto: Santíssimo Padre

IV - Ministro de Estado
A carta começa com: Vossa Excelência
No corpo do texto: Excelentíssimo Senhor

V - Membros do Congresso Nacional
A carta começa com: Vossa Excelência
No corpo do texto: Excelentíssimo Senhor

VI - Governadores e Prefeitos
A carta começa com: Vossa Excelência
No corpo do texto: Excelentíssimo Senhor Governador / Prefeito

VII - Reitor e Vice-Reitor de Universidade
A carta começa com: Vossa Magnificência ou Vossa Excelência
No corpo do texto: Magnífico Reitor ou Excelentíssimo Senhor Reitor

VIII - Desembargadores municipais e delegados de polícia
A carta começa com: Vossa Senhoria
No corpo do texto: Ilustríssimo Senhor ou Prezado Senhor

Para terminar sua carta, seja breve e conciso. Agradeça de forma direta e prática: "Obrigado" (a); "Atenciosamente"; "Grato(a)". Construções como: "Sem mais para o momento; "Conto com a sua colaboração", entre outras mais extensas, devem ser evitadas. É importante salientar que, pelo fato de se tratar de um concurso vestibular, as instituições não costumam pedir que o aluno assine a carta. Para muitas instituições, assinar a carta pode ser motivo de anulação da prova. Um recurso que tem sido comum é o de pedir ao aluno que assine como "estudante universitário" ou variações instituídas pelo próprio concurso. Fique atento! Somente assine a carta se a instituição pedir e da forma como for solicitado.

Ao redigir sua carta, escolha a abordagem argumentativa, pois ela permite a exposição ou discussão de determinado assunto a ser discutido ou proposto na carta. Usualmente, o que o vestibular sugere, ao pedir que você redija uma carta, é que adote um posicionamento definido em relação a questões invariavelmente polêmicas e que utilize argumentos convincentes em sua carta, com a clara intenção de persuadir o interlocutor.

Vejamos um exemplo de proposta de carta da UNB, solicitada também em outros vestibulares do país. O tema é este: Como será o ensino brasileiro em 2050?

Os examinadores sugeriram quatro textos para leitura. O primeiro apresenta trecho da peça As três irmãs, de Tchecov:

> Daqui a duzentos ou trezentos anos, ou mesmo mil anos – não se trata de exatidão – haverá uma vida nova. Nova e feliz. Não tomaremos parte nessa vida, é verdade... Mas é para ela que estamos vivendo hoje. É para ela que trabalhamos e, se bem que soframos, nós a criamos. E nisso está o objetivo de nossa existência aqui.

O segundo é um texto de Leila Navarro:

> Quebrar os paradigmas, reaprender, rever conceitos que adotamos e inseri-los no momento atual é realmente difícil. Posso dar um exemplo de como até as coisas mais singelas e remotas do nosso passado, passaram por uma evolução. Você se lembra das fábulas, das historinhas infantis? Pois é. Não são mais as mesmas. Final feliz não existe mais. Digo isto porque vivemos etapas felizes que se encerram para que outras etapas comecem, afinal, tudo na vida tem seu ciclo.
>
> Até as músicas que aprendemos, como o "Atirei o pau no gato", também estão reformuladas. Atualmente são ensinadas de uma maneira política e ecologicamente correta às novas gerações.
>
> Esse é o futuro que temos que fazer, cheio de consciência e sinergia com o planeta. São paradigmas, conceitos e posturas com os quais crescemos e que devem ser mudados.

O terceiro, de Paulo José Teixeira:

> Torna-se cada vez mais importante o desenvolvimento de projetos e de organizações que atuem no Terceiro Setor, tendo em vista os problemas e demandas trazidos pela globalização e democratização da sociedade. Temos de promover as mudanças nas condições de vida e de cidadania das pessoas e no futuro das cidades e das próprias instituições sociais. O Terceiro Setor pode vir a ser um programa e um caminho para esse futuro mais justo e democrático que todos desejamos.

O último, de dom José Freire Falcão:

> A esperança humana é a convicção de que o futuro pode ser construído com nosso esforço, com nossas mãos. É a confiança no progresso da vida, no sucesso da vida, malgrado os reveses parciais. É a certeza do triunfo da vida individual e social.

Ao refletir sobre a temática, você poderia ignorar os textos e ir além, supondo por exemplo, que, em 2050, o Brasil teria superado as mazelas de hoje, que os professores seriam muitíssimo bem remunerados, os alunos bem nutridos, saudáveis e prontos para descobrir mundos novos e, ainda, que o material didático seria motivador, descrevendo, dessa forma, um quadro absolutamente otimista.

Poderia, também, optar pelo contrário, um quadro pessimista da situação da educação do Brasil. Professores e alunos desmotivados, falta de bibliotecas, laboratórios, material didático sem qualidade, entre outras questões.

Os textos apresentados na prova seriam, apenas, motivadores para uma reflexão momentânea sobre esse assunto. Observe que os quatro textos dizem a respeito do futuro, aguçam a percepção do leitor, mas não devem ser citados de forma direta no texto do aluno. O importante a ser avaliado é a argumentação do estudante, sua vivência e a sua percepção sobre a função/importância da educação na sociedade, o entendimento de que, sem boa escala, a sociedade se torna cada vez mais desigual, o que gera o aumento da violência e faz cair a qualidade de vida de todos.

REDIJA uma carta ao Presidente da República respondendo, com base no contexto atual, à seguinte questão: Como será o ensino brasileiro em 2050?

1. DICAS SOBRE COMO REDIGIR UMA CARTA

Antes de escrever, pense detalhadamente, no que vai dizer – tente ter uma ideia mais geral sobre o assunto. Os textos de base da prova podem ajuda-lo a ter essa visão mais ampla. Anote tudo e faça um plano/esboço de desenvolvimento; lembre-se de usar o critério de bipolaridade. Vá revisando o que escreve e não saia do objeto que lhe foi proposto, nem extrapole.

1.1. Uma carta bem escrita

1.1.1. Escolha / seleção de argumentos

É necessário precisão, não apenas com relação à identificação dos fatos apresentados para a proposta de redação, mas também no campo das ideias e da expressão do que vai utilizar em termos de argumentação para validar seu texto. Não importa o quão complicadas sejam as ideias que você deseja expressar: seu texto deve transmiti-las com clareza ao leitor.

Para escrever uma carta precisa, detalhe as informações apenas o suficiente para dizer o que você gostaria de dizer ou como você gostaria de ser entendido nem que o leitor preveja as complexidades do assunto sobre o qual você está escrevendo. É preciso que você seja claro, direto.

1.1.2. Concisão

Forneça apenas as informações necessárias ao seu leitor, e nada mais. O vestibular impõe a você a temática e o objetivo da sua carta; concentre-se somente nisso. Separar o que é essencial do que não é pode ser uma longa tarefa, mas o tempo a ser gasto na elaboração de uma carta prevê essa organização.

Não seja redundante ou detalhista a ponto do seu texto parecer circular – repetitivo – nem breve a ponto de se tornar indecifrável. À medida que você escrever, procure avaliar a reavaliar o texto e fazer cortes sempre que possível. Se você achar que alguma parte não está clara, tente acrescentar algumas palavras para eliminar qualquer ambiguidade e, sempre que encontrar uma palavra, expressão ou parágrafo desnecessário, corte-o.

1.1.3. Clareza

Trata-se basicamente de uma questão de estilo e organização. Ao colocar suas ideias em ordem antes de começar, provavelmente, você as redigirá de modo coerente. Se você conseguir manter suas mensagens razoavelmente curtas, objetivas, provavelmente conseguirá também não perder o fio condutor do texto durante a escrita.

Ao escrever, pense em seu leitor (corretor do vestibular). Você está achando o conteúdo de sua carta fácil de ser compreendido ou lhe parece confuso o que acabou de escrever? Você cumpriu os objetivos propostos pela prova? Deixou algum item sem resposta? Seu texto se enquadra na proposta?

1.2. Proposta

Leia com atenção mais esta carta futurista:

Estamos no Ano 2070, acabo de completar 50 anos, mas a minha aparência é de alguém com 85. Tenho sérios problemas renais porque bebo muito pouca água. Creio que me resta pouco tempo.

Hoje sou uma das pessoas mais idosas nesta sociedade. Recordo quando tinha cinco anos. Tudo era muito diferente. Havia muitas árvores nos parques, as casas tinham bonitos jardins e eu podia desfrutar de um banho de chuveiro em cerca de uma hora. Agora usamos toalhas em azeite mineral para limpar a pele. Antes, todas as mulheres mostravam a sua formosa cabeleira. Agora, devemos rapar a cabeça para a manter limpa sem água.

Antes, o meu pai lavava o carro com a água que saía de uma mangueira. Hoje, os meninos não acreditam que a água se utilizava dessa forma.

Recordo que havia muitos anúncios que diziam CUIDA DA ÁGUA, só que ninguém ligava para eles. Pensávamos que a água jamais acabaria.

Agora, todos os rios, barragens, lagoas e mantos aquíferos estão irreversivelmente contaminados ou esgotados.

Antes, a quantidade de água indicada como ideal para beber eram oito copos por dia por pessoa adulta. Hoje só posso beber meio copo. A roupa é descartável, o que aumenta grandemente a quantidade de lixo; tivemos que voltar a usar os poços sépticos (fossas) como no século passado, porque as redes de esgotos não se usam por falta de água.

A aparência da população é horrorosa; corpos desfalecidos, enrugados pela desidratação, cheios de chagas na pele provocadas pelos raios ultravioletas que já não tem a capa de ozônio que os filtrava na atmosfera.

Imensos desertos constituem a paisagem que nos rodeia por todos os lados. As infecções gastrointestinais, enfermidades da pele e das vias urinárias são as principais causas de morte.

A indústria está paralisada e o desemprego é dramático. As fábricas dessalinizadoras são a principal fonte de emprego e pagam aos funcionários com água potável em vez de salários.

Os assaltos por um bidão de água são comuns nas ruas desertas. A comida é 80% sintética. Pela ressequidade da pele, uma jovem de 20 anos aparenta ter 40.

Os cientistas investigam, mas não parece haver solução possível. Não se pode fabricar água, o oxigênio também está degradado por falta de árvores, o que diminui o coeficiente intelectual das novas gerações.

Alterou-se também a morfologia dos espermatozóides de muitos indivíduos, como consequência há muitos meninos com insuficiências, mutações e deformações.

O governo até nos cobra pelo ar que respiramos: 137 m^3 por dia, por habitante e adulto. A gente que não pode pagar é retirada das "zonas ventiladas", que estão dotadas de gigantescos pulmões mecânicos que funcionam com energia solar; não são boa qualidade, mas pode-se respirar. A idade média é de 35 anos.

Em alguns países ficaram manchas de vegetação com o seu respectivo rio que é fortemente vigiado pelo exercito; a água tornou-se um tesouro muito cobiçado, mais do que o ouro ou os diamantes.

Aqui, em troca, não há arvores porque quase nunca chove e, quando chega a registrar-se precipitação, é chuva ácida; as estações do ano têm sido severamente transformadas pelas provas atômicas e da indústria contaminante do Século XX.

Advertia-se que havia que se cuidar do meio ambiente e ninguém fez caso. Quando a minha filha me pede que lhe fale de quando era jovem, descrevo a beleza que eram os bosques, lhe falo da chuva, das flores, de como era agradável tomar banho e poder pescar nos rios e barragens, beber toda a água que quisesse, de como eram saudáveis as pessoas.

Ela pergunta-me: Papai! Por que acabou a água? Então, sinto um nó na garganta; não posso deixar de sentir-me culpado, porque pertenço à geração que terminou destruindo o meio ambiente ou simplesmente não levou em conta tantos avisos.

Agora os nossos filhos pagam um preço alto e, sinceramente, creio que a vida na Terra já não será possível dentro de muito pouco tempo, porque a destruição do meio ambiente chegou a um ponto irreversível.

Como gostaria voltar atrás e fazer com que toda a humanidade compreendesse isto, quando ainda podíamos fazer algo para salvar ao nosso planeta Terra!

ELLWANGER, Ria. Documento extraído da revista biográfica Crônicas de Los Tiempos de abril de 2012. (adaptação)

REDIJA um texto a ser publicado no jornal da sua escola, apresentando carta anterior e mobilizando as pessoas as tomarem providências para evitar esse situação futura. Seja convincente e motivador. Capriche!

QUESTÃO DE PROVA

Leia este texto (UFMG)

Carta marcada

Quando aquela carta caiu em minhas mãos, me emocionei com os dizeres do envelope: "Por favor, amigo carteiro, faça esta carta chegar à Fátima, minha futura namorada". No meio da emoção, faltou um pouquinho de lógica: a carta não tinha o nome completo, a rua e o número da casa. O único dado era o CEP. Assim ficava difícil. Simplesmente encaminhei a carta para o setor de devolução.

No dia seguinte, lá estava a carta novamente na minha mão. Chegou até mim para ser devolvida como "endereço insuficiente". Mas algo me dizia que havia algo de peculiar ali. Resolvi que aquela carta merecia uma atenção especial.

Usei o software que localiza CEPs e encontrei a rua. Esse cupido que aqui vos fala deveria ter um bom preparo físico. A rua era uma das mais extensas da cidade. Carta em punho, saí perguntando no dia seguinte se existia alguma Fátima naquela rua. Nenhum sucesso. Praticamente tinha desistido, quando escutei alguém me chamar:

– Carteiro, carteiro, você tem alguma carta para mim?

Será que era ela? –pensei.

– Como é o seu nome, moça?

– Maria.

Bem, não foi desta vez.

– Maria de Fátima, completou ela.

E a história foi se contando. O remetente era Rogério, um rapaz que conhecera em outra cidade e que a tinha pedido em namoro. Daí em diante, as cartas apaixonadas se tornaram regulares – agora com endereço certo.Virei até confidente e conselheiro sentimental da moça.

Após me trocaram de distrito e segui meu caminho. Outro carteiro ficou no meu lugar. E foi ele que me trouxe uma carta. Era o convite de casamento de Fátima e Rogério.

NORDY, N.N. Carta Marcada. In: Novos causos dos Correios. São Paulo: ECT, 2000. p.37-38.

Com base na leitura desse caso, REDIJA um texto, explicando dois possíveis sentidos a que remete, no contexto, o título "Carta Marcada" e discutindo a existência de ambiguidades na linguagem.

2. A CARTA DO LEITOR

A carta do leitor é também uma espécie de carta argumentativa. Através dela, os leitores de uma revista ou de um jornal têm a possibilidade de expor suas opiniões, suas sugestões e suas reclamações acerca de materiais e artigos publicados no periódico, ou mesmo sobre assuntos diversos.

A carta do leitor, por ser uma publicação de revistas e jornais, dispensa os aspectos formais da carta, tais como: local e data – presentes na própria edição da revista/jornal; vocativo – por se tratar de uma carta endereçada a todos os leitores da revista; e despedida – não é preciso fechar formalmente esse tipo de carta. Geralmente as edições publicam o nome e a cidade de quem escreveu a carta, dados que, no caso do vestibular, o aluno só acrescenta se a instituição pedir. É importante reafirmar que a carta do leitor é um comentário acerca de alguma reportagem da edição anterior da revista ou do jornal. O leitor – vestibulando – decide geralmente qual o enfoque quer seguir na sua argumentação. Os vestibulares alternam a modalidade de carta solicitada ao candidato, por isso é necessário atenção na hora de enquadrar a proposta no modelo a ser desenvolvido.

Vejam alguns exemplos de carta de leitores:

"O direito intocável"

Trabalho como assistente social e em 1999 iniciei o curso de direito pela universidade Estácio de Sá, curso que não suportei fazer todo, parando no final do terceiro período. Lendo a entrevista de Nilo Batista, fica claro como é deficiente a formação dos futuros profissionais nessa área, visto que em nenhum momento, no curso, se motiva o pensamento reflexivo, crítico sobre leis, sociedade, é algo pronto e acabado ou, quando há motivação, é relacionado à defesa do direito do jeito que ele é. Quando algum aluno questiona ou discorda sobre o direito, como foi meu caso, é execrado dentro da sala. Adorei a entrevista, pena que não podemos levar este material para ser discutido dentro da sala, é punição na certa!

PENEDO, Khadija Slerner. Caros Amigos, Rio de Janeiro, abril 2007.

"Racismo e futebol"

Com relação às manifestações de racismo nos campos de futebol, nossos jogadores têm apresentado uma atitude errada. Nessa hora deveriam agir como brasileiros, e não como europeus ou americanos. Melhor fariam se fundassem uma irmandade dos jogadores símios, aparecessem em uma revista fantasiados de macacos ou comemorassem cada gol imitando um chimpanzé. O racismo é uma farsa, e a atitude dos jogadores, que se mostram ofendidos, tem o efeito contrário. Faz do racismo uma verdade possível ("Os craques chutam o racismo", 30 de março).

NUNES, Márlio Vilela. Veja. São Paulo, março 2007.

"Bento XVI"

João Paulo II passou todo seu mandato tentando uma aproximação entre as religiões. Bento XVI, em seu primeiro discurso ofendeu os islâmicos e foi esse seu cartão de visitas. A Igreja Católica está voltando à Idade Média. Ser contra o uso de preservativos, pregar o celibato, condenar o homossexualismo são posições históricas, não me surpreendem mais, mas daí a querer a volta das missas em latim, uma língua morta há séculos, será apenas mais um fator para distanciar o rebanho de ovelhas dos seus pastores. Um papa com esse tipo de preocupações é tudo o que o mundo não precisava num momento tão conturbado como esse em que as diferenças religiosas têm causado tantas tragédias em quase todos os continentes.

Daniela Mercury foi retirada de um show para o papa ano passado por ter feito parte de uma campanha pelo uso de camisinhas, agora foi a vez de Sandy e Júnior. Em Trinidad e Tobago, a igreja quer proibir a presença de Elton John num show, pelo fato dele ser homossexual. Depois vem com aquelas campanhas da fraternidade pregando a igualdade entre os humanos?

XAVIER, Fabiano. Super Notícias. Belo Horizonte, maio 2007.

Como foi visto nos exemplos anteriores, a carta do leitor é um texto redigido na forma de parágrafo padrão ou em um único parágrafo – como figura nos veículos.

2.1. PROPOSTAS

Agora é você!

ATIVIDADE 1

Texto 1

APELO AO CONAR

Cervejaria discrimina idoso

11/01/2005.

Tenho 37 anos de idade e venho pedir proteção. Não sabia a quem recorrer. Então pensei se o Conar*poderia me ajudar, ou com palavras de esclarecimento ou por meio de ação efetiva. Enfim, preciso de proteção.

Em dezembro de 2004, estava em frente à televisão quando me deparei com uma propaganda repugnante e desagradável, que me deixou perplexo e indignado. Refiro-me ao novo anúncio da Nova Schin, em que dois rapazes estão andando por uma cidade desolada, quando um deles diz: "Tá quente aqui". Nesse momento, várias mulheres idosas surgem de todos os lados, indo em direção a eles. Senhoras em cadeiras de rodas, andadores, mancando. Uma das mulheres diz: "Vem gatinho vem! Vem pra mim!".

Os rapazes então começam a correr, fugindo das mulheres, como se foge de uma grande ameaça, até que encontram um freezer da Nova Schin e pulam dentro dele. Vão parar numa praia cheia de gente bonita e jovem. Lá, encontram a cantora Ivete Sangalo. Ela está vestida de biquíni, servindo a cerveja, brindando com amigas numa mesa, num clima de alegria e descontração. Os dois rapazes, então, aliviados, ficam sentados em cadeiras de praia, cercados por "belas" mulheres de biquínis multicoloridos tomando a "cerveja do gozo". A propaganda termina com Ivete pronunciando o slogan da campanha: "Quanto mais nova, mais gostosa".

A propaganda é de profundo mau gosto, demonstrando o famigerado preconceito etário: o que é velho é ruim e nojento, o que é novo é bom e gostoso. O pior do anúncio é mostrar pessoas idosas, resvalando para a discriminação silenciosa, na qual o velho deve ser trocado pelo novo. A identidade social do idoso é fundamentada na relação de contrastividade. Por assim dizer, o que é jovem é belo e bom, enquanto o que é velho é ruim e feio.

Sentimento vexatório

Como cidadão, respaldado na Lei nº 8.842, de 4 de janeiro de 1994, § 3º, a qual determina que "todo cidadão tem o dever de denunciar à autoridade competente qualquer forma de negligência ou desrespeito ao idoso", venho solicitar ações cabíveis para eliminar esse tipo de propaganda intolerante que afasta cada vez mais a ideia de idosos saudáveis, alegres, livres.

A fim de extirpar da sociedade esse tipo de discriminação, cada vez mais limitante dos espaços de liberdade às pessoas acima de 60 anos, venho solicitar providências acerca deste anúncio, com base no Estatuto do Idoso – Lei nº 10.741 de 1º de outubro de 2003, Capítulo II Art.10º, que determina:

"É obrigação do Estado e da sociedade assegurar à pessoa idosa a liberdade, o respeito e a dignidade, como pessoa humana e sujeito de direitos civis, políticos, individuais e sociais, garantidos na Constituição e nas leis."

§ 2º. "O direito ao respeito consiste na inviolabilidade da integridade física, psíquica e moral, abrangendo a preservação da imagem, da identidade, da autonomia, de valores, ideias e crenças, dos espaços e dos objetos pessoais."

§ 3º. "É dever de todos zelar pela dignidade do idoso, colocando-o a salvo de qualquer tratamento desumano, violento, aterrorizante, vexatório ou constrangedor."

O anúncio explora o estereótipo de mulheres idosas em busca de sexo com rapazes, gerando sentimento vexatório e imagem constrangedora.

É crime

Não podemos aceitar, como bem afirmava Simone de Beauvoir, a "conspiração do silêncio", numa época em que a situação do país não é lisonjeira – para estabelecer um paralelo entre jovens e idosos, num verdadeiro desrespeito, com um pretenso humor, discutível – à dignidade da imagem do idoso.

Todos nós estamos em processo contínuo de envelhecimento. Não podemos deixar a situação ficar pior do que já está. Precisamos de melhor imagem dos idosos. Não podemos esquecer que seremos o sexto país com maior número de pessoas acima de 60 anos.

De acordo com o Estatuto do Idoso, desdenhar, humilhar, menosprezar ou discriminar a pessoa idosa, por qualquer motivo, é crime. Portanto, para me sentir protegido, pois tenho o direito como cidadão, aguardo resposta sincera e digna.

Pedro Paulo Monteiro — Professor-titular de Geriatria e Gerontologia da Universidade Fundação Oswaldo Aranha, mestre em Gerontologia, autor dos livros Envelhecer: histórias, encontros e transformações (indicado ao Prêmio Jabuti 2002) e Quem somos nós? O enigma do corpo. (In: http://observatorio.ultimosegundo.ig.com.br/artigos.asp?cod=311OPP001).

Texto 2

Leia as seguintes manchetes:

I. Número de pessoas aptas ao trabalho cresce no país, diz IBGE. (Folha Equilíbrio, 24/02/2005)

II. Proporção de idosos no mundo dispara. (Caderno MUNDO, Folha de S. Paulo, 19/02/2005)

III. Viver muito mais que os avós já é uma realidade para a geração atual de jovens e adultos.

A promessa da ciência agora é de uma velhice mais saudável e prazerosa. (Veja, 15/09/2004)

IV. Os idosos formam um enorme mercado consumidor, com disposição para gastar. (Época, 22/11/2004)

Em outubro de 2004, completou seu primeiro ano de existência a Lei nº 10.741, de 1º de 2003, conhecida como Estatuto do Idoso. Ela se compõe de 118 artigos e assegura à pessoa idosa uma série de direitos e confere deveres ao Estado e a Sociedade Civil.

Embora esteja vigorando desde janeiro de 2004, o estatuto do idoso não vem sendo plenamente respeitado, sobretudo em quesitos como saúde, habitação, transportes, entre outros.

PROPOSTA

Tendo em vista o tratamento dado aos idosos por uma empresa de transportes que serve a sua comunidade, você decide escrever uma carta endereçada a um jornal de grande circulação de sua cidade. Nessa carta, você chama a atenção para a atual que cuida dos direitos dos cidadãos acima de 65 anos e procura sensibilizar os leitores do jornal para a necessidade da participação de todos nesse debate. Apresente argumentos que sustentem seu ponto de vista. Você pode dirigir-se ao editor ou ao responsável pela seção "carta do leitor".

ATIVIDADE 2

Leia os textos a seguir:

TEXTO 1

Senhor,

posto que o Capitão-mor desta Vossa frota, e assim os outros capitães escrevam a Vossa Alteza a notícia do achamento desta Vossa terra nova, que se agora nesta navegação achou, não deixarei de também dar disso minha conta a Vossa Alteza, assim como eu melhor puder, ainda que - para o bem contar e falar - o saiba pior que todos fazer!

Todavia, tome Vossa Alteza minha ignorância por boa vontade, a qual bem certo creia que, para aformosentar nem afear, aqui não há de pôr mais do que aquilo que vi e me pareceu.

Da marinhagem e das singraduras do caminho não darei aqui conta a Vossa Alteza - porque o não saberei fazer - e os pilotos devem ter este cuidado.

E portanto, Senhor, do que hei-de falar começo:

E digo quê:

A partida de Belém foi, como Vossa Alteza sabe, segunda-feira 9 de Março. É sábado, 14 do dito mês, entre as 8 e 9 horas, nos achámos entre as Canárias, mais perto da Grande Canária. E ali andámos todo aquele dia em calma, à vista delas, obra de três a quatro léguas. E domingo, 22 do dito mês, às dez horas mais ou menos, houvemos vista das ilhas de Cabo Verde, a saber da ilha de São Nicolau, segundo o dito de Pero Escolar, piloto.

Na noite seguinte à segunda-feira amanheceu, se perdeu da frota Vasco de Ataíde com a sua nau, sem haver tempo forte ou contrário para poder ser!

Fez o capitão suas diligências para o achar, em umas e outras partes. Mas...não apareceu mais!

E assim seguimos nosso caminho, por este mar de longo, até que terça-feira das Oitavas de Páscoa, que foram 21 dias de Abril, topámos alguns sinais de terra, estando da dita Ilha - segundo os pilotos diziam, obra de 660 ou 670 léguas - os quais eram muita quantidade de ervas compridas, a que os mareantes chamam botelho, e assim mesmo outras a que dão o nome de rabo-de-asno. E quarta-feira seguinte, pela manhã, topámos aves a que chamam fura-buchos.

Neste mesmo dia, a horas de véspera, houvemos vista de terra! A saber, primeiramente de um grande monte, muito alto e redondo; e de outras serras mais baixas ao sul dele; e de terra chã, com grandes arvoredos; ao qual monte alto o capitão pôs o nome de O Monte Pascoal e à terra A Terra de Vera Cruz!

[...]

E desta maneira dou aqui a Vossa Alteza conta do que nesta Vossa terra vi. E se há um pouco alonguei, Ela me perdoe. Porque o desejo que tinha de Vos tudo dizer, mo fez pôr assim pelo miúdo.

[...]

Beijo as mãos de Vossa Alteza.

Deste Porto Seguro, da Vossa Ilha de Vera Cruz, hoje, sexta-feira, primeiro dia de Maio de 1500.

PERO VAZ DE CAMINHA

Edição de Base: Carta a El Rei D. Manoel, São Paulo: Dominus, 1963.

1. Retire do texto as características estruturais da carta formal.

TEXTO 2

Uma nova carta de Caminha

Senhor,

Posto que outros escreveram a Vossa Excelência sobre a nova do achamento dessa vossa terra nova, não deixarei também de dar conta disso a Vossa Excelência, o melhor que eu puder, ainda que – para o bem contar e falar – o saiba fazer pior que todos.

Tome Vossa Excelência minha ignorância por boa vontade e creia bem por certo que, para alindar ou afear, não porei aqui mais do que aquilo que vi e me pareceu.

A terra em si é de muitos bons ares. Águas são muitas, infindas. E em tal maneira é graciosa que, querendo-a aproveitar, é só estimular o turismo. Hotéis não há muitos, mas os poucos que existem são confortáveis, especialmente o que nos foi oferecido. E que não houvesse mais que uma pousada, isso bastaria.

SCLIAR, Moacyr. Folha de S. Paulo. 17 maio, 2003.

2. O principal objetivo do texto 2 é:

a) promover uma reflexão aprofundada, em tom argumentativo, sobre alguma questão essencial da existência humana.

b) valorizar os elementos da experiência pessoal do cotidiano, propiciando uma visão mais criativa de fatos comuns.

c) afastar-se do tom coloquial dos jornais e das revistas, abrindo espaço na imprensa para uma linguagem grave, próxima do texto filosófico.

d) buscar o simples entretenimento do leitor, comentando em tom ligeiro uma notícia já explorada nos jornais.

3. REDIJA um texto comparando o início das duas cartas ao objetivo dos dois emissores.

4. Imagine um contexto atual e específico para a carta de número 2. Escreva em que contexto essa carta se enquadraria.

5. Redija mais um parágrafo, concluindo o texto 2. Conserve o tom e o objetivo do autor.

6. Levando em consideração que o texto 2 é um texto atual, publicado na Folha de S. Paulo, TRANSFORME-O em uma carta de leitor para o próprio jornal, alterando o tom e o vocabulário do texto. Mantenha inalterado o sentido da mensagem do autor.

ATIVIDADE 3

Considere os trechos sobre o lugar da mulher na sociedade contemporânea:

A trajetória da mulher brasileira nos últimos séculos é, para dizer pouco, extraordinária: de uma educação no lar e para o lar, no período colonial, para uma participação tímida nas escolas públicas mistas do século 19; depois, uma presença significativa na docência do ensino primário, seguida de uma presença hoje majoritária em todos os níveis de escolaridade, bem como de uma expressiva participação na docência da educação superior.

RISTOF, Dilvo. A trajetória da mulher na educação brasileira. Caderno Brasil. Folha de SP. 08/03/2006

Dados compilados por pesquisadores do RJ mostram desvantagem feminina em qualificação acadêmica – homem domina ciência no país, diz estudo.

CADERNO CIÊNCIA. Folha de SP, 08/03/2006

A discriminação da mulher não é apenas uma ofensa. É vergonha para o homem e um sério problema para o mundo.

ECHEVERRIA, Dom Javier. O mundo precisa do gênio feminino. Caderno Brasil. Folha de SP. 08/03/2006

Afinal até onde as mulheres querem chegar à carreira – o preço que estamos ou não dispostas a pagar pelo topo.

Revista Cláudia, nº 10, outubro de 2005

Motivado pelos trechos em destaque, você como estudante universitário, deve produzir uma carta endereçada ao editor de um jornal de circulação nacional, cujo foco de reflexão esteja voltado para o seguinte tema: os avanços e os percalços na trajetória da mulher no mundo do trabalho.

ATIVIDADE 4

No Programa Observatório da Imprensa, exibido pela TV Cultura, em 29 de março de 2005, discutiu-se como a linguagem da internet, difundida em chats e blogs, pode influenciar nosso idioma e qual sua penetração nos meios de comunicação. Veja a opinião de dois participantes do programa sobre a questão em pauta:

"A tremenda penetração da internet entre os jovens está transformando a linguagem abreviada dos chats e blogs numa espécie de código que nada tem a ver com a gramática, ortografia, e às vezes subverte a própria semântica. Em um país que lê tão pouco, escreve menos ainda, e quase não se entende, é bom pensar em voltar para a escola."

(Jornalista Alberto Dines, editor do programa)

"Eu acho que essa linguagem mostra uma criatividade muito grande. Eu tenho certeza de que uma das grandes coisas que o ser humano sempre fez, e faz cada vez melhor, é inventar linguagens, decifrar linguagens, reinventar linguagens, e esse surto de internetês é muito criativo e, em certos aspectos, retoma algumas práticas ortográficas dos séculos XVII e XVIII, então eu acho que a cultura não está em risco"

(Marisa Lajolo, professora titular de Teoria Literária da Unicamp)

Você, como estudante universitário, deve produzir uma carta endereçada ao editor de uma revista sobre educação, posicionando-se em relação às reflexões desenvolvidas nos trecos em destaque sobre a escrita dos jovens em determinadas práticas comunicativas da cultura digital, como o chat, por exemplo. Ressalta-se, ainda, que a posição por você assumida deverá ser explicitada e fundamentada em sua argumentação.

GABARITOS

Todas as atividades deste capítulo são de questões abertas e de respostas pessoais.

Capítulo 09

O TEXTO HUMORÍSTICO

http://dobla.blogspot.com.br/2008_09_01_archive.html/ acesso em 20 mai de 2017

1. O TEXTO HUMORÍSTICO

O humor é uma forma de comunicação em que um estímulo mental complexo ilumina ou diverte, despertando o reflexo do riso.

Na maioria das vezes, desde a mais rude piada ao mais elegante trocadilho ou anedota, o humor vem da percepção súbita de uma relação entre dois contextos consistentes, porém mutuamente incompatíveis. A repentina colisão entre esses dois contextos diferentes produz o efeito cômico porque ela leva o recebedor a perceber certa situação em dois ângulos incompatíveis ao mesmo tempo. Esse criativo tipo de atividade mental parece ser uma diversão inata para o ser humano, pelo menos no contexto de uma visão bem-humorada da vida.

Há uma grande variedade de disposições de espírito envolvidas na produção do humor, mas, qualquer que seja a mistura, deve haver um ingrediente básico e indispensável: um impulso de agressão, apreensão ou malícia. Algumas vezes, o estimulo do humor é óbvio como em certas piadas infantis; em outras ocasiões, pode ser mais sutil. Os elementos de agressão e apreensão são tão universalmente comuns no humor, que alguns autores afirmam que eles têm a função de descarregar essas emoções de forma socialmente aceitável.

Torna-se de fundamental importância que, antes de delinearmos nossos objetivos rumo ao conhecimento das particularidades linguísticas que norteiam a modalidade em questão, entendamos que a interlocução de um texto somente é efetivada quando há a interação entre emissor e receptor.

Tal interação parte do princípio de que todo texto se perfaz por uma finalidade discursiva e, para tanto, faz-se necessário que o emissor a desvende de maneira plausível, interpretando adequadamente a ideia que ora se deseja transmitir, compreendendo todo o jogo que se instaura por meio das palavras, identificando todas as conotações presentes, enfim, interpretando os efeitos de sentido instituídos pelo emissor a partir de um contexto

Em se tratando dos textos humorísticos por excelência, o discurso pauta-se pelo entretenimento, como é o caso das anedotas, das histórias em quadrinhos, amplamente difundidas desde a nossa infância. No entanto, há aqueles textos em que o humor está subsidiado em um objetivo do qual precisamos ativar nosso conhecimento de mundo – aquele adquirido ao longo de nossa experiência –, para então "descortinarmos" a mensagem atribuída mediante as entrelinhas.

No intuito de compreendermos um pouco mais sobre as particularidades inerentes aos gêneros voltados para o humor, enfatizaremos os casos representativos de modo particular:

1.1. Anedota

Trata-se de um texto que tem por objetivo proporcionar o entretenimento por parte do receptor. Analisemos um exemplo:

Português

Um português telefona pra agência de viagem:

- Por favor, quanto tempo leva um avião pra Lisboa?

- Um minuto...

- Obrigado - e desligou.

1.2. Cartum

Representa uma anedota gráfica, aliando linguagem verbal e não verbal. Geralmente, ele aborda situações universais e atemporais, ou seja, aquelas que podem acontecer em qualquer tempo ou lugar, com vistas a promover uma sátira aos comportamentos humanos. Observemos:

1.3. Charges

A charge, ao contrário do cartum, satiriza um fato específico. Outro fator de divergência está condicionado às personagens, visto que no cartum são pessoas comuns, e as da charge, por sua vez, são pessoas que exercem uma certa influência diante do cenário social, como por exemplo, os representantes políticos. Como dito anteriormente, para que o discurso se materialize em sua plenitude, é preciso haver cumplicidade entre os interlocutores, de modo a interpretar os fatos com referência nos conhecimentos prévios. Vejamos:

http://portugues.uol.com.br/redacao/textos-humoristicos-.html
acesso em: 17/05/2017adaptado

É possível inferir, depois dessa reflexão, que o humor é uma forma de comunicação em que um estímulo mental complexo ilumina ou diverte, despertando o reflexo do riso. Na maioria das vezes, desde a mais rude piada ao mais elegante trocadilho ou anedota, **o humor não é o estado de achar graça, mas vem da percepção súbita de uma relação entre dois contextos consistentes, porém, mutuamente incompatíveis.** A repentina colisão entre esses dois contextos diferentes produz o efeito cômico porque ela leva o recebedor a perceber certa situação em dois ângulos incompatíveis ao mesmo tempo. Esse criativo tipo de atividade mental parece ser uma diversão inata para o ser humano, pelo menos no contexto de uma visão bem-humorada da vida.

Há uma grande variedade de disposições de espirito envolvidas na produção do humor, mas, qualquer que seja a mistura, deve haver um ingrediente básico e indispensável: um impulso de agressão, apreensão ou malícia. Algumas vezes, o estimulo do humor é obvio como em certas piadas infantis; em outras ocasiões, pode ser mais sutil. Os elementos de agressão e apreensão são tão universalmente comuns no humor, que alguns autores afirmam que eles têm a função de descarregar essas emoções de forma socialmente aceitável.

ASSIS, Diego. Folha de S. Paulo/adaptado 2017.

2. RECURSOS

Ao se analisar um texto humorístico, deve-se levar em conta os seguintes recursos:

2.1. Oposições

Consiste em trazer opostos que vão dialogar no texto. A própria escolha dos opostos já traz a expectativa de humor no texto verbal ou não-verbal, pois "brinca" com o imaginário do leitor.

http://puxardescarga.blogspot.com.br/2017/01/manaus-amazonas-charge-politica.html

2.2. Utilização de estereótipos

Em uma escola onde estudam alunos de várias classes sociais, durante uma aula de português, a professora pergunta:

- Qual é o significado da palavra ÓBVIO?

Rapidamente, Juliana, rica, uma das alunas mais aplicadas da classe, que estava sempre muito bem vestida, cheirosa e bonita, respondeu:

- Prezada professora, hoje acordei bem cedo, ao raiar da alva, depois de uma ótima noite de sono no conforto da minha suíte máster. Desci a enorme escadaria de nossa humilde residência e me dirigi à copa onde era servido o café. Depois de deliciar-me com as mais apetitosas iguarias, fui até a janela que dá vista para o jardim. Virei-me um pouco e percebi que se encontrava guardado na garagem a FERRARI pertencente a meu pai.

Pensei com meus botões:

- É ÓBVIO que meu pai foi ao trabalho de Mercedes.

Sem querer ficar para trás, Luis Cláudio, aluno de família classe média, acrescentou:

- Professora, hoje eu não dormi muito bem, porque meu colchão é meio duro, mas eu consegui acordar assim mesmo. Pus o despertador ao lado da cama para tocar cedo. Levantei meio zonzo, comi um pão meio muxibento e tomei café.

Quando saí para a escola, vi que o fusca do papai estava na garagem.

Imaginei:

- É ÓBVIO que o papai não tinha dinheiro para a gasolina e foi trabalhar de busão.

Embalado na conversa, Washintun Jeferson Júnior, de classe baixa, e ÓBVIO, torcedor do Bahia, também quis responder:

- Fessora, hoje eu quase não dormi, porque teve tiroteio até tarde na favela. Só acordei de manhã porque estava morrendo de fome, mas não tinha nada para comer mesmo.

Quando olhei pela janela do barracão, vi a minha vó vestida com a camisa do Bahia e com o jornal debaixo do braço e pensei:

- É ÓBVIO que ela vai fazê as coisa. Num sabe lê!

2.3. Intertextualidade

A intertextualidade consiste no diálogo entre os textos. Na nossa vida cotidiana usamos desse recurso o tempo inteiro, pois somos o somatório de tudo o que aprendemos. É possível ver a presença de intertextualidade manifesta explicitamente no texto, como quando se faz a citação de algum autor ou traz algum personagem ou alguma personalidade para exemplificar ou comparar no nosso discurso oral ou escrito. É o caso das pinturas retratadas abaixo; a Gioconda, Monalisa de Da Vince e a Mônica, "Monicalisa", personagem de Maurício de Souza. Outro tipo de intertextualidade é aquela que necessita de conhecimentos prévios específicos para que se consiga produzir sentido no texto que está sendo contemplado. É o caso do exemplo da charge abaixo que traz conceitos das leis da física como imprescindíveis para que se produza o sentido pretendido.

http://obviousmag.org/pausas/acesso em 23 mai 2017

2.4. Metalinguagem

Pode-se definir metalinguagem como a explicação do veículo por ele mesmo, é a linguagem explicando a própria linguagem. Um texto que fale sobre leitura é um texto metalinguístico, assim como uma pintura de alguém pintando uma tela, ou ainda, a própria gramática ou o dicionário, que explicam o funcionamento da língua ou o significado das palavras.

https://redacaonocafe.wordpress.com/tag/metalinguagem/acesso em 23 mai de 2017

3. ANÁLISE DO TEXTO HUMORÍSTICO

Realmente, as piadas por veicularem, com bastante frequência, uma visão sintetizada dos problemas, podem tornar-se mais fáceis de serem compreendidas por interlocutores não especializados. Segundo Possenti, autor da área da análise do discurso e especialista na análise de piadas de todos os âmbitos há fortes razões para que piadas se tornem objeto de análise.

As piadas são interessantes, por exemplo, porque grande parte delas versam sobre sexo, política, racismo, instituições (Igreja, escola, casamento, maternidade, línguas), loucura, morte, desgraças, sofrimento, defeitos físicos - para o humor, a velhice, a calvície, a obesidade, órgãos genitais pequenos ou grandes, são defeitos - ou seja, temas socialmente controversos. Dessa forma, elas servem de excelente *corpus* (material) para que estudiosos possam reconhecer ou confirmar manifestações culturais e ideológicas.

Outra razão que justifica a análise de piadas é que, como elas funcionam, em grande parte, na base de estereótipos, fornecem um bom material para pesquisas sobre representações sociais. Por exemplo, nas piadas, judeu só pensa em dinheiro, português é burro, inglesas são frias, japonês tem sexo pequeno, baiano é preguiçoso, nordestino é o mais potente etc. Finalmente, as piadas são interessantes porque, quase sempre, veiculam discursos proibidos, subterrâneos, não oficiais, que, provavelmente, não se manifestariam em uma entrevista, por exemplo.

As piadas interessam como peças textuais para os estudiosos de discurso por mostrarem um domínio linguístico que, de alguma forma, é complexo. Para ilustrar hipóteses ou princípios de análise linguística, esses especialistas poderiam escolher uma piada e, com isso, teriam um exemplo original, envolveriam os interlocutores em verdadeiros problemas de interpretação e, mesmo, procederiam às abstrações necessárias para exemplificar um mecanismo linguístico qualquer.

As piadas, geralmente, acionam mais de um mecanismo linguístico. Apresentaremos alguns exemplos, nos quais nos propomos a analisar os mecanismos linguísticos (fonológico, lexical, morfológico, sintático etc.) envolvidos na produção do humor, utilizando como referencial teórico, a análise do discurso que entende o texto como espaço de negociação de sentidos. Mostraremos também como o locutor se posiciona frente à realidade, a imagem que faz de si e do outro, sempre partindo daquilo que enunciou ou deixou de enunciar. O humor, no tipo de texto analisado, opera em vários níveis simultâneos, portanto, a divisão que será feita aqui é apenas para facilitar as análises.

3.1. Análise de algumas piadas

a) Ativamento de Conhecimento Prévio

E Eva disse a Adão: - Adão, você me ama? E ele em sua infinita sabedoria: - E eu lá tenho escolha?

Ao ler esse texto, ativa-se na memória o conhecimento de outro texto. Tal conhecimento pode não ser essencial para a compreensão, contudo, seu conhecimento atribui à leitura um efeito de sentido diverso. A intertextualidade, aqui definida como a ligação entre textos orais ou escritos, é um aspecto relevante do conhecimento prévio.

A construção dessa piada leva em conta um intertexto: a história bíblica de Adão e Eva no paraíso. Se esse conhecimento não for ativado na memória do leitor, a compreensão que se fará não será a adequada para esse texto. A pergunta que Eva faz a Adão é óbvia entre casais, mas sem o ativamento do intertexto, a leitura produzida mostraria que na resposta não há sentido lógico para o leitor.

A partir do momento em que se percebe tratar-se do casal considerado a gênese da humanidade, a compreensão é bem diversa. Adão, de fato, não poderia ter outra opção. Essa leitura parece a mais apropriada, porque é a que provoca o riso.

ATIVIDADE 1

Crie um pequeno texto narrativo, usando o mesmo procedimento de humor presente na piada acima.

b) Nível fonológico

Aírton Senna é um ás no volante.

Esse texto pode ser lido de duas formas: Aírton Senna é um ás no volante, ou Aírton Senna é um asno volante.

Para se compreender a ambiguidade que gera o humor nesse texto, além, é claro, dos conhecimentos de mundo sobre o piloto, sobre sinonímia (ás equivale a exímio, perito e asno equivale a burro), é necessário observar a emissão da sílaba tônica na sequência de sílabas que formam ás + no (= asno). O que permite dizer que numa leitura temos uma única palavra (asno) e, em outra, temos duas (ás no) é a diferença de acento.

Essa compreensão pode ser interessante quando se busca mostrar que a relação entre uma forma e um sentido não é tão óbvia; Sena era um exímio piloto, mas morreu ao volante, numa corrida, o que nos parece, no mínimo, controverso.

ATIVIDADE 2

Crie um pequeno texto narrativo, usando o mesmo procedimento de humor presente no texto em destaque.

c) Nível Lexical

A velhota, superantiquada, recomenda à neta: - Benzinho, há duas palavras que eu quero que você prometa nunca mais dizer. Uma é bacana e a outra é nojenta. Você promete? - Claro, vovó. E quais são as palavras?

Esse é um bom exemplo de como a linguagem tem funcionamento metalinguístico. No caso, há uma separação entre a referência (menção) e a aplicação (uso) que cada um dos falantes faz das palavras *bacana* e *nojenta*.

ATIVIDADE 3

Crie um pequeno texto narrativo, usando o mesmo procedimento de humor presente na piada transcrita.

d) Nível Morfológico

Perguntaram ao português: - O que é um homossexual? Ele respondeu: - É um sabão para lavar as partes.

Essa piada funciona de forma semelhante à de nº 2. É muito difícil analisar piadas em nível morfológico sem incluir um problema fonológico, segundo Possenti (op. cit.). A piada nº 2 poderia ser considerada morfológica, pois apresenta um problema de divisão de palavras. Se há separação, é para destacar os dois domínios, privilegiando um de cada vez.

Na piada citada, no nível morfológico, de acordo com a separação feita na cadeia, temos mais ou menos palavras em questão, e isso é um problema de morfologia. Basta pôr em primeiro plano a formação de uma das sequências (homo + sexual) ao lado de outra (homo + sexo + al) para que se evidencie o que foi exposto.

ATIVIDADE 4

Crie um pequeno texto narrativo, usando o mesmo procedimento de humor presente na piada apresentada.

e) Nível Sintático

Duas pessoas caminham lendo lápides em um cemitério, quando se deparam com os seguintes dizeres: AQUI JAZ UM POLÍTICO E UM HOMEM HONESTO. - Nossa, que povo pão-duro! - disse uma delas - Enterrou duas pessoas em um mesmo caixão.

O cerne da questão nessa piada decorre do fato de se ler a inscrição como um período simples ou composto. Quem fez a homenagem ao morto afirmou que ele, além de político, era honesto. A ideia de adição ocorreu com as qualificações de um mesmo ser. O que está escrito na lápide constitui um período simples.

A leitura feita leva em conta a ideia de adição entre duas orações. Assim, temos coordenadas aditivas com a elipse do verbo na segunda: *Jaz um político e (jaz) um homem honesto.*

Não se pode deixar de assinalar que, ao mesmo tempo, que há essa questão sintática, existe também a concepção corrente de que todo político é corrupto. Rir dessa piada significa que a compreendemos, porque compartilhamos desse conhecimento, mesmo que concordemos com ele ou não.

ATIVIDADE 5

Crie um pequeno texto narrativo, usando o mesmo procedimento de humor presente na piada apresentada.

f) Nível Semântico

Numa festa o secretário do presidente fila um cigarro. O presidente comenta: - Não sabia que você fumava. - Eu fumo, mas não trago. - Pois devia trazer.

O humor nessa piada constrói-se a partir da coincidência entre as duas formas verbais que provêm de verbos distintos: *tragar e trazer*. A forma *trago* (presente do indicativo) provém do verbo regular *tragar* e é do mesmo campo semântico de fumar e cigarro; mas o presidente compreende *trago* como o presente do verbo irregular *trazer* e censura o secretário por ser fumante e não estar portando cigarros (quem sabe por não querer ceder os seus?!). Seria mais coerente o interlocutor compreender a forma *trago* com a possibilidade de estabelecer uma relação com a ação de fumar (fumar equivale a *fumo*, tragar equivale a *trago*).

O que provoca o riso é o "equívoco" provocado pela língua que gera uma coincidência que é mais relevante do que o fato de o presidente não censurar o secretário pelo vício de fumar.

ATIVIDADE 6

Crie um pequeno texto narrativo, usando o mesmo procedimento de humor presente na piada lida.

g) Dêixis

- Não deixe sua cadela entrar na minha casa de novo. Ela está cheia de pulgas. - Diana, não entre nessa casa de novo. Ela está cheia de pulgas.

Dêiticos são formas linguísticas cuja referência só pode ser determinada pelo contexto. A indeterminação de dêiticos é um campo fértil para a produção de humor. Os pronomes pessoais, sob o ponto de vista dos pragmaticistas, estão submetidos a condições que ultrapassam um aparentemente simples contexto. Como se percebe na piada acima, o pronome "ela" é um dêitico, isto é, sua referência, no caso desse texto, depende do pressuposto que determina a ocorrência de um nome de referência idêntica, e que há dois sentidos possíveis: tanto "cadela" quanto "casa" podem ter referentes idênticos ao de "ela", esses dois sentidos possíveis podem ser fonte de equívoco, o que possibilita a produção do humor nessa piada.

ATIVIDADE 7

Crie um pequeno texto narrativo, usando o mesmo procedimento de humor presente na piada apresentada.

Por meio dos mecanismos linguísticos apresentados, pode-se perceber também que as piadas, por serem discursos, servem à ideologia e que os sujeitos envolvidos no discurso humorístico são marcados pela heterogeneidade. Se quisermos ilustrar a heterogeneidade dos discursos, elas parecem criadas a propósito.

As piadas, como já foi dito, além de serem excelentes *corpus* (material) para explicitar a análise linguística, oferecem argumentos valiosos para as teses ligadas às teorias textuais e discursivas e à teoria da relevância das condições de produção, ou seja, para os discursos ocorrerem, exigem muito mais que um locutor dotado de genialidade ou inspiração. É preciso que haja um "solo" fértil de problemas como os das zonas discursivas assinaladas nos exemplos apresentados.

Há uma razão muito simples para se postular que as piadas são bons exemplos de textos cujos sentidos não dependem da autoria (papel que se atribui a uma subjetividade que seria, de alguma forma, responsável pelos textos, por sua unidade, por seu sentido): as piadas, geralmente, não têm autor. A possibilidade de uma leitura sem se considerar o autor demonstra que há discursos que se dizem, ou que são ditos por todos, dadas certas condições, sem que sua origem esteja relacionada a um indivíduo de forma relevante.

Para compreender qualquer piada, é necessário ao leitor "mover-se" de certa forma no texto, já que as piadas, como dito anteriormente, operam com ambiguidades, sentidos indiretos, implícitos. Assim, pode-se notar o quanto existe de atividade na produção da leitura de textos de humor, pois o leitor não é mero receptor de informações do autor. Cabe ao leitor fazer operações epilinguísticas, além de conhecimentos sobre a língua, sobre comportamento linguístico que se espera de um sujeito em determinada situação, sobre o contexto em que se produziu o texto. Segundo Possenti, embora o texto não seja o único fator relevante no processo de leitura, é o ingrediente mais importante, pois é ele que demanda e limita a atividade do leitor.

A análise de textos humorísticos mostra um novo ângulo de análise; ao analista cabe explicar "como" e não o "porquê" do humor, ou seja, ele tentará explicar não o que as piadas significam, mas como funcionam, descrevendo as chaves linguísticas que são um meio que desencadeia em nós o riso.

Se o leitor/ouvinte não "sacar" uma piada, isso se deve a certa quantidade de conhecimento não partilhado entre o falante e o ouvinte. E mais especificamente, pode-se não "sacar" uma piada em consequência de falta de conhecimentos linguísticos, porque o jogo linguístico interage com conhecimento de mundo.

Possenti afirma, ainda, que embora não exista uma linguística que trate especificamente do humor (é uma pena), a linguística só teria a ganhar se se debruçasse sobre textos humorísticos, pois eles, certamente, são uma verdadeira "mina" para os linguistas e, principalmente, servem para comprovar que o texto não traz em si o sentido; ele é, sobretudo, a condição básica para que o leitor/ouvinte construa o significado.

3.2. Propostas

Agora é você!

ATIVIDADE 1

Bom Conselho
Ouça um bom conselho
Que eu lhe dou de graça
Inútil dormir que a dor não passa
Espere sentado
Ou você se cansa
Está provado, quem espera nunca alcança. [...]

Chico Buarque

Disponível em: <https://www.letras.mus.br/chico-buarque/85939/>. Acesso em: 08 mai. 2017.

A intertextualidade é um recurso de linguagem que requer do leitor um outro tipo de conhecimento, de textos anteriores. No texto acima, o autor faz alusão a ditados populares com o intuito de desconstruir suas mensagens. Nesse caso, a intertextualidade é identificada como

a) explícita, pautada na forma.
b) implícita, pautada na forma.
c) implícita, pautada no discurso.
d) implícita, pautada no conteúdo.
e) explícita, pautada no conteúdo.

ATIVIDADE 2

A intertextualidade é condição necessária para que um poema possa ser plenamente apreciado – o que o autor, no segundo parágrafo, deixa bastante evidente ao dizer que:

a) "Alguns de seus trechos, ou ele inteiro, devem ser relidos, às vezes mais de uma vez."
b) "Há muitas coisas a serem descobertas num poema, e tudo nele é sugestivo".
c) "Todos os componentes de um poema escrito podem (e devem) ser levados em conta."
d) "Tudo isso deve ser comparado a outros poemas que o leitor conheça."
e) "de preferência, o leitor deve ser familiarizado com os poemas canônicos."

ATIVIDADE 3

"Vou voltar / Sei que ainda vou voltar / Para o meu lugar / Foi lá e é ainda lá / Que eu hei de ouvir cantar / Uma sabiá. / Vou deitar à sombra / De uma palmeira que já não há / Colher a flor que já não dá / E algum amor talvez possa espantar." (Chico Buarque e Tom Jobim, "Sabiá")

"Céu de vidro azul fumaça / Quatro graus de latitude / Rua estreita, praia e praça / Minha arena e ataúde / Não permita Deus que eu morra / Sem sair desse lugar / Sem que um dia eu vá embora / Pra depois poder voltar." (Raimundo Fagner, "4 Graus")

Os dois trechos transcritos acima servem como exemplo de intertextualidade, fenômeno que ocorre quando há uma referência explícita ou implícita de um texto em outro. No caso, a referência é ao poema

a) "Ouvir Estrelas", de Olavo Bilac.
b) "Canção do Exílio", de Gonçalves Dias.
c) "Meus Oito Anos", de Casimiro de Abreu.
d) "Vou-me embora pra Pasárgada", de Manuel Bandeira.
e) "Poema de Sete Faces", de Carlos Drummond de Andrade.

ATIVIDADE 4

Sobre a frase central da charge, a seguinte afirmação é INADEQUADA:

a) segue uma estrutura de discurso religioso.
b) dirige-se diretamente a Deus.
c) representa o arrependimento do grupo.
d) mostra preocupação da classe política.
e) indica um desejo de todos.

ATIVIDADE 5

Texto I

O BICHO (1974)

Manuel Bandeira

Vi ontem um bicho
Na imundície do pátio
Catando comida entre os detritos.
Quando achava alguma coisa,
Não examinava nem cheirava:
Engolia com voracidade.
O bicho não era um cão,
Não era um gato,
Não era um rato.
O bicho, meu Deus, era um homem.

Texto II

O BICHO – Garfield (2011)

Andrício de Souza

Ao se compararem os textos I e II, é CORRETO afirmar que eles pertencem

a) a gêneros diferentes, e o texto II apresenta uma intertextualidade do tipo paródica em relação ao texto I.

b) a gêneros diferentes, e o texto I apresenta uma intertextualidade do tipo paródica em relação ao texto II.

c) ao mesmo gênero, e o texto II apresenta uma intertextualidade do tipo paródica em relação ao texto I.

d) ao mesmo gênero, e o texto I apresenta uma intertextualidade do tipo paródica em relação ao texto II.

ATIVIDADE 6

Assinale a alternativa que traz consideração ADEQUADA sobre o cartum a seguir.

Fonte: FOLHA DE SP 14/06/2003.

a) A situação retratada explica as razões do desemprego no País.

b) O humor é produzido pela interpretação maliciosa que o patrão dá à pergunta do empregado.

c) No cartum, tematiza-se a falta de ética de empresários.

d) A informação contida no último balão é decisiva para que o leitor consiga identificar o papel social dos interlocutores envolvidos: patrão e empregado.

ATIVIDADE 7

Atualmente, as charges estão presentes cada vez mais no Enem e nos concursos públicos das mais diversas áreas de atuação. Trata-se de desenhos caricatos que retratam de alguma forma os acontecimentos cotidianos. Para interpretá-los coerentemente, é necessário atualizar-se em relação aos fatos recentes e ter visão analítica.

Abaixo segue uma charge em que se contextualiza acontecimentos recentes.

ANALISE-A e REDIJA um pequeno texto, de 10 a 12 linhas, expondo a sua interpretação a partir de dados e fatos atuais, seja coerente!

ATIVIDADE 8

Leia a tirinha.

(10 anos de Mafalda)

file:///P|/Word/VNSP1305_Unesp_Mobilidade/PDF/Prova

A tirinha mostra que

(A) a primeira aluna erra a forma verbal do presente do indicativo do verbo temer.

(B) no quarto quadrinho, a aluna conjuga o verbo no presente do indicativo.

(C) no segundo quadrinho, a aluna conjuga o verbo no tempo passado.

(D) as três alunas conjugam, corretamente, os tempos verbais solicitados.

(E) no último quadrinho, a aluna interpreta as palavras em vez de conjugar o verbo.

ATIVIDADE 9

Texto 1

"Aristóteles ensina que o riso é algo próprio do homem. O senhor ri; logo, o senhor é um homem. Fez bem em rir, pois do contrário não nos teríamos apercebido disso".

Jerônimo Jekovic. Duas ou três coisas que eu sei do humor. *Revista de Cultura Vozes*, ano 64, vol. LXIV, no. 3. Petrópolis: Ed. Vozes Ltda., 1970, pp 47-53.

Texto 2

Entre os autores humanistas, Castiglione, em "O Cortesão", enfatiza que "o riso é observado apenas na humanidade, e é sempre sinal de certa jovialidade e certo ânimo alegre que o homem sente no interior de sua mente".

SKINNER, Quentin. A arma do riso. *Revista MAIS*, Folha de São Paulo, 04/08/2002.

Texto 3

Entrevista com a especialista em psicobiologia Silvia Cardoso sobre a graça do riso para a ciência.

O senso comum é que só os seres humanos são capazes de rir. Isso não é verdade?

Silvia - Não. O riso básico - o da brincadeira, da diversão, da expressão física do riso, do movimento da face e da vocalização -, nós compartilhamos com diversos animais. Em ratos, já foram observadas vocalizações ultrassônicas - que nós não somos capazes de perceber - e que eles emitem quando estão brincando de "rolar no chão". Se o cientista provocar um dano em um local específico no cérebro, o rato deixa de fazer essa vocalização e a brincadeira vira briga séria. Sem o riso, o outro pensa que está sendo atacado. O que nos diferencia dos animais é que não temos apenas esse mecanismo básico. Temos outro mais evoluído. Os animais têm o senso de brincadeira, como nós, mas não tem senso de humor. O córtex, a parte superficial do cérebro deles, não é tão evoluído como o nosso. Temos mecanismos corticais que nos permitem, por exemplo, interpretar uma piada.

In: http://globonews.globo.com/GloboNews/article/0,6993,A296321-571,00.html

TEXTO 4

Jornal do Brasil

A partir da leitura dos textos 1, 2, 3 e 4:

a) COMPARE as ideias sobre o riso presentes nos textos.

b) COMENTE de que forma a evolução técnico-científica permitiu a percepção do fenômeno do riso nos animais.

c) APONTE em que textos a construção do efeito humorístico está relacionada à manifestação de superioridade. Justifique.

ATIVIDADE 10

Produção de texto

Charges e tirinhas aparecem frequentemente em provas do Enem e dos concursos públicos, como estímulo para a escrita, por isso é importante aguçar a percepção linguística/textual e saber retirar da imagem o tema e a provocação sugerida. Redija um pequeno texto, explicando os recursos utilizados para extrair "humor" das charges que seguem. Comente as estratégias.

http://pibidletrasjq.blogspot.com.br/2012/08/piadas-sintaticas.html/acesso em 23 mai 2017

http://pibidletrasjq.blogspot.com.br/2012/08/piadas-sintaticas.html/acesso em 23 mai 2017

GABARITOS

1 – A

2 – D

3 – B

4 – C

5 – A

6 – C

7 – Resposta pessoal

8 – E

9 – Resposta pessoal

10 – Resposta pessoal

SIGNO LINGUÍSTICO E VARIAÇÃO LINGUÍSTICA

1. PRA COMEÇO DE CONVERSA

O Idioma vivo ou morto?

O grande problema da língua pátria é que ela é viva e se renova a cada dia. Problema não para a própria língua, mas para os puristas, aqueles que fiscalizam o uso e desuso do idioma. Quando Chico Buarque de Holanda criou a letra de "Pedro Pedreiro" o neologismo, "penseiro", teve gente que chiou. Afinal, que palavra é essa? Não demorou muito, o Aurélio definiu a nova palavra no seu dicionário. Isso mostra o vigor da língua portuguesa. Nas próximas edições dos melhores dicionários, não duvidem: provavelmente virá pelo menos uma definição para a expressão "segura o tcham". Enfim, as gírias e expressões populares, por mais erradas que possam parecer, ajudam a manter a atualidade dos idiomas que se prezam.

O papel de renovar e atualizar a língua cabe muito mais aos poetas e ao povo do que propriamente aos gramáticos e dicionaristas de plantão. Nesse sentido, é no mínimo um absurdo ficar patrulhando os criadores. Claro que os erros devem ser denunciados. Mas há uma diferença entre o "erro" propriamente dito e a renovação. O poeta é, portanto, aquele que provoca as grandes mudanças da língua.

Pena que o Brasil seja um país de analfabetos. E deve-se entender como tal não apenas aqueles 60 milhões de "desletrados" que o senso identifica, mas também aqueles que, mesmo sabendo o abecedário, raramente fazem uso desse conhecimento. Por isso, é comum ver nas placas a expressão "vende-se à praso", em vez de "vende-se a prazo"; ou "meio-dia e meio", em vez de – como é mesmo?

O português de Portugal nunca será como o nosso. No Brasil, o idioma foi enriquecido por expressões de origem indígena e pelas contribuições dos negros, europeus e orientais que para cá vieram. Mesmo que documentalmente se utiliza a mesma língua, no dia a dia o idioma falado aqui nunca será completamente igual ao que se fala em Angola ou Macau, por exemplo.

Voltando à questão inicial, não é só o cidadão comum que atenta contra a língua pátria. Os intelectuais também o fazem, por querer ou por mera ignorância. E também nós outros, jornalistas, afinal, herrar é umano, ops, errare humanum est. Ou será oeste?

SANTOS, Jorge Fernando dos. *Estado de Minas*, Belo Horizonte (Adaptação)

2. TEORIZANDO

Signo Linguístico

> "A linguagem é tão antiga quanto à consciência – a linguagem é a consciência real, prática, que existe também para os outros homens, que existe, portanto, também primeiro para mim mesmo e, exatamente como consciência, a linguagem só aparece com a carência, com a necessidade dos intercâmbios entre os homens."
>
> MARX & ENGELS. *A ideologia alemã*. São Paulo: Martins Fontes, P. 26.

A língua, como acervo linguístico, é, de acordo com Ferdinand de Saussure, "*o conjunto dos hábitos que permitem a uma pessoa compreender e fazer-se compreender*". Deve ser vista como "*uma soma de sinais depositados em cada cérebro, mais ou menos, como um dicionário cujos exemplares – todos idênticos – fossem repartidos entre os indivíduos*". Para fazer uma analogia, trata-se de um dicionário e de uma gramática, cuja extensão será proporcional ao conhecimento e à percepção linguística do falante.

A língua "*não está completa em nenhum [indivíduo], é só na massa ela existe de modo completo*". Dessa forma, ela é, ao mesmo tempo, uma realidade psíquica e uma instituição social. Para Saussure, a língua "é, ao mesmo tempo, um produto social da faculdade de linguagem e um conjunto de convenções necessárias, adotadas pelo corpo social para permitir o exercício dessa faculdade nos indivíduos"; e "*a parte social da linguagem, exterior ao indivíduo, que, por si só, não pode nem criá-la nem modificá-la; ela não existe senão em virtude de uma espécie de contrato estabelecido entre os membros da comunidade*". Em oposição à língua, a fala, na medida em que se constitui de atos individuais, torna-se plural, imprevisível. Os atos linguísticos individuais são ilimitados e não formam um sistema.

Dentro dessa teoria, existe o conceito de signo linguístico. Mas o que são esses "signos"? O signo é a menor unidade comunicativa de uma língua. Em síntese, tudo o que representa algo é signo: os ícones da linguagem do computador, as notas musicais, a representação do mundo pelos mapas, o código Morse, o Braile, os gestos... como podemos observar nos exemplos que seguem:

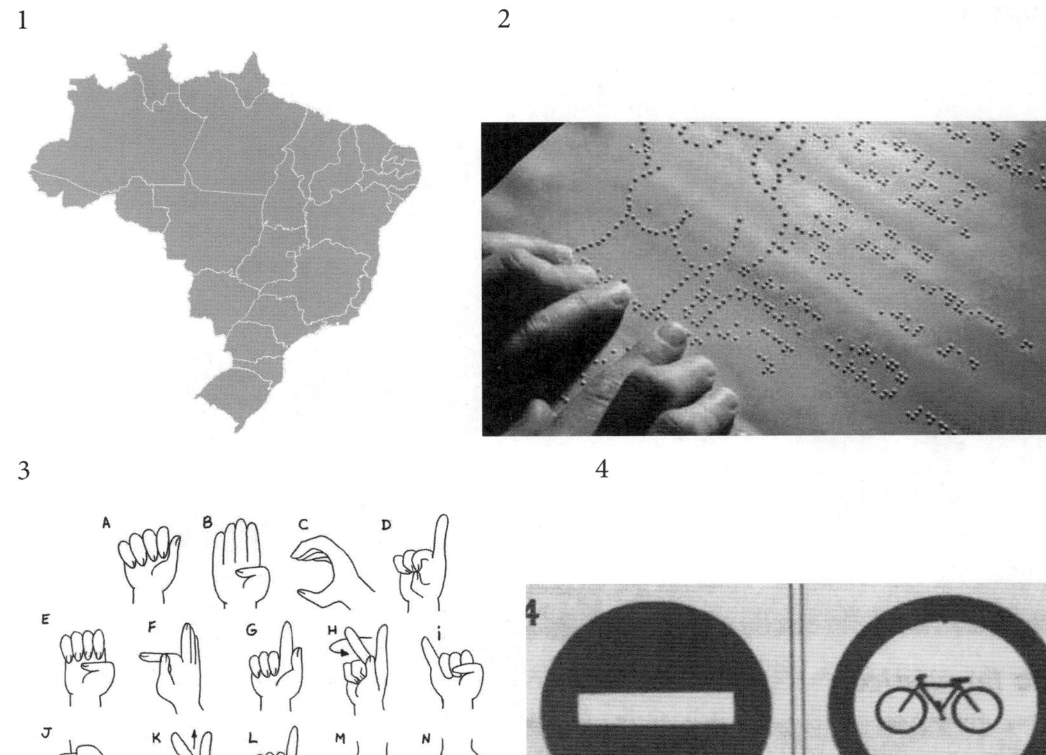

3

4

3. VARIAÇÃO LINGUÍSTICA

Fonte: www.furb.rct-sc.br

O Brasil, por ser um país que utiliza a língua denominada "portuguesa" e não "brasileira", já necessita "oficializar" certas mudanças naturalmente ocorridas. E, se levarmos em conta a extensão territorial de nossa nação, é óbvio que perceberemos uma enorme variedade nos falares coexistentes. Essa gama de possibilidades comunicativas é o que chamamos de variação linguística. Muitos fatores podem originar essas mudanças:

Existem, por exemplo, variações entre formas que a língua portuguesa assume nas diferentes regiões em que é falada. É o caso das diferenças entre um brasileiro e um português, ou ainda o distanciamento entre a entonação de um gaúcho em contraste com a entonação de um mineiro. Essas variações constituem nos falares os dialetos.

A distinção de ordem social é também fator determinante. O português empregado pelas pessoas que têm acesso à escola é diferente do português empregado pelas pessoas não escolarizadas. Algumas classes sociais, assim, dominam uma forma de língua que goza de prestígio, enquanto outras são vítimas de preconceito por não empregarem formas de linguagens prestigiadas.

O exercício de determinada atividade profissional acaba requerendo o domínio de certas formas de língua chamadas linguagens técnicas. Abundantes em termos específicos, essas variantes têm em seu uso praticamente restrito ao intercâmbio técnico de engenheiros, médicos, químicos, linguistas entre outros especialistas na esfera do trabalho.

Em cada ocasião, em diferentes situações comunicativas, um mesmo indivíduo emprega distintas formas de língua. É a diferença da nossa postura em situações formais (por exemplo, um discurso numa solenidade de formatura) e em situações informais (uma conversa descontraída com amigos, por exemplo) que determina qual tipo de linguagem será empregada. A fala e a escrita também implicam profundas diferenças na elaboração de mensagens. A tal ponto chegam essas variações, que acabam surgindo dois códigos distintos, cada qual com suas especificidades: a língua falada e a língua escrita. É importante levar em consideração que tanto a língua falada quanto à língua escrita variam entre o culto e o coloquial.

3.1. O poder das palavras

"A corrupção é endêmica na cultura brasileira", escreveu o Departamento de Comércio dos Estados Unidos a empresários americanos.

A embaixada americana reconheceu que a frase é inexata, desculpou-se e retirou o adjetivo. Segundo James Robin, porta-voz do Departamento de Estado Americano, a intenção era usar a palavra *widespread* (= difundido, comum) sem implicar ofensa alguma.

Aqui está o problema. Não tinha a intenção, mas ofendeu.

Existem palavras que possuem cargas negativas, ofensivas ou pejorativas. Observe como o verbo MORRER tem um peso maior que FALECER. Isso não significa que quem faleça morra menos. É uma questão de carga, talvez de fundo psicológico ou social. Compare LÁBIO e BEIÇO. BEIÇO é pejorativo e preconceituoso. É usado para ofender e descriminar. Devemos ter cuidado com as palavras. Elas têm alma. E a nossa corrupção é ou não "endêmica"? O Brasil reagiu. O presidente do Senado na época, Antônio Carlos Magalhães, aplaudido até pelos partidos de oposição, disse que os americanos são "prepotentes" e não têm autoridade para falar em corrupção.

Todos têm razão. "Endêmica" é um adjetivo que ofende e os americanos não têm moral para falar em corrupção. Se eles têm corrupção, não podem falar da nossa. A nossa corrupção não pode ser ofendida assim, com uma palavra tão "baixa". É preciso defendê-la: "A corrupção é nossa e ninguém tasca". Ninguém pode ofender assim um "orgulho nacional". Eles estão pensando o quê? Que a nossa corrupção é "doente"? Que um dia, talvez, ela possa ser erradicada? Não é não. A nossa corrupção é muito "sadia".

Lamentável. Reagimos e exigimos que retirassem o adjetivo, mas o substantivo ficou. Feliz o dia em que lutaremos contra o substantivo. Sem ele, não haverá adjetivos e talvez sobre alguma verba para investirmos em educação, na formação de professores, na luta contra a miséria cultural.

NOGUEIRA, Sérgio, jornalista, *Jornal do Brasil* (Disponível em: http://www.portugues.com.br/art1.htm)

3.2. O uso das palavras estrangeiras

Em 2002, foi realizado o Seminário Agronegócio de Exportação. O Itamaraty, patrocinador do evento, exigiu o uso de agronegócio em vez de *agrobusiness*, que era o termo preferido pelos empresários do setor. Ponto para o Itamaraty. Sem querer ser purista, devemos defender a língua portuguesa. Não há necessidade alguma de usarmos palavras como *startar* ou mesmo estartar. Por que não iniciar, começar ou principiar? Outra palavra muito em moda é *paper*. Além de mal traduzido, ainda está sendo usado num sentido muito amplo. Tudo virou *paper*. Quando me pedem um *paper*, nunca sei se é um relatório, um fax, uma carta ou uma proposta. Só falta o *paper* higiênico. Sugiro também a substituição da sua péssima *performance* por um melhor desempenho sexual.

É lógico que existem alguns estrangeirismos inevitáveis. *Software* e *Marketing*, por exemplo, são palavras consagradas entre nós. Já tentamos traduzi-las e depois aportuguesá-las. Luta em vão. São palavras que todos nós usamos e até podemos, hoje, escrevê-las sem aspas.

Algumas palavras suscitam polêmicas. Como é o caso de *deletar* e acessar, que na minha opinião, são restritas à área de informática. É possível afirmar que o presidente teve acesso à tribuna de honra, mas jamais afirmaria que ele acessou a tribuna de honra (o verbo acessar não tem o sentido genérico de "ter acesso").

Há estrangeirismos cujas traduções são questionáveis ou "não pegam". *Know-how* e *impeachment* são exemplos disso. *Know-how* seria "conhecimento ou tecnologia", mas eu tenho certeza de que "quem vende *know-how* cobra mais caro". No caso de *impeachment* ocorre algo curioso. Na Constituição Brasileira, a palavra é impedimento. No último *impeachment*, nós bem que tentamos usar o impedimento. Mas não deu. Na época eu tive a sensação que de que impedimento era pouco, o que se queria mesmo era *impeachment*. Parece brincadeira, mas não é. Há palavras estrangeiras cujas traduções não têm o "mesmo peso".

Outro problema difícil é o aportuguesamento. Há casos consagrados como futebol, abajur, espaguete, grife e outros mais. Entretanto, há problemáticos: xampu ou shampoo? A forma xampu já é bastante usada quando nos referimos aos xampus em geral. Porém, nos rótulos de shampoos, continua a forma estrangeira. Talvez os fabricantes temam que os brasileiros pensem que se trate de algum "xampu vagabundo".

Outro exemplo é *stress*. Eu prefiro estresse, por ser facilmente aportuguesado e, principalmente, para ser coerente com a forma derivada: estressado. Por outro lado, creio que o aportuguesamento de *show* é do tipo que "não pega", porque ficou preso à Xuxa, a "rainha dos baixinhos" e a "mãe do Xou". Leiaute é outro aportuguesamento que dificilmente será usado. A forma inglesa é mais "poderosa". *Feedback* é um exemplo curioso. O aportuguesamento fidebeque ficou horroroso e traduzi-la por "retroalimentação" é perigosíssimo na linguagem falada: alimentação por onde? Realimentação ou retorno são boas soluções.

Como você pode observar, é muito difícil criar uma regra. Cada caso merece uma análise individual. Entretanto, uma regra podemos seguir: para qualquer novo estrangeirismo, primeiro devemos buscar uma palavra correspondente em português. E antes de usarmos a forma estrangeira, ainda devemos tentar o aportuguesamento.

NOGUEIRA, Sérgio, jornalista, *Jornal do Brasil* /adaptado 2017(Disponível em: http://www.portugues.com.br/art2.htm)

Observação

O vocabulário de uma língua nunca está completo, ou seja, cada vez que se inventa um aparelho ou cada vez que se faz uma descoberta, torna-se necessário criar novas palavras. A língua é um elemento vivo e sofre influência do mundo contemporâneo, por isso torna-se inesgotável, e assim nascem os **neologismos.** O principal representante brasileiro que mais criou neologismos é Guimarães Rosa, sua obra destaca-se, sobretudo, pelas inovações de linguagem, que partem de falares populares e regionais que, somados à erudição do autor, permitiu a criação de inúmeros vocábulos a partir de arcaísmos e palavras populares, invenções e intervenções semânticas e sintáticas.

4. ESTRANGEIRISMOS

Texto I

Devemos reprimir o uso de palavras estrangeiras?

O deputado Aldo Rebelo (PC do B – SP) criou um projeto de lei que limita o uso de palavras estrangeiras. A proposta foi aprovada na Câmara e aguarda votação no Senado. Se virar lei, passaremos a ter um glossário oficial de aportuguesamento e todo vocábulo estrangeiro, quando publicado na imprensa ou em anúncios publicitários, terá de vir acompanhado de um correspondente em português. Os estrangeirismos devem mesmo ser coibidos?

Leia mais sobre o assunto.

Sim. A História nos ensina que a imposição da língua é uma forma de dominação de um povo sobre outro. O estrangeirismo abusivo é lesivo ao patrimônio cultural e está promovendo uma verdadeira descaracterização da língua portuguesa. Nosso idioma oficial passa por uma transformação que não se ajusta aos processos aceitos de evolução das línguas. Que obrigação tem um brasileiro de entender que uma mercadoria *onsale* está em liquidação?

REBELO, Aldo, deputado federal (PC do B – SP) e autor do projeto de lei que restringe o uso de estrangeirismos.

Não. As pessoas que pensam que a língua brasileira está ameaçada com a entrada de palavras estrangeiras – como ocorre com o vocabulário da informática, das finanças e dos esportes – não observam a aplicação dos estrangeirismos. Quase sempre o importado adere em co-ocorrência com um equivalente nacional, sinal de que os falantes estão experimentando para ver se ficam com a palavra de fora ou se vão simplesmente descartá-la.

FARACO, Carlos, da Universidade Federal do Paraná, organizou o livro *Estrangeirismos: Guerras em torno da Língua.*

Não. O estrangeirismo é essencial. Negar a influência de um idioma sobre outro é negar a natureza de todas as línguas. Cerca de 70% das palavras do português vêm do latim e o restante, de outros idiomas. Apesar da luta dos puristas de todas as épocas, as línguas vivem em constante aprimoramento. Ainda assim, acredito que uma eventual estratégia de defesa do idioma não deveria ser feita por decreto, mas pela melhoria do sistema educacional.

MOURA, Francisco Marto de. Autor de livros didáticos de Língua Portuguesa. *Revista Nova Escola.*

Texto II

Samba do Approach

Composição: Zeca Baleiro.
Interpretação: Zeca Baleiro e Zeca Pagodinho.

Venha provar meu brunch
Saiba que eu tenho approach
Na hora do lunch
Eu ando de ferryboat
Eu tenho savoir-faire
Meu temperamento é light
Minha casa é hi-tech
Toda hora rola um insight
Já fui fã de Jethro Tull
Hoje me amarro no Slash
Minha vida agora é cool
Meu passado é que foi trash
Fica ligada no link.
Que eu vou confessar mylove
Depois do décimo drink
Só um bom e velho engov

Eu tirei meu greencard
E fui pra Miami Beach
Posso não ser pop star
Mas já sou um nouveau riche
Eu tenho sex-appeal
Saca só meu background
Veloz como Damon Hill
Tenaz como Fittipaldi
Não dispenso um happyend
Quero jogar no Dream Team
De dia um macho man
E de noite dragqueen.

Álbum melhor de 2, Universal, Music.

Texto III

O que é cultura?

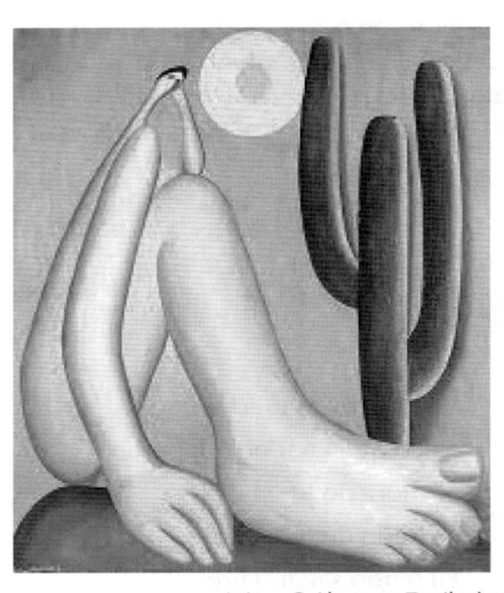

Acima: O Abaporu, Tarsila do Amaral.
Fonte: www.rabisco.com.br

a) Cultura s.f.

(...)

6 Antropol. Conjunto de padrões de comportamento, crenças, conhecimentos, costumes etc., que distinguem um grupo social.

7 Forma ou etapa evolutiva das tradições e valores intelectuais, morais, espirituais (de um lugar ou período específico); civilização.

8 Complexo de atividades, instituições, padrões sociais, ligados à criação e difusão das belas-artes, ciências humanas e afins.

b) Cultura alternativa

Na sociedade de consumo há certa tendência a assumir atitudes, linguagens, costumes entre outras ações que contrariam real ou supostamente (especialmente do ponto de vista da produção ou do consumo) os padrões culturais estabelecidos essa cultura, desde os hippies dos anos 60, tenta mostrar uma outra forma de ver e pensar o mundo, a partir de filosofias contrárias às praticas sociais vigentes.

c) Cultura de massa

1. Universo de formas culturais (por exemplo, música, literatura, cinema) selecionadas, interpretadas e popularizadas pela indústria cultural e meios de comunicação para a disseminação junto ao maior público possível; indústria cultural.

2. pej. Conjunto de atitudes, linguagens, conhecimentos e costumes assim induzidos, que tendem frequentemente à estereotipagem e à simplificação e buscam satisfazer indiretamente interesses de determinados grupos sociais; indústria cultural.

d) Cultura erudita

Conjunto de conhecimentos acumulados e socialmente valorizados, que constituem patrimônio da sociedade. A cultura erudita traz valores ligados a arte, a música, a leitura e o uso da norma culta da língua; tudo o que diz respeito ao estético e ao cultural é valorizado como patrimônio social cultural, regional e mundial, ampliando o repertório cultural do individuo, fazendo com que ele valorize e defenda a arte e a cultura, de modo geral.

e) Cultura física

Aprimoramento regular do organismo mediante a prática do esporte e da ginástica. O conhecimento dos benefícios de uma vida saudável e regular, com alimentação equilibrada e uma atenção permanente à saúde e aos cuidados de uma vida saudável fazem parte da cultura corporal e social. Desde a infância deve haver uma atenção com a saúde física, mental e social, integrando o indivíduo à sociedade de forma plena e responsável, proporcionando ao individuo vida longa e saudável na geração em que se encontra.

f) Cultura oficial

> Conjunto de atitudes, linguagens, conhecimentos, costumes etc., explícita ou implicitamente difundidos e estimulados pelos meios de comunicação mantidos ou estimulados pelo Estado e suas autoridades constituídas.
>
> DICIONÁRIO HOUAISS DA LÍNGUA PORTUGUESA

> Cultura é o conjunto das criações do homem que constituem um universo humano, ou superorgânico, acima do universo físico, ou inorgânico, e do universo biológico, ou orgânico.
>
> MATTOSO CÂMARA

Como se vê, o termo "cultura" é bem amplo e passa a englobar os vários tipos de intervenção do homem na natureza. Sob esse prisma, a pintura de um quadro, o trabalho de um tear, a construção de um prédio ou de uma casa, os avanços na área da medicina ou da informática ou da engenharia, tudo é cultura. A cultura resulta de uma criação social, e seus ensinamentos são transmitidos de geração a geração. Apenas o homem é capaz de criar, manter e participar de uma cultura. O fato de partir de um ponto em que seu antepassado parou, continuando o processo de conhecimento, seja ele qual for, permite que o homem evolua no sentido de aperfeiçoar e aprofundar todas as informações que recebe na sua formação cultural. O homem que investiga hoje o genoma humano dependeu das primeiras investigações da área, ocorridas há muitos e muitos séculos. O fato de estar no ponto em que está deve-se ao processo de continuidade que caracteriza o percurso evolutivo da humanidade.

O conceito de cultura impacta diretamente na nossa vida, uma vez que o preconceito, linguístico ou não, passa pelo viés cultural. É de nossa responsabilidade ampliar o nosso olhar para que consigamos ter leituras de ambientes, de mundo e de cultura, de modo geral, sem o julgamento restrito proveniente do lugar de onde viemos. É preciso "alargar" o olhar e aceitar o outro sem julgamentos de juízo de valor.

Pensar em um "mix", uma mistura cultural, também nos remete aos estrangeirismos, que desde a chamada globalização vem se misturando com maior intensidade ao nosso idioma, trazendo novas possibilidades e arranjos à nossa língua. A simples crítica ao uso de estrangeirismos nos traz reflexões e respostas; é preciso entender os contextos e saber aplicar adequadamente os recursos que estão inicialmente fora do nosso dicionário, como foi discutido no início do capítulo. Essas discussões fazem parte do que podemos chamar atualmente de "letramento de cultura", ou seja, apresentação e discussão de variedades culturais para ampliação do repertorio do sujeito. Essa pratica garante uma reflexão intertextual e multicultural e faz com que haja uma (re) evolução do ser social.

Texto IV

O português não precisa de defesa

Idioma não sofre ameaça, diz linguista que criticou projeto de lei contra estrangeirismos. O linguista José Luiz Fiorin, da Universidade de São Paulo (USP), criticou em 17 de julho, durante a 55ª Reunião Anual da SBPC, o projeto de lei do deputado Aldo Rebelo (PC do B – SP), aprovado em 2001, pretende (pois não há como ter mecanismos de controle para as aplicações!) impedir o uso de palavras estrangeiras na comunicação geral dos brasileiros, inclusive prevendo multa para quem usar esses termos em lugares públicos.

Fiorin diz que isso é um equívoco, porque os estrangeirismos não modificam o léxico e o sistema fonológico da nossa língua. "*Não é possível legislar sobre a língua dessa forma*", diz o linguista. "*Proponho que nós tenhamos uma lei de promoção do idioma português e não de defesa, uma vez que ele não sofre nenhuma ameaça*". Fiorin ressalta que o léxico de uma língua é formado por palavras vindas de vários lugares, e que isso depende do contato que os povos tiveram entre si. "*No português, temos palavras germânicas, árabes, francesas, italianas, japonesas, chinesas e nós a aprendemos quando precisamos usar. Então, qualquer pessoa que entra num shopping center assimila o que é '50% off' (desconto de 50%) e isso não impede a comunicação*".

Para Fiorin, a lei tem três equívocos. O primeiro é pensar que vai haver um problema de comunicação com o homem simples do campo, o segundo é considerar que a língua está em perigo e o terceiro é de ordem ideológica: "*Sou contra todos os projetos que insuflem o nacionalismo, dado que essa posição é o maior problema do mundo hoje*", considerou. "*Isso só produz fanatismo, perseguição, xenofobia, intolerância e outros.*

Para Fiorin, as palavras estrangeiras que estão entrando no idioma português (vindas do inglês), na maioria, não descaracterizam nossa língua, porque não modificam os sistemas fonológico e gramatical e não mexem no fundo léxico comum – àquelas palavras mais antigas da língua, que dão nomes de partes de corpo, técnicas agrícolas e noções religiosas, entre outros.

MORAIS, Maria do Carmo – O Globo, Rio de Janeiro.

Texto V

Estrangeirismos: os decalques

Quando uma língua entra em contato cultural ou político com outra, é natural que ocorram empréstimos linguísticos entre elas. Não me agrada, confesso, essa denominação de "**empréstimo**", que me soa como um disfarce eufêmico para o que é, na verdade, uma **importação**, e que alguns, numa clara posição crítica, preferem chamar de **estrangeirismos.** É natural que se importem e exportem palavras e formas de dizer; todas as línguas do mundo o fazem. No entanto, amargurados pela nossa triste dependência econômica, temos a tendência a ver importação como um mal que é infligido aos fracos. Não é assim; importa quem precisa, exporta quem pode, e constitui um belo tema para a discussão o fato de ser o inglês, hoje, simultaneamente, a língua que mais exporta e que mais importa vocábulos, num apetite pantagruélico que já lhe rendeu o mais extenso e rico léxico do planeta. Essas formas estrangeiras entram na língua importadora de três maneiras básicas (o que vou explicar para o Português vale para qualquer idioma):

1) O vocábulo estrangeiro é simplesmente adotado, sem alteração alguma: pizza, aparatchik, karma, hippie, out-door.

2) O vocábulo é adaptado ao nosso sistema fonológico e ortográfico (dizemos então que ele é "aportuguesado"): **basquete, uísque, abajur, lasanha.**

3) O vocábulo (ou expressão idiomática) é formado por elementos de nosso próprio idioma, seguindo o molde de um vocábulo ou expressão estrangeira. Na verdade, o que estamos importando aqui é um **sintagma**, cujos elementos traduzidos literalmente arranha-céu (do inglês "*skycraper*"); puro-sangue (do francês "*pur-sang*"); visão do mundo (do alemão "*Weltanschauung*", de "*Welt*" – mundo + "*Anschauung*" – visão, ideia).

Como se vê, nenhuma dessas formas é vernácula. Todas elas entraram no Português, provindas de outras línguas; o que as distingue é o maior ou menor grau de "estrangeiridade", que vai corresponder também a um maior ou menor grau de estranheza por parte de quem as usa. Dos três tipos acima, o que menos chama atenção é o terceiro; esse tipo de empréstimo traduzido, mais sutil e mais difícil de identificar, é que chamamos de "**calque**", "**calco**" ou, mais usual entre os linguistas de língua portuguesa, "**decalque**" (do Francês "decalque" – cópia imitação). Enquanto o inglês importou diretamente do Alemão a forma "Kindergarten", nós preferimos ficar com o decalque "jardim de infância", que é a sua tradução literal. O "Ubermensch" de Nietzsche foi decalcado para "superman" por Bernard Shaw, na sua peça "*Man andSuperman*" (aproveitado, mais tarde, como o nome do conhecido herói de Kripton, que trabalha no Planeta Diário com o pseudônimo Clark Kent). O Francês prefere usar "hot-dog" mesmo, desprezando o "chien-chaud", mas nós alegremente passamos mostarda no "cachorro-quente". Não há dúvida de que "jardim de infância", "cachorro-quente" e "arranha-céu" ofendem menos o nosso ouvido e nosso olho nacional do que formas exóticas como freeway ou paparazzi.

Um observador mais ingênuo poderia até classificar os decalques como "estrangeirismos com açúcar", pois são mais cordiais e se misturam facilmente com nossos vocábulos nativos; no entanto, eles estão longe de ser inofensivos: se a entrada de vocábulos estrangeiros pode afetar de alguma maneira o nosso idioma, é dos decalques que devemos esperar a influência mais radical. Refiro-me àqueles casos em que, inconscientemente, terminamos importando estruturas sintáticas alheias ao Português, que invertem a ordem natural dos constituintes do sintagma. O que têm em comum (e sinistro) espaçonave, cineclube, narcotráfico, ciberespaço? Muito simples: a ordem está invertida, com o elemento determinante à esquerda bem ao gosto do Inglês. Isso fica bem claro em centroavante, decalque do antigo "*center-foward*": em vez de "avante central" ou "avante de centro", nós mantivemos, à inglesa, o modificador à esquerda. Isso não é (ou não era?) nosso, mas parece que pegou como praga, a julgar por milhares de casos como "Água Doce Cachaçaria" (em Manaus), "Remanso Hotel" (em Quixeramobim), "Nando Pastéis" (em Vitória), "São Paulo Futebol Clube" (em São Paulo), "Angorá Malhas" (em Gramado) e "Muiraquitã Viagens" (em Macapá).

MORENO, Cláudio (Disponível em: http://www.sualingua.com.br/05/16_estrangeirismos.htm)

4.1. Palavras inglesas

Observe a letra desta canção:

Eu não pedi pra nascer
eu não nasci pra perder
nem vou sobrar de vítima
das circunstâncias
eu tô plugado na vida
eu tô curando a ferida
às vezes eu me sinto
Uma mola encolhida...

Essa canção, "Toda forma de amor", foi gravada por Lulu Santos e por outros artistas em 1988. Nessa letra vemos o uso da palavra "plugado", particípio do verbo "plugar". A palavra que naquela época não existia em português, começou a aparecer nos novos dicionários. Vem do inglês *plug in*, verbo que quer dizer "conectar", "ligar na tomada". Nos últimos anos, muitos artistas brasileiros, como Gilberto Gil, Titãs e Moraes Moreira, têm gravado discos *unplugged*. Esse prefixo "un" em inglês significa "não". Assim, o termo *unplugged*, algo como "desconectado", "desligado da tomada", é usado para expressar que a gravação foi feita somente com instrumentos acústicos.

Para falar de outro caso desse tipo, vamos ver um trecho da canção "Coisa bonita", gravada por Roberto Carlos:

Amo você assim e não sei
por que tanto sacrifício
ginástica, dieta
não sei pra que tanto exercício
olha, eu não me incomodo
um quilinho a mais
não é antiestético
pode até me beijar, pode me
lamber que eu sou dietético...

Você já experimentou pedir num restaurante um refrigerante dietético? É bem possível que as pessoas comecem a achar essa forma estranha. Mas, se você pedir um "guaraná *diet*", aí, sim... Bem, "dietético" é um adjetivo que vem de "dieta", que, por sua vez, é de origem grega e significa "gênero de vida". Portanto, a palavra **dietético** não tem ligação etimológica direta com a palavra *diet*, que nada mais é do que "dieta" em inglês. O que existe é uma associação semântica, que, provavelmente, a maioria das pessoas não conhece.

4.2. Palavras italianas

Vamos falar um pouco sobre comida. Mais especificamente dos nomes de alguns pratos da cozinha italiana. Todo mundo sabe que, além de tradicional arroz e feijão, o brasileiro adora uma massa, não é?

Basta ir às ruas para saber como as pessoas grafam algumas palavras muito comuns na culinária típica da Itália. Vamos aos resultados:

Lasanha: lazanha / lasanha

Nhoque: enhoque / nhioque

Espaquete: spaguetti / espaguete / spaghet

Muçarela: mussarela / musarela / mozzarella

Falando em comida, nós vimos nas respostas uma verdadeira salada! Bem, os dicionários registram formas aportuguesadas dessas palavras. Lasanha, por exemplo, em italiano se escreve com "s" e "gn", ou seja, "*lasagna*", e em português com "s" e "nh". Depois vimos "nhoque". Em italiano, é *gnocchi*, mas, em português, escreve-se com "nh" no começo e "que" no final. Vimos também "espaguete", que em italiano se escreve *spaghetti* em vem de *spago,* que quer dizer barbante.

Mas o grande problema é mesmo com a palavra "muçarela", grafada dessa maneira pelo vocabulário ortográfico oficial da Academia Brasileira de Letras.

Português	**Italiano**
Lasanha	lasagna
Nhoque	gnocchi
Espaguete	spaghetti

Determinadas palavras estrangeiras recebem forma aportuguesada; outras, não. Na dúvida, vá ao dicionário. Sempre que a palavra tiver uma forma em português, dê preferência a ela.

5. NORMA CULTA E COLOQUIAL

5.1. Gente / Nós

Afinal de contas, nós podemos ou não utilizar a expressão "a gente" no lugar de "nós"? Dizer que não há problema nenhum em usarmos a expressão no dia a dia, na linguagem coloquial, deixa muitas outras pessoas satisfeitas. Mas há também aqueles que não aceitam isso de jeito nenhum, que acham que esse uso da palavra "gente" deve ser abolido de uma vez.

Claro que não é possível eliminar a expressão da língua do Brasil, mesmo porque seu uso já está mais do que consagrado. Mas quando podemos utilizar "a gente" no lugar de "nós"? No bate-papo, na linguagem informal. No texto formal, nem pensar. E a concordância, como se faz? É "a gente quer" ou "a gente queremos"? A maneira correta é:

A **gente** quer.

Nós queremos.

O uso da expressão "a gente" em substituição a "nós" é tão forte que algumas vezes dá origem a confusões. Veja o trecho da canção "Música de Rua", gravada por Daniela Mercury:

... E a **gente** dança
A **gente** dança a nossa dança
A **gente** dança
A **nossa** dança a **gente** dança
Azul que é cor de um país
que cantando ele diz
que é feliz e chora

"A gente dança a nossa dança". É tão forte a ideia de "gente" no lugar de "nós" que nem faria muito sentido outro pronome possessivo para "gente", não é? Mas "nossa" é pronome possessivo da 1ª pessoa do plural. Portanto, deveria ser usado com o pronome "nós":

"**Nós** dançamos a **nossa** dança".

No bate-papo, no dia a dia, na canção popular, será que é absurdo o emprego da palavra "gente"? Que nos perdoem os puristas, os radicais, os conservadores, mas entendemos que não há absurdo algum. Só não é possível aceitar construções como "a gente queremos". Aí já é demais! "A gente" é grafado no singular e traz no seu significado a noção de plural, por isso usamos a regra de concordância verbal; sujeito no singular, verbo no singular; sujeito no plural, verbo no plural. No exemplo abaixo nós veremos as gírias, mas temos também outro exemplo do emprego de "a gente". Observe.

5.2. Gíria

Observe a letra desta canção:

A gente quer calor no coração;
a gente quer suar, mas de prazer;
a gente quer ter muita saúde;
a gente quer viver a liberdade;
a gente quer viver felicidade.
É, a gente não tem cara de panaca,
a gente não tem jeito de babaca...

Música "É" Luiz Gonzaga Jr.

Nessa letra de Gonzaguinha vimos, além do uso de "a gente" o uso das gírias "**panaca**" e "**babaca**". Esta última, por sinal, tem a sua variante culta, "**basbaque**", o cidadão bobo. Do termo "basbaque", surgiu a variante "babaca", uma gíria. "Panaca" é o mesmo caso, uma gíria com significado semelhante a "babaca".

Vamos a um trecho da canção "Vida Louca Vida", gravada por Lobão:

> ... Se ninguém olha quando você passa,
> você logo acha: - "tô carente,
> sou manchete popular."
> Já me cansei de toda essa tolice,
> **babaquice**,
> essa eterna falta do que falar.

Que posição nós devemos ter em relação à gíria? Preconceito? Não. A gíria é um recurso linguístico saudável e pode ser interessante e criativa. A gíria vai e vem: ela nasce, vive, desaparece e depois surge novamente. Por outro lado, é importante ficar claro que a gíria é adequada ao padrão informal da linguagem. No texto formal não faz sentido usá-la, mas as gírias são possíveis na licença poética das letras de músicas pela escolha estilística do autor no uso linguagem coloquial; vamos aprofundar esse assunto.

Por isso, procure não usar gírias na linguagem escrita, no padrão formal.

5.3. Linguagem Coloquial

A língua falada é diferente da língua escrita. A língua escrita é formal, enquanto a língua falada é um pouco mais livre; mais solta. Como exemplo vamos utilizar o trecho de uma canção em que aparece uma expressão muito comum na fala, no bate-papo, mas que não deve frequentar o chamado padrão escrito, o padrão formal da língua. O trecho faz parte da canção "Pra Dizer Adeus", do Titãs:

> "... **não dá pra** imaginar quando
> é cedo ou tarde demais
> Pra dizer adeus, pra dizer jamais"

Na linguagem popular, a expressão "não dá pra..." é aceita e muito comum. No texto formal, no entanto, o mais apropriado seria utilizar "não é possível" ou algo equivalente. Outro exemplo do seu uso é a canção "Rádio Bla", com Lobão:

> "... **não dá para** controlar, não dá,
> **não dá pra** planejar..."

Utilizar essa expressão não é errado, ela é adequada a um determinado nível de linguagem, como a fala, lembrando o uso da "licença poética" que é um conjunto de adaptações para auxiliar nas composições das rimas e arranjos musicais.

5.4. Regionalismo

Muitas pessoas ainda manifestam preconceito contra variantes linguísticas típicas de determinadas comunidades. Na verdade, o modo como as comunidades, sobretudo as interioranas, pronunciam certas palavras e fonemas enriquece o patrimônio cultural da língua portuguesa, mostra o quanto é rico o nosso idioma.

Veja este trecho da canção "De repente Califórnia", de Lulu Santos e Nélson Motta:

O vento beija meus cabelos,
as ondas lambem minhas pernas,
o sol abraça o meu corpo,
meu coração canta feliz.
Eu dou a volta, pulo o muro,
mergulho no escuro,
sarto de banda.
Na Califórnia é diferente, irmão,
E muito mais do que um sonho...

Você notou, a certa altura, a expressão **"sarto de banda".** Não há nenhum problema nisso! Afinal, trata-se de uma letra de música, não de uma dissertação formal. É muito importante que nós tenhamos noção da variante linguística empregada em determinado ambiente. Usar "sarto de banda" ou qualquer outra expressão similar num texto formal? Nunca. Mas num papo informal, numa canção, não há o menor problema.

5.5. Variações de expressões

Existem determinadas expressões brasileiras que mudam de estado para estado. Um exemplo é a expressão "ficar de mal", que em alguns lugares fica como sugere a música de João Nogueira, "Espelho".

... **troquei** de mal com Deus por me levar meu pai...

Em São Paulo, Minas Gerais e em muitos outros estados, ninguém fala "troquei de mal", que é próprio do Rio de Janeiro e de algumas poucas regiões. Fala-se "fiquei de mal". Nessa mesma letra, João Nogueira escreve:

... um dia me tornei o **bambambã** da esquina...

Bambambã: é uma expressão conhecida em todo o território nacional: o bambambã no futebol, o número 1 do time.

Essa **variação de expressões**, de lugar para lugar, é normal, comum:

Em São Paulo, as pessoas descem do ônibus.
No Rio de Janeiro, elas saltam do ônibus.
A média na capital paulista é café com leite.
Em Santos, média é um pãozinho.
Pãozinho, em Itu-SP, é filão.
O filão em S. Paulo-capital é um pão grande.

A língua padrão não pode ser usada o tempo todo e em qualquer situação, por isso as variações existem e são riquíssimas.

É o caso da palavra "cacete", que na língua culta significaria algo enfadonho, "um filme enfadonho, um filme cacete", mas que coloquialmente pode trazer um sentido até de conotação sexual, inapropriado em muitos contextos.

O professor Pasquale Cipro Neto conta um caso que lhe ocorreu em Salvador. Em uma padaria, ao pedir cinco pãezinhos, o balconista anunciou ao padeiro "Salta cinco cacetinhos". Seria estranho, em São Paulo, alguém em uma padaria "cinco cacetinhos". No entanto, a expressão "do cacete" é muito popular, já está consagrada. Uma coisa que "é do cacete" é uma coisa ótima e inspirou um trocadilho apresentado em uma campanha publicitária sobre o Caribe: *Aruba é do Caribe*. É que Aruba é no Caribe, mas a intenção é outra, esse Caribe da frase está no lugar de outra expressão popular que tem o tom de positivismo. Quando uma coisa "é do cacete", ela é muito boa.

Expressões como essa não devem ser usadas em textos formais. São liberdades linguísticas que só fazem sentido no padrão coloquial da linguagem, no padrão do dia a dia.

Existem certas expressões que são usadas no dia a dia de modo mecânico e muitas vezes sem muita certeza. É o caso da expressão "a par". Ou será que é "ao par"?

O certo é dizer "**a par**" – Eu estou a par da situação.

Outra expressão que provoca calafrios é aquela dita em situações em que a pessoa que diz tem de correr: "Eu, heim? Pernas pra que te quero!".

De volta à rua, dessa vez as pessoas erram feio. O certo seria dizer "... pernas pra que...?". Se "pernas" é plural e "te" é singular não combinam. Logo, "pernas **pra que vos** quero".

Outra expressão, também muito usada, é **"grosso modo"**. As pessoas dizem, normalmente, "a grosso modo". Mas a expressão é latina e deve ser dita na forma original "grosso modo", sem o **a** e significa "de modo grosseiro, impreciso".

5.6. Uso culto e popular dos pronomes

Na linguagem do dia a dia, há uma confusão muito comum quanto ao uso dos pronomes.

Ex.: Você fez **o que te** pedi?

Na linguagem formal, isso não seria possível. Você é 3ª pessoa, te é da 2ª. O correto seria dizer:

"Você fez **o que lhe** pedi?"

Às vezes, o exagero é maior. Veja o exemplo no nome da música "Eu te amo você", de Kiko Zambianchi:

"Eu te amo você"

São dois os problemas nesse título: a mistura do **te** que é **2ª** pessoa e **você** que é **3ª** pessoa, a repetição desnecessária de pronomes: "Eu te amo você".

É perfeitamente possível dizer toda frase na **2ª** pessoa "Eu te amo a ti", ou, simplesmente, "Eu amo você", na **3ª** pessoa. No dia a dia se ouve também, "Eu te disse pra você". O correto segundo a norma culta seria "**Eu te disse a ti**", mas essa forma seria inadequada para se falar cotidianamente, sendo adequada na linguagem formal.

5.7. Pronome "tu"

Na linguagem do dia a dia, no Brasil, é comum a mistura de pronomes da 2ª pessoa com pronomes da 3ª pessoa, como **você** (que é pronome da 3ª pessoa) e **te** ou **teu** (que são pronomes da 2ª pessoa).

Por exemplo:

"**Você se** enfiou onde, meu Deus?

Eu **te** procurei, mas não **te** achei."

O padrão formal da língua exige a uniformidade de tratamento, tudo na 2ª ou tudo na 3ª pessoa. Assim, o correto seria:

"Tu te enfiaste onde? Onde **tu te** enfiaste?

Eu te procurei, mas não **te** encontrei."

"**Você se** enfiou onde, meu Deus?

Eu o procurei, mas não **o** encontrei."

Há uma canção cantada por Dick Farney, "Copacabana", que é um primor quanto à uniformidade de tratamento:

Existem praias tão lindas, cheias de luz

Nenhuma tem o encanto **que tu** possuis

Tuas areias, **teu** céu tão lindo

Tuas sereias sempre sorrindo, sempre sorrindo.

Copacabana, princesinha do mar,

Pelas manhãs **tués** a vida a cantar

É à tardinha o sol poente

Deixa sempre uma saudade na gente.

Copacabana, o mar, eterno cantor,

Aote beijar fico perdido de amor.

E hoje vivo a murmurar.

Só **ati**, Copacabana, eu hei de amar.

Todo o texto foi escrito na 2ª pessoa do singular. Tu, pronome da 2ª pessoa, os possessivos e os oblíquos todos na 2ª pessoa, e também, os verbos conjugados adequadamente:

"Tuas areias, teu céu tão lindo...

Só a ti, Copacabana...

Tu és a vida a cantar

Tu possuis..."

A uniformidade de tratamento é **imprescindível** na linguagem formal/norma culta da língua portuguesa.

5.8. Propostas

Lendo e interpretando

A Peda de Oro

Tinha um viúvo que tinha treis rapaz e o pai já era bastante avançado na idade, já num trabaiava mais. Os treis rapaz dentro de casa era muito obidiente do pai. Intão fazia lavora e tudo...

Um dia os rapaz tá lá trabaiano na roça e passou um hôme. Chegô, oiôês:

- Bom dia!

- Bom dia!

- Uai!

- Tá trabaiano, né, os minino?

- É, nós tá trabaiano aqui, mas nosso pai tá bastante avançado na idade, coitado, num pode fazê mais nada. Agora nós e que trata dele. Nós faz tudo pa meu pai.

O home assunto 'sim. Falou:

- Ó, oceis é besta, moço! Cês tá pa sal po mundo, pocêstrabaiá, arrumá suas vida. Se ocêis fica mais seu pai toda vida, cês num 'ruma nada. Cês tem que largá ele. Dipois que ocês larga ele, ele dá o jeito dele, uai! Ocês fica só dentro de casa trabaianopa seu pai, cês num ruma nada procês não.

E dispidiu dês e saiu.

UFMG, Pró-reitoria de Extensão. Quem conta um conto aumenta um ponto. Belo Horizonte: Editora UFMG. p. 6-7. (Quem Sabe Faz, 17)

ATIVIDADE 1

REESCREVA esse trecho do conto "A Peda de Oro", utilizando a norma escrita culta.

ATIVIDADE 2

Considere este trecho:

- Tá trabaiano, né, os minino?

- É, nós tá trabaiano aqui, mas nosso pai tá bastante avançado na idade, coitado, num pode fazê mais nada. Agora nós é que trata dele. Nós faz tudo pa meu pai.

EXPLICITE as regras gramaticais que determinam três diferentes alterações necessárias para se adequar esse trecho à norma escrita culta.

Regra gramatical 1:

Regra gramatical 2:

Regra gramatical 3:

QUESTÕES DE PROVA

Questão 1 (CESPE-2016)

Internet: <bdtd.biblioteca.ufpb.br> (com adaptações)

A respeito da representação dos sons e ruídos, no segundo quadrinho, assinale a opção correta.

a) O autor utiliza o recurso denominado onomatopeia, ao empregar caracteres alfabéticos para representar os referidos sons e ruídos.

b) Os sons e os ruídos representados indicam que há mais de uma personagem no referido quadrinho.

c) A representação adotada pelo autor fortalece as imagens icônicas que ele deseja reforçar.

d) A representação adotada reproduz, com exatidão, o som ou o ruído de uma queda.

e) São empregados signos linguísticos unificados e invariáveis, adotados pelos autores de histórias em quadrinhos, para representar os referidos sons e ruídos.

Questão 2 (IBEG-2017)

Leia o texto para responder a questão.

Leia o texto para responder a questão.

O cômico presente no texto é causado pelo uso da linguagem:

a) culta.

b) formal.

c) regional.

d) expressiva.

e) denotativa.

Questão 3 (IBGE-2017)

Dia Mundial da Aids é comemorado com palestra e caminhada

O Dia mundial de luta contra a AIDS é celebrado nesta quinta-feira, 1°, e desde esta quarta, palestras alusivas ao dia foram realizadas no Centro Estadual Especializado em Diagnóstico, Assistência e Pesquisa (Cedap).

Tema como 'Um novo olhar na prevenção do HIV', foi proferido pela médica Leila Regina Amorim, que falou sobre novas alternativas para prevenção da doença. Leila aproveitou para falar sobre formas de prevenção.

"Hoje trabalhamos a prevenção combinada, que é um conjunto de ações que visam analisar o ser como um todo e, não só a orientação de usar preservativo. Mas, também, outras situações de onde o paciente foi exposto".

Ela fala sobre a profilaxia pós-exposição ao vírus HIV (PEP), para aqueles indivíduos que estiveram em uma situação sexual de risco, "é possível fazer uso das medicações, numa forma de evitar complicações".

A profilaxia pré-exposição (PREP) vem mostrando eficácia em sua atuação, mas ainda não está disponível no Brasil, "a perspectiva é de que no início do ano que vem, ela seja implantada no nosso país", revela. O novo medicamento, segundo Leila, não será para todas as pessoas, mas aquelas que têm risco maior de adquirir a doença.

O Cedap é uma unidade da Secretaria de Saúde do Estado (Sesab), referência na Bahia para diagnóstico e tratamento de HIV/AIDS e doenças sexualmente transmissíveis. A unidade funciona de segunda a sexta-feira, nos horários das 7h às 17h, e está localizado à Rua Comendador José Alves Ferreira, 240, Garcia - Salvador.

Roseli Servilha

(retirado de http://atarde.uol.com.br/bahia/salvador/noticias/1820495 em 30\11\2016)

Em "é possível fazer uso das medicações, numa forma de evitar complicações", o termo grifado apresenta a linguagem _______ que pode ser substituída por _______ sem prejuízo do sentido. As lacunas podem ser preenchidas por

a) formal e "numa forma a evitar"

b) coloquial e "de forma a evitar".

c) regional e "em forma de evitar".

d) culta e "uma forma a evitar"

e) chula e "em forma a evitar".

Questão 4 (CS-UFG-2017)

Texto 1

O anúncio

São Paulo amanheceu com centenas de outdoors estampando uma mensagem desesperada. As pessoas passavam, liam e comentavam umas com as outras. Uns achavam engraçado, riam, meneavam a cabeça e seguiam. Nos pontos de ônibus, enquanto aguardavam a condução, apontavam para o painel, esticando o braço. A ninguém que lesse passava despercebido e as mulheres, especialmente as mais românticas, as que ainda sonham com o príncipe, não continham, ainda que disfarçadamente, um suspiro de inveja, desejando ser o motivo daquele texto. De dentro do carro, os casais, ao lerem, não resistiam em comentar e apontar o cartaz ao parceiro. As brincadeiras tentando imaginar o que se passava eram inevitáveis [...].

Simultaneamente, as duas rádios paulistanas de maior audiência, com ouvintes absolutamente distintos, uma bastante popular e a outra elitizada, começaram a divulgar várias vezes por dia uma chamada com o mesmo texto dos painéis.

Em uma semana, não havia segmento da sociedade paulistana que não tivesse ao menos comentado o anúncio. Virou bordão a frase: "Onde está você, Melanie? Sem ti ensande- ço!" Ninguém sabia se era anúncio de alguma campanha publicitária ou um apaixonado e desesperado apelo de amor.

De tanto aparecer na mídia, chamou a atenção de um programa sensacionalista de televisão que investigando o contrato chegou ao anunciante. Recusou-se a dar qualquer explicação sobre o assunto e ameaçou processar os veículos que forneceram os dados do contrato. Mesmo assim, não pode evitar as chacotas envolvendo sua mensagem. Apesar do ridículo da exposição, a publicidade servira a seu intento.

Melanie, seu nick, já deletado do site, era tudo o que sabia dela. Nenhuma outra referência para um contato, entretanto, mantivera o seu, na esperança de que ela pudesse localizá- lo. Além disso, ela tinha o número do celular. Não conseguia admitir que ela não quisesse mais vê-lo. Apostava nos anúncios suas últimas esperanças de encontrá-la. Seu tempo de mídia esgotou-se e ela não veio.

CASTRO, Cláudio de. O que ela é capaz de fazer. Goiânia: Kelps, 2008. p. 25-26.

No enunciado "Onde está você, Melanie? Sem ti ensandeço!" registra-se variação linguística na

a) expressão pronominal da segunda pessoa.
b) forma do verbo estar no presente do indicativo.
c) prosódia e na entonação das frases utilizadas.
d) construção sintática das orações empregadas.

Questão 5 (FGV-2017)

Entre as frases abaixo – todas de Luis Fernando Verissimo -, aquela em que há exemplo da variante coloquial da linguagem é:

a) "Temos que confiar no amanhã. A não ser que descubram alguma coisa contra ele durante a noite".
b) "Sempre que ouço falar em 'inconsciente coletivo', penso num ônibus desgovernado".
c) "Nove entre dez cariocas na praia, em hora de expediente, são paulistas".
d) "Se eu pudesse escolher um outro carro para comprar, empregava meu dinheiro num veículo alemão".
e) "A sovinice dele é lendária. Levou nadadeiras quando visitou Veneza, para não gastar com táxi".

Questão 6 (IDECAN-2016)

Amor de passarinho

Desde que mandei colocar na minha janela uns vasos de gerânio, eles começaram a aparecer. Dependurei ali um bebedouro, desses para beija-flor, mas são de outra espécie os que aparecem todas as manhãs e se fartam de água açucarada, na maior algazarra. Pude observar então que um deles só vem quando os demais já se foram.

Vem todas as manhãs. Sei que é ele e não outro por um pormenor que o distingue dos demais: só tem uma perna. Não é todo dia que costuma aparecer mais de um passarinho com uma perna só.

[...]

Ao pousar, equilibra-se sem dificuldade na única perna, batendo as asas e deixando à mostra, em lugar da outra, apenas um cotozinho. É de se ver as suas passarinhices no peitoril da janela, ou a saltitar de galho em galho, entre os gerânios, como se estivesse fazendo bonito para mim. Às vezes se atreve a passar voando pelo meu nariz e vai-se embora pela outra janela.

[...]

Enquanto escrevo, ele acaba de chegar. Paro um pouco e fico a olhá-lo. Acostumado a ser observado por mim, já está perdendo a cerimônia. Finge que não me vê, beberica um pouco a sua aguinha, dá um pulo para lá, outro para cá, esvoaça sobre um gerânio, volta ao bebedouro, apoiando-se num galho. Mas agora acaba de chegar outro que, prevalecendo-se da superioridade que lhe conferem as duas pernas, em vez de confraternizar, expulsa o pernetinha a bicadas, e passa a beber da sua água. A um canto da janela, meio jururu, ele fica aguardando os acontecimentos, enquanto eu enxoto o seu atrevido semelhante. Quer dizer que até entre eles predomina a lei do mais forte! De novo senhor absoluto da janela, meu amiguinho volta a bebericar e depois vai embora, não sem me fazer uma reverência de agradecimento.

[...]

Chamei-o de amiguinho, e entendo agora por que Jayme Ovalle, que chegou a ficar noivo de uma pomba, dizia que Deus era Poeta, sendo o passarinho o mais perfeito soneto de Sua Criação. Com sua única perninha, este é o meu pequenino e sofrido companheiro, a me ensinar que a vida é boa e vale à pena, é possível ser feliz.

Desde então muita coisa aconteceu. Para começar, a comprovação de que não era amiguinho e sim amiguinha – segundo me informou o jardineiro: responsável pelos gerânios e pelo bebedouro, seu Lourival entende de muitas coisas, e também do sexo dos passarinhos.

A prova de que era fêmea estava no companheiro que arranjou e com quem logo começou a aparecer. Este, um pouco maior e mais empombadinho, tomava conta dela, afastando os concorrentes. E os dois ficavam de brincadeira um com o outro, de cá para lá, ou mesmo de namoro, esfregando as cabecinhas. Às vezes ela se afastava desses afagos, voava em minha direção e se detinha no ar a um metro de minha cabeça, agitando as asas, para em seguida partir feito uma seta janela afora. Não sei o que procurava exprimir com o ritual dessa proeza de colibri. Alguma mensagem de amor, em código de passarinho? Talvez não mais que um recado prosaico, vou ali e volto já.

E assim a Pernetinha, como se tornou conhecida entre os meus amigos – alguns chegaram a conhecê-la pessoalmente –, não passou mais um só dia sem aparecer. Mesmo durante minhas viagens continuou vindo, segundo seu Lourival, que se encarrega de manter cheio o bebedouro na minha ausência.

Só de uns dias para cá deixou de vir. Fiquei apreensivo, pois a última vez que veio foi num dia de chuva, estava toda molhada, as peninhas do peito arrepiadas. Talvez tivesse adoecido. Não sei se passarinho pega gripe ou morre de pneumonia. Segundo me esclareceu Rubem Braga, o sádico, costuma morrer é de gato. Ainda mais sendo perneta. Hoje pela manhã conversei com o jardineiro sobre a minha apreensão: vários dias sem aparecer! Ele tirou o boné, coçou a cabeça, e acabou contando o que vinha escondendo de mim, uma pequena tragédia. Debaixo do bebedouro fica um prato fundo, de plástico, para aparar a água que os passarinhos deixam respingar – mesmo os bem-educados como a Pernetinha. Numa dessas manhãs, ele a encontrou caída no fundo do prato, as penas presas num resto pegajoso de água com açúcar. Provavelmente perdeu o equilíbrio, tombou ali dentro e não conseguiu mais se desprender com a única perninha.

Compungido, seu Lourival preferiu não me contar nada, porque me viu triste com a morte do poeta, também meu amigo.

Naquele mesmo dia.

SABINO, Fernando. 1923-2004 – As melhores crônicas – 14ª ed. – Rio de Janeiro: Record, 2010. Adaptado.

"É de se ver as suas passarinhices no peitoril da janela,..." (3º§)

A palavra "passarinhices" deve ser designada como

a) dialeto.

b) idiotismo.

c) neologismo.

d) regionalismo.

Questão 7 (FCC-2016)

A frase escrita com correção encontra-se em:

a) Muitos professores se perguntam se a forte presença de jovens nas redes sociais afetam os estudos e, consequentemente, o desempenho escolar.

b) Jovens e redes sociais são praticamente sinônimos: está cada vez mais difícil encontrar algum jovem com acesso à internet que não as usem.

(c) O universo virtual, espaço em que se trocam experiências e informações, pode se transformar em um palco para excessos que, às vezes, trazem sérias consequências à vida real.

d) 50% dos usuários de uma determinada rede social afirmou em uma pesquisa que se sentem mais tristes que seus amigos, e de fato apresentam sintomas de depressão.

e) Porque as redes sociais estão cada vez mais presentes no cotidiano das pessoas, que a utiliza para influenciar causas e tendências, estudos já mapeiam o comportamento do usuário.

Questão 8 (FGV-2017)

Em todas as frases abaixo há estrangeirismos; indique o item em que se afirma corretamente algo sobre o estrangeirismo sublinhado:

a) "O currículo foi entregue à secretária do colégio" / adaptação gráfica da forma latina curriculum;

b) "O álibi apresentado ao juiz foi o suficiente para inocentar o acusado" / utilização da forma latina original;

c) "O xampu era vendido pela metade do preço" / tradução da forma inglesa shampoo;

d) "As aulas de marketing eram as mais interessantes" / adequação gráfica de palavra inglesa;

e) "Os encontros dos adolescentes eram sempre no mesmo point da praia"/ tradução de palavra portuguesa.

Questão 9 (INAZ do Pará-2016)

QUANDO O NEGÓCIO É TORTURAR A LÍNGUA

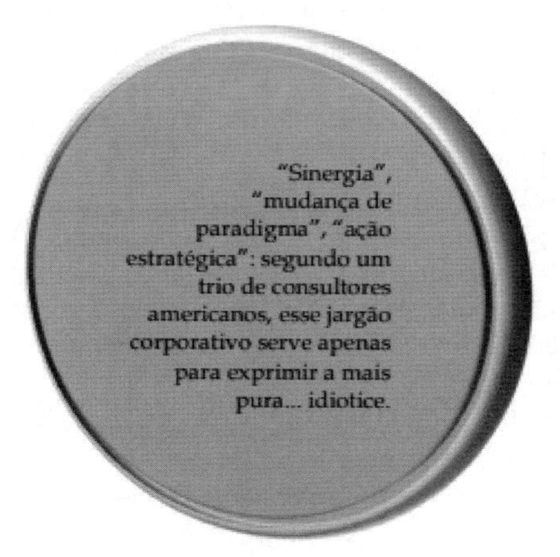

Se duas empresas pertencentes a um mesmo grupo resolvem trabalhar em colaboração para vender melhor seus produtos, esse será apenas um fato trivial no mundo dos negócios. Uma palavra, porém, pode fazer toda a diferença. No lugar de "colaboração", diga "sinergia". As portas do mercado global parecem se abrir. Daí em diante, o céu é o limite: o empresário pode "ajustar seus processos para potencializar um clima organizacional que propicie o ciclo sinergístico". Isso não quer dizer rigorosamente nada – mas impressiona. Tal estilo pernóstico e vazio permeia grande parte da cultura corporativa. Bobagens palavrosas garantem a boa vida de muito guru empresarial, do tipo que adora fazer palestras com PowerPoint – programa do Windows para apresentações de texto e imagem. Os consultores americanos Brian Fugere, Chelsea Hardaway e Jon Warshawsky cansaram de tanta besteira. Um livro escrito pelos três pretende por fim à embromação e restituir a clareza aos ambientes de negócios. Na busca por uma linguagem transparente, não poderiam ter encontrado um título melhor: Por que as Pessoas de Negócios Falam como Idiotas (tradução de Alice Xavier; Best Seller; 192 páginas; 24,90 reais).

Os autores identificam um mecanismo de compensação psicológica no gosto dos executivos por esse palavreado que recheia reuniões e reuniões: ele confere uma aura de importância e inovação às realizações mais comezinhas. A empresa passou a trabalhar com um software mais avançado? Será mais emocionante afirmar que houve uma "mudança de paradigma tecnológico". O recurso à linguagem empolada, porém, nem sempre é tão inocente. Com frequência, a verborragia está lá para encobrir a negligência, a incompetência e até a fraude. Um exemplo expressivo é a seguinte frase perfeitamente vazia de sentido: "Temos redes robustas de ativos estratégicos dos quais detemos a propriedade ou o acesso contratual, o que nos dá mais flexibilidade e velocidade para, de modo confiável, fornecer soluções logísticas abrangentes". Essa pérola faz parte do relatório anual de 2000 da empresa americana Enron. No ano seguinte, a companhia declarou falência depois que se descobriu que sua contabilidade era toda falsificada. Não por acaso, a tendência à linguagem estupefaciente é maior entre as empresas desonestas. Isso é demonstrável na análise das cartas aos acionistas que acompanham os relatórios anuais de grandes corporações. Os autores de Por que as Pessoas de Negócios... pontuaram esses textos com o índice Flesch, criado nos anos 40 pelo educador de origem austríaca Rudolf Flesch, que indica a clareza da linguagem em inglês. Quanto mais elevada à nota na escala, maior a clareza. Empresas admiradas como o Google, a General Electric e a Amazon pontuaram acima de 40. A Enron ficou com apenas 18.

Maus resultados financeiros, demissões, produtos que falham – a embromação tenta obscurecer qualquer fato desagradável. Veja por exemplo um memorando de Edgar Bronfman Jr., presidente da Warner Music: "Estamos anunciando hoje uma série de passos necessários à reestruturação e cruciais para o futuro do Warner Music Group. (...) É da máxima importância fazermos, tão logo possível, as mudanças necessárias para que o WMG possa continuar a progredir, com redobrada força e confiança, como uma organização mais competitiva, ágil e eficiente". O objetivo de todo esse papo-furado era anunciar um corte de 20% do pessoal. Medidas drásticas como essa são muitas vezes necessárias, especialmente em indústria em crise. Mas encobri-las com eufemismos como "reestruturação" ou "reengenharia" insulta os demitidos.

Talvez o maior vilão de Por que as Pessoas de Negócios Falam como Idiotas seja um programa de computador: o já citado PowerPoint. Muito usado em palestras corporativas, ele é a versão informatizada dos obsoletos projetores de slides e transparências. Com seus modelos padronizados e as facilidades que oferece para o desenho de diagramas e organogramas, tornou-se também o veículo ideal para os clichês empresariais. Em 2003, uma equipe de técnicos da Nasa, a agência espacial americana, fez uma apresentação em PowerPoint sobre defeitos estruturais no ônibus espacial Columbia. A exposição alertava para a possibilidade de que pedaços do revestimento dos tanques de combustível, se se desprendessem e atingissem a nave, causariam danos graves. Só que a informação estava perdida no meio de uma tela do PowerPoint, entre outras frases irrelevantes e expressões vazias como "dano significativo" ("significativo" compete com "estratégico" pelo lugar de adjetivo mais vago do jargão corporativo). Uma semana depois, o Columbia explodiu ao reentrar na atmosfera terrestre, matando os sete tripulantes. A causa do acidente: pedaços do revestimento que se soltaram. O jargão obscuro, como se vê, não tortura apenas a língua. Pode também fazer vítimas fatais.

Jerônimo Teixeira
Veja. 18 de julho, 2007.

Em relação ao uso de várias palavras de outra língua (estrangeirismos), isso se deu:

a) para comprovar a tese defendida pelo autor;
b) para comprovar o fato de que as línguas se interpenetram no mundo globalizado;
c) porque constitui um modismo linguístico irracional e desnecessário;
d) porque a área do conhecimento de que trata o discurso do texto não precisa desses estrangeirismos do tipo anglicismos;
e) porque o contexto requer sempre o uso dessas palavras, não constituindo uma questão de estilo ou de atualização.

Questão 10 (FGV-2015)

Novelas

Não vejo novelas. A última que me prendeu no sofá foi escrita pelo Dias Gomes, que era um craque. Hoje, 15 segundos de novela bastam para me matar de tédio. Os mesmos personagens, o mesmo enredo, as mesmas caretas, as mesmas frases idiotas, as mesmas cenas toscas, a mesma história chata.

Roberto Gomes, Gazeta do Povo, 2009

O autor do texto fala do tédio que sente ao ver as novelas atuais. O tédio é construído no texto por meio de um recurso de linguagem, que é

a) o emprego de palavras negativas.
b) o uso de gírias e expressões populares.
c) a utilização de estrangeirismos.
d) a repetição da palavra "mesmo".
e) a utilização de muitas vírgulas.

Questão 11 (NC-UFPR-2015)

Comentários na Internet são "descarrego de ódio", dizem psicólogos

Se você busca debates sadios, opiniões ponderadas e críticas construtivas, não entre nos comentários de notícias e posts na Internet. Os itens acima são coisa rara no meio do mais puro "ódio.com".

"É um canal de escape emocional 24 horas no ar. Se a emoção é forte, eu descarrego um caminhão de sentimentos nos comentários", afirma Andréa Jotta, pesquisadora do Núcleo de Pesquisa em Psicologia em Informática da PUC-SP. "O problema é que a Internet deixa aquilo eterno. Você pode mudar de opinião, mas aquilo fica registrado e pode te prejudicar no futuro", completa.

Dez anos atrás se popularizou o conceito de "Web 2.0", e os sites noticiosos abriram espaço para os internautas opinarem sobre as reportagens. A ideia original era tornar os portais de notícia "uma rua de mão dupla". Na prática, o espaço virou um congestionamento de palavrões, ameaças e preconceitos.

"A tecnologia da internet fez explodir a demanda social da catarse. As opiniões são sempre radicais, explosivas", opina o psicólogo Jacob Pinheiro Goldberg. "A lógica binária da internet estimula a visão maniqueísta do mundo: ou você é contra ou a favor. A sutileza não é o traço essencial da internet", argumenta.

A interatividade acabou gerando duas crias indesejadas: os "trolls" e os "haters". O primeiro é um polemista que se diverte com a repercussão de suas "troladas", gíria para opiniões descabidas e zombeteiras só publicadas para gerar revolta nos outros internautas.

Já os "haters" são acusadores que distribuem sua fúria contra times, partidos, religiões, raças, gêneros, opções sexuais, gostos musicais e o que tiver em pauta.

Rodrigo Bertolotto, disponível em <http://tecnologia.uol.com.br/noticias/redacao/2015/08/13botão-de-comentarios-vira-descarrego-de-odio-dizem-psicologos.htm>, 13/08/2015

Com base no texto, considere as seguintes afirmativas:

1. No primeiro parágrafo, a expressão "os itens acima" refere-se a comentários de notícias e posts".

2. "troladas" pode ser considerado um neologismo em português, através da transformação do estrangeirismo "troll" em substantivo.

3. No segundo parágrafo, o termo "aquilo", repetido duas vezes a fala da pesquisadora, refere-se aos comentários.

Assinale a alternativa correta.

a) Somente a afirmativa 2 é verdadeira.
b) Somente as afirmativas 1 e 2 são verdadeiras.
c) Somente as afirmativas 1 e 3 são verdadeiras.
d) Somente as afirmativas 2 e 3 são verdadeiras.
e) As afirmativas 1, 2 e 3 são verdadeiras.

Questão 12 (FGV-2016)

Assinale a frase em que a expressão "a gente" não exemplifica a variante coloquial de linguagem.

a) "Hipótese é uma coisa que não é, mas a gente faz de conta que é para ver como seria se ela fosse".

b) "É uma grande obra arquitetônica e a gente que passa por lá fica impressionada com a grandeza da obra".

c) "Um cadáver é o produto final. A gente é apenas a matéria-prima".

d) "A morte impede a gente de viver, não de morrer".

e) "Não há nada novo sob o sol, mas há muitas coisas velhas que a gente não conhece".

Questão 13 (Acesso Publico-2015)

A questão abaixo toma por base o seguinte texto, de João Ubaldo Ribeiro (Estado de S.Paulo: 22/07/2012):

Meu avô de Itaparica, o inderrotável Coronel Ubaldo Osório, não era muito dado a novas tecnologias e à modernidade em geral. Jamais tocou em nada elétrico, inclusive interruptores e pilhas. Quando queria acender a luz, chamava alguém e mantinha uma distância prudente do procedimento. Tampouco conheceu televisão, recusava-se. A gente explicava a ele o que era com pormenores tão fartos quanto o que julgávamos necessário para convencê-lo, mas não adiantava. Ele ouvia tudo por trás de um sorriso indecifrável, assentia com a cabeça e periodicamente repetia "creio, creio", mas, assim que alguém ligava o aparelho, desviava o rosto e se retirava. "Mais tarde eu vejo", despedia-se com um aceno de costas.

O único remédio que admitia em sua presença era leite de magnésia Phillips, assim mesmo somente para olhar, enquanto passava um raro mal-estar. Acho que ele concluiu que, depois de bastante olhado, o leite de magnésia fazia efeito sem que fosse necessário ingeri-lo. Considerava injeção um castigo severo e, depois que as vitaminas começaram a ser muito divulgadas, diz o povo que, quando queria justiçar alguma malfeitoria, apontava o culpado a um preposto e determinava: "Dê uma injeção de vitamina B nesse infeliz." Dizem também que não se apiedava diante das súplicas dos sentenciados à injeção de vitamina, enquanto eram arrastados para o patíbulo, na saleta junto à cozinha, onde o temido carcereiro Joaquim Ovo Grande já estava fervendo a seringa. (Naquele tempo, as seringas eram de vidro e esterilizadas em água fervente, vinha tudo num estojinho, sério mesmo.)

A frase "A gente explicava a ele o que era" (linha 04) tem, no contexto, o seguinte significado:

a) Nós lhe mostrávamos como a televisão funcionava e como poderia ser útil.

b) A gente contava para ele as coisas que haviam sido exibidas na tevê.

c) A gente lhe falava que podia ver muitos programas interessantes na tevê.

d) Nós dizíamos a ele que não tivesse medo porque a televisão não dava choque.

e) Nós esclarecíamos suas dúvidas sobre o funcionamento da televisão.

Questão 14

LETRAMENTOS E EDUCAÇÃO

Com as novas tecnologias, a comunicação mudou e muitos são os desafios colocados para a escola. Principais são tornar o aluno um produtor de conteúdo (considerando toda a diversidade de linguagem) e um ser crítico. Vídeos que mostram um acontecimento, como a queda de um meteorito na Terra, ou que transmitem em tempo real uma posse presidencial. Fotos que revelam a cultura de um povo. Áudios que contam as notícias mais importantes da semana. A sociedade contemporânea está imersa nas novas linguagens (algumas não tão novas assim). As informações deixaram de chegar única e exclusivamente por texto. Tabelas, gráficos, infográficos, ensaios fotográficos, reportagens visuais e tantas outras maneiras de comunicar estão disponíveis a um novo leitor. O objetivo maior da informação, seja para fins educacionais, informativos ou mesmo de entretenimento, é atingir de maneira eficaz o interlocutor.

Às práticas letradas que fazem uso dessas diferentes mídias e, consequentemente, de diversas linguagens, incluindo aquelas que circulam nas mais variadas culturas, deu-se o nome de multiletramentos. Segundo a professora Roxane Rojo, esses recursos são "interativos e colaborativos; fraturam e transgridem as relações de poder estabelecidas, em especial as de propriedade (das máquinas, das ferramentas, das ideias, dos textos), sejam eles verbais ou não; são híbridos, fronteiriços e mestiços (de linguagens, modos, mídias e culturas)".

Assim como na sociedade, os multiletramentos também estão presentes nas salas de aula. O papel da instituição escolar, diante do contexto, é abrir espaços para que os alunos possam experimentar essas variadas práticas de letramento como consumidores e produtores de informação, além de discuti-la criticamente. "Vivemos em um mundo em que se espera (empregadores, professores, cidadãos, dirigentes) que as pessoas saibam guiar suas próprias aprendizagens na direção do possível, do necessário e do desejável, que tenham autonomia e saibam buscar como e o que aprender que tenham flexibilidade e consigam colaborar com a urbanidade", enfatiza Roxane.

(V3_CADERNOS IFT_Multiletramentos. indd).

Para a linguagem veiculada nas redes sociais sejam eles "verbais ou não; são híbridos, fronteiriços e mestiços (de linguagens, modos, mídias e culturas)", conforme o texto é muito comum denominamos na linguagem informal de:

a) Linguagem erudita.

b) Internetês.

c) Gíria.

d) Baixo Calão.

e) Nível culto formal.

GABARITOS

1 – A

2 – C

3 – B

4 – A

5 – D

6 – C

7 – C

8 – A

9 – B

10 – D

11 – D

12 – B

13 – A

14 – B

ESTRUTURA E FORMAÇÃO DE PALAVRAS

1. PRA COMEÇO DE CONVERSA

História da Língua Portuguesa

Português no Brasil

Ao Brasil, a Língua Portuguesa foi trazida no século XVI através do descobrimento. Os indígenas apresentaram grande resistência à imposição da língua dos colonizadores. Além das diversas línguas indígenas, misturaram-se também ao português o espanhol e o francês (invasões), as línguas africanas (tráfico negreiro) e, posteriormente, com a imigração, outras línguas europeias (italiano e alemão).

A língua também sofreu influência dos veículos de comunicação, com isso absorvemos palavras japonesas e, principalmente, inglesas.

Principais influências na língua portuguesa falada no Brasil

INFLUÊNCIA	EXEMPLOS
Tupi	Nomes de Pessoas: Ubirajara, Iracema... Nomes de Lugares: Ipanema, Copacabana... Nomes de Animais e Plantas: tatu, arara, caju, maracujá...
Dialetos Africanos	Acarajé, dendê, fubá, quilombo, moleque, caçula...
Alemão	Níquel, gás...
Espanhol	Bolero, castanhola...
Japonês	Karaokê, camicase...
Francês	Paletó, boné, matinê, abat-jour (abajur), bâton (batom), cabaret (cabaré)
Italiano – geralmente termos relacionados às artes e à culinária	Macarrão, piano, soneto, bandido, ária, camarim, partitura, lasanha...
Inglês	Show, software, hambúrguer...

2. TEORIZANDO

A estrutura das palavras

A palavra é subdividida em partes menores, que se denominam **elementos mórficos.**

Exemplo: gatinho – gat + inho; infelizmente – in + feliz + -mente

Os elementos mórficos que estruturam as palavras são:

2.1. Radical

É a parte comum – fonética ou graficamente num grupo de palavras.

Exemplos: **Amig**o, **amig**ão, **amig**ável; **pedr**a, **pedr**eiro, **pedr**inha.

Amig e **pedr** são, pois, os radicais das palavras acima.

2.2. Vogal temática

Tem como função preparar o radical para ser acrescido pelas desinências, ou seja, indica as conjugações a que o verbo pertence.

Exemplo: **cant**a̲r, **vend**e̲r, **part**i̲r.

Observação:
Nem todas as formas verbais possuem a vogal temática.

Exemplo: parto (radical + desinência)

2.3. Tema

É a soma do radical com a vogal temática.
Exemplos:

Falar → fal + a = fala (tema)

Escrever → escrev + e = escreve (tema)

Discutir → discut + i = discuti (tema)

2.4. Afixos

São elementos que podem ser colocadas antes ou depois do radical, juntando-se às palavras. Os **prefixos** são colocados antes dos radicais. Os **sufixos** são colocados após os radicais.
Exemplos:

PREver

REtornar

Boi**ADA**

Amo**ROSO**

2.5. Desinência

São elementos que indicarão as flexões que os nomes e os verbos podem apresentar. São subdivididos em:

Desinências Nominais – indicam o gênero (masculino, feminino) e número (singular, plural).

As desinências de gênero são **a** e **o**. As desinências de número são o **s** para o plural e o singular, obviamente, não tem desinência própria.

O próprio sufixo pode conter a desinência.

Exemplo: **gat** *o*

Gat*os*

Radical d.n.g. / d.n.n.

d.n.g. » desinência nominal de gênero

d.n.n. » desinência nominal de número

Desinências Verbais – indicam o modo, o número, a pessoa e o tempo dos verbos.

Exemplo: **cant á** *va* ***mos***

Radical v.t. d.m.t. d.n.p.

v.t. » vogal temática

d.m.t. » desinência modo-temporal

d.m.p. » desinência moto-pessoal

2.6. Vogais e consoantes de ligação

São fonemas que ligam certos elementos da palavra, para facilitar a pronúncia.

Vogais de Ligação: camon**i**ano, simultan**ei**dade, arbitrar**ie**dade.

Consoantes de Ligação: pau**l**ada, cha**l**eira, pe**z**inho.

3. PROCESSOS DE FORMAÇÃO DAS PALAVRAS

Estando as palavras em constante processo de evolução, podemos tomar a língua como um fenômeno vivo que, por sofrer modificações a todo instante, acompanha o homem durante sua vida. Notável que, tenho em vista essas transformações, alguns vocábulos caem em desuso, o que chamamos de arcaísmos, outros são criados, recebendo o nome de neologismos e muitos sofrem alteração de significado ao longo do tempo.

Quando ao processo de estruturação e origem das palavras, temos a seguinte divisão:

- palavras primitivas – que não derivam de outras palavras (casa, flor).

- palavras derivadas – que derivam de outras palavras (casebre, florzinha).
- palavras simples – só possuem um radical (couve, flor).
- palavras compostas – possuem mais de um radical (couve-flor)

Para entender o processo de formação das palavras na nossa língua, é necessário o conhecimento de dois procedimentos básicos:

a) Composição – junção de dois ou mais radicais. São dois tipos de composição, que dependem da forma como os radicais, foram unidos, podendo ter havido ou não alteração fonética:

b) Justaposição – sem alteração fonética, os elementos reunidos conservam a mesma pronúncia e forma que possuíam quando desmembrados.

Ex.: girassol, sexta-feira, guarda-chuva, passatempo, malmequer, arco-íris.

c) Aglutinação – alteração fonética; implica perda de algum elemento fonético e acarreta, às vezes, alteração de pronúncia.

Ex.: aguardente, planalto, pernalta.

d) Derivação – é o processo de formação de palavras pelo acréscimo de afixos na palavra primitiva. São cinco tipos de derivação:

e) Prefixal – acréscimo de prefixo à palavra primitiva (**pre**ver, **re**ver, **des**amor, **in**feliz, **des**leal).

f) Sufixal – acréscimo de sufixo à palavra primitiva (casa**mento**, leal**dade**, vassal**agem**, feliz**mente**).

g) Parassintética ou parassíntese – acréscimo de prefixo e sufixo, ao mesmo tempo, simultaneamente, à palavra primitiva. (**en**gavet**ar**, **en**surd**ecer**, **a**bençoa**do**, **en**forc**ar**, **sub**terrâ**neo**, **des**natur**ado**).

Observação: Se, com a retirada do prefixo ou do sufixo, não existir aquela palavra na língua, houve parassíntese (infeliz existe e felizmente existe, logo houve prefixação e sufixação em infelizmente; ensurde não existe e surdecer também não existe, logo, ensurdecer foi formada por parassíntese).

h) Regressiva – forma-se vocabulário a partir da redução da palavra primitiva (buscar > busca; pescar > pesca; frangão > frango; gajão > galo; delegado > delega; flagrante > flagra; comunista > comuna). É possível criar substantivos, que denotam ação, derivados dos verbos, daí esse processo ser chamado, também, de derivação deverbal (amparo, choro, voo, corte, destaque, conserva, fala, pesca, visita, denúncia etc.).

i) Imprópria ou conversão – forma-se a palavra nova sem alteração da forma primitiva, implicando, naturalmente, em alteração da classe gramatical. ("o jantar" – de verbo para substantivo, "é um judas" – de substantivo próprio a comum).

j) Hibridismo – são palavras compostas, ou derivadas, constituídas por elementos originários de línguas diferentes (automóvel e monóculo – grego e latim / sociologia, bígamo, bicicleta – latim e grego / alcaloide, alcoômetro – árabe e grego. / caiporismo – tupi e grego. / bananal – africano e latim. / sambódromo – africano e grego / burocracia – francês e grego).

k) Onomatopeia – reprodução imitativa de sons (pingue-pongue, zunzum, miau, zinzizular).

l) Abreviação vocabular – redução da palavra até o limite de sua compreensão (metrô, moto, pneu, extra).

m) Siglonimização – formação de siglas, utilizando as letras iniciais de uma sequencia de palavras (Academia Brasileira de Letras – ABL). A partir de siglas, formam-se, também, outras palavras (aidético, petista, uergiano).

3.1. Alguns prefixos gregos

Prefixos	Significados	Exemplos
a-, an-	Falta, negação, privação	Anarquia, ateu, anestesia
Ana-	Decomposição, movimento, contrário, repetição	Análise, anagrama, anáfora
Anfi-	Em torno de, duplicidade	Anfiteatro, anfíbio
Apo-	Distância, separação	Apogeu, apóstolo
Arqui-, arque-, arc-, arce-, arci-	Superioridade, principal, aumento	Arquipélago, arquiteto, arquimilionário, arcebispo
Cata-	Posição superior, movimento de cima para baixo	Catadupa, catarata
Dia-, di-	Movimento através de, duplicidade, afastamento	Diagonal, ditongo, diacronia
Dis-	Dificuldade, falta, mau estado	Dispneia, dessemetria, disenteria
Ec-, ex-	Movimento para fora, separação	Eclipse, exorcismo
e-, en-	Posição interna, posição sobre	Encéfalo, emplasto
Epi-	Posição superior, posteridade	Epitáfio, epílogo
Endo-	Posição interior, movimento para dentro	Endométrio, endoscopia
Eu-	Bom, bem, perfeição, excelência, belo	Eugenia, eucaristia, eufonia, evangélico
Hemi-	Meio, metade	Hemisfério, hemiplegia
Hiper-	Posição superior, excesso, superabundância	Hipérbole, hipertrofia, hiperácido
Hipo-	Falso, por baixo de, posição inferior	Hipocrisia, hipótese, hipotenusa
Meta-	Transformação, movimento de um lugar para o outro, sucessão	Metamorfose, metáfora, metacarpo
Para-	Comparação, ao lado, paralelismo, proximidade	Paradigma, parônimo, parágrafo
Peri-	Em volta de, em torno de	Periscópio, perígrafe
Poli-	Multiplicidade, coleção	Polissemia, polissílaba
Pro-	Movimento para frente, anterioridade	Progresso, prólogo, prognóstico
Proto-	Anterioridade, o primeiro	Protótipo
Sin-, sim-, si-	Simultaneidade, reunião	Sintonia, síntese, simpatia

3.2. Alguns prefixos latinos

Prefixos	Significados	Exemplos
a-, ab-, abs-	Afastamento, separação	Abstenção, abdicar
a-, ad-, ar-, as-	Aproximação, direção	Adjunto, advogado, arribar, assentir
Ambi-	Ambiguidade, duplicidade	Ambivalente, ambíguo
Ante-	Anterioridade	Anteontem, antepassado
Bene-, bem-	Excelência, bem	Beneficente, benfeitorias
Bis-, bi-	Dois, duas vezes, repetição	Bípede, binário, bienal
Circum-	Em torno de, em volta de	Circunferência, circunflexo
Com- (con-), co- (cor-)	Companhia, contiguidade	Compor, conter, cooperar
Contra-	Oposição	Controvérsia, contraveneno
De-, des-	Separação, privação, negação, movimento de cima para baixo	Deportar, demente, descrer, decair, decrescer, demolir
Dis-	Separação, negação	Dissidência, disforme
e-, em-, en-	Introdução, superposição	Engarrafar, empilhar
e-, es-, ex-	Movimento para fora, privação	Emergir, expelir, escorrer, extrair, exportar, esvaziar, esconder, explodir
Extra-	Posição exterior, excesso	Extraconjugal, extravagância
i-, in-, im-	Negação, mudança	Ilegal, imberbe, incinerar
i-, im-, in-, intra-, intro-	Movimento para dentro	Imersão, impressão, inalar, intrapulmonar, introduzir
Justa-	Posição de lado	Justalinear, justapor
o-, ob-	Posição em frente	Obstáculo, objeto, obsceno, opor, ocorrer
Per-	Movimento através de	Perpassar, pernoite
Pos	Ação posterior, em seguida	Posdatar, póstumo
Pre-	Anterioridade, superioridade	Pré-natal, predomínio
Pro-	Antes, em frente, intensidade	Projetar, progresso, prolongar
Preter-, pro-	Além de, mais pra frente	Preternatural, prosseguir
Re-	Repetição, para trás	Recomeço, regredir
Retro-	Movimento para trás	Retrospectiva
So-, sub-, su-	Posição abaixo de, inferioridade	Sopé
Sub-, sus-	Posição inferior	Subordinado, subalimentado
Super-, sobre-, supra-	Posição superior, aumento	Supercílio, sobressair, supramundano
Trans-, ultra-	Posição além de, excesso	Transamazônico, ultrassom
Vice-, vis-	Em lugar de, substituição	Vice-presidente

3.3. Alguns radicais gregos que aparecem como primeiro elemento da composição

Radicais	Significados	Exemplos
Acro-	Alto	Acrobata, acrópole
Aero-	Ar	Aeródromo, aeronave
Agro-	Campo	Agrônomo, agricultura

Radicais	Significados	Exemplos
Antropo-	Homem	Antropofagia, filantropo
Aristo-	Melhor	Aristocracia
Arqueo-	Antigo	Arqueologia, arqueólogo
Anthos-	Flor	Antologia, crisântemo, perianto
Atmo-	Ar	Atmosfera
Auto-	Mesmo, próprio	Autoajuda, autômato
Baro-	Peso, pressão	Barômetro, barítono
Biblio-	Livro	Bibliófilo, biblioteca
Bio-	Vida	Biologia, anfíbio
Caco	Mau	Cacofonia, cacoete
Cali-	Belo	Caligráfica, calígrafo
Carpo-	Fruto	Pericarpo
Céfalo-	Cabeça	Cefalópodes, cefaleia, acéfalo
Cito-	Célula	Citoplasma, citologia
Copro-	Fezes	Coprologia, coprofagia
Cosmo-	Mundo	Microcosmo, cosmonauta
Crono-	Tempo	Cronômetro, diacrônico
Dico-	Em duas partes	Dicotomia, dicogamia
Eno-	Vinho	Enologia, enólogo
Entero-	Intestino	Enterite, disenteria
Etno-	Povo	Étnico, etnia, etnografia
Filo-, filia-	Amigo, amizade	Filósofo, filantropia, filatelia
Fono-	Som, voz	Fonética, disfonia
Gastro-	Estômago	Gastrite, gastronomia
Hemo-	Sangue	Hemorragia, hemodiálise
Hidro-	Água	Hidroavião, hidratação
Higro-	Úmido	Higrófito, higrômetro
Hipo-	Cavalo	Hipódromo, hipopótamo
Homo-	Igual	Homônimo, homógrafo
Idio-	Próprio	Idioma, idioblasto
Macro-, megalo-	Grande, longo	Macronúcleo, megalópole
Metra-	Mãe, útero	Endométrio, metrópole
Meso-	Meio	Mesóclise, mesoderme
Micro-	Pequeno	Micróbio, microscópio
Mono-	Um	Monarquia, monarca
Necro-	Morto	Necrópole, necrofilia, necropsia
Nefro-	Rim	Nefrite, nefrologia
Odonto-	Dente	Odontologia, periodontista, odontalgia
Oftamo-	Olho	Oftalmologia, oftalmoscópio
Orto-	Correto	Ortópteros, ortodoxo
Pneumo-	Pulmão	Pneumonia, dispneia

Radicais	Significados	Exemplos
Semio-	Sinal	Semiótica
Tele-	Longe	Televisão, telescópio
Uro-	Cauda	Anuro, urocordado
Xeno-	Estrangeiro	Xenofilia, xenofobia
Zoo-	Animal	Zoológico, epizootia

3.4. Alguns radicais gregos que aparecem como segundo elemento da composição

Radicais	Significados	Exemplos
-agogo	O que conduz	Demagogo, pedagogo
-alg, -algia	Sofrimento, dor	Analgésico, cefalalgia, lombalgia
-arca	O que comanda	Monarca, heresiarca
-arquia	Comando, governo	Anarquia, autarquia, monarquia
-cracia	Autoridade, poder	Aristocracia, plutocracia, gerontocracia
-doxo	Que opina	Paradoxo, heterodoxo
-dromo	Corrida, pista, lugar	Sambódromo, fumódromo
-fagia	Ato de comer	Antropofagia, necrofagia
-fago	Que come	Antropófago, necrófago
-filo, -filia	Amigo, amizade	Bibliófilo, xenófilo, lusofilia
-fobia	Inimizade, ódio, temor	Xenofobia, aracnofobia
-fobo	Aquele que odeia	Xenófobo, hidrófobo
-gamia	Casamento	Monogamia, poligamia, plasmogamia
-gene	Que gera, origem	Heterogêneo, alienígena
-gine	Mulher	Andrógino, ginecóforo
-grafia	Descrição, escrita	Caligrafia, geografia
-gono	Ângulo	Pentágono, eneágono
-Latria	Que cultiva	Alcoólatra, idolatria
-log, -logia	Que trata, estudo	Psicólogo, andrologia
-mancia	Adivinhação	Cartomante, quiromancia
-mani	Loucura, tendência	Megalomaníaco
-mania	Loucura, tendência	Cleptomania
-metro	Que mede	Barômetro, termômetro
-morfo	Forma, que tem forma	Amorfa, zoomórfico
-onimo	Nome	Sinônimo, topônimo
-polis, -pole	Cidade	Divinópolis, soteropolitano, metrópole
-Potamo	Rio	Mesopotâmia, hipopótamo
-ptero	Asa	Helicóptero, coleóptero
-scopia	O que faz ver	Endoscopia, telescópio
-sofia	Sabedoria, saber	Filosofia, teosofia
-soma	Corpo	Cromossomo
-stico	Verso	Monóstico, dístico
-teca	Lugar, coleção	Biblioteca, hemeroteca
-terapia	Cura, tratamento	Hidroterapia, termoterapia

Radicais	Significados	Exemplos
-tomia	Corte, divisão	Nevrotomia, vasectomia
-tono	Tom	Barítono, monótono

3.5. Alguns radicais latinos que aparecem como primeiro elemento da composição

Radicais	**Significados**	**Exemplos**
Agri-	Campo	Agrícola, agrônomo
Api-	Abelha	Apicultor, apicultura
Arbor-	Árvore	Arboricultura, arborícola
Beli-	Guerra	Bélico, beligerância
Cali-	Calor	Calorias, calórico
Centri-	Centro	Centrifugo, centroavante
Color-	Cor	Colorímetro, colorização
Cordi-	Coração	Cordial, cordiforme, Cordisburgo
Corn (i)-	Antena, chifre	Cornudo, cornucópia
Cruci-	Cruz	Crucifixo, crucificar
Digit(i)-	Dedo	Digital, digito
Dui-	Dois, duplo	Duelo, duípara
Ego-	Eu	Egoísmo, ególatra
Equi-	Igual	Equinócio, equivalente, equiparação
Ferr(i)-	Ferro	Ferrífero, ferrovia
Fide-	Fé	Infidelidade, fidedigno
Fili-	Filho	Filicida, filiação
Frater-	Irmão	Fraternidade, confraternização
Frig(i)-	Frio	Frigidez, frigidíssimo
Homini-	Homen	Homicida, hominídeo
Igni-	Fogo	Ignição, ignívomo
Lati-	Amplo, largo	Latifúndio, latifoliada
Luci-	Luz	Lúcido, lucidez
Odori-	Odor, cheiro	Odorífero, odorante
Oni-	Todo, toda, tudo	Onipotente, onívoro
Pedi-, pede-	Pé	Pedestre, peão, pedicura
Petr-	Pedra	Petróleo, petrificação
Pisci-	Peixe	Piscicultor, piscina
Pluvio-	Chuva	Pluviosidade, pluviômetro
Quadri-, quadro-	Quatro	Quadrimotor, quadrúpede
Reti-	Reto	Retilínea, retificar
Silvi-	Selva	Silvicultura, silvícola
Sócio-	Sociedade	Sociólogo, socialização
Sudori-	Suor	Sudoríparas, sudorese

Radicais	Significados	Exemplos
Telur-	Terra	Telúrica
Toni-	Forte	Tonificar, biotômico
Toxico-	Veneno	Toxicômano, toxina
Triti-	Trigo	Triticultura
Sui-	A si próprio	Suicida, suicídio
Tri-	Três	Tricampeão, triangulo
Uxori-	Esposa	Uxoricida, uxoricídio
Veloci-	Veloz	Velocípede, velocidade, velocímetro
Vermi-	Verme	Verminose, vermífugo
Vini-	Vinho	Vinícola, vinicultura
Vitri-	Vidro	Vitrine, vitral

3.6. Alguns radicais latinos que aparecem como segundo elemento da composição

Radicais	Significados	Exemplos
-ambulo	Que anda	Noctâmbulo, sonâmbulo
-cida	Que mata	Fraticida, inseticida
-cola	Que habita	Arborícola, silvícola
-cultura	Que cultiva	Triticultura, vinicultura
-evo	Idade	Longeva, longevidade
-fero	Que contém ou produz	Mamífero, aurífero
-fico	Que faz ou produz	Benéfico, maléfico
-forme	Que tem a forma	Cordiforme, uniforme
-fugo	Que foge	Vermífugo, centrifugo
-grado	Grau, passo	Centígrado
-luquo	Que fala	Ventríloquo
-paro	Que produz	Ovíparo
-pede	Pé	Velocípede
-sono	Que soa	Uníssono
-vago	Que vaga	Noctívago
-voro	Que come	Carnívoro, herbívoro, onívoro

3.7. Propostas

ATIVIDADE 1

Leia os versos abaixo, de autoria de Ana Carolina:

do teu quarto, da cozinha, da sala de estar
minha garganta arranha a tinta e os azulejos
do teu quarto, da cozinha, da sala de estar

venho madrugada perturbar teu sono
como um cão sem dono me ponho a ladrar
***atravesso o travesseiro**, te reviro pelo avesso*
tua cabeça enlouqueço, faço ela rodar
***atravesso o travesseiro**, te reviro pelo avesso*
tua cabeça enlouqueço, faço ela rodar...

As palavras em negrito teriam uma "parte comum", o radical.

a) Qual seria esse elemento que se encontra presente nas duas palavras?

b) Você acha que as duas palavras são da "mesma família"? ( ) sim ( ) não. Justifique sua opinião.

ATIVIDADE 2

No Brasil, há uma cidade chamada Novo Hamburgo, no Rio Grande do Sul. Em Minas Gerais, temos Cordisburgo, cidade onde nasceu Guimarães Rosa. No exterior, também há várias cidades cuja terminação é igual: Edimburgo, capital da Escócia; Hamburgo, na Alemanha, entre outras.

(CIPRO NETO, Pasquale).

a) Por dedução, o que você acha que significa "burgo" e qual seria a lógica da presença desse elemento nos nomes acima?

b) O que, literalmente, significa "Cordisburgo"?

ATIVIDADE 3

Leia alguns versos da música "Bwana", de Rita Lee.

Adeus, **sarjeta**
Bwana me salvou
não quero **gorjeta**
faço tudo por amor.
Adeus, **sarjeta**
Bwana me salvou
não quero **gorjeta**
faço tudo por
faço tudo
faço tudo por amor.

Em língua portuguesa, o sufixo "eta" é indicador de diminutivo. Pesquise e responda:

a) As palavras em negrito seriam o diminutivo de que outras?

b) Qual seria, portanto, o sentido de cada uma das duas?

c) O verbo, "gorjear", presente no famoso verso "As aves que aqui gorjeiam não **gorjeiam** como lá", de Gonçalves Dias é da mesma família, de "gorjeta". Pesquise: que relação existe entre os dois tipos de cognatos?

QUESTÕES DE PROVAS

Questão 1 (UFES)

O governo brasileiro vai defender na Conferência Mundial do Racismo [...] na África do Sul a inclusão no código penal, dos crimes do ódio contra os homossexuais [...] "Trata-se de **homofobia**, de pessoas que têm horror, ódio, temor, medo e raiva simplesmente pelo falo de alguém ser homossexual", disse o ativista Cláudio Nascimento.

A TRIBUNA – 28/8/2001

"[...] O mundo vem, a saber, neste momento que a Austrália, como todos os outros povos, abriga uma forte minoria de xenófobos. (AE)"

Gilles Lapouge, *A Gazeta* – 2/9/2001

Numere as palavras da 2ª coluna de acordo com a 1ª:

(1) Acrofobia	( ) Horror ao trabalho
(2) Androfobia	( ) Horror ao sangue
(3) Claustrofobia	( ) Medo de lugares elevados
(4) Ergofobia	( ) horror ao sexo masculino
(5) Fotofobia	( ) horror à luz
(6) Hematofobia	( ) medo da noite, da escuridão
(7) Nictofobia	( ) horror ao fogo
(8) Pirofobia	( ) medo de lugares fechados ou reduzidos

Assinale a alternativa que estabelece a relação entre o nome de cada fobia, na coluna da esquerda, e o seu respectivo significado na coluna da direita.

a) 1 – 4 – 7 – 2 – 5 – 6 – 8 – 3
b) 4 – 6 – 1 – 2 – 5 – 7 – 8 – 3
c) 3 – 4 – 6 – 1 – 2 – 5 – 7 – 8
d) 7 – 2 – 1 – 4 – 5 – 6 – 8 – 3
e) 6 – 1 – 2 – 5 – 7 – 8 – 3 – 4

Questão 2 (IBGE)

Assinale a opção em que todas as palavras se forma pelo mesmo processo:

a) ajoelhar / antebraço / assinatura.
b) atraso / embarque / pesca.
c) o jota / o sim / o tropeço.
d) entrega / estupidez / sobreviver.
e) antepor / exportação / sanguessuga.

Questão 3 (Cesgranrio)

Indique a palavra que foge ao processo de formação de chapechape.

a) zunzum.
b) reco-reco.
c) toque-toque.
d) tlim-tlim.
e) vivido.

Questão 4 (UFMG)

Em que alternativa a palavra em negrito resulta de derivação imprópria?

a) Às sete horas da manhã começou o trabalho principal: a **votação**.
b) Pereirinha estava mesmo com a razão. Sigilo... Voto secreto... **Bobagens**, bobagens!
c) Sem radical **reforma** da lei eleitoral, as eleições continuariam sendo uma farsa!
d) Não chegaram a trocar um **isto** de prosa, e se entenderam.
e) Dr. Osmírio andaria **desorientado**, senão bufando de raiva.

Questão 5 (Cesgranrio)

Assinale a opção em que todas as palavras **NÃO** são de um mesmo radical.

a) noite, anoitecer, noitada.
b) luz, luzeiro, alumiar.
c) incrível, crente, crer.
d) festa, festeiro, festejar.
e) riqueza, ricaço, enriquecer.

Questão 6 (Fuvest)

As palavras adivinhar – adivinho e adivinhação – têm a mesma raiz, por isso são cognatas. Assinale a alternativa em que **não** ocorrem três cognatos:

a) alguém – algo – algum
b) ler – leitura – lição
c) ensinar – ensino – ensinamento
d) candura – cândido – incandescência
e) viver – vida – vidente

Questão 7 (Fuvest)

Foram formadas pelo mesmo processo as seguintes palavras:

a) vendavais, naufrágios, polêmicas.
b) descompõem, desempregados, desejava.
c) estendendo, escritório, espírito.
d) quietação, sabonete, nadador.
e) religião, irmão, solidão.

Questão 8 (Epcar)

Numere as palavras da primeira coluna conforme os processos de formação numerados à direita. Em seguida, marque a alternativa que corresponde à sequência numérica **CORRETA.**

( ) aguardente	1) justaposição
( ) casamento	2) aglutinação
( ) portuário	3) parassíntese
( ) pontapé	4) derivação sufixal
( ) os contras	5) derivação imprópria
( ) submarino	6) derivação prefixal
( ) hipótese	

a) 1, 4, 3, 2, 5, 6, 1
b) 4, 1, 4, 1, 5, 3, 6
c) 1, 4, 4, 1, 5, 6, 6
d) 2, 3, 4, 1, 5, 3, 6
e) 2, 4, 4, 1, 5, 3, 6

Questão 9 (UFMG)

Em todas as frases, o termo grifado exemplifica corretamente o processo de formação de palavras indicado, **EXCETO** em:

a) derivação parassintética – Onde se viu **perversidade** semelhante?
b) derivação prefixal – Não senhor; não procedi nem **percorri**.
c) derivação regressiva – Preciso falar-lhe amanhã, sem **falta**.
d) derivação sufixal – As moças me achavam **maçador**, evidentemente.
e) derivação imprópria – Minava um apetite surdo pelo **jantar**.

Questão 10 (UFSC)

Aponte a alternativa cujas palavras são respectivamente formadas por justaposição, aglutinação e parassíntese:

a) varapau, girassol, enfaixar.
b) pontapé, anoitecer, ajoelhar.
c) maldizer, petróleo, embora.
d) vaivém, pontiagudo, enfurece.
e) penugem, plenilúnio, despedaça.

Questão 11 (UFMG)

Lendo e interpretando

No quarto de dormir de minha avó materna havia um móvel, com gavetinha e espelho, que todos na casa chamavam, sem qualquer afetação ou pedantismo, de *coiffeuse*. Na sala de jantar, guardavam-se pratos em uma *étagère*. A *étagére* foi substituída, nos lares modernos, por um simpático aparador; a coiffeuse virou penteadeira e hoje praticamente desapareceu da vida cotidiana por falta de espaço. Os galicianos estão totalmente esquecidos.

Naqueles mesmos tempos de minha infância, eu gostava de um *sport* que se chamava *football* e meu sonho era ser *goalkeeper*, embora a posição center-*foward* me encantasse pela possibilidade de fazer muitos *goals* e influir no score, que era registrado no *placard*. Não precisava dizer que hoje o esporte se chama futebol, o goleiro defende a baliza e o ponta-de-lança faz muitos gols e vê seu nome se acender no placar eletrônico. Esses anglicismos já não mais o são.

Quando menino fantasiei-me no carnaval, ao final da guerra, de pracinha – homenagem da moda aos soldados brasileiros (praças) que lutaram na Europa – e de *cowboy*, que alguns já queriam apelidar de vaqueiro. Hoje ninguém saberia o que era uma fantasia de pracinha, e o caubói existe sim, para designar vaqueiro americano.

Na minha juventude eu ia às *boîtes*, não a *night-clubs* ou *cabarets*, e tentava dançar o twist e o *rock'n'roll*. Hoje, fala-se de baile *funk*, cantam-se *raps*, mais ainda existem boates e festivais, não se sabe se de *rock* ou já de roque. Já cabarés e naiteclubes soam a coisas velhas, e quem vai nadar domingo na piscina do clube nem se lembra dos antigos e seletos *clubs*, como ainda aparecem hoje no nome do *Jockey Club* ou o *Yacht Club*. Os estrangeirismos mudaram com a moda. Dizem que fui um *lord*, quer dizer, um lorde, inglês, com título de *Sandwich*, quem, para não se levantar da mesa de carteado, teve a ideia de alimentar-se comendo carne, presunto, queijo e folhas entre fatias de pão.

O sofisticado nobre britânico seria o inventor daquilo que hoje, no Brasil, se chama, bem brasileiro, de sanduiche e que corresponde, em Portugal, ao substantivo feminino *sandes*, palavra que lembra melhor ao ouvido o original inglês, em que a sílaba tônica é a primeira. Um sandes é o mesmo que um *sandwich* e que um sanduíche. A invenção do lorde toma forma diferente para ser conhecida em dois países que falam a mesma língua.

Palavras e expressões vão e vem. Umas incorporam-se definitivamente à língua portuguesa, traduzidas com a grafia modificada, e vão, nacionalizadas, repousar nos mais respeitáveis dicionários do vernáculo. Outras são simplesmente rejeitadas ou caem, com o tempo, em desuso. Agora, diz-se que anda pelo Congresso uma lei proibindo o uso de estrangeirismos. O ditador italiano Benito Mussolini, cujos métodos lembram por vezes alguns políticos proeminentes no Brasil da atualidade, tentou e conseguiu com força e terror abolir do sonoro idioma de Dante alguns, não, todos, os estrangeirismos. Na Itália, até hoje, o futebol se chama *cálcio* (pontapé) e lamenta-se que Baggio tenha perdido em 94 não um pênalti, mas um *rigore*.

Sou carioca (em tupi-guarani "a casa do homem branco") e, embora torça pelo Flamengo, sou, de nascimento, fluminense (invenção a partir do latim *flumen* – rio, para designar os naturais do Estado do Rio de Janeiro). Gosto da minha terra e do meu idioma. Gosto das praias e dos bairros de Ipanema (do tupi-guarani), Copacabana (do idioma dos antigos incas) e Leblon (que não nega no "n" final sua origem francesa).

Uma das grandes riquezas culturais de nossa terra brasileira é a força de terra nova, que absorve, aproveitando, influências culturais de várias fontes. Aqui, além de feijoada, se come *pizza*, *spaguetti*, *sushi*, *fondue*, sanduíche, *paella*, *strogonoff*, churros, *steaks*, *quiches*, e todo o variado menu (cardápio) que oferece a velha China.

Os idiomas vivem, como organismos, os seres humanos, as cidades, os bairros, e as praias. Tentar, por lei, colocar em trilhos o processo espontâneo de evolução da língua portuguesa, para evitar uma suposta contaminação por estrangeirismos, é querer tirar de um organismo vivo o que de mais belo a vida tem – a espontaneidade.

Não andamos mais de bonde (do inglês *bond* – papel, título de crédito, colocado no mercado para financiar a companhia que os criou), mas, por favor, não nos proíbam de, como os parisienses, andar de metrô.

LACERDA, Gabriel. O Globo, Rio de Janeiro, 19 abr. 2001. Opinião. p. 7. (adaptação)

1. Considerando-se o posicionamento do autor em relação ao uso dos estrangeirismos, é CORRETO afirmar que ele

a) analisa a pouca incidência de empréstimos vocabulares no vernáculo.
b) deprecia a incorporação de palavras estrangeiras ao português.
c) procura ressaltar o dinamismo inerente aos idiomas.
d) questiona os anglicismos e os galicianos presentes no português.

2. Todas as seguintes afirmativas podem ser confirmadas pelo texto, EXCETO:

a) A evolução linguística é um fenômeno natural que ocorre nas línguas vivas.
b) A importação de palavras, independentemente da sua origem, é incentivada pelo autor.
c) As palavras costumam sofrer adaptações ao serem incorporadas a um novo idioma.
d) Uma palavra estrangeira pode resultar em diferentes formas numa mesma língua.

3. Todas as alternativas apresentam passagem do texto que ilustram um desaparecimento espontâneo de uma palavra ou expressão, EXCETO:

a) ... a *coiffeuse* virou penteadeira e hoje praticamente desapareceu...
b) A *étagère* foi substituída, nos lares modernos, por um simpático aparador.
c) Hoje ninguém saberia o que era uma fantasia de pracinha...
d) ...lamenta-se que Baggio tenha perdido em 94 não um pênalti, mas um *rigore*.

4. Todas as seguintes técnicas, com as finalidades indicadas, são usadas pelo autor na estruturação do texto, EXCETO:

a) Contraste, em algumas partes, para realçar diferenças.
b) Emprego de relações de causa e efeito para sustentar argumentos.
c) Enumeração para hierarquizar os empréstimos linguísticos.
d) Exemplificação para ilustrar e explicar pontos de vista.

5. No Texto, a menção a Benito Mussolini tem o objetivo de:

a) lembrar que o idioma pátrio deve ser resguardado.
b) sugerir que os políticos brasileiros deveriam seguir o exemplo dele.
c) questionar as tentativas de se coibirem os empréstimos linguísticos.
d) salientar que as questões linguísticas devem ser resolvidas por lei.

Observe a ilustração do texto.

6. Assinale a alternativa em que MELHOR se interpreta a associação entre essa ilustração e as ideias defendidas pelo autor no texto.

a) A expressão linguística, oral ou escrita, não deve descaracterizar a língua portuguesa.

b) A língua portuguesa deve ser protegida e defendida contra os estrangeirismos, evitando-se que seja maculada.

c) A língua portuguesa é o idioma oficial do Brasil e deve ser preservada por força de lei.

d) O uso de palavras ou expressões em língua estrangeira não pode ser controlado, apesar das tentativas em contrário.

7. Assinale a alternativa que apresenta a MELHOR síntese das ideias contidas no texto.

a) A língua é formada como um mosaico.

b) A língua oficial de uma nação deve ser protegida.

c) A pátria de um povo reflete sua língua.

d) A pureza do vernáculo deve ser protegida.

GABARITOS

QUESTÕES DE PROVA

1 – B

2 – B

3 – C

4 – D

5 – B

6 – D

7 – D

8 – E

9 – A

10 – D

LENDO E INTERPRETANDO

1 – C

2 – B

3 – D

4 – C

5 – C

6 – B

7 – A

OS NOMES – ESTUDO DO SUBSTANTIVO

1. PRA COMEÇO DE CONVERSA

Na Língua Portuguesa, as palavras são divididas em classes gramaticais: substantivo, artigo, adjetivo, numeral, pronome, verbo, advérbio, preposição, conjunção e interjeição. Essa classificação compõe a parte da gramática que chamamos de MORFOLOGIA.

Para a determinação de cada uma dessas classes, empregam-se basicamente três critérios: o sentido, isto é, o significado da palavra; a sua forma e o papel (função) que ela pode assumir em determinado contexto.

Neste capítulo, vamos nos ater à classe dos nomes, à qual pertencem as palavras que designam os seres e suas características. Este capítulo, portanto, vai apresentar algumas noções morfológicas, semânticas e sintáticas a respeito do SUBSTANTIVO, do ADJETIVO e do ADVÉRBIO.

2. TEORIZANDO

Como se chama

Se recebo um presente dado com carinho por pessoa de quem não gosto... como se chama o que sinto? Uma pessoa de quem não se gosta mais e que não gosta mais da gente... como se chama essa mágoa e esse rancor? Estar ocupada, e de repente parar por ter sido tomada por uma desocupação beata, milagrosa, sorridente e idiota... como se chama o que se sentiu? O único modo de chamar é perguntar: como se chama? Até hoje só consegui nomear com a própria pergunta. Qual é o nome? E é este o nome.

LISPECTOR, C. Para não esquecer. 5. ed. São Paulo: Rocco, 2008/blog.

A gramática participa da leitura e produção dos textos

Saber nomear apropriadamente os seres e conceitos de que pretendemos tratar quando redigimos é, obviamente, um fator de eficiência em nosso trabalho. Nesse sentido, o conhecimento dos substantivos e seus significados se integram à ampliação do vocabulário que sabemos manusear quando nos expressamos. Além disso, as relações entre os substantivos abstratos, os verbos e os adjetivos nos oferecem a possibilidade de reelaborar frases e estruturas oracionais em busca da mais elegante ou precisa.

Conhecer os mecanismos de flexão dos substantivos é fundamental para o estabelecimento da concordância nas frases e orações de nossos textos. No que diz respeito à indicação de grau, insistimos no valor afetivo que o aumentativo e o diminutivo formados por sufixação costumam transmitir: esse valor afetivo não é explorado apenas na língua coloquial, mas também na língua literária.

INFANTE, U. *Curso de gramática aplicada aos textos*. São Paulo: Scipione, 2005. (Adaptação)

De acordo com a maioria das gramáticas tradicionais, substantivo é a palavra que **nomeia** os seres. Como "seres" deve-se entender pessoas, lugares, instituições, grupos, indivíduos, entes mitológicos – enfim, tudo o que existe deve ter um nome; esse nome é denominado **substantivo**.

Qualquer palavra pode funcionar como substantivo dentro de um determinado contexto e dentro de uma determinada situação.

Assim, a regrinha prática a se utilizar para reconhecer o substantivo é a seguinte: **substantivo é o termo que pode ser precedido de um artigo.**

A **felicidade** é um **bem** que não tem **preço**. Vale o **mundo**!

- Três das palavras destacadas acima estão precedidas de artigo, sendo, portanto, substantivos. A palavra *preço* não apareceu precedida de artigo, mas admite um artigo masculino antes dela.

O **olhar** que **ela** me endereçou chegou a gelar-me o **sangue**.

- *Olhar* normalmente é um verbo, porém aqui, **porque está precedido de artigo, funciona como substantivo.**

- *Ela* é um pronome pessoal de caso reto, mas tem valor de substantivo, uma vez que está substituindo o nome de uma pessoa do sexo feminino:

O **olhar** que **Carolina** me endereçou chegou a gelar-me o **sangue**.

- *Sangue* normalmente é substantivo e isso se confirma pela anteposição do artigo o.

3. TERMOS DE VALOR SUBSTANTIVO

Quando se consulta um dicionário, pode-se notar, no inicio de cada verbete, a indicação da classe gramatical a que ele pertence. No entanto, como se demonstrou no segundo exemplo dado, alguns termos, num certo contexto, assumem o papel que seria típico dos substantivos. Esses termos substantivados, em geral, aparecerão no dicionário como pertencentes a sua classe "oficial" e, obviamente, não como substantivos.

O **não** que ela me disse deixou-me com um **palpitar** estranho no coração.

- No presente caso, ambos funcionam como substantivos, o que se pode confirmar pela anteposição de artigos a cada um dos termos.

Observe, agora, o verbete transcrito do Novo Dicionário Aurélio da Língua Portuguesa:

Não. [Do Lat. *Non*] Adv. 1. Exprime negação. [O adv. *não* funciona muitas vezes como partícula de realce: "A que nível moral não desce a gente, Alma, filha de Deus, neste ambiente!" (João de Deus, *Campo de flores*, I, p. 159); "- Muitas vezes eu imagino o que não faria o falecido Heleno neste caso de Oceano e Maria Corina" (Maria Alice Barroso, Um nome para matar, p. 409).] – s.m. 2. Negativa; recusa: *Recebeu um não.*

- Perceba que a primeira acepção da palavra, isto é, a mais imediata, aparece como um *advérbio*. O que ocorre é que o uso de *não* como substantivo já se tornou tão frequente que o próprio dicionário já registra tal ocorrência.

- Em relação à palavra *palpitar*, se você verificar no dicionário, verá que só figurará como verbo.

3.1. Propostas

Circuito fechado

Chinelos, vaso, descarga. Pia, sabonete. Água. Escova, creme dental, água, espuma, creme de barbear, pincel, espuma, gilete, água, cortina, sabonete, água fria, água quente, toalha. Creme para cabelo, pente. Cueca, camisa, abotoaduras, calça, meias, sapatos, telefone, agenda, copo com lápis, caneta, bloco de notas, espátula, pastas, caixa de entrada, de saída, vaso com plantas, quadros, papéis, cigarro, fósforo. Bandeja, xícara pequena. Cigarro e fósforo. Papéis, telefone, relatórios, cartas, notas, vales, cheques, memorandos, bilhetes, telefone, papéis. Relógio. Mesa, cavalete, cinzeiros, cadeiras, esboços de anúncios, fotos, cigarro, fósforo, bloco de papel, caneta, projetos de filmes, xícara, cartaz, lápis, cigarro, fósforo, quadro-negro, giz, papel. Mictório, pia, água. Táxi. Mesa, toalha, cadeiras, copos, pratos, talheres, garrafa, guardanapo, xícara. Maço de cigarros, caixa de fósforos. Escova de dentes, pasta, água. Mesa e poltrona, papéis, telefone, revista, copo de papel, cigarro, fósforo, telefone interno, gravata, paletó. Carteira, níqueis, documentos, caneta, chaves, lenço, relógio, maço de cigarros, caixa de fósforos. Jornal. Mesa, cadeiras, xícara e pires, prato, bule, talheres, guardanapos. Quadros. Pasta, carro. Cigarro, fósforo. Mesa e poltrona, cadeira, cinzeiro, papéis, externo, papéis, prova de anúncio, caneta e papel, relógio, papel, pasta, cigarro, fósforo, papel e caneta, telefone, caneta e papel, telefone, papéis, folheto, xícara, jornal, cigarro, fósforo, papel e caneta. Carro. Maço de cigarros, caixa de fósforos. Paletó, gravata. Poltrona, copo, revista. Quadros. Mesa, cadeiras, pratos, talheres, copos, guardanapos. Xícaras, cigarro e fósforo. Poltrona, livro. Cigarro e fósforo. Televisor, poltrona. Cigarro e fósforo. Abotoaduras, camisa, sapatos, meias, calça, cueca, pijama, espuma, água. Chinelos. Coberta, cama, travesseiro.

Ricardo Ramos

Disponível em: http://pucrs.br/gpt/substantivos.php Acesso em: 16/08/2006

ATIVIDADE 1

A partir da leitura do texto "Circuito fechado", redija um breve parágrafo narrativo, relatando o cotidiano do personagem.

ATIVIDADE 2

CRIE uma situação original e interessante em que, ao modo do texto, você utilize apenas substantivos na confecção. Não se esqueça de que sua redação deve ser clara e facilmente entendida por outro leitor. Capriche!

ATIVIDADE 3

Lendo e interpretando

Bom Conselho

Ouça um bom conselho
Que eu lhe dou de graça
Inútil dormir que a dor não passa
Espere sentado
Ou você se cansa
Está provado, quem espera nunca alcança

Venha, meu amigo,
Deixe esse regaço
Brinque com meu fogo

Venha se queimar
Faça como eu digo
Faça como eu faço
Aja duas vezes antes de pensar

Corro atrás do tempo
Vim de não sei onde
Devagar é que não se vai longe
Eu semeio o vento
Na minha cidade
Vou pra rua e bebo a tempestade.

Chico Buarque, 1972

1 - O texto é construído a partir da subversão de provérbios. Todas as alternativas apresentam efeitos dessa subversão, EXCETO:

a) A produção de um discurso que pressupõe um mundo estável.
b) A desestabilização de crenças tidas como inquestionáveis.
c) A instalação de uma voz que instaura a polêmica entre formações ideológicas.
d) O rompimento com crenças que podem alimentar preconceitos.

2 - Considere as afirmações sobre o funcionamento do gênero provérbio.

I. Nos provérbios, há uma aparente síntese de pensamentos que perpetua interpretações moralistas sobre o mundo e os seres humanos, a partir de uma suposta universalidade.
II. O gênero provérbio é constituído pela cristalização de um modo de pensar que neutraliza a polêmica de vozes e reproduz um sistema de crenças.
III. Assentado em um conjunto de crenças tidas como inquestionáveis, o provérbio manifesta um discurso que reproduz a ilusão de um mundo em pela estabilidade.
IV. O uso recorrente de formas verbais na 3ª pessoa do singular do presente do indicativo, como em "Quem semeia vento colhe tempestade", cria a ilusão de verdades absolutas.

Assinale

a) se forem corretas apenas I e II.
b) se forem corretas apenas II e III.
c) se forem corretas apenas III e IV.
d) se forem corretas apenas I, II, III e IV.

QUESTÕES DE PROVAS

Questão 1 (UFMG)

Texto 1

Coletivo. [Do lat. *Collectivu*] Adj. 1. Que abrange ou compreende muitas coisas ou pessoas. 2. Pertencente a, ou utilizado por muitos. 3. Gram. Diz-se do substantivo que, no singular, designa várias pessoas, animais ou coisas. Ex.: *povo, rebanho, laranjal*. 4. Que manifesta a natureza ou a tendência de um grupo como tal ou pertence a uma classe, a um povo, ou a qualquer grupo. ~ V. *autor -, consciência –a, inconsciente_, juízo-, pessoa –a e titulo-*. – S. m. 5. Bras. Veículo de transporte coletivo: "grande foi a minha emoção ao deparar, no assento do coletivo, com uma bolsa preta da senhora." (Carlos Drummond de Andrade. A Bolsa & a Vida, p. 7). 6. Bras. Esport. Treino em conjunto.

Texto 2

Fonte: FOLHA DE S. PAULO, São Paulo, 30/03/1992. folha Ilustrada, p.6.

A partir dessa leitura, redija um único texto, respondendo as questões que seguem:

a) explicando as acepções em que a palavra coletivo é empregada na tirinha;
b) relacionando os pontos que aproximam e os que distinguem essas acepções, nos dois textos;
c) analisando o efeito de sentido obtido pelo emprego dessa palavra na tirinha.

Questão 2 (IBFC-2017)

Texto

O retrato

O homem, de barba grisalha mal-aparada, vestindo jeans azuis, camisa xadrez e jaqueta de couro, sentou-se no banquinho alto do balcão do botequim e ficou esperando sem pressa que o rapaz viesse atendê-lo. O rapaz fazia um suco de laranjas para o mecânico que comia uma coxa de frango fria. O homem tirou uma caderneta do bolso, extraiu de dentro dela uma fotografia e pôs-se a olhá-la. Olhou-a tanto e tão fixamente que seus olhos ficaram vermelhos. Contraiu os lábios, segurando-se para não chorar; a cara contraiu-se como uma máscara de teatro trágico. O rapaz serviu o suco e perguntou ao homem o que ele queria. O homem disse "nada não, obrigado", guardou a foto, saiu do botequim e desapareceu.

Ivan Angelo

O plural do substantivo "balcão" é balcões. Assinale a alternativa em que se indica, corretamente, o plural do substantivo.

a) irmão – irmões.
b) pão – pães.
c) mão – mões.
d) limão – limãos.

Questão 3 (IBFC-2017) Texto

Estranhas Gentilezas

Estão acontecendo coisas estranhas. Sabe-se que as pessoas nas grandes cidades não têm o hábito da gentileza. Não é por ruindade, é falta de tempo. Gastam a paciência nos ônibus, no trânsito, nas filas, nos mercados, nas salas de espera, nos embates familiares, e depois economizam com a gente.

Comigo dá-se o contrário, é o que estou notando de uns dias para cá. Tratam-me com inquietante delicadeza. Já captava aqui e ali sinais suspeitos, imprecisos, ventinho de asas de borboleta, quase nada. A impressão de que há algo estranho tomou meu corpo mesmo foi na semana passada. Um vizinho que já fora meu amigo telefonou-me desfazendo o engano que nos afastava, intriga de pessoa que nem conheço e que afinal resolvera esclarecer tudo. Difícil reconstruir a amizade, mas a inimizade morria ali.

Como disse, eu vinha desconfiando tenuemente de algumas amabilidades. O episódio do vizinho fez surgir em meu espírito a hipótese de uma trama, que já mobilizava até pessoas distantes. E as próximas?

Tenho reparado. As próximas telefonam amáveis, sem motivo. Durante o telefonema fico aguardando o assunto que estaria embrulhado nos enfeites da conversa, e ele não sai. Um número inesperado de pessoas me cumprimenta na rua, com acenos de cabeça. Mulheres, antes esquivas, sorriem transitáveis nas ruas dos Jardins[1]. Num restaurante caro, o maître[2], com uma piscadela, fura a demorada fila de executivos à espera e me arruma rapidinho uma mesa para dois. Um homem de pasta que parecia impaciente à minha frente me cede o último lugar no elevador. O jornaleiro larga sua banca na avenida Sumaré e vem ao prédio avisar-me que o jornal chegou. Os vizinhos de cima silenciam depois das dez da noite.

[...]

Que significa isso? Que querem comigo? Que complô é este? Que vão pedir em troca de tanta gentileza? Aguardo, meio apreensivo, meio feliz.

Interrompo a crônica nesse ponto, saio para ir ao banco, desço pelas escadas porque alguém segura o elevador lá em cima, o segurança do banco faz-me esvaziar os bolsos antes de entrar na porta giratória, enfrento a fila do caixa, não aceitam meus cheques para pagar contas em nome de minha mulher, saio mal-humorado do banco, atravesso a avenida arriscando a vida entre bólidos[3], um caminhão joga-me água suja de uma poça, o elevador continua preso lá em cima, subo a pé, entro no apartamento, sento-me ao computador e ponho-me de novo a sonhar com gentilezas.

Ivan Angelo

Vocabulário:

1 bairro Jardim Paulista, um dos mais requintados de São Paulo

2 funcionário que coordena agendamentos entre outras coisas nos restaurantes

3 carros muito velozes

No título do texto, são empregadas duas palavras que devem ser classificadas, pela ordem em que aparecem como:

a) substantivo e adjetivo.
b) advérbio e substantivo.
c) substantivo e advérbio.
d) adjetivo e substantivo.

Questão 4 (MS CONCURSOS-2017)

Substantivo é toda palavra que usamos para identificar objetos, pessoas, coisas, sensações, sentimentos, acidentes geográficos. Enfim, tudo recebe um nome, que é sempre representado pelo substantivo.

Os substantivos classificam-se em: comum, próprio, concreto, abstrato, primitivo, derivado, simples, composto e coletivo.

Depois de lida tal nomenclatura, marque a alternativa **incorreta**.

a) Substantivos primitivos: cabelo, pé, música.
b) Substantivos derivados: pedal, dançarina, obra-prima.
c) Substantivos Abstratos: vantagem, leitura, pressa.
d) Substantivos concretos: dinheiro, livro, monte.

Questão 5 (MS CONCURSOS-2017)

Assinale a alternativa incorreta quanto ao plural dos substantivos compostos:

a) Boas-vidas, guardas-louças, pés de moleque.
b) Câmaras de ar, mulas sem cabeça, quintas-feiras.
c) Livres-pensadores, os bota-fora, os guarda-vidas.
d) Tias-avós, amores-perfeitos, curtas-metragens.

Questão 6 (Instituto Excelência-2017)

Observe as frases abaixo e assinale a alternativa em que a palavra em negrito é um substantivo comum de dois gêneros:

a) A **criança** é um ser inocente e puro.
b) O **artista** realizou um belo trabalho no palco.
c) O **indivíduo** apresentou atitude suspeita.
d) Nenhuma das alternativas.

Questão 7 (ZAMBINI-2016)

Texto para a questão a seguir.

Formação

Têm sido propostos vários mecanismos para explicar a formação da Lua, a qual ocorreu há 4, 527 bilhões de anos e entre 30 e 50 milhões de anos após a origem do Sistema Solar. Uma pesquisa recente propõe uma idade ligeiramente mais jovem, entre 4,4 e 4,45 bilhões de anos. Entre os mecanismos propostos estão a fissão da Lua a partir da crosta terrestre através de força centrífuga (o que exigiria uma imensa força de rotação da Terra), a captura gravitacional de uma lua pré-formada (o que exigiria uma improvável atmosfera alargada da Terra capaz de dissipar a energia da passagem da Lua) e a formação simultânea da Terra e da Lua no disco de acreção primordial (que não explica o esgotamento de ferro metálico na Lua). Estas hipóteses também não conseguem explicar o elevado momento angular do sistema Terra-Lua.

A hipótese que hoje em dia prevalece é a de que o sistema Terra-Lua se formou em resultado de um gigantesco impacto, durante qual um corpo do tamanho de Marte, denominado Theia, colidiu com a recém-formada protoTerra, projetando material para a sua órbita que se aglutinou até formar a Lua. Dezoito meses antes de uma conferência sobre a possível origem da Lua em outubro de 1984, Bill Hartmann, Roger Phillips e Jeff Taylor desafiaram os colegas cientistas ao dizer: "Vocês têm 18 meses. Voltem para os dados da Apollo, voltem para os computadores, façam o que tiverem que fazer, mas decidam-se. Não venham para a conferência a menos que tenham algo a dizer sobre o nascimento da Lua". Na conferência de 1984 em Kona, no Havaí, a hipótese do grande impacto emergiu como a mais popular. "Antes da conferência havia partidários das três teorias 'tradicionais', além de algumas pessoas que estavam começando a considerar o impacto gigante como uma possibilidade séria e havia um enorme grupo apático que achava que o debate jamais seria resolvido. Posteriormente, havia essencialmente apenas dois grupos: os defensores do grande impacto e os agnósticos".

Pensa-se que os impactos gigantes tenham sido comuns nos primórdios do Sistema Solar. As simulações em computador do modelo do grande impacto são consistentes com as medições do momento angular do sistema Terra-Lua e com o pequeno tamanho do núcleo lunar. Estas simulações mostram também que a maior parte da Lua tem origem no corpo que embateu, e não na proto-Terra. No entanto, há testes mais recentes que sugerem que a maior parte da Lua se formou a partir da Terra, e não do impacto.

Os meteoritos mostram que os outros corpos do Sistema Solar interior, como Marte e Vesta, têm composições isotópicas de oxigênio e tungstênio muito diferentes das encontradas na Terra, enquanto a Terra e a Lua têm composições isotópicas praticamente idênticas. A mistura de material vaporizado entre a Terra e a Lua em formação após o impacto poderia ter equilibrado as suas composições isotópicas, embora isto ainda seja debatido.

(Disponível em https://pt. wikipedia.org/wiki/Lua. Acesso em 29 out. 2016.)

Assinale a alternativa em que a flexão de gênero do substantivo não está adequada à norma culta.

a) folião – foliona

b) judeu – judeia

c) elefante – elefanta

d) ilhéu – ilhoa

Questão 8 (INSTITUTO CIDADES-2015)

Texto

História de bem-te-vi

Com estas florestas de arranha-céus que vão crescendo, muita gente pensa que passarinho é coisa só de jardim zoológico; e outras até acham que seja apenas antiguidade de museu. Certamente chegaremos lá; mas por enquanto ainda existem bairros afortunados onde haja uma casa, casa que tenha um quintal, quintal que tenha uma árvore. Bom será que essa árvore seja a mangueira. Pois nesse vasto palácio verde podem morar muitos passarinhos.

Os velhos cronistas desta terra encantaram-se com canindés e araras, tuins e sabiás, maracanãs e "querejuás todos azuis de cor finíssima...". Nós esquecemos tudo: quando um poeta fala num pássaro, o leitor pensa que é leitura...

Mas há um passarinho chamado bem-te-vi. Creio que ele está para acabar.

E é pena, pois com esse nome que tem — e que é a sua própria voz — devia estar em todas as repartições e outros lugares, numa elegante gaiola, para no momento oportuno anunciar a sua presença. Seria um sobressalto providencial e sob forma tão inocente e agradável que ninguém se aborreceria.

O que me leva a crer no desaparecimento do bem-te-vi são as mudanças que começo a observar na sua voz. O ano passado, aqui nas mangueiras dos meus simpáticos vizinhos, apareceu um bem-te-vi caprichoso, muito moderno, que se recusava a articular as três sílabas tradicionais do seu nome, limitando-se a gritar: "... te-vi!... te-vi", com a maior irreverência gramatical. Como dizem que as últimas gerações andam muito rebeldes e novidadeiras achei natural que também os passarinhos estivessem contagiados pelo novo estilo humano.

Logo a seguir, o mesmo passarinho, ou seu filho ou seu irmão — como posso saber, com a folhagem cerrada da mangueira? — animou-se a uma audácia maior Não quis saber das duas sílabas, e começou a gritar apenas daqui, dali, invisível e brincalhão: "... vi!... vi!... vi!..." o que me pareceu divertido, nesta era do twist.

O tempo passou, o bem-te-vi deve ter viajado, talvez seja cosmonauta, talvez tenha voado com o seu time de futebol — que se não há de pensar de bem-te-vis assim progressistas, que rompem com o canto da família e mudam os lemas dos seus brasões? Talvez tenha sido atacado por esses crioulos fortes que agora saem do mato de repente e disparam sem razão nenhuma no primeiro indivíduo que encontram.

Mas hoje ouvi um bem-te-vi cantar E cantava assim: "Bem-bem-bem... te-vi!" Pensei: "É uma nova escola poética que se eleva da mangueira!..." Depois, o passarinho mudou. E fez: "Bem-te-te-te... vi!" Tornei a refletir: "Deve estar estudando a sua cartilha... Estará soletrando..." E o passarinho: "Bem-bem-bem... te-te-te... vi-vi-vi!"

Os ornitólogos devem saber se isso é caso comum ou raro. Eu jamais tinha ouvido uma coisa assim! Mas as crianças, que sabem mais do que eu, e vão diretas aos assuntos, ouviram, pensaram e disseram: "Que engraçado! Um bem-te-vi gago!"

(É: talvez não seja mesmo exotismo, mas apenas gagueira...)

Cecília Meireles

Texto extraído do livro "Escolha o seu sonho", Editora Record – Rio de Janeiro, 2012, pág. 53

Em "muita gente pensa que passarinho é coisa só de jardim zoológico", a oração destacada tem valor:

a) Substantivo.
b) Adjetivo.
c) Adverbial.
d) Apositivo.

Questão 9 (CONED-2016)
VÓ CAIU NA PISCINA

Noite na casa da serra, a luz apagou. Entra o garoto:

– Pai, vó caiu na piscina.

– Tudo bem, filho.

O garoto insiste:

– Escutou o que eu falei, pai?

– Escutei, e daí? Tudo bem.

– Cê não vai lá?

– Não estou com vontade de cair na piscina.

– Mas ela tá lá...

– Eu sei, você já me contou. Agora deixe seu pai fumar um cigarrinho descansado.

– Tá escuro, pai.

– Assim até é melhor. Eu gosto de fumar no escuro. Daqui a pouco a luz volta. Se não voltar, dá no mesmo. Pede à sua mãe pra acender a vela na sala. Eu fico aqui mesmo, sossegado.

– Pai...

– Meu filho, vá dormir. É melhor você deitar logo. Amanhã cedinho a gente volta pro Rio, e você custa a acordar. Não quero atrasar a descida por sua causa.

– Vó tá com uma vela.

– Pois então? Tudo bem. Depois ela acende.

– Já tá acesa.

– Se está acesa, não tem problema. Quando ela sair da piscina, pega a vela e volta direitinho pra casa. Não vai errar o caminho, a distância é pequena, você sabe muito bem que sua avó não precisa de guia.

– Por quê cê não acredita no que eu digo?

– Como não acredito? Acredito sim.

–Cê não tá acreditando.

– Você falou que a sua avó caiu na piscina, eu acreditei e disse: tudo bem. Que é que você queria que eu dissesse?

– Não, pai, cê não acreditou ni mim.

– Ah, você está me enchendo. Vamos acabar com isso. Eu acreditei. Quantas vezes você quer que eu diga isso? Ou você acha que estou dizendo que acreditei mas estou mentindo? Fique sabendo que seu pai não gosta de mentir.

– Não te chamei de mentiroso.

– Não chamou, mas está duvidando de mim. Bem, não vamos discutir por causa de uma bobagem. Sua avó caiu na piscina, e daí? É um direito dela. Não tem nada de extraordinário cair na piscina. Eu só não caio porque estou meio resfriado.

– Ô, pai, cê é de morte!

O garoto sai, desolado. Aquele velho não compreende mesmo nada. Daí a pouco chega a mãe:

– Eduardo, você sabe que dona Marieta caiu na piscina?

– Até você, Fátima? Não chega o Nelsinho vir com essa ladainha?

– Eduardo, está escuro que nem breu, sua mãe tropeçou, escorregou e foi parar dentro da piscina, ouviu? Está com a vela acesa na mão, pedindo para que tirem ela de lá, Eduardo! Não pode sair sozinha, está com a roupa encharcada, pesando muito, e se você não for depressa, ela vai ter uma coisa! Ela morre, Eduardo!

– Como? Por que aquele diabo não me disse isto? Ele falou apenas que ela tinha caído na piscina, não explicou que ela tinha tropeçado, escorregado e caído! Saiu correndo, nem esperou a vela, tropeçou, quase que ia parar também dentro d'água.

– Mamãe, me desculpe! O menino não me disse nada direito. Falou que a senhora caiu na piscina. Eu pensei que a senhora estava se banhando.

– Está bem, Eduardo – disse dona Marieta, safando-se da água pela mão do filho, e sempre empunhando a vela que conseguira manter acesa. – Mas de outra vez você vai prestar mais atenção no sentido dos verbos, ouviu? Nelsinho falou direito, você é que teve um acesso de burrice, meu filho!

É substantivo e, não, adjetivo, a palavra destacada:

a) Aquele **velho** não compreende mesmo nada.
b) – Tá **escuro**, pai.
c) ... sempre empunhando a vela que conseguira manter **acesa**
d) Não pode sair **sozinha**
e) Não vai errar o caminho, a distância é **pequena**

GABARITOS

1 – Resposta pessoal

2 – Resposta pessoal

3 – Lendo e interpretando

1 – A

2 – D

QUESTÕES DE PROVAS

1 – Resposta pessoal

2 – B

3 – D

4 – B

5 – A

6 – B

7 – B

8 – A

9 – A

Capítulo 13

TERMOS QUE SE REFEREM AO NOME – OS ADJETIVOS

1. TEORIZANDO

Adjetivação é um dos elementos estruturadores do texto. Quando é excessiva e voltada à obtenção de efeitos retóricos, prejudica a qualidade do texto e evidencia o despreparo ou a "má-fé" de quem escreve. Quando é feita com sobriedade e sensibilidade, contribui para a eficiência comunicativa do texto. Nos textos dissertativos, os adjetivos normalmente explicitam a posição de quem escreve em relação àquilo de que escreve. É muitas vezes por meio de adjetivos que os juízos e avaliações do produtor de texto vêm à tona, transmitindo ao leitor atitudes como aprovação, reprovação, aversão, condenação, indiferença. Analisar a adjetivação de um texto dissertativo é, portanto, um bom caminho para captar com segurança a opinião (ou a falta de opinião...) de quem o produziu. Lembre-se de que é a sua adjetivação que passa a cumprir esse papel quando você escreve.

Nos textos ou passagens descritivas, os adjetivos cumprem uma função mais plástica; é por meio deles que se costuma atribuir forma, cor, peso, sabor, e outras dimensões aos seres. É obvio que, nesse caso, uma seleção sensível e eficiente dos adjetivos empregados conduz a um texto bem-sucedido, capaz de transmitir ao leitor uma impressão mais nítida do ser ou objeto descrito.

INFANTE. U. *Curso de gramática aplicada aos textos.* São Paulo: Scipione, 2005. (Adaptação).

Segundo a teoria gramatical contida nas diversas gramáticas, **adjetivo é qualquer termo usado para caracterizar o substantivo, atribuindo-lhe qualidades, defeitos, modo de ser, ou indicando-lhes o aspecto ou o estado.**

A imprensa **sensacionalista** fez acusações **infundadas** contra o **indefeso** jogador

- As palavras em destaque caracterizam, cada uma delas, um determinado substantivo grifado. Assim, *sensacionalista* refere-se ao nome *imprensa*; *infundadas* liga-se a *acusações* e *indefeso* caracteriza o *jogador*.

- Todo adjetivo concorda em **gênero** (masculino/feminino) e **número**(singular/plural) com o substantivo a que se refere. Essa "correlação" entre *nome e termo que se refere ao nome* se chama **concordância nominal,** que aprofundaremos no capítulo 15.

2. TERMOS DE VALOR ADJETIVO

Algumas palavras, dentro de um contexto, ao se referirem a um substantivo e com ele concordarem, passam a "funcionar" como adjetivos. Os exemplos que seguem podem ilustrar essa *natureza adjetiva* de algumas palavras.

Uma senhora **elegante** ofereceu **sua** cadeira à mãe **grávida.**

- Das palavras destacadas, duas apenas são adjetivos de fato: **elegante** e **grávida**. Ambas referem-se a um substantivo e com ele concordam em gênero e número.

- **Uma** é um artigo indefinido, mas tem valor de adjetivo, uma vez que se refere a um substantivo (**senhora**) e com ele concorda.

- **Sua** é um pronome possessivo, mas tem valor de adjetivo, pois se refere a um substantivo (**cadeira**) e com ele concorda.

O termo de natureza adjetiva pode ser representado por uma **expressão**, denominada *locução adjetiva*. As locuções adjetivas são constituídas de *preposição e substantivo.*

O simulado **de Biologia** estava muito mais fácil do que a prova **do Enem**.

- As duas expressões em negrito (ou locuções adjetivas) são formadas por uma preposição seguida de um substantivo. Como as duas estão se referindo a substantivos (respectivamente simulado e prova), pode-se dizer que têm um valor adjetivo.

Quando se fala de oração adjetiva, também pode perceber a mesma relação. Assim como uma palavra ou uma expressão que se referem a um substantivo são classificadas como termos adjetivos, uma oração que "modificar" um nome apresentará o mesmo valor. É o que ocorre em:

Todos os conteúdos **que a professora indicou para estudo em casa** caíram na prova bimestral.

- O período acima apresenta duas informações: uma que diz que *Todos os conteúdos caíram na prova* e outra que especifica que foram aqueles que *a professora indicou para estudo em casa.*

- A oração em negrito liga-se a um substantivo (*conteúdos*); assim sendo, diz-se que ela tem um "valor adjetivo". As orações adjetivas serão estudadas posteriormente.

3. OS PAPÉIS DO ADJETIVO

Um termo de valor adjetivo tem dois "papéis básicos": o de *restringir* e o de *explicar.* Por isso, já se ouviu falar de oração adjetiva *restritiva e explicativa.*

Mariana pediu à mãe que lhe comprasse uma calça **de couro.**

- Nem toda calça é *de couro.* Existem outros tipos. Aqui, portanto, a expressão de valor adjetivo indica "um tipo" entre outros existentes. Nesse caso, dizemos que se trata de um termo de valor restritivo.

A **fria** neve gelava ainda mais o coração do insensível padrasto.

- Toda neve é fria. Aqui, portanto, o adjetivo diz o óbvio. Está presente na frase apenas para reforçar o sentido. Nesse caso, dizemos que se trata de um adjetivo de valor explicativo.

4. AS FUNÇÕES DO ADJETIVO

A classificação como "adjetivo" pertence à morfologia. Sintaticamente, o adjetivo pode desempenhar algumas funções. Vamos tratar de duas delas: o *adjunto nominal* e o *predicativo.*

O garoto **nervoso** ficou na escola.

O garoto ficou **nervoso** na escola.

- Os dois exemplos confirmam que, em português, a "ordem dos fatores altera o produto". O termo em negrito, em ambas as frases, é um adjetivo. O deslocamento, porém, fez com que passasse a haver uma diferença semântica, isto é, uma mudança de sentido. Na primeira situação, ser "nervoso" já é um traço característico do "garoto"; na segunda, dá-se a entender que o "garoto" momentaneamente ficou "nervoso" (ou "alterado" na escola).

- Quando o adjetivo aparece junto ao substantivo a que ele se refere, tem-se o que se chama de ADJUNTO ADNOMINAL.

- Quando o adjetivo aparece distanciado do substantivo a que se refere, tem-se o que se chama de PREDICATIVO. No caso do segundo exemplo, há *predicativo do sujeito*, uma vez que o termo se refere ao sujeito da oração.

5. OS GRAUS DO ADJETIVO

A variação de grau do adjetivo é possível quando se deseja comparar ou intensificar o que vai ser dito. Na oralidade essa "intensidade" é representada pelos adjetivos, mas, também pelas feições, tom de voz, expressões, de modo geral, mas na linguagem escrita, somente o recurso dos graus pode ser empregado, podendo variar de níveis: normal, comparativo e superlativo.

O grau considerado normal nada mais é do que o uso do adjetivo caracterizando um ou mais seres, sem indicação ou proposição de intensidade, por exemplo:

O vestido **preto** valoriza o corpo feminino e traz sensualidade.

As alunas são **bagunceiras,** mas muito competentes na execução de trabalhos.

5.1. O grau comparativo

No grau comparativo será explicitada a comparação da mesma característica em dois ou mais seres ou de duas ou mais características do mesmo ser, podendo ser de inferioridade, igualdade ou de superioridade:

Helena é **menos preguiçosa que** Luíza.

O livro é **menos pesado do que** o catálogo de imagens.

Carolina é **tão educada como** Juliana.

Matemática **é tão importante quanto** português.

Miguel é **mais atento que** Pedro.

A régua é **mais comprida do que** o caderno.

Observação:

Alguns adjetivos formam o grau comparativo de superioridade de modo irregular, com formas sintéticas para que não fique coloquial a aplicação, por exemplo:

(mais) bom = melhor; (mais) mau = pior; (mais) grande = maior; (mais) pequeno = menor

5.2. O grau superlativo

A caracterização de um ou mais seres será feita, atribuindo qualidades em grau muito elevado ou em maior ou menor grau que os demais seres apresentados na oração. O superlativo poderá ser feito de modo **relativo** (de inferioridade ou de superioridade); ou absoluto (analítico ou sintético). Vejamos:

Joaquim é **o menos concentrado** da turma. (Relativo de inferioridade)

Vitória é **a** pessoa **mais educada** desta escola! (Relativo de superioridade)

Grau superlativo absoluto (atribui qualidades em grau bem elevado)

A sobremesa é **muito doce**.

A professora é **imensamente querida** no curso de pedagogia.

Grau superlativo sintético (atribui qualidades em grau bem elevado, mas de modo "resumido," utilizando, para tal, os sufixos: -íssimo; -imo; - ílimo; -érrimo)

A sobremesa é **dulcíssima**.

A professora é **queridíssima** no curso de pedagogia.

Resumindo:

Grau dos adjetivos	Adjetivo AMADO
Grau normal	amado
Grau comparativo de inferioridade	menos amado que
Grau comparativo de igualdade	tão amado quanto
Grau comparativo de superioridade	mais amado que
Grau superlativo relativo de inferioridade	o menos amado
Grau superlativo relativo de superioridade	o mais amado
Grau superlativo absoluto analítico	muito amado
Grau superlativo absoluto sintético	amadíssimo

5.3. Praticando

ATIVIDADE 1

Leia o trecho.

"A colonização não pode ser tratada como uma simples corrente migratória: ela é a resolução de carências e conflitos da matriz e uma tentativa de retomar, sobe novas condições, o domínio sobre a natureza e o semelhante que tem acompanhado universalmente o chamado processo civilizatório."

BOSI, Alfredo. Dialética da colonização. São Paulo: Companhia das Letras, 2002. p. 11.

No texto, o autor esclarece que o sentido básico de colo – raiz das palavras "colônia" e "colonizador", entre outras – é não só "cuidar", mas também "mandar".

Ampliando a discussão, ele relata que, em 1556, a Espanha, já conhecida por suas práticas de colonização, promulgou uma lei proibindo o uso das palavras *conquistas* e *conquistadores*, que deveriam ser substituídas por ***descobrimento*** (descobrimento) e ***pobladores*** (povoadores), respectivamente.

Considerando os diferentes significados de palavra "colonização", REDIJA um texto dissertativo, explicando o eufemismo configurado na proibição oficial decretada pela Espanha em relação ao uso das palavras *conquista e conquistadores.*

ATIVIDADE 2

Lendo e interpretando

Porque somos malandros

Aconteceu em 1943, após uma visita de Walt Disney ao Brasil, como parte da política de "boa vizinhança" dos EUA que visava reforçar os laços com os sul-americanos durante a 2ª Guerra Mundial. Naquele ano, Pato Donald apresentaria um novo companheiro no filme *Alô, Amigos: seu nome era Joe Carioca,* para os americanos, ou Zé Carioca, para os brasileiros, um simpático e falante papagaio. Dali em diante, a imagem do brasileiro se firmava como a de uma espécie de *bonvivant* tropical, cheio de ginga, que não se adaptava a empregos formais e vivia de "bicos".

Mas, muitos anos antes de ganhar o mundo, a figura típica do "bom malandro" já estava presente no imaginário do Brasil. A antropóloga Lilia Schwarcz, pesquisadora do tema, diz que o advento do malandro está vinculado à questão racial no país. O malandro seria a figura do mulato brasileiro que dribla o preconceito e consegue certa ascensão social por meio de favores conquistados com ginga e simpatia.

Antes de Zé Carioca, as desventuras do personagem Macunaíma, de Mário de Andrade, lançado em 1928, já haviam revelado a essência malandra e mestiça do caráter nacional. Para o crítico Antônio Cândido, o primeiro malando da nossa literatura teria nascido muito tempo antes, ainda no século 19, com o personagem Leonardo Pataca, do livro *Memórias de um Sargento de Milícias,* de Manuel Antônio de Almeida.

Mas se a figura do malandro surge como uma estratégia criativa de sobrevivência para ex-escravos, descendentes de escravos, enfim, todos aqueles que não se transformaram em cidadãos logo após a abolição, como entender a malandragem presente na elite nacional? O que faz com que o deputado Severino Cavalcanti, presidente da Câmara dos Deputados, em pleno século 21, faça a defesa do nepotismo – conseguindo empossar seu filho para um posto importante no governo, apesar de toda a indignação da opinião pública?

Em 1936, o historiador Sérgio Buarque de Holanda dedicou um dos seus capítulos do seu livro Raízes do Brasil ao estudo do chamado "homem cordial", termo usado então para tentar explicar o caráter do brasileiro. Um dos traços do brasileiro cordial era, segundo o historiador, a propensão para sobrepor as relações familiares e pessoais às relações profissionais ou públicas. O brasileiro, de certa forma, tenderia a rejeitar a impessoalidade de sistemas administrativos em que o todo é mais importante do que o indivíduo. Daí a dificuldade de encontrar homens públicos que respeitem a separação entre o público e o privado e que ponham os interesses do Estado acima das amizades.

Para diversos pesquisadores, isso se explicaria pelo fato que, durante boa parte da colonização do país, o Estado confundia com a figura do senhor do engenho, do fazendeiro de café e, anteriormente, com os próprios donatários das capitanias hereditárias. Ou seja: a decisão sobre a vida e a morte de um escravo, por exemplo, era uma decisão de cunho tão privado como a escolha do mobiliário da fazenda pelo senhor e sua família, cuja autoridade estava acima de qualquer outra lei.

Talvez por isso, quando a amizade e o jeitinho não funcionam, é normal ouvir-se um ríspido e autoritário "Você sabe com quem está falando?", como diz o antropólogo Roberto DaMatta.

Em seu livro *Carnavais, Malandros e Heróis,* o antropólogo descreve o dilema herdado pelo brasileiro. De um lado, nos submetemos a um sistema de leis impessoais cuja obediência nos países ricos nos causa inveja e admiração. Internamente, contudo, encaramos essas leis como uma espécie de estraga-prazeres – e os burocratas, sabendo disso, parecem muitas vezes aplicá-las para dificultar a vida do cidadão. De outro lado, existiria o sistema da nossa "rede de contatos", em que impera o parentesco, a amizade ou qualquer ligação pessoal que drible a lei. Trocando em miúdos: a lei é vista – e muitas vezes aplicada – como um castigo e para fugir desse castigo vale a malandragem, o jeitinho.

CAVALCANTI, Rodrigo. A cara do brasileiro: porque somos malandros. Superinteressante, p. 71-72, set. 2005.

1. O texto, "Por que somos malandros" caracteriza-se por uma:

a) ordenação cronológica que segue a progressão temporal dos acontecimentos relatados.
b) concatenação lógica das ideias, que se dá por meio de relações de causa e consequência.
c) figuratividade, que retrata um estado de coisas em particular.
d) linguagem subjetiva que evidencia o ponto de vista do autor.

2. O objetivo do texto é

a) analisar a essência do caráter nacional.
b) comentar sobre o estereótipo brasileiro difundido pelo mundo.
c) expor as razões da criação da imagem do brasileiro como malandro.
d) enumerar os acontecimentos históricos e sociais da formação do perfil brasileiro.

3. A malandragem do brasileiro, segundo o texto, pode ser entendida como

a) um artifício de ruptura com as tradições e modelos da elite dominante.
b) uma criação fictícia dos romances e quadrinhos amplamente divulgada.
c) uma consequência da índole dos povos sul-americanos acostumados a driblar o sistema.
d) um resultado da formação social e dos valores cristalizados na constituição do nosso povo.

4. A forma enunciativa predominante no texto caracteriza-se pelo (a):

a) interpelação do locutor.
b) apagamento do enunciador.
c) expressividade do locutor.
d) compromisso do autor.

5. O dilema herdado pelos brasileiros, segundo o texto, diz respeito

a) à nossa dificuldade de fazer valer a lei sem deixar de ser parcial.
b) ao desejo de ter uma legislação eficiente, mas que não exija muitos esforços pessoais.
c) ao anseio de nos parecer com os países ricos e não deixar de lado a impessoalidade.
d) à necessidade de criar um sistema de leis menos burocráticas e garantir a rede de contatos.

QUESTÕES DE PROVAS

Questão 1 (OSEAC-2017)

Texto

AQUI SOZINHO

Aqui sozinho, nesta calma, toda a história da humanidade e da vida rolam diante de mim. Respiro o ar inaugural do mundo, o perfume das rosas do Éden ainda recendentes de originalidade. A primeira mulher colhe o primeiro botão. Vejo as pirâmides subindo; o rosto da esfinge pela primeira vez iluminado pela lua cheia que sobe no oriente; ouço os gritos dos conquistadores avançando. Observo o matemático inca no orgasmo de criar a mais simples e fantástica invenção humana – o zero. Entro na banheira em Siracusa e percebo, emocionado, meu corpo sofrendo um impulso de baixo para cima igual ao peso do líquido por ele deslocado. Reabro feridas de traições, horrores do poder, rios de sangue correm pela história, justos são condenados, injustos devidamente glorificados. Sinto as frustrações neuróticas de tantos seres ansiosos, e a tentativa de superá-las com o exercício de supostas santidades. Com a emoção a que nenhum sexo se compara, começo, pouco a pouco, a decifrar, numa pedra com uma tríplice inscrição, o que pensaram seres como eu em dias assustadoramente remotos. Acompanho um homem – num desses raros instantes de competência que embelezam e justificam a humanidade – pintando e repintando o teto de uma capela; ouço o som divino que outro tira de um instrumento que ele próprio é incapaz de ouvir. Componho em minha imaginação o retrato de maravilhosas sedutoras, espiãs, cortesãs e barregãs, que possivelmente nem foram tão belas, nem seduziram tanto. Sento e sinto e vejo, numa criação única, pessoal e intensa, porque ninguém materializou nada num teatro, numa televisão, num filme. Estou só com a minha imaginação. E um livro.

Fernandes, M. JB

O adjetivo em destaque na frase "Respiro o ar **inaugural** do mundo, o perfume das rosas do Éden ainda RECENDENTES de originalidade" produz o sentido de:

a) vaporizando sutilezas.
b) exalando novidades.
c) resplandecendo sucesso.
d) aromatizando com perfumes.
e) transparecendo antiguidades.

Questão 2 (FUNDEP – Gestão de Concursos – 2017)

INSTRUÇÃO: Leia o texto I, a seguir, para responder à questão.

Como os animais realmente enxergam o mundo

[...]

Os sons do silêncio

A história de Hans, um cavalo alemão, mostra bem a capacidade de observação e associação dos animais que criamos. No começo do século 20, ele se tornou celebridade por acertar equações matemáticas. O dono escrevia na lousa uma conta como 1/2 + 1/3 e pedia a resposta ao animal. Ele batia a pata cinco vezes no chão, esperava uns segundos e batia mais seis vezes. Ou seja: 5/6. O dono dizia ter treinado o animal por dez anos.

Pura malandragem do treinador. Por trás do "raciocínio lógico" do equino, o que havia era uma capacidade ímpar de observação. Ele conseguia perceber sinais sutis no rosto do dono, que o público não tinha como observar. E, assim, descobria quando deveria bater ou não as patas no chão. Ou seja: um cavalo pode ser um ótimo parceiro de truco.

Cães e gatos também. Eles reparam, associam e memorizam tudo. Cada gesto, cada barulho. Tudo serve de pista sobre o próximo passo do dono. Aquele tilintar de chaves sempre vem antes da despedida. O cheiro do perfume também precede a sua saída. Eles guardam e aprendem com esses sinais. Sabem quando você está prestes a ir embora – e demostram toda a tristeza que sentem nesses momentos...

É quase impossível escapar do radar dos cães e dos gatos. Os felinos escutam ainda melhor que os cães. E absurdamente mais do que você. Um som que passe dos 20 mil hertz (o extremo do agudo) fica inaudível para nós. Já os gatos ouvem até 60 mil hertz. Os cachorros chegam aos 45 mil hertz. Isso porque os dois evoluíram caçando roedores, então conseguem captar os sinais hiperagudos que os ratinhos emitem para se comunicar. Nem o som das vibrações corporais dos cupins passa batido pelos gatos. Até o som de lâmpadas fluorescentes (sim, elas fazem barulho), eles conseguem captar. Segundo a especialista em comportamento animal TempleGrandin, da Universidade do Colorado, se você estiver conversando no térreo, seu gato vai ouvir e reconhecer sua voz lá do décimo andar. Insano.

Eles ouvem sons naquilo que para nós é silêncio. [...]

CASTRO, Carol. Como os animais realmente enxergam o mundo. Superinteressante. Disponível em:<http://migre.me/vUm5>>. Acesso em: 3 mar. 2017 (Fragmento adaptado).

Releia o trecho a seguir.

"Isso porque os dois evoluíram caçando roedores, então conseguem captar os sinais **hiperagudos** que os ratinhos emitem para se comunicar."

Sobre a palavra destacada, analise as afirmativas a seguir.

I. Trata-se de um adjetivo que qualifica outro termo no trecho.

II. É formada por um prefixo.

III. Indica o modo de ruído produzido por pequenos animais.

Estão corretas as afirmativas:

a) I e II, apenas.

b) I e III, apenas

c) II e III, apenas.

d) I, II e III.

Questão 3 (FGV-2017)

Texto 1

Preâmbulo

O cristianismo impregna, com maior ou menor evidência, a vida cotidiana, os valores e as opções estéticas até mesmo dos que o ignoram. Ele contribui para o desenho da paisagem dos campos e das cidades. Às vezes, ganha destaque no noticiário. Contudo, os conhecimentos necessários à interpretação dessa presença se apagam com rapidez. Com isso, a incompreensão aumenta.

Admirar o monte Saint-Michel e os monumentos de Roma, de Praga ou de Belém, deleitar-se com a música de Bach ou de Messiaen, contemplar os quadros de Rembrandt, apreciar verdadeiramente certas obras de Stendhal ou de Victor Hugo implica poder decifrar as referências cristãs que constituem a beleza desses lugares e dessas obras-primas. Entender os debates mais recentes sobre a colonização, as práticas humanitárias, a bioética, o choque de culturas também supõe um conhecimento do cristianismo, dos elementos fundamentais da sua doutrina, das peripécias que marcaram sua história, das etapas da sua adaptação ao mundo.

Foi nessa perspectiva que nos dirigimos a eminentes especialistas. Propusemos a eles que pusessem seu saber à disposição dos leitores de um vasto público culto. Isso, sem o peso da erudição, sem o emprego de um vocabulário excessivamente especializado, sem eventuais alusões a um suposto conhecimento prévio, que não tem mais uma existência real, e, claro, sem intenção de proselitismo.

(História do Cristianismo, org. Alain Corbin. São Paulo: Martins Fontes. 2009. p.XIII).

Segundo nossas gramáticas, a classe dos adjetivos expressa semanticamente: características, qualidades, estados e relações.

O adjetivo abaixo que expressa uma característica é:

a) referências cristãs;

b) vida cotidiana;

c) opções estéticas;

d) vasto público;

e) elementos fundamentais.

Questão 4 (IBFC-2017) Texto

O retrato

O homem, de barba grisalha mal-aparada, vestindo jeans azuis, camisa xadrez e jaqueta de couro, sentou-se no banquinho alto do balcão do botequim e ficou esperando sem pressa que o rapaz viesse atendê-lo. O rapaz fazia um suco de laranjas para o mecânico que comia uma coxa de frango fria. O homem tirou uma caderneta do bolso, extraiu de dentro dela uma fotografia e pôs-se a olhá-la. Olhou-a tanto e tão fixamente que seus olhos ficaram vermelhos. Contraiu os lábios, segurando-se para não chorar; a cara contraiu-se como uma máscara de teatro trágico. O rapaz serviu o suco e perguntou ao homem o que ele queria. O homem disse "nada não, obrigado", guardou a foto, saiu do botequim e desapareceu.

Ivan Angelo

Considere o fragmento abaixo para responder à questão.

"O homem, de barba grisalha mal-aparada, vestindo jeans azuis, camisa xadrez e jaqueta de couro, sentou-se no banquinho alto do balcão do botequim e ficou esperando sem pressa que o rapaz viesse atendê-lo."

Dentre as palavras abaixo, presentes no trecho em análise, assinale a única que NÃO pode ser classificada como adjetivo.

a) grisalha.

b)xadrez.

c) azuis.

d) jeans.

Questão 5 (IBFC-2017)

Ressalva

Este livro foi escrito

por uma mulher

que no tarde da Vida

recria e poetiza sua própria

Vida.

Este livro
Foi escrito por uma mulher
Que fez a escalada da
Montanha da Vida
removendo pedras
e plantando fores.

Este livro:
Versos... Não
Poesia... Não.
um modo diferente de contar velhas estórias

No último verso, considerando-se o contexto, o adjetivo "velhas" poderia ser adequadamente substituído por:

a) raras.
b) antigas.
c) pobres.
d) idosas.
e) tristes.

Questão 6 (UFMT-2017)

INSTRUÇÃO: Leia o texto a seguir para responder à questão.

Da felicidade

Quantas vezes a gente, em busca de ventura,
Procede tal e qual a vovozinha:
Em vão, por toda parte, os óculos procura,
Tendo-os na ponta do nariz!

(QUINTANA, Mário. Poesia completa em um volume único. Org. Tânia Franco Carvalhal. Rio de Janeiro: Nova Aguilar, 2005.)

Assinale o adjetivo que melhor caracteriza a felicidade, do ponto de vista do eu lírico.

a) Improvável
b) Imperceptível
c) Impossível
d) Instável

Questão 7 (UFMT-2017)

INSTRUÇÃO: Leia o texto e responda à questão.

O Parque Nacional do Pau Brasil está localizado no município de Porto Seguro, no extremo sul da Bahia, na conhecida Costa do Descobrimento e representa enorme potencial turístico de base sustentável em um bioma que está constantemente ameaçado. No total, são mais de 19 mil hectares de território protegidos, com potencial para se transformar, agora, em um dos principais pontos turísticos do país. Na região, os visitantes encontrarão uma belíssima cachoeira, trilhas abertas e sinalizadas (algumas com acessibilidade para pessoas com dificuldades de locomoção), mirantes de observação para apreciar as paisagens naturais, mais de 40 km de estradas para a prática de ciclismo, além de terem a oportunidade de conhecer árvores de até 600 anos de idade e o berçário de árvores pau-brasil. Quem quiser explorar um pouco mais sobre a história do parque, o encontro de civilizações que ocorreu na região, as comunidades locais e a riqueza da biodiversidade local, poderá visitar a exposição no centro de visitantes.

(Disponível em: http://www.portosegurotur.com. Acesso em: 05 de novembro de 2016.)

No trecho em um dos principais pontos turísticos do país, foi empregado um adjetivo que se flexiona somente em número. Assinale a alternativa que apresenta adjetivos do texto que se flexionam somente em número.

a) enorme, sustentável, naturais
b) abertas, naturais, belíssima
c) locais, sinalizadas, ameaçado
d) turístico, local, sustentável

Questão 8 (MS CONCURSOS-2017)

Quando falamos em grau do adjetivo, queremos nos referir à dimensão da qualidade atribuída a um ser. Esse grau pode ser comparativo ou superlativo. Ao comparar dois ou mais seres, a relação entre eles poderá ser de igualdade, inferioridade ou superioridade.

O superlativo pode ser absoluto ou relativo e apresenta as seguintes modalidades:

Absoluto: Analítico e sintético.

Relativo: de superioridade e inferioridade.

Assinale a alternativa onde temos um superlativo absoluto sintético.

a) O presidente saiu humilhadíssimo.
b) Minha casa é menor que a sua.
c) Júlia é mais inteligente que Lívia.
d) Alice é muito inteligente.

Questão 9 (Big Advice-2017)

Dadas as orações abaixo:

I – A população está **meio** preocupada.

II- Comprei **meio** quilo de frango.

III – Paguei **caro** por aquele instrumento.

As palavras em destaque são respectivamente:

a) Adjetivo, adjetivo, adjetivo.
b) Adjetivo, advérbio, adjetivo.
c) Adjetivo, advérbio, advérbio.
d)Advérbio, adjetivo, adjetivo.
e) Advérbio, adjetivo, advérbio.

GABARITOS

PRATICANDO

1 – Resposta pessoal

LENDO E INTERPRETANDO

1 – B

2 – C

3 – D

4 – C

5 – A

QUESTÕES DE PROVAS

1 – B

2 – A

3 – D

4 – D

5 – B

6 – B

7 – A

8 – A

9 – E

AS CIRCUNSTÂNCIAS – OS ADVÉRBIOS

1. TEORIZANDO

O advérbio é, ao contrário do adjetivo, a classe de palavras que **não** se refere ao substantivo. A classe de palavras tradicionalmente conhecida como advérbio acrescenta ao verbo uma circunstância, ou modifica, indicando grau, um adjetivo ou outro advérbio.

Mariolina está **gorda.**
Subst. **Adjet.**

Mariolina está gorda **demais.**
Advérbio: refere-se ao adjetivo *gorda.*

Glenan canta bem **demais.**
Advérbio: refere-se ao advérbio *bem.*

- Os **advérbios** são palavras **invariáveis,** isto é, **NÃO TÊM FEMININO NEM PLURAL.**

A classe gramatical dos advérbios tem sido objeto de muitos estudos e discussões recentes entre linguistas e gramáticos. Muitas palavras tradicionalmente classificadas como advérbios vêm sendo aproximadas de outras classes gramaticais: é o caso, por exemplo, de *lá, aqui, ali,* e outras, que se assemelham em muitos aspectos aos pronomes. É também o caso da palavra *não:* é um advérbio ou um elemento dos mecanismos da negação em português? Além disso, os próprios critérios tradicionais de classificação têm sido discutidos, o que conduz muitas vezes à necessidade de estudar pormenorizadamente cada palavra a fim de formar classes baseadas em características diferentes das tradicionais.

INFANTE, U. Curso de gramática aplicada aos textos. São Paulo: Scipione. (Adaptação)

2. EXPRESSÕES DE VALOR ADJETIVO X EXPRESSÕES DE VALOR ADVERBIAL

A caixa **de bombons** ficava **no armário.**

- As duas expressões em destaque apresentam preposição.

- A primeira (de bombons) liga-se e relaciona-se ao substantivo **caixa**. Tal expressão tem, portanto, **valor adjetivo.**

- A segunda (no armário) liga-se e relaciona-se ao **lugar** onde a caixa ficava. Tal expressão tem, portanto, **valor adverbial.**

Ulisses Infante, no *Curso de gramática aplicada aos textos*, faz a seguinte consideração acerca dos advérbios:

Alguns resultados dessas discussões podem ser uteis a quem precisa ler e escrever textos com eficiência. Um dado importante nesse sentido diz respeito aos advérbios em **-men-**

te, em sua maioria considerados advérbios de modo. Na verdade, esses advérbios oferecem a quem fala ou escreve a oportunidade de expressar juízos de valor em textos dissertativos; atentar neles é, portanto, fundamental (...). Nos textos narrativos, os advérbios e as locuções adverbiais permitem a caracterização dos processos verbais, indicando muitas circunstâncias indispensáveis ao andamento da história.

(INFANTE, 1995. p. 281.)

3. ADVÉRBIOS E PONTUAÇÃO

Quando existe, na oração, o que chamamos de ordem direta, não se usa vírgula entre os termos. Quando a ordem direta é quebrada, aí, sim: as vírgulas entram em ação. Mas o que é ordem direta?

Veja:

O líder do grupo de alunos repetentes (sujeito) abriu (verbo)
a sessão estudantil (complemento verbal) ao meio-dia. (adjunto adverbial,
geralmente o último termo da oração)

Na frase anterior, ocorre a chama ordem direta, que é a sequência formada por ***sujeito*** + ***verbo*** + ***complemento.*** Se por acaso houver inversão dessa ordem, teremos de fazer o uso da vírgula. Veja:

Ao meio-dia, o líder do grupo de alunos repetentes abriu a sessão estudantil.

- Veja que o adjunto adverbial foi colocado "fora do lugar dele", ficando antes do sujeito. Nesse caso, é obrigatório o uso da vírgula.

O líder do grupo de alunos repetentes, **ao meio-dia**, abriu a sessão estudantil.

- Desta vez, o sujeito e o verbo se separaram porque o adjunto adverbial ficou entre eles. Assim, dizemos que houve uma quebra na ordem lógica frasal e, por esse motivo, o uso da vírgula é também obrigatório.

O líder do grupo de alunos repetentes abriu, **ao meio-dia**, a sessão estudantil.

- A quebra, desta vez, ocorreu entre o verbo e o objeto. Como o termo inverteu a ordem lógica frasal, usaram-se vírgulas.

3.1. Propostas

ATIVIDADE 1

Algumas palavras, com a modificação de apenas uma letra, podem passar a pertencer a outra classe gramatical. É o caso de mau e mal.

Substitua os símbolo # das orações a seguir pelas palavras **MAU(S)** ou **MAL(ES).**

a) André sempre foi um # elemento.

b) Para enfrentar o #, as pessoas precisam muito de Deus.

c) O # tem uma infinidade de formas de se manifestar.

d) Aristóteles era um # comerciante e praticamente dava as mercadorias.
e) Infelizmente, tratava-se de um # incurável.
f) Isso é dos # o menor.
g) Um pai nunca pode dar # exemplo aos filhos.
h) Não deseje o # nem a seu pior inimigo.
i) A atitude é contra os # costumes.
j) Quanto a essas alternativas, é difícil dizer qual delas representa o # maior.
k) A empresa tem um grande defeito: possui um # administrador.
l) Ficamos assustados, # ouvimos o decolar do avião.
m) O # deve ser erradicado de nossa comunidade.
n) Eles # entendiam o que estava ocorrendo.
o) As reações surgiram, # o professor começou a expor a decisão da diretoria.
p) O # aluno não é só o que conversa, mas também o que dorme.
q) Aquela pobre avó # sabia o que a neta estava aprontando nos fins de semana.
r) # saíram da garagem, foram assaltados por três pivetes.
s) Você jamais saberá avaliar o # que me causou.
t) Vai falar # assim lá longe!
u) Nem todos os políticos são # intencionados nem #.
v) É eterna a luta entre o bem e o #.
w) A palestra foi iniciada, # tocou o terceiro sinal.
x) Nós # conhecemos as ruas do bairro.
y) # o dia amanheceu, foram para a beira da praia.
z) Ao entrar no castelo que parecia # assombrado, deparou com um tipo # encarado.

ATIVIDADE 2

A breve tira a seguir fornece um bom exemplo de como o contexto pode afetar a interpretação e até a análise gramatical de uma sequência linguística.

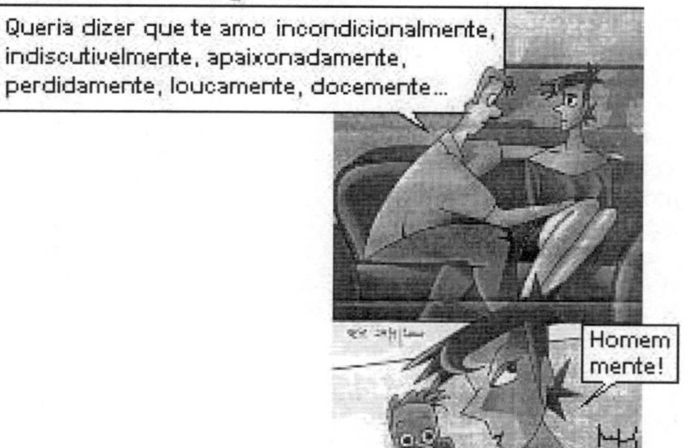

CHARGE RADICAL CHIC

a) supondo que a fala da moça fosse lida fora do contexto dessa tira, como você entenderia?

b) Se a fala da moça fosse considerada uma continuação da fala do rapaz, poderia ser entendida com uma única palavra, de derivação não prevista na língua portuguesa. Que palavra seria e o que significaria?

c) As duas leituras possíveis para a fala da moça não estão em contradição; ao contrário, reforçam-se. O que significará essa fala, se fizermos simultaneamente as duas leituras?

QUESTÕES DE PROVAS

1) (COSEAC-2017) Texto

AQUI SOZINHO

Aqui sozinho, nesta calma, toda a história da humanidade e da vida rolam diante de mim. Respiro o ar inaugural do mundo, o perfume das rosas do Éden ainda recendentes de originalidade. A primeira mulher colhe o primeiro botão. Vejo as pirâmides subindo; o rosto da esfinge pela primeira vez iluminado pela lua cheia que sobe no oriente; ouço os gritos dos conquistadores avançando. Observo o matemático inca no orgasmo de criar a mais simples e fantástica invenção humana – o zero. Entro na banheira em Siracusa e percebo, emocionado, meu corpo sofrendo um impulso de baixo para cima igual ao peso do líquido por ele deslocado. Reabro feridas de traições, horrores do poder, rios de san-gue correm pela história, justos são condenados, injustos devidamente glorificados. Sinto as frustra-ções neuróticas de tantos seres ansiosos, e a tentativa de superá-las com o exercício de supostas santi-dades. Com a emoção a que nenhum sexo se compara, começo, pouco a pouco, a decifrar, numa pe-dra com uma tríplice inscrição, o que pensaram seres como eu em dias assustadoramente remotos. Acompanho um homem – num desses raros instantes de competência que embelezam e justificam a humanidade – pintando e repintando o teto de uma capela; ouço o som divino que outro tira de um instrumento que ele próprio é incapaz de ouvir. Componho em minha imaginação o retrato de mara-vilhosas sedutoras, espiãs, cortesãs e barregãs, que possivelmente nem foram tão belas, nem seduzi-ram tanto. Sento e sinto e vejo, numa criação única, pessoal e intensa, porque ninguém materializou nada num teatro, numa televisão, num filme. Estou só com a minha imaginação. E um livro.

(Fernandes, M. JB – 01.02.92)

Na expressão "o que pensaram seres como eu em dias assustadoramente remotos", o advérbio "assusta-doramente" tem a função de:

a) traduzir a negatividade do pensamento dos seres do passado.

b) atribuir uma atmosfera de medo típica da antiguidade.

c) intensificar a distância temporal entre o autor e os seres de antigamente.

d) apresentar a uniformidade do pensamento humano.

e) atrair a atenção de leitores admiradores de textos de terror.

2) (FGV-2017)

Sabemos todos que os advérbios pertencem a uma classe de palavras que não apresentam variação de gênero; a frase abaixo em que a palavra sublinhada, apesar de ser um advérbio, apresenta corretamen-te esse tipo de variação é:

a) a tripulação chegou toda assustada;

b) as imigrantes estavam meias entristecidas;

c) é proibida a entrada de pessoas sem camisa;

d) ela disse um "muito obrigada" bastante delicado;

e) ela mesma fez a decoração da casa.

3) (VUNESP-2017)

Leia a tira.

(Fernando Gonsales. *Folha de S.Paulo*, 13.12.2016. Adaptado)

Nas falas do caracol, os advérbios "Normalmente", "bem" e "devagar" expressam, respectivamente, circunstâncias de

a) modo, modo e modo.

b) tempo, modo e intensidade.
c) modo, intensidade e modo.
d) tempo, intensidade e modo.
e) modo, meio e causa.

4) (IBFC-2017)
Texto

Primeira classe

(Moacyr Scliar)

Durante anos, o homem teve um sonho: queria viajar de avião na primeira classe. Na classe econômica, ele, executivo de uma empresa multinacional, era um passageiro habitual; e, quando via a aeromoça fechar a cortina da primeira classe, quando ficava imaginando os pratos e as bebidas que lá serviam, mordia-se de inveja. Talvez por causa disso trabalhava incansavelmente; subiu na vida, chegou a um cargo de chefa que, entre outras coisas, dava-lhe o direito à primeira classe nos voos.

E assim, um dia, ele embarcou de Nova Délhi, onde acabara de concluir um importante negócio, para Londres. E seu lugar era na primeira classe. Seu sonho estava se realizando. Tudo era exatamente co-mo ele imaginava: coquetéis de excelente quantidade, um jantar que em qualquer lugar seria conside-rado um banquete. Para cúmulo da sorte, o lugar a seu lado estava vazio.

Ou pelo menos estava no começo do voo. No meio da noite acordou e, para sua surpresa, viu que o lugar estava ocupado. Achou que se tratava de um intruso; mas, em seguida, deu-se conta de que algo anormal ocorria: várias pessoas estavam ali, no corredor, chorando e se lamentando. Explicável: a passageira a seu lado estava morta. A tripulação optara por colocá-la na primeira classe exatamente porque, naquela parte do avião, havia menos gente.

Sua primeira reação foi exigir que removessem o cadáver. Mas não podia fazer uma coisa dessas, seria muita crueldade. Por outro lado, ter um corpo morto a seu lado horrorizava-o. Não havendo outros lugares vagos na primeira classe, só lhe restava uma alternativa: levantou-se e foi para a classe eco-nômica, para o lugar que a morta, havia pouco, ocupara. Ou seja, ao invés de um upgrade, ele tinha recebido, ainda que por acaso, um downgrade.

Ali ficou, sem poder dormir, claro. Porque, depois que se experimenta a primeira classe, nada mais serve. Finalmente, o avião pousou, e ele, arrasado, dirigiu-se para a saída, onde o esperavam os parentes da falecida para agradecer-lhe. Disse um deles, que se identificou como filho da senhora: "Minha mãe sempre quis viajar de primeira classe. Só conseguiu morta graças à sua compreensão. Deus lhe re-compensará".

Que tem seu lugar garantido no céu, isso ele sabe. Só espera chegar lá viajando de primeira classe. E sem óbitos durante o voo.

Considere o fragmento transcrito abaixo para responder à questão seguinte.

Ali ficou, sem poder dormir, claro. Porque, depois que se experimenta a primeira classe, nada mais ser-ve.(5º§)

As palavras ganham sentido no contexto em que estão inseridas. Desse modo, pode-se concluir que o advérbio "Ali" é uma expressão locativa que faz referência:

a) à primeira classe.
b) ao avião.
c) à classe econômica.
d) a Nova Délhi.
e) ao aeroporto.

5) (UFMT-2017)
INSTRUÇÃO: Leia o texto a seguir para responder à questão.

Da felicidade

Quantas vezes a gente, em busca de ventura,

Procede tal e qual a vovozinha:

Em vão, por toda parte, os óculos procura,

Tendo-os na ponta do nariz!

(QUINTANA, Mário. Poesia completa em um volume único. Org. Tânia Franco Carvalhal. Rio de Janeiro: Nova Aguilar, 2005.)

No poema em análise, a locução adverbial em vão expressa circunstância de

a) tempo.
b) intensidade.
c) modo.
d) afirmação.

6) (IBADE-2017)
Texto para responder à questão.

Uma estranha descoberta

Lá dentro viu dependurados compridos casacos de peles. Lúcia gostava muito do cheiro e do contato das peles. Pulou para dentro e se meteu entre os casacos, deixando que eles lhe afagassem o rosto. Não fechou a porta, naturalmente: sabia muito bem que seria uma tolice fechar-se dentro de um guarda-roupa. Foi avançando cada vez mais e descobriu que havia uma segunda fila de casacos pendura-da atrás da primeira. Ali já estava meio escuro, e ela estendia os braços, para não bater com a cara no fundo do móvel. Deu mais uns passos, esperando sempre tocar no fundo com as pontas dos dedos. Mas nada encontrava.

"Deve ser um guarda-roupa colossal!", pensou Lúcia, avançando ainda mais. De repente notou que estava pisando qualquer coisa que se desfazia debaixo de seus pés. Seriam outras bolinhas de naftali-na? Abaixou-se para examinar com as mãos. Em vez de achar o fundo liso e duro do guarda-roupa, encontrou uma coisa macia e fria, que se esfarelava nos dedos. "É muito estranho", pensou, e deu mais um ou dois passos.

O que agora lhe roçava o rosto e as mãos não eram mais as peles macias, mas algo duro, áspero e que espetava.

– Ora essa! Parecem ramos de árvores!

Só então viu que havia uma luz em frente, não a dois palmos do nariz, onde deveria estar o fundo do guarda-roupa, mas lá longe. Caía-lhe em cima uma coisa leve e macia. Um minuto depois, percebeu que estava num bosque, à noite, e que havia neve sob os seus pés, enquanto outros flocos tombavam do ar.

Sentiu-se um pouco assustada, mas, ao mesmo tempo, excitada e cheia de curiosidade. Olhando para trás, lá no fundo, por entre os troncos sombrios das árvores, viu ainda a porta aberta do guarda-roupa e também distinguiu a sala vazia de onde havia saído. Naturalmente, deixara a porta aberta, porque bem sabia que é uma estupidez uma pessoa fechar-se num guarda-roupa. Lá longe ainda parecia divi-sar a luz do dia.

- Se alguma coisa não correr bem, posso perfeitamente voltar.

E ela começou a avançar devagar sobre a neve, na direção da luz distante.

Dez minutos depois, chegou lá e viu que se tratava de um lampião. O que estaria fazendo um lampião no meio de um bosque? Lúcia pensava no que deveria fazer, quando ouviu uns pulinhos ligeiros e le-ves que vinham na sua direção. De repente, à luz do lampião, surgiu um tipo muito estranho.

Era um pouquinho mais alto do que Lúcia e levava uma sombrinha branca. Da cintura para cima pare-cia um homem, mas as pernas eram de bode (com pelos pretos e acetinados) e, em vez de pés, tinha cascos de bode. Tinha também cauda, mas a princípio Lúcia não notou, pois ela descansava elegan-temente sobre o braço que segurava a sombrinha, para não se arrastar pela neve.

Trazia um cachecol vermelho de lã enrolado no pescoço. Sua pele também era meio avermelhada. A cara era estranha, mas simpática, com uma barbicha pontuda e cabelos frisados, de onde lhe saíam dois chifres, um de cada lado da testa. Na outra mão carregava vários embrulhos de papel pardo. Com todos aqueles pacotes e coberto de neve, parecia que acabava de fazer suas compras de Natal.

Era um fauno. Quando viu Lúcia, ficou tão espantado que deixou cair os embrulhos.

– Ora bolas! - exclamou o fauno.

[...]

LEWIS, C.S. Uma estranha descoberta.In: As Crônicas de Nárnia .Tradução de Paulo Mendes Campos. São Paulo: Martins Fontes, 2005. p.105-6. Volume único.

Por meio dos advérbios, um enunciador pode expressar a intensidade daquilo que ele enuncia. No pri-meiro parágrafo, a palavra que é advérbio e um exemplo que confirma essa afirmação é:

a) Lá.
b) atrás.
c) meio.
d) muito.
e) dentro.

7) (UFMT-2017)
INSTRUÇÃO: Leia atentamente a crônica literária abaixo e responda à questão.

Aos poucos pesa em nosso corpo (e na alma não menos) a realidade de que o rio que empurra a vida não é miragem. Manchas, rugas, cansaço, impaciência e, sempre espiando atrás das portas, o medo: estou fora dos padrões, fora do esquadro, devo impedir isso, preciso mudar? O grande engodo da nossa cultura nos convoca: a endeusada juventude tem de ser a nossa meta.

Correr para frente, voltados para trás.

Ou nascemos assim, querendo permanência e achando, infantilmente, que criança não sofre, adolescen-te não adoece, só na adultez e na maturidade, pior ainda, na velhice, acontecem coisas negativas. Es-quecemos a solidão, a falta de afeto, a sensação de abandono, o medo do escuro ou da frieza dos adultos, tudo o que nos atormentou nesse frágil paraíso chamado infância, ainda que ela tenha sido boa.

(LUFT, Lya. O tempo é um rio que corre. Rio de Janeiro: Record, 2014.)

Sobre as palavras atrás (sempre espiando atrás das portas) e trás (voltados para trás.), assinale a afirmativa correta.

a) Ambas são advérbios, podem tomar o lugar uma da outra, pois são usadas de igual forma sintática.

b) rás, advérbio de lugar, indica na parte posterior e vem sempre seguido de preposição.
c) Atrás, além de indicar lugar, como no texto, pode indicar tempo passado.
d) Atrás, advérbio, aparece sempre precedido de preposição, formando uma locução adverbial.

8) (IBFC-2017)

Considere o fragmento abaixo para responder à questão seguinte.

"Juntando-se as duas mãos de um determinado jeito, com os polegares para dentro, e assoprando pelo buraquinho, tirava-se um silvo bonito que inclusive variava de tom conforme o posicionamento das mãos." (2º§)

Os dois termos destacados cumprem papel sintático adverbial e expressam os seguintes valores semânti-cos respectivamente:

a) causa e meio.
b) modo e meio.
c) meio e lugar.
d) lugar e modo.
e) modo e lugar.

9) (IBFC-2017)

Utilize o Texto II para responder a questão.

Texto II

Maria chorando ao telefone

O telefone toca aqui em casa, atendo, uma voz de mulher estranhíssima pergunta por mim, e antes que eu tome providências para dizer que é minha irmã que fala, ela me diz: é você mesma. O jeito foi eu ficar sendo eu própria. Mas... ela chorava? Ou o quê? Pois a voz era claramente de choro contido. "Porque você escreveu dizendo que não ia mais escrever romances." "Não se preocupe, meu bem, talvez eu escreva mais uns dois ou três, mas é preciso saber parar. Que é que você já leu de mim?" "Quase tudo, só falta A cidade sitiada e A legião estrangeira." "Não chore, venha buscar aqui os dois livros." "Não vou não, vou comprar." "Você está bobeando, eu estou oferecendo de graça dois livros autografados e mais um cafezinho ou um uísque." [...]

(LISPECTOR, Clarice. A descoberta do mundo. Rio de Janeiro: Rocco, 1999)

Na fala "Quase tudo, **só falta** A cidade sitiada e A legião estrangeira", o vocábulo em destaque denota um sentido de:

a) retificação.
b) explicação.
c) exclusão.
d) adição.
e) anulação.

10) (VUNESP-2017)

Leia o texto "Star Trek" para responder à questão.

Quando estreou, em 1966, a série "Jornada nas Estrelas" exibia um futuro que parecia realmente impro-vável e distante. A série era ambientada no século 23 e acompanhava as aventuras dos tripulantes da nave espacial Enterprise, com a missão de explorar o espaço e ir "aonde nenhum homem jamais este-ve".

O teletransporte ainda não virou realidade, mas muitos gadgets* da série passaram a integrar o cotidiano. Sempre que o capitão Kirk estava em apuros, abria seu comunicador e entrava em contato com a equipe. Trinta anos depois, a Motorola lançou o StarTAC, popularizando o uso da telefonia móvel. Os acertos não pararam por aí: da impressora 3D à televisão de tela plana, dos disquetes aos dispositivos USB, a série previu com surpreendente exatidão a relação do homem com a tecnologia.

"Jornada nas Estrelas" era transgressora em sua diversidade: a equipe tinha homens e mulheres de dife-rentes etnias trabalhando em igualdade. Hoje, ainda não existem habitantes de Vulcano morando en-tre nós, mas a ideia de que pessoas de gêneros e etnias diferentes possam cumprir as mesmas funções não é mais algo utópico.

(Aventuras na História, outubro de 2014. Adaptado)

*gadgets: dispositivos, aparelhos

Assinale a alternativa que apresenta a afirmação correta a respeito dos trechos selecionados do texto.

a) Em "a série 'Jornada nas Estrelas' exibia um futuro que parecia realmente improvável e distante", a expressão destacada apresenta circunstância de meio, indicando que o futuro imaginado pela série era inconcebível.
b) Em "com a missão de explorar o espaço e ir 'aonde nenhum homem jamais esteve'", a expressão des-tacada apresenta circunstância de lugar, indicando que o objetivo da missão era colonizar e dominar planetas desconhecidos.
c) Em "Sempre que o capitão Kirk estava em apuros, abria seu comunicador", a expressão destacada apresenta circunstância de modo, indicando que a personagem muitas vezes se via em perigo.
d) Em "a série previu com surpreendente exatidão a relação do homem com a tecnologia", a expressão destacada apresenta circunstância de causa, indicando que a série previu acerta-

damente o uso dos atuais recursos tecnológicos.

e) Em "a equipe tinha homens e mulheres de diferentes etnias trabalhando em igualdade", a expressão destacada apresenta circunstância de afirmação, indicando que a divisão de trabalho era realizada democraticamente.

11) (Instituto Excelência-2017)

Considere o seguinte período :

"Diz que seus filhos pequenos se assustaram, mas depois foram brincar nos galhos tombados".

Nessa construção, os adjetivos "pequenos" e "tombados" exercem a função de:

a) Adjunto adverbial.

b) Adjunto adnominal.

c) Complemento nominal.

d) Nenhuma das alternativas.

12) (MS CONCURSOS-2017)

Com referência às palavras "mas" (conjunção), "más" (adjetivo) e "mais" (advérbio), assinale a alternativa incorreta:

a) A espada vence, mais não convence.

b) Fiz tudo muito calmamente: devagar se chega mais depressa.

c) Aquelas mulheres são más.

d) O Sol, isto é, a mais próxima das estrelas, comanda a vida terrestre.

GABARITOS

PROPOSTA

1 -

A - MAU

B - MAL

C - MAL

D - MAU

E - MAL

F - MALES

G - MAU

H - MAL

I - MAUS

J - MAL

K - MAU

L - MAL

M - MAL

N - MAL

O - MAL

P - MAU

Q - MAL

R - MAL

S - MAL

T - MAL

U - MAL/MAUS

V - MAL

W - MAL

X - MAL

Y - MAL

Z - MAL/MAU

2- Reposta pessoal

QUESTÕES DE PROVA

1 – C

2 – A

3 – C

4 – C

5 – C

6 – D

7 – C

8 – E

9 – C

10 – C

11 – B

12 – A

Capítulo 15

A CONCORDÂNCIA NOMINAL: AJUSTANDO OS NOMES

1. TEORIZANDO

O estudo da concordância constitui um poderoso instrumento para quem precisa interpretar e produzir textos de acordo com o padrão da norma culta. Em qualquer tipo de texto, a concordância bem feita pode ser explorada como recurso expressivo. Já a concordância defeituosa pode provocar interpretações distorcidas. Nos casos de erros grosseiros de concordância, fica abalada a própria credibilidade do texto e de seu elaborador.

Na construção de textos dissertativos, é muito frequente o uso de construções com verbos impessoais ou com participação do pronome "se" (atuando como apassivador ou como indeterminador do sujeito). O domínio dos mecanismos de concordância dessas construções é, portanto, um recurso indispensável a quem precisa redigir com eficiência esse tipo de texto.

INFANTE, U. *Curso de gramática aplicada aos textos*. São Paulo: Scipione. 2015.Adaptado.

2. CONCEITO E REGRA GERAL

A concordância nominal é a que se estabelece entre palavras de natureza adjetiva e o(s) substantivo(s) determinado(s). Conforme regra geral, aquelas que deve concordar em número e gênero com este(s). Veja o exemplo:

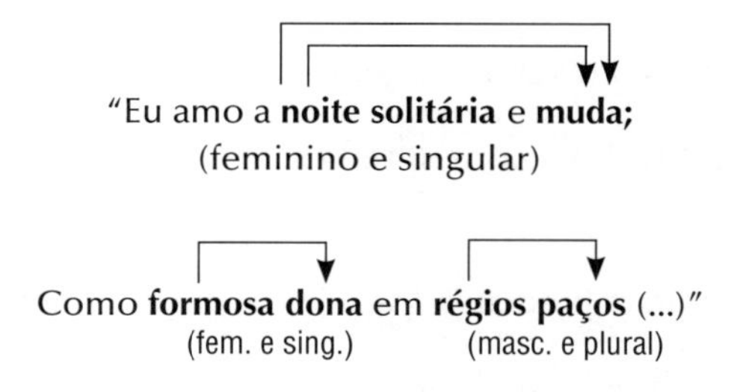

Gonçalves Dias

No fragmento de texto apresentado, aparecem quatro adjetivos: *solitária, muda, formosa e régios. Solitária* e *muda* são determinantes do substantivo *noite*, e com ele concordam em gênero e número (feminino e singular). *Formosa* é determinante do substantivo *dona* (feminino e singular), e *régios* é o adjetivo que modifica o substantivo *paços* (masculino e plural). Esse tipo de concordância chama-se **lógica** ou **gramatical**.

Em alguns casos, a concordância foge à regra geral, por necessidades estilísticas ou de clareza, como nos exemplos seguintes:

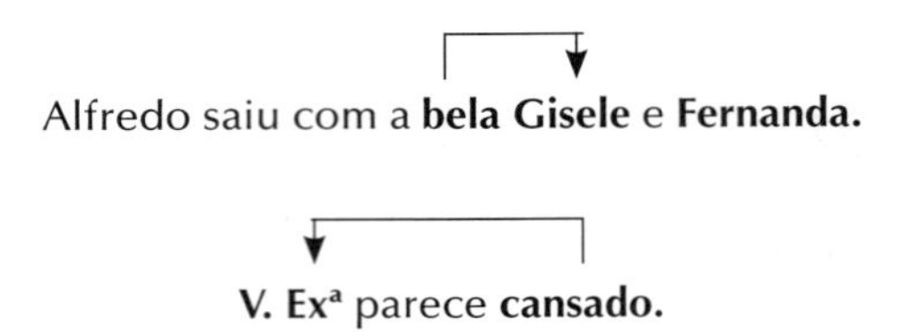

Na primeira frase, o adjetivo *bela* deve referir-se aos substantivos *Gisele e Fernanda;* entretanto, o adjetivo bela está concordando apenas com o substantivo mais próximo (singular), e não com os dois, o que levaria para o plural. Esse é um caso de **concordância atrativa**. A segunda sentença apresenta um adjetivo (*cansado)* que deveria concordar em gênero e número como o termo de valor substantivo (V. Exª.). No caso, como a forma do substantivo é feminina, mas ele se refere a uma pessoa do sexo masculino, o adjetivo concorda com a **ideia** que o substantivo indica (uma autoridade do sexo masculino). Essa concordância chama-se **ideológica.**

3. CONCORDÂNCIA DE UM ADJETIVO COM MAIS DE UM SUBSTANTIVO

Quando um adjetivo refere-se a mais de um substantivo, a concordância pode ser feita das seguintes maneiras:

1. Quando o adjetivo funciona como adjunto adnominal, posposto aos substantivos, a concordância pode ser lógica (mais comum) ou atrativa.

Ela tem vaidade e orgulho excessivos. (concordância lógica)

Ela tem vaidade e orgulho excessivo. (concordância atrativa)

2. Quando o adjetivo funciona como adjunto adnominal, anteposto aos substantivos, a concordância se faz com o elemento mais próximo.

Era dotado de extraordinária coragem e talento. (concordância atrativa)

3. Quando o adjetivo funciona como predicativo e a frase está na ordem direta, a concordância deve ser lógica.

Ricardo e Sílvio saíram preocupados. (ordem direta, concordância lógica).

4. Quando o adjetivo funciona como predicativo e a frase está na ordem inversa, a concordância pode ser lógica ou atrativa.

Preocupados saíram Ricardo e Sílvio. (ordem inversa, concordância lógica).

Preocupado saiu Ricardo e Sílvio. (ordem inversa, concordância atrativa).

4. CONCORDÂNCIA DE MAIS DE UM ADJETIVO COM UM SUBSTANTIVO

Quando mais de um adjetivo refere-se a um substantivo, a concordância pode ser feita das seguintes maneiras:

1. Se os adjetivos forem pospostos ao substantivo, ou o substantivo fica no singular e repete-se o artigo antes de cada adjetivo, ou o substantivo vai para o plural e não se repete o artigo antes de cada adjetivo.

O produto conquistou o público brasileiro e o argentino.

O produto conquistou os públicos brasileiro e argentino.

2. Se os adjetivos forem antepostos ao substantivo, pode-se fazer a concordância atrativa ou a lógica, com presença ou não de artigo antes de cada adjetivo.

Serão advertidos **o** primeiro e segundo ano.

Serão advertidos **o** primeiro e **o** segundo ano**s**.

Serão advertidos o primeiro e segundo anos.

5. CASOS ESPECIAIS

5.1. Anexo, obrigado, mesmo, incluso, quite, leso

Essas palavras são adjetivos: devem, portanto, concordar com os substantivos a que se referem.

"As palavras seria as **mesmas** da comédia; a ilha é que era outra." (Machado de Assis).

"Somadas umas coisas e outras, qualquer pessoa imaginará que não houve míngua nem sobra , é conseguintemente que saí **quite** com a vida." (Machado de Assis).

Muito **obrigadas**, agradeceram elas.

Os cheques seguem anexos. (Cf. Os cheques seguem *em anexo*).

As fotos estão **inclusas** no álbum.

Este é um crime de **leso**-patrimônio.

Este é um crime de **lesa**-majestade.

5.2. Bastante, caro, barato, meio, longe

Essas palavras são invariáveis como advérbios, mas flexionam-se como adjetivos.

Comprou **caro** a amizade do governador (advérbio determinante do verbo *comprar*)

Veste-se com roupas **caras.** (adjetivo determinante do substantivo *roupas*)

Em sua tese, há provas **bastantes** de sua incansável pesquisa. (adjetivo determinante de *provas*)

A Roseana está meio **velha.** (advérbio de intensidade determinante do adjetivo *velha*)

Ela come **meia** fruta no almoço. (numeral adjetivo determinante de *fruta*)

5.3. Menos

Esta é uma palavra invariável, não importando sua função.

Há **menos** pessoas aqui do que lá. (pronome indefinido)

A roseira este ano floriu menos que antes. (advérbio)

5.4. Só

A palavra **só** flexiona-se como adjetivo e é invariável como advérbio (apenas, somente). A expressão *a sós* é invariável.

"Piedade! Esse impudor ofende o olhar gelado / Das que viveram **sós**, das que morreram puras!" (Olavo Bilac).

Não escolha sua profissão **só** pelas vantagens financeiras.

"Ela se achava **a sós** comigo." (Alberto de Oliveira).

5.5. O mais possível

A palavra **possível** acompanha o artigo que inicia a expressão.

Utilizou argumentos o mais convincentes **possível.**

Utilizou argumentos os mais convincentes **possíveis**.

5.6. É proibido, é necessário, é bom, é preciso

Com essas expressões, podem ocorrer dois casos:

a) Se o sujeito não vier antecipado de artigo, tanto o verbo quanto o adjetivo ficam invariáveis.

É **proibido** entrada.

Entrada é **proibido**.

Pimenta nos olhos dos outros é **bom.**

b) Se o sujeito vier determinado por artigo, pronome ou adjetivo, tanto o verbo quanto o adjetivo concordam com ele.

É **proibida** a entrada.

A entrada é **proibida.**

Esta pimenta **é boa** na peixada.

5.7. Adjetivos compostos

Em geral, **varia somente o segundo elemento** da composição:

filmes anglo-germânicos; instrumentos médico-cirúrgicos.

Exceções:

a) surdo-mudo, que faz o plural surdos-mudos;

b) adjetivos compostos designadores de cores, que são invariáveis quando o segundo elemento é um substantivo: uniformes verde-oliva; canários amarelo-ouro; blusas vermelho-sangue.

5.8. Alerta, haja vista, a olhos vistos

Essas expressões são invariáveis.

Observação: quando a expressão "haja vista" equivaler a "vejam-se", deve-se pluralizá-la.

6. PROPOSTAS

ATIVIDADE 1

Complete, flexionando CORRETAMENTE os termos indicados entre parênteses.

a) O professor tem-nos tratado com solicitude e cuidado ___________ (paterno).

b) O pássaro tinha ______________ o peito e as asas. (colorido)

c) Ele sempre se apresentava de terno e chapéu ___________ (escuro).

d) Estudei muito a língua e a literatura ___________ (português).

e) O pássaro tinha as asas e o peito ___________ (colorido).

f) O pássaro tinha______________ as asas e o peito (colorido).

g) A desgraça gera ______________ mágoas e prantos (doloroso).

h) O professor possuía ______________ talento e cultura (espantoso).

i) O professor possuía ______________ cultura e talento (espantoso).

j) Comprei uma gramática e um dicionário ___________ (volumoso).

k) Tinha os olhos e a boca ______________ (lindo).

ATIVIDADE 2

Reescreva as frases substituindo as palavras destacadas pelas que estão entre parênteses. Faça as alterações necessárias nos outros elementos.

a) Foi explicado, na última reunião, o **projeto** de reurbanização da praça. (planos)

b) Foi muito comentado pelos jornais o **desempenho** dos jogadores da seleção. (dedicação e garra)

c) Nesses filmes ficou registrada, para as gerações futuras, a **genialidade desse artista**. (talento e criatividade)

d) Totalmente dedicado às crianças, esse **homem** comoveu o país com sua coragem e determinação. (mulher)

e) Foi muito elogiado pelo professor o **aluno** que organizou essa exposição. (crianças)

ATIVIDADE 3

Complete as lacunas com os adjetivos indicados entre parênteses, flexionando-os ADEQUADAMENTE.

a) Acho...................... essas hipóteses. (absurdo)

b) Tenho por ele......................... admiração e respeito. (profundo)

c) Nesse pacote vão.......................... algumas duplicatas. (anexo)

d) É.................... calma para fazer esse serviço. (necessário)

e) Não deixe............................ as portas da sala. (aberto)

f) A pesca é nesse lago... (proibido)

ATIVIDADE 4

Leia a seguinte tirinha:

Ignore a ironia do aluno e responda da maneira que, provavelmente, o professor esperava.

QUESTÃO 5

Afinal: "pode" ou "não pode"? JUSTIFIQUE sua resposta.

QUESTÕES DE PROVAS

Questão 1 (FUMARC-2015)

Chimpanzé, enfim, passa em "prova" de altruísmo

Em experimento, animal escolhe opção que dá alimento a companheiro

Rafael Garcia

Uma espécie de macaco que vinha sendo acusada de egoísta por biólogos finalmente mostrou em um experimento que é capaz de querer bem ao próximo.

O chimpanzé, animal evolutivamente mais próximo dos humanos, exibiu pela primeira vez em laboratório um comportamento altruísta ao compartilhar comida.

O estudo, conduzido pelo grupo do primatólogo Frans de Waal, da Universidade Emory, em Atlanta (EUA), pode tirar uma pedra considerável do sapato dos etólogos (especialistas em comportamento animal). Macacos de parentesco mais distante com o Homo sapiens já haviam demonstrado altruísmo em testes controlados, mas justamente aquele que mais se assemelha a nós parecia ser egoísta quando avaliado de perto.

Isso vinha sendo um problema para o estudo da evolução desse comportamento, dada a crença de que a tendência "pró-social", cooperativa, é inata e está de alguma forma entranhada no DNA da nossa espécie. Como chimpanzés têm mais de 98% de semelhança com o genoma humano, era de esperar que o altruísmo se manifestasse também neles.

O experimento envolvia a participação direta de um cientista. Ao escolher fichas de diferentes cores, os macacos determinavam se o humano deveria dar bananas ao animal que estava na gaiola vizinha. Em até dois terços das oportunidades, os animais decidiram cooperar.

"Os experimentos estavam falhando antes porque usavam aparatos muito mais complicados" explicou à Folha Victoria Horner, que conduziu o estudo. "Eles requeriam coisas como manobrar mesas com contrapesos ligados a um sistema de cordas para liberar o acesso a uma banana. Os experimentos com macacos menores vinham usando coisas bem mais intuitivas." Segundo ela, os primatólogos sabiam, por meio de observações na natureza, que os chimpanzés cooperam na caça e em outras atividades, mas eram incapazes de provar isso em laboratório.

Outro problema de experimentos anteriores, segundo Horner, é que os macacos eram mantidos o tempo todo perto do alimento que seria dado como recompensa.

"Eles se concentravam tanto na comida que estavam recebendo que não conseguiam prestar atenção no que acontecia com a comida do parceiro", diz.

Para evitar isso, os pesquisadores mantinham embrulhadas em papel as fatias de banana que eram usadas no experimento até a hora da recompensa. Um aspecto interessante do comportamento dos chimpanzés no estudo foi que eles tendiam a não cooperar com vizinhos de jaula que os importunavam muito.

Quando um animal ficava cutucando o parceiro ou cuspindo água para chamar a atenção, o outro o ignorava. A mágoa que possivelmente resultava dessa pequena retaliação, porém, durava pouco. Os macacos que determinavam se seus vizinhos deveriam ganhar comida na primeira rodada trocaram de papel sem ter prejuízo.

Mesmo quando um macaco era prejudicado por outro no começo, não tentava retaliar depois, quando assumia o papel do primeiro animal.

Folha de São Paulo, 10 de agosto de 2011.

A concordância nominal está correta, EXCETO em

a) As crianças estavam sós.

b) É proibido a entrada de pessoas estranhas no recinto.

c) Eles mesmos vieram trazer os papéis.

d) Envio os documentos em anexo.

Questão 2 (OBJETIVA-2015)

O uso excessivo de smartphones pode causar problemas graves na coluna e no pescoço. O celular é quase um companheiro inseparável, visto por muitos como um bem essencial no dia a dia, mas o que muitas pessoas não sabem é que o uso excessivo deles pode causar danos ao corpo humano. Se você sente constantes dores de cabeça, um couro cabeludo extremamente sensível ou um incômodo atrás de um olho, a culpa pode estar no uso indevido do smartphone.

Especialistas dizem que são cada vez mais comuns os casos de text neck – "pescoço de texto" em tradução livre –, dores na cabeça ligadas a tensões na nuca e no pescoço, causadas pelo tempo, inclinado em uma posição indevida para visualizar a tela do celular.

Segundo a fisioterapeuta Priya Dasoju, o "pescoço de texto" também pode levar a dores no braço e no ombro. "O que estamos vendo são cefaleias cervicogênicas", afirmou. Ela diz que o problema vem de tanto inclinar a cabeça para frente da tela do celular, e isso cria uma pressão intensa nas partes frontais e traseiras do pescoço.

http://saude.terra.com.br/...-adaptado.

A concordância nominal está INCORRETA em:

a) Saíram desta briga bastantes pessoas em coma.
b) Os alimentos custam muito caro.
c) Segue em anexa a foto.
d) Ele saiu ileso do acidente.
e) As moças chegaram juntas à aula.

Questão 3 (IESES-2017)

Assinale o erro de concordância nominal:

a) Já era meio-dia e meia quando ela percebeu meio desconfiada a presença de alguém.
b) As responsáveis pelo projeto afirmaram que ficaram muito obrigadas à comunidade.
c) Foram precisas muitas horas de trabalho para concluir o relatório.
d) A porta estava todo aberta quando a secretária, ainda meia confusa, chegou.

Questão 4 (Quadrix-2016)

Curiosidade sobre a origem do Dia do Farmacêutico

A origem do dia do farmacêutico ocorreu ano de 1941, quando foi discutida pela primeira vez a possibilidade da criação de um dia para homenagear os farmacêuticos, quando o então farmacêutico Dr. Oto Serpa Grandado questionou a criação da data comemorativa durante uma reunião na Associação Brasileira de Farmacêuticos (ABF) em 7 de Janeiro de 1941.

Durante a reunião da qual participava, fez o seguinte questionamento: "Todas as profissões têm o seu dia, data especial para comemorar o ideal abraçado. Por que não temos o nosso 'Dia'?"

Foi a partir dessa sugestão que surgiu a primeira proposta de criação da data comemorativa.

Porém, foi apenas no dia 23 de março de 2007 que foi aprovada pela ABF, por meio da Resolução nº 460, a data de 20 de janeiro como o Dia do Farmacêutico, data esta escolhida por ser exatamente o dia da fundação da Associação Brasileira de Farmacêuticos (ABF), que ocorreu no dia 20 de janeiro de 1916.

Porém, a oficialização da data somente ocorreu em 2010 com a aprovação da Lei nº 12.338, que tornou o dia 20 de janeiro o dia do farmacêutico em todo o território brasileiro.

https://www.google.com.br/webhp?sourceid=chrominstant&ion=1&espv=2&ie=UTF-#q=carlos+drummond+de+andrade+poema+farmaceutico

No segundo parágrafo, o trecho grifado apresenta um erro relacionado à:

a) concordância nominal.
b) regência nominal.
c) regência verbal.
d) colocação pronominal.
e) concordância verbal.

Questão 5 (Ano: 2017 Banca: AMAUC Órgão: FCEP Prova: Monitor Artístico)

Assinale a alternativa que apresenta as palavras que, na ordem dada, completam corretamente o excerto exposto:

Inscrição na Areia

O meu amor não ___________

importância nenhuma.

Não tem o peso nem

de uma rosa de espuma!

Desfolha-se_________________?

Para quem se perfuma?

O meu amor não _________________

importância nenhuma.

Cecília Meireles

a) têm - por quem - tem
b) têm - por quêm - têm
c) tem - porquem - têm
d) tem - por quem - tem
e) teem - por quem – teem

Questão 6 (Fundação La Salle-2017)

Moradores fixam placas em ruas no RS para avisar sobre furtos e assaltos

01 Moradores de duas das principais cidades do Rio Grande do Sul fixaram placas
02 para denunciar o perigo em regiões onde acontecem crimes. A iniciativa, registrada
03 em Porto Alegre e em Caxias do Sul, na Serra, tem como objetivo alertar quem passa
04 por locais onde já ocorreram furtos e assaltos.
05 Uma placa amarela fixada na parede de um prédio na Travessa Cauduro no
06 Bairro Bom Fim, Região Central de Porto Alegre, alerta que os carros estacionados na
07 região costumam ser arrombados. A professora Mariú Jardim concorda com o aviso.
08 "Quase todos os dias, sempre há assalto. E o pior,____mão armada", diz a moradora.
09 O DJ Jonathan Trevisan conta que um colega teve o carro roubado em frente ao
10 prédio onde mora. "O cara estava com a arma no peito dele. O outro percebeu que eu
11 estava na janela, apontou a arma para mim e me mandou entrar e ficar quieto", conta.
12 No Centro da capital, a Rua Chaves Barcellos também virou alvo dos bandidos,
13 de acordo com o relato de quem vive ou trabalha na região. "Não____para deixar
14 dinheiro na bolsa, celular também, _______ eles sempre estão pegando", conta a
15 atendente Natália Cristiane dos Santos.
16 Escrito à mão em um pedaço de papelão fixado em um poste, um pedido
17 deixado por um comerciante mostra que a situação chegou ao limite: "Prezados
18 ladrões, peço a gentileza de respeitar esta rua".
19 A Brigada Militar diz que planeja aperfeiçoar o uso de um aplicativo de celular
20 para receber informações da comunidade, segundo o comandante interino do 9º
21 Batalhão, major Macarthur Vilanova. "A comunidade que está no terreno, que está
22 vivenciando o dia a dia da sua área, do seu bairro, nos informa coisas que a polícia às
23 vezes não enxerga, pontos em que os delinquentes estão se concentrando, locais mais
24 vulneráveis e horários", explica.
25 Em Caxias do Sul, na Serra gaúcha, uma placa próxima ____ uma das
26 principais universidades da cidade diz que lá há um alto índice de arrombamento de
27 veículos. O empresário Mateus Pasquali conta ter idealizado ____ iniciativa após
28 encontrar pelo chão material que, segundo ele acredita, foi furtado dos carros
29 estacionados.
30 "Já recolhi jaleco de funcionário e de estagiário do hospital geral. Muitas vezes,
31 alguma capa de câmera fotográfica, porque acho que a câmera acabaram furtando. E
32 como isso se repete há alguns meses, desde dezembro eu venho acompanhando, eu e
33 um funcionário que trabalha comigo tomamos a atitude de produzir essa placa e
34 colocarmos aí para tentar evitar que o pessoal estacione nesse ponto", conta.
35 A Brigada Militar pede que as vítimas registrem as ocorrências. "Não temos
36 nenhum registro do ano passado e até agora, em janeiro de 2017, também não temos
37 registro, então é importante que as pessoas registrem os furtos e roubos de veículos
38 porque ________ disso que a Brigada Militar faz seu planejamento", diz o
39 subcomandante do 12° Batalhão da cidade gaúcha, major Emerson Ubirajara.

Disponível em <http://g1.globo.eom/rs/rio-grande-do-sul/noticia/2017/02/moradores-fixam-placas-em-ruas-no-rs-para-a-visar-sobre-furtose-assaltos.html> (adaptado). Acesso em 11 fev. 2017.

De acordo com as regras gramaticais vigentes, analise as afirmações abaixo e verifique quais estão corretas. Para tanto, nos parênteses, marque (A) para as afirmações adequadas e (I) para as inadequadas.

( ) Na linha 02, a palavra "onde" deve obrigatoriamente ser substituída por "aonde".

( ) 0 verbo ter, na linha 03, deve receber acento circunflexo para concordar com o sujeito da oração.

( ) Na linha 04, a palavra "onde" pode ser substituída por "em que", sem alterar o sentido da frase.

A ordem correta de preenchimento dos parênteses, de cima para baixo, é:

a) A - A - A.
b) A - A - I.
c) I - I - A.
d) I — A — I.
e) A - I - I.

Questão 7 (FCC-2017)

Quanto à concordância padrão, está escrita corretamente a frase:

a) O homem sempre buscou capturar o instante em imagens, e isso nunca foi tão fácil quanto hoje, quando o ato de registrar se tornou mais importante que o próprio registro.
b) Atualmente, constata-se muitas maneiras de compartilhar informação, mas nenhum meio de comunicação vem se mostrando tão poderoso quanto as redes sociais.
c) Em meados da década passada, fotografar alimentos envolviam uma série de questionamentos que parecem não fazer mais sentido na sociedade dos dias de hoje.
d) Em 2016, uma pesquisa com usuários da internet concluiu que algumas pessoas que postam excessivamente nas redes sociais o faz por necessidade de aprovação.
e) Decidir entre devorar ou clicar têm perturbado aqueles que oscilam entre desfrutar o momento da refeição e partilhá-lo, ainda que a distância, com amigos e familiares.

Questão 8 (IESES-2017)

Assinale o erro de concordância nominal:

a) As responsáveis pelo projeto afirmaram que ficaram muito obrigadas à comunidade.
b) A porta estava todo aberta quando a secretária, ainda meia confusa, chegou.
c) Foram precisas muitas horas de trabalho para concluir o relatório.
d) Já era meio-dia e meia quando ela percebeu meio desconfiada a presença de alguém.

Questão 9 (CONSULPLAN-2017)

Medo e preconceito

O tema é espinhoso. Todos somos por ele atingidos de uma forma ou de outra, como autores ou como objetos dele. O preconceito nasce do medo, sua raiz cultural, psíquica, antropológica está nos tempos mais primitivos – por isso é uma postura primitiva –, em que todo diferente era um provável inimigo. Precisávamos atacar antes que ele nos destruísse. Assim, se de um lado aniquilava, de outro esse medo nos protegia – a perpetuação da espécie era o impulso primeiro. Hoje, quando de trogloditas passamos a ditos civilizados, o medo se revela no preconceito e continua atacando, mas não para nossa sobrevivência natural; para expressar nossa inferioridade assustada, vestida de arrogância. Que mata sob muitas formas, em guerras frequentes, por questões de raça, crença e outras, e na agressão a pessoas vitimadas pela calúnia, injustiça, isolamento e desonra. Às vezes, por um gesto fatal.

Que medo é esse que nos mostra tão destrutivos? Talvez a ideia de que "ele é diferente, pode me ameaçar", estimulada pela inata maldade do nosso lado de sombra (ele existe, sim).

Nossa agressividade de animais predadores se oculta sob uma camada de civilização, mas está à espreita – e explode num insulto, na perseguição a um adversário que enxovalhamos porque não podemos vencê-lo com honra, ou numa bala nada perdida. Nessa guerra ou guerrilha usamos muitas armas: uma delas, poderosa e sutil, é a palavra. Paradoxais são as palavras, que podem ser carícias ou punhais. Minha profissão lida com elas, que desde sempre me encantam e me assombram: houve um tempo, recente, em que não podíamos usar a palavra "negro". Tinha de ser "afrodescendente", ou cometíamos um crime. Ora, ao mesmo tempo havia uma banda Raça Negra, congressos de Negritude... e afinal descobrimos que, em lugar de evitar a palavra, podíamos honrá-la. Lembremos que termos usados para agredir também podem ser expressões de afeto. "Meu nego", "minha neguinha", podem chamar uma pessoa amada, ainda que loura. "Gordo", tanto usado para bullying, frequentemente é o apelido carinhoso de um amigo, que assim vai assinar bilhetes a pessoas queridas.

Ao mesmo tempo, palavras como "judeu, turco, alemão" carregam, mais do que ignorância, um odioso preconceito.

De momento está em evidência a agressão racial em campos esportivos: "negro", "macaco" e outros termos, usados como chibata para massacrar alguém, revelam nosso lado pior, que em outras circunstâncias gostaríamos de disfarçar – a grosseria, e a nossa própria inferioridade. Nesses casos, como em agressões devidas à orientação sexual, a atitude é crime, e precisamos da lei. No país da impunidade, necessitamos de punição imediata, severa e radical. Me perdoem os seguidores da ideia de que até na escola devemos eliminar punições do "sem limites". Não vale a desculpa habitual de "não foi com má intenção, foi no calor da hora, não deem importância". Temos de nos importar, sim, e de cuidar da nossa turma, grupo, comunidade, equipe ou país. Algumas doenças precisam de remédios fortes: preconceito é uma delas.

"Isso não tem jeito mesmo", me dizem também. Acho que tem. É possível conviver de forma honrada com o diferente: minha família, de imigrantes alemães aqui chegados há quase 200 anos, hoje inclui italianos, negros, libaneses, portugueses. Não nos ocorreria amar ou respeitar a uns menos do que a outros: somos todos da velha raça humana. Isso ocorre em incontáveis famílias, grupos, povos. Porque são especiais? Não. Simplesmente entenderam que as diferenças podem enriquecer.

Num país que sofre de tamanhas carências em coisas essenciais, não devíamos ter energia e tempo para perseguir o outro, causando-lhe sofrimento e vexame, por suas ideias, pela cor de sua pele, formato dos olhos, deuses que venera ou pessoa que ama. Nossa energia precisa se devotar a mudanças importantes que o povo reclama. Nestes tempos de perseguição, calúnia, impunidade e desculpas tolas, só o rigor da lei pode nos impedir de recair rapidamente na velha selvageria. Mudar é preciso.

(LUFT, Lya. 10 de setembro, 2014 – Revista Veja.)

Em qual frase a seguir NÃO se cometeu erro de concordância nominal?

a) Os alunos acabam sendo bastantes estimulados a não seguirem regras.

b) Em determinados casos as punições deveriam ser o mais duras possíveis.

c) Descobriram várias firmas fantasma na metrópole que incitavam o racismo.

d) Nas sociedades antigas olhos verde-claro eram mais aceitos do que olhos negros.

Questão 10 (COPESE – UFT-2017)

Leio o texto a seguir e responda a questão.

Texto I

Transporte é apenas parte das soluções para mobilidade urbana

Pensar em soluções para mobilidade urbana não pode se resumir a criar ou expandir sistemas de transporte, mas sim integrar um conjunto de ações que passam também pelo uso e ocupação racional do solo, sobre como as cidades são ocupadas.

A afirmação é de Paulo Resende, coordenador do núcleo de infraestrutura da Fundação Dom Cabral. Além disso, Resende defende a revisão do papel do setor público como provedor de soluções em mobilidade, a criação de agências metropolitanas com mandato supramunicipal e um arcabouço jurídico e social que garanta a continuidade dos projetos estruturantes.

Suas recomendações têm como base a constatação de que hoje as grandes e médias cidades em todo o mundo vivem uma escolha entre o caos e a prosperidade.

"O gestor público ainda insiste no mito de que a redução dos congestionamentos é o objetivo de todas as políticas de mobilidade, mas Los Angeles, por exemplo, tem 400 km diários de congestionamento", exemplifica.

Para ele, a diferença entre a cidade norte-americana e São Paulo ou Bangalore, na Índia, é que lá trata-se de uma opção. "Lá, assim como em outras grandes cidades do mundo, há alternativas para quem quiser optar por não usar o transporte individual. No Brasil não há."

Quando se fala em um uso racional do espaço, o principal efeito sobre uma mobilidade mais eficiente é a redução dos deslocamentos. Moradias longe dos destinos, sejam eles o trabalho ou escola, obrigam as pessoas a atravessarem diariamente grandes distâncias.

Desenvolvimento regional é parte dessa política. É por isso que o especialista defende também ações de âmbito metropolitano. "Municipalizar a questão da mobilidade só transfere o caos para as periferias".

Resende lembra que não são só os mais pobres que vivem longe do centro. Há um movimento forte da classe alta para condomínios e cidades da região metropolitana. Nesse aspecto, criar vias só beneficia o carro.

"Não adianta apenas focar em obras sem transporte de massa, a integração entre os sistemas e a redução dos deslocamentos. Respostas urgentes, como mais vias, são de soluções de engenharia, não de inteligência."

E Resende vai além: para ele, o metrô é onde o rico anda com o pobre em qualquer grande cidade do mundo, que também tem processos de suburbanização de várias classes sociais, mas o Brasil é o único país onde as cidades ainda insistem na segregação. "Quem é favorecido por esse sistema", questiona.

Segundo Resende, São Paulo tem 170 km2 de vias e 445 km2 de carros. Simplesmente não cabe. Ainda de acordo com o especialista, a cidade perde R$ 80 bilhões por ano com os congestionamentos, já descontados o que é considerado um congestionamento natural numa cidade como essa.

"A falta de soluções para a mobilidade leva as pessoas ao carro, o que retroalimenta o caos", conclui.

Fonte: Dimalice Nunes. Diálogos Capitais. Disponível em: <http:// http://www.cartacapital.com.br/dialogos-capitais/transporte-e-apenas-parte-dassolucoes-para-mobilidade-urbana>. Acesso em: 26 jan. 2017. (Texto adaptado).

Analise as afirmativas a seguir em relação aos aspectos gramaticais do texto.

I. Na frase, "Suas recomendações têm como base a constatação" (3.º parágrafo), há sujeito composto.

II. Na frase, "Suas recomendações têm como base a constatação" (3.º parágrafo), o verbo "ter" está conjugado na 3.ª pessoa do plural, pois concorda com "suas recomendações".

III. Na frase, "Há um movimento forte da classe alta para condomínios e cidades da região metropolitana" (8.º parágrafo), não há sujeito (oração sem sujeito), pois se emprega o verbo "haver" no sentido de existir.

IV. Na frase, "A falta de soluções para a mobilidade leva as pessoas ao carro" (12.º parágrafo), o sujeito da oração é "a mobilidade".

Assinale a alternativa CORRETA.

a) Apenas as afirmativas I e III estão corretas.
b) Apenas as afirmativas II e III estão corretas.
c) Apenas as afirmativas I, II e III estão corretas.
d) Apenas as afirmativas I, III e IV estão corretas.

GABARITOS

PROPOSTAS

1

a – Paterno(s)
b – Colorido
c – Escuro(os)
d – Portuguesas
e – Colorido(os)
f – Coloridas
g – Dolorosas
h – Espantoso
i – Espantosa
j – Volumoso(os)
k – Lindos/ linda

2 – Resposta pessoal

3

a – Absurdas
b – Profunda
c – Anexas
d – Necessário
e – Abertas
f – Proibido

4 – Resposta pessoal
5 – Resposta pessoal

QUESTÕES DE PROVAS

1 – B
2 – C
3 – D
4 – E
5 – D
6 – C
7 – A
8 – B
9 – C
10 – B

OS PRONOMES

1. PRA COMEÇO DE CONVERSA

Pronomes oblíquos de terceira pessoa

Com o objetivo de lutar para que o ensino do português escrito fique mais fácil, esta coluna vem publicando alguns artificialismos da gramática tradicional que continuam sendo ensinados nas escolas, numa dissociação gritante entre escola e realidade linguística.

A distância entre língua falada e a escrita sempre existirá, porque esta é mais conservadora, enquanto aquela é o motor das mudanças, mas não é mais possível tolerar essa distância quilométrica no português, dificultando sobremaneira o trabalho do professor em sala de aula no processo de alfabetização, fazendo que sejamos bilíngues, embora falemos e escrevamos uma só língua.

Reli recentemente o conto "O colocador de pronomes", de Monteiro Lobato, e a questão no livro *Português ou Brasileiro?* – Um convite à pesquisa, de Marcos Bagno, para abordar o assunto nesta coluna. O conto foi escrito em 1916, quando Lobato satirizou os gramáticos. Quase um século depois, o problema continua o mesmo.

O linguista Bagno anuncia a morte dos pronomes oblíquos de 3ª pessoa, pois eles só existem nas gramáticas. Eis os exemplos, para que se entenda melhor:

Conheço Pedro, mas tem muito tempo que não o vejo. (Como querem os gramáticos)

Conheço Pedro, mas tem muito tempo que não vejo ele. (Como se fala no cotidiano)

O próprio filósofo Silveira Bueno, em 1955, já dizia isso: "Proíbe-se no português clássico e moderno, que se empreguem as formas retas dos pronomes em função complementar, como objeto direto, mormente não preposicionado. Tal proibição que é dogma de gramática e do ensino oficial tanto em Portugal como no Brasil, encontra numerosas exceções no português arcaico e, em nossa pátria, é de todo transgredida na língua familiar e vida da sociedade".

No livro *A Hora da Estrela,* Clarice Lispector escreve:

"Se sei quase tudo de Macabéa é que já peguei uma vez de relance o olhar de uma nordestina amarelada. Esse relance me deu ela de corpo inteiro."

Tão artificial ficaria se Clarice tivesse escrito:

Esse relance ma deu de corpo inteiro.

Jornalistas e escritores avançam o sinal vermelho dos gramáticos, acelerando as mudanças. Isso traz algum alento.

CONSOLATO, Hélio. Disponível em: http://portrasdasletras.com.br Acesso em: 1/3/2007.

2. REFLETINDO

Você concorda com o que disse o professor Hélio Consolaro no texto "Pronomes de terceira pessoa"? Por quê?

O professor afirma sua tese, respaldado por argumentos e/ou autoridade? De quem? Para quê?

Este é um livro didático e, apesar de reconhecermos o peso dos argumentos lidos no texto de abertura, temos de apresentar a você uma situação linguística formal (ou relativa à norma culta). Como estudante e como falante da língua, cabe a você escolher adequadamente o registro, de acordo com a situação interativa do momento.

Este volume vai tratar exatamente do uso dos pronomes, importantes elementos de coesão textual. Em muitas situações de expressão, a articulação das partes de um texto se dá por meio do uso de um pronome.

Se você observar as provas recentes dos grandes vestibulares **e concursos**, perceberá que a cobrança acerca desse conteúdo tem sido feita de modo menos ortodoxo. Hoje, você vai encontrar questões relativas a "referentes". Esses termos garantirão, por meio da retomada, da remissão ou da substituição, a coesão perfeita de um texto. A capacidade de perceber a relação entre referente e referido garante a boa interpretação textual – habilidade que qualquer candidato deve ter na hora de fazer sua prova. Então, vamos a algumas considerações sobre os pronomes. Lembramos, uma vez mais, que, apesar das provas, o ensino da norma padrão é função da escolha. A seguir, faremos algumas incursões no âmbito da gramática normativa.

3. TEORIZANDO: PRONOMES PESSOAIS

Todos os dias – ou quase – costumamos ouvir frases do tipo: Tenho que sair agora pra mim poder encontrar com minha mãe no shopping." ou "Hoje não da pra mim chegar lá no mesmo horário", ou ainda frases como "Eu lhe amo tanto!" ou "O filho a obedece em tudo". Todas inadequadas, embora usuais. Por isso, é preciso que levantemos algumas considerações sobre o problema que cada frase apresenta. Todos os desvios se relacionam ao uso dos pronomes pessoais. Você não tem de saber isso porque "pode cair no vestibular". Você deve saber isso, para ser um falante "razoável" do seu idioma e não se apresentar mal perante a sociedade com quem se relaciona e se relacionará na vida profissional.

4. USO DE "EU" E "MIM"

MIM NÃO FAZ NEM ACONTECE

A conversa na classe estava animada. A professora Maria Augusta e seus alunos produziam um texto coletivo no quadro-negro. Luciana deu sua sugestão para a continuação da história:

Depois da reunião, fiquei na sala. O professor deixou um texto para eu ler.

Logo Pedro emendou:

- O professou deixou um texto para mim ler.

O emprego dos pronomes eu e mim, apesar de simples, ainda pega a moçada pelo pé. Nessa cilada linguística, a grande vilã é a preposição para. Ela adora pregar peças. Nós, desatentos, entramos na dela como patinhos recém-saídos da casca do ovo. O remédio? Nada melhor que a prevenção. No caso, refrescar a memória.

- MIM ou EU? Provocava a professora Maria Augusta, brincalhona.

E completava:

- Lembrem-se: MIM não faz nem acontece.

A explicação não deixava dúvidas.

- O pronome MIM tem fobia ao isolamento. ***Anda sempre – sempre mesmo – acompanhado de preposição.*** *Pouco seletivo, aceita qualquer uma de braços abertos e coração em festa:* ***dirigiu-se a mim. Paulo despôs contra mim. Revelou o segredo só para mim. Não há nada entre mim e Augusto.***

O EU joga em outro time. Pertence à equipe dos autossuficientes. Todo poderoso, escolheu para si a função de sujeito. Para assegurar o direito, registrou a posse em cartório. Veja exemplos: ***o diretor deixará as cartas para eu redigir. (quem redige? EU, sujeito). Pediu para eu responder à pergunta. (quem responde? EU, sujeito). Mandou os filhos para eu cuidar. (Quem cuida? EU, sujeito).***

Viu, diante da ***preposição para,*** *abra os olhos e afine os ouvidos. Ela introduz uma oração reduzida de infinitivo? Então o pronome vem seguido de verbo (no infinitivo, óbvio). É o caso da questão do simulado:* ***O professor deixou um texto para eu ler.***

RESUMO DA ÓPERA: eu ou mim? *O pronome é sujeito do infinitivo? O eu, glorioso, pede passagem. Não é sujeito? Abram alas. Deem vez ao mim.*

SQUARISI, Dad. In: Revista escola, out. 2004. p. 36.

5. USO DE "COM NÓS" E "CONOSCO"

Ela deve conversar com nós mesmos.

Soa bem ou mal?

Acho que... não sei. Sei que não pode ser "com nós". Ou pode?

Pode.

Pode?!?!?!?!

Qual é o problema da frase? É que os pronomes pessoais **nós e vós,** quando **acompanhados** da preposição **com,** podem formar os pronomes **conosco e convosco,** ou não, dependendo do que surja à frente deles.

Quando, logo depois do pronome aparecer qualquer palavra ou expressão que indique quem somos nós ou quem sois vós, não poderá haver a contração entre a preposição e o pronome, ou seja, deveremos escrever separadamente com **nós** e com **vós.** As palavras que surgem são **mesmos, próprios, alguns, todos, quaisquer,** um **substantivo,** um **numeral** ou uma **frase inteira.**

Ela precisava conversar com nós dois.

Com nós mesmos é que vocês pegaram os formulários.

A garota ficou com nós que podíamos sustentá-la.

Quando não **houver** palavra alguma ou expressão que indique quem somos **nós** ou quem sois **vós,** deveremos usar **conosco** ou **convosco.**

Vocês precisam falar conosco.

O senhor esteja convosco.

6. USO DE "SE", "SI" E "CONSIGO"

Esses pronomes são reflexivos; **portanto,** não podem ser usados com outra finalidade, a não ser **para indicar reflexibilidade ou reciprocidade.**

Mônica só pensa em si mesma. (Aliás, o "mesma" é palavra de reforço, chega a ser redundante).

Apronte-se, pois temos de sair urgente.

Quando puder, traga consigo o livro que pedi emprestado.

Eles se odeiam não é de hoje.

7. USO DE "O", "A", "OS", "AS, "LHE", "LHES"

Esses pronomes exercem nas orações, a função de complementos: objetos diretos ou indiretos.

7.1. Objeto direto

É o termo que completa o sentido de um verbo transitivo direto, sem auxílio da preposição.

Ex.: As mães fizeram **as tarefas** com cuidado.

Roberto vendeu **o computador** para quitar uma dívida.

7.2. Pronomes oblíquos átonos na função de objeto direto

Algumas vezes o(a) – os(as) podem ser classificados como pronomes oblíquos.

Muitas pessoas acham que essas palavras são necessariamente artigos definidos. Veja a diferença:

O assunto estudado era a matéria preferida de Isabella.

Veja que, no caso acima, depois das palavras destacadas, existem substantivos.

Quando isso ocorrer, estaremos diante de artigos definidos.

Eu o vi estudando na biblioteca.

Desta vez, o termo destacado não determina um substantivo; por isso ele se classifica como um pronome pessoal do caso oblíquo. Perceba, também, que a estrutura é sinônima da forma coloquial Eu vi "ele" estudando na biblioteca.

o- a- os- as

São pronomes oblíquos que exercem a função de objetos diretos de verbos com terminação vocálica.

Encontrei os exercícios numa gramática antiga. → Encontrei-os numa gramática antiga.

(os exercícios é o objeto direto de encontrei, forma verbal terminada em ditongo.)

lo –la – los - las

São pronomes oblíquos que exercem a função de objetos diretos de verbos com terminação consonantal (-r, -s ou –z). Nesse caso, ao se utilizar o pronome oblíquo, elimina-se a consoante final da forma verbal.

Vou fazer uma revisão no sábado. → Vou fazê-la no sábado.

(uma revisão é objeto direto de fazer, forma verbal terminada com a consoante

Pus a roupa na máquina de lavar. → Pu-la na máquina de lavar.

(Embora a substituição tenha sido adequada quanto à escolha do pronome, perceba que criou-se uma cacofonia. Afinal, ao se ler a frase, acredita-se que tenha sido dada a ordem de que alguém vá pular na máquina de lavar. Cacofonias não são bem-vindas na norma culta.)

Fez os testes com muita atenção. → Fê-los com muita atenção.

(Apesar de soar estranha, a substituição realizada está perfeitamente correta. Trocou-se o objeto direto os testes pelo pronome –los, escolhido devido à terminação em consoante).

no – na – nos – nas

São pronomes oblíquos que exercem a função de objetos diretos de verbos com terminação EM SOM NASAL (-m ou formas que apresentem til). Nesse caso, ao se utilizar o pronome oblíquo, mantém-se a forma verbal inalterada, ao contrário do caso anterior.

Encontraram os alunos reunidos na cantina. → Encontraram-nos reunidos na cantina.

(os alunos funciona como objeto direto da forma verbal encontram, terminada com consoante nasal. Assim, escolheu-se corretamente o oblíquo).

Compõe as melodias sempre à noite. → Compõe-nas sempre à noite.

(Desta vez o oblíquo foi utilizado para substituir o objeto direto do verbo compõe, que apresenta til).

7.3. Objeto indireto

É o termo que completa o sentido de um verbo transitivo indireto, por meio de uma preposição.

Ex.: Preciso muito **de vocês.**

Você confia **em Deus?**

7.4. Pronomes oblíquos átonos na função de objeto indireto

O pronome oblíquo átono que funciona exclusivamente como objeto indireto é: lhe, lhes.

Ex.: Entreguei-**lhe** o livro. (= a ele).

Doou-**lhes** tudo que recebera. (= a eles).

Observação: O "lhe" pode não ser objeto indireto se tiver valor possessivo.

Ex.: Puxou-lhe os cabelos com violência.

(= os seus cabelos)

Nesse caso, o LHE funciona como ADJUNTO ADNOMINAL

*Os pronomes oblíquos átonos (**me, te, se, nos, vos**) podem funcionar como objetos diretos ou objetos indiretos.

Ex.: Eu **te** convido para o baile, pode ficar certa.
A criança estendeu-**me** os braços.

8. COLOCAÇÃO PRONOMINAL

Vamos refletir sobre um dos maiores problemas da língua portuguesa no Brasil: a colocação dos pronomes oblíquos átonos. Vejam os seguintes comentários:

Dois princípios sempre foram enfatizados na colocação pronominal:

- Valem para o português do Brasil as mesmas normas de Portugal.
- A colocação dos pronomes obedece à lei de atração ou não.

TUDO ISSO JÁ ERA

O principio básico da colocação pronominal é a EUFONIA (= som agradável). Está certo que a eufonia não é um dom universal: há variações de individuo para indivíduo. Todavia, pode-se chegar a um critério mediano apoiado e transmitido pela comunidade que utiliza o idioma.

Basta um ouvido razoável para perceber como incomoda a colocação negritada neste texto:

Preservados pelo anonimato dos classificados eróticos de uma revista, um homem e uma mulher decidem se encontrar, sem nunca terem se visto, e colocar em prática determinada fantasia sexual.

(ISTOÉ, 13/12/2000, p. 143)

Levando em conta o uso comum e a eufonia, não ficaria melhor "sem nunca se terem visto" ou mesmo "sem nunca terem-se visto"?

O critério baseado na atração foi uma tentativa de ajudar os usuários da língua a colocar eufonicamente os pronomes. É, porém, um critério imposto e rígido. A língua evolui. José de Alencar, por exemplo, já desobedecia à atração em seus romances. Há **mais de** 150 anos!

O critério apoiado na língua portuguesa, de Portugal, também é falho, pois o comportamento de portugueses e brasileiros no tocante à fala tem uma série de diferenças fônicas e psicológicas. Não cabe aqui analisar suas causas e efeitos.

Como seria "a eufonia dos brasileiros"?

1. A tendência é a **próclise** (pronome antes do verbo), mesmo em casos nos quais seria impensável, como no imperativo ou iniciando frase. De modo geral, é a próclise aplicável a quase todas as situações.

É mais expressivo e espontâneo, por exemplo, "se liga, galera", "me faça um favor", do que "ligue-se, galera", "faça-me um favor". O mesmo se passa com "se foi, sem falar com ninguém", "me alegrei com sua carta", posições mais eufônicas do que "foi-se, sem falar com ninguém", "alegrei-me com sua carta".

2. Nas formas imperativas, e em começo de período, prevalece a próclise na fala, mas na escrita, ainda domina a ênclise (pronome após o verbo).

Assim, no coloquial, usa-se "me liga, tá?", "se tratou do assunto na reunião"; mas, escrevendo-se prefira-se "liga-me, certo?", "tratou-se do assunto na reunião".

3. Nas locuções verbais, **observa-se** que é comum deixar o pronome solto no meio dos verbos (auxiliar e principal). Entretanto, não parece tão eufônico, quando o verbo principal está no **particípio**. Veja, adiante o item 6.

Em vez de "deve-se fazer", aparece "deve se fazer", em vez de "vai-se vivendo", "vai se vivendo". É bom evitar "haviam se feito", substituindo-o por "haviam-se feito", "se haviam feito".

4. Quando o sujeito é **indeterminado** pelo "se", pode acontecer a próclise, mas o mais comum é a **ênclise.**

"Precisa-se de empregadas", "vende-se apartamento", "em nossa capital, passeia-se por praças e jardins".

5. Quando se usa o futuro, mediante o auxiliar, a eufonia pede o pronome enclítico, ao final da locução.

"Vou levá-lo logo mais", "vamos pegá-los na rodoviária".

6. Continua a doer ao ouvido a colocação pronominal imediatamente antes e após **particípios**, assim como após futuro do presente e do pretérito. Nesse casos, os brasileiros têm preferido a próclise.

Nada de "muitos dias já haviam passado-se" ou "muitos dias já haviam se passado", "amarei-te", "farias-me um favor?", mas "muitos dias já se haviam passado", "te amarei", "me farias um favor?".

Veja este exemplo (muito mau) da ISTOÉ, 8/10/1997, p. 108: "que teria lhe apontado um erro ortográfico". Além do "lhe" em duas posições ingratas (após o futuro do pretérito e imediatamente antes do particípio passado), aparece o disparate do "erro ortográfico", que traduzido em miúdos significa "erro de grafia correta". Pode? Correção: que lhe teria apontado um erro gráfico.

Qual o comportamento ideal?

- Quem quiser colocar os pronomes de acordo com a gramática, que o faça, tomando o cuidado para não ser **antieufônico** ou pedante. Na escrita, um "fa-lo-ei" até que pega bem. Agora, nos discurso oral, tenha paciência. A não ser que haja uma intenção irônica, satírica ou humorística como aqui: Se o Lalau continuar aprontando, diz o governo mete-lo-á no Carandiru.

- Vale muito o critério do bom senso e a busca constante da eufonia.

- Finalmente, que a colocação mostre um texto espontâneo e natural.

Disponível em: http://www.abrail.com/012dicas_de_portuguesARTIGO Acesso em: fev. 2007.

Mais uma vez, temos um exemplo de textos reflexivos sobre a questão gramatical. Como você percebe, existe uma linha de pensamento (a da linguística) que se mostra mais condescendente com os considerados desvios da norma padrão. Insistimos que, como orientadores didáticos, temos de apresentar o normativo, até para que se possam entender novas perspectivas. É uma oportunidade de confronto de pontos de vista e abordagem.

No artigo anterior, fica a sugestão de que é "muito tranquilo" pensa na colocação pronominal baseando-se na eufonia (naquilo que soa bem). Contudo, não é bem isso que notamos, ao analisar as regras do padrão culto. Vejamos, pois, algumas regrinhas "prescritas" normativamente.

8.1. Próclise

Trata-se da colocação pronominal antes do verbo, nas seguintes circunstâncias:

1) Quando houver alguma partícula atrativa:

a) Palavras de sentido negativo: não, nunca, ninguém, jamais etc.

Ex.: **Não** se desespere.

b) Advérbios

Ex.: **Agora** se retiram na maior tranquilidade.

c) Conjunções subordinativas

Ex.: Soube **que se** separaram.

d) Pronomes relativos

Ex.: Identificaram três suspeitos **que** se achavam foragidos.

e) Pronomes indefinidos

Ex.: **Poucos se** respeitam como deveriam.

f) Pronomes demonstrativos

Ex.: **Disso me** falaram, sem que eu desse a devida importância.

2) Orações iniciadas por palavras interrogativas.

Ex.: **Quem** me pediu o livro na aula passada?

3) Orações iniciadas por palavras exclamativas.

Ex.: **Quanto** se perde em ser ignorante!

4) Orações que exprimem desejo (orações optativas).

Ex.: **Que** Deus te proteja, meu amor.

8.2. Mesóclise

Trata-se de colocação pronominal no meio do verbo, utilizada na seguinte circunstância:

Quando o verbo estiver no futuro do presente ou futuro do pretérito, desde que esses verbos não estejam precedidos de palavras atrativas.

Ex.: Realizar-**se**-á, no próximo mês, uma gincana cultural na escola.

Se eu pudesse, acompanhar-**te**-ia na excursão.

8.3. Ênclise

Trata-se colocação pronominal depois do verbo, usada quando próclise ou mesóclise não se fizeram obrigatórias.

1) Quando o verbo estiver no imperativo afirmativo.

Ex.: Assim que eu pedir, calem-**se** imediatamente!

2) Quando o verbo estiver no infinito impessoal.

Ex.: Não era minha vontade ofender-**te.**

3) Quando o verbo iniciar a oração.

Ex.: Vou-**me** embora hoje.

4) Quando houver pausa antes do verbo.

Ex.: Se ela **te** encontrar, aceita-a hoje mesmo.

5) Quando o verbo estiver no gerúndio.

Ex.: Sorriu timidamente, fazendo-**se de** desentendida.

Observação:

O pronome poderá vir proclítico quando o infinitivo estiver precedido de preposição ou palavra atrativa.

Ex.: Isso foi feito para não o ofender.

Isso foi feito para não ofendê-lo.

9. COLOCAÇÃO PRONOMINAL NAS LOCUÇÕES VERBAIS

1) Quando o verbo principal for constituído por um particípio:

a) O pronome oblíquo virá depois do verbo auxiliar.

Ex.: Tinham-me pedido o material de suporte.

b) Se, antes da locução adverbial, houver palavra atrativa, ocorrerá a próclise.

Ex.: Não haviam devolvido o material que **eu** lhe emprestara.

2) Quando o verbo principal for construído por um infinitivo ou um gerúndio:

a) Se não houver palavra atrativa, o pronome oblíquo virá depois do verbo principal.

Ex.: Devo pedir-lhe desculpas. / Devo-**lhe** pedir desculpas.

Estavam olhando-me pela fechadura. / Estavam-me olhando pela fechadura.

b) Se houver palavra atrativa, o pronome poderá ser colocado antes do verbo antes do verbo auxiliar ou depois do verbo principal.

Ex.: Não posso pagar-lhe o empréstimo. / Não **lhe** posso pagar o empréstimo.

Não estavam obedecendo-lhe. / Não **lhe** estavam obedecendo.

10. PRONOMES DEMONSTRATIVOS

Algumas vezes, quando você está contando por escrito determinado acontecimento, surge a necessidade de retomar o que expôs. Como fazer: "diante deste fato" ou "diante desse fato"? Outro probleminha do usuário da língua portuguesa: o pronome demonstrativo. E então : será que temos segurança nesse (ou será neste?) aspecto? Verifiquemos:

Marque (V) ou (F), de acordo com o seu "ouvido":

( ) "O menino é o pai do homem." O autor desta frase é Machado de Assis.

( ) "O menino é o pai do homem." O autor dessa frase é Machado de Assis.

( ) Machado de Assis é o autor desta frase: "O menino é o pai do homem."

( ) Machado de Assis é o autor dessa frase: "O menino é o pai do homem."

a) V, F, F, V

b) F, V, V, F

c) V, F, V, F

d) F, F, F, V

Já misturou tudo não é? O ouvido não funciona uma vez, uma vez que costumamos ouvir tudo errado e variado.

A professora Dad Squarisi, em coluna no Jornal ***Correio Braziliense*** dá a dica:

Referência passada

ESSE indica referência anterior. Significa que, ao empregá-lo, o assunto já foi referido:

"Tudo vale a pena se a alma é pequena." O autor desse verso é Fernando Pessoa.

Por que esse? Porque o verso foi escrito antes (antes do pronome esse).

Mais exemplos:

Sequestro relâmpago? Esse assunto (= sequestro relâmpago, já referido) merece maior atenção. Maria, Paula e Luiza – essas adolescentes (Maria, Paula e Luiza, já citadas) estudam no Elefante Branco.

Referência futura

ESTE indica referência posterior. Em outras palavras: anuncia o que vai ser dito.

Fernando Pessoa escreveu este verso: "Tudo vale a pena se a alma não é pequena".

Percebeu a diferença? O verso é anunciado antes (escreveu este verso) e escrito depois.

Mais exemplos:

A discussão girou em torno deste tema – a reeleição do presidente da República.

Concluiu a exposição com esta frase de Monteiro Lobato: "Um país se faz com homens e livros".

Dica: no atropelo, se der branco, não duvide. Use esse e essa. Você tem 95% de chance de acertar.

Disponível em: http://www2.correioweb.com.br Acesso em fev. 2007.

Usam-se os demonstrativos também em relação ao ESPAÇO (lugar). Nesse caso, o critério é o da proximidade. Usamos **este, esta, isto** para representar qualquer elemento que esteja próximo do emissor; **esse, essa, isso**, para elemento que esteja próximo do receptor; **aquele, aquela, aquilo**, para elemento distante de ambos. Vejamos:

"Comprei estes tênis que estou usando naquele shopping popular."

"Dê-me esse livro, que é meu, e não seu."

"Que cara é essa, Marismênia?"

Nas referências relativas ao TEMPO, usamos **este, esta, isto,** para reapresentar o tempo presente; **esse, essa, isso,** para o passado recente ou para o futuro; **aquele, aquela, aquilo,** para o passado remoto.

Quando o verbo estiver conjugado no pretérito perfeito do indicativo (amava, sofria, sorria), usa-se **aquele, aquela, aquilo;** com o pretérito perfeito do indicativo (amei, sofri, sorri) é uma questão de estilo: o que julgar que é passado recente usará **esse, essa, isso** e o que julgar que é passado distante usará **aquele, aquela, aquilo.** A distinção entre o que é remoto ou recente nem sempre é consenso. Muitas vezes, prevalece a eufonia. Analisemos:

"Este mês é que é período das mudanças"!

"**Neste** sábado, irei a Divinópolis."

"Esses jogos foram um fracasso para os alunos do pré-vestibular."

"Em 1930, nasceu minha sogra; naquela época, havia muitos preconceitos que elas conservam até hoje."

"Em 1992, casei-me; esse foi um dos anos mais agitados para mim."

Quando houver a **ENUMERAÇÃO DE DOIS ELEMENTOS** e, à frente, for necessário retomá-los, deve-se substituir o primeiro por **aquele, aquela, aquilo** e o último por **este, esta, isso.** Notemos:

"Ao me encontrar com Mônica perguntei por Margarida,
apesar de saber que esta jamais conversa com aquela."

(esta = Margarida; aquela = Mônica)

11. PRONOMES INDEFINIDOS

Como o próprio nome sugere, os pronomes indefinidos são palavras que se referem à 3ª pessoa gramatical de modo vago, sem precisão, indeterminado.

Alguém me disse que nunca te viu tão nervoso.

Algumas pessoas têm o dom de se mostrarem impertinentes.

Ele comprou *muitas* camisas na promoção de loja.

Os pronomes indefinidos podem ou não variar:

VARIÁVEIS	INVARIÁVEIS
Algum, alguma, alguns, algumas	Algo
Nenhum, nenhuma, nenhuns, nenhumas	Alguém
Todo, toda, todos, todas	Nada
Muito, muita, muitos, muitas	Ninguém
Pouco, pouca, poucas, poucas	Tudo
Certo, certa, certos, certas	Cada
Quanto, quanta, quantos, quantas	Outrem
	Quem
	Mais
	Menos

12. PRONOMES INTERROGATIVOS

Como o nome sugere, servem para formular perguntas diretas ou indiretas.

Exemplos:

Quem deixou você mexer neste computador?

Quanto você quer por este celular?

Não sei *quem* fez esse serviço tão porco.

13. PRONOMES POSSESSIVOS

É muito fácil decorar quais são os pronomes possessivos e mesmo reconhecê-los. Seria muito simples colocar um quadro com todos eles a seguir. Mas, certamente, não é isso o que importa. Optamos, para fornecer a você uma visão mais crítica, por transcrever algumas considerações do professor Pasquale Cipro Neto:

A leitora Gisela Mincache quer saber "quais as regras para o uso de tua e sua". Cara Gisela, de início é preciso lembrar que "teu", "tua", "teus" e "tuas" são pronomes possessivos da segunda pessoa do singular. Teoricamente, combinam com o pronome "tu" e com os demais pronomes pessoais da segunda do singular ("te", "ti", "contigo"). "Seu", "sua", "seus" e "suas" são pronomes possessivos da terceira pessoa (do singular e do plural). Teoricamente, combinam com os pronomes pessoais da terceira pessoa (do singular e do plural), como os pronomes do caso reto "ele", "ela", "eles" e "elas" e as formas de tratamento "você", "senhor", "senhora", "vossa senhoria", "vocês", "senhores", "senhoras", "vossas senhorias" etc.

Os leitores devem ter notado que, no parágrafo anterior, empreguei a palavra "teoricamente" ao falar da combinação dos possessivos com outros pronomes. Por que empreguei essa palavra? Porque é preciso separar os territórios linguísticos. No Brasil, em se tratando de língua oral, é mais do que comum que os pronomes "teu", "tua", "teus" e "tuas" sejam associados ao pronome "você". Trocando em miúdos, nas regiões em que se usa "você", são comuns construções "você fez a tua parte?" ou "Você sabe por que teu primo agiu assim?".

Na língua padrão (ou na língua exemplar, como diz o professor Evanildo Bechara), os exemplos de parágrafo anterior se transformariam em "Você fez a sua parte?" e "Você sabe por que seu primo agiu assim?". É importante lembrar que "você" resulta da redução de "Vossa mercê", forma de tratamento que tinha valor cerimonioso. Na prática, "você" assumiu o lugar do pronome "tu", o que talvez explique o emprego, no Brasil, do pronome "você" em associação com as formas típicas da segunda pessoa ("te", "ti", "contigo", "teu" etc.).

Feitas essas considerações, cara Gisela, podemos ir ao que talvez seja o que mais lhe interessa, isto é, o emprego de "tua" ("teu", "tuas" e "teus") e "sua" ("seu", "suas" e "seus") na língua padrão. Já vimos que "tua" pertence à segunda pessoa do singular, portanto combina com "tu". Nos nossos textos literários brasileiros, registram-se essa combinação dos clássicos até o fim da década de 50, mais ou menos. Em muitas das letras de nossa música popular, encontra-se a combinação "tu" / "te" / "ti" / "contigo" / "teu", como se vê em escritos de Noel Rosa a Chico Buarque, passando por Vinícius de Moraes, Dolores Duran e tantos outros.

Nas últimas décadas, os textos literários brasileiros se aproximaram do que já era comum na linguagem oral. O resultado disso é o predomínio do registro da combinação de "teu" ("tua", "teus", "tuas") com "você". Apesar de raros hoje em dia, ainda se encontram textos de autores modernos em que se mantém a combinação "tu" / "teu" etc. Um exemplo vem de "Os passistas", primorosa canção do disco Livro, de Caetano Veloso.

Vamos, pois, a um resumo da ópera. Em se tratando da língua padrão, emprega-se "teu" com "tu", como se vê nesse trecho de uma tradução do poema de J. L. Moreno, psiquiatra e poeta romeno: "(...) Quando estiveres perto, eu arrancarei teus olhos e os colocarei no lugar dos meus, e tu arrancarás meus olhos e os colocarás no lugar dos teus. Então, eu te olharei com os teus olhos, e tu me olharás com os meus". Esse maravilhoso texto foi incluído por Maria Bethânia em um de seus mais importantes espetáculos, "Rosa dos Ventos", realizado no início dos anos 70. Em todo trecho destacado, emprega-se uniforme e rigorosamente a segunda pessoa do singular.

Também em termos de língua padrão, emprega-se "seu" com "você", "senhor", "senhora" etc., como se vê neste trecho de "Último desejo", de Noel Rosa: "Às pessoas que eu detesto diga sempre que eu não presto, que o meu lar é o botequim, que eu arrumei a sua vida, que eu não mereço a comida que você pagou pra mim". Noel, é bom que se diga, ora usava "tu", ora usava "você", sempre de acordo com os cânones da língua padrão.

Disponível em http://www.noolhar.com/povo/colunas/aopedaletra Acesso em fev. 2007.

14. PRONOMES RELATIVOS

O aluno que eu conversei com o pai dele foi suspenso da aula.

A frase acima é perfeitamente corriqueira nas conversas que entabulamos. Alguns de nós até sabem que ela não é gramaticalmente correta. E o "conserto" é tarefa difícil e que exige o conhecimento de pronomes relativos.

O uso de **pronomes relativos (que, quem, qual, onde, quanto** e **cujo)** é extremamente problemático, pois o período deve ser montado, estruturado com o raciocínio. É necessário pensar antes de falar – hábito que, certamente, não temos.

Tomemos o pronome "**cujo**": ele deverá ser usado quando houver indicação de posse. Não pode ser seguido de artigo, uma vez que é termo flexionável. Concordará sempre com o substantivo que vier depois dele e poderá, quando exigido, ser precedido de preposição.

Aquele é o aluno. + Não sei o nome do aluno. > Aquele é o aluno cujo nome não sei.

Aquela é a garota. + Conversei com a mãe dela. > Aquela é a garota com cuja mãe conversei.

*Veja que a preposição se antecedeu ao pronome relativo, por exigência do verbo "conversar" (com).

O relativo “quem” só deve ser usado para pessoas. Esse pronome, quando houver elemento antecedente, não poderá ser usado sem preposição.

Eu briguei com o funcionário. + Eu não gosto do funcionário. > Eu briguei com o funcionário de quem não gosto.

Ao contrário do relativo, aqui não pode haver noção de posse. Veja também que “funcionário” é pessoa, por isso aceita o relativo “quem”. O verbo “gostar” exige preposição “de” precedendo o relativo.

O relativo “que” pode ser usado tanto para pessoas quanto para coisas, com ou sem preposição. Quando preposicionado, diante de antecedente indicativo de pessoa, o pronome “que” pode ser substituído por “quem”.

Eu briguei com o funcionário. + Eu não gosto do funcionário > Eu briguei com o funcionário de que (quem) não gosto.

Usei a camisa. Ganhei a camisa de presente. > Usei a camisa que ganhei de presente.

*Ao contrário do exemplo anterior, o antecedente do pronome é “coisa”.

Você está lendo o livro. Eu falei do livro na semana passada. > Você está lendo o livro de que falei na semana passada.

*Dessa vez, o relativo “que” (retoma “coisa”) foi antecedido pela preposição “de”, para atender à regência do verbo “falar”.

O relativo “qual” tem de ser usado com artigo anteriormente a ele (o qual, a qual, os quais, as quais) e é pronome substitutivo de “quem” e “que”, ou seja, **onde se usar “quem” ou “que”, pode-se usar “qual”.** O artigo anterior ao pronome concorda com o gênero do elemento antecedente. Se houver preposição e ela possuir duas ou mais sílabas, use apenas “qual”, e não “quem” ou “que”.

Eu briguei com o funcionário do qual não gosto.

Usei a camisa a qual ganhei de presente.

Você está lendo o livro do qual eu falei na semana passada.

Assisti ao filme. Você falou sobre o filme de ontem. > Assisti ao filme sobre o qual você falou ontem.

*Observe que a preposição “sobre” tem duas sílabas; por isso usamos o “qual” e não o “que”.

O relativo “onde” é seguramente o que oferece mais dificuldade ao falante que não tem hábito de aplicá-lo na sua construção informal. Frequentemente se notam desvios de norma padrão com tal pronome. Leia a seguinte coluna, de autoria do professor Pasquale Neto, que mostra a abordagem normativa – postura já arraigada à imagem do ilustre professor.

“Onde” ou “aonde”? Muitos temos essa dúvida. Nem vale a pena tentarmos esclarecê-las por meio de textos literários, porque não é comum que grandes escritores utilizem as expressões de modo diferente do que o pregado pela gramática normativa. A diferença entre “onde” e “aonde” é relativamente recente.

Preste atenção no trecho desta canção, “Domingo”, gravada pelos Titãs:

... não é sexta-feira Santa
nem outro feriado
e antes que eu esqueça aonde estou
antes que eu esqueça aonde estou
aonde estou com a cabeça?

"Aonde eu estou" ou "onde estou"? A resposta a essa pergunta séria: "Estou em tal lugar", sem a preposição "a". As gramáticas ensinam que, não havendo a preposição "a", não há motivo para usar "aonde". Assim, a forma correta na letra da canção seria:

...e antes que eu esqueça onde estou
antes que eu esqueça onde estou
onde estou com a cabeça?

Vamos a outro exemplo, a canção "Onde você mora", gravada pelo grupo Cidade Negra:

... Você vai chegar em casa
eu quero abrir a porta.
Aonde você mora
aonde você foi morar
aonde foi?
Não quero estar de fora...
Aonde está você?

Quem vai, vai a algum lugar. Portanto, a expressão correta nesse caso é "aonde". Aonde você foi? Mas quem mora mora em algum lugar. Quem está está em algum lugar. Nesse caso, a construção correta seria "onde":

Onde você mora
Onde você foi morar
Onde está você?

A palavra "onde" indica lugar, lugar físico e, portanto, não deve ser usada em situações em que a ideia é lugar, metaforicamente que seja, não esteja presente. Veja agora nesse trecho da canção "Bete Balanço", gravada pelo Barão Vermelho:

Pode seguir a tua estrela
O teu brinquedo de star
Fantasiando um segredo
O ponto aonde quer chegar...

Ensinam as gramáticas que, na língua culta, o verbo "chegar" rege a preposição "a". Quem chega chega a algum lugar. A preposição é usada quando queremos indicar movimento, deslocamento. Portanto, na letra anterior, a regência está correta: O ponto **aonde você** quer chegar.

Eu chegou **ao** cinema pontualmente.

Eu chego **a** São Paulo à noite.

Eu chego **a** Brasília amanhã.

Na linguagem coloquial, no entanto, é muito comum vermos construções como "eu cheguei **em** São Paulo", "eu cheguei **no** cinema". Não é estranho trocar "onde" por "aonde" na língua do dia a dia ou em versos de letras de músicas populares, em que fatores como o ritmo e a melodia às vezes obrigam a uma determinada escolha gramatical para obter o efeito desejado.

De todo modo, conforme a norma culta, utilize "aonde" sempre que houver a preposição "a" indicando movimento: ir **a** / dirigir-se **a** / levar **a** / chegar **a**.

O relativo "quanto" só poderá ser usado após as palavras "tudo", "todos" ou "todas".

Leve tudo quanto quiser.

Quanto aos objetos, venda todos quanto conseguir vender.

15. PROPOSTAS

ATIVIDADE 1

Dois leitores de uma coluna especializada em tirar dúvidas relativas à língua portuguesa enviaram ao professor responsável pela seção as seguintes perguntas:

"Fui criticado por usar o pronome **mim** supostamente de maneira errada! Eu disse **era pra mim comprar.** Agradeço sua ajuda em me orientar corretamente."

Marcos de Sousa.

"Qual é o certo? **É importante para mim saber a verdade** ou **é importante para eu saber a verdade?**"

Magda.

Coloque-se no lugar do professor e RESPONDA aos leitores. Atente para o tom que esse tipo de coluna normalmente costuma apresentar.

ATIVIDADE 2

O emprego do pronome demonstrativo merece aplauso em que circunstância?

a) Veríssimo disse esta frase de efeito: "A gramática precisa apanhar todos os dias para saber quem é que manda".

b) "A gramática precisa apanhar todos os dias para saber quem é que manda". O autor dessa frase é Luiz Fernando Veríssimo.

JUSTIFIQUE sua resposta.

ATIVIDADE 3

Os pronomes demonstrativos são utilizados na indicação de tempo. Qual destas frases está do jeitinho que o professor adora?

a) Estive aqui há cinco anos. Neste tempo, eu morava em São Paulo.

b) Estive aqui há cinco anos. Naquele tempo, eu morava em São Paulo.

JUSTIFIQUE sua resposta.

ATIVIDADE 4

O uso do pronome possessivo deve ser muito criterioso, uma vez que pode causar problema da ambiguidade. Veja a seguinte construção, em que aparece um pronome possessivo:

Ingrid encontrou Roberto e seu irmão na praça.

a) Por que a construção é ambígua?

b) O que fazer para desfazer essa ambiguidade?

ATIVIDADE 5

Muitas vezes, quando um trecho é ambíguo, isto é, permite dupla interpretação, obtém-se efeito humorístico fazendo-se interpretação diferente daquela sugerida pelo contexto. Isso ocorre na anedota a seguir. Leia-a atentamente e, em seguida, responda aos itens que se seguem.

Uma senhora, abrindo a porta da casa, diz a um casal que a visitava: "Não deixe sua cadela entrar em minha casa. Ela está cheia de pulgas". A visita responde prontamente: "Diana, não entre nessa casa. Ela está cheia de pulgas".

a) No contexto, a quem se refere o pronome "ela", dito pela dona da casa?

b) Como o casal interpreta o pronome "ela", dito pela dona da casa?

c) REESCREVA o enunciado da senhora, dona de casa, de forma a eliminar a ambiguidade e, consequentemente, a natureza humorística do texto.

QUESTÕES DE PROVAS

Questão 1 (UFV)

Leia o texto seguinte e responda aos itens propostos.

Para as poucas pessoas que não viram Matrix, **ele** conta a história do hacker Thomas (Keanu Reeves), também chamado de Neo, que encontra uma cara cheio de truques chamado Morpheus. Ele toma uma pílula vermelha e descobre então que todo o nosso mundo é uma realidade simulada por computadores, um enorme mundo virtual chamado Matrix. A verdadeira realidade é um futuro em que as máquinas tomaram conta do mundo e mantém os humanos em pequenas cápsulas, onde **sua** energia é usada para abastecer o gigantesco sistema de inteligência artificial enquanto a mente **deles** é mantida em uma espécie de sonho que chamamos de realidade. Morpheus é líder de um grupo de rebeldes que quer nos libertar das máquinas e acredita que Neo é o esperado salvador da humanidade, algo como um Messias. (...) Não consegue transcender a realidade de Matrix, desafiar as leis da física e ganhar poderes sobre-humanos.

SUPERINTERESSANTE. São Paulo: Abril. Ed. 188. 2003.

a) Indique os referentes pronomes destacados:

Ele (linha 1)

Sua (linha 10)

Deles (linha 12)

b) No fragmento "(...) **e** acredita que Neo é o esperado salvador da humanidade, algo como um novo Messias.", o termo em destaque pode ser substituído pelo conectivo "porém", sem que se altere o sentido da frase? JUSTIFIQUE sua resposta.

Questão 2 (IBFC – 2017)

Texto I

O médico que ousou afirmar que os médicos erram – inclusive os bons

Em um mesmo dia, o neurocirurgião Henry Marsh fez duas cirurgias. Operou o cérebro de uma mulher de 28 anos, grávida de 37 semanas, para retirar um tumor benigno que comprimia o nervo óptico a ponto de ser improvável que ela pudesse enxergar seu bebê quando nascesse. Em seguida, dissecou um tumor do cérebro de uma mulher já na casa dos 50 anos. A cirurgia era mais simples, mas a malignidade do tumor não dava esperanças de que ela vivesse mais do que alguns meses. Ao final do dia, Marsh constatou que a jovem mãe acordara da cirurgia e vira o rostinho do bebê, que nascera em uma cesárea planejada em sequência à operação cerebral. O pai do bebê gritara pelo corredor que Marsh fizera um milagre. A seguir, em outro quarto do mesmo hospital, Marsh descobria que a paciente com o tumor maligno nunca mais acordaria. Provavelmente, ele escavara o cérebro mais do que seria recomendável – e apressara a morte da paciente, que teve uma hemorragia cerebral. O marido e a flha da mulher o acusaram de ter roubado os últimos momentos juntos que restavam à família.

É esse jogo entre vida e morte, angústia e alívio, comum à vida dos médicos, que Marsh narra em seu livro *Sem causar mal – Histórias de vida, morte e neurocirurgia* (...), lançado nesta semana no Brasil. Para suportar essa tensão, Marsh afirma que uma boa dose de autoconfiança é um pré-requisito necessário a médicos que fazem cirurgias consideradas por ele mais desafiadoras do que outras. Não sem um pouco de vaidade, Marsh inclui nesse rol as operações cerebrais, nas quais seus instrumentos cirúrgicos deslizam por "pensamentos, emoções, memórias, sonhos e reflexões", todos da consistência de gelatina. [...]

(Disponível em: http://epoca.globo.com/vida/noticia/2016/06/o-medico-que-ousou-afrmar-que-os-medicos-erram-inclusive-os-bons. html. Acesso em 01/01/17)

O pronome relativo destacado em "as operações cerebrais, nas quais seus instrumentos cirúrgicos deslizam" (2º§) poderia ser substituído, sem prejuízo de sentido e adequando-se à norma, por:

a) o qual.
b) das quais.
c) que.
d) as quais.
e) em que.

Questão 3 (FCC – 2017) Está correto o emprego de **ambos** os elementos sublinhados na frase:

a) O bom leitor, em cuja atenção um texto depende para ser bem compreendido, não hesita de reconhecer a perspectiva de quem redige uma notícia.
b) Quando se pensa nos bons leitores, imagina-se que nunca lhe escapa a necessidade de levar em conta, na leitura de uma notícia, o ponto de vista de quem as elaborou.
c) Falta à muita gente o cuidado essencial de detectar numa notícia não apenas o que ela diz, mas sobretudo o modo ao qual ela se determina retratar uma situação.
d) A interpretação de uma notícia, aonde o bom leitor deve estar comprometido, é fundamental para que não sejamos levados à imaginar que tudo o que se publica é uma verdade definitiva.
e) Os leitores de jornal, caso não lhes ocorra levar em conta o valor da perspectiva de quem redige uma notícia, não estão imunes à manipulação maliciosa das palavras.

Questão 4 (MPE – RS – 2017)

01 O professor encerra seu número, numa senha para que a mulher se apresse. Amei nosso entretém, monsieur, só
02 lamento não poder .... para o jantar. Você também é sempre bem-vinda, Carminha, nem que seja apenas para
03 brincar com a Piaf. Vou ...., diz Anne enxugando as mãos num pano de prato. De repente, dá um suspiro curto e um
04 saltito juvenil: um momento, monsieur Hollander. Tira da geladeira um rocambole cheirando a maçã e separa uma
05 fatia num prato de sobremesa: o senhor disse que seu pai morou na Alemanha? Entrega-me o pratinho coberto com
06 um papel de pão: é uma receita da minha avó alsaciana, ele vai gostar. .... em direção à sala, onde a Minhoca brinca
07 mais uma vez com a Piaf. Henri Beauregard fecha o piano e se refugia num banheiro. Ainda procuro protelar o adeus,
08 alisando o piano e tecendo elogios ao seu design art déco, quando escuto o ruído da chave na fechadura e vejo a
09 maçaneta girar sozinha. Paralisado defronte da porta por onde entrará meu irmão alemão, repasso na memória as
10 ideias mais fantasiosas que fiz dele, desde que soube da sua existência. Recordo quantas vezes sonhei com ele, a cada
11 sonho com uma cara diferente, caras que eram transfiguradas pelo aquário do sonho, seres que a luz da manhã
12 desvanecia, durante os anos em que ansiei por este encontro. E agora já não quero que a porta se abra, por mim
13 aquela maçaneta poderia girar perpetuamente. Prefiro continuar a ver meu irmão em sonhos, com sua cara ainda
14 sem acabamento. Penso que vê-lo assim à queima-roupa, com excessiva nitidez, será como ver escancarada numa
15 tela de cinema a personagem de um romance que eu vinha adivinhando fio a fio à medida que lia. Se pudesse, eu
16 pediria ao meu irmão que me esperasse lá fora, para ser de novo o vulto noturno que apenas entrevi. Mas a porta
17 range, a maçaneta desfaz seu giro, e o que tenho diante de mim não pode ser meu irmão alemão. É um homem da
18 minha idade, com a pele branca meio escamada, o nariz adunco de Henri e uma calvície precoce. É sinceramente um
19 tipo banal, desses que a memória não fixa, que não frequentam os sonhos. Eis meu filho Christian, diz Anne em
20 francês, e este cavalheiro aqui, ele é o monsieur Hollander, namorado da Carminha. Christian cumprimenta-nos com
21 a cabeça, porque está sobrecarregado de livros, e se escafede escada acima. Anne abre a porta da rua: au revoir. A

22 Minhoca me puxa pela manga, e já do lado de fora pergunto de supetão: e o outro, madame? O outro? O seu outro
23 filho, madame. Ouço um som de descarga, e mesmo na contraluz percebo como Anne enrubesce: não temos outro
24 filho, monsieur Hollander. Fecha a porta, e estou no portão quando ela torna a abri-la: psiu. É para a Piaf, que vinha
25 atrás da Minhoca e volta correndo para dentro.

Extraído de: Chico Buarque, O Irmão Alemão, p.107-109. São Paulo: Companhia das Letras, 2014.

Assinale a alternativa que preenche corretamente as lacunas das linhas 02, 03 e 06, respectivamente.

a) convidá-los – acompanhá-los – Sigo-a
b) convidá-los – acompanhar-lhes – Sigo-lhe
c) convidá-los – acompanhá-los – Sigo-lhe
d) convidar-lhes – acompanhar-lhes – Sigo-a
e) convidar-lhes – acompanhá-los – Sigo-lhe

Questão 5 (MPE-RS – 2017) Assinale a alternativa em que a colocação pronominal de Chico Buarque **NÃO** corresponde ao que determina a norma padrão da língua portuguesa.

a) Entrega-me o pratinho coberto com um papel de pão (l.05-06)
b) Penso que vê-lo assim à queima-roupa, com excessiva nitidez, será como ver... (l.14)
c) Se pudesse, eu pediria ao meu irmão que me esperasse lá fora (l.15-16)
d) Christian cumprimenta-nos com a cabeça (l.20-21)
e) [...] e se escafede escada acima (l.21)

Questão 6. (FGV – 2017) Independentemente da posição no texto 1, se substituíssemos os complementos dos verbos abaixo por pronomes pessoais oblíquos enclíticos, a única forma <u>INADEQUADA</u> seria:

a) impregna a vida cotidiana / impregna-a;
b) entender os debates / entendê-los;
c) ganha destaque / ganha-o;
d) supõe um conhecimento / supõe-lo;
e) marcaram sua história / marcaram-na

Questão 07 (IBFC – 2017) Considere o fragmento abaixo para responder à questão.

"O homem, de barba grisalha mal-aparada, vestindo jeans azuis, camisa xadrez e jaqueta de couro, sentou-se no banquinho alto do balcão do botequim e ficou esperando sem pressa que o rapaz viesse atendê-<u>lo</u>."

O pronome pessoal destacado no trecho faz referência à seguinte palavra:

a) homem.
b) banquinho.
c) balcão.
d) botequim.

Questão 08 (IDECAN – 217)

A manchete de 05/01/2017 "Bombeiros resgatam homem que caiu no Rio Tamanduateí", publicada em http://g1.globo.com/, apresenta o emprego do pronome relativo *"que"*, sintaticamente a mesma função que tal pronome exerce na manchete pode ser identificada através do destacado em

a) *"atualmente há menos de <u>30 mil</u>".*
b) *"Dias após o Brasil perder <u>Antonio Lancetti</u>".*
c) *"mesmo enquanto combatia <u>um agressivo câncer</u>".*
d) *"lembrar que <u>a reforma psiquiátrica</u> não se reduz à lei".*
e) *"oferecer <u>novas possibilidades de vida</u> para as pessoas".*

Questão 9 (FCC – 2017)

Sandberg, que mudou totalmente o conceito espectador/obra de arte com o seu trabalho de duas décadas no Museu Stedelijk, de Amsterdã, iniciou sua palestra elogiando a arquitetura do nosso MAM-RJ que, segundo ele, segue a sua teoria de que o público deve ver a obra de arte de frente e não de lado, como acontece até agora com o museu convencional de quatro paredes. O ideal, disse ele, é que as paredes do museu sejam de vidro e que as obras estejam à mostra em painéis no centro do recinto. O museu não é uma estrutura sagrada e quem o frequenta deve permanecer em contato com a natureza do lado de fora:

"A finalidade do museu de arte contemporânea é nos ajudar a ter consciência da nossa própria época, manter um espelho na frente do espectador no qual ele possa se reconhecer. Este critério nos leva também a mostrar a arte de todos os tempos dentro do ambiente atual. Isso significa que devemos abolir o mármore, o veludo, as colunas gregas, que são interpretações do século XIX. Apenas a maior flexibilidade e simplicidade. A luz de cima é natural ao ar livre, mas artificial ao interior. As telas são pintadas com luz lateral e devem ser mostradas com luz lateral. A luz de cima nos permite encerrar o visitante entre quatro paredes. Certos museólogos querem as quatro paredes para infligir o maior número possível de pinturas aos pobres visitantes.

É de capital importância que o visitante possa caminhar em direção a um quadro e não ao lado dele. Quando os quadros são apresentados nas quatro paredes, o visitante tem de caminhar ao seu lado. Isso produz um efeito completamente diferente, especialmente se não queremos que ele apenas olhe para o trabalho, mas o veja. Isso é ainda mais verdadeiro em relação aos grandes museus de arte contemporânea. Eles são grandes porque o artista moderno quer nos envolver com o seu trabalho e deseja que entremos em sua obra. Ao organizar o nosso museu, devemos ter consciência da mudança de mentalidade da nova geração. Abolir todas as marcas do establishment: uniformes, cerimoniais, formalismo. Quando eu era jovem, as pessoas entravam nos museus nas pontas dos pés, não ousavam falar ou rir alto, apenas cochichavam.

Realmente não sabemos se os museus, especialmente os de arte contemporânea, devem existir eternamente. Foram criados numa época em que a sociedade não estava bastante interessada nos trabalhos de artistas vivos. O ideal seria que a arte se integrasse outra vez na vida diária, saísse para as ruas, entrasse nas casas e se tornasse uma necessidade. Esta deveria ser a principal finalidade do museu: tornar-se supérfluo".

(Adaptado de: BITTENCOURT, Francisco. "Os Museus na Encruzilhada" [1974], em **Arte-Dinamite**, Rio de Janeiro, Editora Tamanduá, 2016, p. 73-75)

...que o visitante possa caminhar em direção a um quadro e não ao lado dele. (3°parágrafo)

Isso produz um efeito completamente diferente, especialmente se não queremos que ele apenas olhe para o trabalho, mas o veja. (3° parágrafo)

...no qual ele possa se reconhecer. (2° parágrafo)

Nos segmentos acima, os pronomes sublinhados referem-se, respectivamente, a:

a) visitante – trabalho – ele

b) quadro – trabalho – espelho

c) quadro – efeito – espectador

d) visitante – efeito – museu

e) quadro – ele – espectador

Questão 10 (FCC – 2017)

No caso de uma discussão, é preciso que os contendores reconheçam essa discussão como uma forma de diálogo, que não vejam nessa discussão uma oportunidade para suas vaidades, mas que se aproveitem dessa discussão para pôr à prova a força de seus argumentos.

Evitam-se as viciosas repetições da frase acima substituindo-se os elementos sublinhados, na ordem dada, por:

a) reconheçam-lhe – a vejam – lhe aproveitem

b) a reconheçam – a vejam como – dela se aproveitem

c) lhe reconheçam – lhe vejam como – aproveitem dela

d) reconheçam-na – vejam-na – aproveitem-lhe

e) reconheçam-lhe – vejam-lhe – se aproveitem dela

Questão 11 (FAUEL – 2017)

Observe atentamente a aplicação dos pronomes nos enunciados abaixo:

I. Poderias, por gentileza, informar o horário que Sua Excelência chegará?

II. O Doutor trouxe todos os documentos solicitados para mim assinar?

III. Após analisar os contratos, envio eles para o senhor.

IV. Para mim, foi difícil encontrar o local.

Está(ão) rigorosamente de acordo com os padrões da norma culta:

a) Apenas o enunciado I.

b) Apenas os enunciados I e IV.

c) Apenas os enunciados II e IV.

d) Apenas o enunciado III.

Questão 12 (IBGP – 2017)

Leia estes trechos de diálogos:

I. – A senhora disse que os médicos receberam-na imediatamente?
– Sim, foi um atendimento rápido e de muita qualidade.

II. – A paciente ainda está esperando por mim?
– Não, desculpou-se, mas teve que sair.

III. – Eles atenderam à sua filha, Maria?
– Sim, eles a olharam e a medicaram.

Em relação à colocação pronominal e à regência verbal, estão de acordo com a norma padrão da Língua Portuguesa os diálogos

a) I e II, apenas.

b) II e III, apenas.

c) I e III, apenas.

d) I, II e III.

Questão 13 (IBGP – 2017)

Assinale a alternativa em que todos os vocábulos são pronomes possessivos.

a) Nosso – deste – que.

b) Quem – essa – seu.

c) Nosso – seu – que.

d) Nosso – seu – suas.

Questão 14 (INSTITUTO AOCP – 2017)

Assinale a alternativa em que há inadequação quanto à colocação pronominal de acordo com a norma culta da língua portuguesa.

a) "Não se preocupe com os olhares e se jogue na pista [...].".

b) "O espírito fica leve, se liberta.".

c) "Sem se ater ao profissional, ela tem o poder de aumentar a autoestima [...]".

d) "Estimulamos a troca de casais e as pessoas são forçadas a conversar, interagir e, assim, soltam-se mais.".

e) "Uma vez, uma me disse que é mais barato que a terapia e traz mais benefícios.".

Questão 15 (IESES – 2017)

NOVO ACORDO, VELHAS QUESTÕES

A intenção de unificar a língua portuguesa entre os países em que ela é o idioma oficial é antiga. Em 1931, foi realizado o primeiro acordo ortográfico luso-brasileiro, mas ele acabou não sendo efetivado na prática. Em 1945, a Convenção Ortográfica Luso -Brasileira foi adotada em Portugal, mas não no Brasil.

Anos depois, em 1986, os sete países de língua portuguesa (Timor-Leste não pôde ser incluído na lista, pois se tornaria independente apenas em 2002) consolidaram as Bases Analíticas da Ortografia Simplificada da Língua Portuguesa de 1945, que não chegaram a ser **implementadas**.

Em 1990, os países de língua portuguesa se comprometeram a unificar a grafia da língua, segundo a proposta apresentada pela Academia de Ciências de Lisboa e pela Academia Brasileira de Letras. Mesmo assim, o acordo ainda não podia entrar em vigor.

Foram necessários mais 16 anos para que fossem alcançadas as três adesões necessárias para que o acordo fosse cumprido. Em 2006, São Tomé e Príncipe e Cabo Verde se uniram ao Brasil e **ratificaram** o novo acordo. Entretanto, Portugal ainda apresentava uma grande relutância às mudanças. Apenas em maio de 2008 o Parlamento português **ratificou** o acordo para unificar a ortografia em todas as nações de língua portuguesa.

Disponível em: http://guiadoestudante.abril.com.br/universidades/entenda-as-mudancas-do-novo-acordo-ortografico/ Acesso em 13 jan 2017.

Releia o período a seguir com atenção à colocação pronominal e assinale a única alternativa correta "Em 2006, *São Tomé e Príncipe e Cabo Verde se uniram ao Brasil e ratificaram o novo acordo*".

a) A próclise empregada no período é a única forma correta e aceita pela norma padrão para o período em questão.

b) Há ocorrência de ênclise, mas a próclise também estaria correta e de acordo com a norma padrão.

c) A ênclise empregada no período é a única forma correta e aceita pela norma padrão para o período em questão.

d) Há ocorrência de próclise, mas a ênclise estaria igualmente correta e de acordo com a norma padrão.

Questão 16 (IESES – 2017)

O estudo se baseia em 4.524 mensagens escritas por 19 jovens de 12 anos que não possuíam telefone celular antes do início da pesquisa."

Assinale a alternativa correta sobre a análise da colocação pronominal nesse período.

a) A preferência foi dada à próclise, mas a ênclise também estaria correta se aplicada.

b) A preferência foi dada à forma enclítica, mas a próclise também estaria correta.

c) Há a presença de palavra atrativa, o que justifica a próclise corretamente empregada.

d) Apenas a ênclise estaria correta para a correção do período em questão.

Questão 17 (IESES – 2017)

Assinale a resposta correta sobre o resultado da combinação dos verbos com os pronomes: fizeram + a; fez + o; mostramos + nos; fizemos + lhes.

a) Fizeram-na; fê-lo; mostramo-nos; fizemo-lhes.

b) Fizeram-la; fe-lo; mostramos-nos; fizemo-lhes.

c) Fizeram-na; fê-lo; mostramo-nos; fizemos-lhes.

d) Fizeram-a; fez-o; mostramos-nos; fizemos-lhes.

Questão 18. (IESES – 2017)

Observe as duas construções a seguir, com atenção à colocação do pronome oblíquo:

I. "Para que se possa sustentar que a segunda pessoa do plural não desapareceu [...]".

II. "Se há um fato consensual em português (do Brasil) é que não se diz naturalmente [...]".

Agora considere as alternativas e marque a que contenha análise correta.

a) Em ambas as construções a ênclise empregada está correta, não havendo possibilidade de a próclise ser considerada como opção.

b) Apenas em I a próclise é obrigatória; em II a ênclise também poderia estar empregada sem prejuízo à correção do período.

c) Em ambas as construções há a ocorrência de próclise obrigatória devido à presença de palavras atrativas.
d) Apenas em II a próclise é obrigatória; em I a ênclise também poderia estar empregada sem prejuízo à correção do período.

Questão 19 (IBFC – 2017)

Em "Há algum tempo venho afinando <u>certa</u> mania." (1º§), nota-se que o termo destacado pertence à seguinte classe gramatical:

a) substantivo.
b) adjetivo.
c) pronome.
d) advérbio.
e) interjeição.

Questão 20. (IBFC – 2017)

Maria chorando ao telefone

O telefone toca aqui em casa, atendo, uma voz de mulher estranhíssima pergunta por mim, e antes que eu tome providências para dizer que é minha irmã que fala, ela me diz: é você mesma. O jeito foi eu ficar sendo eu própria. Mas... ela chorava? Ou o quê? Pois a voz era claramente de choro contido. "Porque você escreveu dizendo que não ia mais escrever romances." "Não se preocupe, meu bem, talvez eu escreva mais uns dois ou três, mas é preciso saber parar. Que é que você já leu de mim?" "Quase tudo, só falta *A cidade sitiada* e *A legião estrangeira*." "Não chore, venha buscar aqui os dois livros." "Não vou não, vou comprar." "Você está bobeando, eu estou oferecendo de graça dois livros autografados e mais um cafezinho ou um uísque." [...]

(LISPECTOR, Clarice. *A descoberta do mundo*. Rio de Janeiro: Rocco, 1999)

No trecho "Você está bobeando", percebe-se que, com o emprego do pronome de tratamento, a autora consegue:

Parte superior do formulário

a) dirigir-se aos leitores de modo geral.
b) fazer referência a um interlocutor específico.
c) criar uma intervenção formal no diálogo.
d) afastar-se de um projeto de leitor ideal.
e) mostrar que não tem intimidade com quem fala.

Questão 21 (MS-CONCURSOS – 2017)

Pronome é a palavra que pode substituir ou acompanhar um substantivo, relacionando-o às pessoas do discurso ou indicando sua posição no tempo e no espaço. Analise os itens e marque a alternativa que contém um pronome relativo:

I. Os pronomes pessoais representam as pessoas do discurso (eu, tu, ele, nós, vós, eles).
II. Os pronomes possessivos indicam ideia de posse em relação às pessoas do discurso.
III. Pronomes demonstrativos são os que indicam a posição no tempo e no espaço, dos seres a que se referem.
IV. Pronomes relativos são os que retomam alguma palavra que já tenha aparecido na frase, evitando que tenhamos de repeti-la.

a) Os próprios sábios podem enganar-se.
b) Quer trocar seu carro pela minha moto?
c) Eu lhes pedi que não chegassem atrasadas.
d) Sejamos gratos a Deus, a quem tudo devemos.

Questão 22 (VUNESP – 2017)

Observe as expressões destacadas nas frases reescritas do texto.

• Ambientada no século 23, a série sempre retratava **as aventuras dos tripulantes da Enterprise,** e a missão era explorar **o espaço** enfrentando o desconhecido.

• Trinta anos depois, a Motorola lançou o StarTAC, que popularizou o **uso da telefonia móvel.**

Assinale a alternativa em que os pronomes substituem, corretamente, as expressões destacadas e estão colocados adequadamente nas frases de acordo com a norma-padrão da língua portuguesa.

a) ... sempre retratava-as... / ... era explorá-lo... / ... que lhe popularizou...
b) ... sempre retratava-as... / ... era o explorar... / ... que o popularizou...
c) ... sempre lhes retratava... / ... era explorá-lo... / ... que popularizou-lhe...
d) ... sempre as retratava... / ... era o explorar... / ... que popularizou-o...
e) ... sempre as retratava... / ... era explorá-lo... / ... que o popularizou...

Questão 23 (MS – CONSURSOS – 2017)

Entre os pronomes pessoais, incluem-se os pronomes de tratamento, também chamados formas de tratamento, que se usam no trato com as pessoas. Dependendo da pessoa a quem nos dirigimos, do seu cargo, título, idade, dignidade, o tratamento será familiar ou cerimonioso. Então, assinale a alternativa onde haja pronome de tratamento:

a) Não há nada para eu ler.
b) Ele não é eu, eu não sou ele.

c) Entre mim e os professores da escola a relação era muito amistosa.
d) Sua Santidade está cansado.

Questão 24 (MS – CONCURSOS – 2017)

Sobre colocação pronominal, assinale a alternativa incorreta:

a) Ninguém me convidou para a festa.
b) Tudo impressionou-as no museu.
c) Bem, vê-se que você é inteligente.
d) Ser-me-ia bom viajar agora.

Questão 25 (INSTITUTO EXCELÊNCIA – 2017)

"**Seu** nome era Ana Custódio, mas **nós** só a chamávamos de "bruxa". Nesta frase as palavras em negrito são, respectivamente:

a) Pronome possessivo e pronome pessoal.
b) Pronome possessivo e pronome de tratamento.
c) Pronome demonstrativo e pronome pessoal.
d) Nenhuma das alternativas.

Questão 26 (IF-PE – 2017) Releia

"Por um semestre, todos se dedicaram a um projeto sobre a história das famílias, que culminou na publicação de um livro, distribuído também para os pais. **Dentro desse context**o, Ana Clara propôs a leitura de contos em que escritores narram histórias da própria infância." (3° parágrafo).

No trecho em destaque, o termo em negrito retoma o projeto do semestre. Assinale o item que aponta, CORRETAMENTE, o elemento retomado pela expressão em negrito nos trechos que seguem.

a) No trecho "Quando a classe de Ana Clara se dividiu em duplas, um de seus propósitos era que uns dessem sugestões aos outros. A pesquisadora argentina em didática Mirta Castedo é defensora **desse tipo de proposta**." (7° parágrafo), o termo em negrito retoma a divisão da turma em duplas para revisão conjunta.
b) No trecho "Deve-se olhar para a produção dos estudantes e identificar o que provoca estranhamento no leitor dentro dos usos sociais que **ela** terá" (2° parágrafo), o termo em negrito retoma a palavra OLHAR.
c) No trecho "A primeira proposta foi a 'revisão de ouvido'. Para realizá-la, Ana Clara leu em voz alta um dos contos para a turma, **que** identificou a omissão de palavras e informações." (6° parágrafo) O termo em negrito retoma a expressão PRIMEIRA PROPOSTA.
d) No trecho "Durante a escrita, é comum reler o trecho já produzido e verificar se ele está adequado aos objetivos e às ideias **que** tinha intenção de comunicar – só então planeja- se a continuação." (8° parágrafo), o termo em negrito retoma ESCRITA.
e) No trecho "Quando volta para a própria produção e faz a revisão, a criança tem mais condições de criar distanciamento **dela** e enxergar fragilidades." (7° parágrafo), o termo em negrito retoma CRIANÇA.

Questão 27 (ALTERNATIVE CONCURSOS – 2016)

A sentença que apresenta erro em relação à colocação pronominal é:

a) Aquilo nos incomodou deveras.
b) Alguém lhe trouxe flores vermelhas.
c) Hoje o encontrei no chão todo quebrado.
d) Me pediram para declamar um poema.
e) Nunca me disseram nada sobre o assunto.

Questão 28 (FIOCRUZ – 2016)

"Professor de química da Universidade Federal de Uberlândia, em Minas Gerais, Antônio Otávio de Toledo Patrocínio está otimista com os avanços na área." (9° §)

Suponha que o referido professor, otimista com os avanços da área, enviasse correspondência oficial ao Reitor da Universidade Federal de Uberlândia, solicitando autorização para dar continuidade às suas pesquisas.

De acordo com as recomendações do Manual de Redação da Presidência da República, a redação adequada, considerando-se a forma de tratamento e a concordância verbal, nos termos de um memorando, será:

a) Solicito a Vossa Magnificência que autorize a continuidade das pesquisas sobre a conversão do CO_2 de volta nos combustíveis de cuja queima ele se originou, como a gasolina e o óleo diesel.
b) Solicito a Sua Magnificência que autorizeis a continuidade das pesquisas sobre a conversão do CO_2 de volta nos combustíveis de cuja queima ele se originou, como a gasolina e o óleo diesel.
c) Solicito a Vossa Excelência que autorize a continuidade das pesquisas sobre a conversão do CO_2 de volta nos combustíveis de cuja queima ele se originou,como a gasolina e o óleo diesel.
d) Solicito a Vossa Senhoria que autorizeis a continuidade das pesquisas sobre a conversão do CO_2 de volta nos combustíveis de cuja queima

ele se originou,como a gasolina e o óleo diesel.

e) Solicito a Vossa Magnificência que autorizeis a continuidade das pesquisas sobre a conversão do CO_2 de volta nos combustíveis de cuja queima ele se originou, como a gasolina e o óleo diesel.

Questão 29 (JOTA CONSUKTORIA – 2016)

Há a substituição do elemento destacado pelo pronome incorreto em:

a) Dificilmente corresponderá a seu plano. = Não lhe corresponderá.
b) Esperava incutir o amor. = Incuti-lo.
c) Para ilustrar essa desordem. = Para ilustrá-la.
d) Resolve o dilema do trabalho. = Resolve-o.
e) Nada superará a simpatia. = Nada lhe superará.

Questão 30 (FCC – 2016)

Está correto o emprego de **ambos** os elementos sublinhados na frase:

a) O poder de Deus, em que os crentes atribuem tudo o que há no mundo, muniu-nos todos desentimentos que podemos desenvolver.
b) O justo e o injusto – valores dos quais se envolvem todos os juízes – são difíceis de discernir por quemuitas vezes se alternam no mesmo indivíduo.
c) Uma árvore, cujo desenvolvimento podemos acompanhar a cada dia, é utilizada por Voltaire para auxiliá-lo na ilustração de seus conceitos.
d) Entre o vício e a virtude, extremos em cujos oscilamos, há valores nuançados, onde frequentemente nos confundimos.
e) A razão porque Voltaire acredita na conservação de nossa espécie deve-se à confiança em que deposita na providência divina.

Questão 31 (FCC – 2016)

Para Bauman, a livre regulação do mercado causa desigualdades e injustiças. Bauman questiona a livre regulação do mercado, pois, segundo ele, o mercado cria problemas, mas não consegue resolver os problemas.

Fazendo-se as alterações necessárias, os elementos sublinhados acima foram corretamente substituídos por um pronome em:

a) lhe questiona – os resolver
b) lhe questiona – lhes resolver
c) a questiona – resolvê-los
d) a questiona – resolver-lhes
e) lhe questiona – resolvê-los

Questão 32 (FCC – 2016)

A reação da Europa em relação aos imigrantes hoje tem um impacto duplo. Por um lado, as empresas têm interesse em assimilar os imigrantes. Por outro, existe a reação esperada do medo de estranhos. Os empregados, e não o empregador, ..I.. como concorrentes que provocarão o arrocho de seus salários.

(BAUMAN, Zygmunt. *op. cit.*, com adaptações)

Preenche corretamente a lacuna I da frase acima:

a) os enxerga
b) o enxergam
c) enxerga-lhes
d) lhe enxergam
e) enxergam-nos

Questão 33 (CRESCER CONSULTORIA – 2016)

Vossa Eminência é o pronome de tratamento utilizado para:

a) Príncipes.
b) Imperadores
c) Cardeais.
d) Reitores de universidades.

Questão 34 (PREFEITURA DE BOM RETIRO – SC – 2016)

Assinale a alternativa que apresenta o uso correto do pronome de tratamento na frase "S.S. visitou vários países" inclusive ao Brasil, o pronome de tratamento refere-se:

a) Ao Prefeito.
b) A um rei.
c) A um príncipe.
d) Ao papa.

Questão 35 (IF-CE – 2016)

Está **correta** a classificação da palavra destacada da frase da opção

a) Mandou-me ir embora, mas eu não **o** fiz. (pronome demonstrativo)
b) **Certas** pessoas do meu trabalho não pensam no bem comum. (adjetivo)
c) Desejo **que** você venha logo. (pronome relativo)
d) Não há nenhuma acusação contra **ti**. (pronome oblíquo átono).

e) Da minha casa até o trabalho, eu gasto em torno de **um** litro de gasolina. (artigo indefinido)

Questão 36 (FCC – 2016)

Criamos a nossa civilização e atribuímos à nossa civilização o papel de dirimir nossos sofrimentos, fazendo da nossa civilização uma espécie de escudo contra o furor dos nossos instintos, para que não reconheçamos os nossos instintos como forças que não podem ser controladas.

Evitam-se as viciosas repetições da frase acima, substituindo-se os elementos sublinhados, na ordem dada, por:

a) lhe atribuímos – fazendo dela – os reconheçamos
b) a atribuímos – fazendo com ela – reconheçamos-lhes
c) atribuímo-la – fazendo dela – lhes reconheçamos
d) a ela atribuímos – fazendo-a – reconheçamo-los
e) lhe atribuímos – fazendo-lhe – os reconheçamos

Questão 37 (UFRJ – 2016)

Considere o texto a seguir:

"O tradicional colégio Pedro II, escola federal fundada em 1837, no Rio, não tem mais uniformes masculino e feminino. Na prática, o uso de saias está autorizado para os meninos, que podem usá-**las** livremente. Desde maio deste ano, o Pedro II adota nas listas de chamada o nome social escolhido por alunos e alunas transexuais".

Adaptado de **Colégio Pedro II, no Rio, libera saia para meninos**. Estadão, 20/09/2016. http://educacao.estadao.com.br/noticias/geral,colegio-pedro- -ii-no-rio-libera-saia-para-meninos,10000077010

Para o estabelecimento da coesão textual, são diversos os recursos disponíveis na língua portuguesa. Entre eles estão os pronomes. O termo las, em destaque no primeiro parágrafo, trata-se de pronome pessoal:

a) reto, que se refere à palavra alunas.
b) oblíquo átono, que se refere à palavra transexuais.
c) reto, que se refere à palavra listas.
d) oblíquo tônico, que refere-se à palavra meninos.
e) oblíquo átono, que se refere à palavra saias.

Questão 38 (UFTM – 2016)

Assinale a opção em que a colocação pronominal se justifica pelo mesmo motivo, de acordo com a norma culta, que a posição do pronome "**lhe**" em "O crime de furto não **lhe** renderá uma longa condenação na esfera criminal, mas a frieza do ato é um agravante que vai muito além do que diz a lei.":

a) Se ela tiver dificuldades, certamente todos **lhe** ensinarão o conteúdo.
b) Eu não mentiria sobre esse assunto, ainda que **me** ameaçassem.
c) O professor não pode dizer isso, pois aquele aluno jamais **o** desrespeitou.
d) Nesta instituição, há ainda muitas pessoas que **nos** querem muito bem.

Questão 39 (CRESCER CONSULTORIA – 2016)

Apenas uma das alternativas permite próclise ou ênclise facultativa:

a) "Nunca me espanto em ver homes fazendo o mal" (L.5/6).
b) "Os códigos sociais introjetados é que nos fazem honrar a palavra dada" (L.7).
c) "Quando o mecanismo funciona bem, aproxima-nos das "doces civilidades da vida" (L.10).
d) "Para testá-la" (L.37).

Questão 40 (MÁXIMA – 2016)

Está indevido o emprego de eu/mim:

a) Entre eu e você só há amizade.
b) Para mim, persistir é a base da conquista.
c) Para eu conseguir, preciso perseverar.
d) Não tinha nada para mim naquele lugar.

Questão 41 (MS CONCURSOS – 2016)

"Havia um importante serviço a ser feito e Todo Mundo estava certo de que Alguém o faria. Qualquer Um poderia tê-lo feito, mas Ninguém pensou nessa hipótese. Alguém reclamou porque o serviço era de Todo Mundo, mas Todo Mundo estava certo de que Qualquer Um o faria. Só que Ninguém poderia imaginar que Todo Mundo iria tirar o corpo fora. Por fim, Todo Mundo terminou culpando Alguém porque Ninguém fez o que Qualquer Um poderia ter feito." (José Albuquerque Gueiros).

Analise os itens e assinale a opção certa:

I. As personagens do texto são Todo Mundo, Alguém, Qualquer Um e Ninguém.
II. Todas as personagens fizeram um serviço importante, cumpriram a sua parte.
III. Os pronomes indefinidos do texto são Todo, Alguém, Qualquer e Ninguém.
IV. Todas as personagens do texto são pronomes indefinidos.
V. Como todas as personagens são nomeadas por pronomes indefinidos, o serviço deixou

de ser feito, pois não foi possível definir quem deveria fazê-lo.

a) Apenas I, II, III e V estão corretos.
b) Apenas II, III, IV e V estão corretos.
c) Apenas II, III e V estão corretos.
d) Apenas I, III, IV e V estão corretos.

UNIVERSIDADE FEDERAL DE VIOSA - 2016

Lendo e interpretando

O texto que você vai ler, abaixo, pertence ao gênero crônica. Como tal, trata de fatos do cotidiano vistos sob a perspectiva do autor da crônica. No caso, dois rapazes entediados que não conseguem se enturmar.

As questões de 1 a 3 serão baseadas nesse texto.

Texto 1

OS ANTISSOCIAIS I

– Alô?
– E aí?
– Fala, grande.
– Que tá fazendo?
– Nada. Debaixo das cobertas.
– Hum. Sei.
– E você?
– Na mesma.
– Um saco, hein!
– Pois é. Liguei pra isso.
– Isso o que?
– Ah, sei lá. Tédio dos infernos.
– Pra variar né?
– Vontade acabar com isso tudo.
– Vai se matar?
– Não, anta. Vontade acabar com esse tédio.
– Vá ler um livro.
– Outro?
– É, um saco!
– E como! Já foram três essa semana!
– Putz.
– Tá afim de sair?
– Nem. Pra onde?
– A festa da facul.
– Ah, nem vou. Tô debaixo das cobertas.
– Só sair daí.
– Nem... Só saio daqui amanhã cedo.
– Eu tôafim de ir.
– Você vai?
– Não disse que vou. Disse que estou afim.
– Mas você vai?
– Ah, sei lá.
– Fazer o que lá, cara?
– Fazer o que aqui?
– Vá ler um livro.
– Putz... Você não se incomoda com isso, cara?
– Isso o quê?
– Ficar dias e dias enfiado nesse quarto. Você é um ser humano ou uma ameba?
– Ó quem fala.
– É disso que estou falando.
– Eu não sou uma ameba.
– Amebas são mais sociáveis, isso sim.
– São?
– Devem ser. São mais populares que nós, pelo menos.
– Se são. Você vai?
– Pensando. Dá medo.
– E eu não sei?
– Vai ter gente estranha pra cacete lá.
– Muita gente, isso sim.
– E estranha. – E como! Você vai?
– Se você for, eu vou.
– Eu não vou.
– Por que não?
– Nem a pau. Muita gente. Gente estranha.
– A gente se enturma.
– Certeza?
– Bom, acho que não. Mas a gente tenta, pelo menos.
– A gente tentou ano passado, lembra?
– É.
– No que deu?
– Sujeira.
– Nem isso. Não deu foi em nada, isso sim.
– É.
– Os dois largadões lá no meio sem saber o que fazer.
– É.
– Olhando um para a cara do outro. No mesmo lugar durante duas horas.
– Se ao menos a gente soubesse dançar.
– E quem ia querer dançar com a gente?
– Pior. Fiascaço.
– E como!
– Melhor deixar essa ideia pra lá, né?
– Melhor mesmo.
– Mas, o que eu faço nessa porcaria de sábado?
– Ah, sei lá. Faça o mesmo que eu.
– OK.

Desligou, e foi ler um livro. Um saco!

Disponível em:Acesso:20/10/2015.

01) Com base na leitura da crônica Os antissociais I é INCORRETO afirmar:

a) É um texto estruturado em um diálogo entre dois jovens tediosos, insatisfeitos com a situação em que se encontram, mas sem ânimo para vencer o isolamento.

b) Como toda crônica, Os antissociais I mostra um episódio da vida perfeitamente possível de ser observado na sociedade contemporânea.

c) Percebe-se, na fala dos personagens, que a forma como são usadas determinadas palavras - largadões e fiascaço -, por exemplo, indica se tratar de dois rapazes jovens.

d) A linguagem formal expressa no texto é a principal caraterística das crônicas estruturadas em diálogos, um exemplo disso é o uso do pronome em: A gente se enturma.

02) O uso de determinadas expressões e o modo como são usados certos aspectos gramaticais são marcas que caracterizam um texto como erudito, formal, informal, coloquial, etc. Marque a alternativa em que a palavra destacada e sua respectiva justificativa NÃO servem como exemplo de texto informal:

a) – Se são. Você vai? Uso inadequado do pronome no início da frase.

b) – Fala, grande! Adjetivo usado como substantivo para nomear um dos rapazes.

c) – Putz. Interjeição jovial que indica, entre outras coisas, admiração.

d) – A festa da facul. Redução de palavras, no caso, o substantivo faculdade

03) Sabendo-se que qualquer história parte de um narrador que pode participar com maior ou menor intensidade dos fatos narrados, sobre a narração na crônica os Os antissociais I é CORRETO afirmar que:

a) O narrador é subjetivo, isto é, escreve em primeira pessoa, narra só o que percebe, não manifesta seus sentimentos e não participa da história

b) O cronista narra a história de dois jovens que vivem entediados e, ao longo do texto, vai expondo a sua opinião sobre eles.

c) Por meio do diálogo entre os dois rapazes o narrador encobre temas como o tédio e a dificuldade de socialização de muitos jovens de hoje.

d) Nas duas últimas linhas do texto - Desligou e foi ler um livro. Um saco – tem-se a voz do narrador referindo-se a um dos personagens.

Texto 2

Disponível em http://www.portalfiel.com.br/charges/2-charge-bala-perdida.html%3EAcesso: Acesso: 20/10/2015

04) Uma língua nunca é falada da mesma maneira pelos seus usuários, ela está sujeita a muitas variações. Chamamos de variação linguística determinadas formas de uso da língua, de acordo com as necessidades comunicativas dos diversos grupos sociais. Geralmente as variações são classificadas por critérios regionais, temporais, sociais, culturais e outros. Na charge acima, observa-se uma variação linguística do português padrão, representada, no texto, dentre outras, pelo uso de algumas formas verbais. A alternativa que explica CORRETAMENTE essa variação do português padrão pelo ponto de vista gramatical é:

a) Os verbos "olha" e "achei", na fala do garoto, estão em desacordo com o português padrão por estarem na terceira pessoa do plural.

b) "Solta isso menino" exemplifica a fala popular porque foge à regra de uso da pessoa e do tempo do verbo soltar no modo indicativo.

c) Em "tu quer morrer", há discordância da língua padrão, já que a forma verbal "quer", de terceira pessoa, não está adequada ao pronome "tu", de segunda pessoa.

d) Tanto o uso do imperativo "solta" quanto o do infinitivo "quer", na fala da mãe, estão sendo usados conforme os modelos da língua padrão.

Texto 3

As palavras marcadas no texto encontram-se no vocabulário.

Ouvir Estrelas

Olavo Bilac

"Ora (direis) ouvir estrelas!

Certo Perdeste o senso!" E eu vos direi, no entanto,

Que, para ouvi-las **muita vez** desperto

E abro as janelas, pálido de espanto...

E conversamos toda noite, enquanto
A Via Láctea, como um **pálio** aberto,
Cintila. E, ao vir o sol, saudoso e em pranto,
Inda as procuro pelo céu deserto.

Direis agora: "**Tresloucado** amigo!
Que conversas com elas? Que sentido
Tem o que dizes, quando não estão contigo?"

E eu vos direi: "Amai para entendê-las!
Pois só quem ama pode ter ouvido
Capaz de ouvir e de entender estrelas".

Disponível em Acesso: 20/10/2015

Vocabulário:

inda: ainda

muita vez: o mesmo que muitas vezes (forma mais antiga da expressão)

pálio: espécie de manto

tresloucado: desvairado, doido, louco

05) Sobre o texto de Olavo Bilac é INCORRETO dizer:

a) É um poema e caracteriza-se por ser escrito em versos.
b) O texto é um poema, os versos mostram sentimentos do autor.
c) É uma crônica escrita em versos, pois apresenta um diálogo.
d) O texto é escrito em versos, mas, ainda assim, possui um diálogo.

06) Assinale a alternativa em que as duas expressões mostram o diálogo entre o poeta e seus ouvintes:

a) Ora (direis) / inda as procuro
b) Eu vos direi / Tresloucado amigo!
c) Direis agora / pálido de espanto
d) Amai para entendê-las / abro as janelas

07) Considerando a leitura dos textos, marque a alternativa em que a palavra destacada NÃO se refere ao termo entre colchetes:

a) "Já foram **três** essa semana!" [tédio] (texto 1)
b) "para ouvi-**las** muita vez desperto" [estrelas] (texto 3)
c) "A **gente** se enturma." [os dois jovens entediados] (texto1)
d) "**Isso** é uma bala perdida" [objeto que está na mão do garoto] (texto 2)

08) Considerando a leitura dos três textos pode-se afirmar que:

a) Cada um deles pertence a um gênero diferente, respectivamente: crônica, charge e poema.
b) O texto dois pode ser considerado um poema social, e o 3 pode ser considerado uma crônica.
c) O texto 1 é uma crônica subjetiva pela qual o autor expressa seus sentimentos e lembranças.
d) O texto 3 é um poema que descreve a amizade entre poeta e seu saudoso amigo tresloucado.

GABARITOS

PROPOSTAS

1 – Resposta pessoal
2 – Resposta pessoal
3 – Resposta pessoal
4 – Resposta pessoal
5 – Resposta pessoal

QUESTÕES DE PROVAS

1 – Resposta pessoal
2 – E
3 – E
4 – A
5 – E
6 – D
7 – A
8 – D
9 – B
10 – B
11 – B
12 – D
13 – D
14 – B
15 – B
16 – A
17 – C

18 – C
19 – C
20 – B
21 – D
22 – E
23 – D
24 – B
25 – A
26 – A
27 – D
28 – A
29 – E
30 – C
31 – C
32 – E
33 – C
34 – A
35 – A
36 – A
37 – E
38 – C
39 – D
40 – A
41 – C

LENDO E INTERPRETANDO

1 – D
2 – A
3 – D
4 – C
5 – C
6 – B
7 – A
8 – A

OS VERBOS

1. PRA COMEÇO DE CONVERSA

Além da Terra, além do Céu

Além da Terra, além do Céu,
no trampolim do sem-fim das estrelas,
nos rastros dos astros,
na magnólia das nebulosas,
além, muito além do sistema solar,
até onde alcançam o pensamento e o
coração,
vamos!
vamos conjugar
o verbo fundamental essencial,
o verbo transcendente, acima das
gramáticas
e do medo e da moeda e da política,
o verbo sempreamar,
o verbo pluriamar,
razão de ser e de viver.

ANDRADE, Carlos Drummond de. Amar se aprende amando. Rio: Record, 1985. p.16.

Verbo significa, originariamente, "palavra". Esse significado pode ser percebido em expressões como "abrir o verbo" ou "deitar o verbo", utilizada para indicar o uso farto e desimpedido das palavras. As palavras que pertencem à classe gramatical dos verbos receberam esse nome porque, devido à sua importância nas orações da língua, foram consideradas "as palavras" por excelência pelos gramáticos. Conjugar um verbo é, portanto, exercer o direito pleno de empregar a palavra; no caso dos verbos como "sempreamar" e "pluriamar" e, segundo o poeta, realizar-se em sua própria humanidade.

Neologismo

Beijo pouco, falo menos ainda.
Mas invento palavras
que traduzem a ternura mais funda.
E mais cotidiana.
inventei, por exemplo, o verbo teadorar.
Intransitivo
Teadoro, Teodora.

BANDEIRA, Manuel. Meus poemas preferidos. São Paulo: Ediouro. 2002.

Podemos dizer que o verbo é a palavra mais importante da oração. A partir dessa primeira informação, você consegue notar algo de semelhante entre esses dois poemas? REGISTRE sua observação.

Sabemos, pelos estudos que fizemos ao longo da vida, que o paradigma da conjugação verbal assusta muito. Portanto, optamos, neste capítulo, por fazer algumas considerações que julgamos práticas acerca desse assunto.

2. TEORIZANDO

2.1. Você se lembra do "CREDELEVE"?

Muitos são os verbos que trazem dificuldades às pessoas cotidianamente; certamente, você já teve dificuldades com eles ao falar e, principalmente, ao tentar escrever uma frase qualquer.

A primeira dificuldade em relação aos verbos "crer, dar, ler e ver" entre outros é a acentuação. Como se escrevem nas formas da terceira pessoa do plural do presente do indicativo? Como um "e" só? Com dois "ee"? Com acento agudo? Ou circunflexo? No primeiro ou no segundo "e"?

Os verbos **ter** e **vir** serão escritos com um "e" só e com acento circunflexo (^) quando o elemento que tem algo ou que vem a algum lugar ou de algum lugar (o sujeito) estiver na terceira pessoa do plural (eles, elas, vocês...) do presente do indicativo. Teremos então, frases como "Todos os dias eles têm de trabalhar na rua"; "Elas vêm ao escritório para registrar queixas"; "Vocês têm algum dinheiro para me emprestar?". Se o sujeito tiver no singular (ele, ela, você), não haverá acento algum: "Todos os dias ele tem de trabalhar", "Ela vem ao escritório para registrar queixas"; "Você tem algum dinheiro para me emprestar?".

Os derivados desses dois verbos (manter, conter, deter, reter, intervir, provir, convir...) receberão acento agudo quando o sujeito for a segunda pessoa do singular (tu) ou a terceira pessoa do singular (ele, ela, você...) e receberão acento circunflexo quando o sujeito estiver na terceira pessoa do plural (ele, elas, vocês...). Teremos, então, frases como "O pai diz que mantém seu castigo"; "Esses produtos provêm da Alemanha"; "Tu deténs teus sentimentos?". Por sua vez, o verbo **ver** e seus derivados serão escritos com "ee", sem acento circunflexo no primeiro deles (a partir do acordo ortográfico de 2009) quando o sujeito estiver na terceira pessoa do plural do presente do indicativo. Teremos, então, frases como "Os meninos veem as moças passeando todas as tardes"; "Alguns mentirosos dizem que preveem o destino da nação". Se o sujeito estiver no singular, esses verbos serão escritos com um "e" só e com acento circunflexo. Teremos, então, frases como "O menino vê as moças passando todas as tardes"; "Aquele mentiroso diz que prevê o destino da nação".

E o tal "credeleve" – o que é mesmo? Na verdade, trata-se de um macete que diz que só se deve grafar com dois "ee", SEM circunflexo, os verbos "cre, dar, ler e ver", ou seus derivados, na terceira pessoa do plural. Assim, "Eles creem em Deus", "Os alunos leem Machado de Assis no Ensino Médio", por exemplo.

2.2. Verbos e marcas

Os tempos e os modos verbais que acompanham os verbos apresentam, junto ao seu radical, algumas "marcas", chamadas de desinências.

O tempo verbal denominado **pretérito imperfeito do subjuntivo**, por exemplo, indica hipótese, condição, e é iniciado quase sempre pela conjunção "se" ou pela conjunção "caso"; caracteriza-se pela desinência "sse" e, geralmente, é acompanhada de outro verbo no futuro do pretérito do indicativo, tempo caracterizado pela desinência "ria": "Se eu ganhasse mais, poderia fazer mais viagens", "Caso ganhássemos mais, poderíamos fazer melhores viagens".

O tempo verbal denominado **futuro do subjuntivo** indica possibilidade futura, é iniciado pela conjunção "quando" ou pela conjunção "se", caracteriza-se pela desinência "ar, er ou ir" e, geralmente, é acompanhado de outro verbo no futuro do presente do indicativo: "Quando nos esforçarmos mais, conseguiremos melhores resultados".

Esses dois tempos verbais destacados acima são formados a partir de outro tempo denominado **pretérito perfeito do indicativo,** que indica ação ocorrida no passado em determinado momento: "Ontem eu me encontrei com a Patrícia". A terceira pessoa do plural desse tempo é caracterizada pela desinência "ram": "Ontem eles se encontraram com a Patrícia". Se retirarmos as duas últimas letras dessa desinência ("a" e "m"), formaremos a base para o **futuro do subjuntivo.** Se retirarmos também a letra "r" e acrescentarmos a desinência "sse", formaremos a base para o **pretérito imperfeito do subjuntivo.** Vejamos, então: "Ontem ele se encontraram" é o verbo encontrar no pretérito perfeito do indicativo; "Quando ele encontrar", no futuro do subjuntivo; "Se ele encontrasse", no pretérito perfeito do subjuntivo.

2.3. Vamos recordar?

Radical: parte que contêm o significado básico da palavra. Conserva-se intacta quando o vocábulo sofre alteração: **fal**ar, **com**er, **dorm**ir. Descobre-se o radical retirando as terminações **ar, er, ir.**

Vogal Temática: são as vogais que indicam a conjugação: fal**a**r, com**e**r, dorm**i**r. Verbos terminados em AR – primeira conjugação, ER – segunda conjugação, IR – terceira conjugação.

Tema: é a junção do radical com a vogal temática: **FALA, COME, DORMI**

Desinência: é a terminação das palavras, flexionadas ou variáveis, que vem depois do radical e mostra variações de modo, número, tempo e pessoas verbais: fala**ndo**, fala**ríamos**, come**ríeis**, comê**ssemos**, dorm**ia**, dorm**iste.**

3. VERBOS "DERIVADOS"

Alguns verbos são provenientes de outro, havendo apenas o acréscimo de algum prefixo. O verbo "reter", por exemplo, é um dos tantos filhos do verbo "ter": "deter", "reter", "entreter", "obter", "conter", "abster" etc. Agora analisemos alguns verbos representados com confusos – ter, pôr, vir e ver: "Sempre eles tiveram dinheiro", "Ontem eles puseram mais dinheiro no banco", "Na semana passada, eles não vieram" e "Eles viram o acidente ocorrer" = pretérito perfeito do indicativo; "Se eles tiverem mais dinheiro", "Se ele puser mais dinheiro no banco", "Se ele vier na semana que vem", "Se ele vir um acidente ocorrer" ("vir", do verbo ver) = futuro do subjuntivo; "Se ele tivesse", "Se ele pusesse", "Se ele viesse", "Se ele visse" = pretérito perfeito do subjuntivo.

Vimos algumas das desinências de cada tempo verbal. Mas, e os derivados? Com eles, acontece o mesmo: "Se eu mantivesse a ação, estaria tudo resolvido", "Se eu detivesse a ação, estaria tudo resolvido", "Se eu propusesse a questão, eles a teriam resolvido", "Se eu compusesse a música, seria sucesso.", "Se eu **interviesse** na questão, não haveria mais senões", "Se eu previsse o futuro, não teria feito besteiras", Se eu não antevisse o perigo, nada teria **ocorrido**", "Quando eu detiver", "Quando eu retiver", "Quando eu intervier", "Quando eu provier", "Quando eu previr", "Quando eu intervir".

4. "VER" E "VIR"

Há uma enorme confusão proveniente do uso coloquial desses dois verbos. "Vir" tanto pode ser o infinitivo do verbo vir quanto o futuro do subjuntivo do verbo ver: "Se você a vir (verbo ver), peça-lhe para vir (verbo vir) até a escola". O mesmo se sucede com todas as pessoas verbais: "Se vocês as virem, peçam-lhes para virem até a escola".

"Vimos" tanto pode ser a primeira pessoa do plural do pretérito perfeito do indicativo do verbo ver: "Nós vimos aqui hoje porque, na semana passada, nós vimos o que ocorreu com os alunos e queremos nos prevenir".

5. "TINHA PAGADO" OU "TINHA PAGO"?

Antes de se responder essa questão, é conveniente abordarmos o tema em que ele se insere, o dos verbos abundantes. Esses verbos apresentam duas formas no particípio: uma **regular**, com terminação em –ado na primeira conjugação e em –ido na segunda e terceira conjugação e, outra **irregular**, com terminação variável. A forma regular é normalmente mais longa e irregular, mais curta. Assim o verbo "fixar", no particípio, apresenta-se como *fixado* e *fixo*.

O critério geral de emprego desses particípios é bastante simples:

Particípio Regular (longo) – É usado na voz ativa, acompanhado dos verbos auxiliares "ter" e "haver", como em "Você **tem *secado*** as meias atrás da geladeira?" e "Nunca **havia *limpado*** a tela da televisão antes".

Particípio Irregular (curto) – Usa-se na voz passiva, com os verbos auxiliares "ser", "estar", "ficar", "andar" e outros. Exemplos: "A toalha usada já **está *seca*"** e "O salão **foi *limpo*** pela faxineira".

5.1. Algumas observações

5.1.1. Usadas com auxiliares como "ser", "estar", "ficar" e outros, as formas dos particípios variam em gênero e número. Assim, "O parecer **foi *firmado***", "Os pareceres **foram *firmados***"; "A pesquisa **foi *apresentada***", "As pesquisas **foram *apresentadas***". Por sua vez, com "**ter**" e "**haver**", o particípio fica invariável: "**Temos *escrito*** muitos artigos para a revista". Se disser "Temos *escritos* muitos artigos para a revista", o significado da frase muda e passa a querer dizer que "temos prontos muitos artigos para a revista".

5.1.2. Há particípios regulares que podem ser usados também na voz passiva. Assim, podemos ler na imprensa: "O ministro **foi *fritado*** por longo tempo" e "A conta **foi *ocultada*** rapidamente da fiscalização". Lembre-se de que o particípio irregular desses verbos é *frito* e *oculto*.

5.1.3. Em alguns verbos que admitem ambos os particípios na voz passiva, uma forma é mais usual que a outra conforme o auxiliar utilizado: "O tanque **está *cheio***", mas "O tanque ***é enchido*** diariamente" e "A situação **está *envolta*** em mistérios. Em outros contextos, o mesmo particípio acaba sendo empregado indiferentemente com um ou outro auxiliar: "O presidente ***esteve* envolvido** em escândalos." e "O presidente ***foi* envolvido** em escândalos".

5.1.4. Nas orações reduzidas de particípio, usa-se apenas a forma irregular: "**Acesa** a vela, os rostos apareceram" (e não "acendida a vela") e "**Findo** o prazo, os deputados continuaram em campanha eleitoral" (e não "findado o prazo").

5.1. 5. Há verbos em que só se usa a forma irregular:

Verbo	Particípio
Abrir	Aberto
Cobrir	Coberto
Dizer	Dito
Escrever	Escrito
Fazer	Feito
Pôr	Posto
Ver	Visto
Vir	Vindo

5.1.6. Na linguagem atual, a forma regular de três verbos já caiu em desuso: ganhado (ganhar), gastado (gastar) e pagado (pagar). Curiosamente, todas relacionadas com dinheiro.

6. INDICATIVO X SUBJUNTIVO

Um dia, todos já aprendemos que o modo indicativo aponta para o fato certo: "Eu escrevi mais um capítulo de minhas memórias". Muitos ainda se lembram de que o subjuntivo, por sua vez, expressa algo duvidoso, provável: "Talvez ainda publique um livro este ano". O problema é que, na linguagem coloquial, andam matando o subjuntivo. "Você quer que eu *vou* lá agora?", "Você quer que eu *tiro* uma cópia disso? – perguntou a funcionária ao seu chefe". Não é difícil ouvir pessoas que, com a maior naturalidade, "matam" o presente do subjuntivo. Confundem o presente do indicativo com o presente que expressa uma hipótese, uma possibilidade. "Você quer que eu *vá* lá agora?", "Você quer que eu *tire* uma cópia?" é o correto.

7. SALADA DE DÚVIDAS

a) Na gramática, **falir** é um verbo que traz dúvidas. O verbo **falir** é defectivo, ou seja, sua conjugação é incompleta. Esse verbo não conjuga nas formas em que a sílaba tônica cair na sua raiz. Para ficar só no presente do indicativo, é errado falar ou escrever eu falo, tu fales, ele fale, eles falem. O correto é usar expressões do tipo: estou falido, ou entramos em falência. [E pior ainda se for verdade.].

b) O verbo **caber** é um verbo irregular e, às vezes ficamos inseguros na hora de usá-lo. As três frases seguintes estão corretas: "Eu não *caibo* (presente do indicativo) nesta cama"; "*Coube* (pretérito perfeito do indicativo) tudo no porta-malas.", "Quero que todas essas frutas *caibam* (presente do subjuntivo) nesta bolsa".

c) Um verbo defectivo, como já se sabe, é aquele que não se conjuga totalmente. **Adequar**, por exemplo, no presente do indicativo, só se conjuga nas primeiras e segundas pessoas do plural (nós e vós). Logo, nada de "eu me adéquo", ou "eu me adeqúo", ou "ele se adéqua", e coisas parecidas. Já "eu me adequei", no pretérito perfeito, está correto. Assim, falaremos adequadamente dentro da norma culta imposta pela gramática normativa.

d) Em nosso idioma, há uma particularidade interessante. Podemos usar tranquilamente o presente para indicar o futuro, como em: "Amanhã, *estou* aqui de novo.", "No ano que vem eu *visito* você"; ou "Na próxima semana, eu *mando* notícias".

e) Popularmente usa-se a palavra *perca* como um derivado do verbo *perder*. O uso oficial, porém, é *perda*: "A aposentadoria dele foi uma perda". *Perca* aparece apenas na conjugação do verbo no presente do subjuntivo: "É bem possível que eu *perca* o navio".

f) Há casos em que um verbo, quando conjugado, muda uma letra do infinitivo em outra. É o que acontece com os verbos finalizados em GER e GIR. Se a vogal seguinte deixa de ser *e* ou *i* e passa a ser *a* ou *o*, opera-se a mudança. Exemplos: exigir – exijo, exija; reger – rejo, reja; dirigir – dirijo, dirija; tanger – tanjo, tanja.

8. O MODO IMPERATIVO

O modo imperativo, ao contrário do que se pensa, não apenas expressa **ordem.** Ele pode ser suave, se dito com um sorriso.

Começa, hoje, reza por mim, leva essa recordação...

9. VOZES VERBAIS

Em relação ao que se denomina voz, o verbo pode ser ativo, passivo, reflexivo.

9.1. Voz ativa

O verbo de uma oração está na voz ativa quando a ação é praticada pelo sujeito.

Ex.: O professor expulsou a aluna da classe.

9.2. Voz passiva

O verbo de uma oração está na voz passiva quando a ação é sofrida pelo sujeito, que não é o mesmo que pratica a ação verbal.

Ex.: A aluna foi expulsa da classe pelo professor.

A voz passiva é indicada de duas maneiras:

9.2.1. Passiva analítica

Mediante o uso dos verbos auxiliares SER e ESTAR e os particípios de certos verbos ativos: ser visto (sou visto, és vistos, é visto...); estar abatido (estou abatido, estava abatido...).

Raramente, a passiva analítica aparecerá com outros verbos que desempenharão a função de um verbo auxiliar.

Ex.: A criança vinha conduzida pelo pai. (Voz ativa: o pai conduzia a criança).

9.2.2. Passiva sintética ou pronominal

É formada mediante o uso do pronome **se** (pronome apassivador). Nesse caso, o sujeito agente desaparece, porque não interessa ao narrador mencioná-lo.

Ex.: "Cobrem-se botões" – botões não pratica a ação de cobrir e, sim, recebe, sofre a ação. Portanto, botões não é o agente da ação verbal, sendo o sujeito paciente. Essa mesma oração pode ser expressa por "Botões são cobertos" (passiva analítica), continuando o sujeito a ser botões, que, por estar no plural levará o verbo também para o plural.

9.3. Voz reflexiva

Na voz reflexiva, o sujeito pratica e sofre a ação ao mesmo tempo. A voz reflexiva é formada de um verbo mais um pronome reflexivo (me, te, se, nos, vos, se). Muitas vezes, para se evitar ambiguidade, temos de, ao usar a voz reflexiva, empregar outro recurso além do uso desses pronomes, como ocorre no exemplo seguinte:

Paulo e Thiago feriram-se.

a) Podemos ter um verbo passivo equivalente a *Paulo e Thiago foram feridos.*

b) Podemos ter um verbo reflexivo equivalente a *Paulo e Thiago feriram a si próprios.*

c) Podemos ter um índice de reciprocidade de ação, significando que *Paulo feriu Thiago e Thiago feriu Paulo.* Para que o verbo possa ser considerado reflexivo, nesse exemplo, sem ambiguidades, temos de acrescentar alguma expressão de reciprocidade: *Paulo e Thiago feriram-se reciprocamente / um ao outro / a si próprios* etc.

10. GERUNDISMO

Juro que não tinha escutado o tal gerundismo até a véspera do feriado do 1º de maio, motivo pelo qual eu ainda não havia tratado do assunto nesta página. Só ouvindo pra crer.

Toca o telefone: era um rapaz muito simpático a fazer novo cadastramento do proprietário daquela linha telefônica. Tentei me escapar dizendo que estava no nome do meu marido, mas fui "fisgada" quando ele saiu com esta:

A senhora pode estar respondendo a duas ou três perguntas? Eu vou estar confirmando os dados... blábláblá... Nossa empresa vai estar lhe informando blábláblá... A senhora vai estar pagando diretamente em conta corrente...

Espera aí moço. Será que não dava para fazer algumas alterações nesse texto que você acaba de ler?

Como assim? [Surpreso e assustado]

É o seguinte [me identifiquei melhor e...] em vez de usar o verbo estar com o gerúndio, por exemplo, "estar respondendo", você vai direto para o verbo principal "responder".

Ah, eu uso o presente...

Não é bem o presente, é o infinitivo. Assim: em vez de dizer "pode estar respondendo", você diz ***pode responder****; "vou estar confirmando" fica* ***vou confirmar****; "vai estar lhe informando" –* ***vai lhe informar****; "vai estar pagando" –* ***vai pagar****, é assim por diante.*

Está bem. Então posso estar continuando... ops!... pos-so con-ti-nu-ar [enfático] a mensagem?

Vamos lá.

A senhora vai... [pausa] re-ce-ber em seu domicílio...

Só não perguntei qual o nome do rapaz. Foi pena – eu poderia sugerir à empresa um melhor aproveitamento do seu funcionário, por sua disposição em aprender tão rapidamente a lição. Quanto a mim, cairia bem um descontinho nas ligações pela aula à distância...

M. T. Piacentini

Isso não quer dizer que o **gerúndio** seja abominável. Pelo contrário, ele pode e deve ser usado para expressar uma ação em curso ou uma ação simultânea a outra, ou para exprimir a ideia de progressão indefinida. Combinado com os auxiliares, estar, andar, ir, vir, o gerúndio marca uma ação durativa, com aspectos diferenciados:

1) **com estar,** o momento é rigoroso:

Está havendo, hoje em dia, certo abuso... Os preços estão subindo todos os dias. O país está entrando numa crise sem precedentes.

2) **com andar,** predomina a ideia de intensidade ou movimento reiterado:

Andei buscando uma saída para a crise.
Andaram falando mal de ti.

3) **com ir,** a ação durativa se realiza progressivamente:

O tempo foi passando e nada de solução.
Aos poucos ela vai ganhando a confiança do patrão.

4) **com vir,** a ação se desenvolve gradualmente em direção à época ou ao lugar em que nos encontramos:

O livro não regista como tal expressão vem sendo usada pelos brasileiros.
A noite vai chegando de mansinho.

11. DE VOLTA AO MODO IMPERATIVO

a) O imperativo afirmativo é proveniente do presente do indicativo e do presente do subjuntivo. **Tu** e **vós** são provenientes do presente do indicativo, sem a desinência –s; **vocês, nós** e **vocês** provêm do presente do subjuntivo.

Por exemplo, tomemos o exemplo do verbo *cantar*. Presente do indicativo: eu canto, tu cantas, ele canta, nós cantamos, vós cantais, eles cantam.

Presente do subjuntivo: que eu cante, que tu cantes, que ele cante, que nós cantemos, que vós canteis, que eles cantem.

Imperativo afirmativo: canta tu, cante você, cantemos nós, cantai vós, cantem vocês.

b) O imperativo negativo é proveniente do presente do subjuntivo. Tomemos novamente o verbo cantar:

Não cantes tu, não cante você, não cantemos nós, não canteis vós, não cantem vocês.

QUESTÕES DE PROVA

Questão 01 (IESES – 2017)

Releia: "mesmo assim sabemos o que **queremos** dizer". O verbo "querer" pode assumir diferentes formas de acordo com o tempo em que estiver conjugado.

Assinale a única alternativa em que esse verbo tenha sido corretamente conjugado e escrito.

a) A secretária quereria sair mais cedo.
b) Seria melhor que ele queresse colaborar.
c) Se você quizesse melhorar, poderia.
d) O professor quiz saber as razões do atraso.

Questão 2 (COSEAC – 2017) Texto

AQUI SOZINHO

Aqui sozinho, nesta calma, toda a história da humanidade e da vida rolam diante de mim. Respiro o ar inaugural do mundo, o perfume das rosas do Éden ainda recendentes de originalidade. A primeira mulher colhe o primeiro botão. Vejo as pirâmides subindo; o rosto da esfinge pela primeira vez iluminado pela lua cheia que sobe no oriente; ouço os gritos dos conquistadores avançando. Observo o matemático inca no orgasmo de criar a mais simples e fantástica invenção humana – o zero. Entro na banheira em Siracusa e percebo, emocionado, meu corpo sofrendo um impulso de baixo para cima igual ao peso do líquido por ele deslocado. Reabro feridas de traições, horrores do poder, rios de sangue correm pela história, justos são condenados, injustos devidamente glorificados. Sinto as frustrações neuróticas de tantos seres ansiosos, e a tentativa de superá-las com o exercício de supostas santidades. Com a emoção a que nenhum sexo se compara, começo, pouco a pouco, a decifrar, numa pedra com uma tríplice inscrição, o que pensaram seres como eu em dias assustadoramente remotos. Acompanho um homem – num desses raros instantes de competência que embelezam e justificam a humanidade – pintando e repintando o teto de uma capela; ouço o som divino que outro tira de um instrumento que ele próprio é incapaz de ouvir. Componho em minha imaginação o retrato de maravilhosas sedutoras, espiãs, cortesãs e barregãs, que possivelmente nem foram tão belas, nem seduziram tanto. Sento e sinto e vejo, numa criação única, pessoal e intensa, porque ninguém materializou nada num teatro, numa televisão, num filme. Estou só com a minha imaginação. E um livro.

(Fernandes, M. JB – 01.02.92)

Em "Sento e sinto e vejo", temos, respectivamente, verbos de:

a) primeira, segunda e terceira conjugações.
b) primeira, terceira e segunda conjugações.
c) segunda, terceira e primeira conjugações.
d) terceira, primeira e segunda conjugações.
e) terceira, segunda e primeira conjugações.

Questão 3. (FUNDEP – 2017)

Releia os trechos a seguir.

I. "A história de Hans, um cavalo alemão, mostra bem a capacidade de observação e associação dos animais que **criamos**."
II. "Eles reparam, **associam** e memorizam tudo"
III. "Isso porque os dois **evoluíram** caçando roedores, então conseguem captar os sinais hiperagudos que os ratinhos emitem para se comunicar."

Estão conjugados no mesmo tempo verbal os verbos destacados em:

a) I e II, apenas.
b) I e III, apenas.
c) II e III, apenas.
d) I, II e III.

Questão 4 (FCC – 2017)

A construção que pode ser reescrita com o verbo na voz passiva é:

a) *... a foto chega tinindo aos amigos...* (4° parágrafo)
b) *A criação saía da cozinha...* (3° parágrafo)
c) *... interajo com muita gente...* (2° parágrafo)
d) *... publico ativamente fotos de minhas fornadas...* (2° parágrafo)
e) *Não está na rede?* (1° parágrafo)

Questão 5 (FCC – 2017)

Esta poderia ser uma preocupação relativamente menor, estivesse a ambiguidade de escolha limitada à preferência direta por bem ou mal... (3° parágrafo)

Ao reescrever-se o trecho acima com o verbo poder flexionado no futuro do presente do indicativo, a forma verbal "estivesse" deverá ser substituída, conforme a norma-padrão da língua, por

a) estar.
b) estará.
c) estiver.
d) está.
e) esteja.

Questão 6 (FCC – 2017)

Está na voz passiva o verbo do seguinte fragmento do texto:

a) *É produzido com matérias primas da própria região...* (2o parágrafo)

b) *Essa cultura estadual retrata, também, uma mistura de várias outras contribuições das muitas migrações...* (1° parágrafo)

c) *A cultura de Mato Grosso do Sul é o conjunto de manifestações artístico-culturais...* (1° parágrafo)

d) *O artesanato, uma das mais ricas expressões culturais de um povo, no Mato Grosso do Sul, evidencia crenças, hábitos, tradições e demais referências culturais do Estado.* (2° parágrafo)

e) *As peças em geral trazem à tona temas referentes ao Pantanal e às populações indígenas...* (3° parágrafo)

Questão 7 (FCC – 2017)

Instituições financeiras reconhecem que é cada vez mais difícil detectar se uma transação é fraudulenta ou verdadeira

Os bancos e as empresas que efetuam pagamentos têm dificuldades de controlar as fraudes financeiras on-line*no atual cenário tecnológico conectado e complexo. Mais de um terço (38%) das organizações reconhece que é cada vez mais difícil detectar se uma transação é fraudulenta ou verdadeira, revela pesquisa realizada por instituições renomadas.*

O estudo revela que o índice de fraudes on-line acompanha o aumento do número de transações on-line, e 50% das organizações de serviços financeiros pesquisadas acreditam que há um crescimento das fraudes financeiras eletrônicas. Esse avanço, juntamente com o crescimento massivo dos pagamentos eletrônicos combinado aos novos avanços tecnológicos e às mudanças nas demandas corporativas, tem forçado, nos últimos anos, muitas delas a melhorar a eficiência de seus processos de negócios.

De acordo com os resultados, cerca de metade das organizações que atuam no campo de pagamentos eletrônicos usa soluções não especializadas que, segundo as estatísticas, não são confiáveis contra fraude e apresentam uma grande porcentagem de falsos positivos. O uso incorreto dos sistemas de segurança também pode acarretar o bloqueio de transações. Também vale notar que o desvio de pagamentos pode causar perda de clientes e, em última instância, uma redução nos lucros.

Conclui-se que a fraude não é o único obstáculo a ser superado: as instituições financeiras precisam também reduzir o número de alarmes falsos em seus sistemas a fim de fornecer o melhor atendimento possível ao cliente.

(Adaptado de: computerworld.com.br. Disponível em: http://computerworld.com.br/quase-40-dos-bancos-nao-sao-capazes-de-diferenciar-um-ataque-de-atividades-normais-de-clientes)

No texto, as formas verbais flexionadas no presente do indicativo "têm" (1o parágrafo), "acompanha" (2° parágrafo) e "apresentam" (3° parágrafo) indicam eventos que

a) já aconteceram e certamente não acontecerão mais.

b) ocorrem em condições hipotéticas.

c) se repetem com os passar dos dias.

d) não se repetirão num futuro próximo.

e) raramente aconteceram ou acontecem.

Questão 8 (MPE-RS – 2017)

O texto é narrado no *presente histórico,* que em geral é transposto para o *pretérito perfeito* quando a narrativa é feita no passado, salvo quando se trata de estados ou processos durativos; neste caso, emprega-se o *pretérito imperfeito.* Considere agora o seguinte trecho (l. 20-22).

Christian cumprimenta-nos com a cabeça, porque está sobrecarregado de livros, e se escafede escada acima. Anne abre a porta da rua: au revoir. A Minhoca me puxa pela manga, e já do lado de fora pergunto de supetão: e o outro, madame?

Qual das formas verbais listadas abaixo deveria ser transposta para o *pretérito imperfeito*?

a) cumprimenta

b) está

c) escafede

d) abre

e) puxa

Questão 9 (NC – UFPR – 2017)

Quando a escritora britânica Virginia Woolf escreveu *Profissões para mulheres e outros artigos feministas,* com diversos ensaios publicados em meados de 1920 e que expõem o papel da mulher na sociedade e as dificuldades de inclusão no mercado de trabalho, a autora questionou quanto tempo ainda _______ para que uma mulher _________________ um livro sem encontrar barreiras em sua carreira. "E se é assim na literatura, a profissão mais livre de todas para as mulheres, que dirá nas novas profissões que agora vocês estão exercendo pela primeira vez?". A expansão da presença da mulher no mercado de trabalho cresceu desde que Virginia registrou, em suas obras, as dificuldades para uma mulher se firmar como romancista. Ainda assim, em todo o mundo, atualmente 40% das mulheres afirmam que sentem falta de igualdade de gênero, de acordo com pesquisa recente Global @dvisor, publicada pelo Instituto Ipsos.

Quanto ao uso dos tempos verbais, assinale a alternativa que preenche corretamente as lacunas acima.

a) levará – sentasse e escrevesse.
b) leva – sente e escreva.
c) levaria – sentasse e escrevesse.
d) vai levar – sentaria e escreveria.
e) será levado – sente e escreva.

Questão 10 (NUCEPE – 2017)

Assinalar a opção que apresenta uma perífrase verbal ou locução verbal que, de acordo com a norma padrão da Língua Portuguesa, também pode ser considerado um tempo composto.

Parte superior do formulário

a) *... e cidadãos de bem estavam subitamente sendo transformados em feras do crime.*
b) *... a tropa começou a evaporar das ruas.*
c) *Fevereiro mal havia começado quando a cúpula da segurança ...*
d) *... de que policiais militares do estado estavam armando paralisação.*
e) *O movimento não chegou a preocupar.*

Questão 11 (UFRJ – 2017)

Releia a primeira frase do artigo de opinião de Guiomar de Gramont:

*"A pensar a fundo na questão, eu **diria** que ler devia ser proibido."*

Acerca da forma verbal destacada acima, a única afirmativa **CORRETA** é:

a) O tempo verbal empregado em *"diria"* atenua a assertividade do enunciado.
b) O tempo verbal, na frase selecionada, exprime processo anterior a um momento passado.
c) O tempo verbal escolhido exprime, na frase, um processo encerrado posteriormente a uma época passada.
d) O tempo verbal destacado é incluído tradicionalmente entre os tempos do modo subjuntivo.
e) O tempo verbal de *"diria"* é o "pretérito-mais-que-perfeito".

Questão 12 (UFJF – 2017)

Releia o seguinte enunciado:

"Alguns, se **pudessem, desacatariam** até a lei da gravidade!"

Assinale a afirmativa **INCORRETA:**

a) A forma "desacatariam" relaciona-se a "pudessem" para expressar fato irreal ou hipotético no passado.
b) O enunciado combina pretérito imperfeito do subjuntivo a futuro do pretérito.
c) Uma combinação aceita pela norma culta escrita é "Alguns, se **puderem**, **desacatarão**até a lei da gravidade!".
d) Outra combinação aceita pela norma culta escrita é "Alguns, se **pudessem**, **desacatavam** até a gravidade!".
e) Outra combinação aceita pela norma é "Alguns, se **podem**, **desacatam** até a lei da gravidade!".

Questão 13 (CONSULPLAN – 2017)

O verbo "inserir", utilizado no trecho *"– e da própria realidade em que estão inseridos –"* (3º§), aparece na lista de verbos classificados como "abundantes", ou seja, que apresentam duas ou três formas de igual valor e função. As orações a seguir apresentam duas possibilidades admitidas pela norma padrão da língua para o particípio do verbo, com EXCEÇÃO de:

a) O trabalho foi desenvolvido/desenvolto pelo melhor profissional da região nesta área.
b) Disse que já havia limpado/limpo todo o pátio exterior, conforme havia sido orientado.
c) Tendo ganhado/ganho a competição, estabeleceu-se como o novo nome do atletismo regional.
d) O processo foi trazido/trago a tempo para a devida apreciação sem que houvesse qualquer prejuízo.

Questão 14 (IBFC – 2017)

A forma verbal "gostaria", presente no primeiro parágrafo, está flexionada no seguinte tempo verbal:

a) futuro do pretérito.
b) pretérito perfeito.
c) pretérito imperfeito.
d) futuro do presente.

Questão 15 (IBFC – 2017)

Na oração 'O homem <u>disse</u> "nada não, obrigado"', o verbo encontra-se flexionado no pretérito perfeito do modo Indicativo. Assinale a opção em que se reescreve a oração com o verbo no tempo presente do Indicativo.

a) O homem diz "nada não, obrigado.
b) O homem diria "nada não, obrigado.
c) O homem dirá "nada não, obrigado.
d) O homem dizia "nada não, obrigado.

Questão 16 (VUNESP – 2017)

No trecho do penúltimo parágrafo do texto "Iniciativas mais extensas e difíceis, mas de maior alcance, envolveriam o engajamento da população...", a forma verbal em destaque expressa sentido de

a) improbabilidade.
b) certeza.
c) ação concluída.
d) dúvida.
e) possibilidade.

Questão 17 (FCC – 2017)

A frase em que há emprego da voz passiva e em que todas as formas verbais estão adequadamente correlacionadas é:

a) Um amigo de verdade seria sempre necessário para que fôssemos impelidos a acreditar mais em nós mesmos.
b) A ausência do amigo seria uma lacuna insanável caso não venhamos a contar com nossa memória, que nos povoa com imagens.
c) Ao passarmos a olhar as coisas com os olhos do amigo que perdemos, estaríamos convencidos do valor que déramos à sua perspectiva.
d) São falsos amigos aqueles que, em qualquer ocasião, passassem a desfiar elogios quando, de fato, merecermos recriminações.
e) Teríamos tido decepções com alguns amigos se esperarmos que eles possam nos oferecer todo o afeto de que precisássemos.

Questão 18 (FCC – 2017)

As formas verbais estão adequadamente empregadas e há presença da voz **passiva** em:

a) Os argumentos dos contendores, numa discussão, só serão aceitos caso se venha a considerá-los com isenção.
b) Fossem sempre vencedores os argumentos de quem mais paixão demonstram, a irracionalidade acabará por imperar.
c) Se não fizéssemos questão de demonstrar nossa arrogância, mais simplesmente poderá o outro conciliar-se conosco.
d) São de se esperar que os melhores argumentos acabem por sobrepujar os mais fracos, para que a justiça acabe imperando.
e) Quando for o caso de se fazerem confrontar argumentos inteiramente contrários, melhor seria se houvesse a ação de um bom mediador.

Questão 19 (IBFC- 2017)

A flexão de alguns verbos, sobretudo os irregulares, pode causar confusão. O verbo "quis", presente em "Minha mãe sempre quis viajar" (5º§) é um exemplo típico. Nesse sentido, assinale a alternativa em que se indica <u>INCORRETAMENTE</u> a sua flexão.

a) queres – Presente do Indicativo.
b) queria – Futuro do Pretérito do Indicativo.
c) quisera – Pretérito mais-que-perfeito do Indicativo.
d) queira – Presente do Subjuntivo.
e) quisesse – Pretérito Imperfeito do Subjuntivo.

Questão 20 (IBADE – 2017)

Em "onde deveria estar o fundo do guarda-roupa, mas lá longe." mostra uma forma verbal no futuro do pretérito: deveria. Essa forma verbal indica um fato:

a) ocorrido antes de outro fato já terminado.
b) o corrido em um momento anterior completamente terminado.
c) que ocorrerá, com certeza, em um tempo vindouro com relação ao momento atual.
d) situado em um momento anterior ao atual, mas incompleto.
e) que poderia ter ocorrido depois de um determinado fato passado.

Questão 21 (IBADE – 2017)

Na transposição da frase "Lá dentro viu dependurados compridos casacos de peles." para a voz passiva analítica, a forma verbal VIU mudará para:

a) serão vistos.
b) foram vistos.
c) eram vistos.
d) fossem vistos.
e) seriam vistos.

Questão 22 (IBADE – 2017)

A transposição oração da frase "O refrão de uma marchinha carnavalesca, de amplo domínio público, oferece uma pista interessante" para a voz passiva analítica implicará:

a) o deslocamento de UMA PISTA INTERESSANTE para o sujeito.
b) em que se use a forma verbal OFERECE-SE

c) a utilização de AMPLO DOMÍNIO PÚBLICO como objeto direto.

d) em que o agente da passiva seja MARCHINHA CARNAVALESCA.

e) a utilização da forma verbal FOI OFERECIDA.

Questão 23 (AOCP – 2017)

Em relação à classificação dos verbos destacados no excerto "Ainda bem que somos crescidinhos, senão ainda teria um Danoninho e se sobrarem 5 minutos, uma colherada de leite de magnésio.", assinale a alternativa correta.

a) O verbo "somos" está na primeira pessoa do plural, no presente do modo indicativo e é um verbo anômalo. O verbo "sobrarem" está na terceira pessoa do plural, no futuro do presente do modo subjuntivo e pertence à primeira conjugação.

b) O verbo "somos" está na primeira pessoa do plural, no presente do modo subjuntivo e é um verbo anômalo. O verbo "sobrarem" está na terceira pessoa do plural, no futuro do presente do modo subjuntivo e pertence à primeira conjugação.

c) O verbo "somos" está na primeira pessoa do plural, no presente do modo indicativo e é um verbo anômalo. O verbo "sobrarem" está na terceira pessoa do plural, no futuro do presente do modo subjuntivo e pertence à segunda conjugação.

d) O verbo "somos" está na primeira pessoa do plural, no presente do modo indicativo e é um verbo defectivo. O verbo "sobrarem" está na terceira pessoa do plural, no futuro do presente do modo subjuntivo e pertence à primeira conjugação.

e) O verbo "somos" está na primeira pessoa do plural, no presente do modo indicativo e é um verbo defectivo. O verbo "sobrarem" está na terceira pessoa do plural, no futuro do presente do modo subjuntivo e pertence à terceira conjugação.

Questão 24 (FUNECE – 2017)

Assinale a opção que completa corretamente as lacunas do texto a seguir, com os verbos entre parênteses no modo imperativo.

Carta de Ano Novo

Ano Novo é também renovação de nossa oportunidade de aprender, trabalhar e servir. [...] Novo Ano! Novo Dia! ____________ [1] (Sorrir) para os que te feriram e busca harmonia com aqueles que não te entenderam até agora. ____________ [2] (Recordar) que há mais ignorância que maldade, em torno de teu destino. Não maldigas, nem ____________ [3] (condenar). Auxilia a acender alguma luz para quem passa ao teu lado, na inquietude da escuridão. Não te ____________ [4] (desanimar), nem te ____________ [5] (desconsolar). Cultiva o bom ânimo com os que te visitam, dominados pelo frio do desencanto ou da indiferença. Não te ____________ [6] (esquecer) de que Jesus jamais se desespera conosco e, como que oculto ao nosso lado, paciente e bondoso, repete-nos de hora a hora:

— Ama e auxilia sempre. Ajuda aos outros, amparando a ti mesmo, porque se o dia volta amanhã, eu estou contigo, esperando pela doce alegria da porta aberta de teu coração.

Emmanuel e Francisco Cândido Xavier

Fonte: http://rapidshare.com/files/CAMINHO_E_VIDA.rar. Acesso em 12/11/2016

a) Sorria[1] – Recorde[2] – condena[3] – desanima[4] – desconsola[5] – esquece[6]

b) Sorris[1] – Recordas[2] – condenes[3] – desanimes[4] – desconsoles[5] – esqueças[6]

c) Sorri[1] – Recorda[2] – condenes[3] – desanimes[4] – desconsoles[5] – esqueças[6]

d) Sorria[1] – Recorde[2] – condene[3] – desanime[4] – desconsole[5] – esqueça[6]

Questão 24 (AOCP – 2017)

Em relação à classificação dos verbos destacados no excerto "Estaríamos simplesmente perdendo a oportunidade de fazer uma atividade legal por medo", assinale a alternativa correta.

a) O verbo "estaríamos" está no futuro do pretérito do modo indicativo e o verbo "fazer" está no infinitivo.

b) O verbo "estaríamos" está no futuro do pretérito do modo indicativo e o verbo "fazer" está no gerúndio.

c) O verbo "estaríamos" está no futuro do pretérito do modo indicativo e o verbo "fazer" está no modo subjuntivo.

d) O verbo "estaríamos" está no pretérito mais-que-perfeito do modo indicativo e o verbo "fazer" está no infinitivo.

e) O verbo "estaríamos" está no pretérito mais-que-perfeito do modo indicativo e o verbo "fazer" está no particípio.

Questão 26 (IESES – 2017)

Sobre as palavras destacadas no texto: **ratificaram** e **ratificou**, analise as proposições e, em seguida, assinale a alternativa que contenha a resposta correta.

I. São verbos conjugados no pretérito perfeito, na terceira pessoa do plural e do singular, respectivamente.
II. São verbos conjugados no futuro do presente e pretérito perfeito, respectivamente.
III. São verbos que indicam o ato ou efeito de corrigir, emendar.
IV. São verbos conjugados no modo indicativo.

a) Está correta apenas a proposição IV.
b) Estão corretas as proposições II e III.
c) Estão corretas as proposições I e IV.
d) Estão corretas as proposições I e III.

Questão 27 (IESES – 2017)

Releia esse período do texto: *"Anos depois, em 1986, os sete países de língua portuguesa (Timor -Leste não pôde ser incluído na lista, pois se tornaria independente apenas em 2002) consolidaram as Bases Analíticas da Ortografia Simplificada da Língua Portuguesa de 1945".*

Analise as proposições a seguir sobre a acentuação gráfica nesse período. Em seguida assinale a alternativa que contenha a análise correta sobre as mesmas.

I. A palavra "países" é acentuada pelo fato de duas vogais se encontrarem em sílabas diferentes, formando um hiato.
II. A palavra "pôde" está conjugada no pretérito perfeito e recebeu acento para diferenciá-la da forma "pode", no tempo presente.
III. Assim como "analíticas", a palavra "língua" é acentuada por ser proparoxítona.
IV. O termo "incluído" recebe acento por ser uma oxítona terminada em "o".

a) Estão corretas apenas as proposições I e II.
b) Estão corretas apenas as proposições III e IV.
c) Estão corretas apenas as proposições I e III.
d) Estão corretas apenas as proposições II e IV.

Questão 28 (IESES – 2017)

Releia : "Segundo Naomi, embora a sensação subjetiva dos estudantes seja de que aprendem menos em livros digitais, testes não confirmam isso: 'Se você aplica testes padronizados de compreensão de passagens no texto, os resultados são mais ou menos os mesmos na tela ou na página impressa', disse ela ao New Republic".

Sobre os verbos presentes nesse trecho, escolha a única alternativa **INCORRETA**.

a) Aprendem está conjugado no pretérito perfeito no modo indicativo.
b) Seja está conjugado no presente do modo subjuntivo.
c) Disse está conjugado no pretérito perfeito do modo indicativo.
d) Confirmam aparece conjugado no presente do modo indicativo.

Questão 29 (MPE-RS – 2017)

Considere as seguintes propostas de reescrita de segmentos do texto na voz passiva.

1. **segundo a ideia que Jacques Le Goff propôs** (l. 2-3)

segundo a ideia que foi proposta por Jacques Le Goff

2. **que qualificou de "contrato de leitura"** (l. 25)

que foi qualificado por ele de "contrato de leitura"

3. **uma identidade narrativa pressupõe a escolha de determinados elementos** (l. 33)

determinados elementos são pressupostamente escolhidos por uma identidade narrativa

Quais propostas estão corretas?

a) Apenas 2.
b) Apenas 3.
c) Apenas 1 e 2.
d) Apenas 2 e 3.
e) 1, 2 e 3.

Questão 30 (IBGP – 2017)

Leia este trecho.

"E este 'enorme presente' é reproduzido com perfeição técnica cada vez maior, nos fazendo boiar num tempo parado, mas incessante, num futuro que "não para de não chegar".

Nesse trecho, o verbo que está no presente do indicativo é

a) fazer.
b) boiar.
c) parar.
d) chegar.

Questão 31 (IBGP – 2017)

Ando em crise, mas não é muito grave: ando em crise com o tempo. Que estranho "presente" é este que vivemos hoje, correndo sempre por nada, como se o tempo tivesse ficado mais rápido do que a vida (da maneira que seria se o tempo...).

Nesse trecho, o verbo que está no gerúndio é

a) andar.
b) viver.
c) correr.
d) ficar.

Questão 32 – VESTIBULAR PUC-RS (2016)

Lendo e interpretando

TEXTO 1

01 Muitas vezes, quando pensamos em ritual, duas
02 ideias nos vêm à mente: por um lado, a noção de que um
03 ritual é algo formal e arcaico, quase que desprovido de
04 conteúdo, algo feito para celebrar momentos especiais
05 e nada mais; por outro lado, podemos pensar que os
06 rituais estão ligados apenas à esfera religiosa, a um
07 culto ou a uma missa.
08 Segundo alguns autores, nossa vida de todos os
09 dias – a vida social – é marcada por um eterno conflito
10 entre dois opostos: ou o caos total, onde ninguém
11 segue nenhuma regra ou lei, ou uma ordem absoluta,
12 quando todos cumpririam à risca todas as regras e leis
13 já estabelecidas. A visão desses opostos não deixa
14 de ser engraçada: alguém consegue imaginar nossa
15 sociedade funcionando de uma dessas maneiras? É
16 evidente que não.
17 Dizemos que os rituais emprestam formas conven-
18 cionais e estilizadas para organizar certos aspectos da
19 vida social, mas por que esta formalidade?
20 Ora, as formas estabelecidas para os diferentes
21 rituais têm uma marca comum: a repetição. Os rituais,
22 executados repetidamente, conhecidos ou identificáveis
23 pelas pessoas, concedem certa segurança. Pela
24 familiaridade com a(s) sequência(s) ritual(is), sabemos
25 o que vai acontecer, celebramos nossa solidariedade,
26 partilhamos sentimentos, enfim, temos uma sensação
27 de coesão social. É assim que entendemos: "cada ritual
28 é um manifesto contra a indeterminação". Através da
29 repetição e da formalidade, elaboradas e determinadas
30 pelos grupos sociais, os rituais demonstram a ordem e
31 a promessa de continuidade desses mesmos grupos.

Adaptado de RODOLPHO, Adriane Luísa. Rituais, ritos de passagem e de iniciação: uma revisão da bibliografia antropológica. In: Estudos Teológicos, v. 44, n. 2, p. 138-146, 2004

01. Sobre o conteúdo do texto, é correto afirmar:

a) Os rituais, por serem demasiadamente formais, são desprovidos de conteúdo.
b) Os conflitos inerentes à vida social tornam-se mais evidentes quando ritualizados.
c) Os rituais garantem segurança às pessoas em uma sociedade em constante transformação.
d) A repetição – marca comum de todos os rituais – impede que haja avanços na sociedade.
e) Os rituais consagram-se na esfera coletiva, minimizando os riscos de desaparecimento de grupos sociais.

02. Os verbos "emprestam" (linha 17), "concedem" (linha 23) e "demonstram" (linha 30) poderiam ser substituídos, respectivamente, por

a) se valem de, conferem, evidenciam.
b) se inspiram em, consideram, explicam.
c) se aliam a, facilitam, revelam.
d) se assemelham a, permitem, comprovam.
e) recorrem a, inserem, simulam.

03. Analise as substituições sugeridas para as palavras ou expressões indicadas, preenchendo os parênteses com V (verdadeiro) ou F (falso).

( ) "quase que" (linha 03) por "quase"
( ) "identificáveis" (linha 22) por "identificados"
( ) "certa" (linha 23) por "alguma"
( ) "enfim" (linha 26) por "finalmente"
( ) "É assim que" (linha 27) por "Consequentemente"

A sequência correta de preenchimento dos parênteses, de cima para baixo, é

a) V – V – F – F – F
b) V – F – V – F – F
c) V – F – F – V – V
d) F – V – V – F – V
e) F – F – V – V – F

TEXTO 2

FESTAS DE CASAMENTO FALAS VIRAM MODA NA ARGENTINA

01 Comida gostosa, música boa, bar liberado ____
02 noite toda... quem nunca ______ até altas horas numa
03 boa festa de casamento? Esse ritual, que muitos já
04 presenciaram ao longo da vida, é, porém, desconhe-
05 cido para alguns representantes das gerações mais
06 jovens.
07 Mas há uma solução para elas: Casamento Falso
08 (ou Falsa Boda, no nome original em espanhol), uma
09 ideia de cinco amigos de La Plata, na Argentina. O
10 detalhe era que os convidados não eram amigos ou
11 parentes dos noivos, mas ilustres desconhecidos que
12 compraram entradas para o evento.
13 Martín Acerbi, um publicitário de 26 anos, estava
14 cansado de ir sempre ____ mesmas boates. "Quería-
15 mos organizar uma festa diferente, original", disse. E
16 assim pensaram em fazer esse evento "temático", que
17 chamaram de Casamento Falso.
18 Pablo Boniface, um profissional de marketing de
19 32 anos que esteve em um Casamento Falso em
20 Buenos Aires em julho, disse que para ele foi a oca-
21 sião perfeita para realizar algo que sempre quis fazer:
22 colocar uma gravata.
23 "Para mim essas festas são até melhores do que
24 um casamento real, _____ você não precisa se sentar
25 com estranhos e ficar entediado. Você passa bons
26 momentos com seus amigos e não se encontra com
27 todos os tios e avôs que normalmente frequentam essas
28 cerimônias", disse Pablo.

Adaptado de: http://www.bbc.com/portuguese/noticias/2015/08/150831_falsos_casamentos_tg. Acesso em 07 set. 2016

04. Assinale a alternativa que preenche, correta e respectivamente, as lacunas do texto.

a) a – se divertiu – às – porque
b) à – divertiu-se – as – por que
c) a – divertiu-se – as – porque
d) à – se divertiu – às – por que
e) a – divertiu-se – às – por que

05. Analise as propostas de reescrita de trechos do texto.

I. Embora muitas pessoas tenham presenciado esse ritual ao longo da vida, alguns representantes das gerações mais jovens o desconheciam (linhas 03 a 06).

II. O detalhe era que, em vez de amigos ou parentes dos noivos, os convidados eram ilustres desconhecidos que adquiriram ingressos para a ocasião (linhas 09 a 12).

III. Ele disse que a ideia de realizar um evento "temático" – o Casamento Falso – partiu do desejo de organizarem uma festa diferente, que fosse original (linhas 14 a 17).

IV. Pablo argumenta que é possível passar bons momentos com os amigos e não se encontra com todos os tios e avôs que normalmente vão a essas cerimônias (linhas 25 a 28).

As propostas que mantêm o sentido e a correção do texto são apenas

a) I e II.
b) I e IV.
c) II e III.
d) I, II e IV.
e) II, III e IV.

06. Observe as expressões a seguir em seu contexto.

- "música boa" (linha 01)
- "ilustres desconhecidos" (linha 11)
- "ir sempre" (linha 14)
- "ocasião perfeita" (linhas 20 e 21)
- "seus amigos" (linha 26)

Quantas das expressões acima manteriam o sentido caso a ordem entre as palavras que as constituem fosse alterada?

a) 1
b) 2
c) 3
d) 4
e) 5

07. A afirmação de Pablo Bonaface, no último parágrafo do texto, permite inferir que

a) tios e avôs não frequentam casamentos falsos.
b) casamentos reais não permitem o encontro com os amigos.
c) casamentos reais não fazem parte das cerimônias que ele frequenta.
d) casamentos reais são chatos uma vez que se precisa conviver com parentes desconhecidos.
e) a possibilidade de escolher a melhor companhia torna os casamentos falsos prazerosos.

TEXTO 3

ritual Datação: 1614

- substantivo masculino

1. Rubrica: liturgia. livro que contém os ritos estabelecidos por uma religião e a forma de executar as cerimônias

2. Derivação: por metonímia. o culto religioso; cerimônia, liturgia

3. Derivação: por metonímia. conjunto de atos e práticas próprias de uma cerimônia ritualística

4. Derivação: por extensão de sentido. conjunto das regras socialmente estabelecidas que devem ser observadas em qualquer ato solene; cerimonial

- adjetivo de dois gêneros

5. relativo ou pertencente a rito

6. conforme a um rito, que se assemelha a um rito

Adaptado de: Dicionário eletrônico Houaiss da língua portuguesa 3.0. Acesso em 07 set. 2016.

08 Sobre a relação entre os textos, é correto afirmar:

a) A acepção 1 da palavra "ritual" (texto 3) pode ser encontrada no primeiro parágrafo do texto 1.
b) acepção 2 da palavra "ritual" (texto 3) é explorada no primeiro parágrafo do texto 2.
c) As acepções 3 e 4 (texto 3) são objeto de discussão do texto 1.
d) Nas linhas 21 e 24 do texto 1, as palavras "rituais" e "ritual(is)" ilustram a acepção 5 (texto 3).
e) A palavra "evento", na linha 16 do texto 2, está empregada de acordo com a acepção 6 (texto 3).

GABARITOS

1 – A
2 – B
3 – A
4 – D
5 – E
6 – A
7 – C
8 – A
9 – C
10 – C
11 – A
12 – D
13 – D
14 – A
15 – A
16 – E
17 – A
18 – A
19 – B
20 – E
21 – B
22 – A
23 – A
24 – C
25 – A
26 – C
27 – A
28 – A
29 – C
30 – C
31 – C

LENDO E INTERPRETANDO

1 – E
2 – A
3 – A
4 – A
5 – C
6 – D
7 – E
8 – B

Capítulo 18

A CONCORDÂNCIA VERBAL

1. TEORIZANDO

Concordância é o "acordo" de uma palavra às flexões de outra, a qual determina. As flexões envolvem as categorias gramaticais de gênero, numero e pessoa. Os termos que devem concordar com seus determinados, na concordância verbal, são os seguintes:

O verbo concorda com o sujeito da oração em número e pessoa (concordância ver-bal).

Seu rostinho apareceu na abertura da porta: era manso, louro, com um discreto sorriso.

Cecília Meireles

Os verbos dos versos acima são apareceu e era. A forma verbal apareceu apresenta-se na terceira pessoa do singular para concordar com o sujeito Seu rostinho. A forma era, que também tem como sujeito subentendido a expressão seu rostinho, apresenta-se igual-mente na terceira pessoa do singular.

1.1. Concordância lógica

A concordância lógica ou gramatical, que é a mais frequente, pressupõe o ajuste do verbo ao núcleo ou aos núcleos do sujeito.

A professora fazia a correção do simulado.

Nessa frase, o núcleo do sujeito é a palavra professora, com a qual a forma verbal **fazia** combina em número e pessoa, configurando a concordância verbal lógica.

1.2. Concordância atrativa

A concordância atrativa se dá em algumas situações em que o verbo concorda com um termo que se interpõe entre ele e o núcleo do sujeito ou com o núcleo mais próximo.

Chegou o professor e sua esposa ao evento.

O verbo concorda com o núcleo mais próximo, professor. Se a concordância fosse lógica, o verbo deveria concordar com os dois núcleos, e assumiria a forma chegaram.

1.3. Concordância ideológica

A concordância ideológica ou silepse é a que se dá não com o termo expresso, mas com uma ideia subentendida pelo leitor (mentalmente), provocando uma discordância gramatical em gênero, número e/ou pessoa.

Vossa Senhoria foi afastado. (silepse de gênero – masculino)

Antes sejamos honesto do que corrupto. (silepse de número – plural)

Dizem que os mineiros somos discretos. (silepse de pessoa – nós)

2. CONCORDÂNCIA COM SUJEITO SIMPLES

Geralmente, o verbo concorda em número e pessoa com o núcleo do sujeito.

2.1. Casos especiais

O sujeito é a expressão partitiva (**parte de, uma porção de, o resto de** etc .) com adjunto no plural o verbo pode ir para o singular ou para o plural.

A maior parte dos funcionários faltou

Uma porção de crianças me olhavam.

O sujeito indica quantidade aproximada (mais de, menos de, cerca de, em torno de): o verbo concorda com o substantivo que acompanha a expressão.

Mais de um político foi cassado.

Restavam cerca de três exercícios a serem feitos.

Mais de mil alunos foram aprovados.

Observação: Se a expressão "mais de um" indicar ideia de reciprocidade ou vier repetida, o verbo deve ir para o plural.

Mais de um lutador se agrediram naquele ringue.

O sujeito é o relativo "que": o verbo deve concordar com o antecedente do pronome.

Fui **eu** que te **preveni** do perigo.

Nós, os que **deitamos** mais cedo, seremos os primeiros a nos levantarmos.

Observação: Após um dos que ou um daqueles que, o verbo pode ficar no singular ou no plural (em geral, dá-se preferência ao plural).

Eu fui um **dos** que **realizaram** a tarefa.

Eu fui um dos que **realizei** a tarefa.

Ele é um **dos** que **brigaram** na festa.

Ele é um dos que **brigou**.

O sujeito é o relativo ou indefinido "quem": normalmente o verbo fica na 3ª pessoa do singular, mas admite-se a concordância com o antecedente.

Mas não sou eu **quem vai** dirigir o carro.

Fomos nós **quem procurou** o sindico.

Mas não sou **eu** quem **vou** dirigir o carro.

Fomos **nós** quem **procuramos** o sindico.

O sujeito é um pronome interrogativo ou indefinido acompanhado por DE ou DENTRE: se o pronome estiver no singular, o verbo deverá acompanhá-lo; se o pronome estiver no plural, a concordância pode ser lógica ou atrativa.

Qual de nós **realizará** a tarefa?

Quais de **nós realizaremos** a tarefa?

Quais de nós **realizarão** a tarefa?

O sujeito tem forma de plural, mas é tratado como singular: o verbo fica no singular, se o sujeito não vier acompanhado de artigo.

Os Estados Unidos constituem uma **potência** econômica.

As ***Memórias Póstumas de Brás Cubas*** são uma obra de Machado de Assis.

Estados Unidos constitui uma potência econômica.

Memórias Póstumas de Brás Cubas é uma obra de Machado de Assis.

Se o sujeito é indeterminado, o verbo fica na terceira pessoa do plural ou, se acompanhado da partícula de indeterminação SE, na terceira pessoa do singular (o **segundo** caso se processa com verbos intransitivos ou transitivos indiretos).

Precisam de mais um funcionário.

Sumiram com as provas dos alunos.

Precisa-se de mais um funcionário.

Sumiu-se com as provas dos alunos.

Observação: se o verbo for intransitivo direto, a partícula SE indicará voz passiva, e o verbo concordará com o sujeito.

Destrói-se o ânimo dos brasileiros diariamente.

(= O ânimo dos brasileiros é destruído diariamente.)

Construíram-se muitos projetos mirabolantes.

(= Muitos projetos mirabolantes foram construídos)

2.2. Concordância do verbo ser: casos em que o verbo concorda com o predicativo

a) Frases começadas pelos interrogativos QUE e QUEM.

Que são protozoários?

Quem eram os dois mascarados?

b) Predicativo representado por nome de pessoa, pronome pessoal ou substantivo designador de pessoa.

Meus sonhos **é Umbulina**.

O professor aqui **sou eu**.

Minha enorme decepção **és tu**.

Meus desejos **é aquela modelo**.

c) Frases estruturadas com é pouco, é muito, é bastante, é demais ou semelhantes, e com a expressão era uma vez: verbo na 3ª pessoa do singular.

Vinte dias de prazo sempre é alguma coisa.

É tão pouco quinhentos reais...

Quinhentos mil reais é muito para um jogador de futebol.

2.3. Concordância do verbo ser: casos em que o verbo concorda com o sujeito

a) Sujeito representado por nome de pessoa, pronome pessoal ou substantivo designador de pessoa.

Umbulina é meus sonhos.

Eu sou o professor.

Tu és minha enorme decepção.

Aquela modelo é meus desejos.

b) O sujeito e o predicativo são pronomes pessoais.

Eu não **sou** ele.

Eles não **são** nós.

Eu e você não **somos** eles.

A construção se faz com "é que": a expressão é invariável, exceto se o sujeito da oração se intercalar nela.

Eu é que **vou dirigir** o curso.

Sou **eu** que **vou dirigir** o curso.

Só **nós dois** é que **podemos conduzir** o processo.

Somos só **nós dois** que **podemos conduzir** o processo.

O sujeito e o predicativo são um substantivo ou um pronome indicativo de coisas: o verbo concorda com o termo que se quer realçar (concordância facultativa, embora haja uma tendência ao plural).

Nossa maior preocupação **são os filhos**.

Nossa maior preocupação é os filhos.

Nem tudo **eram problemas** naquele tempo.

Nem tudo era problemas naquele tempo.

2.4. Concordância com numerais: concordância lógica

Um bilhão e quinhentos milhões sumiram das reservas do país.

Um único vereador votou contrariamente à proposta.

a) Se houver adjunto no plural, a concordância é facultativa.

Um milhão de reais dá (dão) para uma vida folgada.

b) Com numerais fracionários ou percentuais, o verbo deve concordar com o numerador da fração.

Um terço dos alunos foi eliminado.

Dois terços dos alunos foram eliminados.

Cinquenta por cento continuam em avaliação.

Um por cento continua em avaliação.

2.5. Concordância em casos de verbos impessoais

Os verbos impessoais são os que não **apresentam** sujeito. **Assim sendo**, não têm com o que concordar, ficando, então obrigatoriamente, na terceira pessoa do singular – com exceção do verbo SER.

Orações impessoais com indicação de tempo

São oito e meia da manhã.

Ontem **foram 10** de julho.

Hoje **é dia** 11 de julho.

Hoje **são 11** de julho.

Orações impessoais no sentido de existir, indicando tempo decorrido ou fenômenos da natureza: o verbo fica sempre na terceira pessoa do singular.

O país seria bem melhor se não houvesse tantas disparidades sociais.

Faz anos que esse processo precisa ser repensado.

Chove sem parar desde novembro.

2.6. Concordância dos verbos "dar", "bater" e "soar": adequação lógica do sujeito.

O relógio da prefeitura bateu onze horas.

No relógio da prefeitura, **bateram onze horas**.

O relógio deu cinco horas.

Deram cinco horas no relógio.

3. CONCORDÂNCIA COM O SUJEITO COMPOSTO

3.1. Concordância atrativa ou lógica: casos facultativos

a) O sujeito se pospõe ao verbo.

Obriga-nos (ou obrigam-nos) a permanecer o amor a terra e à tradição.

b) Os sujeitos são sinônimos ou quase sinônimos.

O carinho e o afeto da Dona Ana jamais será esquecido (serão esquecidos).

c) Há gradação entre os núcleos.

Terra, cinza, pó, **sombra** é (são) o fim de todos os homens.

3.2. Aposto resumidor: o verbo concorda com o aposto

O pasto, às várzeas, a caatinga, o marmeleiral esquelético, era tudo de um cinzento bor-ralho.

(Raquel de Queiroz)

3.3. Sujeitos indicativos da mesma pessoa ou coisa: o verbo permanece no singular

Sua esposa e admiradora não faltava a um jogo.

3.4. Núcleos ligados por "OU"

a) O verbo vai para o plural se houver ideia de inclusão.

Um gesto ou uma palavra dele decidiriam a situação.

b) O verbo vai para o singular se a ideia for de exclusão.

Fui devagar, mas o pé ou o espelho traiu-me.

(Machado de Assis)

3.5. Núcleos ligados por "NEM": concordância lógica ou atrativa

Nem pobreza nem miséria pode (ou podem) trazer felicidade.

3.6. Sujeitos representados pelas expressões "UM E OUTRO" e "UM OU OUTRO": dupla possibilidade de concordância

Uma e outra explicação é possível. (ou são possíveis)

(Machado de Assis)

Um ou outro esteve (ou estiveram) aqui na calada da noite.

3.7. Sujeitos ligados por "COM": entendido como conjunção aditiva, faz-se a concordância lógica; entendido como indicador de companhia, o verbo concorda com o núcleo que antece-de a preposição

O mestre com o boleeiro fizeram a emenda.

(J. L. Rêgo)

A Princesa Sereníssima, com o augusto esposo, chegou pontual às duas horas.

(Raul Pompeia)

QUESTÕES DE PROVA

Questão 1 (IADES – 2017)

Considerando-se exclusivamente as regras de concordância prescritas pela norma-padrão, apenas uma das alternativas a seguir apresenta corretamente outra redação para o período "Os profissionais ilegais e aproveitadores eram por eles chamados de 'zangões-charlatões'." (linhas 10 e 11). Assinale essa alternativa.

a) Haviam os profissionais ilegais e aproveitadores que eram por eles chamados de "zangões-charlatões".

b) Os profissionais ilegais e aproveitadores que existia eram por eles chamados de "zangões-charlatões".

c) Os profissionais meios ilegais e bastante aproveitadores eram por eles chamados de "zangões-charlatões".

d) Pelo fato de serem profissionais ilegais e aproveitadores, eles o chamavam de "zangões-charlatões".

e) Por haverem sido ilegais e aproveitadores, os profissionais eram chamados por eles de "zangões-charlatões".

Questão 2 (IBFC – 2017)

Em "Aprimoram-se os mecanismos de defesa, de alimentação, de locomoção" (1º§), o verbo destacado está flexionado no plural concordando **com:**

a) o sujeito "eles" que se encontra oculto.

b) o núcleo do sujeito simples "mecanismos".

c) o sujeito composto "de defesa, de alimentação, de locomoção".

d) o pronome "se" que o acompanha indicando sujeito indeterminado.

e) os complementos verbais "de defesa, de alimentação, de locomoção".

Questão 3 (FCC – 2017)

Quanto à concordância padrão, está escrita corretamente a frase:

a) O homem sempre buscou capturar o instante em imagens, e isso nunca foi tão fácil quanto hoje, quando o ato de registrar se tornou mais importante que o próprio registro.

b) Atualmente, constata-se muitas maneiras de compartilhar informação, mas nenhum meio de comunicação vem se mostrando tão poderoso quanto as redes sociais.

c) Em meados da década passada, fotografar alimentos envolviam uma série de questionamentos que parecem não fazer mais sentido na sociedade dos dias de hoje.

d) Em 2016, uma pesquisa com usuários da internet concluiu que algumas pessoas que postam excessivamente nas redes sociais o faz por necessidade de aprovação.

e) Decidir entre devorar ou clicar têm perturbado aqueles que oscilam entre desfrutar o momento da refeição e partilhá-lo, ainda que a distância, com amigos e familiares.

Questão 4 (FCC – 2017)

Observam-se plenamente as normas de concordância verbal e a adequada articulação entre os tempos e os modos na frase:

a) Caso atinássemos com o fato de que é pela perspectiva autoral que se produz as notícias, não seremos tentados a confundir uma reportagem com a realidade mesma.

b) Quando passarmos a analisar não apenas os fatos noticiados, mas o ponto de vista que neles se incutiram, estamos interpretando também a perspectiva pela qual se enunciaram.

c) Fará parte do processo de leitura das notícias de um jornal, se não quisermos ser manipulados pela interpretação já inclusa, o reconhecimento do ponto de vista de quem as redigiu.

d) Se houvéssemos acreditado que a responsabilidade dos fatos noticiados cabiam aos indivíduos nomeados, teremos de inculpar os inocentes e inocentar os culpados.

e) O que costumamos chamar de "compreensão do mundo" não seria senão confundir o que se traduzem nas palavras com os fatos que efetivamente ocorreriam.

Questão 5 (FCC – 2017)

O verbo indicado entre parênteses deverá flexionar-se de modo a concordar com o elemento sublinhado na frase:

a) À maioria dos homens (**parecer**) não interessar o prazer dos dias que estão decorrendo.

b) Não (**convir**) a nenhuma criatura antecipar os males que lhe reserva o futuro.

c) Aos homens sábios não (**atormentar**) nos dias do presente a infelicidade de um futuro tormentoso.

d) Sempre há aqueles a quem (**caber**) sofrer por antecipação o futuro sombrio que os aguarda.

e) São numerosas as pessoas cuja obsessão as (**aprisionar**) em falsas expectativas de felicidade.

Questão 6 (UFJF – 2017)

Leia com atenção a oração, atentando para a articulação entre os constituintes sintáticos:

"Não me deixam mentir os exemplos de Don Quixote e Madame Bovary."

Esta oração atesta a importância da concordância entre verbo e sujeito para a produção de enunciados sintaticamente integrados, de acordo com a norma culta escrita.

Assinale a alternativa em que se descuidou dessa concordância:

a) Revogam-se todas as disposições em contrário.
b) Seguem, em anexo, os procedimentos para a renovação das matrículas.
c) Cumpram-se todas as exigências.
d) Aos primeiros raios do sol, o instrutor dos mais novos já acordava todos os participantes da colônia de férias.
e) A narrativa das histórias, algumas bem curtas, fazem com que você se envolva com o personagem.

Questão 7 (IBEG – 2017)

Do ponto de vista das regras de concordância verbal, no período "Hoje trabalhamos a prevenção combinada, que é um conjunto de ações que visam analisar o ser como um todo"..., o verbo grifado:

a) deveria aparecer somente no singular, portanto há uma incorreção no texto original.
b) pode aparecer no plural, pois concorda com o verbo anterior "trabalhamos", que está no plural.
c) apresenta sujeito no singular, portanto deveria estar na forma "visa".
d) concorda com o pronome indefinido "todo" que tem sentido plural.
e)encontra-se devidamente no plural em razão de concordar com o sujeito "ações", representada pelo pronome relativo "que".

Questão 8 (CONSULPLAN – 2017)

De acordo com a norma-padrão da língua portuguesa, quanto às estruturas linguísticas do período *"O número de pessoas que buscam asilo, estão internamente deslocadas nos seus países ou são refugiadas por obra de guerras e perseguições, se elevou de 59.6 milhões em 2014 para 65.3 milhões de pessoas no final de 2015."* (4º§), analise as afirmativas a seguir.

I. A forma do reflexivo *"se"* foi empregada para exprimir a reciprocidade da ação, indicando que tal ação é mútua entre mais de dois indivíduos.

II. A expressão *"estão deslocadas"* é uma referência ao termo *"número"* cujo sentido coletivo permite que a concordância seja estabelecida no plural.

III. Ao verbo *"buscar"*, no trecho destacado, faculta-se a variação quanto ao número – singular ou plural – de acordo com a concordância estabelecida.

Está(ão) correta(s) apenas a(s) afirmativa(s)

a) I.
b) III.
c) I e II.
d) II e III.

Questão 9 (FGV – 2017)

Para que se respeite a concordância verbal, será preciso corrigir a seguinte frase:

a) Têm havido dúvidas sobre a possibilidade de recuperação econômica do país em curto prazo;
b) Têm sido levantadas dúvidas sobre a capacidade do sistema do INSS continuar funcionando a contento;
c) Não se impute aos governos recentes a exclusiva responsabilidade pelas dificuldades econômicas do país;
d) Que dúvidas têm divulgado os jornalistas sobre a atuação da polícia nas passeatas?
e) Caso deixasse de haver as grandes bibliotecas públicas, os estudantes mais pobres sofreriam grande prejuízo.

Questão 10 (IBFC – 2017)

Em "Assim, muitos casais <u>têm</u> quatro, seis, dez filhos," (6º§), nota-se que o acento do verbo em destaque deve-se a uma exigência de concordância. Assinale a alternativa correta em relação ao emprego desse mesmo verbo.

a) No Brasil, a sociedade têm várias questões.
b) O jovem têm um grande desafio pela frente.
c) As pessoas tem muitos planos.
d) A mentira tem perna curta.

Questão 11 (IADES – 2017)

De acordo apenas com as regras de concordância prescritas pela norma-padrão, assinale a alternativa correta.

a) O período "Ninguém está livre de precisar de uma transfusão de sangue." (linhas 1 e 2) poderia ser substituído pela redação **Nenhum de nós estamos livres de precisar de uma transfusão de sangue.**

b) Outra redação possível para o trecho "por um procedimento médico em que a transfusão seja absolutamente indispensável." (linhas 3 e 4) seria **por um procedimento médico no qual absolutamente necessário seja absolutamente a transfusão.**

c) Caso o autor julgasse conveniente substituir o termo sublinhado no período "Todossabemos que é importante doar sangue." (linha 9) pela expressão **A maioria de nós**, o verbo da primeira oração tanto poderia permanecer na primeira pessoa do plural quanto ser empregado na terceira pessoa do singular.

d) A redação **nesses últimos dias, tenho dedicado bastante horas ao trabalho e ando meio cansado** poderia, se assim o desejasse o autor, substituir o trecho "nesses últimos dias, tenho trabalhado muito e ando cansado" (linhas 11 e 12).

e) A substituição do período "Consequentemente, nada justifica que as pessoas deixem de doá-lo." (linhas 16 e 17) pela redação **Consequentemente, não podem haver motivos que justifiquem as pessoas deixarem de doá-lo.** seria possível.

Questão 12 (IBFC – 2017)

No trecho "O homem tirou uma caderneta do bolso, extraiu de dentro dela uma fotografia e pôs-se a olhá- la.", o verbo encontra-se no singular pois concorda com a seguinte palavra:

a) caderneta.
b) bolso.
c) fotografia.
d) homem.

Questão 13 (FCC – 2017)

Palavras utilizadas no texto motivaram as frases que seguem, que, entretanto, devem ser analisadas independentemente dele. A que se apresenta em conformidade com as normas de concordância é:

a) Certamente podem ter havido entre os leitores -pesquisadores muitas dúvidas sobre a magnitude do citado desaparecimento de nações indígenas que viviam ao longo do rio Amazonas.

b) Fenômenos demográficos e culturais, em qualquer época da história da humanidade, sempre pôde produzir efeitos insuspeitados, e muitas vezes o fez.

c) O capítulo evidencia que vários aspectos da história indígena amazonense devem merecer ainda cuidadosa reflexão, porque, apesar da curiosidade que suscita, muito dela ainda permanece obscuro.

d) Grupos indígenas, principalmente inserido no contexto do rio Amazonas, vem chamando a atenção de pesquisadores de distintas áreas do saber, estudiosos que os julgam detentores de muitos segredos.

e) Adepto ou não desse entendimento sobre a formação de um estrato neo-indígena, especialistas em etnografia muito se dedicam a interpretar os dados apresentados na pesquisa recém-publicada.

Questão 14 (UFT – 2017)

Analise as afirmativas a seguir em relação aos aspectos gramaticais do texto.

I. Na frase, "Suas recomendações têm como base a constatação" (3.° parágrafo), há sujeito composto.

II. Na frase, "Suas recomendações **têm** como base a constatação" (3.° parágrafo), o verbo "ter" está conjugado na 3.ª pessoa do plural, pois concorda com "suas recomendações".

III. Na frase, "Há um movimento forte da classe alta para condomínios e cidades da região metropolitana" (8.° parágrafo), não há sujeito (oração sem sujeito), pois se emprega o verbo "haver" no sentido de existir.

IV. Na frase, "A falta de soluções para a mobilidade leva as pessoas ao carro" (12.° parágrafo), o sujeito da oração é "a mobilidade".

Assinale a alternativa **CORRETA**.

a) Apenas as afirmativas I e III estão corretas.
b) Apenas as afirmativas II e III estão corretas.
c) Apenas as afirmativas I, II e III estão corretas.
d) Apenas as afirmativas I, III e IV estão corretas.

Questão 15 (VUNESP – 2017)

Assinale a alternativa em que a reescrita do período "Além da óbvia extensão da floresta, outros fatores tornam complexa a fiscalização." (6° parágrafo) está correta quanto à concordância, de acordo com a norma-padrão.

a) Além da óbvia extensão da floresta, há outros fatores que tornam complexas qualquer outras atividades de fiscalização.

b) Além da óbvia extensão da floresta, existe outros fatores que tornam complexas qualquer outras atividades de fiscalização.

c) Além da óbvia extensão da floresta, sabem-se de outros fatores que tornam complexa quaisquer outras atividades de fiscalização.

d) Além da óbvia extensão da floresta, há outros fatores que tornam complexas quaisquer outras atividades de fiscalização.

e) Além da óbvia extensão da floresta, existem outros fatores que torna complexas quaisquer outras atividades de fiscalização.

Questão 16 (FCC – 2017)

A frase em que a concordância se estabelece em conformidade com a norma-padrão da língua é:

a) Voltados ao cultivo e à difusão da memória político-eleitoral, foi criado o CEMEL, em 1999.

b) Dão-se com regularidade a ocorrência de visitas escolares monitoradas na sede do tribunal.

c) Faz parte do acervo títulos eleitorais, urnas de votação, quadros, fotografias e material audiovisual.

d) Entre as iniciativas do CEMEL, destaca-se a realização de exposições e o lançamento de livros.

e) O acervo do CEMEL contêm, entre outros itens, títulos de eleitor que remontam à época do Império.

Questão 17 (UFMT – 2017)

Na língua escrita padrão, leva-se em conta a relação de dependência estabelecida entre um termo e outro mediante um contexto, são as concordâncias e regências. A concordância verbal trata das alterações do verbo para se acomodar ao seu sujeito. Assinale a alternativa que apresenta a norma **INADEQUADA** para explicar a concordância verbal utilizada no trecho dado.

a) *o norte-americano especialista em segurança da informação Dave Kearns costuma avisar* → O verbo concorda com o sujeito em pessoa e número.

b) *existe uma série de aplicativos, navegadores, redes sociais* → Usa-se o verbo existir somente na terceira pessoa do singular, pois é impessoal.

c) *das pessoas, empresas ou instituições que foram autorizadas* → Quando o sujeito for pronome rela[vo, o verbo concorda com o antecedente desse pronome.

d) *Tudo está disponível para alguém. E pode ser usado contra você.* → Nos dois casos, o verbo concorda com o sujeito em pessoa e número.

Questão 18 (IF-CE – 2017)

Na oração "Pouco menos de um terço (31%) consegue entender textos (...)" (linha 8), a forma verbal grifada está no singular, concordando com o numeral da fração (1/3). A concordância do verbo com o sujeito está **em desacordo** com a norma culta em

a) Mais de um país sul-americano sofre com o despreparo científico de seus habitantes.

b) Precisa-se de mais esforços e vontade política, para se resolver os problemas da educação nacional.

c) Deve haver maneiras de melhorar o ensino de ciências nas escolas brasileiras.

d) Os Estados Unidos alfabetiza cientificamente a sua população.

e) Podem ocorrer problemas sérios em decorrência do baixo letramento científico dos cidadãos brasileiros.

Questão 19 (IBGP – 2017)

SAMU192 é um serviço gratuito, que funciona 24 horas, por meio da prestação de orientações e do envio de veículos tripulados por equipe capacitada, acessado pelo número "192" e acionado por uma Central de Regulação das Urgências. O SAMU realiza os atendimentos em qualquer lugar: residências, locais de trabalho e vias públicas, e conta com equipes que reúne médicos, enfermeiros, auxiliares de enfermagem e condutores socorristas. Atualmente, o SAMU192 atende 75% da população brasileira: 149,9 milhões habitantes, distribuídos em 2921 municípios com acesso ao SAMU 192 no território nacional.

Trecho extraído do texto O que é o SAMU192?, disponível no site do Ministério da Saúde do Brasil.

De acordo com as regras de concordância verbal da gramática normativa da Língua Portuguesa, o verbo empregado inadequadamente no texto é

a) funciona.

b) realiza.

c) reúne.

d) atende.

Questão 20 (MPE-RS – 2017)

Considere os seguintes enunciados.

1. Tratam-se de recursos interpostos pelo réu.
2. Procedeu-se a mudanças no Regimento Geral da Fundação dos Servidores Públicos.
3. Destacou-se nos autos do processo os delitos cometidos pelo réu.
4. Necessita-se de Secretários de Diligências.
5. Devem ter havido diligências que foram cumpridas pelos Secretários recém-ingressados no Ministério Público.

Quais estão corretos de acordo com a norma culta da Língua Portuguesa?

a) Apenas 1 e 2.

b) Apenas 2 e 4.

c) Apenas 1, 3 e 5.

d) Apenas 2, 3 e 5.

e) Apenas 1, 2, 3 e 4.

Questão 21 (VUNESP – 2017)

A concordância está de acordo com a norma-padrão da língua na frase:

a) Muito antes de haver história, já existia seres humanos.

b) Animais bastante similares aos humanos modernos podiam ser encontrado por volta de 2,5 milhões de anos atrás.

c) Na África Oriental de 2 milhões de anos atrás, certas características humanas familiares poderiam ser muito bem observadas.

d) Esses humanos arcaicos competiam por status e poder, assim como ocorriam com os chimpanzés, os babuínos e os elefantes.

e) Eles próprios não havia de suspeitar que seus descendentes um dia viajariam à Lua.

Questão 22 (INSTITUTO EXCELÊNCIA – 2017)

"Ninguém **poderia** me ajudar". O verbo em negrito está no singular porque, segundo as regras da concordância verbal:

a) O verbo fica no singular quando concorda com o pronome indefinido "ninguém".

b) O verbo fica no singular quando concorda com o pronome de tratamento "ninguém"

c) O verbo aceita ou plural ou singular quando concorda com o pronome indefinido "ninguém".

d) Nenhuma das alternativas.

Questão 23 (CONSULPLAN – 2017)

Assinale a alteração para a frase: "*Existe aí um motivo adicional, além do desrespeito ao local coletivo.*" (3º§) cuja correção linguística pode ser observada:

Parte superior do formulário

a) Existe aí motivos adicionais, além do desrespeito ao local coletivo.

b) Haveriam aí motivos adicionais, além do desrespeito ao local coletivo.

c) Deve haver aí motivos adicionais, além do desrespeito ao local coletivo.

d) Devem haver aí motivos adicionais, além do desrespeito ao local coletivo.

Questão 24 (AOCP – 2017)

Assinale a alternativa correta.

a) No excerto, "(...) os seus instantes de lazer e diversão <u>têm</u> que, obrigatoriamente, ser vistos por todos.", o verbo destacado está acentuado, pois concorda com o sujeito, cujo núcleo está no plural.

b) A conjugação do verbo destacado a seguir está incorreta, pois ele deveria estar no singular, por concordar com "a comunicação": "[...] a internet é incrível para a comunicação entre pessoas e grupos que <u>tenham</u> os mesmos interesses [...]"

c) Em "Aquelas em que o autor antes de comer um prato ou uma iguaria especial, fotografa e já a <u>lança</u>na rede como a dizer que está podendo.", o verbo destacado está no singular, porque concorda com "iguaria especial"

d) O termo em destaque no excerto a seguir deveria estar no gênero feminino (comunitária), para concordar com "mídia"; "[...] a internet não é uma mídia, mas um sistema de comunicação<u>comunitário</u>.".

e) No trecho, "Mesmo protegidos na redoma da interatividade, continuamos sós, ali, onde apenas a solidão nos <u>alcança</u>.", o termo destacado deveria estar no plural, pois, sintaticamente, concorda com o pronome oblíquo "nos".

Questão 25 (AOCP – 2017)

Assinale a alternativa cuja estrutura sintática aceita outra concordância verbal.

a) A vida em sociedade impõe condutas que vão desde o respeito ao próximo, até o cumprimento de todas as regras e normas [...]".

b) Desta forma, não cabem atitudes individualistas, egoísticas [...]".

c) A grande maioria de nós ainda precisa de polícia, a fim de fiscalizar as nossas atitudes.".

d) Ninguém há que consiga viver tal qual um ermitão, um eremita, insulado de tudo e de todos.".

e) [...] as nossas atitudes. A sós, tendemos a infringir, a violar!".

Questão 26 (PREFEITRA DE COQUEIRAL – 2016)

Em uma das alternativas abaixo, não se observou a concordância prescrita pela gramática. Indique-a:

a) Os resultados pareciam depender do acaso.

b) A medicina tem conseguido franco desenvolvimento, hajam vistas as pesquisas sobre o câncer.

c) O poder da propaganda é discutível, haja vista a acentuada queda de consumo nos últimos meses.
d) O mundo encontra-se fortemente tensionado:hajam vista os recentes conflitos armados.

Questão 27 (PREFEITURA DE COQUEIRAL – 2016)

Assinale a alternativa que completa correta e respectivamente as lacunas das frases que seguem:

I. .... sete e meia da noite, quando avistamos as luzes de Paris.
II. .... 140 quilômetros daqui até lá.
III. Hoje .... 20 de março.
IV. O 26 de dezembro de 1896 .... uma noite de glória para Manaus.
V. Quinze minutos .... pouco para realizar a prova.

a) eram - é - é - foi - é
b) era - são - é - foram - são
c) eram - são - é - foi - é
d) eram - são - são - foram – são

Questão 28 (ALTERNATIVE CONCURSOS – 2017)

Leia as frases e assinale a alternativa que apresenta a informação correta:

I. Um grupo de pesquisadores prefere viajar para o interior do país.
II. Um grupo de pesquisadores preferem viajar para o interior do país.
III. Um por cento dos professores concordam com a administração.

A concordância verbal:

a) Está correta somente em II.
b) Está correta somente em I.
c) Está correta somente nas frases I e II.
d) Está correta em todas as frases acima.
e) Está correta somente nas frases II e III.

Questão 29 (FCC – 2016)

Quanto à concordância e à articulação entre tempos e modos, está plenamente correto o emprego das formas verbais na frase:

a) Por que haveria de ser uma humilhação caso ficarem demonstradas toda a fragilidade das ideias que supúnhamos fortes?
b) Ao assumirmos que são aceitáveis, nas ideias em debate, a argumentação alheia, não haveria por que não as acolhêssemos.
c) É quando entra em crise que nossos argumentos deveriam mostrar-se fortes, aproveitando a oportunidade para virem a se fortalecer.
d) Somente seriam inaceitáveis as razões do outro caso lhes faltasse consistência no desenvolvimento da argumentação.
e) Supõe-se que a palavra *confronto*, ao indicar enfrentamento, devesse indicar um posicionamento que acatariam cada um dos contendores.

Questão 30 (FCC – 2016)

Respeitadas as regras de concordância, o verbo que também pode ser corretamente flexionado em uma forma do plural está em:

a) *... o debate político nas redes sociais mobiliza paixões...*
b) *... a maioria dos usuários das redes sociais diz que...*
c) *Um estudo publicado por um instituto de pesquisas indica que...*
d) *... um em cada cinco entrevistados [...] disse...*
e) *... as interações com quem sustenta pontos de vista divergentes...*

Questão 31 (FIOCRUZ – 2016)

"Professor de química da Universidade Federal de Uberlândia, em Minas Gerais, Antônio Otávio de Toledo Patrocínio está otimista com os avanços na área." (9º §)

Suponha que o referido professor, otimista com os avanços da área, enviasse correspondência oficial ao Reitor da Universidade Federal de Uberlândia, solicitando autorização para dar continuidade às suas pesquisas.

De acordo com as recomendações do Manual de Redação da Presidência da República, a redação adequada, considerando-se a forma de tratamento e a concordância verbal, nos termos de um memorando, será:

a) Solicito a Vossa Magnificência que autorize a continuidade das pesquisas sobre a conversão do CO_2 de volta nos combustíveis de cuja queima ele se originou, como a gasolina e o óleo diesel.
b) Solicito a Sua Magnificência que autorizeis a continuidade das pesquisas sobre a conversão do CO_2 de volta nos combustíveis de cuja queima ele se originou, como a gasolina e o óleo diesel.
c) Solicito a Vossa Excelência que autorize a continuidade das pesquisas sobre a conversão do CO_2 de volta nos combustíveis de cuja queima ele se originou,como a gasolina e o óleo diesel.

d) Solicito a Vossa Senhoria que autorizeis a continuidade das pesquisas sobre a conversão do CO_2 de volta nos combustíveis de cuja queima ele se originou,como a gasolina e o óleo diesel.

e) Solicito a Vossa Magnificência que autorizeis a continuidade das pesquisas sobre a conversão do CO_2 de volta nos combustíveis de cuja queima ele se originou, como a gasolina e o óleo diesel.

Questão 32 (COPSET – 2016)

O uso da norma padrão da gramática portuguesa costuma ser socialmente prestigiada. Identifique a alternativa em que a concordância verbal está inteiramente de acordo com essa norma.

a) Nenhum dos brasileiros esclarecidos podem subestimar a política de exclusão de negros no Brasil atual.

b) Houveram verdadeiras iniquidades cometidas contra os negros nos tempos vergonhosos da escravidão.

c) A literatura nacional teve também como tema de suas obras as atrocidades contra negros e índios. Hajam vista os poemas de Castro Alves, por exemplo.

d) Políticas de inclusão com critérios de renda seriam socialmente mais eficazes e já haviam sido implantadas em governos anteriores.

e) Desconheço políticas de inclusão social de negros e índios. Fazem muitos anos que não se aprovaram medidas nesse sentido.

Questão 33

Lendo e interpretando

REFERÊNCIA: VESTIBULAR CECIERJ – 2016 (SEGUNDO SEMESTRE)

(...) As línguas e as culturas fazem como as criaturas:
trocam genes e inventam simbioses como resposta
aos desafios do tempo e do meio ambiente.
Em Moçambique vivemos um período em que
05 encontros e desencontros se estão estreando num
caldeirão de efervescências e paradoxos. Nem sempre
as palavras servem de ponte na tradução desses
mundos diversos. Por exemplo, conceitos que nos
parecem universais como Natureza, Cultura e
10 Sociedade são de difícil correspondência. Muitas vezes
não existem palavras nas línguas locais para exprimir
esses conceitos. Outras vezes é o inverso: não existem
nas línguas europeias expressões que traduzam valores
e categorias das culturas moçambicanas.
15 Recordo um episódio que sucedeu comigo. Em
1989, fazia pesquisa na ilha da Inhaca quando
desembarcou nessa ilha uma equipa de técnicos das
Nações Unidas. Vinham fazer aquilo que se costuma
chamar de "educação ambiental". Não quero comentar
20 aqui como esse conceito de educação ambiental
esconde muitas vezes uma arrogância messiânica. A
verdade é que, munidos de boa-fé, os cientistas traziam
malas com projectores de slides e filmes. Traziam,
enfim, aquilo que na sua linguagem designavam por
25 "kits de educação", na ingênua esperança de que a
tecnologia é a salvação para problemas de
entendimento e de comunicação.
Na primeira reunião com a população surgiram
curiosos mal-entendidos que revelam a dificuldade de
30 tradução não de palavras, mas de pensamento. No
pódio estavam os cientistas que falavam em inglês,
eu, que traduzia para o português, e um pescador que
traduzia de português para a língua local, o chidindinhe.
Tudo começou logo na apresentação dos visitantes
35 (devo dizer que, por acaso, a maior parte deles eram
suecos). "Somos cientistas", disseram eles. Contudo,
a palavra "cientista" não existe na língua local. O termo
escolhido pelo tradutor foi inguetlba que quer dizer
feiticeiro. Os visitantes surgiam assim aos olhos
40 daquela gente como feiticeiros brancos. (...)

(COUTO, Mia. E se Obama fosse africano?: e outras intervenções.São Paulo: Companhia das Letras, 2011. p. 16-17).

01. Ao falar da relação entre linguagem e mundo, o professor José Carlos Azeredo (2007) ressalta que a linguagem não é uma simples ferramenta ou instrumento, tampouco o espelho de um mundo de objetos e fenômenos, porque o que nossos textos significam resulta da filtragem e modelação de nossas experiências; em outras palavras, a transformação de nossas experiências de mundo em matéria textual envolve fatores socioculturais de propriedade coletiva.

Indique o fragmento de texto que melhor exemplifica o enunciado acima:

a) "No pódio estavam os cientistas que falavam em inglês, eu, que traduzia para o português, e um pescador que traduzia de português para a língua local, o chidindinhe". (linhas 30-33)

b) "As línguas e as culturas fazem como as criaturas: trocam genes e inventam simbioses como resposta aos desafios do tempo e do meio ambiente". (linhas 1-3)

c) " Na primeira reunião com a população surgiram curiosos mal-entendidos que revelam a dificuldade de tradução não de palavras, mas de pensamento". (linhas 28-30)

d) "A verdade é que, munidos de boa-fé, os cientistas traziam malas com projectores de slides e filmes". (linhas 21-23)

02. Para obter efeitos de sentido, os autores costumam valer-se de diferentes recursos semânticos, como a metáfora em:

a) "Por exemplo, conceitos que nos parecem universais como Natureza, Cultura e Sociedade são de difícil correspondência". (linhas 8-10)

b) "Nem sempre as palavras servem de ponte na tradução desses mundos diversos". (linhas 6-8)

c) "As línguas e as culturas fazem como as criaturas...". (linha 1)

d) "'Somos cientistas', disseram eles". (linha 36)

03. No enunciado: "Na primeira reunião com a população surgiram curiosos mal-entendidos que revelam a dificuldade de tradução não de palavras, mas de pensamento". (linhas 28-30), a conjunção sublinhada dá ideia de

a) conformidade.

b) conclusão.

c) condição.

d) retificação.

Não sou mais tolo, não mais me queixo:
enganassem-me mais desenganassem-me mais
mais rápidas mais vorazes e arrebatadoras
mais volúveis mais voláteis
05 mais aparecessem para mim e desaparecessem
mais velassem mais desvelassem mais revelassem
velassem

mais
eu viveria tantas mortes.
10 morreria tantas vidas
jamais me queixaria
jamais

(CÍCERO, Antonio. *Porventura*. Rio de Janeiro: Record, 2012. p.67).

04. Observe:

"eu viveria tantas mortes

morreria tantas vidas

jamais me queixaria

jamais". (linhas 9-12)

A figura de linguagem empregada na estrofe em destaque é a

a) antítese.

b) comparação.

c) personificação.

d) eufemismo.

GABARITOS

1 – E
2 – B
3 – A
4 – C
5 – C
6 – E
7 – E
8 – B
9 – A
10 – C
11 – C
12 – D
13 – C
14 – B
15 – D
16 – E
17 – B
18 – D
19 – C
20 – B
21 – C
22 – A
23 – C
24 – A
25 – C
26 – B
27 – C
28 – D
29 – D
30 – B
31 – A
32 – D

LENDO E INTERPRETANDO

1 – C
2 – B
3 – D
4 – A

Capitulo 19

O "ESSENCIAL" DA SINTAXE: SUJEITO E PREDICADO

1. PRA COMEÇO DE CONVERSA

Neste capítulo, iniciaremos nossos estudos sobre análise sintática. Estudaremos a função dos termos que compõem uma oração. São chamados termos da oração as palavras que tem determinada função sintática dentro de uma oração. O primeiro bloco de nosso estudo é o que se chama termos essenciais; termos que quase sempre aparecem nos enunciados: sujeito e predicado. A classificação de "essencial" como algo imprescindível é, algumas vezes, questionada, uma vez que existem orações sem sujeito. Mas trataremos disso posteriormente.

Quando se tem um enunciado completo, de um modo geral, declara-se algo sobre alguma coisa. Assim, o que se chama de predicado é o que é dito sobre alguma coisa, que é o sujeito da oração.

Pelo fato de o sujeito e o predicado aparecerem na maior parte dos enunciados linguísticos, é que são tratados como termos essenciais. Entretanto, como já adiantamos, podem ocorrer enunciados sem sujeito. Por esse motivo, caracteriza-se o predicado como o único termo que aparece em, literalmente, todos os enunciados.

2. TEORIZANDO

2.1. Sujeito

Denomina-se sujeito o termo praticante da ação na voz ativa ou aquele que sofre na voz passiva, afirmando ou negando o predicado a que ele se refere.

De acordo com a maioria das gramáticas, é o termo do qual se diz alguma coisa.

Segundo Evanildo Bechara, "é o termo da oração que indica a pessoa ou a coisa de que afirmamos ou negamos uma ação ou qualidade". Talvez o melhor conceito para o termo seja o que afirma:

> Sujeito é o termo da oração que estabelece com o verbo uma relação de concordância em número e pessoa, denominada concordância verbal.

"Nós **compramos** o DVD". O verbo comprar encontra-se flexionado na primeira pessoa do plural do presente do indicativo compramos para concordar com o sujeito nós.

Realizando-se a concordância, teríamos:

O avião voa.	Os aviões voam.
O estudante protesta.	Os estudantes protestam.
Joaquim saiu cedo.	Os colegas saíram cedo.
O petisco é bom.	Os petiscos são bons.

De acordo com a Nomenclatura Gramatical Brasileira (NGB), o sujeito pode se classificar-se como:

2.1.1 Sujeito simples

O garoto da favela joga bola.
(sujeito simples)

Denomina-se sujeito simples o termo da oração que apresenta apenas um núcleo representativo e que estabelece com o verbo uma relação de concordância em número e pessoa, denominada concordância verbal. É importante saber que núcleo é um termo SEM PREPOSIÇÃO.

Eu estou realizando um evento durante toda esta semana.

EU representa uma pessoa que pratica a ação de REALIZAR. Assim, o sujeito é simples, porque tem um só núcleo, e estabelece com o verbo uma relação de concordância em numero e pessoa, denominada concordância verbal.

A Nomenclatura Gramatical Brasileira (NGB) não fala mais em SUJEITO OCULTO, e, sim, desinencial, ou seja, subentendido, expresso na desinência pessoal.

Somos um povo trabalhador.
Sois pessoas dignas, com certeza.
Praticavam boas ações todos os dias.

O sujeito nos três exemplos anteriores é simples: **nós**, **vós** e **eles**.

Motivo: o verbo está na 1ª pessoa do plural, caracterizado pela desinência: "-mos"; na 2ª pessoa do plural, "-is"; na terceira pessoa do plural, "-m".

Cuidado com orações do tipo:

Alguém está batendo lá fora.
Sujeito: alguém.

A classificação se deve ao fato de haver um termo escrito. Semanticamente, por ser um pronome indefinido, uma construção como essa poderia levar à ideia de se tratar de sujeito indeterminado, mas não é, como veremos a seguir.

2.1.2. Sujeito oracional

Existe também o sujeito oracional, isto é, aquele representado por uma oração. Trata-se da oração subordinada substantiva subjetiva. Exerce a função de sujeito da oração principal.

É necessário **que todos estejam de acordo.**

A oração "que todos estejam de acordo" é uma oração subordinada substantiva subjetiva. Ela é o sujeito da oração "É necessário"; o enunciado equivaleria a "A concordância de todos é necessária".

2.1.2. Sujeito composto

Chitãozinho e **Xororó** não mais lideram as vendas entre os sertanejos.

(sujeito composto)

O sujeito composto é aquele que tem mais de um núcleo representativo. É bom lembrarmos que o sujeito composto, quando vem posposto ao verbo, pode levar o verbo a concordar com o núcleo mais próximo, ou seja, concordância lógica e concordância atrativa.

Veio Pedro e Paulo para o congresso.

Vieram Pedro e Paulo para o congresso.

2.1.3. Sujeito indeterminado

Recorreu-se à Justiça do Trabalho.

(sujeito indeterminado)

O sujeito é indeterminado quando não é nomeado, ou por não se querer ou por não se saber fazê-lo. Ocorre quando se declara uma ação, mas não há como dizer quem a pratica ou praticou. O sujeito indeterminado manifesta-se nas seguintes situações:

a) O verbo encontra-se na 3ª pessoa do plural, sem sujeito explícito.

Continuam insistindo na inocência do canalha.

Falam de tudo e de todos.

Andam dizendo por ai que a crise está feia e que vai custar a acabar!

b) Com o verbo transitivo indireto (o que tem o complemento precedido de preposição) somente na 3ª pessoa do singular mais a partícula "se".

Necessita-se de mais respeito ao professor no Brasil.

Precisa-se de alunos que sejam estudiosos e dispostos ao conhecimento.

Preste atenção a seguir nas frases com verbo transitivo direito seguido da partícula "se" (não precedido de preposição).

Reformam-se estofados.

Encontrou-se o cadáver no estacionamento do shopping.

As frases acima não se caracterizam por sujeito indeterminado, pois nesses casos, a palavra "se" exerce a função de partícula apassivadora, já que a frase se encontra na voz passiva. Assim:

Estofados são reformados.

O cadáver foi encontrado no estacionamento do shopping.

c) Com o verbo intransitivo (sem complemento verbal) somente na 3ª pessoa do singular – mais a palavra se.

Vive-se tranquilo na zona sul.

2.1.4. Oração sem sujeito

Há verbos que não apresentam sujeito. Gramaticalmente, estabeleceram-se alguns casos considerados como de sujeito inexistente:

a) Com os verbos que indicam **fenômenos da natureza** (anoitecer, trovejar, nevar, escurecer, chover, relampejar).

Relampejou durante a madrugada.

Nevou intermitentemente nos países europeus.

Amanhece mais tarde no inverno.

Chove bastante na região sul.

Observação: esses verbos podem ter sujeito, não estando no sentido próprio, fenômenos da natureza:

Choveram aplausos ao final do espetáculo. (sujeito: aplauso)

b) Com o verbo HAVER significado existir.

Ainda há pessoas bem-intencionadas no mundo?

Haverá um torneio esportivo no Canadá?

Há bons estudantes em Minas Gerais.

Há gente desocupada neste mundo.

Há homens de boa fé.

c) Com os verbos FAZER, HAVER e ESTAR indicando tempo (decorrido ou não).

Está frio neste mês de julho.

Faz um calor terrível no Nordeste.

Está no horário de intervalo.

d) Como o verbo SER indicando tempo.

Era 1 de junho.

É muito tarde.

Era uma vez um coelhinho.

Foi em Janeiro.

e) Com os verbos IR, VIR e PASSAR indicando tempo.

Já passa de cinco horas da tarde.

Já passa de cinco anos.

Observação: Algumas vezes, um advérbio pode assumir a função do sujeito, o que seria próprio de substantivos.

"Amanhã" é dia do pagamento. (O dia de amanhã...)

Aqui já é município do Rio de Janeiro. (Este lugar...)

Hoje é feriado de Corpus Christi. (O dia de hoje...)

Agora já é momento de se decidir o problema. (Esta hora...)

2.2. Predicado

Na maioria das gramáticas, o predicado é definido como tudo aquilo que se afirma do sujeito. Ou ainda: é tudo aquilo que se diz do sujeito. Ou então: é tudo o que se declara do sujeito. É importante lembrar que o predicado é o único termo que consta em todas as orações.

Carolina visitou-nos nas férias.

Predicado: visitou-nos nas férias.

Amanhã voltarei a Brasília.

Predicado: Amanhã voltarei a Brasília.

Carol, resolva esta questão, por favor.

Predicado: resolva esta questão, por favor.

Os alunos da minha turma são comprometidos com o estudo.

Predicado: são comprometidos com o estudo.

O pagamento saiu.

Predicado: saiu.

Temístocles fez um discurso inflamado, fato surpreendente.

Predicado: fez um discurso inflamado, fato surpreendente.

2.2.1. *Tipos de predicado*

a) Predicado nominal

O predicado nominal é aquele que tem como núcleo (ou termo principal) o **nome** que exprime qualidade, característica ou estado do sujeito. Na frase em que esse tipo de predicado aparece, existe sempre um verbo chamado de "ligação," ou seja, um verbo cuja função é somente ligar termos, não tendo um significado ou sentido de ação.

O núcleo do predicado nominal recebe o nome de **predicativo.**

No predicado nominal, temos uma estrutura formada de:

- **verbo de ligação:** ser, estar, ficar, parecer, permanecer, andar, continuar, cair, torna-se...
- **predicativo do sujeito:** qualidade, característica ou estado a que se refere ao sujeito.

Os autores do livro **ficaram satisfeitos com o resultado de sua obra.**

("Ficaram": verbo de ligação + "satisfeitos": predicativo do sujeito).

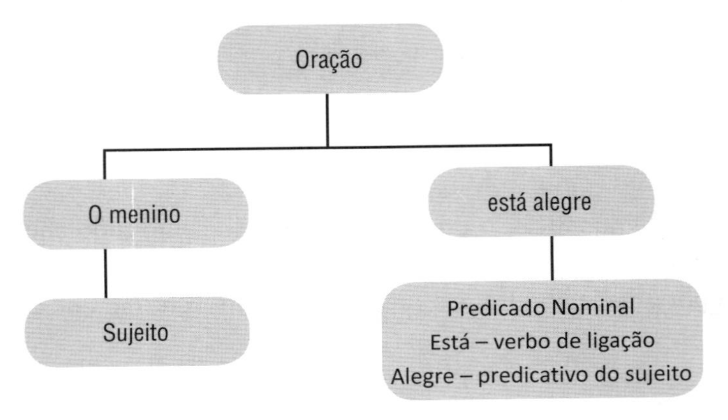

b) Predicado verbal

Como já sinalizado pelo nome, o predicado verbal tem como núcleo sempre um **verbo** que pode ser transitivo (o que precisa de complemento) ou intransitivo (o que não precisa de complemento). Para ser núcleo do predicado, é necessário que o verbo seja nocional, ou seja, que represente uma ação.

Os ministros **decidiram** o pleito em menos de cinco horas.

Voltei a pé para casa, de madrugada.

Os professores **lideraram** a greve durante três semanas.

c) Predicado verbo-nominal

O predicado verbo-nominal, ao contrário dos anteriores, apresenta dois núcleos, ou seja, um verbo (transitivo ou intransitivo) e um nome (predicativo).

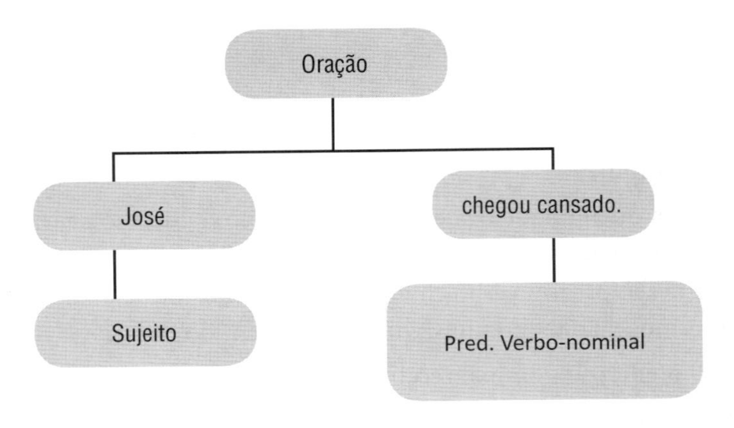

Para você reconhecer facilmente um predicado verbo-nominal,

- procure um **verbo de ação** e um termo de valor **adjetivo** na frase;

- o **adjetivo** deverá se referir ao **sujeito** ou ao **objeto**;

- o **verbo de ligação** estará sempre implícito. No exemplo anterior: "José chegou cansado" poderíamos subentender: José chegou (e estava) cansado.

No próximo capítulo, detalharemos o que vem a ser verbo transitivo, intransitivo e de ligação. Neste, em especial, vamos nos ater ao que se classifica como **PREDICATIVO**.

Esse termo expressa, como vimos em exemplos anteriores, **um estado ou uma qualidade do sujeito ou do objeto**. Portanto, é um termo presente nas frases do predicado nominal ou verbo-nominal. As classes gramaticais que representam o predicativo são: substantivo ou expressão substantivada, adjetivo ou locução adjetiva, pronome, numeral ou oração subordinada substantiva predicativa.

Os filhos são **tesouros.**

- Predicativo do sujeito / termo substantivo.

Ela era **burra** e **sem criatividade**.

- Predicativos do sujeito / termo adjetivo e locução adjetiva.

Os próximos serão **vocês.**

- Predicativo do sujeito / pronome.

Todos eram **um.**

- Predicativo do sujeito / numeral.

O difícil era **que se recebesse dinheiro.**

- Predicativo do sujeito / oração subordinada substantiva.

O predicativo pode referir-se ao **objeto,** normalmente o objeto direto. Algumas vezes, serve para exprimir a consequência do fato indicado pelo predicado verbal.

Elegeram o professor Ruy **deputado.**

- Predicativo do objeto / substantivo.

Todos lhe chamavam **corrupto**.

- Predicativo do objeto (desta vez, indireto) / adjetivo.

ATENÇÃO

O predicativo pode vir precedido de preposição (de, em, para, por), de locução prepositiva ou da palavra como (Ele formou-se de professor / Considerei-o como um cavalheiro).

Veja alguns exemplos de predicativos do objeto:

Todos nos julgam professores **competentes**.

Considero **uma afronta** isso.

As paixões tornam os homens **idiotas.**

Acho **pertinentes** suas ponderações.

O maior desprazer de um homem é ver o filho **deprimido.**

O governador nomeou a professora **sua assessora.**

O juiz julgou o recurso **procedente.**

QUESTÕES DE PROVA

Questão 1 (Serctam-2016)

Na oração: "Este homem parece uma criança", o termo destacado é um :

a) sujeito.
b) predicado verbal.
c) predicativo do objeto.
d) predicado nominal.
e) predicado verbo-nominal.

Questão 2(EXATUS-PR-2015)

Socorrinho

Moço, não, sua mão, suando, grito no semáforo, em contramão, suada, pelos carros, sobre os carros, carros, moço, não, viu sua mãe e a cidade, nervosa, avançando o meio-dia, dia de calor, calor enorme, ninguém que avista, Socorrinho, algumas __________, céu de gasolina, ozônio, cheiro de álcool, moço, não, parecido sonho ruim, dor de dente, comprimido, pernilongo, extração de ouvido, o ônibus elétrico, esquinas em choques, paralelepípedos, viagens que não conhece – hoje desaparecida menina de seis anos, ou sete, trajada de camiseta, sapatinhos ou chinelos, fita crespa no cabelo, azul forte ou infinito, moço, não, aquele grito franzino, miúdo, a polícia que alega _________, magia negra, sequestro, mastiga um fósforo, a mãe de Socorrinho acende velas, incensos, chorando a Deus justiça divina, justiça duvidosa, viver agora o que seria se já não era, se por um descuido já se foi um dia sem ela, dois, Socorrinho, céus e preces, moço, não, Maria do Socorro Alves da Costa, mulatinha, sumiu misteriosa, diz uma testemunha que um negro levou sua filha embora, revolta da família, vizinho, jornal, televisão, igreja, depois de dois meses, moço, não, boneca, foto de batizado, festinha de bairro, tudo que pudesse trazer Socorrinho de volta para a memória, peito, o quarto morto, as horas puxando apreensão, suor, desesperança, batida de polícia em favelas, rodoviárias, botecos, matagais, tudo isso feito e desfeito, a mãe de Socorrinho ouvia boatos, silenciava à base de comprimidos, o marido já enlouquecido e internado, que __________, agonia de cidade, moço, não, gente ruim, sem sentimento, pra que deixar sofrendo a mãe humilde, o bairro, a câmera de TV que treme aquela realidade de cão, mundo cachorro, já noitinha de outra noite, mais outra, notícia mais nenhuma, nunca, Socorrinho desaparecida, amor quando vai embora, quando vira fé, chamado, súplica, saudade, a filha fosse devolvida, a felicidade, moço, não, gritava três meses, cinco, infinitamente, crônica policial, fichário, esquecida realidade, extraí-la do sonho para sempre, no horizonte, trajada de camiseta, sapatinhos ou chinelo, descalça, fita crespa no cabelo, azul forte ou infinito, moço, não, descaso, não escuto, moço, não, quero ir pra casa, não, moço, não, o homem arreava as calças, mais o grito, moço, não, não, Socorrinho chorava, Socorrinho esperneava, Socorrinho mais não entendia aquele mundo estranho, aquele desmaio de anjo.

Angu de sangue. São Paulo, Ateliê, 2000.

"Diz uma testemunha, que um negro levou sua filha embora". Assinale a alternativa em que a análise dos termos grifados está correta:

a) sujeito – predicado verbal.
b) objeto direto – predicado verbal.
c) objeto indireto – predicado nominal.
d) sujeito – predicado verbo nominal.

Questão 3 (REIS & REIS-2015)

O predicado é nominal em: EXCETO.

a) Os passageiros ficaram assustados;
b) O planeta podia ser tranquilo;
c) "Zé Maria" não estava sóbrio;
d) Você acha Júlia bonita, mamãe?

Questão 4 (INSTITUTO AOCP-2016)

'Plano contra crise hídrica é como seguro: para não usar', diz secretário

Documento prevê a implantação de rodízio em situações de emergência.

Governo de SP apresentou plano nesta quinta-feira, com 5 meses de atraso.

O secretário estadual de Recursos Hídricos, Benedito Braga, comparou o plano de contingência contra a crise hídrica em São Paulo com um seguro: "estamos fazendo para não usar", afirmou. O documento, obtido com exclusividade pelo G1 na semana passada, foi apresentado oficialmente, com cinco meses de atraso, nesta quinta-feira (19). Na reunião estavam presentes representantes de prefeituras da região metropolitana e entidades.

Braga afirmou que o plano demorou para ser apresentado porque foi um trabalho integrado entre o estado paulista, municípios, sociedade civil e universidades. "Obviamente em uma região tão complexa como a região metropolitana de São Paulo, o levantamento de dados é muito demorado, não é muito simples", disse o secretário.

O plano de contingência vai orientar como o poder público, companhias e sociedade civil devem agir no caso de seca ou de desabastecimento de água para a população. O documento também prevê a implantação de rodízio – cortes sistemáticos na distribuição – em situações de emergência. De acordo com o secretário de Recursos Hídricos, a Grande São Paulo está, atualmente, em estado de atenção.

Três níveis de ações O plano de contingência, divulgado com exclusividade pelo G1 na semana passada, considera ações em três níveis (veja abaixo).

Atualmente, segundo o governo estadual, a Grande São Paulo está no nível 2 - Alerta porque os reservatórios ainda estão com níveis baixos. O secretário de Recursos Hídricos garante, no entanto, que todas as medidas necessárias para essa situação já foram tomadas.

"O Cantareira ainda está no volume morto. O Alto Tietê está com 15% da capacidade. Entretanto, nós estamos no processo de redução de pressão a noite, e assim por diante. Essa é uma característica de redução na demanda quando a perspectiva de oferta ainda é baixa. Porém não está ainda em uma situação tão complicada que você não consiga o nível dos reservatórios estáveis", completou.

Níveis e ações

NÍVEL 1 - ATENÇÃO: deverá ser adotado quando houver sinais de estiagem prolongada, quando então passa a existir uma situação de risco elevado de não ser atendida a demanda de água.

NÍVEL 2 - ALERTA: será adotado quando a situação dos sistemas de abastecimento chegar a níveis críticos, podendo comprometer a curto prazo o atendimento à demanda de abastecimento de água. O risco de não atendimento é elevado.

"Isso quer dizer que, mesmo se você estiver fazendo tudo isso e o nível dos reservatórios continuar caindo, aí seria necessário acionar o nível de emergência. Porque seria necessário não só reduzir a pressão mas cortar água mesmo, para que a gente não ficasse dependendo só da água do rio", explicou o secretário de Recursos Hídricos, Benedito Braga.

NÍVEL 3 - EMERGÊNCIA: será adotado quando for eminente o não atendimento da demanda, uma vez que um ou mais sistemas de abastecimento estejam sob elevado risco de esvaziamento crítico, comprometendo o abastecimento de parte da população com grau de severidade significativo.

Neste nível (emergência) serão feitos cortes sistemáticos no abastecimento de água de modo a evitar o colapso total de um ou mais sistemas produtores de água potável. Em caso de emergência, quando a possibilidade do rodízio existe, o plano prevê ações como a restrição de água potável para atividades industriais de grande impacto e atividades de irrigação.

Caberá à Sabesp, à Secretaria de Recursos Hídricos e às prefeituras a operação de abastecimento em pontos prioritários e a requisição, se necessário, de poços outorgados para a distribuição de água à população em pontos de apoio. [...].

Retirado e adaptado de: http://g1.globo.com/sao-paulo/noticia/2015/11/ governo-de-sp-apresenta-plano-contra-crise-hidrica-com-5-meses-de -atraso.html. Acesso em: 09 dez. 2015.

Em relação ao excerto "[...] O risco de não atendimento é elevado [...]", assinale a alternativa correta.

a) Tem como núcleo do predicado o verbo "é".
b) Apresenta um predicado verbal.
c) Não apresenta predicado.
d) Apresenta um predicado verbo-nominal.
e) Apresenta um predicado nominal.

Questão 5 (INSTITUTO AOCP-2016)

Qual é o tipo de predicado da oração "A microcefalia não é uma doença nova."?

a) Predicado nominal.
b) Predicado verbal.
c) Predicado verbo nominal.
d) Predicativo do sujeito.
e) Predicativo do objeto.

Questão 6 (FAUEL-2016)

Leia o texto e responda as questões abaixo:

"Todos os seres humanos nascem livres e iguais em dignidade e em direitos. Dotados de razão e de consciência, devem agir uns para com os outros em espírito de fraternidade. Todo indivíduo tem direito à vida, à liberdade e à segurança pessoal. Toda a pessoa tem direito ao trabalho, à livre escolha do trabalho, a condições equitativas e satisfatórias de trabalho e à proteção contra o desemprego".

As frases são compostas geralmente de sujeito, que consiste o de quem se fala algo, e o predicado, que é o algo que se fala do sujeito. Identifique o sujeito e o predicado da seguinte frase: "Todo indivíduo tem direito à vida".

a) "Todo indivíduo tem direito" é o sujeito, e "à vida" é o predicado.

b) "Todo indivíduo tem" é o sujeito, e "direito à vida" é o predicado.

c) "Todo indivíduo" é o sujeito, e "tem direito à vida" é o predicado.

d) "Todo" é o sujeito, e "indivíduo tem direito à vida" é o predicado.

Questão 7 (IBGP-2017)

Assinale a alternativa que contém predicado nominal.

a) Todos precisam de amor.

b) Todos estão carentes de amor.

c) O amor humano precisa de reciprocidade.

d) A carência de amor gera depressão.

Questão 8 (COSEAC-2016)

Leia o texto abaixo e responda à questão proposta.

O Brasil é minha morada

1 Permita-me que lhes confesse que o Brasil é a minha morada. O meu teto quente, a minha sopa fumegante. É casa da minha carne e do meu espírito. O alojamento provisório dos meus mortos. A caixa mágica e inexplicável onde se abrigam e se consomem os dias essenciais da minha vida.

2 É a terra onde nascem as bananas da minha infância e as palavras do meu sempre precário vocabulário. Neste país conheci emoções revestidas de opulenta carnalidade que nem sempre transportavam no pescoço o sinete da advertência, justificativa lógica para sua existência.

3 Sem dúvida, o Brasil é o paraíso essencial da minha memória. O que a vida ali fez brotar com abundância, excedeu ao que eu sabia. Pois cada lembrança brasileira corresponde à memória do mundo, onde esteja o universo resguardado. Portanto, ao apresentar-me aqui como brasileira, automaticamente sou romana, sou egípcia, sou hebraica. Sou todas as civilizações que aportaram neste acampamento brasileiro.

4 Nesta terra, onde plantando-se nascem a traição, a sordidez, a banalidade, também afloram a alegria, a ingenuidade, a esperança, a generosidade, atributos alimentados pelo feijão bem temperado, o arroz soltinho, o bolo de milho, o bife acebolado, e tantos outros anjos feitos com gema de ovo, que deita raízes no mundo árabe, no mundo luso.

5 Deste país surgiram inesgotáveis sagas, narradores astutos, alegres mentirosos. Seres anônimos, heróis de si mesmos, poetas dos sonhos e do sarcasmo, senhores de máscaras venezianas, africanas, ora carnavalescas, ora mortuárias. Criaturas que, afinadas com a torpeza e as inquietudes do seu tempo, acomodam-se esplêndidas à sombra da mangueira só pelo prazer de dedilhar as cordas da guitarra e do coração.

6 Neste litoral, que foi berço de heróis, de marinheiros, onde os saveiros da imaginação cruzavam as águas dos mares bravios em busca de peixes, de sereias e da proteção de Iemanjá, ali se instalaram civilizações feitas das sobras de outras tantas culturas. Cada qual fincando hábitos, expressões, loucas demências nos nossos peitos.

7 Este Brasil que critico, examino, amo, do qual nasceu Machado de Assis, cujo determinismo falhou ao não prever a própria grandeza. Mas como poderia este mulato, este negro, este branco, esta alma miscigenada, sempre pessimista e feroz, acatar uma existência que contrariava regras, previsões, fatalidades? Como pôde ele, gênio das Américas, abraçar o Brasil, ser sua face, soçobrar com ele e revivê-lo ao mesmo tempo?

8 Fomos portugueses, espanhóis e holandeses, até sermos brasileiros. Uma grei de etnias ávidas e belas, atraída pelas aventuras terrestres e marítimas. Inventora, cada qual, de uma nação foragida da realidade mesquinha, uma espécie de ficção compatível com uma fábula que nos habilite a frequentar com desenvoltura o teatro da história.

(PIÑON, Nélida. Aprendiz de Homero. Rio de Janeiro: Editora Record, 2008, p. 241-243, fragmento.)

"Deste país surgiram inesgotáveis sagas, narradores astutos, alegres mentirosos. Seres anônimos, heróis de si mesmos, poetas dos sonhos e do sarcasmo, senhores de máscaras venezianas, africanas, ora carnavalescas, ora mortuárias." (5° §) Entre os dois períodos do fragmento transcrito acima, a coesão textual se estabelece pelo fato de o 2° período estar para o 1° na função de:

a) predicado.

b) objeto direto.

c) sujeito.
d) predicativo.
e) aposto.

Questão 9 (INAZ do Pará-2016)

Texto para a questão

Num dia lindo e ensolarado o coelho saiu de sua toca com o notebook e pôs-se a trabalhar, bem concentrado. Pouco depois, passou por ali a raposa e viu aquele suculento coelhinho, tão distraído, que chegou a salivar. No entanto, ela ficou intrigada com a atividade do coelho e aproximou-se curiosa:

- Coelhinho, o que você está fazendo aí tão concentrado?

- Estou redigindo a minha tese de doutorado, disse o coelho sem tirar os olhos do computador.

- Humm... E qual é o tema da sua tese?

- Ah, é uma teoria provando que os coelhos são os verdadeiros predadores naturais das raposas.

A raposa ficou indignada:

- Ora! Isso é ridículo! Nós, as raposas, é que somos os predadores dos coelhos!

- Absolutamente! Venha comigo à minha toca que eu mostro a minha prova experimental.

O coelho e a raposa entram na toca. Poucos instantes depois ouvem-se uns ruídos indecifráveis e alguns grunhidos de dor e depois o silêncio. Em seguida o coelho volta sozinho e mais uma vez retoma os trabalhos no notebook, como se nada tivesse acontecido

Meia hora depois passa um lobo. Ao ver o apetitoso coelhinho tão distraído, agradece mentalmente à cadeia alimentar por estar com o seu jantar garantido. No entanto, o lobo também acha muito curioso um coelho trabalhando naquela concentração toda. O lobo resolve saber do que se trata, antes de devorar o coelhinho:

- Olá, meu jovem coelho. O que o faz trabalhar tão arduamente?

- Minha tese de doutorado, Sr. Lobo. É uma teoria que venho desenvolvendo há algum tempo e que prova que nós, coelhos, somos os piores predadores naturais dos lobos.

O lobo não se conteve e caiu na gargalhada com a petulância do coelho:

- Ah, ah, ah, ah!!! Coelhinho! Apetitoso coelhinho! Isto é um despropósito. Nós, os lobos, é que somos os genuínos predadores naturais dos coelhos. Aliás, chega de conversa...

- Desculpe-me, mas se você quiser, eu posso apresentar a prova da minha tese. Você gostaria de me acompanhar à minha toca?

O lobo não consegue acreditar na sua sorte. Ambos desaparecem toca adentro. Alguns instantes depois, ouvem-se uivos desesperados, ruídos de mastigação e silêncio. Mais uma vez o coelho retorna sozinho, impassível, e volta a dedilhar o teclado de seu laptop, como se nada tivesse acontecido...

Dentro da toca do coelho, vê-se uma enorme pilha de ossos ensanguentados e peles de diversas exraposas e, ao lado destas, outra pilha ainda maior de ossos e restos mortais daquilo que um dia foram lobos. Ao centro das duas pilhas de ossos, um enorme leão, satisfeito, bem alimentado e sonolento, a palitar os dentes.

MORAL DA HISTÓRIA:

Não importa quão absurdo é o tema de sua tese.

Não importa se você não tem o mínimo fundamento científico.

Não importa se os seus experimentos nunca chegarem a provar sua teoria.

Não importa nem mesmo se suas ideias vão contra o mais óbvio dos conceitos lógicos.

O que importa é quem é o seu orientador.

Autor desconhecido

Qual a função sintática do termo sublinhado em: "Coelhinho, o que você está fazendo aí tão concentrado?"?

a) aposto;
b) vocativo;
c) sujeito simples;
d) predicado;
e) objeto direto.

Questão 10 (IBFC-2017)

Texto II

Família

(Titãs, fragmento)

Família, família
Papai, mamãe, titia,
Família, família
Almoça junto todo dia,
Nunca perde essa mania
Mas quando a filha quer fugir de casa
Precisa descolar um ganha-pão
Filha de família se não casa
Papai, mamãe, não dão nenhum tostão
Família êh!
Família áh!

Em relação ao verso "Almoça junto todo dia" (v.4), percebe-se que a palavra "família" exerce a função sintática de:

a) sujeito.
b) objeto direto.
c) objeto indireto.
d) predicado.

Questão 11 (IOBV-2016)

O Sujeito e o predicado são considerados os termos essenciais, ou fundamentais, das orações. Assinale a alternativa em que o(s) termo(s) sublinhado(s) indica(m) presença de sujeito oculto/elíptico:

a) Come-se bem naquele restaurante.
b) "E passou-se a falar em internacionalização da Amazônia". (Rubem Braga)
c) "Um soldado saltou para a calçada e aproximou-se". (Érico Veríssimo).
d) Atropelaram uma senhora na esquina de minha rua.

Questão 12(RBO-2015)

Assinale a alternativa que apresenta um predicado verbo-nominal.

a) Chove bastante na minha cidade.
b) Chegaram os filhos da minha mãe.
c) A tristeza deixava a mãe preocupada.
d) Nesse instante, um forte trovão abalou os ares.
e) Fazia muito frio lá fora.

Questão 13 13 (UNA Concursos-2015)

OBS: Não serão exigidas as alterações introduzidas pelo Decreto Federal 6.583/2008 - Acordo Ortográfico da Língua Portuguesa, alterado pelo Decreto nº 7.875/2012 que prevê que a implementação do Acordo obedecerá ao período de transição de 1° de janeiro de 2009 a 31 de dezembro de 2015, durante o qual coexistirão a norma ortográfica atualmente em vigor e a nova norma estabelecida.

Pitangueira inspiradora

As árvores daquele bosque tornavam o residencial ainda mais atraente e harmonioso. Em pouco tempo, a pitangueira passou a mesclar o verde das folhas com vários tons de vermelho das frutinhas. Os pássaros sentiam-se em casa, como que num grande refeitório. As duas meninas, Luisa e Mariana, gostavam de brincar no bosque. Naquela manhã, sem nenhum ruído estrondoso, ________ uma fantástica ideia: colher pitangas e vender aos moradores. Colhidas as frutas, tocaram .... campainha dos apartamentos: três pitangas por um real. Os rendimentos seriam destinados ao Projeto Mão Amiga, que ________ crianças em situação de vulnerabilidade social.

Senti uma grande emoção quando recebi um saquinho com as moedas arrecadadas com a comercialização das pitangas. Um gesto que ultrapassou a quantidade para elevar a solidariedade. Pensei comigo: o mundo não está perdido, como alguns pensam. Quando crianças de sete anos colhem algumas frutinhas para ajudar outras crianças, em situação menos favorável, a esperança de um mundo novo deixa de ser distante e anônima. Nem os pais sabiam do incrível plano de ação fraterna. A alegria contagiou os presentes. O fato não sai da lembrança. Um aprendizado e tanto.

Toda vez que meus olhos alcançarem uma pitangueira recordarei do doce coração das duas meninas que comercializaram pitangas, para auxiliar outras crianças em situação social desfavorável. Onde está alguém fazendo o bem, a emoção se torna incontida. Evidente que esses gestos deveriam estar multiplicados nos diversos ambientes de convivência humana. Afinal, a bondade nunca deixou de ser significativa. Talvez os humanos andaram um tanto esquecidos de tal prática. Aprender com as crianças é alcançar a essência.

Nem todos levam jeito para comercializar pitangas. Porém, todos podem usar da criatividade que é inerente .... bondade. Faz bem fazer o bem. Se não .... nada para ser ofertado, ainda assim restam muitas opções: escutar quem necessita desabafar, abraçar quem já não tem motivos para continuar a caminhada, sorrir para quem foi tomado pela tristeza, acolher quem está sem rumo, amar quem nunca provou da gratuidade do amor. Antes que a pitangueira ________ novamente, é importante dar-se conta que somente um coração de criança é capaz de entender que a fraternidade é possível e que a solidariedade é um fruto encontrado em todas as estações.

(Frei Jaime Bettega – Jornal Correio Riograndense – 18/11/2015 – adaptado)

Dentre as orações a seguir, o predicado é classificado como nominal em:

a) "Talvez os humanos andaram um tanto esquecidos de tal prática."
b) "Um gesto que ultrapassou a quantidade..."
c) "Os pássaros sentiam-se em casa, como que num grande refeitório."
d) "Porém, todos podem usar da criatividade..."

Questão 14 (INSTITUTO AOCP-2016)

O desafio de usar a tecnologia a favor do ensino

Não basta usar computador e tablet em sala de aula. Professores devem estar capacitados para auxiliar e orientar alunos

Não restam dúvidas sobre a intensa presença da tecnologia no dia a dia dos jovens - uma geração que já nasceu conectada com o mundo virtual - e os impactos que esse novo perfil de aluno traz ao ambiente escolar. Esse contexto lança o desafio para escolas e professores sobre como usar os novos recursos tecnológicos a favor do ensino. Lutar contra a presença deles não é mais visto como uma opção.

"Estamos no século 21, não tem como dar aula como se dava há 10 anos", diz Glaucia Brito, professora do departamento de Comunicação Social da Universidade Federal do Paraná (UFPR) e especialista em Tecnologia na Educação. Para ela, a escola está atrasada. Os jovens são outros e os professores precisam se transformar para seguir essa mudança.

O uso da tecnologia pode ser proveitoso no estudo interativo de conteúdos, tornando-os mais atraentes e fazendo com que o aluno adote uma postura mais participativa. No Colégio Dom Bosco, em Curitiba, tablets e netbooks são fornecidos aos alunos desde o 6.° ano do ensino fundamental. "A ideia é tentarfalar a mesma linguagem [dos alunos]. Não adianta ser diferente em casa. Trabalhamos o uso responsável", explica o professor de Física e coordenador de Tecnologias, Raphael Corrêa.

A escola trabalha de duas maneiras: recorre a objetos educacionais digitais, como vídeos, animações, imagens e infográficos, para dar suporte às aulas, e estimula a pesquisa dos alunos na internet, com a orientação do professor sobre como encontrar a informação desejada de forma segura e a partir de fontes confiáveis. Entretanto, não são só benefícios que os dispositivos móveis trazem. O colégio controla o uso quando a aula não necessita dos aparelhos e bloqueia o acesso às redes sociais, os principais vilões quando o assunto é distração.

"Tem professor que reclama que os alunos não prestam atenção, ficam só no celular. Mas, na minha época, por exemplo, nos distraíamos com gibi. A questão é como está a aula do professor", avalia Glaucia, que defende ser possível dar uma aula de qualidade e atraente mesmo sem usar aparatos modernos.

Envolvimento

No Colégio Sion, a tecnologia é mais usada pelos professores, embora os alunos também usufruam em determinados momentos. Para a coordenadora do ensino médio, Cinthia Reneaux, é preciso fazer com que o estudante participe do processo, saiba contar o que aprendeu. "Para não ficar muito no virtual, fazemos muitos seminários, debates e pesquisas. Tentamos resgatar o diálogo, a conversa e discussão entre eles", explica Cinthia, citando o formato semicircular na disposição das carteiras nas salas para facilitar o método.

Fonte: http://www.gazetadopovo.com.br/educacao/o-desafio-de-usar-a-tecnologia-a-favor-do-ensino-eal-mosyp83vcnzak775day3bi

Assinale a alternativa que apresenta um predicado verbo-nominal.

a) "[...] uma geração que já nasceu conectada [...]".
b) "[...] os professores precisam se transformar [...]".
c) "[...] os alunos não prestam atenção [...]".
d) "[...] fazemos muitos seminários, debates e pesquisas [...]".
e) "O colégio controla o uso [...]".

Questão 15 (MÁXIMA-2016)

Identifique a alternativa em que o predicado da oração difere dos demais.

a) A bola era um mundo de cores.
b) O mundo voava livre e louco.
c) Regras são regras.
d) Você tem de ser um grande profissional.

Questão 16 (UFV-MG)

Lendo e interpretando

VIOLÊNCIA E DROGAS

É sempre bacana ver milhares juntando as forças, as vontades, as desesperanças, para encher ruas com o alvo vestuário da paz. Não é muito a minha, esse negócio de acender vela e clamar ao firmamento, mas, em respeito aos sincretismos biodiversos, topo fingir não crer que do céu só vem relâmpago, chuva e bala perdida.

O que não dá mais, sinceramente, pra encarar com graça, educação e simpatia é o lugar-comum "não se pode dissociar a questão da violência da questão das drogas". Hoje em dia, 10 entre 10 autoridades públicas, ao se pronunciarem a respeito do tema, repetem em uníssono: "Não se pode dissociar a questão da violência da questão das drogas". E daí? O que devemos concluir dessa brilhante assertiva? É obvio que as duas coisas estão intrinsecamente ligadas, qualquer idiota lobotomizado sabe. Mas o que vem depois disso? É "não se pode dissociar a questão da violência da questão das drogas" e ponto-final? Quer dizer então que se os ricos (como acusou o governador do Rio de Janeiro) pararem de consumir substâncias ilegais tudo estará resolvido?

Bacana. Muito bom. E que dia vai ser isso? Uma bela manhã todos acordaremos para viver num mundo melhor, onde todos os que consomem drogas terão uma crise de consciência e, junto com seus fornecedores, chegarão à conclusão de que já perturbaram demais a ordem pública, de que a vida de todos já está suficientemente aterrorizada e, portanto, todos vão se dedicar a atividades mais lúdicas.

Vamos ou não vamos, de uma vez por todas, encarar a dura realidade de que sempre existirá uma parcela qualquer que vai querer se drogar? Isso não é minha opinião, muito menos meu desejo. É assim, simplesmente, porque sempre foi assim e continuará sempre sendo assim. Em qualquer sociedade, em qualquer época. Qualquer um que se dê ao trabalho de pesquisar as origens históricas do ato de se drogar vai ficar chocado com a antiguidade da prática.

Enquanto a sociedade não oferecer uma alternativa legal ao adulto que quer consumir, arcará com o custo (de vida, de grana, de desagregação das estruturas sociais) boçal desse combate. Uma guerra que nunca será ganha e que faz muito mais vítimas fatais do que as drogas que tenta combater. Alguém ainda consegue achar irônico o fato de combate às drogas matar muito mais que o uso das mesmas?

Ninguém propõe bundalelê nessa questão. A ideia de dar opção a quem não consegue ou não quer largar seu vício viria com a contrapartida de usar o ato de consumir drogas como agravante em qualquer delito que venha a ser cometido pelo usuário. Oferecer uma opção legal de consumo não é legalizar o crime. É retirar consumidores das mãos da marginalidade, é reduzir a importância econômica do narcotráfico. Certamente alguns morrerão de overdose, o que é triste, o que é lamentável. Mas, e a situação de hoje não é?

Reduzir o número de cadáveres deveria ser o único objetivo. Do jeito que as coisas estão organizadas parece que morrer de cocaína é pior do que morrer de tiro. Por quê? Querer discutir violência sem propor uma nova política de drogas é mais que perda de tempo, é perda de vidas.

Claudio Manoel – Humorista, integrante do grupo Casseta& Planeta. Jornal do Brasil, 13 jul. 2000. Caderno Opinião.

Reproduzir imagem similar à da p.327

1. "... em respeito aos sincretismos biodiversos" (§ 1º), o autor:

a) acha "bacana ver milhares juntando as forças, as vontades, as desesperanças..."

b) admira milhares de pessoas enchendo "ruas com o alvo vestuário da paz".

c) aprecia "esse negócio de acender vela e clamar ao firmamento...".

d) topa fingir crer "que do céu só vem relâmpago, chuva e bala perdida".

e) aceita fingir não acreditar "que do céu só vem relâmpago, chuva e bala perdida".

2. Segundo o autor, a frase "não se pode dissociar a questão da violência da questão das drogas" (§ 2º) NÃO

a) é um lugar comum, hoje repetido por 10 entre 10 autoridades públicas.

b) é atualmente a resposta uníssona de todas as autoridades públicas.

c) é uma assertiva óbvia, embora as duas coisas estejam intrinsecamente ligadas.

d) dá mais para ser encarada com graça, educação e simpatia.

e) é aceita apenas pelo idiota lobotomizado.

3. Uma bela manhã todos acordaremos para viver num mundo melhor, onde todos os que consomem drogas terão uma crise de consciência e, junto com seus fornecedores, chegarão à conclusão de que já perturbaram demais a ordem pública, de que a vida de todos já está suficientemente aterrorizada e, portanto, todos vão se dedicar a atividades mais lúdicas.(§ 3º)

A ideia deixada implícita pelo autor no conjunto de hipóteses da passagem anterior em conexão com o que se viu no texto é:

a) Trata-se de uma utopia.

b) Basta ninguém mais se drogar.

c) Basta os ricos pararem de consumir.

d) Bacana. Muito bom.

e) Isso está prestes a acontecer.

4. Vamos ou não vamos, de uma vez por todas, encarar a dura realidade de que sempre existirá uma parcela qualquer que vai querer se drogar?(§ 4º)

Apenas NÃO é realidade que:

a) haverá sempre alguém querendo se drogar.

b) é assim que sempre foi.

c) é esta uma opinião pessoal.

d) é assim que sempre continuará sendo.

e) é antiquíssima a prática de se drogar.

5. Enquanto a sociedade não oferecer uma alternativa legal ao adulto que quer consumir... (§ 5º)

Com base na sequencia do parágrafo, só NÃO se pode afirmar que a sociedade

a) continuará achando irônico o fato do combate às drogas matar muito mais que o uso delas.
b) arcará com o custo boçal desse combate.
c) arcará com o custo de vida, de grana, de desagregação das estruturas sociais.
d) assistirá a uma guerra que nunca será ganha.
e) assistirá a uma guerra que faz muito mais vitimas fatais do que as drogas que tenta combater.

6. Embora não evitando a situação triste e lamentável, em que "certamente alguns morrerão de overdose", "oferecer uma opção legal de consumo" (§ 6º) seria para o autor, importante, porque poderia EXCETO

a) vir, com a contrapartida de usar, o ato de consumir drogas como agravante em qualquer delito que venha a ser cometido pelo usuário.
b) oferecer uma opção legal a quem não consegue ou não quer largar o vício.
c) legalizar o crime.
d) retirar consumidores das mãos da marginalidade.
e) reduzir a importância econômica do narcotráfico.

7. Ao fechar o texto (§ 7º), o autor apenas NÃO deixa patente que

a) reduzir o número de cadáveres deveria ser o único objetivo.
b) as coisas estão organizadas numa ótica invertida.
c) é inútil discutir violência sem uma nova política de drogas.
d) morrer de cocaína é pior do que morrer de tiro.
e) discutir violência sem uma nova política de drogas é mais que perda de tempo, é perda de vidas.

8. A propor bundalelê da questão, o autor NÃO fez referência nem sequer implícita

a) às autoridades, a quem compete encontrar solução para o problema da violência.
b) à polícia, a quem compete combater o crime.
c) aos marginais, que estão envolvidos com o narcotráfico.
d) à sociedade, que anseia pelo fim da violência.
e) aos adolescentes que querem consumir drogas.

9. A proposta central do texto é

a) uma crítica sutil às manifestações de rua ou os pedidos aos céus em defesa da paz.
b) uma crítica severa às autoridades que associam a violência às drogas e ficam nisso.
c) a informação de que o problema da droga está presente em qualquer época e em qualquer lugar.
d) a contrapartida de usar o ato de consumir drogar como agravante em qualquer delito que venha a ser cometido pelo usuário.
e) aos adolescentes que querem consumir drogas.

10. Em entrevista de página inteira ao Jornal do Brasil, a antropóloga Alba Zaluar, coordenadora do Núcleo de Pesquisa da Violência da UERJ, faz uma série de observações, uma das quais contraria a proposta central de Claudio Manuel. Assinale-a.

a) "... não estamos advogando tolerância aos crimes mais graves...".
b) "... existe uma pesquisa da Fundação Instituto Oswaldo Cruz (Fiocruz) que mostra que 20% dos jovens das favelas, com idades entre 14 e 25 anos, estão envolvidos com o tráfico."
c) "... suponho que 20 anos de política repressiva no país não tiveram resultados brilhantes."
d) "O problema é como a escola recebe o aluno. Ela não está cumprindo a sua função de formar cidadãos, de ensinar a tolerância, o respeito ao outro."
e) "O Brasil não pode descriminar, sob o risco de [...] repetir o que aconteceu na Holanda, onde a liberação resultou num aumento desenfreado do consumo."

GABARITOS

1 – D
2 – A
3 – D
4 – E
5 – A
6 – C
7 – B
8 – E
9 – B
10 – A
11 – C
12 – C
13 – A
14 – A
15 – B

16 – LENDO E INTERPRETANDO

1 – E
2 – C
3 – A
4 – C
5 – C
6 – C
7 – D
8 – B
9 – C
10 – E

CLASSIFICAÇÃO VERBAL: PREDICAÇÃO

1. PRA COMEÇO DE CONVERSA

Leia com atenção, este texto, extraído de um blog da internet.

Segunda-feira, abril 10, 2006.

Abriu a porta e deixou ele entrar.

Como imaginara num conto que lera um dia.

- Eu adoro esse tempo verbal.

- O quê?

- Nada. O que você tá fazendo aqui?

- Vim conversar.

- Sobre o quê?

- Faz diferença?

- Não.

Não fazia. E ela sabia muito bem. Começou a conta nos dedos, introspectiva, as diferentes "conversas". Riu alto ao lembrar de uma delas, quando ele ligou pra ela...

-... da frente da minha casa dizendo que eu ia embora para sempre.

- Não faz diferença.

- Você tá...?!

- Vamos conversar. Não importa sobre o quê, certo? Não é o que importa.

- Você está estranha. Aconteceu algo? Eu só queria...

- Conversar?

- É.

- Então fala.

- Eu não sei. Talvez eu devesse ir embora.

Claro. Era assim. Valia o esforço de parecer grande coisa. Mas não valia tanto o esforço a ponto de ser grande coisa. Ela riu porque entendia isso. Riu, cansada, porque desde os 16 anos nada mudou. Riu porque não havia mais sentido em continuar com isso, até quando... Até quando. Riu para não chorar e achou isso tão desesperador que chorou.

- Ei...

Ele a abraçou.

- Eu quero te fazer bem. Quero conversar. Você...

Não fazia diferença.

- E como acaba?

- Ela levanta o rosto, molhado de lágrimas, pra ele.

- E ele?

- Mente. Eu não sei. Eu não lembro.

- E sobre o que ele queria conversar? Eu não entendi.

Sobre o conto que ela acabara de escrever.

(eu já postei isso?

É que eu tava procurando um roteiro e...)

Disponível em http://www.blueyed.blogspot.com/2016_04_01_blueyed_archive.html

Releia este início:

"Abriu a porta e deixou ela entrar."

Há dois verbos que precisam de complemento: ____________ e ____________________. O primeiro tem sentido completado por ________ e o segundo? ______________________________

Releia mais este trecho:

- Vim conversar.

- Sobre o quê?

- Faz diferença?

Independentemente da resposta dada no texto, você pessoalmente diria o quê? Responda a pergunta proposta, baseando-se em suposições.

Um último fragmento:

- E como acaba?

- Ela levanta o rosto, molhado de lágrimas, pra ele.

- E ele?

- Mente. Eu não **sei.** Eu não **lembro.**

- E sobre o que ele queria conversar? Eu não **entendi.**

Todo o conto constrói-se de modo vago. As ideias revelam certa instabilidade ou conturbação da personagem. Nesse trecho, os verbos destacados contribuem ou não para manter essa "incerteza"? Justifique sua resposta.

2. TEORIZANDO

A predicação verbal (também chamada de transitividade) é o estudo das relações entre o verbo e o tipo de complemento que, eventualmente, faz-se necessário em um período.

Como já adiantamos, os verbos podem ser: intransitivos, transitivos e de ligação. Os transitivos e os intransitivos são também denominados verbos significativos.

3. VERBOS INTRANSITIVOS

Verbos intransitivos são os que, como afirmam as gramáticas, não necessitam de complementação, pois já apresentam sentido completo.

Exemplos:

O contrato se **extinguiu.**

O aluno **chegou** cedo à biblioteca.

O menino **caiu** da bicicleta.

Note que os verbos dos exemplos acima não necessitam de algum elemento para complementar seu sentido, pois **o que se extingue, extingue**; **quem chega, chega** e **quem cai cai.**

Há certos verbos intransitivos, porém, que vêm acompanhados de um termo acessório, que representa alguma circunstância – lugar, tempo, modo, causa etc.

Como já vimos, as circunstâncias são de valar adverbial e **não funcionam** como COMPLEMENTO de verbo.

Os autores do livro foram **ao Rio de Janeiro.**

Numa primeira impressão, acredita-se que o verbo ir apresenta complementação, pois quem vai; vai a algum lugar, porém "lugar" é uma circunstância e não uma complementação.

Por isso, é possível questionar o tal "sentido completo" afirmado pelas gramáticas tradicionais.

Todos os verbos que indicam **destino ou procedência** são verbos **intransitivos**, normalmente acompanhados de um termo de valor adverbial de lugar. Os verbos são os seguintes: **ir, vir, voltar, chegar, cair, comparecer, dirigir-se,** entre outros.

"AO CINEMA": termo de valor adverbial que faz do verbo "CHEGAR" intransitivo, já que esse verbo não é acompanhado do que se chama complemento verbal (OD e OI), que estudaremos a seguir.

4. VERBOS TRANSITIVOS

Verbos transitivos são os que necessitam de complementação, uma vez que tem sentido incompleto.

Observe as orações:

O Brasil **venceu** a Argentina por três gols a um.

O professor **elogiou** o aluno junto à Supervisão.

O grupo da Igreja **deu** um apoio ao líder da comunidade carente.

Note que os três verbos utilizados nos exemplos necessitam de complementação, uma vez que quem vence, vence alguém; quem reclama, reclama de algo; e quem dá, dá algo a alguém.

A complementação, no entanto, dá-se de três maneiras diferentes: na primeira, o verbo não exige preposição, mas na segunda, sim, e, na terceira, há dois complementos, um com preposição, outro sem. Quanto a isso, os verbos são:

4.1. Transitivos diretos

Apresentam complemento sem preposição obrigatória. O complemento, ligado diretamente ao verbo, é denominado **objeto direto.**

IMAGEM CAPA VEJA (disponível em: http://veja.abril.uol.com.br/idade/exclusivo/160806/sumario.html

"A ELEIÇÃO": objeto direto de "DECIDIR".

4.2. Transitivos indiretos

Apresentam complemento com preposição obrigatória. O complemento, separado do verbo por essa pequena palavra, é denominado objeto indireto.

IMAGEM CAPA VEJA (http://veja.abril.com.br/idade/exclusivo/010605/imagens/capa380.jpg

"AO PTB" é o objeto indireto de "SE UNIU".

4.3. Transitivos diretos e indiretos

Apresentam dois complementos – o **objeto direto** e o objeto indireto.

IMAGEM CAPA VEJA (http://veja.abril.com.br/idade/exclusivo/240107/capa.html

"Não recomendo a ninguém comprar um cão só para treinar seus dons paternais."

Note que o verbo "recomendar" necessita de dois complementos: um objeto indireto (a ninguém) e outro direto (simbolizado não por um termo, mas por uma oração inteira: comprar um cão).

4.4. Verbos de ligação

Os verbos de ligação, como o nome sugere, servem como elementos de ligação entre o sujeito e uma qualidade ou estado ou modo de ser, denominado predicativo do sujeito. Nas frases em que há verbo de ligação, o sujeito não é praticante da ação verbal.

IMAGEM CAPA VEJA (http://veja.abril.com.br/idade/exclusivo/120706/imagens/capa380.jpg

"É SHOW" é predicativo do sujeito "O PASTOR".

Quando o verbo indica ação, além de qualidade do sujeito, é denominado transitivo ou intransitivo.

Seleção Brasileira volta abatida da Alemanha.

Nesse exemplo, o verbo não é de ligação, pois está indicando uma ação – quem volta volta de algum lugar. É, então, um verbo intransitivo, já que "da Alemanha" é adjunto adverbial de lugar, além de não haver complemento verbal exigido.

5. TEXTO COMPLEMENTAR

Como sabemos, para a maioria dos alunos, o estudo de sintaxe é tarefa considerada desagradável ou indigesta. Assim, julgamos pertinente acrescentar um texto que aborda vários conceitos por nós trabalhados até então. Boa leitura.

Pegadinha gramatical

Há alguma incorreção na frase abaixo?

"Quando se pretende avaliar os efeitos de uma decisão, deve-se avaliar primeiramente os motivos dessa decisão."

Essa frase seria perfeita num exame vestibular, pois cobra do estudante o conhecimento de uma das matérias da Gramática da Língua Portuguesa mais temida por qualquer brasileiro que necessita escrever um texto: concordância verbal.

Perceba que há duas estruturas verbais muito parecidas: "se pretende avaliar" (ou "se pretendem avaliar") e "deve-se avaliar" (ou "devem-se avaliar"). Para saber como efetivar a concordância, deve-se ter conhecimento de análise sintática. Vamos à teoria:

O pronome "se" exerce várias funções sintáticas em uma oração. Ele pode ser parte integrante do verbo, objeto direto, objeto indireto, partícula expletiva, índice de indeterminação do sujeito e partícula apassivadora.

Será denominado parte integrante do verbo quando acompanhar verbo pronominal, que é aquele que não dispensa o pronome em hipótese alguma. Como exemplo, os verbos arrepender-se, zangar-se, queixar-se e abster-se. Cada pessoa (eu, tu, ele, nós, vós, eles) tem seu próprio pronome integrante: me, te, se, nos, vos, se:

Eu me arrependo, tu te arrependes, ele se arrepende, nós nos arrependemos, vós vos arrependeis, eles se arrependem.

Será objeto direto ou objeto indireto quando completar verbo transitivo direto ou verbo transitivo indireto, sendo, neste caso, pronome reflexivo, o que indica que o sujeito pratica a ação sobre si mesmo, ou que há dois elementos: um praticando a ação sobre o outro, que pratica a ação sobre o primeiro.

Cada pessoa tem seu próprio pronome reflexivo: me, te, se, nos, vos, se: Eu me cortei, tu te cortaste, ele se cortou, nós nos cortamos, vós vos cortastes, eles se cortaram.

Verbo transitivo direto é aquele que exige um complemento sem preposição: cortar algo; comprar algo; recolher algo. Verbo transitivo indireto é aquele que exige um complemento com preposição: precisar de algo; assistir a algo; crer em alguém.

Será partícula expletiva, também chamada de partícula de realce, quando acompanhar verbo intransitivo com sujeito claro. Verbo intransitivo é aquele que não necessita de complemento; aquele que sozinho indica a ação do sujeito, como morrer, correr, dormir.

Cada pessoa tem sua partícula expletiva: me, te, se, nos, vos, se: Eu me morro de ciúmes de Clarisse; Ele se foi para Cuba.

Será partícula apassivadora quando acompanhar verbo transitivo direto com complemento não preposicionado, que se transformará em sujeito paciente. Se o sujeito estiver no singular, o verbo também ficará. Somente o pronome "se" será partícula apassivadora:

Alugam-se casas; compra-se carro batido; estão-se transferindo presos.

Quando o "se" for partícula apassivadora, a oração estará na voz passiva. A maneira mais fácil de saber se há PA é transformando a oração em passiva analítica:

Alugam-se casas = casas são alugadas por alguém; Compra-se carro batido = Carro batido é comprado por alguém; Estão-se transferindo os presos = Os presos estão sendo transferindo por alguém.

Será índice de indeterminação do sujeito quando acompanhar verbo transitivo indireto com objeto indireto, verbo de ligação com a qualidade do sujeito, verbo transitivo direto com complemento preposicionado ou verbo intransitivo sem sujeito claro. Nesses casos, o verbo ficará sempre na terceira pessoa do singular:

Precisa-se de empregadas; Aqui se é feliz; Ama-se a Deus; Paraná, aqui se trabalha.

Voltemos agora à frase apresentada: Quando se pretende (ou se pretendem?) avaliar os efeitos de uma decisão, deve-se (ou devem-se?) avaliar primeiramente os motivos dessa decisão.

Ambas as estruturas verbais possuem dois verbos: "pretende avaliar" e "deve avaliar". Quando houver dois ou mais verbos, indicando apenas um fato ou somente qualidade do sujeito, há o que chamamos de locução verbal, como ocorreu na frase "Estão se transferindo os presos". Há dois verbos indicando apenas uma ação – transferir. A locução verbal deve ser analisada como se analisa um verbo isolado.

Por exemplo:

"O diretor acompanhou o desenvolvimento dos trabalhos".

- Verbo: "acompanhou";
- Sujeito: Quem acompanhou? Resp.: o diretor.
- Predicado verbal: acompanhou algo: verbo transitivo direto;
- Complemento verbal: acompanhou o quê?: "o desenvolvimento dos trabalhos".
- Locução verbal: "tem acompanhado";
- Sujeito: Quem tem acompanhado? Resp.: o diretor.
- Predicação verbal: tem acompanhado algo: locução verbal transitiva direta.
- Complemento verbal: acompanhado o quê? "o desenvolvimento dos trabalhos = objeto direto.

A primeira estrutura verbal da frase apresentada não forma uma locução, já que há dois verbos indicando dois fatos: "pretender" e "avaliar". A segunda estrutura verbal forma uma locução verbal, já que "dever" não é um fato isolado, tendo, portanto, dois verbos indicando um fato só: o de avaliar.

A segunda frase, então, será assim analisada:

"deve-se avaliar primeiramente os motivos dessa decisão".

- Locução verbal: deve avaliar;
- Predicação verbal: deve avaliar algo: locução verbal transitiva direta;
- Complemento verbal: deve avaliar o quê? "os motivos da decisão": complemento não preposicionado.

O pronome "se", então é uma partícula apassivadora, e o complemento verbal não preposicionado se transforma em sujeito.

Como o sujeito está no plural, o verbo também deve ficar: "... devem-se avaliar primeiramente os motivos dessa decisão".

Passando-se a oração para a passiva analítica: Os motivos dessa decisão devem ser avaliados por alguém.

A primeira frase tem de ter análise diferente, já que não forma locução verbal. Cada verbo tem de ser analisado isoladamente:

"Quando se pretende (ou se pretendem?) avaliar os efeitos da decisão..."

- Primeiro verbo: "Pretende";

- Predicação verbal: pretende algo; verbo transitivo direto;

- Complemento verbal: pretende o quê? "avaliar os efeitos de sua decisão": complemento não preposicionado.

O pronome "se", então, é partícula apassivadora, e o complemento verbal não preposicionado se transforma em sujeito. Como o sujeito é uma oração, o verbo "pretender" deve ficar no singular. A frase apresentada, então, deve ser assim estruturada:

"Quando se pretende avaliar os efeitos de uma decisão, devem-se se avaliar primeiramente os motivos dessa decisão."

Prof. Dilson Catarino

http://www1.uol.com.br/vestibuol/pegadinhas/ult796u14.html

QUESTÕES DE PROVA

Questão 1 (FGV-2016)

Texto 1 – Problemas Sociais Urbanos

Brasil escola

Dentre os problemas sociais urbanos, merece destaque a questão da segregação urbana, fruto da concentração de renda no espaço das cidades e da falta de planejamento público que vise à promoção de políticas de controle ao crescimento desordenado das cidades. A especulação imobiliária favorece o encarecimento dos locais mais próximos dos grandes centros, tornando-os inacessíveis à grande massa populacional. Além disso, à medida que as cidades crescem, áreas que antes eram baratas e de fácil acesso tornam-se mais caras, o que contribui para que a grande maioria da população pobre busque por moradias em regiões ainda mais distantes.

Essas pessoas sofrem com as grandes distâncias dos locais de residência com os centros comerciais e os locais onde trabalham, uma vez que a esmagadora maioria dos habitantes que sofrem com esse processo são trabalhadores com baixos salários. Incluem-se a isso as precárias condições de transporte público e a péssima infraestrutura dessas zonas segregadas, que às vezes não contam com saneamento básico ou asfalto e apresentam elevados índices de violência.

A especulação imobiliária também acentua um problema cada vez maior no espaço das grandes, médias e até pequenas cidades: a questão dos lotes vagos. Esse problema acontece por dois principais motivos: 1) falta de poder aquisitivo da população que possui terrenos, mas que não possui condições de construir neles e 2) a espera pela valorização dos lotes para que esses se tornem mais caros para uma venda posterior. Esses lotes vagos geralmente apresentam problemas como o acúmulo de lixo, mato alto, e acabam tornando-se focos de doenças, como a dengue.

PENA, Rodolfo F. Alves. "Problemas socioambientais urbanos"; Brasil Escola. Disponível em http://brasilescola.uol.com.br/brasil/problemas-ambientais-sociais-decorrentes-urbanização.htm. Acesso em 14 de abril de 2016.

Os verbos de estado indicam: estado permanente, estado transitório, mudança de estado, aparência de estado e continuidade de estado. A frase do texto 1 que mostra um verbo de estado com valor de mudança de estado é:

a) "áreas que antes eram baratas e de fácil acesso";

b) "tornam-se mais caras";

c) "habitantes que sofrem com esse processo são trabalhadores com baixos salários";

d) "Além disso, à medida que as cidades crescem";

e) "a grande maioria da população pobre busque por moradias em regiões ainda mais distantes".

Questão 2 (Prefeitura do Rio de Janeiro – RJ-2016)

Texto: **Patíbulos virtuais**

Ainda não tinha doze anos quando assisti a um linchamento. Vi um rapaz a fugir de bicicleta. Um homem começou a persegui-lo, a pé, e de repente já eram cinco, dez, uma turba exaltada, correndo, gritando, jogando pedras. Lembro-me de estar inteiro, de coração, numa angústia enorme, com o rapaz que fugia. Não havia nada que pudesse fazer para o ajudar. Minutos antes eu lia, ao sol, numa varanda. Logo a seguir o rapaz pedalava para salvar a vida, lá embaixo, entre uma estradinha de terra vermelha e um vasto descampado coberto de capim.

Desde então estou sempre do lado de quem, sozinho, se vê perseguido por uma multidão. Pouco me importa o que fez o rapaz que corre; o homem que ergue a mão para se proteger da pancada; a mulher que enfrenta, chorando, os insultos de um bando de predadores cobardes.

O surgimento das redes sociais marcou a emergência de um novo patíbulo para os linchadores. Bem sei que a comparação será sempre abusiva. Palavras, por muito aguçadas, por muito duras e pesadas, não racham cabeças. Palavras, por muito venenosas, não são capazes de matar. Em contrapartida, este novo palco tem o poder de juntar em poucos minutos largos milhares de pessoas, todas aos gritos. A estupidez das multidões virtuais é tão concreta quanto a das multidões reais.

Praticamente todas as semanas há alguma figura pública a sofrer perseguição nas redes sociais. [...]

Há alguns anos, em Luanda, afirmei, durante uma entrevista, não entender por que o governo insistia em promover a poesia de Agostinho Neto, primeiro presidente angolano, que a mim sempre me pareceu bastante medíocre. Um conhecido jurista e comentador político, João Pinto, deputado do partido no poder, assinou um artigo defendendo a minha prisão. Foi além: defendeu o restabelecimento da pena de morte e o meu fuzilamento. Segundo ele, eu ofendera não apenas um antigo presidente e herói nacional mas também uma divindade, visto que Agostinho Neto seria um quilamba — ou seja, um intérprete de sereias. Nas semanas seguintes foram publicados muitos outros textos de ódio. Recebi telefonemas com ameaças. Contaram-me que havia pessoas queimando os meus livros. Na altura foi bastante assustador. Hoje olho para trás e rio-me. Recordo o quanto era difícil explicar a jornalistas europeus a acusação de que teria ofendido um intérprete de sereias. Naturalmente, acabei transformando o episódio em literatura. Os europeus e norte-americanos leem aquilo e chamam-lhe realismo mágico.

Os queimadores de livros têm receio não das ideias que os mesmos defendem, mas da sua própria incapacidade para lhes dar resposta. Aqueles que se juntam a multidões virtuais para ameaçar ou troçar de alguém são quase tão perigosos quanto os que correm pelas ruas, jogando pedras — e ainda mais cobardes.

Fecho os olhos e volto a ver o rapaz na bicicleta. Uma pedra atingiu-o na cabeça e ele caiu. A multidão mergulhou sobre ele. Naquele dia deixei de ser criança.

José Eduardo Agualusa. O Globo, Segundo Caderno, 07/03/2016. Disponível em http://oglobo.globo.com/cultura/patibulos-virtuais-18817824#ixzz43ah8BwFY

"Não havia nada que pudesse fazer para o ajudar." (primeiro parágrafo). Essa frase inicia-se por uma oração desprovida de sujeito, e o verbo em destaque é denominado de impessoal.

Também é impessoal o verbo da frase:

a) Faz algum tempo que o índice de linchamentos físicos vem aumentando.
b) Bastaria uma pequena desavença para o indivíduo sofrer perseguição virtual.
c) Sobrou, do costume antigo, a agressão compactuada pela multidão exaltada.
d) Existirá outra forma de expressar a insatisfação ou discordância, sem ofensas?

Questão 3 (INSTITUTO AOCP-2017)

A BELEZA E A ARTE NÃO CONSTITUEM NENHUMA GARANTIA MORAL

Gostei muito de "Francofonia", de Aleksandr Sokurov. Um jeito de resumir o filme é este: nossa civilização é um navio cargueiro avançando num mar hostil, levando contêineres repletos dos objetos expostos nos grandes museus do mundo. Será que o esplendor do passado facilita nossa navegação pela tempestade de cada dia? Será que, carregados de tantas coisas que nos parecem belas, seremos capazes de produzir menos feiura? Ou, ao contrário, os restos do passado tornam nosso navio menos estável, de forma que se precisará jogar algo ao mar para evitar o naufrágio?

Essa discussão já aconteceu. Na França de 1792, em plena Revolução, a Assembleia emitiu um decreto pelo qual não era admissível expor o povo francês à visão de "monumentos elevados ao orgulho, ao preconceito e à tirania" – melhor seria destruí-los. Nascia assim o dito vandalismo revolucionário – que continua.

Os guardas vermelhos da Revolução Cultural devastaram os monumentos históricos da China. O Talibã destruiu os Budas de Bamiyan (séculos 4 e

5). Em Palmira, Síria, o Estado Islâmico destruiu os restos do templo de Bel (de quase 2.000 anos atrás). A ideia é a seguinte: se preservarmos os monumentos das antigas ideias, nunca teremos a força de nos inventarmos de maneira radicalmente livre.

Na mesma Assembleia francesa de 1792, também surgiu a ideia de que não era preciso destruir as obras, elas podiam ser conservadas como patrimônio "artístico" ou "cultural" – ou seja, esquecendo sua significação religiosa, política e ideológica.

Sentado no escuro do cinema, penso que nós não somos o navio, somos os contêineres que ele carrega: um emaranhado de esperanças, saberes, intuições, dúvidas, lamentos, heranças, obrigações e gostos. Tudo dito belamente: talvez o belo artístico surja quando alguém consegue sintetizar a nossa complexidade num enigma, como o sorriso de "Mona Lisa".

Os vândalos dirão que a arte não tem o poder de redimir ou apagar a ignomínia moral. Eles têm razão: a estátua de um deus sanguinário pode ser bela sem ser verdadeira nem boa. Será que é possível apreciá-la sem riscos morais?

Não sei bem o que é o belo e o que é arte. Mas, certamente, nenhum dos dois garante nada.

Por exemplo, gosto muito de um quadro de Arnold Böcklin, "A Ilha dos Mortos", obra imensamente popular entre o século 19 e 20, que me evoca o cemitério de Veneza, que é, justamente, uma ilha, San Michele. Agora, Hitler tinha, em sua coleção particular, a terceira versão de "A Ilha dos Mortos", a melhor entre as cinco que Böcklin pintou. Essa proximidade com Hitler só não me atormenta porque "A Ilha dos Mortos" era também um dos quadros preferidos de Freud (que chegou a sonhar com ele).

Outro exemplo: Hitler pintava, sobretudo aquarelas, que retratam edifícios austeros e solitários, e que não são ruins; talvez comprasse uma, se me fosse oferecida por um jovem artista pelas ruas de Viena. Para mim, as aquarelas de Hitler são melhores do que as de Churchill. Pela pior razão: há, nelas, uma espécie de pressentimento trágico de que o mundo se dirigia para um banho de sangue.

É uma pena a arte não ser um critério moral. Seria fácil se as pessoas que desprezamos tivessem gostos estéticos opostos aos nossos. Mas, nada feito.

Os nazistas queimavam a "arte degenerada", mas só da boca para fora. Na privacidade de suas casas, eles penduraram milhares de obras "degeneradas" que tinham pretensamente destruído. Em Auschwitz, nas festinhas clandestinas só para SS, os nazistas pediam que a banda dos presos tocasse suingue e jazz – oficialmente proibidos.

Para Sokurov, o museu dos museus é o Louvre. Para mim, sempre foi a Accademia, em Veneza. A cada vez que volto para lá, desde a infância, medito na frente de três quadros, um dos quais é "A Tempestade", do Giorgione. Com o tempo, o maior enigma do quadro se tornou, para mim, a paisagem de fundo, deserta e inquietante. Pintado em 1508, "A Tempestade" inaugura dois séculos que produziram mais beleza do que qualquer outro período de nossa história. Mas aquele fundo, mais tétrico que uma aquarela de Hitler, lembra-me que os dois séculos da beleza também foram um triunfo de guerra, peste e morte – Europa afora.

É isto mesmo: infelizmente, a arte não salva.

ContardoCalligaris

Texto adaptado de: http://www1.folha.uol.com.br/colunas/contardocalligaris/2016/08/1806530-a-beleza-e-a-arte-nao-constituem-nenhuma-garantia-moral.shtml

Em relação às afirmações a seguir, assinale a alternativa correta.

a) Em "[...] se preservarmos os monumentos das antigas ideias, nunca teremos a força de nos inventarmos de maneira radicalmente livre.", o pronome destacado evidencia um sujeito indeterminado.

b) Em "Os guardas vermelhos da Revolução Cultural devastaram os monumentos históricos da China.", o verbo destacado é transitivo direto e indireto, por isso recebe tanto complemento de objeto direto quanto de objeto indireto.

c) Em "Os vândalos dirão que a arte não tem o poder de redimir ou apagar a ignomínia moral.", os termos destacados são, respectivamente, verbo bitransitivo e pronome relativo.

d) Em "É uma pena a arte não ser um critério moral.", as expressões destacadas são, respectivamente, complemento de objeto direto e predicativo do sujeito.

e) Em "A beleza e a arte não constituem nenhuma garantia moral", há um sujeito composto que justifica o verbo transitivo direto, em destaque, estar no plural.

Questão 4(INSTITUTO AOC-2017)

SOMOS OS MAIORES INIMIGOS DE NOSSA POSSIBILIDADE DE PENSAR

Um ano atrás, decidi seguir os conselhos de meu filho e abri uma conta no Facebook. A conta é no nome da cachorra pointer que foi minha grande companheira nos anos 1970 e funciona assim: ninguém sabe que é minha conta, não tenho amigos, não posto nada e não converso com ninguém. Uso o Face apenas para selecionar um "feed" de notícias, que são minha primeira leitura rápida de cada dia.

Meu plano era acordar e verificar imediatamente os editoriais e as chamadas dos jornais, sites, blogs que escolhi e, claro, percorrer a opinião de meus colunistas preferidos, nos EUA e na Europa. Alguns links eu abriria, mas sem usurpar excessivamente o tempo dedicado à leitura do jornal, que acontece depois, enquanto tomo meu café.

Tudo ótimo, no melhor dos mundos. Até o dia em que me dei conta do seguinte: sem que esta fosse minha intenção, eu tinha selecionado só a mídia que pensa como eu – ou quase. Meu dia começava excessivamente feliz, com a sensação de que eu vivia (até que enfim) na paz de um consenso universal.

Mesmo na minha juventude, eu nunca tinha conhecido um tamanho sentimento de unanimidade. Naquela época, eu lia "L'Unità" e, a cada dia, identificava-me com o editorial. Não havia propriamente colunistas: a linguagem usada no jornal inteiro já continha e propunha uma visão do mundo. Ora, junto com "L'Unità" eu sempre lia mais um jornal – o "CorrieredellaSera", se eu estivesse em Milão, o "Journal de Genève", em Genebra, e o "Le Monde", em Paris. Nesses segundos jornais, eu verificava os fatos (não dava para acreditar nem mesmo no lado da gente) e assim esbarrava nos colunistas – em geral laicos e independentes, sem posições partidárias ou religiosas definidas.

Em sua grande maioria, eles não escreviam para convencer o leitor: preferiam levantar dúvidas, inclusive neles mesmos. E era isso que eu apreciava.

Hoje, os colunistas desse tipo ainda existem, embora sejam poucos. Eles estão mais na imprensa tradicional; na internet, duvidar não é uma boa ideia, porque é preciso criar e alimentar os consensos do "feed" do Face.

O "feed" do Face, elogiado por muitos por ser uma espécie de jornal sob medida, transforma-se, para cada um, numa voz única, um jornal que apresenta apenas uma visão, piorado por uma falsa sensação de pluralidade (produzida pelo número de links).

A gente se queixa que a mídia estaria difundindo uma versão única e parcial de fatos e ideias, mas a realidade é pior: não são os conglomerados, somos nós que, ao confeccionar um jornal de nossas notícias preferidas, criamos nosso próprio isolamento e vivemos nele. Como sempre acontece, somos nossos piores censores, os maiores inimigos de nossa possibilidade de pensar.

De um lado, o leitor do "feed" não se informa para saber o que aconteceu e decidir o que pensar, ele se informa para fazer grupo, para fazer parte de um consenso. Do outro, o comentarista escreve, sobretudo para ser integrado nesses consensos e para se tornar seu porta-voz. O resultado é uma escrita extrema, em que os escritores competem por leitores tanto mais polarizados que eles conseguiram excluir de seu "jornal" as notícias e as ideias com as quais eles poderiam não concordar: leitores à procura de quem pensa como eles.

Claro, que não é um caso de ignorância completa, mas a internet potencializa a vontade de se perder na opinião do grupo e de não pensar por conta própria. Essa vontade é a mesma que tínhamos no meu tempo de juventude – se não cresceu. O que temos, na verdade, é uma paixão pelo consenso.

Entre consensos opostos, obviamente, não há diálogo nem argumentos, só ódio.

Em suma, provavelmente, o resultado último da informação à la carte (que a internet e o "feed" facilitam) será a polarização e o tribalismo.

Eu mesmo me surpreendo: em geral, acho chatérrimos os profetas do apocalipse, que estão com medo de que o mundo se torne líquido ou coisa que valha. Mas, por uma vez, a contemporaneidade me deixa, digamos, pensativo.

ContardoCalligaris

Texto adaptado de: http://www1.folha.uol.com.br/colunas/contardocalli-garis/2016/09/1817706-somos-os-maiores-inimigos-de-nossa-possibili-dade-de-pensar.shtml

Referente aos excertos "Uso o Face apenas para selecionar um "feed" de notícias[...]" e "O resultado é uma escrita extrema[...]", assinale a alternativa correta.

a) Tanto no primeiro quanto no segundo excerto há verbo transitivo direto.
b) No primeiro excerto, o "para" introduz uma noção de finalidade e, no segundo excerto, identifica-se sujeito simples.
c) No primeiro excerto, há verbo transitivo indireto e, no segundo excerto, há predicativo do sujeito.
d) Tanto no primeiro quanto no segundo excerto há indeterminação de sujeito.
e) No primeiro excerto, o "para" introduz uma noção de modo e, no segundo excerto, há verbo de ligação.

Questão 5 (Quadrix-2017)

Para responder à questão, leia o texto abaixo.

Projeto leva moradores de rua para biblioteca pública em Icoaraci

Na tentativa de mudar a realidade de moradores em situação de rua, a Biblioteca Avertano Rocha, no distrito de Icoaraci, em Belém, desenvolveu o projeto "Tornar Visível os Invisíveis". A ação tem parceria da Prefeitura de Belém e do Centro Pop.

"Eu vinha andando na rua e eles sempre me abordavam pedindo dinheiro. Eu dizia bora para biblioteca, bora para biblioteca", conta a coordenadora da biblioteca, Terezinha Lima.

Em um ano, o projeto já levou mais de 60 pessoas para a biblioteca. Em um ambiente totalmente diferente das ruas, eles começam a pensar em um futuro diferente. São as histórias dos livros, que os inspira a fazer uma história diferente para eles também.

O projeto deu tão certo que venceu a oitava edição do Prêmio Vivaleitura, do Ministério da Educação, uma iniciativa que reconhece as experiências que promovam o hábito de ler.

A leitura é lenta e cheia de dificuldades. É a consequência do pouco tempo que eles passaram na escola. Aos 31 anos de idade, Wellisson Almeida entrou pela primeira vez em uma biblioteca. "Eu imaginava que era uma sala pequena, poucos livros", comenta.

E cheios de novos planos, com 40 anos de idade, Hernan Costa quer voltar a estudar e já escolheu a profissão que quer exercer. "Tem gente que termina a faculdade com 60, né? Tenho tempo. Quero ser um bom advogado, pretendo ser", conta.

(g1.globo.com)

Apesar do problema apontado na questão anterior, em "Tornar Visível os Invisíveis", pode-se afirmar que o termo "visível" sintaticamente exerce a função de:

a) sujeito simples.
b) predicativo do objeto.
c) objeto direto.
d) predicativo do sujeito.
e) adjunto adnominal.

Questão 6 (Big Advice-2017)

"Tudo depende do meu esforço". O termo em destaque é:

a) Sujeito.
b) Predicado.
c) Objeto direto.
d) Objeto indireto.
e) Predicativo do sujeito

Questão 7 (Alternative Concursos-2016)

Leia as duas orações:

1. O atleta arrogante subestimou seus adversários.
2. O atleta subestimou, arrogante, seus adversários.

Em relação aos termos negritados, a alternativa que apresenta a informação correta é:

a) Na oração 1 é classificado como predicativo do objeto e na 2 como vocativo.
b) Na oração 1 é classificado como complemento nominal e na 2 como predicativo do objeto.
c) Na oração 1 é classificado como vocativo e na 2 como predicativo do objeto.
d) Na oração 1 é classificado como adjunto adnominal e na 2 como predicativo do sujeito.
e) Na oração 1 é classificado como predicativo do sujeito e na 2 adjunto adnominal.

Questão 8 (INSTITUTO AOCP-2016)

O desafio de usar a tecnologia a favor do ensino

Não basta usar computador e tablet em sala de aula.

Professores devem estar capacitados para auxiliar e orientar alunos

Não restam dúvidas sobre a intensa presença da tecnologia no dia a dia dos jovens - uma geração que já nasceu conectada com o mundo virtual - e os impactos que esse novo perfil de aluno traz ao ambiente escolar. Esse contexto lança o desafio para escolas e professores sobre como usar os novos recursos tecnológicos a favor do ensino. Lutar contra a presença deles não é mais visto como uma opção.

"Estamos no século 21, não tem como dar aula como se dava há 10 anos", diz Glaucia Brito, professora do departamento de Comunicação Social da Universidade Federal do Paraná (UFPR) e especialista em Tecnologia na Educação. Para ela, a escola está atrasada. Os jovens são outros e os professores precisam se transformar para seguir essa mudança.

O uso da tecnologia pode ser proveitoso no estudo interativo de conteúdos, tornando-os mais atraentes e fazendo com que o aluno adote uma postura mais participativa. No Colégio Dom Bosco, em Curitiba, tablets e netbooks são fornecidos aos alunos desde o 6.° ano do ensino fundamental. "A ideia é tentarfalar a mesma linguagem [dos alunos]. Não adianta ser diferente em casa. Trabalhamos o uso responsável", explica o professor de Física e coordenador de Tecnologias, Raphael Corrêa.

A escola trabalha de duas maneiras: recorre a objetos educacionais digitais, como vídeos, animações, imagens e infográficos, para dar suporte às aulas, e estimula a pesquisa dos alunos na internet, com a orientação do professor sobre como encontrar a informação desejada de forma segura e a partir de fontes confiáveis. Entretanto, não são só benefícios que os dispositivos móveis trazem. O colégio controla o uso quando a aula não necessita dos aparelhos e bloqueia o acesso às redes sociais, os principais vilões quando o assunto é distração.

"Tem professor que reclama que os alunos não prestam atenção, ficam só no celular. Mas, na minha época, por exemplo, nos distraíamos com gibi. A questão é como está a aula do professor", avalia Glaucia, que defende ser possível dar uma aula de qualidade e atraente mesmo sem usar aparatos modernos.

Envolvimento

No Colégio Sion, a tecnologia é mais usada pelos professores, embora os alunos também usufruam em determinados momentos. Para a coordenadora do ensino médio, Cinthia Reneaux, é preciso fazer com que o estudante participe do processo, saiba contar o que aprendeu. "Para não ficar muito no virtual, fazemos muitos seminários, debates e pesquisas. Tentamos resgatar o diálogo, a conversa e discussão entre eles", explica Cinthia, citando o formato semicircular na disposição das carteiras nas salas para facilitar o método.

Fonte: http://www.gazetadopovo.com.br/educacao/o-desafio-de-usar-a-tecnologia-a-favor-do-ensino-ealmosyp83vcnzak775day3bi

Assinale a alternativa correta.

a) Em "[...] O uso da tecnologia pode ser proveitoso no estudo interativo de conteúdos, tornando-os mais atraentes [...]", o elemento em destaque refere-se ao uso da tecnologia.

b) No excerto "[...] fazemos muitos seminários, debates e pesquisas [...]", o sujeito composto está posposto ao verbo.

c) Em "[...] Para ela, a escola está atrasada [...]", o elemento em destaque é o predicativo para o sujeito "a escola".

d) Em "[...] Não adianta ser diferente em casa [...]", o elemento em destaque é um objeto indireto.

e) Em "[...] bloqueia o acesso às redes sociais [...]", o elemento em destaque é um objeto indireto.

Questão 9 (FEPESE-2016)

Faça a associação entre as colunas 1 e 2 abaixo.

Coluna 1 Frase com termo sintático destacado	Coluna 2 Classificação do termo sintático destacado
1. Chegou mais tarde o prefeito.	( ) adjunto adverbial
2. Aconteceram abalos sísmicos.	( ) predicado da oração
3. A cidade ficou vazia.	( ) predicativo do sujeito
4. O secretário esperou ansioso pela resposta.	( ) adjunto adnominal
5. Certos casos da política acabam virando parte do anedotário.	( ) sujeito da oração

Assinale a alternativa que indica a sequência correta, de cima para baixo.

a) 1 • 2 • 4 • 3 • 5
b) 1 • 5 • 3 • 4 • 2
c) 1 • 5 • 4 • 3 • 2
d) 3 • 2 • 5 • 4 • 1
e) 5 • 4 • 3 • 2 • 1

Questão 10 (COPEVE-UFAL-2016)

Você fala que saudade é sensação de perda. Pois é. E eu lhe digo que não sinto nada, não perdi nada. Gastei, gastei tempo, emoções, corpo e alma. E gastar não é perder, é usar até consumir.

QUEIROZ, Rachel. A velha amiga. Folha de S. Paulo, 2001.

Qual a classificação sintática das orações destacadas no texto, respectivamente?

a) Sujeito e sujeito.
b) Objeto direto e sujeito.
c) Objeto direto e objeto direto.
d) Objeto indireto e objeto direto.
e) Complemento nominal e predicativo.

Questão 11 (FUMARC-2016)

Em: "Já faz muito tempo, Heleno de Freitas foi um grande ídolo do futebol.", o termo destacado exerce a função de:

a) Adjunto adnominal.
b) Objeto direto.
c) Predicativo do sujeito.
d) Sujeito.

Questão 12 (MPE-SC-2016)

"Pós-impressionismo foi uma definição elástica para agrupar artistas que ultrapassavam um movimento claramente estabelecido, o impressionismo – mas tateavam, com ansiedade explícita, em busca de um novo referencial. O impressionismo firmou-se como o movimento mais célebre da pintura do século XIX, por obra de uma geração que, com Claude Monet e Pierre-Auguste Renoir à frente, usou da força de seu individualismo e autoestima inabaláveis para atacar as convenções da arte acadêmica."

(In: Veja, Rio de Janeiro: Abril, ano 49, n.18, p. 93, mai. 2016.)

Em "Pós-impressionismo foi uma definição elástica", pós-impressionismo é o sujeito do verbo ser, que tem como objeto direto uma definição elástica.

( ) Certo ( )Errado

Questão 13 (UFJF)

Lendo e interpretando

A LÂMPADA DE ÉRICO

RIO DE JANEIRO - Convidado para participar em Porto Alegre de um debate sobre a obra de Érico Veríssimo, cujo centenário de nascimento comemora-se neste ano, andei relendo alguns de seus livros que considero mais importantes. E deparei-me com uma cena e um comentário que muito me impressionaram em "Solo de Clarineta", que são suas memórias.

Filho de um dono de farmácia em Cruz Alta (RS), farmácia que, nas cidades do interior, funciona como único pronto-socorro da coletividade. Ali chegou um homem gravemente ferido, com o abdome aberto, por onde saíam os intestinos, muito sangue e pus. Era noite, o homem estava morrendo.

Chamaram Érico, mal saído da infância, para segurar uma lâmpada que iluminasse o ferimento que deveria ser operado por um médico de emergência. O menino teve engulhos, ficou enojado, mas aguentou firme, segurando a lâmpada, ajudando a salvar uma vida. Em sua autobiografia, ele recorda aquela noite e comenta:

"Desde que, adulto, comecei a escrever romances, tem-me animado até hoje a ideia de que o menos que um escritor pode fazer, numa época de atrocidades e injustiças como a nossa, é acender a sua lâmpada sobre a realidade de seu mundo, evitando que sobre ele caia a escuridão, propícia aos ladrões, aos assassinos e aos tiranos. Sim, segurar a lâmpada, a despeito da náusea e do horror".

Creio que não há, na literatura universal, uma imagem tão precisa sobre o ofício do escritor, principalmente do romancista. Leitores e críticos geralmente reclamam das passagens mais escabrosas, aparentemente de gosto duvidoso, de um romance, texto teatral, novela ou conto. Acusação feita à escola realista, na qual se destacaram Zola e Eça de Queiroz. No teatro, Nelson Rodrigues e até mesmo Shakespeare em alguns momentos, como na cena do porteiro de "Macbeth".

Érico acertou na veia (perdoem a imagem que está na moda). Ele também ergueu sua lâmpada e iluminou parte da escuridão em que vivemos.

1. O principal objetivo comunicativo do texto é:

a) alertar o leitor sobre o centenário de nascimento de Érico Veríssimo.

b) relatar os principais acontecimentos da infância de Érico Veríssimo.

c) criticar a escola realista e os escritores a ela relacionados.

d) identificar exemplos de solidariedade e coragem dos gaúchos.

e) valorizar o compromisso do escritor com a realidade.

2. A respeito do comentário de Érico Veríssimo (4° parágrafo), É POSSÍVEL concluir que

a) o escritor só precisa ater-se à realidade quando ela é cruel e injusta.

b) a tarefa do escritor é encobrir os ladrões, assassinos e tiranos escondidos na escuridão.

c) é compromisso de um escritor desnudar o seu mundo, compartilhando a realidade com seus leitores.

d) se a realidade é cruel e nauseante, o escritor precisa selecionar cuidadosamente o que vai mostrar em sua obra.

e) a literatura é a única maneira pela qual se pode livrar o mundo da escuridão.

3. Leia novamente:

"(...) Ali chegou um homem gravemente ferido, com o abdome aberto, por onde saíam os intestinos, muito sangue e pus. Era noite, o homem estava morrendo. (...)" (2° parágrafo, linhas 12-15).

A inclusão da descrição detalhada do ferimento do homem, no contexto da crônica, pode ser justificada:

a) pela necessidade do autor de enfatizar a coragem e a valentia dos gaúchos.

b) pela vontade do autor de criar um exemplo de uma cena de gosto duvidoso.

c) pelo desejo do autor de descrever uma cena de forma romântica e detalhada, à maneira de Zola e Nélson Rodrigues.

d) pela intenção do autor de exemplificar o compromisso de Érico Veríssimo no relato realista das experiências que viveu.

e) pela falta de criatividade de Cony em modificar uma cena narrada por Veríssimo em suas memórias.

4. "(...) **Érico acertou na veia** (perdoem a imagem que está na moda). (...)" (6º parágrafo).

Em "Érico acertou na veia", destacado no enunciado acima, a expressão "acertou na veia" equivale a

a) deu a volta por cima.

b) errou feio.

c) atingiu a artéria.

d) encontrou dificuldades.

e) compreendeu o processo.

5. A inclusão do comentário entre parênteses ("perdoem a imagem que está na moda") demonstra que o autor

a) não gosta de usar gírias em suas crônicas.

b) não está confortável com a adoção de um modismo no texto.

c) quis fazer um trocadilho com a cena do homem na farmácia.

d) rejeita a criação de imagens mais fortes em suas crônicas.

e) sucumbiu à ideia realista de iluminar o que é feio e violento.

GABARITOS

QUESTÕES DE PROVAS

1 – B

2 – A

3 – E

4 – B

5 – B

6 – D

7 – D

8 – C

9 – C

10 – C

11 – Errado

LENDO E INTERPRETANDO

1 – E

2 – C

3 – D

4 – E

5 – B

O ARRANJO DAS PALAVRAS NA FRASE – REGÊNCIA

1. PRA COMEÇO DE CONVERSA

Disponível em: http://clubedamafalda.blogspot.com. Acesso em 28/08/2006.

Na língua portuguesa, existem verbos e nomes que, ao serem empregados em uma frase, exigem a presença de outros termos. Na tirinha acima,

a) qual é o termo exigido pelo substantivo "importância" na frase É incrível a importância do dedo indicador!?

b) no último quadrinho, seria possível reescrever a fala da Mafalda para: Esse deve ser o tal indicador de desemprego que tanto fala.? Por quê?

O termo – verbo ou nome – que exige a presença de outro se chama **regente**, e o que completa sua significação chama-se **regido**.

Quando o termo regente é um verbo, ocorrer a **regência verbal.**

Quando o termo regente é um nome – substantivo, adjetivo ou advérbio – ocorre a **regência nominal.**

2. TEORIZANDO

Chama-se **regência** a relação estabelecida entre uma palavra e uma expressão que lhe serve de complemento. O termo dependente é o **termo regido**, e a palavra a que o termo subordina-se é o **termo regente**. Vejamos os exemplos:

1. "E com os lábios entreabertos aspirou com delícia a aura impregnada de perfumes."

José de Alencar

2. "Minha alma, ó Deus, a outros céus aspira."

Antero de Quental

3. Aquele comunicado era sério golpe em suas aspirações ao posto de tenente.

- No primeiro exemplo, o verbo aspirar significa "atrair (o ar) aos pulmões; respirar; inspirar"; nessa acepção, ele é **transitivo direto** (note que a palavra que antecede o substantivo aura é artigo, e não preposição).

- No segundo exemplo, aspirar significa "desejar ardentemente; pretender", e seu complemento é introduzido pela preposição a; por isso, ele é classificado, quanto a regência, como **transitivo indireto**.

- O terceiro exemplo apresenta um termo preposicionado (ao posto de tenente) subordinado a um **nome** (aspirações), e não mais a um verbo.

- Nos dois primeiros exemplos, as relações entre o verbo aspirar e seus complementos configuram um caso de **regência verbal.**

- Na terceira frase há um exemplo de **regência nominal,** que é a relação entre o substantivo abstrato *aspirações* e seu complemento nominal *ao posto de tenente.*

3. REGÊNCIA VERBAL

A significação e a regência de um verbo dependem da situação em que ele é empregado. Assim, um verbo pode ser chamado de intransitivo ou transitivo, ou de ligação, de acordo com o contexto em que é utilizado, o que irá definir também sua significação. A seguir, apresentamos uma tabela com os verbos mais significativos no tocante à regência e à significação dos verbos.

	VTI	Sair da memória, não vir a memória	"Esquece-me o seu nome; apenas me recordo de que era ainda novo." (Mário de Sá-Carneiro)
Implicar	VTD	Acarretar, causar	"Crendices várias implicam comportamentos e gestos especiais para a passagem do ano."
	VTI	Antipatizar, contender	"Quando ele ficou meninote, vivia implicando comigo por causa daqueles cabelos que devia ter cortado." (Laura O. R. Otávio)
	VTDI	Envolver, comprometer	Implicaram Gonzaga em crime de lesa-majestade
Informar	VTDI	Comunicar, avisar, dar informação (admite troca de OD e OI)	"Em poucas linhas, a Mercedes o informava de que estava despedido" (IstoÉ) Em poucas linhas, a Mercedes lhe informava que estava despedido.
Obedecer e desobedecer	VTI	1. Sujeitar-se à vontade de; 2. Não se submeter, transgredir, infringir, violar	"Já lhe obedece a terra num momento." (Camões) Desobedecia com frequência os apelos de sua consciência.

Pagar e perdoar	VTDI, VTD OU VTI	OD = coisa paga ou perdoada OI = pessoa a quem se paga ou se perdoa	"...Gonçalo Mendes Ramires pagou aos camaradas do Cenáculo e a outros amigos uma ceia." (Eça de Queiroz) O"O prefeito paga as contas, as suas e as dos outros." (Fatos) "Byron nunca pôde perdoar à sorte o tê-lo feito coxo de nascença." (C. M. de Azeredo) "Perdoava a todos, até ao assassino do filho." (O. França Jr.)
Precisar	VTD	Ter precisão ou necessidade de, necessitar	"Deu-lhe dez tostões, recomendando-lhe que, quando precisasse algum dinheiro, viesse procura-lo." (Machado de Assis)
	VTI		"Precisamos de um empregado para ajudar na limpeza da repartição e servir café." (Maria Julieta Drummond de Andrade)
	VTD	Indicar com exatidão, particularizar, distinguir, especializar	Não sabia precisar a data do aniversário da própria mãe
Preferir	VTDI	Escolher, achar melhor, gostar mais de	"...Contagem, cidade de Minas que preferiu o ar puro a uma fábrica de cimento." (R. Alves)

LEGENDA:

VTD = Verbo transitivo direto

VTI = Verbo transitivo indireto

VTDI – Verbo transitivo direto e indireto

VPTI = Verbo Pronominal transitivo indireto

QUESTÕES DE PROVAS

Questão 1 (UFPB – 2017)

Assinale a alternativa em que a expressão sublinhada está corretamente empregada.

a) Os resultados desta pesquisa corroboram com os resultados obtidos em outros estudos.

b) As últimas geadas certamente vão impactar a produção de hortaliças.

c) As novas regras do concurso atenderam um anseio dos candidatos, permitindo-os usarem calculadoras nas provas que envolvam cálculos.

d) O candidato foi aceito porque suas propostas foram de encontro aos objetivos do partido.

e) Apesar das reclamações dos líderes aliados, o governo optou por medida provisória, afim de que a medida passasse a valer imediatamente.

Questão 2 (LEGALLE CONCURSOS – 2017)

I. As crianças preferem comer camarão a comer jiló.

II. Nunca sobressaímos em Química Quântica.

III. O aeroporto a que ela chegou estava com vários voos atrasados.

Está(ão) correta(s):

a) Apenas I.

b) Apenas I e II.

c) Apenas I e III.

d) Apenas II e III.

e) I, II e III.

Questão 3 (FGV – 2017)

Texto 3 – "Silva, Oliveira, Faria, Ferreira... Todo mundo tem um sobrenome e temos de agradecer aos romanos por isso. Foi esse povo, que há mais de dois mil anos ergueu um império com a conquista de boa parte das terras banhadas pelo Mediterrâneo, o inventor da moda. Eles tiveram a ideia de juntar ao nome comum, ou prenome, um nome.

Por quê? Porque o império romano crescia e eles precisavam indicar o clã a que a pessoa pertencia ou o lugar onde tinha nascido".

(Ciência Hoje, março de 2014)

"Porque o império romano crescia e eles precisavam indicar o clã a que a pessoa pertencia ou o lugar onde tinha nascido".

Nesse segmento do texto 3 há o emprego correto do termo "que" precedido da preposição "a" em razão de estar na mesma oração o verbo "pertencer", que exige essa preposição.

A frase abaixo que está correta nesse mesmo aspecto é:

a) O prato que mais gosta é lagosta.

b) O local que fui na semana passada é bastante interessante.

c) Esta é a cena a que todos aplaudiram.

d) Esse foi o questionário a que eles preencheram.

e) Essas foram as ordens a que eles obedeceram.

Questão 4 (IBFC – 2017) Assinale a alternativa em que não há problema de regência.

a) A atitude dos jovens implicou na medida de colocar grades no muro.

b) A chegada dos jovens na área do prédio causou alvoroço.

c) O filme que assistimos é muito longo.

d) A medida à qual o cronista se referiu foi autoritária.

Questão 5 (VUNESP – 2017)

Assinale a alternativa em que a substituição dos trechos destacados na passagem – O paulistano, contudo, não é de jogar a toalha – prefere estendê-la e se deitar em cima, caso lhe concedam dois metros quadrados de chão. – está de acordo com a norma -padrão de crase, regência e conjugação verbal.

a) prefere mais estendê-la do que desistir – põe à disposição.

b) prefere estendê-la à desistir – ponham a disposição.

c) prefere estendê-la a desistir – põe a disposição.

d) prefere estendê-la do que desistir – põem a disposição.

e) prefere estendê-la a desistir – ponham à disposição.

Questão 6 (TJ-PR – 2017)

Veja a definição do verbo "*agradar*" no Dicionário Eletrônico Houaiss.

agradar

verbo

transitivo direto, transitivo indireto e intransitivo 1 ser agradável, transmitir satisfação a; dar prazer, contentar pronominal 2 comprazer-se em; experimentar prazer, deleite; sentir-se encantado pronominal 2.1 sentir-se enamorado, tomar-se de amores transitivo direto 3 Regionalismo: Nordeste do Brasil. azer agrados, carinhos; afagar.

Agora releia o seguinte trecho do texto.

(...) vai selecionar cantores, estilos e letras que agradam o paciente (...).

Se tomarmos como base de correção gramatical o que o dicionário afirma sobre o verbo "*agradar*", o trecho do texto está

a) adequado, uma vez que o autor do texto emprega o verbo *agradar* de modo pronominal, como previsto pelo dicionarista.

b) adequado, pois a transitividade direta é contemplada pelo dicionarista como uma estrutura prevista.

c) inadequado, porque a transitividade indireta deveria ter sido empregada no trecho: *agradam ao paciente*.

d) inadequado, dado que a regência usada pelo autor do texto é prescrita pelo dicionário apenas para o uso regional.

e) inadequado, já que "*agradam*", no texto, é exemplo de uma estrutura intransitiva, logo o objeto direto não deveria ser usado.

Questão 7 (CREFITO – 2017)

Em "Essa doença, normalmente, não aparece do nada.", o verbo destacado exerce a função sintática de:

a) verbo intransitivo.

b) verbo transitivo indireto.

c) verbo transitivo direto.

d) verbo transitivo direto e indireto.

e) verbo de ligação.

Questão 8 (MPE-GO)

Quanto à regência verbal, assinale a alternativa CORRETA:

a) Respondi a todos os alunos interessados

b) A verdadeira democracia consiste direitos iguais para todos

c) Em Goiânia os motoristas desobedecem os sinais de trânsito

d) Agradeço os ouvintes a audiência
e) Ela foi no banheiro

09. (FEPESE – 2017) Parte inferior do formulário
Identifique abaixo as frases corretas (C) e as erradas (E) em relação ao uso correto do verbo quanto à sua regência.

( ) Aquela é a diretora que te falei ontem.
( ) O documento cujo o qual te referes foi extraviado.
( ) Custa-me crer que ele conseguiu o cargo de chefia.
( ) Ela sempre namorou com aquele rapaz.
( ) Quero informá-los de que o relatório deve ser entregue dentro de 10 dias.

Assinale a alternativa que indica a sequência correta, de cima para baixo.

a) C • C • C • E • E
b) C • E • C • C • E
c) C • E • E • C • C
d) E • E • C • E • C
e) E • E • E • C • C

Questão 9 (FEPESE – 2017)
Complete as frases abaixo com "o", "os", "lhe" ou "lhes", conforme a regência do verbo.

• Ele __________ perdoa as ofensas, fique sossegado.
• Eram muitos os débitos; já______ paguei todos.
• Não ___________ convido para entrar porque estou atrasado.
• Informei- _________ a hora exata da prova.
• O médico cumprimentou- __________ assim que chegou.

Assinale a alternativa que completa correta e sequencialmente as lacunas do texto.

a) o • lhes • lhe • o • lhe
b) o • os • os • lhe • o
c) lhe • lhe • o • os • os
d) lhe • os • o • lhes • os
e) lhes • lhe • os • os • lhe

Questão 10 (BIG ADVICE – 2017)
"Todos viajaram para a praia."
Temos:

a) Verbo intransitivo.
b) Verbo transitivo direto.
c) Verbo transitivo indireto.
d) Verbo transitivo direto e indireto.
e) Verbo de ligação.

Questão 11 (COPESE – 2017) Releia o trecho:
"É o caso também da regra sintática obsoleta que ainda é exigida em concursos, e da concordância ou regência que atentam contra a lógica e a natureza da língua, mas são tidas como canônicas pela gramática normativa. O que fazer com elas? A desobediência civil cabe nesses casos?"
Marque a alternativa em que há ERRO de regência, do ponto de vista da gramática normativa, ainda que o uso seja comum entre os falantes da língua:

a) Assistimos, bestificados, aos horrores do sistema prisional brasileiro.
b) O corpo de bombeiros assiste as vítimas do incêndio.
c) Lembro-me do tempo em que professores eram valorizados na sociedade.
d) Simpatizo-me com a luta dos trabalhadores por melhores condições de trabalho.
e) Aqueles que visam ao progresso precisam estar dispostos à luta.

Questão 12 (CONSULPLAN – 2017)
"Nessa guerra ou guerrilha <u>usamos</u> muitas armas..." (3º§) A forma verbal que apresenta a mesma transitividade da sublinhada na frase anterior está destacada em:

a) *"O preconceito <u>nasce</u> do medo, sua raiz cultural, psíquica, antropológica..."* (1º§)
b) *"Algumas doenças <u>precisam</u> de remédios fortes: preconceito é uma delas."* (5º§)
c) *"No país da impunidade, <u>necessitamos</u> de punição imediata, severa e radical."* (5º§)
d) *"... palavras como 'judeu, turco, alemão' <u>carregam</u>, mais do que ignorância, um odioso preconceito."* (3º§)

4. REGÊNCIA NOMINAL

A seguir, um quadro com alguns casos de regência nominal:

A	Acessível, adequado, alheiro, análogo, apto, avesso, benéfico, cego, conforme, desatento, desfavorável, desleal, equivalente, fiel, grato, guerra, hostil, idêntico, inerente, nocivo, obediente, odioso, oposto, peculiar, pernicioso, próximo (de), superior, surdo (de), visível
De	Amante, amigo, ansioso, ávido, capaz, cobiçoso, comum, contemporâneo, curioso, devoto, diferente, digne, dotado, duro, estreito, fértil, fraco, inocente, menor, natural, nobre, orgulhoso, pálido, passível, pobre, pródigo (em), temeroso, vazio, vizinho
Com	Afável, amoroso, aparentado, compatível, conforme, cruel, cuidadoso, descontente, furioso (de), ingrato, liberal, misericordioso, orgulhoso, parecido (a), rente (a, de)
Contra	Desrespeito, manifestação, queixa
Em	Constante, cúmplice, diligente, entendido, erudito, exato, fecundo, fértil, fraco, forte, hábil, indeciso, lento, morador, perito, sábio, sito, último (de, a), único
Entre	Convênio, união
Para	Apto, bom, essencial, incapaz, inútil, pronto, (em), útil
Para com	Afável, amoroso, capaz, cruel, intolerante, orgulhoso
Por	Ansioso, querido (de), responsável, respeito (a,de)
Sobre	Dúvido, influência, triunfo

QESTÕES DE PROVA

Questão 1 UFJF – 2017

Lendo e interpretando

Ler devia ser proibido

A pensar a fundo na questão, eu diria que ler devia ser proibido. Afinal de contas, ler faz muito mal às pessoas: acorda os homens para realidades impossíveis, tornando-os incapazes de suportar o mundo insosso e ordinário em que vivem. A leitura induz à loucura, desloca o homem do humilde lugar que lhe fora destinado no corpo social. Não me deixam mentir os exemplos de Don Quixote e Madame Bovary. O primeiro, coitado, de tanto ler aventuras de cavalheiros que jamais existiram, meteu-se pelo mundo afora, a crer-se capaz de reformar o mundo, quilha de ossos que mal sustinha a si e ao pobre Rocinante. Quanto à pobre Emma Bovary, tornou-se esposa inútil para fofocas e bordados, perdendo-se em delírios sobre bailes e amores cortesãos.

Ler realmente não faz bem. A criança que lê pode se tornar um adulto perigoso, inconformado com os problemas do mundo, induzido a crer que tudo pode ser de outra forma. Afinal de contas, a leitura desenvolve um poder incontrolável. Liberta o homem excessivamente. Sem a leitura, ele morreria feliz, ignorante dos grilhões que o encerram. Sem a leitura, ainda, estaria mais afeito à realidade quotidiana, se dedicaria ao trabalho com afinco, sem procurar enriquecê-lo com cabriolas da imaginação.

Sem ler, o homem jamais saberia a extensão do prazer. Não experimentaria nunca o sumo Bem de Aristóteles: o conhecer. Mas para que conhecer se, na maior parte dos casos, o que necessita é apenas executar ordens? Se o que deve, enfim, é fazer o que dele esperam e nada mais?

Ler pode provocar o inesperado. Pode fazer com que o homem crie atalhos para caminhos que devem necessariamente ser longos. Ler pode gerar a invenção. Pode estimular a imaginação de forma a levar o ser humano além do que lhe é devido.

Além disso, os livros estimulam o sonho, a imaginação, a fantasia. Nos transportam a paraísos misteriosos, nos fazem enxergar unicórnios azuis e palácios de cristal. Nos fazem acreditar que a vida é mais do que um punhado de pó em movimento. Que há algo a descobrir. Há horizontes para além das montanhas, há estrelas por trás das nuvens. Estrelas jamais percebidas.

É preciso desconfiar desse pendor para o absurdo que nos impede de aceitar nossas realidades cruas.

Não, não deem mais livros às escolas. Pais, não leiam para os seus filhos, podem levá-los a desenvolver esse gosto pela aventura e pela descoberta que fez do homem um animal diferente. Antes estivesse ainda a passear de quatro patas, sem noção de progresso e civilização, mas tampouco sem conhecer guerras, destruição, violência. Professores, não contem histórias, podem estimular uma curiosidade indesejável em seres que a vida destinou para a repetição e para o trabalho duro.

Ler pode ser um problema, pode gerar seres humanos conscientes demais dos seus direitos políticos, em um mundo administrado, onde ser livre não passa de uma ficção sem nenhuma verossimilhança. Seria impossível controlar e organizar a sociedade se todos os seres humanos soubessem o que desejam. Se todos se pusessem a articular bem suas demandas, a fincar sua posição no mundo, a fazer dos discursos os instrumentos de conquista de sua liberdade.

O mundo já vai por um bom caminho. Cada vez mais as pessoas leem por razões utilitárias: para compreender formulários, contratos, bulas de remédio, projetos, manuais, etc. Observem as filas, um dos pequenos cancros da civilização contemporânea. Bastaria um livro para que todos se vissem magicamente transportados para outras dimensões, menos incômodas. É esse o tapete mágico, o pó de pirlimpimpim, a máquina do tempo. Para o homem que lê, não há fronteiras, não há cortes, prisões tampouco. O que é mais subversivo do que a leitura?

É preciso compreender que ler para se enriquecer culturalmente ou para se divertir deve ser um privilégio concedido apenas a alguns, jamais àqueles que desenvolvem trabalhos práticos ou manuais. Seja em filas, em metrôs, ou no silêncio da alcova... Ler deve ser coisa rara, não para qualquer um. Afinal de contas, a leitura é um poder, e o poder é para poucos. Para obedecer, não é preciso enxergar, o silêncio é a linguagem da submissão.

Para executar ordens, a palavra é inútil.

Além disso, a leitura promove a comunicação de dores, alegrias, tantos outros sentimentos. A leitura é obscena. Expõe o íntimo, torna coletivo o individual e público, o secreto, o próprio. A leitura ameaça os indivíduos, porque os faz identificar sua história a outras histórias. Torna-os capazes de compreender e aceitar o mundo do Outro. Sim, a leitura devia ser proibida.

Ler pode tornar o homem perigosamente humano.

(Guiomar de Gramont*)

Publicado originalmente em A formação do leitor: pontos de vista. Org. Juan Prado e Paulo Condini, Leia Brasil, 1999.

*Escritora e professora de Filosofia no Instituto de Filosofia e Artes da UFOP (Universidade Federal de Ouro Preto)

01. Marque a alternativa **CORRETA** sobre o artigo de Guiomar de Gramont:

a) A autora defende uma opinião absolutamente nova e pertinente em relação às práticas leitoras.

b) Don Quixote é utilizado como argumento para a tese principal do artigo: a correlação entre leitura e perda da razão.

c) O 7º parágrafo revela o ambicioso projeto da autora: suprimir o livro da educação.

d) O artigo mostra o quanto é eficaz, na defesa de uma tese, dizer uma coisa para significar outra.

e) Há, no texto, uma involuntária incoerência entre a tese defendida e os argumentos apresentados.

2. Atente para as frases a seguir:

"Sem leitura, ele morreria feliz, ignorante dos grilhões que o encerram."

"Além disso, o livro estimula os sonhos, a imaginação, a fantasia."

Os enunciados apresentam, respectivamente, os seguintes recursos estilísticos:

a) Eufemismo e metáfora.

b) Ironia e metonímia.

c) Metonímia e ironia.

d) Personificação e metáfora.

e) Hipérbole e ironia.

3. Leia a sequência do artigo de opinião de Guiomar de Gramont:

"O mundo já vai por um bom caminho. Cada vez mais as pessoas leem por razões utilitárias: para compreender formulários, contratos, bulas de remédio, projetos, manuais, etc."

Marque a alternativa **CORRETA:**

a) A segunda frase estabelece, em relação à primeira, uma relação semântica de contradição e concessão.

b) Estabelece-se entre as duas frases uma oposição adversativa.

c) A segunda frase tem um valor exemplificativo e complementar.

d) A segunda frase representa uma retificação à frase anterior.

e) Estabelece-se entre as duas frases uma gradação entre os componentes de uma escala.

04. Compare os dois períodos a seguir:

*"**Sem ler,** o homem jamais saberia a extensão do prazer."*

*"Seria impossível controlar e organizar a sociedade **se todos os seres humanos soubessem o que desejam."***

Assinale a única afirmativa **INCORRETA**:

a) As sequências sublinhadas apresentam o mesmo valor semântico.

b) "Sem ler" tem valor concessivo.

c) No primeiro período, a sequência destacada tem acepção negativa.

d) "Sem ler" pode mudar de posição sem modificar o sentido do período.

e) "Se todos os seres humanos soubessem o que desejam" pode mudar de posição sem modificar o sentido do período.

05. Leia com atenção a oração, atentando para a articulação entre os constituintes sintáticos:

"Não me deixam mentir os exemplos de Don Quixote e Madame Bovary."

Esta oração atesta a importância da concordância entre verbo e sujeito para a produção de enunciados sintaticamente integrados, de acordo com a norma culta escrita.

Assinale a alternativa em que se descuidou dessa concordância:

a) Revogam-se todas as disposições em contrário.

b) Seguem, em anexo, os procedimentos para a renovação das matrículas.

c) Cumpram-se todas as exigências.

d) Aos primeiros raios do sol, o instrutor dos mais novos já acordava todos os participantes da colônia de férias.

e) A narrativa das histórias, algumas bem curtas, fazem com que você se envolva com o personagem.

GABARITOS

QUESTÕES DE PROVAS

1 – B
2 – E
3 – E
4 – D
5 – E
6 – B
7 – A
8 – A
9 – D
10 – D
11 – A
12 – D
13 – D

LENDO E INTERPRETANDO

1 – D
2 – B
3 – C
4 – B
5 – E

A "GRAVIDADE" DA (NÃO) OCORRÊNCIA DE UM ACENTO – CRASE

1. PRA COMEÇO DE CONVERSA

Comecemos pela leitura de um texto acerca do uso de crase:

O governo informou:

- Vamos pagar os atrasados em partes. Ou seja: à prestação.

Os jornalistas ficaram alvoroçados. Correram para a sala de imprensa. Na hora de escrever pintou a dúvida. Com crase ou sem crase? Uns escreveram à prestação. Outros, a prestação.

E daí? Você sabe qual a forma certinha da silva?

a) sim.

b) não.

Se sabe, assinale a opção que merece nota mil:

a) Ocorre crase.

b) O sinal da crase é facultativo.

Marcou a letra c? Pra lá de certo. Você conhece as manhas do acentinho grave. Mas, se preferiu outra letra, abra os olhos e dê uma estudadinha no assunto. Vamos lá.

ABRA, CADABRA

*Eis o mistério. Nem sempre o grampinho resulta da fusão do a + a. Às vezes, a clareza fala mais alto. Apela-se, então para a falsa crase. Para evitar confusão, usa-se **à** mesmo sem a contração dos dois aa. É o caso de vender à vista.*

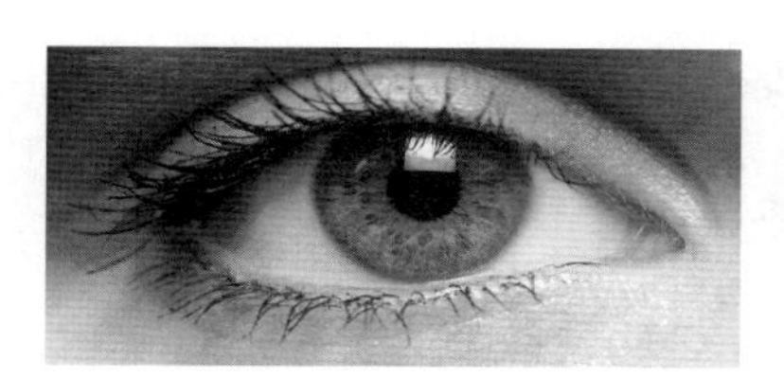 x 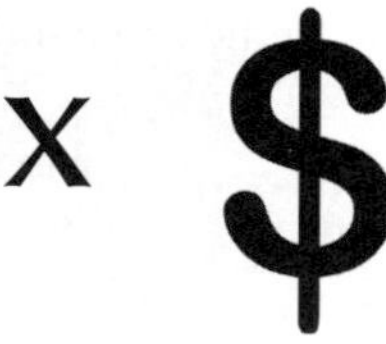

Disponível em: www.myopera.com. Acesso em 15/03/2007

Aí não ocorre o encontro dos dois aa. Quer ver? Vamos ao tira-teima. Substituamos a palavra feminina por uma masculina. No troca-troca, dá a, não ao: vender a prazo.

*Por que o à? Para evitar mal-entendidos. Sem o acento, poder-se-ia entender que se quer vender **a vista** (o olho). O mesmo ocorrer com o bater **à máquina**.*

Foto à esquerda: www2.uol.com.br/debate/1065/desplugado.jpg. Acesso em 16/03/2007.
Foto à direita: www.colecione.com.br. Acesso em 16/03/2017.

Sem o grampinho, parece que se deu pancada na máquina. Não é bem isso, convenhamos. Quando ocorre duplo sentido? Geralmente nas locuções que indicam meio ou instrumento: Matou-o à bala. Feriram-se à faca. Escreve à tinta. Feito à mão. Enxotar à pedrada. Fechar à chave. Matar o inimigo à fome. Entrar à força.

O acento é obrigatório? Ou só tem vem em caso de ambiguidade? Sem risco de duas interpretações, fica a gosto do freguês. Mas há forte preferência pela falsa crase. Com ela, não dá outra. É acertar. Ou acertar.

Dad Squarisi

2. TEORIZANDO

Já que se trata de "acertar" ou "acertar", vejamos algumas observações que ajudarão todos a usarem com propriedade o acento grave, indicador de crase.

Crase é a fusão (ou contração) de duas vogais idênticas numa só. Em linguagem escrita, a crase é representada pelo acento grave.

Exemplo:

Iremos à faculdade logo depois do almoço.

a	+	a
prepos.		Artigo
(Ir a)		(a faculdade)

Observe que o verbo **ir** requer a preposição a, e o substantivo **faculdade** pede o artigo A.

3. OCORRÊNCIA DA CRASE

1. Preposição a + artigos a, as:

Fui à praia ontem.

Fernando dedica-se às artes plásticas.

OBSERVAÇÕES / DICAS

a) Quando o nome não admitir, não poderá haver crase:

Vou a Florianópolis amanhã.
Estamos indo a Paris.

No entanto, se houver um elemento que especifique o nome, haverá crase:

Vou à Florianópolis da minha infância.
Estamos indo à Paris dos belos museus.

b) Ocorre a crase somente se os nomes femininos puderem ser substituídos por nomes masculinos que admitam ao antes deles:

Vou à sede do clube campestre.
Vou ao clube de campo.
As alunas foram à cidade.
As alunas foram ao restaurante.

Portanto, NÃO haverá crase em:

Façam a redação a caneta.
(Façam a redação a lápis.)

2. Preposição a + pronomes demonstrativos aquele(s), aquela(s), aquilo:

O advogado referiu-se àquele juiz que estava parado na esquina.
Sempre nos dirigimos àquelas funcionárias mais velhas.
Nunca me referi àquilo que nós conversamos anteontem.

3. Na indicação de horas:

Eu me levanto às seis horas.
Vamos acertar nossos relógios à zero hora.
Todos deverão chegar à meia-noite.

4. Antes de nomes que apresentam a palavra moda (ou maneira) implícita:

Usa um boné à Fidel Castro.
Rubião cortou o cabelo à Rubião.

5. Em locuções adverbiais constituídas de substantivo feminino plural:

Fazem tudo às escondidas.
Às vezes, é melhor calar do que gritar.
Eles se retiraram às pressas por causa do baile.

6. Em locuções prepositivas e conjuntivas constituídas de substantivo feminino:

Certos políticos vivem à custa do estado.
A sociedade está à mercê dos bandidos.
Vai amadurecendo à proporção que envelhece.
Vai ficando mais circunspecto à medida que se revolta com certas situações.

4. PRINCIPAIS CASOS EM QUE NÃO OCORRE A CRASE

1. Diante de substantivo masculino:

O refrigerador foi comprado a prazo.
Não leve as coisas a ferro e fogo.
A redação deverá ser feita a lápis.

2. Diante de verbo no infinitivo:

Viver a chorar pelos cantos.
Quando começarem a chegar, realizaremos o evento.

3. Diante de nome de cidade:

Vou a São Paulo fazer um curso.
Foram a Londres no inverno.

4. Diante de um pronome que não admite artigo (pessoa, de tratamento, demonstrativo, indefinido e relativo):

Referiu-se a ela com rudeza.
Disse a Vossa Majestade e repetirei sempre.
Aonde vamos a esta hora da noite?
Entregue o documento a qualquer pessoa da biblioteca.
Sou grato a meu pai, a quem tudo devo.

5. Diante do artigo indefinido uma:

O funcionário dirigiu-se a uma senhora idosa.
O pai entregou o envelope a uma professora.

6. Em expressões que apresentam substantivos repetidos:

Estamos cara a cara com o juiz.
Percorreu a praia de ponta a ponta.

7. Diante das palavras no plural, precedidas apenas de preposição:

Não quero me juntar a pessoas que falam demais.
Iremos a reuniões do Partido dos Trabalhadores.

8. Diante de numerais cardinais:

O número de inscritos chega a trezentos.
Daqui a duas semanas viajaremos para a praia.

9. Diante de nomes célebres e nomes santos:

O artigo reporta-se a Carlota Joaquina de maneira bastante desrespeitosa.
Ela fez uma promessa a Santa Cecília.

10. Diante da palavra casa, quando esta não apresenta adjunto adnominal:

Voltarei a casa pra almoçar.

NOTA: Quando a palavra casa apresentar modificador, haverá crase:

Vou à casa da minha sogra no domingo.

11. Diante da palavra Dona:

O mensageiro entregou a encomenda a Dona Zica.
Dirigiu-se a Dona Cornelia, que o rejeitou.

12. Diante da palavra terra, como sinônimo de terra firme:

O nome voltará a terra.
Depois de dois meses de mar aberto, regressaremos finalmente a terra.

5. OCORRÊNCIA FACULTATIVA DE CRASE

1. Antes de nome próprio feminino:

Entregamos a carta à Paula. OU Entregamos a carta a Paula.
Dediquei o livro à Teresinha. Ou Dedicou o livro a Teresinha.

Nota: A crase não ocorre quando o falante não usa artigo antes do nome próprio feminino.

2. Antes do pronome possessivo feminino:

Não me referi à sua mãe. OU Não me referi a sua mãe.
Convidei-o a vir à minha casa. OU Convidei-o a vir a minha casa.

Nota: A crase não ocorre quando o falante não usa artigo antes do pronome possessivo.

3. Depois da preposição até:

Vou caminhar até à fazenda. OU Vou caminhar até a fazenda.
Eles trabalharam até às três horas. OU Eles trabalharam até as três horas.
Eu vou acompanhá-las até à porta do elevador. OU Eu vou acompanhá-la até a porta do elevador.

Nota: A preposição até pode vir ou não seguida da preposição a. Quando o autor dispensar a preposição a, não haverá crase.

QUESTÕES DE PROVA

Questão 1 (IBADE – 2017)

Considere as seguintes afirmações sobre aspectos da construção do texto:

I. Em "mas parece que no tema de raça, racismo, negritude, branquitude, nós CAÍMOS em preconceito... Por pequena que seja a gota de sangue negro do INDIVÍDUO", as palavras destacadas recebem acento pela mesma regra de acentuação.

II. Passando-se para o plural o trecho destacado em "todos desprezam o meia casta, EXEMPLO VIVO DA INFRAÇÃO À LEI TRIBAL.", mantendo-se o A no singular, o sinal indicativo de crase, obrigatoriamente, não poderia ser usado.

III. Em "E os mestiços aceitam a definição e - meiões, quarteirões, octorões - se dizem altivamente 'negros', quando ISSO não é verdade.", o elemento destacado se refere a uma ideia anteriormente expressa.

Está correto apenas o que se afirma em:

a) I e II.
b) II e III.
c) I.
d) I e III.
e) II.

Questão 2 (FEPESE – 2017)

Leia o texto abaixo e observe suas lacunas em branco. Elas devem ser preenchidas com uma das alternativas a qual você deve escolher.

O chefe de um escritório estava dormindo. De repente, toca o telefone,........3 horas da manhã.

— Fulano......... que horas abre o escritório?

— Poxa, isso é hora de ligar? Abre........ 8 horas.

E voltou......... dormir........ 5 horas, o telefone tocou de novo:

— Dirijo-me, com respeito,........Vossa Senhoria para solicitar a abertura do escritório, hoje, mais cedo.

— Você de novo? Não. Não dá. Eu já disse que só abre........ 8 horas!

E bateu o telefone. Dali......... meia hora, outro toque:

— Estou....... implorar: abre mais cedo, por favor.

— Mas que coisa! Por que você quer tanto isso? Quem é você?

— Sabe o que é, senhor? Sou um cliente e fiquei preso aqui dentro, estava no banheiro e.......porta emperrou. Chamei por socorro, apelei....... tudo que pude para me fazer ouvir e foi em vão.

Adaptado de Paulo Tadeu: *Essa é boa*. Novíssimas piadas para criança.

Assinale a alternativa que completa correta e sequencialmente as lacunas do texto.

a) as • a • as • à • As • à • as • à • à • a • à
b) às • a • às • a • Às • a • às • a • a • a • a
c) às • a • às • à • As • à • às • a • a • a • a
d) às • à • às • à • Às • a • às • a • a • à • à
e) as • à • as • a • Às • à • as • a • a • a • a

Questão 3 (VUNESP – 2017)

Os celulares _________ aplicativos que permitem _________ pessoas agir com independência em algumas situações, _________ uma consequência negativa pode ser o isolamento social, a ausência de contato humano.

Para que a frase esteja correta, de acordo com a norma-padrão da língua portuguesa, as lacunas devem ser preenchidas, respectivamente, por:

a) tem ... às ... porém
b) tem ... as ... quando
c) tem ... às ... portanto
d) têm ... às ... porém
e) têm ... as ... quando

Questão 4 (IESES – 2017)

Em: "a dinâmica da evolução linguística é mais complexa do que parece à primeira vista", a crase foi corretamente empregada por tratar-se de uma locução adverbial com palavra feminina. Assinale a alternativa em que a crase deveria, obrigatoriamente, ser empregada para que o período estivesse correto.

a) Dirigiram-se até a porta e ficaram observando -as a distância.
b) Aquela nova realidade, todos teriam que se adaptar, a não ser que tivessem a anistia garantida.
c) Perguntou a sua mãe se poderia ir a Paris.
d) Referiam-se, dia a dia, caso a caso, a situações que não podiam ser evitadas.

5 (FUNDAÇÃO LA SALLE – 2017)

Moradores fixam placas em ruas no RS para avisar sobre furtos e assaltos

Atenção: ao formatarem o texto, fazer a adaptação das linas que constam no enunciado

01. Moradores de duas das principais cidades do Rio Grande do Sul fixaram placas

02 para denunciar o perigo em regiões onde acontecem crimes. A iniciativa, registrada

03 em Porto Alegre e em Caxias do Sul, na Serra, tem como objetivo alertar quem passa

04 por locais onde já ocorreram furtos e assaltos.

05 Uma placa amarela fixada na parede de um prédio na Travessa Cauduro no

06 Bairro Bom Fim, Região Central de Porto Alegre, alerta que os carros estacionados na

07 região costumam ser arrombados. A professora Mariú Jardim concorda com o aviso.

08 "Quase todos os dias, sempre há assalto. E o pior,____mão armada", diz a moradora.

09 O DJ Jonathan Trevisan conta que um colega teve o carro roubado em frente ao

10 prédio onde mora. "O cara estava com a arma no peito dele. O outro percebeu que eu

11 estava na janela, apontou a arma para mim e me mandou entrar e ficar quieto", conta.

12 No Centro da capital, a Rua Chaves Barcellos também virou alvo dos bandidos,

13 de acordo com o relato de quem vive ou trabalha na região. "Não____para deixar

14 dinheiro na bolsa, celular também, _______ eles sempre estão pegando", conta a

15 atendente Natália Cristiane dos Santos.

16 Escrito à mão em um pedaço de papelão fixado em um poste, um pedido

17 deixado por um comerciante mostra que a situação chegou ao limite: "Prezados

18 ladrões, peço a gentileza de respeitar esta rua".

19 A Brigada Militar diz que planeja aperfeiçoar o uso de um aplicativo de celular

20 para receber informações da comunidade, segundo o comandante interino do 9o

21 Batalhão, major Macarthur Vilanova. "A comunidade que está no terreno, que está

22 vivenciando o dia a dia da sua área, do seu bairro, nos informa coisas que a polícia às

23 vezes não enxerga, pontos em que os delinquentes estão se concentrando, locais mais

24 vulneráveis e horários", explica.

25 Em Caxias do Sul, na Serra gaúcha, uma placa próxima ____ uma das

26 principais universidades da cidade diz que lá há um alto índice de arrombamento de

27 veículos. O empresário Mateus Pasquali conta ter idealizado ____ iniciativa após

28 encontrar pelo chão material que, segundo ele acredita, foi furtado dos carros

29 estacionados.

30 "Já recolhi jaleco de funcionário e de estagiário do hospital geral. Muitas vezes,

31 alguma capa de câmera fotográfica, porque acho que a câmera acabaram furtando. E

32 como isso se repete há alguns meses, desde dezembro eu venho acompanhando, eu e

33 um funcionário que trabalha comigo tomamos a atitude de produzir essa placa e

34 colocarmos aí para tentar evitar que o pessoal estacione nesse ponto", conta.

35 A Brigada Militar pede que as vítimas registrem as ocorrências. "Não temos

36 nenhum registro do ano passado e até agora, em janeiro de 2017, também não temos

37 registro, então é importante que as pessoas registrem os furtos e roubos de veículos

38 porque _______ disso que a Brigada Militar faz seu planejamento", diz o

39 subcomandante do 12° Batalhão da cidade gaúcha, major Emerson Ubirajara.

Disponível em <http://g1.globo.eom/rs/rio-grande-do-sul/noticia/2017/02/moradores-fixam-placas-em-ruas-no-rs-para-avisar-sobre-furtose-assaltos.html> (adaptado). Acesso em 11 fev. 2017.

Considerando o emprego do sinal indicativo de crase, assinale a alternativa que preenche, correta e respectivamente, as lacunas das linhas 08, 25 e 27.

a) à - à - a
b) à - a - a
c) a - à - à
d) à - à - à
e) a - a - a

Questão 6 (FUNDEP- 2017)

Releia o trecho a seguir.

"Somos bons reconhecedores de fisionomias, porque essa habilidade foi essencial à sobrevivência."

Em relação ao uso do acento indicativo de crase nesse trecho, assinale a alternativa INCORRETA.

a) Sinaliza a contração de um artigo e uma preposição.
b) O acento é obrigatório
c) É regido pelo adjetivo "essencial".
d) Indica que o substantivo "sobrevivência" está sendo usado em sentido genérico.

Questão 7 (IADES – 2017)

Tendo como referência as regras para o uso do sinal indicativo de crase e a acentuação gráfica das palavras, considere o período "Com isso, uma drogaria que funciona 24 horas por dia, respeitando a carga horária de 8 horas, necessita de, pelo menos, três farmacêuticos em seu quadro." e assinale a alternativa correta.

a) A construção "Com isso" poderia ser substituída por qualquer uma das seguintes redações: **Devido à essa lei** ou **Devido à lei mencionada**, sem alterações no sentido do trecho.

b) Caso julgasse necessário, o autor poderia empregar corretamente a redação **drogarias que tem expediente 24 horas por dia** no lugar do trecho "uma drogaria que funciona 24 horas por dia".

c) O autor poderia, corretamente, incluir a forma **às** antes do termo "24 horas por dia".

d) O trecho "respeitando a carga horária de 8 horas" estaria correto se reescrito da seguinte maneira:**considerando o respeito a carga horária de 8 horas.**

e) Apenas uma das construções a seguir poderia ser empregada corretamente no lugar do termo "em seu quadro" (linha 29): **à sua disposição** ou **ao seu dispor**.

Questão 8 (UFAL – 2017)

Estamos condenados à civilização. Ou progredimos ou desaparecemos.

Euclides da Cunha

Disponível em: <http://kdfrases.com/autor/euclides-da-cunha->. Acesso em: 20 fev. 2017.

Assinale a alternativa que justifica o uso do acento grave, indicativo de crase, no fragmento de texto.

a) Pela presença de verbos de destino.

b) Por tratar-se de uma expressão adverbial.

c) Por tratar-se de um caso facultativo de uso.

d) Por atender ao princípio da regra geral de uso.

e) Pela presença de conjunções alternativas "ou...ou".

Questão 9 (COPESE – 2017)

Leia atentamente as frases abaixo:

I. Fiz um apelo à minha colega de trabalho.

II. Escrevi um longo e-mail à Lúcia.

III. Ler faz muito mal às pessoas.

IV. A leitura induz à loucura.

Tendo em vista as regras de uso do sinal indicativo de crase, marque a alternativa **CORRETA:**

a) O uso da crase é obrigatório em todas as frases.

b) O uso da crase é facultativo em todas as frases.

c) O uso da crase é facultativo nas frases I e III.

d) O uso da crase é obrigatório nas frases II e IV.

e) O uso da crase é facultativo nas frases I e II.

Questão 10 (COPEL – 2017)

Considere o seguinte trecho:

No projeto de lei ____ questões que precisam ser revistas de forma ___ garantir que os direitos humanos dos migrantes sejam respeitados. Entre os pontos que devem ser revistos pelo Senado estão ___ garantia de acesso ___ Justiça e do devido processo legal.

Assinale a alternativa que preenche corretamente as lacunas acima.

a) à – há – a – a.

b) a – à – há – à.

c) há – à – a – a.

d) há – a – há – à.

e) há – a – a – à.

Questão 11 (CONSULPLAN – 2017)

A mesma obrigatoriedade para o emprego do sinal de crase em *"Fabiano ria, tinha desejo de esfregar as mãos agarradas à boca do saco [...]"* (1º) pode ser vista no exemplo:

a) Tranquilize-se, aspiro àquela vaga específica, e não à sua.

b) Dirigiu-se à minha casa, onde ficaria hospedado por alguns dias.

c) Diante de tal demanda, o funcionário colocou-se à sua disposição.

d) Convocaria à qualquer pessoa que atendesse aos requisitos descritos.

Questão 12 (CONSULPLAN – 2017)

Assinale a opção em que o "a" sublinhado nas duas frases deve receber o acento grave indicativo de crase.

a) Fui <u>a</u> casa de meu pai. Lá, algumas pessoas preconceituosas ficaram <u>a</u> distância.

b) O professor se referiu <u>a</u> todos que estavam presentes. Eles ficaram frente <u>a</u> frente.

c) O mérito foi dedicado <u>a</u> eles. Os supervisores chegaram <u>a</u> uma hora em ponto na escola

d) Os estudantes vestiram-se <u>a</u> Momo. Eles foram barrados pelos seguranças <u>a</u> entrada do salão de baile.

Questão 13 (IDECAN – 2017)

"não se reduz <u>à</u> lei ou <u>às</u> portarias ministeriais. Constrói-se cotidianamente no fazer e criar permanente de novas relações de cuidado e solidariedade <u>às</u> pessoas em sofrimento." (2º§) O emprego do sinal indicativo de crase, no trecho destacado, justifica-se pela exigência da preposição pelo termo regente e pela presença de artigo feminino

a) nas três ocorrências.
b) apenas na primeira ocorrência.
c) apenas nas duas últimas ocorrências.
d) apenas nas duas primeiras ocorrências.
e) apenas na primeira e última ocorrência.

Questão 14 (FCC – 2017)

Atente para as frases abaixo, redigidas a partir de frases do texto modificadas.

I. O Brasil não figura entre os países mais suscetíveis à catástrofes naturais.
II. Em alguns locais, existe uma suscetibilidade natural à ocorrência de desastres, como secas, enchentes e deslizamentos.
III. Certas atitudes relacionadas à cultura humana podem impactar o desfecho final de uma situação de risco.

O sinal de crase está empregado corretamente APENAS em

a) II e III.
b) I e III.
c) I e II.
d) II.
e) III.

Questão 15 (VUNESP- 2017)

Os fiscais do Ibama foram _______ Amazônia e lá chegaram _________ destruir equipamentos que eram destinados ________ atividades ilegais de extração de madeira.

De acordo com a norma-padrão, as lacunas da frase devem ser preenchidas, respectivamente, com:

a) à ... à ... à
b) a ... à ... à
c) à ... a ... a
d) a ... a ... à
e) à ... à ... a

Questão 16 (FAUEL – 2017)

As alternativas abaixo apresentam exemplos de uso adequado da crase, EXCETO:

a) Às vezes, para aquietar-me, ando calmamente pelo parque.
b) Basta uma situação qualquer e ele põe-se à rir.
c) À medida que falava, o auditório comovia-se profundamente!
d) Neste final de semana vou à praia!

Questão 17 (UFPR- 2017)

Devido ____ presença de mais de 40 espécies de mosquitos, ____ floresta Zika, em Uganda, foi o local em que se identificou o vírus pela primeira vez, ____ mais de 60 anos.

Assinale a alternativa que preenche corretamente as lacunas.

a) à – há – a.
b) a – à – há.
c) há – à – a.
d) há – a – há.
e) à – a – há.

Questão 18 (IBADE – 2017)

Assinale a opção em que a mudança no trecho original está correta quanto ao emprego do acento indicativo de crase.

a) "devem cumprir os requisitos de um ambiente tradicional para idosos" / devem obedecer as normas de um ambiente tradicional para idosos.
b) "que cada um deixou a seu gosto" / que cada um decorou à gosto.
c) "ou ser uma carga para os filhos" / ou ser uma carga para às filhas.
d) " mas uma que se repete em relação à questão da dependência" / mas uma que se repete em relação a essa questão da dependência.
e) "Os mais velhos atualmente...vivem mais" As mais velhas atualmente...vivem mais.

Questão 19 (FUNECE – 2017)

Ocorre o fenômeno da crase pelo mesmo motivo que em "De que serve, pois, aspirar **à** liberdade?" (linhas 43-44) no seguinte enunciado:

a) Segundo a autora, é preciso dedicar-se às vontades secretas.
b) Todos precisam estar dispostos à falar a verdade.
c) A autora não se sentiu à vontade para falar o seu desejo verdadeiro.
d) A autora referiu-se à seu homem com indiferença.

Questão 20 (IESES- 2017)

Observe o emprego do sinal de crase no período: *"Portugal ainda apresentava uma grande relutância às mudanças"*. Agora assinale a única alternativa correta quanto ao emprego desse sinal.

a) A candidata fez seu curso à distância.
b) À tarde era sempre perfumada pelas flores do jardim.
c) Fez referência àquilo tudo a que tinha direito.
d) Qualquer condutor de veículo que transgride leis está sujeito à multa.

Questão 21 (IESES – 2017)

Observe o emprego do sinal de crase nesse trecho: "Desde a década de 1960, um fator foi associado sistematicamente à mudança". Agora assinale a única alternativa INCORRETA quanto ao emprego desse sinal.

a) Andava sozinha à beira do lago.
b) Ficou frente à frente com o inimigo.
c) Fez referência, tardiamente, àquilo tudo de que precisava.
d) Teve atitude igual à do pai.

Questão 22 (IFCE – 2017)

Assim como em "(...) tentei viver à base de carne de soja!" (linha 19), a crase está empregada corretamente, **exceto** em

a) As dietas muito restritivas fazem mal à saúde.
b) À proporção que comeres melhor, terás mais vitalidade.
c) Para emagrecer, tomou o remédio gota à gota.
d) Refiro-me àqueles nutricionistas que chegaram agora.
e) Leite de soja e quinoa foram incorporados à minha dieta.

Questão 23 (IESES – 2017)

Observe o emprego do sinal de crase no período: "Portugal ainda apresentava uma grande relutância às mudanças". Agora assinale a única alternativa correta quanto ao emprego desse sinal.

a) A candidata fez seu curso à distância.
b) Qualquer condutor de veículo que transgride leis está sujeito à multa.
c) À tarde era sempre perfumada pelas flores do jardim.
d) Fez referência àquilo tudo a que tinha direito.

Questão 24 (IF-CE – 2017)

Em relação ao uso de crase, assinale a alternativa em que o acento grave está empregado de forma **CORRETA**.

a) Atendendo às necessidades particulares, os pacientes são socorridos por uma equipe do SAMU mais ou menos completa, composta ou não por médico.
b) Às ambulâncias do SAMU são equipadas com remédios, maca, colares, pranchas, pinça, bisturi, desfibrilador, respirador e bomba de infusão.
c) Muitos pacientes em estado grave demoram a ser atendidos, já que à atendimento prioritário para idosos, gestantes e pessoas com deficiência.
d) Para atender à um "código vermelho" (pessoa sob risco de morte), a ordem é voar baixo, com luz e sirene ligadas, para chegar ao local em até 15 minutos.

Questão 25 (IESES-2017)

Observe o emprego do sinal de crase nesse trecho: "Desde a década de 1960, um fator foi associado sistematicamente à mudança". Agora assinale a única alternativa **INCORRETA** quanto ao emprego desse sinal.

a) Andava sozinha à beira do lago.
b) Teve atitude igual à do pai.
c) Fez referência, tardiamente, àquilo tudo de que precisava.
d) Ficou frente à frente com o inimigo.

Questão 26 (IBFC- 2017)

O emprego do acento grave em "Às vezes, aparecem nos rostos sorrisos de confiança." (5º§) justifica-se pela mesma razão do que ocorre no seguinte exemplo:

a) Entregou o documento às meninas.
b) Manteve-se sempre fiel às suas convicções.
c) Saiu, às pressas, mas não reclamou.
d) Às experiências, dedicou sua vida.
e) Deu um retorno às fãs.

Questão 27 (IESES – 2017)

Assinale a alternativa em que a crase foi empregada corretamente.

a) À esta casa não retornarei jamais.
b) As contas à pagar estão todas com prazos vencidos.
c) Minha mesa é igual àquela da foto.
d) A pessoa à que me referia acabou de entrar.

Questão 28 (IF-CE – 2017)

Assim como em "(...) tentei viver à base de carne de soja!" (linha 19), a crase está empregada corretamente, **exceto** em

a) As dietas muito restritivas fazem mal à saúde.
b) À proporção que comeres melhor, terás mais vitalidade.
c) Para emagrecer, tomou o remédio gota à gota.
d) Refiro-me àqueles nutricionistas que chegaram agora.
e) Leite de soja e quinoa foram incorporados à minha dieta.

Questão 29 (IBGP – 2017)

Em relação ao uso de crase, assinale a alternativa em que o acento grave está empregado de forma **CORRETA**.

a) Atendendo às necessidades particulares, os pacientes são socorridos por uma equipe do SAMU mais ou menos completa, composta ou não por médico.

b) Às ambulâncias do SAMU são equipadas com remédios, maca, colares, pranchas, pinça, bisturi, desfibrilador, respirador e bomba de infusão.

c) Muitos pacientes em estado grave demoram a ser atendidos, já que à atendimento prioritário para idosos, gestantes e pessoas com deficiência.

d) Para atender à um "código vermelho" (pessoa sob risco de morte), a ordem é voar baixo, com luz e sirene ligadas, para chegar ao local em até 15 minutos.

Questão 30 (VUNESP – 2017)

Assinale a alternativa que completa corretamente a seguinte frase:

O leitor tem direito

a) à restrições com relação ao ponto de vista exposto pelo autor.

b) à defesa da ideia de que outros colonizadores seriam preferíveis aos portugueses.

c) à acreditar que o Brasil deveria ter sido colonizado por outros povos.

d) à uma opinião diversa da veiculada por esse texto jornalístico.

e) à argumentos que tornem discutível o parecer do autor.

Questão 31 (IFB – 2017)

Indique a opção em que o acento indicativo de crase **NÃO** foi utilizado adequadamente:

a) As bordaduras e os recantos de oiro, os veludos e sedas de fora, talhados à francesa, resplandeciam constelados de pérolas e diamantes.

b) Vou à feira e, depois, irei a Copacabana.

c) Daí que de tempos à tempos tenha de dar-se uma nova ruptura, que apanhe desprevenida a norma retificadora.

d) Meu pai, à cabeceira, saboreava a goles extensos a alegria dos convivas.

e) Rompo à frente, tomo a mão esquerda.

Questão 32 PUC-RS – 2016

Lendo e interpretando

01 Muitas vezes, quando pensamos em ritual, duas
02 ideias nos vêm à mente: por um lado, a noção de que um
03 ritual é algo formal e arcaico, quase que desprovido de
04 conteúdo, algo feito para celebrar momentos especiais
05 e nada mais; por outro lado, podemos pensar que os
06 rituais estão ligados apenas à esfera religiosa, a um
07 culto ou a uma missa.
08 Segundo alguns autores, nossa vida de todos os
09 dias – a vida social – é marcada por um eterno conflito
10 entre dois opostos: ou o caos total, onde ninguém
11 segue nenhuma regra ou lei, ou uma ordem absoluta,
12 quando todos cumpririam à risca todas as regras e leis
13 já estabelecidas. A visão desses opostos não deixa
14 de ser engraçada: alguém consegue imaginar nossa
15 sociedade funcionando de uma dessas maneiras? É
16 evidente que não.
17 Dizemos que os rituais emprestam formas conven-
18 cionais e estilizadas para organizar certos aspectos da
19 vida social, mas por que esta formalidade?
20 Ora, as formas estabelecidas para os diferentes
21 rituais têm uma marca comum: a repetição. Os rituais,
22 executados repetidamente, conhecidos ou identificáveis
23 pelas pessoas, concedem certa segurança. Pela
24 familiaridade com a(s) sequência(s) ritual(is), sabemos
25 o que vai acontecer, celebramos nossa solidariedade,
26 partilhamos sentimentos, enfim, temos uma sensação
27 de coesão social. É assim que entendemos: "cada ritual
28 é um manifesto contra a indeterminação". Através da
29 repetição e da formalidade, elaboradas e determinadas
30 pelos grupos sociais, os rituais demonstram a ordem e
31 a promessa de continuidade desses mesmos grupos.

01. Considere o parágrafo a seguir e as opções para inseri-lo no texto.

Entretanto, uma solução de consenso é alcançada por todas as sociedades, quando a coletividade consegue – ou tenta – trazer os diversos acontecimentos diários que envolvem os indivíduos para dentro de uma esfera de controle e ordem, esfera esta coletiva, social. Os rituais, nesse sentido, concedem autoridade e legitimidade quando estruturam e organizam as posições de certas pessoas, os valores morais e as visões de mundo.

O trecho em que o parágrafo pode ser inserido corretamente, mantendo a coesão e a coerência com os demais, é

a) entre as linhas 07 e 08, depois do primeiro parágrafo.

b) entre as linhas 16 e 17, depois do segundo parágrafo.

c) entre as linhas 19 e 20, depois do terceiro parágrafo.

d) na linha 21, depois do ponto final.

e) no final do texto, depois do quarto parágrafo.

02. Sobre o conteúdo do texto, é correto afirmar:

a) Os rituais, por serem demasiadamente formais, são desprovidos de conteúdo.

b) Os conflitos inerentes à vida social tornam-se mais evidentes quando ritualizados.

c) Os rituais garantem segurança às pessoas em uma sociedade em constante transformação.

d) A repetição – marca comum de todos os rituais – impede que haja avanços na sociedade.

e) Os rituais consagram-se na esfera coletiva, minimizando os riscos de desaparecimento de grupos sociais.

03. Os verbos "emprestam" (linha 17), "concedem" (linha 23) e "demonstram" (linha 30) poderiam ser substituídos, respectivamente, por

a) se valem de, conferem, evidenciam.

b) se inspiram em, consideram, explicam.

c) se aliam a, facilitam, revelam.

d) se assemelham a, permitem, comprovam.

e) recorrem a, inserem, simulam.

04. Analise as substituições sugeridas para as palavras ou expressões indicadas, preenchendo os parênteses com V (verdadeiro) ou F (falso).

( ) "quase que" (linha 03) por "quase"

( ) "identificáveis" (linha 22) por "identificados"

( ) "certa" (linha 23) por "alguma"

( ) "enfim" (linha 26) por "finalmente"

( ) "É assim que" (linha 27) por "Consequentemente"

A sequência correta de preenchimento dos parênteses, de cima para baixo, é

a) V – V – F – F – F

b) V – F – V – F – F

c) V – F – F – V – V

d) F – V – V – F – V

e) F – F – V – V – F

Festas de casamento falsas viram moda na Argentina

01 Comida gostosa, música boa, bar liberado ____
02 noite toda... quem nunca ______ até altas horas numa
03 boa festa de casamento? Esse ritual, que muitos já
04 presenciaram ao longo da vida, é, porém, desconhe-
05 cido para alguns representantes das gerações mais
06 jovens.
07 Mas há uma solução para elas: Casamento Falso
08 (ou Falsa Boda, no nome original em espanhol), uma
09 ideia de cinco amigos de La Plata, na Argentina. O
10 detalhe era que os convidados não eram amigos ou
11 parentes dos noivos, mas ilustres desconhecidos que
12 compraram entradas para o evento.
13 Martín Acerbi, um publicitário de 26 anos, estava
14 cansado de ir sempre ____ mesmas boates. "Quería-
15 mos organizar uma festa diferente, original", disse. E
16 assim pensaram em fazer esse evento "temático", que
17 chamaram de Casamento Falso.
18 Pablo Boniface, um profissional de marketing de
19 32 anos que esteve em um Casamento Falso em
20 Buenos Aires em julho, disse que para ele foi a oca-
21 sião perfeita para realizar algo que sempre quis fazer:
22 colocar uma gravata.
23 "Para mim essas festas são até melhores do que
24 um casamento real, _____ você não precisa se sentar
25 com estranhos e ficar entediado. Você passa bons
26 momentos com seus amigos e não se encontra com
27 todos os tios e avôs que normalmente frequentam essas
28 cerimônias", disse Pablo.

01. Analise as propostas de reescrita de trechos do texto.

I. Embora muitas pessoas tenham presenciado esse ritual ao longo da vida, alguns representantes das gerações mais jovens o desconheciam (linhas 03 a 06).

II. O detalhe era que, em vez de amigos ou parentes dos noivos, os convidados eram ilustres desconhecidos que adquiriram ingressos para a ocasião (linhas 09 a 12).

III. Ele disse que a ideia de realizar um evento "temático" – o Casamento Falso – partiu do desejo de organizarem uma festa diferente, que fosse original (linhas 14 a 17).

IV. Pablo argumenta que é possível passar bons momentos com os amigos e não se encontra com todos os tios e avôs que normalmente vão a essas cerimônias (linhas 25 a 28).

As propostas que mantêm o sentido e a correção do texto são apenas

a) I e II.

b) I e IV.

c) II e III.

d) I, II e IV.

e) II, III e IV.

GABARITOS

QUESTÕES DE PROVA

1 – B
2 – B
3 – D
4 – B
5 – B
6 – D
7 – E
8 – D
9 – E
10 – D
11 – A
12 – D
13 – A
14 – A
15 – C
16 – B
17 – E
18 – D
19 – A
20 – C
21 – B
22 – C
23 – D
24 – A
25 – D
26 – C
27 – C
28 – C
29 – A
30 – B
31 – C

LENDO E INTERPRETANDO

1 – B
2 – E
3 – A
4 – B
5 – C

EXPLICANDO E INVOCANDO – APOSTO E VOCATIVO

1. PRA COMEÇO DE CONVERSA

Leia um trecho da revista Veja.

A campanha presidencial deste ano não esquentou até agora, mas já produziu um fenômeno novíssimo.

Observe-se que o trecho acima fica meio sem sentido, uma vez que o leitor sente a falta de uma especificação. Que "fenômeno novíssimo" foi produzido?

Compare-o com o que vem a seguir:

A campanha presidencial deste ano não esquentou até agora, mas já produziu um fenômeno novíssimo: nunca, desde que o país voltou à democracia em 1985, houve um "desgarramento" tão profundo entre o voto dos pobres e o voto da classe média.

Agora, sim. O leitor foi informado e esclarecido acerca do que se havia criado como elemento de "suspense". Observe a imagem abaixo.

Luxo Sanitário: Fonte: http://veja.abril.uol.com.br/060906/p_064.html. Acesso em 06/09/2006

As 2 imagens estejam horríveis... observar que há, logo abaixo a descrição do banheiro "luxo sanitário" tentar uma outra imagem que preencha os requisitos do luxo)

Se se colocasse apenas a legenda acima "Luxo Sanitário", sem nenhuma especificação, o leitor não conseguiria precisar a intenção.

Observe o que estava colocado na edição da revista Veja:

Luxo sanitário: lustre de cristal, cadeira de salão de beleza com vista para o jardim, banheira importada de Nova York e mármore negro no chão, na bancada e na hidromassagem para seis pessoas.

O comentário acima, junto à imagem, faz com que ela se torne mais explícita. Observe, agora, a seguinte tirinha em que Mafalda estabelece um diálogo, para isso, dirige-se a um colega para estabelecer uma relação interativa. Os textos não verbais, aliados aos verbais nos auxiliam na compreensão textual. É importante notar, entretanto, que o "diálogo" pode ser estabelecido com o país, a cidade ou qualquer ser não vivo; "chamando" para a interação ou "explicando" algo sobre um ser ou um objeto.

http://clubedamafalda.blogspot.com. Acesso em 06/09/06

http://www.losille.blogger.com.br/outdoor.jpg. Acesso em 06/09/06

Brasil, mostra a tua cara
Quero ver quem paga
Pra gente ficar assim
Brasil, qual é o teu negócio
O nome do teu sócio
Confia em mim

Cazuza, George Israel e Nilo Romero.

Veja que, agora, o interlocutor não é mais uma pessoa, mas permanece a intenção de "diálogo". A partir de agora fica mais fácil o entendimento da diferença entre o aposto e o vocativo.

Mais uma letra de música:

Minha alma canta
Vejo o Rio de Janeiro
Estou morrendo de saudades
Rio, seu mar
Praia sem fim
Rio, você foi feito pra mim

Tom Jobim

Desta vez, há uma "declaração de amor" à Cidade Maravilhosa, o interlocutor do poeta.

2. TEORIZANDO

2.1. Aposto

Chamamos aposto o termo que explica, desenvolve, identifica ou resume outro termo da oração. Na abertura deste capítulo, vimos alguns exemplos de termos que, por especificarem outros, assumem essa função sintática.

a) Aposto explicativo

O aposto explicativo identifica ou explica o termo anterior. Deve, na estrutura da oração, vir separado do termo que identifica por vírgulas, dois-pontos, parênteses ou travessões.

Exemplo:

Brasil, **país rico,** é vítima dos maus-tratos que a política vem lhe causando.

b) Aposto especificador

O aposto especificador individualiza ou especifica um substantivo de sentido genérico. Esse é um caso "diferente" de aposto, já que ele se coloca na oração sem pausa. Geralmente, é um substantivo próprio que individualiza um substantivo comum.

Exemplo

O professor **William Thales**trabalha em Venda Nova, na cidade de Belo Horizonte.

c) Aposto enumerador

Aposto enumerador é uma sequencia de elementos usada para desenvolver uma ideia anterior.

Exemplos:

De tudo, ficaram três coisas:
A certeza de que ele estava sempre começando...
A certeza de que era preciso continuar...
A certeza de que seria interrompido antes de terminar...
Fazer da interrupção um caminho novo...
Fazer da queda um passo de dança...
Do medo, uma escada...
Do sonho, uma ponte...
Da procura, um encontro...

d) Aposto resumidor

O aposto resumidor é usado para resumir termos anteriores. De um modo geral, é representado por um pronome indefinido.

Exemplo:

Joias, dinheiro, celular, **tudo** foi levado naquele terrível assalto.

2.2. Vocativo

O vocativo é um termo independente que serve para chamar alguém, para interpelar ou para invocar um ouvinte real ou imaginário. Nos exemplos do texto de abertura deste capítulo, cada um dos interlocutores é classificado como vocativo.

Exemplo:

Meu canto de morte,
Guerreiros, ouvi:
Sou filho das selvas,
Nas selvas cresci;
Guerreiros, descendo
Da tribo tupi.

Gonçalves Dias

QUESTÕES DE PROVA

Questão 1 (IDECAN-2016)

Bento Rodrigues tem cor de tragédia e cheiro de morte

O cheiro de morte cerca Bento Rodrigues inteiro. É o cheiro da decomposição dos animais que a avalanche de lama soterrou no começo de novembro, após o rompimento da barragem do Fundão. E tem a cor da tragédia: o marrom das casas, das árvores e dos pássaros que mergulham nas poças de água cheias de rejeitos de minério. Um vazio marrom domina todo o centro do extinto distrito de Mariana. As casas que não foram levadas viraram escombros.

Dentro e em volta delas, os rastros do caos: roupas, panelas, sofás, brinquedos e documentos espalhados, motos soterradas, carros destruídos, cachorros e galinhas abandonadas. É clichê, mas é real: o lugar virou cenário de filmepós-apocalíptico. Com direito até a um cartão postal: a imagem do carro carregado pela lama e colocado caprichosamente sobre o muro de uma casa. Só algumas poucas casas e um ginásio permaneceram quase intactos – e foi ali onde centenas de pessoas se abrigaram à espera do resgate.

A lama que saiu da barragem da Samarco, mineradora que pertence à Vale e à anglo-australiana BHP Billiton, devastou também outras áreas próximas de Mariana. A pequena cidade de Barra Longa perdeu casas e a praça principal – os bancos e as árvores deram lugar aos caminhões de limpeza. Mas ainda não se compara visualmente ao estrago de Bento Rodrigues. A lama varreu de vez o distrito, tirou o ponto do mapa. Por ali nunca mais vão existir casas, bairros ou a famosa fábrica artesanal de geleia de pimenta? A Samarco, responsável pela destruição, pretende reconstruir Bento em outro lugar. Ali talvez vire até outra barragem (os moradores contam que a mineradora já cobiçava comprar as casas e o terreno de Bento Rodrigues há algum tempo).

Por ora, 356 pessoas que viviam por lá estão hospedadas em hotéis de Mariana. Há 22 dias, essas pessoas vivem sob as regras do hotel, com horário pré-determinado para comer, sem espaço para as crianças brincarem. Perderam não só a casa e o bairro. Perderam a vida que levavam. Boa parte agora deles passa o dia em frente aos hotéis. E volta e meia os funcionários da Samarco aparecem para perguntar por uma ou outra pessoa para falar sobre indenização ou oferecer uma casa alugada.

Mas nem depois dessa tragédia toda, do maior desastre ambiental da história do Brasil, a Samarco perde poder ou moral em Mariana. Pouca gente se atreve a falar mal da mineradora – e muitos ainda a defendem. "Não fala mal da Samarco por aí que o pessoal fica bravo", avisou um morador. Toda a história da cidade está ligada à mineração. Se antes o ouro guiava a economia da região, hoje é o minério de ferro. 80% da economia local é ligada direta ou indiretamente à atividade. É daí que vem todo o poder das mineradoras: a maior parte da população trabalha lá e tem medo de perder a única fonte de renda. Mas enquanto a Samarco fatura milhões com a exploração de minérios, a cidade segue pobre e corrupta (foram 7 prefeitos em 5 anos).

E essa "mãezona" abandonou as crias no momento da tragédia. Ou melhor: expôs todos eles ao perigo. Passou anos sem colocar em ação um programa emergencial, mesmo a barragem do Fundão sendo classificada de alto risco, e ainda aumentou a produção de rejeitos no último ano. Foi por isso que as pessoas de Bento Rodrigues não receberam alarmes, foi a comunicação dos funcionários pelo rádio que salvou a vida de dezenas de pessoas. Agora a Samarco trabalha para tentar reparar os irreparáveis danos causados às vítimas (sem qualquer questionamento do governo municipal ou estadual: o acompanhamento psicossocial, por exemplo, é feito por funcionários da mineradora). Até lá, espera-se que a barragem de Germano, muito maior que a do Fundão, não tenha o mesmo fim que a outra.

(Carol Castro, Felipe Floresti. Disponível em: http://super.abril.com.br/ciencia/bento-rodrigues-tem-cor-de-tragedia-e-cheiro-de-morte. Acesso em: 01/12/2015.)

"A lama que saiu da barragem da Samarco, mineradora que pertence à Vale e à anglo-australiana BHP Billiton, devastou também outras áreas próximas de Mariana." O trecho anteriormente sublinhado é classificado, de acordo com o contexto, como:

a) Objeto.
b) Aposto.
c) Vocativo.
d) Advérbio.

Questão 2 (UNA Concursos-2015)

Aprender a desfazer

O mundo tem aprendido que desfazer pode ser bem mais complicado que fazer. Pode ser mais difícil desfazer o aquecimento global. Pode ser impossível desfazer a destruição de uma floresta. Pode ser bem complicado desfazer o desaparecimento de uma espécie.

No campo da tecnologia, entretanto, ainda estamos engatinhando. Quem não terá em casa um equipamento eletrônico antigo que não sabe a quem dar porque ninguém quer, nem onde descartar porque não há um local apropriado e muito menos desmontar, porque quase nunca aprendemos a desfazer, de maneira econômica, aquilo que fizemos em tecnologia?

Funciona assim: quando um equipamento fica velho, pode ter muita riqueza dentro dele para ser reaproveitada. Com a ajuda da internet, você vai conseguir estimar quanto tem de plástico, vidro, metais comuns e preciosos até com boa aproximação. Feitas as contas, descobre-se rapidamente três grandes verdades da tecnologia de descaracterização de equipamentos:

1) Sem escala não há negócio. Não estamos falando de desmontar um celular, mas milhares deles;

2) O custo em tempo para desmontar o equipamento precisa ser muito menor que o valor que houver nele, caso contrário, não valerá a pena;

3) É preciso aproveitar tudo o que houver no equipamento para que a desmontagem seja, de verdade, rentável e não agrida o meio ambiente.

O nome da matéria que trata do assunto? Eco Design ou Design Ecológico e, no Brasil, universidades como a de São Carlos fazem um belo trabalho a respeito. Gosto de definir o assunto como a arte de projetar coisas, pensando em desfazê-las de forma simples e não agressiva, quando não forem mais úteis.

Como um exemplo vale mais que mil parágrafos, vou contar uma história. Corriam os idos dos anos noventa. Duas da manhã, eu virava uma noite de sexta-feira em um cliente na cidade do Rio de Janeiro, longe de casa, mais de uma semana, como na música.

Estávamos eu e um funcionário local, o grande Najan, que de cliente já havia se tornado amigo, tanto que viramos noites juntos no trabalho. De repente, desespero total. Na máquina em que eu trabalhava, um moderníssimo PC 386, não havia um leitor de disquetes de 5 ¼ de polegada. Era gravar um disquete e ganhávamos a liberdade, eu para voltar para casa e encontrar a família e ele direto para a praia ou algum outro merecido prazer da cidade maravilhosa.

- Deixa comigo, diz o Najan! Vou desmontar a unidade daquela máquina ali e trazer para cá, apontando para um equipamento modelo XT de marca que prefiro não dizer, já velho e perto da aposentadoria.

Caixa de ferramentas em punho, eu de cá animado e compilando os programas para gravar e mandar para a produção, ele de lá começa a desmontagem. E é aí que você vai entender um pouco de design ecológico. Vinte minutos depois, saio correndo da minha cadeira para segurar o Najan. Ele, martelo de borracha na mão e desespero nos olhos estufados, dava pancadas, de leve é verdade, na velha máquina e dizia:

- Um pai... Uma pancada... Paga escola a vida inteira... Outra pancada... Para um filho! Se sacrifica! Mais uma pancada... Pra ele projetar uma porcaria dessa. Pancada final.

Na mesa jaziam todas as peças do computador, totalmente desmontado para permitir a remoção de uma simples unidade de disco. Desnecessário dizer que o dia amanheceu antes que a gente terminasse todo o serviço e a devolvêssemos a seu jazigo eterno no seio daquele velho XT.

Se você olhar em volta na sua empresa e perceber que desmontar todos os equipamentos que estão lá vai ser complicado assim, passo o telefone do velho amigo Najan. Talvez ele ainda tenha o bom e velho martelo de borracha.

(Roberto Francisco Souza – Revista Ecológico – adaptado)

Leia o segmento:

"Estávamos eu e um funcionário local, o grande Najan, que de cliente já havia..."

A expressão entre vírgulas exerce a função de:

a) predicativo
b) núcleo do sujeito
c) vocativo
d) aposto

Questão 3 (CETREDE-2015)

"Não quero lhe falar, meu grande amor..." O termo destacado funciona como

a) Sujeito.
b) Vocativo.
c) Aposto.
d) Complemento verbal.
e) Complemento nominal.

Questão 4 (CONSULPAM-2015)

Na frase: "Este advogado, como representante da comunidade, é imprescindível."

a) Vocativo
b) Aposto
c) Complemento nominal
d) Objeto direto

Questão 5 (COPEVE-UFAL-2015)

Chove chuva

Chove chuva, chove sem parar...

Hoje eu vou fazer uma prece

Pra Deus, nosso senhor,

Pra chuva parar de molhar o meu divino amor

Que é muito lindo, é mais que o infinito

É puro e é belo, inocente como a flor.

[...]

Disponível em:<http://letras.mus.br/biquini-cavadao/44611/#radio:biquini-cavadao>. Acesso em: 18 set. 2015.

No verso: "Pra Deus, nosso senhor, ..." a expressão destacada exerce a função sintática de

a) sujeito.
b) aposto.
c) vocativo.
d) predicativo.
e) adjunto adnominal.

Questão 6 (IBGP-2017)

INSTRUÇÃO: Leia o texto abaixo para responder à questão.

TEXTO I

spot.com/-nOWUImkAQkQ/UeWlLhZb9GI/AAAAAAAAC9Q/-EGN1cJfbDE/s1600/01jpg 134797035950586537 18/09/2016.

Há, na tira lida, um vocativo. Assinale-o:

a) Adulto.
b) Pediatra.
c) Amigo.
d) Senhor.

Questão 7 (CETREDE-2015)

Em qual das opções NÃO encontramos um aposto?

a) A Linguística, ciência das línguas humanas, permite-nos interpretar melhor nossa relação com o mundo.
b) A vida é composta de muitas coisas: amor, arte e ação.
c) Fantasias, suor e sonho, tudo isso forma o carnaval.
d) Seus olhos, duas gotas cristalinas, fixaram-se por muito tempo nos meus.
e) Estavas, linda Inês, sossegando quieta...

Questão 8 (CONPASS-2016)

Na frase "Adicione os temperos a gosto, orégano, salsa, pimenta vermelha...", a função sintática do termo destacado é:

a) vocativo
b) complemento nominal
c) adjunto adverbial
d) aposto
e) objeto direto

Questão 9 (Quadrix-2016)

Drummond, o poeta-farmacêutico que amava as pessoas, faria 110 anos, hoje

Data: 31/10/2012

CARLOS DRUMMOND DE ANDRADE, o farmacêutico que foi, também, um dos maiores poetas da língua portuguesa, faria 114 anos em 2016. Mineiro de Itabira, Drummond foi uma das pedras fundamentais da moderna literatura brasileira. Nascido a 31 de outubro de 1902, vindo de uma família de fazendeiros, estudou em Belo Horizonte e em Nova Friburgo (RJ). De novo em Belo Horizonte, começou a carreira de escritor, como colaborador do "Diário de Minas", que aglutinava os adeptos locais do incipiente movimento Modernista Mineiro.

Em 1925, formou-se em Farmácia, em Ouro Preto. CDA (era assim que os editores os chamavam) foi o orador de sua turma de formandos. Em 1934, ele se transferiu para o Rio de Janeiro, onde ingressou no serviço público. Foi Chefe de Gabinete de Gustavo Capanema, Ministro da Educação, até 1945. Em seguida, foi trabalhar no Serviço do Patrimônio Histórico e Artístico Nacional e se aposentou em 1962. A partir de 1954, Drummond escreveu memoráveis crônicas no "Correio da Manhã" e no "Jornal do Brasil".

O poeta deixou livros essenciais para a literatura brasileira, como "Alguma Poesia" (1930), "Sentimento do Mundo" (1940), "A Rosa do Povo" (1945), "Claro Enigma" (1951), "José e Outros" (1967) e "Corpo" (1984).

Um dia, Aluísio Pimenta, também mineiro, farmacêutico e intelectual, Ministro da Cultura do Governo Sarney, ex-professor na Universidade de Londres e ex-reitor da Universidade Federal de Minas Gerais, num bate-papo com o poeta-maior do Brasil, perguntou: "Carlos, porque você se formou em Farmácia, já que abraçou a carreira literária?".

Drummond respondeu-lhe: "Porque eu gosto das pessoas".

Farmacêuticos, em todos os tempos e lugares, trazem mesmo lições de amor às pessoas. Aliás, para o farmacêutico, amar não é apenas o verbo transitivo direto que se aprende a conjugar nas escolas. Amar é ação. A ação de servir, a qualquer hora de qualquer dia e em qualquer lugar. É cuidar, é promover a saúde, é salvar vidas.

http://www.cff.org.br/noticia.php?id=906. Acesso em 21/04/2016

No que diz respeito à função sintática, os elementos grifados no texto exercem, respectivamente, função de:

a) adjunto adnominal – vocativo – objeto direto.
b) adjunto adverbial – aposto – objeto indireto.
c) adjunto adverbial – aposto – objeto direto.
d) adjunto adverbial – vocativo – objeto indireto.
e) adjunto adnominal – aposto – objeto direto.

Questão 10 (Jota Consultoria-2016)

"Seus olhos, lindos oceanos, fazem-me acreditar no amor."

O aposto é:

a) Explicativo.
b) Enumerativo.
c) Resumidor.
d) Comparativo.
e) Distributivo.

Questão 11 (FUNCAB-2016)

Viver ou juntar dinheiro?

Recebi uma mensagem muito interessante de um ouvinte da CBN e peço licença para lê-la na íntegra, porque ela nem precisa dos meus comentários. Lá vai:

"Prezado Max, meu nome é Sérgio. Tenho 61 anos e pertenço a uma geração azarada. Quando eu era jovem, as pessoas me diziam pra eu escutar os mais velhos que eram mais sábios; agora eles dizem pra eu escutar os mais jovens porque eles são mais inteligentes.

Na semana passada, li em uma revista um artigo no qual jovens executivos davam receitas simples e práticas para qualquer um ficar rico. E eu aprendi muitas coisas. Aprendi, por exemplo, que se tivesse simplesmente deixado de tomar um cafezinho por dia, durante os últimos quarenta anos, teria economizado 30 mil reais. Se eu tivesse deixado de comer uma pizza por mês, 12 mil reais. E assim por diante.

Impressionado, peguei um papel e comecei a fazer contas.

E descobri pra minha surpresa que hoje poderia estar milionário. Bastava não ter tomado as caipirinhas que tomei, não ter feito muitas das viagens que fiz, não ter comprado algumas das roupas caras que comprei e, principalmente, não ter desperdiçado meu dinheiro em itens supérfluos e descartáveis.

Ao concluir os cálculos, percebi que hoje poderia ter quase 1 milhão de reais na conta bancária. É claro que eu não tenho esse dinheiro! Mas, se tivesse, sabe o que esse dinheiro me permitiria fazer? Viajar, comprar roupas caras, me esbaldar com itens supérfluos e descartáveis, comer todas as pizzas que eu quisesse e tomar cafezinhos à vontade.

Por isso, acho que me sinto feliz em ser pobre. Gastei meu dinheiro com prazer e por prazer. E recomendo aos jovens e brilhantes executivos que façam a mesma coisa que fiz. Caso contrário, chegarão aos 61 anos com um monte de dinheiro, mas sem ter vivido a vida."

(transcrição de uma coluna de Max Gehringer, na rádio CBN. Disponível em http.<www.recantodasletras.com.br>. Acesso em 26 nov. 2015)

Assinale a opção em que a vírgula foi corretamente empregada para separar o vocativo.

a) "Impressionado, peguei um papel e comecei a fazer contas."
b) "Prezado Max, meu nome é Sérgio."
c) "Na semana passada, li em uma revista um artigo"
d) "se tivesse, sabe o que esse dinheiro me permitiria fazer?"
e) "Caso contrário, chegarão aos 61 anos com um monte de dinheiro"

Questão 12 (MGA-2015)

Sobre os tipos de aposto e seus exemplos, assinale a alternativa CORRETA.

a) Gregório de Matos, autor do movimento barroco, é considerado o primeiro poeta brasileiro. (Explicativo)
b) Cláudio Manuel da Costa nasceu nas proximidades de Mariana, situada no estado de Minas Gerais. (Resumidor)
c) O aluno dever ir à escola munido de todo material escolar: borracha, lápis, caderno, cola, tesoura, apontador e régua. (Especificador)
d) Funcionários da limpeza, auxiliares, coordenadores, professores, todos devem comparecer à reunião. (Enumerador)

Questão 13 (FAUEL-2017)

Em todas as alternativas abaixo, os termos em destaque representam um aposto, EXCETO em:

a) Monteiro Lobato, criador do Sítio do Picapau Amarelo, nasceu em Taubaté/SP.

b) A sua inteligência, Joana, é de admirar-se!

c) O Brasil, maior país da América Latina, ainda apresenta taxas de analfabetismo.

d) A calça, o sapato, a meia, a camisa, tudo estava cuidadosamente colocado sobre a cama.

Questão 14 (CONSULPLAN-2016)

As famílias da sociedade órfã

A família transformou-se em bode expiatório das mazelas de nossa sociedade. Crianças se descontrolam, brigam, desobedecem? Jovens fazem algazarras, bebem em demasia, usam drogas ilegais, namoram escandalosamente em espaços públicos? Faltou educação de berço. Como é bom ter uma "Geni" para nela atirar todas as pedras, principalmente quando se trata dos mais novos.

Até o Secretário Estadual da Educação de São Paulo, em um artigo de sua autoria, para defender sua tese de que estamos vivendo em uma "sociedade órfã", inicia suas justificativas afirmando que "... a fragmentação da família, a perda de importância da figura paterna – e também a materna – a irrelevância da Igreja e da Escola em múltiplos ambientes geram um convívio amorfo".

As escolas também costumam agir assim: quando um aluno é considerado problemático e indisciplinado, ou apresenta um ritmo de aprendizagem diferente do esperado pela instituição, a família é chamada para resolver o "problema".

Vamos refletir sobre expressões usadas a respeito da família: "família fragmentada", "família desestruturada", "família disfuncional", "família sem valores" e outras semelhantes. Não lhe parece, caro leitor, que tais expressões apontam na direção de que a família decidiu entornar o caldo da sociedade?

Não é a família que está fragmentada: é a vida. Hoje, os tratamentos médicos, o conhecimento, as metodologias, as relações interpessoais, as escolas, o Estado etc. estão fragmentados. Mesmo não sendo a família um agente passivo nesse contexto, é salutar lembrar que ela se desenvolve conectada ao clima sociocultural em que vive.

A família não está desestruturada ou disfuncional: ela passa por um período de transição, com sucessivas e intensas mudanças, o que provoca uma redefinição de papéis e funções. Esse processo está em andamento, o que nos permite falar, hoje, não em família, mas em famílias, no plural, já que há grande diversidade de desenhos, dinâmicas etc.

As famílias não estão sem valores: elas têm valores fortes, em sua maioria eleitos pelas prioridades que a sociedade determina. O consumo é um deles: as famílias não decidiram consumir cada vez mais, foi o sistema econômico que apontou esse valor para elas.

Há problemas com a escola, sim: ela tem ensinado sem educar devido, principalmente, à primazia do conteúdo – que insisto em dizer que não é conhecimento –, às políticas públicas adotadas e à ausência de outras, prioritárias. Por isso, a escola tem tido um papel irrelevante na formação dos mais novos.

Há famílias em situações de risco e fragilidade? Há. A escola perdeu sua importância na socialização de crianças e jovens? Sim. Mães e pais podem estar mais ocupados com suas vidas do que com os filhos? Sim. Mas isso ocorre porque as ideologias socioculturais da juventude, do sucesso e da instantaneidade ganharam grande relevância, e não há políticas públicas – de novo – que busquem equilibrar tal contexto. E, mesmo assim, têm sido as famílias a instituição protetora dos mais novos!

A sociedade não precisa, tampouco demanda, que o Estado exerça a função de babá, de pai ou de mãe. Ela necessita que o Estado reconheça, na prática, que as famílias e a escola dependem de ações públicas de apoio ao seu pleno desenvolvimento e que garantam os seus direitos.

(Rosely Saião. Disponível em: http://www1.folha.uol.com.br/colunas/roselysayao/2016/04/1759920-as-familias-da-sociedade-orfa.shtml.)

"Não lhe parece, caro leitor, que tais expressões apontam na direção de que a família decidiu entornar o caldo da sociedade?" (4º§) O trecho sublinhado apresenta-se entre vírgulas porque trata-se de

a) um vocativo.

b) uma enumeração.

c) uma expressão explicativa.

d) um adjunto adverbial deslocado.

e) elementos coordenados assindéticos.

Questão 15 (Quadrix-2016)

Pneumotórax

Febre, hemoptise, dispneia e suores noturnos.

A vida inteira que podia ter sido e que não foi.

Tosse, tosse, tosse.

Mandou chamar o médico:

— Diga trinta e três.

— Trinta e três . . . trinta e três . . . trinta e três . . .

— Respire.

....

....

— O senhor tem uma escavação no pulmão esquerdo e o

[pulmão direito infiltrado.

— Então, **doutor**, não é possível tentar o pneumotórax?

— Não. A única coisa a fazer é tocar um tango argentino.

Manuel Bandeira

BANDEIRA, Manuel. Estrela da vida inteira. Rio de Janeiro:Nova Fronteira, 2007, p. 123.

A palavra em destaque no poema exerce a função sintática de:

a) sujeito.
b) vocativo.
c) objeto direto.
d) objeto indireto.
e) agente da passiva.

Questão 16 (UFP/PA)

Lendo e interpretando

Assinale a única alternativa que expressa CORRETAMENTE o pensamento do escritor nas questões 1 a 3.

No ensaio crítico Instituto de Nacionalidade, Machado de Assis diz:

... O que se deve exigir do escritor antes de tudo, é certo sentimento íntimo, que o torne homem do seu tempo e do seu País, ainda quando trate de assuntos remotos no tempo e no espaço...

Questão 1 - Esta postura de Machado de Assim reflete

a) importância secundária que dava à tarefa do escritor.
b) o reconhecimento de que o escritor é um ser histórico, como todo ser humano.
c) as questões estéticas formais em que se debate a obra de arte literária.
d) a posição estética que uma obra de arte literária deve defender.
e) a posição religiosa que o escritor deve tomar.

Questão 2 - Em Confissão de Minas, Carlos Drummond de Andrade assim se refere:

Entendo que poesia é negócio de grande responsabilidade e não considero honesto rotular-se de poeta quem apenas verseje por dor-de-cotovelo, falta de dinheiro ou momentânea tomada de contato com as forças líricas do mundo, sem se entregar aos trabalhos cotidianos e secretos da técnica, da leitura, da contemplação e mesmo da ação. Até os poetas se armam, e um poeta desarmado é, mesmo, um ser à mercê de inspirações fáceis, dócil às modas e compromissos...

Pelo depoimento acima transcrito, depreende-se que:

a) a postura do autor diante da poesia é tipicamente romântica.
b) em poesia o que mais importa é a forma em detrimento do conteúdo.
c) o poeta precisa se engajar sob o ponto de vista social.
d) o autor exige estudo e reflexão para os que se dedicam a poesia.
e) o autor só admite rotular-se de poeta os que têm a inspiração fácil.

Questão 3 - Manuel Bandeira reconhece que:

... em literatura a poesia está nas palavras, se faz com palavras e não com ideias e sentimentos, muito embora, bem entendido, seja pela força do sentimento ou pela tensão do espírito que acodem ao poeta as combinações de palavras onde há carga de poesia...

Logo:

a) considera a poesia como uma tarefa secundária.
b) enfatiza como principal material de trabalho do poeta o sentimento e a tensão do espírito.
c) chama a atenção para as diferenças as diferenças entre o material da poesia e o material da prosa.
d) superpõe o sentimento a qualquer outra preocupação que o poeta possa vir a ter.
e) considera a palavra como o material de trabalho básico de todo poeta.

(U. Caxias do Sul/RS) As questões 4 e 5 referem-se ao texto que aqui se segue.

Questão 4 - Leia-o atentamente e, após, assinale a alternativa que estiver MAIS de acordo com as informações nele contidas.

(...) A verdade da poesia é que comove. Quando Newton diz que a matéria atrai a matéria na razão direta das massas, isso é uma verdade científica que pode ser aferida. Agora, quando Hegel diz que o concreto é a soma de todas as determinações, isso é uma verdade filosófica que não pode ser aferida como a da ciência. Mas quando Drummond diz: "como aqueles primitivos que carregam consigo o maxilar inferior de seus mortos e eu te carrego comigo tardes de maio", não é verdade, mas é bonito demais, não é? Se você for aferir no nível da verdade, essa frase não vale nada. O que é que sustenta essa frase? É que ela comove. Esse é o conteúdo da poesia, (...).

Ferreira Gullar – Revista Veja.

Segundo o texto,

a) só a verdade científica pode ser aferida, portanto é a única verdade que existe.
b) as verdades científica, filosófica e poética são incompatíveis entre si, pela falta de coerência.
c) a verdade poética tem como função comover, portanto ela não tem valor, porque a razão prevalece sobre os sentimentos.
d) todas as verdades, para serem aceitas, deverão necessariamente ser aferidas a partir de critérios lógicos racionais.
e) as verdades poética, científica e filosófica têm seus próprios modos de ser (estrutura), e cada um segue as razões que as justificam.

Questão 5 - Depreende-se do texto que

a) a verdade poética não tem valor porque não pode ser aferida como as demais.
b) a verdade poética não pode ser comparada às demais verdades porque ela tem a função de comover.
c) não é verdade o que Drummond faz porque diz coisas bonitas demais, que comovem.
d) a verdade poética não se sustenta porque ela só comove as pessoas.
e) a verdade da poesia é uma verdade que não corresponde à realidade porque não é objetiva, racional.

(FUVEST/SP) Texto para as questões 6 a 9.

Podemos gostar de Castro Alves ou Gonçalves Dias, poetas superiores a ele; mas ele só é dado amar ou repelir. Sentiu e concebeu demais; escreveu em tumulto, sem exercer devidamente o senso-crítico, que possuía não obstante mais vivo do que qualquer poeta romântico, excetuado Gonçalves Dias. Mareiam a sua obra poemas sem relevo nem músculo, versalhada que escorre desprovida de necessidade artística. O que resta, porém, basta não só para lhe dar categoria, mas, ainda, revelar a personalidade mais rica da geração.

Antônio Cândido, Formação da Literatura Brasileira.

Questão 6 - Com relação a gostar e amar ou repelir, podemos depreender que

a) gostar de, não pressupõe, no texto, nenhuma diferença quanto a amar.
b) é possível gostar de Castro Alves ou Gonçalves Dias, mas não se pode apreciar o autor não nomeado.
c) amor ou repulsa implicam envolvimento mais afetivo que racional.
d) se gosta de Castro Alves ou Gonçalves Dias porque são superiores ao autor em questão.
e) se ama ou se repele ao autor não citado por ele ser inferior aos dois citados.

Questão 7 - Assinale a expressão que MELHOR denota o juízo pejorativo de Antônio Cândido acerca de boa parte da poesia do autor não nomeado:

a) "a ele só nos é dado (...) repelir"
b) "sentiu e concebeu demais"
c) "escreveu em tumulto"
d) "versalhada"
e) "o que resta"

Questão 8 - Com respeito ao senso-crítico de que fala o texto, pode-se dizer que

a) o poeta não citado não possuía o menor senso-crítico, a julgar pelas suas poesias. b) Castro Alves possuía pouco senso-crítico.
c) o poeta não nomeado não exercia na realização de suas poesias o senso-crítico manifesto fora delas.
d) entre Gonçalves Dias, Castro Alves e o autor subentendido, o que possuiria maior senso-crítico é este último.
e) dos três poetas referidos é Gonçalves Dias quem possui o senso-crítico mais vivo.

GABARITOS

QUESTÕES DE PROVAS

1 – B
2 – D
3 – B
4 – B
5 – B
6 – C
7 – E
8 – D
9 – C
10 – D
11 – B
12 – A
13 – B
14 – A
15 – B

LENDO E INTERPRETANDO

1 – B
2 – B
3 – E
4 – E
5 – B
6 – C
7 – D
8 – C

O ADJUNTO ADNOMINAL E O COMPLEMENTO NOMINAL – ESPECIFICAÇÕES E COMPLEMENTAÇÕES DE SENTIDOS

1. PRA COMEÇO DE CONVERSA

Leia o poema a seguir:

Poema Pontual

O ponto de ônibus
Sempre lotado;
O ponto da agulha
Sempre enrolado;
O ponto do serviço
Sempre atrasado;
O ponto de história
Nunca lembrado;
O ponto de ebulição
Sempre suado;
O ponto turístico
Sempre procurado;
O ponto comum
Nunca encontrado;
O ponto-final
Sempre adiado;
O ponto de apoio
Sempre quebrado.

In. BERALDO, Alda. Trabalhando com poesia. São Paulo: Ática, 1990, v.2, p.28

Com base na leitura dos versos, responda:

a) Veja que cada par de versos do poema constitui uma unidade de sentido. Em cada par existe a possibilidade de se perceber um verbo subentendido. Qual?

b) Note, também, que há uma repetição das palavras ______________, ________________ e ________________.

c) Nos versos pares há um tempo de natureza adjetiva. Que função sintática esse termo apresenta e qual o sentido que confere ao sujeito (positivo ou negativo)?

d) Nos cinco primeiros versos ímpares e no último, a palavra que se repete é acompanhada por expressão de valor adjetivo (locução adjetiva). Qual é a importância de cada uma dessas expressões?

e) EXPLIQUE o título do poema.

Observe o anúncio a seguir:

(Tá com raiva do Namorado? MORDE AQUI.
Serenata de amor. Não tem mal humor que resista.)

a) Na primeira parte do anúncio anterior, existe também uma expressão de natureza adjetiva: ___________. Ela serve para completar o sentido da palavra _________________.

b) Esse complemento é algo de um sentimento, de um movimento ou de uma disposição?

c) Os anúncios visam estimular o interlocutor a consumir um produto. Existe sempre um "consumidor virtual". No caso, pode-se dizer que, apesar de diretamente o produto ser dirigido a uma "garota", ele também serve a um "garoto". Justifique essa afirmação.

Percebemos, por meio das atividades, que os termos de natureza adjetiva têm a função de especificar ou completar os termos de valor substantivo a que se referem.

2. TEORIZANDO

2.1. O adjunto adnominal

O adjunto adnominal é o termo que acompanha um substantivo, núcleo de uma função sintática qualquer, procurando caracterizá-lo, determiná-lo ou individualizá-lo.

http://img222.imageshack.us/img222/8663/ga020902ov9.png

a) Marque os substantivos presentes nas tirinhas.

b) Identifique os termos de valor adjetivo que se refere a cada um deles.

Observação importante: O adjunto adnominal pode ser expresso por artigos, numerais ou pronomes adjetivos, adjetivos e locuções adjetivas. Adjuntos adnominais de naturezas diferentes podem ligar-se a um mesmo núcleo.

Exemplo:

Minha primeira namorada marcou-me profundamente.

c) Identifique, entre os termos de natureza adjetiva que você destacou nos itens anteriores, os adjuntos adnominais.

É importante acrescentar que um adjunto adnominal constituído de artigo ou pronome adjetivo pode parecer combinado ou contraído com uma preposição que não tem função sintática.

Veja:

http://clubedamafalda.blogspot.com 2/10/2016

a) Identifique, no primeiro quadrinho, a expressão preposicionada ligada a um nome.

b) Identifique, no último quadrinho, a expressão preposicionada ligada a um verbo.

Ocorre o que se chama de regência nominal, envolvendo emprego do complemento nominal, que é termo regido.

Como já foi dito, o complemento nominal se liga a um substantivo (abstrato), a um adjetivo ou a um advérbio.

Exemplos:

Tivemos a oportunidade do primeiro emprego.

Estávamos cheios de esperança.

Agiu favoravelmente à aluna.

Reconhecer essas relações torna-se, portanto, fácil. Entretanto, quando um termo preposicionado liga-se a um substantivo. No caso dos nomes que precisam de complementos nominais, dizemos que são nomes transitivos. São eles:

- substantivo abstrato de ação, correspondente a verbo cognato que seja transitivo ou que peça complementação adverbial de circunstância.

Transgressão à ordem – em que o verbo de "transgredir a ordem" é transitivo direto.

Desacato aos pais – em que o verbo de "desacatar aos pais" é transitivo indireto.

Volta de Roma – em que o verbo "voltar de Roma" pede adjunto adverbial.

- substantivo abstrato de qualidade, derivado de adjetivo que se possa usar transitivamente.

Incerteza do futuro – em que se pode construir "incerto do futuro".

Infidelidade aos amigos – em que se pode construir "infiel aos amigos".

2.2. Diferenças entre adjunto adnominal e complemento nominal

O adjunto adnominal qualifica, especifica, enquanto o complemento nominal integra a significação antecedente e nunca indica posse.

O complemento nominal pode referir-se a um substantivo abstrato, adjetivo ou advérbio, mas o adjunto adnominal só se refere ao substantivo.

Os complementos nominais são exigidos pela transitividade do nome a que se ligam. Um grande número de nomes que pedem complemento são substantivos abstratos derivados de verbos significativos.

Exemplo:

Matou os mosquitos. – Matança de mosquitos, em que "de mosquitos" é o complemento nominal.

O complemento nominal é paciente ou alvo de noção expressa pelo nome (sentido passivo).

O adjunto adnominal indica o agente ou o possuidor de noção expressa pelo substantivo (sentido ativo), além de também pode expressar especificação, como nos exemplos a seguir.

Exemplo:

Pegue esse prato de porcelana.

Esta é a casa de Paulo.

Assim, como em qualquer análise sintática, deve-se considerar o contexto frasal para esse tipo de distinção. Um mesmo substantivo pode aparecer em uma frase com complemento nominal e noutra com adnominal.

Exemplo:

A invenção de palavras caracteriza a obra de Guimarães Rosa.

(complemento nominal – "palavras" – é paciente da ação contida no substantivo "invenção").

Exemplo:

A invenção de Santos Dumont abriu caminho para o futuro.

(Adjunto adnominal – "SantosDomunt" – é o agente da ação expressa pelo substantivo "invenção").

Exemplo:

A plantação de cana enriqueceu a economia do país.
(Complemento nominal, pois "plantação" tem valor abstrato da ação de plantar cujo objeto/paciente é "cana").

Exemplo:

O fogo destruiu toda a plantação de cana.
(adjunto adnominal, porque "plantação" aqui é concreto, logo intransitivo).

QUESTÕES DE PROVA

Questão 1 (INAZ do Pará-2017)

Saúde na balança

[...]

Por muito tempo, as pessoas acreditaram que uma criança gorda tinha mais saúde que a magra. Assim, pais e avós julgavam que uma pessoa bem alimentada tinha de ser bastante rechonchuda. Até hoje, algumas pessoas acreditam nisso. Mas saiba que nem sempre quem come mais é saudável...

O alimento tem duas funções no organismo: fornecer substâncias essenciais e fornecer energia. Exemplos de substâncias essenciais são proteínas, algumas gorduras, vitaminas e sais minerais – como o corpo humano não fabrica alguns componentes dessas substâncias, elas têm de vir do alimento. Além disso, aquilo que comemos fornece a energia para todas as funções do nosso organismo: enxergar, escutar, manter os órgãos funcionando...

Se comemos a mesma quantidade de energia que gastamos em nossas atividades diárias, mantemos o peso constante. Mas, se comermos mais do que gastamos, essa energia em excesso se acumula na forma de gordura. Aí é que começa o perigo.

Apesar de importante para os animais e seres humanos, a gordura pode trazer vários problemas quando se acumula de forma exagerada. A obesidade (excesso de gordura no corpo) favorece o aparecimento de doenças como diabetes (excesso de açúcar no sangue) e hipertensão (aumento da pressão arterial) em jovens. E isso ninguém deseja.

Mas sabe quais são as causas que contribuem para que você (ou aquele amigo da escola) fique obeso? Há duas explicações para isso. Sobre uma já falamos: o exagero de refrigerantes, doces ou biscoitos – quando, na verdade, o ideal é comer mais frutas e verduras.

A segunda causa para a obesidade é a falta de exercícios. [...]

Ênio CardilloVieria, Departamento de Bioquímica, UFMG.

(Disponível em: http://chc.cienciahoje.uol.com.br/saude-nabalanca/.

Acesso em: 08/04/2017).

Na frase: "**Assim**, pais e avós julgavam que uma pessoa bem alimentada tinha de ser bastante rechonchuda (...)", o termo da oração em destaque é:

a) Adjunto Adnominal
b) Vocativo
c) Sujeito
d) Adjunto Adverbial
e) Aposto

Questão 2 (COPEVE-UFAL-2017)

Fitoterapia

O uso **das plantas** para o tratamento de doenças, incluindo a ansiedade, é uma prática antiga – mais do que os chás que as avós adoram sugerir para curar qualquer coisa. E, com a evolução dos estudos sobre o tema, novos conceitos sobre essa terapia surgiram, **como explica Patrícia Cândido, uma das desenvolvedoras da Fitoenergética, sistema natural de cura por meio da energia das plantas**: "elas possuem um caráter energético capaz de repor a energia que perdemos em momentos de tensão, estresse e ansiedade, mantendo o nosso equilíbrio de forma geral".

Patrícia considera **que** o benefício da fitoterapia abrange o tratamento de quatro tipos de ansiedade: física (excesso de energia física), emocional (acúmulo de emoções nocivas), espiritual (falta de integração entre o "eu" físico e o espiritual) e mental (concentração excessiva de ideias na mente).

Para combater **esses** tipos de ansiedade, como sugere a especialista, "as plantas mais indicadas no caso da ansiedade são a camomila, cavalinha, marcela, valeriana, boldo do Chile e arruda". Lembrando que a infusão em água quente não é o único meio de consumo, Patrícia também sugere a absorção das propriedades por meio de banhos, incensos, compressas, essências e sprays.

REVISTA Segredos da Mente – Cérebro e Ansiedade – Ano 2, n. 3, 2017.

Dadas as afirmativas quanto aos aspectos linguísticos dos fragmentos textuais,

I. A locução adjetiva destacada **das plantas** exerce função sintática de adjunto adnominal.

II. No fragmento **como explica Patrícia Cândido, uma das desenvolvedoras da Fitoenergética, sistema natural de cura por meio da energia das plantas** estão presentes dois apostos explicativos.

III. O elemento articulador destacado **que** introduz uma oração subordinada adverbial consecutiva.

IV. O pronome destacado **esses** exerce importante recurso de coesão referencial catafórica.

verifica-se que está(ão) correta(s)

a) II, apenas.
b) I e III, apenas.
c) III e IV, apenas.
d) I, II e IV, apenas.
e) I, II, III e IV.

Questão 3 (Instituto Excelência-2017)

Jim Davis

Considere esta fala de Jon:

"Isso explica o salame italiano na **minha** orelha **esquerda**".

Os termos destacados são classificados sintaticamente como:

a) Complementos nominais.
b) Adjuntos adnominais.
c) Adjuntos adverbiais.
d) Nenhuma das alternativas.

Questão 4 (IF Sertão – PE-2016)

Texto IV

Esperança

Mário Quintana

Lá bem no alto do décimo segundo andar do Ano
Vive uma louca chamada Esperança
E ela pensa que quando todas as sirenas
Todas as buzinas
Todos os reco-recos tocarem
Atira-se
E — ó delicioso voo!
Ela será encontrada miraculosamente incólume na calçada,
Outra vez criança...
E em torno dela indagará o povo:
— Como é teu nome, meninazinha de olhos verdes?
E ela lhes dirá
(É preciso dizer-lhes tudo de novo!)
Ela lhes dirá bem devagarinho, para que não esqueçam:
— O meu nome é ES-PE-RAN-ÇA...

Assinale a alternativa CORRETA quanto às afirmações que se encontram entre parênteses.

a) "Vive uma louca chamada Esperança". (complemento nominal)
b) "E ela pensa que quando todas as sirenas" (pronome relativo)
c) "Ela será encontrada miraculosamente incólume na calçada," (complemento verbal)
d) "— Como é teu nome, meninazinha de olhos verdes?" (vocativo)
e) "— O meu nome é ES-PE-RAN-ÇA..." (complemento nominal)

Questão 5 (Alternative Concursos – 2016)

Dadas as sentenças:

1. Ninguém duvida de que você terá êxito em sua viagem.

2. Ninguém tem dúvida de que a palestra será um sucesso.

Os termos sublinhados acima pertencem a qual classe gramatical, respectivamente:

a) adjunto adnominal e substantivo
b) substantivo e adjunto adnominal
c) verbo e adjunto adnominal
d) substantivo e verbo
e) verbo e substantivo

Questão 6 (Alternative Concursos-2016)

Leia as duas orações:

1. O atleta **arrogante** subestimou seus adversários.
2. O atleta subestimou, **arrogante**, seus adversários.

Em relação aos termos negritados, a alternativa que apresenta a informação correta é:

a) Na oração 1 é classificado como predicativo do objeto e na 2 como vocativo.
b) Na oração 1 é classificado como complemento nominal e na 2 como predicativo do objeto.
c) Na oração 1 é classificado como vocativo e na 2 como predicativo do objeto.
d) Na oração 1 é classificado como adjunto adnominal e na 2 como predicativo do sujeito.
e) Na oração 1 é classificado como predicativo do sujeito e na 2 adjunto adnominal.

Questão 7 (COPEVE-UFAL-2016)

Nas orações "A nota **da imprensa** esclareceu pontos obscuros do edital" e "A invenção **da imprensa** é creditada a Johannes Gutenberg", os trechos destacados constituem, respectivamente,

a) objeto direto e agente da passiva.
b) complemento nominal e objeto direto.
c) adjunto adnominal e adjunto adverbial.
d) adjunto adnominal e complemento nominal.
e) complemento nominal e predicativo do sujeito.

Disponível em: <http://www.malvados.com.br/malvadoscorp/originais.html>. Acesso em: 28 jun. 2016.

Levando em conta a frase da imagem, assinale a alternativa que apresenta a correta função sintática do termo: "uma sociedade justa como a calça da minha prima".

a) Aposto.
b) Vocativo.
c) Adjunto adnominal.
d) Complemento verbal.
e) Complemento nominal.

Questão 9 (Serctam-2016)

LIBERDADE

Deve existir nos homens um sentimento profundo que corresponde a essa palavra LIBERDADE, pois sobre ela se têm escrito poemas e hinos, a ela se têm levantado estátuas e monumentos, por ela se tem até morrido com alegria e felicidade.

Diz-se que o homem nasceu livre, que a liberdade de cada um acaba onde começa a liberdade de outrem; que onde não há liberdade não há pátria; que a morte é preferível à falta de liberdade; que renunciar à liberdade é renunciar à própria condição humana; que a liberdade é o maior bem do mundo; que a liberdade é o oposto à fatalidade e à escravidão; nossos bisavós gritavam "Liberdade, Igualdade e Fraternidade! "; nossos avós cantaram: "Ou ficar a Pátria livre/ ou morrer pelo Brasil!"; nossos pais pediam: "Liberdade! Liberdade/ abre as asas sobre nós", e nós recordamos todos os dias que "o sol da liberdade em raios fúlgidos/ brilhou no céu da Pátria..." em certo instante.

Somos, pois, criaturas nutridas de liberdade há muito tempo, com disposições de cantá-la, amá- la, combater e certamente morrer por ela.

Ser livre como diria o famoso conselheiro, é não ser escravo; é agir segundo a nossa cabeça e o nosso coração, mesmo tendo de partir esse coração e essa cabeça para encontrar um caminho... Enfim, ser livre é ser responsável, é repudiar a condição de autômato e de teleguiado, é proclamar o triunfo luminoso do espírito. (Suponho que seja isso.) Ser livre é ir mais além: é buscar outro espaço, outras dimensões, é ampliar a órbita da vida. É não estar acorrentado. É não viver obrigatoriamente entre quatro paredes. Por isso, os meninos atiram pedras e soltam papagaios. A pedra inocentemente vai até onde o sonho das crianças deseja ir. (Às vezes, é certo, quebra alguma coisa, no seu percurso...)

Os papagaios vão pelos ares até onde os meninos de outrora (muito de outrora!...) não acreditavam que se pudesse chegar tão simplesmente, com um fio de linha e um pouco de vento!

Acontece, porém, que um menino, para empinar um papagaio, esqueceu-se da fatalidade dos fios elétricos e perdeu a vida.

E os loucos que sonharam sair de seus pavilhões, usando a fórmula do incêndio para chegarem à liberdade, morreram queimados, com o mapa da liberdade nas mãos!

São essas coisas tristes que contornam sombriamente aquele sentimento luminoso da LIBERDADE. Para alcançá-la estamos todos os dias expostos à morte. E os tímidos preferem ficar onde estão, preferem mesmo prender melhor suas correntes e não pensar em assunto tão ingrato.

Mas os sonhadores vão para a frente, soltando seus papagaios, morrendo nos seus incêndios, como as crianças e os loucos. E cantando aqueles hinos, que falam de asas, de raios fúlgidos linguagem de seus antepassados, estranha linguagem humana, nestes andaimes dos construtores de Babel...

MEIRELES, Cecília. Escolha o seu sonho: Crônicas

Quanto à análise morfossintática dos termos, assinale a alternativa correta.

a) Poemas e hinos – 1° parágrafo: substantivo/ sujeito.
b) Livre – 2° parágrafo: adjetivo/adjunto adnominal;
c) Paredes – 4° parágrafo: locução adverbial/ adjunto adverbial de modo.
d) Conselheiro – 3° parágrafo: adjetivo/objeto direto.
e) Tão – 8° parágrafo: adjetivo/adjunto adverbial.

Questão 10 (Quadrix-2016)

Como manter cabelos saudáveis mesmo com química

A brasileira adora alisar o cabelo na chapinha. E tem que estar quente, bem quente mesmo.

Você sabia que a temperatura da chapinha dá pra fritar um bife? Fizemos o teste e a consequência é a formação de bolhas no cabelo por causa do calor.

Como proteger? Como cuidar? Às vezes as pessoas não se lembram de que a saúde dos cabelos é tão importante quanto a da pele ou a das unhas, por exemplo. Além disso, a beleza dos fios depende de como eles são tratados.

Entre os maiores vilões dos cabelos, vimos que o sol é um deles e, assim como a gente usa filtro solar para a pele, é importante usar nos cabelos também. O cabelo exposto ao sol fica áspero e tem aquele aspecto de palha.

A chapinha é outra vilã do cabelo bonito. "É uma agressão muito grande para o fio, as cutículas deixam de ser as mesmas, o cabelo abre, cria ponta dupla", explica a Dra. Márcia Purceli.

Sobre a hora de pentear, o ideal é não pentear o cabelo molhado porque ele está mais fragilizado, então ele rompe com mais facilidade.

Outra coisa que faz o cabelo quebrar é a mistura de várias técnicas, como tintura, alisamento e chapinha.

(g1.globo.com)

A respeito do trecho "A brasileira adora alisar o cabelo na chapinha.", a palavra destacada:

I. é a contração de uma preposição com um artigo.
II. contém uma preposição que, semanticamente, indica meio.
III. é uma conjunção com função sintática de adjunto adnominal.
IV. está flexionada no feminino, como toda conjunção que precede substantivos desse gênero.

Está correto o que se afirma em:

a) todas.
b) I e II, somente.
c) II e III, somente.
d) II e IV, somente.
e) III e IV, somente.

Questão 11 (EXATUS-2016)

A lição do fogo

1° Um membro de determinado grupo, ao qual prestava serviços regularmente, sem nenhum aviso, deixou de participar de suas atividades.

2° Após algumas semanas, o líder daquele grupo decidiu visitá-lo. Era uma noite muito fria. O líder encontrou o homem em casa sozinho, sentado diante ______ lareira, onde ardia um fogo brilhante e acolhedor.

3° Adivinhando a razão da visita, o homem deu as boas-vindas ao líder, conduziu-o a uma cadeira perto da lareira e ficou quieto, esperando. O líder acomodou-se confortavelmente no local indicado, mas não disse nada. No silêncio sério que se formara, apenas contemplava a dança das chamas em torno das achas da lenha, que ardiam. Ao cabo de alguns minutos, o líder examinou as brasas que se formaram. Cuidadosamente, selecionou uma delas, a mais incandescente de todas, empurrando-a ______ lado. Voltou, então, a sentar-se, permanecendo silencioso e imóvel. O anfitrião prestava atenção a tudo, fascinado e quieto. Aos poucos, a chama da brasa solitária diminuía, até que houve um brilho momentâneo e seu fogo se apagou de vez.

4° Em pouco tempo, o que antes era uma festa de calor e luz agora não passava de um negro, frio e morto pedaço de carvão recoberto ______ uma espessa camada de fuligem acinzentada. Nenhuma palavra tinha sido dita antes desde o protocolar cumprimento inicial entre os dois amigos. O líder, antes de se preparar para sair, manipulou novamente o carvão frio e inútil, colocando-o de volta ao meio do fogo. Quase que imediatamente ele tornou a incandescer, alimentado pela luz e calor dos carvões ardentes em torno dele. Quando o líder alcançou a porta para partir, seu anfitrião disse:

5º – Obrigado. Por sua visita e pelo belíssimo sermão. Estou voltando ao convívio do grupo.

RANGEL, Alexandre (org.). As mais belas parábolas de todos os tempos –

Vol. II.Belo Horizonte: Leitura, 2004.

Analise as afirmativas sobre a classe e função que as palavras exercem no texto e, em seguida, marque (V) para as verdadeiras e (F) para as falsas:

( ) o vocábulo "que" em "que ardiam" (3º parágrafo) é um pronome relativo na função de sujeito.

( ) o vocábulo "o" em "colocando-o" de volta no meio do fogo (4º parágrafo) é um pronome em função de objeto direto.

( ) os vocábulos "frio" e "inútil" em "manipulou novamente o carvão frio e inútil" (4º parágrafo) são adjetivos em função de adjunto adnominal.

( ) o vocábulo "líder" em "o homem deu as boas-vindas ao líder" (3º parágrafo) é um substantivo em função de complemento nominal.

Assinale a alternativa que apresenta a sequência correta, de cima para baixo:

a) V – V – V – F.
b) V – F – F – V.
c) V – F – V – V.
d) F – V – V – F.

Questão 12 (FUNRIO-2016)

"HORÓSCOPO. É possível que você esteja inclinado a agir <u>com tolerância e paciência</u>, movido <u>pela vontade</u> de proporcionar o bem-estar. É tempo de se colocar no lugar do outro e compreender suas necessidades."

(O GLOBO, 02 de abril de 2016)

Qual o papel sintático dos dois termos sublinhados no trecho acima. "com tolerância e paciência" e "pela vontade"?

a) Ambos são objetos indiretos.
b) Ambos são adjuntos adverbiais.
c) Um é adjunto adverbial; outro é objeto indireto.
d) Um é predicativo; outro é complemento nominal.
e) Um é adjunto adverbial; outro é agente da passiva.

Questão 13 (Quadrix-2016)

(www.livrosepessoas.com)

Assinale a alternativa que contenha um termo retirado da tirinha que exerce a função sintática de adjunto adnominal.

a) "de uma vez".
b) "não".
c) "depois".
d) "das minhas gengivas".
e) "striptease".

Questão 14 (Jota Consultoria-2016)

O adjunto adnominal foi grifado em:

a) <u>O professor</u> de matemática recebeu o prêmio.
b) O professor <u>de matemática</u> recebeu o prêmio.
c) O <u>professor de matemática</u> recebeu o prêmio.
d) O professor de matemática <u>recebeu o prêmio</u>.
e) O professor de matemática recebeu <u>o prêmio</u>.

Questão 15 (Jota Consultoria-2016)

O termo grifado é adjunto adnominal em:

a) Aquele político nunca teve capacidade <u>para administrar</u>.
b) O estatuto exige obediência <u>aos princípios governamentais</u>.
c) Tive dúvidas <u>acerca de algumas teorias matemáticas</u>.
d) Políticos brasileiros têm horror <u>ao nepotismo</u>.
e) O surgimento <u>de teorias filosóficas</u> facilitou o progresso.

Questão 16

Lendo e interpretando

Os direitos de todos nós

Há muito tempo, venho observando a falta de jeito com que várias organizações, rotuladas como de esquerda, tratam a questão dos direitos humanos. O homem comum – esse que trabalha, paga impostos e cria sua família com honestidade e dignidade – nunca é objeto de suas preocupações. Quando se referem às pessoas de bem, que constituem a maioria do país, não escondem seu menosprezo. Os direitos da humanidade, em sua ótica, não seriam para todos.

Somente os marginais e os marginalizados seriam dignos deles. Não é uma tese que se defenda abertamente, mas fica sempre um porém, nos seus discursos, e isso acaba servindo de argumento para mentes barbaras, reacionárias e violentas que não querem ver o mundo melhor dividido, mais justo para todos.

Veja-se o caso, recente, da denúncia que uma ONG fez à ONU sobre a omissão dos governos brasileiros quanto à situação daqueles direitos em nosso país. Não há como não concordar com a lista de transgressões ali descritas. O problema dos menores espalhados pelas ruas de nossas cidades é um escândalo.

A superlotação e a desumanidade, evidente em nossas penitenciarias e delegacias, são uma vergonha para quem se importa com a existência de seus semelhantes. A falta de preparo de grande parte de nossas polícias não pode ser contestada. Nem as torturas aos presos. Até aí, assino embaixo.

Porque nenhuma linha se escreveu, nenhuma sílaba se pronunciou sobre o verdadeiro caos em que se transformou a vida da maioria dos brasileiros? O cidadão cumpre com todas as suas obrigações sociais e não pode usufruir os mínimos direitos que possa possuir. Não há segurança em lugar nenhum, embora os discursos eleitorais tracem táticas e estratégias para se combater o crime e os criminosos que bagunçaram nosso projeto de convivência.

Faz-se muito pouco para que existam polícias preparadas técnica, moral e materialmente para nos proteger (aqui em Minas, ao menos, o projeto de unificação das Polícias Civil e Militar parece que caminha). Os bandidos sabem que não vão ser pegos: se presos, não serão condenados; se julgados, fugirão e voltarão para as ruas. E como ficamos nós, como ficam nossos amigos? E por que nós – somos pequenos burgueses, somos classe média? – não entramos no rol das preocupações das organizações, dos partidos e dos governos?

Mas existem outros direitos que estão sendo menosprezados. Educação e saúde são prerrogativas básicas para todo cidadão e para qualquer país que pretenda algum futuro. Não se condena, nos documento, a sua falta.

Todo direito de homens e mulheres é direito humano. Até quando os nossos direitos humanos serão desrespeitados? Até quando as ruas de nossas cidades serão território de bandidos e não de nossos filhos, de nossa alegria?

Fernando Brant

In: ESTADO DE MINAS.

Questão 1 - São objetivos do texto, EXCETO:

a) Revelar a denúncia feita por uma ONG à ONU e que não foi amplamente divulgada.

b) Criticar a postura do governo brasileiro ao não se posicionar em relação ao homem comum.

c) Conscientizar-nos do menosprezo que é dado àqueles que cumprem com suas obrigações sociais.

d) Demonstrar que os direitos humanos são não apenas para marginais e marginalizados, mas também para todos os brasileiros.

Questão 2 - Uma das funções dos dois primeiros parágrafos do texto é

a) contrapor-se ao terceiro parágrafo.

b) explicar as ideias do terceiro parágrafo.

c) reforçar a tese que é defendida ao longo do texto.

d) fornecer contexto para os parágrafos seguintes.

Questão 3 - "Até aí, assino embaixo". As transgressões denunciadas pela ONG embaixo das quais o autor assina são, EXCETO:

a) o despreparo da polícia.

b) as torturas aos presos.

c) a superlotação em presídios.

d) os menores espalhados pelas ruas.

Questão 4 - A partir do quinto parágrafo, o autor faz reflexões sobre os direitos que deveriam ser estendidos à população como um todo. Deles, o ÚNICO que é, de certa forma, cumprido e pode ser comprovado pelo texto é:

a) "Educação e saúde são prerrogativas básicas para todo cidadão e para qualquer país que pretenda algum futuro."

b) "Os bandidos sabem que não vão ser pegos: se presos, não serão condenados; se julgados, fugirão e voltarão para as ruas."

c) "Não há segurança em lugar nenhum, embora os discursos eleitorais tracem táticas e estratégias para se combater o crime e os criminosos que bagunçaram nosso projeto de convivência."

d) "Faz-se muito pouco para que existam polícias preparadas técnica, moral e materialmente para nos proteger (aqui em Minas, ao menos, o projeto de unificação das polícias Civil e Militar parece que caminha)".

Questão 5 - No texto, o autor só NÃO se mostra

a) crítico.
b) indignado.
c) conivente.
d) insatisfeito.

INSTRUÇÃO: utilize o trecho a seguir para responder às questões 6 e 7.

"Mas existem outros direitos que estão sendo menosprezados."

Questão 6 - Ao introduzir o parágrafo com a conjunção MAS, o autor opõe-se em relação

a) a todos os direitos negados aos cidadãos citados ao longo do texto.
b) ao parágrafo anterior, em que se fala das preocupações das organizações, dos partidos e dos governos.
c) à educação e saúde, que são prerrogativas básicas para todo cidadão e para qualquer país que pretenda algum futuro.
d) às táticas e estratégias para se combater o crime e os criminosos que bagunçaram nosso projeto de convivência.

Questão 7 - O articulador MAS pode ser substituído, sem prejuízo de sentido, por

a) logo.
b) por isso.
c) no entanto.
d) além disso.

Questão 8 - Sobre os travessões em: "O homem comum – esse que trabalha, paga impostos e cria sua família com honestidade e dignidade – nunca é objeto de suas preocupações", é correto afirmar, EXCETO:

a) podem ser substituídos por parênteses, de acordo com a norma culta.
b) podem ser considerados uma forma de interação entre o autor e interlocutor.
c) separam orações que têm a função de explicar o termo anterior: o homem comum.
d) intercalam o período, trazendo informações que auxiliam na melhor compreensão do trecho.

Questão 9 - Em: "e isso acaba servindo de argumento para mentes bárbaras, reacionárias e violentas que não querem ver o mundo melhor dividido, mais justo para todos". Esse trecho foi retirado do segundo parágrafo do texto, o pronome ISSO se refere a:

a) uma tese que se defenda abertamente.
b) servir de argumento para mentes bárbaras.
c) os direitos da humanidade que, em sua ótica, não seriam para todos.
d) somente os marginais e marginalizados seriam dignos dos direitos da humanidade.

GABARITOS

QUESTÕES DE PROVAS

1 – D
2 – A
3 – B
4 – D
5 – E
6 – D
7 – D
8 – A
9 – A
10 – B
11 – A
12 – E
13 – D
14 – B
15 – E

LENDO E INTERPRETANDO

1 – A
2 – D
3 – A
4 – D
5 – C
6 – B
7 – C
8 – A
9 – C

RELAÇÕES LÓGICO–SEMÂNTICAS DO PERÍODO COMPOSTO - COORDENAÇÃO

1. PRA COMEÇO DE CONVERSA

Leia a seguinte tirinha:

http://www.tirinhas.com/garfield.php?tira=ga000218 25/05/07

a) no primeiro quadrinho, existem quantos verbos?

b) No segundo quadrinho, existem dois períodos. O primeiro deles tem apenas um verbo e, por isso, classifica-se como período simples. O segundo tem dois e é, portanto, composto. Qual é a palavra que une essas duas orações?

c) Que relação de sentido se estabelece com o uso desse elemento articulador?

Leia a tirinha a seguir.

http://clubedamafalda.blogspot.com

a) Leia o primeiro quadrinho e observe o sentido do elemento coesivo "e". Compare-o com o efeito de sentido do mesmo termo no último quadrinho. A que conclusão se pode chegar? Justifique sua resposta.

As conjunções são uma das classes de palavras responsáveis pela coesão textual e servem para imprimir sentido ao período composto. Assim, desempenham um papel importante também na coerência do texto. "Decorar" uma lista de conjunções pode até ajudar, mas não é o procedimento muito "seguro".

2. TEORIZANDO

Nesta unidade, trabalharemos as relações lógico-semânticas do período composto por coordenação. Vejamos as ideias:

2.1. Adição

Ideia correspondente ao que se nomeia como oração coordenada sindética aditiva. É também associada às ideias de soma, acréscimo, sequencialidade, contiguidade. Geralmente aceita como a sua "melhor conjunção" o "e".

Exemplos:

Levanta-se cedo diariamente e vai dar um passeio.

Ele não estuda nem trabalha.

Conjunções: e, nem, mas também, mas ainda.

2.2. Oposição/contradição/contraste

Podem essas ideias ser nomeadas por dois tipos diferentes de oração: oração coordenada sindética adversativa ou oração subordinada adverbial concessiva.

Exemplos:

Estava muito frio, porém a garota saiu de biquíni à noite. – ideia de adversidade.

Note que a conjunção "porém" está unindo duas orações independentes, isto é, que têm sentido mesmo isoladas.

Embora estivesse muito frio, a garota saiu de biquíni à noite. – ideia de concessão.

Note que a conjunção "embora", caso seja retirada da primeira oração, faz com que, isolada, essa oração não tenha sentido.

Adversidade: ideia presente em orações independentes (coordenadas, portanto).

Concessão: ideia presente em orações dependentes (subordinadas, portanto).

Conjunções adversativas: mas, porém, contudo, todavia, entretanto, no entanto.

Conjunções concessivas: apesar de (que) , embora, mesmo que, ainda que, se bem que, conquanto, em que pese, a despeito de, não obstante, malgrado, posto que.

2.3. Alternância

Ideia correspondente ao que se nomeia como oração coordenada sindética alternativa e indica escolha, opção. De um modo geral, nesse tipo de oração, as conjunções costumam aparecer repetidas na organização do período.

Exemplo:

Ou ali faz muito frio no inverno, ou o calor costuma ser insuportável no verão.

2.4. Explicação x conclusão

Respectivamente, essas ideias correspondem à oração coordenada sindética explicativa e à conclusiva. A explicação justifica, afirma, ao passo que a conclusão deduz, pode representar uma hipótese.

Exemplo:

Não saiu a tempo, portanto chegou atrasado. – ideia de conclusão.
Veja que antes se fez uma afirmativa para, dela, deduzir-se algo.

Chegou atrasado, porque não saiu a tempo. – ideia de explicação.
Veja que antes se fez uma afirmativa para, dela, deduzir-se algo.

POIS – sinônimo de "porque" (valor explicativo).

POIS, – sinônimo de "portanto" (valor conclusivo).

Exemplo:

Ele é um salafrário; deve, pois, aplicar-lhe um golpe (=portanto).

Ele deve aplicar-lhe um golpe, pois é um salafrário (=porque).

QUESTÕES DE PROVAS

Questão 1 (UFU – 2017)

O PIB "mede tudo", brincou Bobby Kennedy, irmão do presidente norte-americano John F.

Kennedy, "exceto aquilo que faz a vida valer a pena". Para melhores padrões de vida, o Índice

de Desenvolvimento Humano (IDH) classifica os países segundo a expectativa de vida,

educação e renda por pessoa. O mais recente relatório, divulgado nesta quinta-feira, 24, coloca

5 a Noruega no topo do ranking (como tem sido desde 2000). Os Estados Unidos aparecem em

quinto. No outro extremo, Níger, Congo e República Central da África ocupam as últimas

colocações.

E como isso se traduz em bem-estar no dia a dia? Um gráfico da revista Economist comparou

os resultados do recente ranking de IDH com os relatos sobre a felicidade, elaborados pela

10 Gallup, uma empresa de pesquisas. O grupo questionou se as pessoas se sentem felizes

quando "sorriem muito, se sentem bem descansadas ou quando são tratadas com respeito".

Segundo estas perspectivas, o Paraguai tem sido o lugar mais feliz na Terra, nos últimos três

anos. Já a Síria, afundada na guerra civil, é o mais triste.

Surpreendentemente, há pouca correlação entre as duas medidas – felicidade e 15

desenvolvimento humano. A Lituânia tem uma pontuação de felicidade de 53%. Pelo seu nível

de desenvolvimento, poder-se-ia esperar o índice de felicidade mais próximo dos

70%. Enquanto isso, Mali e Ruanda são muito mais felizes do que os seus padrões de vida

podem sugerir.

Mais interessante ainda, o desenvolvimento é geralmente agrupado por região. Mas, em

20 termos de felicidade, a comparação entre sombrio para alegre ocorre dentro da mesma faixa

de renda. É quando os estereótipos regionais são revelados. A população da Europa Oriental e

da Ásia Central é mais sisuda, apesar de ambas possuírem padrões de vida razoáveis,

enquanto o povo da América Latina, ao mesmo nível de desenvolvimento, tende a ser mais alegre (cerca de 20 pontos percentuais para mais).

25 O Brasil, que ocupa a 79ª posição (0,74) no ranking dos 187 países, apresenta uma taxa de

"emoções positivas" (felicidade) de 74%.

(Disponível em http://opiniaoenoticia.com.br/brasil. Acesso em fev. 2017).

Os elementos de conexão textual colaboram para o estabelecimento do(s) sentido(s) do texto. Sabendo-se disso, em "Mais interessante ainda, o desenvolvimento é geralmente agrupado por região. **MAS** em termos de felicidade, a comparação entre sombrio para alegre ocorre dentro da mesma faixa de renda. É quando os estereótipos regionais são revelados." (linhas 19 a 21), o conectivo destacado

a) mantém a direção argumentativa do texto, na medida em que une ideias afins.

b) altera a direção argumentativa do texto, na medida em que opõe diferentes ideias.

c) mantém a direção argumentativa do texto, na medida em que conclui uma ideia.

d) altera a direção argumentativa do texto, na medida em que explica uma nova ideia.

Questão 2 (OBJETIVA- 2017)

Considerando-se as possibilidades de substituição do termo sublinhado em "Sem registros escritos, porém, é impossível ter certeza.", analisar os itens abaixo:

I. No entanto.

II. Por conseguinte.

III. Contudo.

IV. Porquanto.

Estão CORRETOS:

a) Somente os itens I e II.

b) Somente os itens I e III.

c) Somente os itens III e IV.

d) Somente os itens I, II e III.

e) Somente os itens II, III e IV.

Questão 3 (FAUEL – 2017)

Assinale a alternativa abaixo que apresenta uma Oração Coordenada Adversativa:

a) Gostaria de ir à praia, porém não consegui folgar...

b) O maior adversário do sucesso é a falta de perseverança.

c) Frequentemente vou ao cinema e assisto filmes de ação.

d) Estava doente, por isso não pôde comparecer.

Questão 4 (IBADE – 2017)

A oração "Negro e branco designam, portanto, categorias essencialmente políticas" é coordenada:

a) assindética.

b) aditiva.

c) adversativa.

d) conclusiva.

e) completiva nominal.

Questão 5 (AOCP – 2017)

Orações coordenadas sindéticas adversativas e orações subordinadas adverbiais concessivas têm uma estrutura diferente, mas apresentam sentido semelhante. Considerando o exposto, assinale a alternativa em que a reescrita do período "Como esperado, pessoas que estavam sozinhas disseram ter expectativas menores para a visita, mas o resultado final foi bem diferente das previsões" está correta gramaticalmente.

a) "Como esperado, embora pessoas que estiveras sozinhas disseram ter expectativas menores para a visita, o resultado final foi bem diferente das previsões".

b) "Como esperado, ainda que pessoas que estavam sozinhas dizerem ter expectativas menores para a visita, o resultado final foi bem diferente das previsões".

c) "Como esperado, mesmo que pessoas que estivessem sozinhas diriam ter expectativas menores para a visita, o resultado final foi bem diferente das previsões".

d) "Como esperado, embora pessoas que estivessem sozinhas dissessem ter expectativas menores para a visita, o resultado final foi bem diferente das previsões".

e) "Como esperado, apesar das pessoas que estavam sozinhas disseram ter expectativas menores para a visita, o resultado final foi bem diferente das previsões".

Questão 6 (AOCP – 2017)

O trecho destacado em "Wolton justifica-se dizendo que a internet é incrível para a comunicação entre pessoas e grupos que tenham os mesmos interesses, mas está longe de ser uma ferramenta de comunicação de coesão entre pessoas e grupos diferentes.", é uma oração

a) coordenada sindética aditiva.

b) coordenada sindética adversativa.
c) coordenada sindética conclusiva.
d) coordenada assindética.
e) coordenada sindética explicativa.

Questão 7 (UFU – 2017)

O material jornalístico registra e debate questões nem sempre abordadas pela família, escola e meios de comunicação. **Mostra que a juventude continua sendo caracterizada pela busca de outros modelos comportamentais e pelos mais variados processos de transformação política social e cultural**. (linhas 23-26)

O segmento em negrito, no trecho acima, tem por função estabelecer, com o período anterior, relação de

a) explicação.
b) consecutividade.
c) adição.
d) contraste.

Questão 8 (FUNDEP – 2016)

Releia o trecho a seguir.

"Ele tentou se suicidar ao jogar um aquecedor elétrico ligado, na água da banheira, **mas** não sofreu nenhum dano físico sério[...]."

Esse trecho pode, de acordo com a norma padrão e sem prejuízo de seu sentido original, ser reescrito das seguintes formas, **EXCETO**:

a) Ele tentou se suicidar ao jogar um aquecedor elétrico ligado, na água da banheira, **todavia** não sofreu nenhum dano físico sério.
b) Ele tentou se suicidar ao jogar um aquecedor elétrico ligado, na água da banheira, **portanto** não sofreu nenhum dano físico sério.
c) Ele tentou se suicidar ao jogar um aquecedor elétrico ligado, na água da banheira, **entretanto** não sofreu nenhum dano físico sério.
d) Ele tentou se suicidar ao jogar um aquecedor elétrico ligado, na água da banheira, **contudo** não sofreu nenhum dano físico sério.

Questão 9 (AOCP – 216)

Na frase: "[...] Tornamo-nos, portanto, seres que se sentem seguros somente se conectados a essas redes.[...]", o termo em destaque pode ser substituído, sem prejuízo gramatical ou alteração de sentido, por

a) conquanto.
b) porquanto.
c) contudo.
d) pois.
e) todavia.

Questão 10 (CESPE – 2016)

Em relação aos elementos linguísticos do texto , julgue o item a seguir.

No trecho "segundo o qual o poder político não apenas emana do povo (...) mas comporta a participação direta do povo" (ℓ. 17 a 19), a locução "não apenas (...) mas" introduz no período ideia de adição.

Certo

Errado

Questão 11 (SERCTAN – 2016)

LIBERDADE

Deve existir nos homens um sentimento profundo que corresponde a essa palavra LIBERDADE, pois sobre ela se têm escrito poemas e hinos, a ela se têm levantado estátuas e monumentos, por ela se tem até morrido com alegria e felicidade.

A primeira oração do texto classifica-se como:

a) Oração Subordinada Principal.
b) Oração Coordenada Sindética.
c) Oração Principal.
d) Oração Coordenada Assindética.
e) Oração Subordinada Adverbial Final.

Questão 12 (COSEAC – 2016)

"Portanto, ao apresentar-me aqui como brasileira, automaticamente sou romana, sou egípcia, sou hebraica." (3º §)

O período transcrito acima, em relação ao que lhe antecede no texto, exprime o sentido de:

a) adição.
b) conclusão.
c) explicação.
d) concessão.
e) conformidade.

GABARITOS

QUESTÃO DE PROVAS

1 – B

2 – B

3 – A

4 – D

5 – D

6 – B

7 – C

8 – B

9 – D

10 – Certo

11 – C

12 – B

Capítulo 26

RELAÇÕES LÓGICO-SEMÂNTICAS NO PERÍODO COMPOSTO - SUBORDINAÇÃO

1. PRA COMEÇO DE CONVERSA

http://www.tirinhas.com/garfield.php?ano=07&mes=04&dia=10 13/04/2007

Observe o pensamento de Garfield no terceiro quadrinho. Trata-se de um período composto.

a) Qual é a primeira oração?

b) Qual é a segunda oração?

c) Observe o conectivo "e": ele une orações de sujeitos diferentes. Por esse motivo, é que se admite a colocação de uma vírgula antes da conjunção. Que valor tradicionalmente costuma-se atribuir ao "e"?

d) Você acha que realmente se trata de uma conjunção que "adiciona"? Em caso negativo, que outra ideia pretende passar a conjunção?

e) Comprove sua resposta, utilizando outra conjunção que caberia no mesmo contexto.

Veja que decorar as conjunções para associá-las a uma relação de sentido pode não funcionar. Por esse motivo, vamos, neste capítulo, continuar tratando o período composto prioritariamente pela sua classificação semântica.

2. TEORIZANDO

As chamadas orações subordinadas adverbiais exercem e sua oração principal a função de adjunto adverbial, expressando circunstâncias que contribuem para garantir a coesão e a coerência de um texto. Veja os exemplos:

"Resolveu não dormir, porque valia a pena esperar de pé."

Aluísio Azevedo

"De soslaio atrás de jornal – tremia tanto que nem podia ler."

Dalton Trevisan

"Um amigo pintor trouxe um cavalete e tintas para que os pintores amigos possam pintar."

Rubem Braga

Na primeira frase, o fato *valia a pena esperar de pé* é determinante, causador, motivador de resolução de não dormir; a segunda oração, portanto, indica uma relação lógica de causa em relação à primeira; classifica-se como oração subordinada adverbial causal. Na frase seguinte, a oração *que nem podia ler* funciona como consequência do acontecimento anterior (tremia tanto): chama-se, por isso, oração subordinada adverbial consecutiva. O terceiro período dos exemplos apresenta uma oração que representa a finalidade de acontecimento anterior: *para que os pintores amigos possam pintar*; essa oração chama-se, nesse caso, oração subordinada adverbial final.

No capítulo anterior, quando falamos da ideia de oposição, apresentamos dois nomes: adversidade e concessão. A nomenclatura tradicional coloca a ideia de "adversidade" como a oração coordenada sindética adversativa. A ideia de "concessão" corresponderia à oração subordinada adverbial concessiva. Abaixo, listaremos as relações lógico-semânticas do período composto por subordinação.

Enfocaremos, primeiramente, as noções correspondentes às orações subordinadas adverbiais. Na relação a seguir, não representaremos a ideia de concessão.

2.1. Orações subordinadas adverbiais

2.1.1. Causa x consequência

Essas ideias representam, respectivamente, a oração subordinada adverbial causal e a oração subordinada adverbial consecutiva. Numa relação lógica de ocorrência, é claro que a causa ocorre "antes", e a consequência, "depois".

Exemplos:

Já que estava muito cansado, adormeceu rápido. – ideia de causa.

Note que "estar cansado" precede rápido adormecer.

Estava tão cansado **que adormeceu rápido.** – ideia de consequência.

Note que o "adormecer rápido" é fato que vem depois do estado de cansaço.

Conjunções causais: porque, já que, como, porquanto, uma vez que, que, visto que, haja vista, por, na medida em que

Conjunções consecutivas: tão/que, tanto/que, tal/que, tamanho/que.

2.1.2. A conjunção como

O elemento coesivo "como" costuma estar presente em três relações lógicas: comparação, conformidade ou causa:

Exemplos:

Eles se agrediram **como bichos** (se agridem) – ideia de comparação.

Veja que a conjunção aqui é sinônimo de "tal como; nas orações comparativas, é comum que o segundo verbo do período não apareça explícito.

Conjunções comparativas: tal qual, tanto quando, tal como, como.

Fizeram o trabalho **como lhes foi pedido** - ideia de conformidade. Veja que a conjunção aqui é sinônima de "conforme"; nas orações conformativas, o segundo verbo do período aparece explicito e é diferente do primeiro.

Conjunções conformativas: Conforme, segundo, consoante, como.

Como me atrasei, acabei perdendo o avião – ideia de causa. Veja que a conjunção aqui é sinônima de "porque"; nas orações causais, a conjunção "como" é a primeira palavra do período.

2.1.3. Condição

A chamada oração subordinada adverbial pode, algumas vezes, indicar hipótese.

Exemplo:

As mercadorias não serão liberadas, **sem que se pague o frete.**

a "condição" para que liberem as mercadorias é o pagamento do frete.

Conjunções condicionais: se, caso, contanto, que, desde que, sem que.

2.1.4. Finalidade

A oração subordinada adverbial final é aquela que expressa objetivo, propósito, intenção.

Exemplo:

Veio do interior **para que pudesse estudar.**

como se percebe, a intenção, o objetivo, a "finalidade" da vinda foi o estudo.

Conjunções finais: para que, a fim de que.

2.1.5. Proporção

A oração subordinada adverbial proporcional traduz um aumento ou uma diminuição gradativa; as orações expressam - como o próprio nome diz - proporcionalidade.

Exemplo:

Vamos ficando mais cansados, **na medida que a idade vai aumentando.**

o aumento da idade é diretamente proporcional ao aumento do cansaço.

Conjunções proporcionais: à proporção que, à medida que, ao passo que, quanto mais/ mais, quanto mais/menos, quanto menos/menos, quanto menos/mais.

O próximo passo é a apresentação de exemplos que correspondem às orações subordinadas adjetivas.

2.2. Orações subordinadas adjetivas

As orações subordinadas adjetivas vêm introduzidas por um pronome relativo (quando desenvolvidas) e exercem uma função caracterizadora do substantivo antecedente, que pertence à oração principal. Veja a frase seguir:

"D. Custódia era uma portuguesa que alugava quartos na Rua da Misericórdia"

Adolfo Caminha

Nesse exemplo, a oração que alugava quartos na Rua da Misericórdia caracterizava uma portuguesa, que por sua vez, modifica D. Custódia. O caráter adjetivo da oração cidade evidencia-se se a substituirmos por locadora de quartos, por exemplo.

Vamos às ideias.

2.2.1. Restrição

A oração classificada como "subordinada adjetiva restritiva" particulariza um elemento em meio a muitos. Normalmente, não pode ser retirada do período sem que haja uma modificação de sentido. Por ter valor de adjunto adnominal, não pode ser isolada por vírgula(s).

Exemplos:

Este é o aluno que tirou o primeiro lugar.

Quem mais pode querer a moça **a quem oferecemos o seguro?**

2.2.2. Explicação

A oração classificada como "subordinada adjetiva explicativa" acrescenta uma informação acessória ao termo antecedente, como se fosse um aposto, esclarecendo-o, explicando-o ou desenvolvendo-o. Normalmente, pode ser retirada do período sem que lhe altere o sentido. A particularidade de pontuação é que esse tipo de oração vem isolado por vírgula(s).

Exemplo

Ouro Preto, que foi a primeira capital de Minas Gerais, é linda.

QUESTÕES DE PROVA

Questão 1 (FGV- 2017)

Texto 4 – ANIMAIS, NOSSOS IRMÃOS

"Desde o início da vida no planeta Terra, muitas são as espécies animais que foram extintas por vários motivos.

Atualmente, quando se mencionam 'espécies em extinção', afloram as várias atividades humanas que as provocaram, ou estão provocando.

Dentre essas ações, as principais talvez sejam:

I) a caça predatória de animais de grande porte e de alguns animais menores; todos esses animais, de uma forma ou de outra, rendem expressivos lucros;

II) a descuidada aplicação dos chamados 'defensivos agrícolas' ou agrotóxicos, desestabilizando completamente o ecossistema;

III) as grandes tragédias provocadas também pela incúria humana como os incêndios florestais e derramamento de petróleo cru nos mares;

IV) o desmatamento de grandes áreas, fator de cruel desalojamento dos habitats de incontáveis espécies animais".

Eurípedes Kuhl

"a caça predatória de animais de grande porte e de alguns animais menores; todos esses animais, de uma forma ou de outra, rendem expressivos lucros".

O segmento (texto 4) sublinhado, em relação ao trecho anterior, funciona como sua:

a) finalidade;
b) causa;
c) consequência;
d) conclusão;
e) proporção.

Questão 2 (FGV – 2017)

Uma manchete do jornal *Metro*, 11/04/2017, dizia o seguinte: "Se reforma for adiada, direitos serão perdidos".

A relação lógica entre as duas orações da manchete é:

a) uma afirmação seguida de uma explicação;
b) uma condição seguida de uma consequência;
c) uma consequência seguida de sua causa;
d) uma possível causa seguida de uma exemplificação;
e) uma opinião seguida de uma conclusão.

Questão 3 (VUNESP – 2017)

Leia o texto dos quadrinhos, para responder à questão.

(Charles M. Schulz. Snoopy- Feliz dia dos namorados!)

A relação de sentido que há entre as partes sinalizadas no período – (I) Se você não me ajudar com a lição de casa, (II) eu vou processar você – é:

a) (I) expressa uma causa; (II) expressa o momento da ação.
b) (I) expressa uma condição; (II) expressa uma possível ação consequente.
c) (I) expressa modo da ação já realizada; (II) expressa sua causa.
d) (I) expressa uma comparação; (II) expressa seu efeito futuro.
e) (I) expressa uma ação possível; (II) expressa uma ação precedente realizada.

Questão 4 (FGV – 2017) Texto 1 –

"A democracia reclama um jornalismo vigoroso e independente. A agenda pública é determinada pela imprensa tradicional. Não há um único assunto relevante que não tenha nascido numa pauta do jornalismo de qualidade. Alguns formadores de opinião utilizam as redes sociais para reverberar, multiplicar e cumprem assim relevante papel mobilizador. Mas o pontapé inicial é sempre das empresas de conteúdo independentes".

O Estado de São Paulo, 10/04/2017

Uma manchete do *Estado de São Paulo*, 10/04/2017, dizia o seguinte:

"Atentados contra cristãos matam 44 no Egito e país decreta emergência".

As duas orações desse período mantêm entre si a seguinte relação lógica:

a) causa e consequência;
b) informação e comprovação;
c) fato e exemplificação;
d) afirmação e explicação;
e) tese e argumentação.

Questão 5 (FGV -2017)

"Com as novas medidas para evitar a abstenção, o governo espera uma economia vultosa no Enem".

A oração reduzida "para evitar a abstenção" pode ser adequadamente substituída pela seguinte oração desenvolvida:

a) para que se evitasse a abstenção;
b) a fim de que a abstenção fosse evitada;
c) para que se evite a abstenção;
d) a fim de evitar-se a abstenção;
e) evitando-se a abstenção.

Questão 6 (UFMT – 2017)

No último período do texto, o conector *À medida que* estabelece qual relação de sentido com a oração seguinte?

a) Finalidade
b) Consequência
c) Proporção
d) Concessão

Questão 7 (CELG – 2017)

No trecho "Mas falta gente, somos carentes de pessoal capacitado", a vírgula cumpre a função de estabelecer entre os dois enunciados uma relação:

a) contrapositiva.

b) causal.

c) temporal.

d) concessiva.

Questão 8 (FUNRIO – 2017) TEXTO

VIAGEM AO FOCO DA FEBRE AMARELA

Semanas antes do anúncio dos primeiros casos de febre amarela silvestre, em janeiro, a doença já assustava no Leste de Minas Gerais. Famílias de pequenos municípios choravam seus mortos e doentes em dezembro sem saber de que mal se tratava. Nunca tinham ouvido falar da doença na região. Macacos começaram a morrer meses antes. Após a zika, em 2015, e a chicungunha, em 2016, é o terceiro ano consecutivo sob o jugo de doenças transmitidas por mosquitos. Especialistas dizem que houve falha de vigilância sanitária e defendem vacinar a população de grandes cidades do Sudeste, principalmente Rio, Vitória e Belo Horizonte, para conter a propagação da doença.

(O Globo, 05/02/2017)

"...para conter a propagação da doença". Temos aqui uma oração reduzida, que, se desenvolvida em forma de oração subordinada, teria como forma correta:

a) para a contenção da propagação da doença.

b) para que se contivesse a propagação da doença.

c) para que se contenha a propagação da doença.

d) a fim de que se contesse a propagação da doença.

e) para evitar que a doença se propagasse.

Questão 9 (VUNESP – 2017)

Considere a charge de Ronaldo para responder à questão.

(Ronaldo Cunha Dias, *Folha de S.Paulo*, 06.06.2011)

Na frase dita pela personagem, a segunda oração "e ela começou a rir..." apresenta, em relação à primeira oração, ideia de

a) condição, sinalizando que o cliente vai ser obrigado a recorrer ao cheque especial para pagar suas contas

b) conformidade, sinalizando que o cliente não obteve o empréstimo bancário que havia solicitado ao gerente.

c) finalidade, sinalizando que o cliente está com o saldo bancário negativo há vários dias.

d) consequência, sinalizando que o cliente tem pouco dinheiro ou está sem dinheiro na conta bancária.

e) causa, sinalizando que o cliente está endividado em decorrência da cobrança dos altos juros bancários.

Questão 10 (IBADE – 2017)

Pode-se afirmar que a oração destacada em "Quando viu Lúcia, ficou tão espantado QUE DEIXOU CAIR OS EMBRULHOS." é subordinada:

a) adverbial causal.

b) adverbial consecutiva.

c) adjetiva restritiva.

d) adjetiva explicativa.

e) substantiva objetiva indireta.

Questão 11 (AOCP – 2017)

Orações coordenadas sindéticas adversativas e orações subordinadas adverbiais concessivas têm uma estrutura diferente, mas apresentam sentido semelhante. Considerando o exposto, assinale a alternativa em que a reescrita do período "Como esperado, pessoas que estavam sozinhas disseram ter expectativas menores para a visita, mas o resultado final foi bem diferente das previsões" está correta gramaticalmente.

a) Como esperado, embora pessoas que estiveras sozinhas disseram ter expectativas menores para a visita, o resultado final foi bem diferente das previsões".

b) "Como esperado, ainda que pessoas que estavam sozinhas dizerem ter expectativas menores para a visita, o resultado final foi bem diferente das previsões".

c) "Como esperado, mesmo que pessoas que estivessem sozinhas diriam ter expectativas menores para a visita, o resultado final foi bem diferente das previsões".

d) "Como esperado, embora pessoas que estivessem sozinhas dissessem ter expectativas menores para a visita, o resultado final foi bem diferente das previsões".

e) "Como esperado, apesar das pessoas que estavam sozinhas disseram ter expectativas menores para a visita, o resultado final foi bem diferente das previsões".

Questão 12 (FAUEL – 2017)

Assinale a única alternativa abaixo que apresenta uma oração subordinada adverbial, que estabelece relação temporal no Período:

a) Receberão na próxima semana, a merecida premiação.

b) Quando chegou, não havia mais ninguém à sua espera.

c) O equipamento foi revisado semana passada.

d) O tempo é o melhor remédio para a maioria dos problemas.

Questão 13 (FCM – 2017)

No trecho: "<u>Ainda que estimativas sejam incertas</u>, parece claro que estamos marchando resolutamente em direção a um ponto de saturação, no qual nossas práticas de extração e de exploração do solo e a demanda de uma população crescente e com afluência maior irão exaurir os recursos planetários.", a oração grifada é sintaticamente classificada de oração subordinada adverbial

a) concessiva.

b) condicional.

c) consecutiva.

d) comparativa.

e) conformativa.

Questão 14 (AOCP – 2017)

Em "[...] embora acredite na necessidade de uma política penal eficiente contra os criminosos, é preciso vencer o estupor social.", há, entre as orações, uma relação de

a) finalidade.

b) causa.

c) conformidade.

d) concessão.

e) comparação.

Questão 15 (IBFC – 2017)

A oração destacada em "Não sente culpa de nada. Mas, <u>se sente</u>, sofre como nunca." (4º§) introduz no período em que se encontra um valor semântico de:

a) condição.

b) concessão.

c) consequência.

d) conformidade.

Questão 16 (FUNDEP – GESTÃO DE CONCURSOS – 2017)

Lendo e interpretando

Risco pediátrico

O Tribunal de Contas da União (TCU) pediu acesso ao resultado de centenas de fiscalizações realizadas pelos Conselhos Regionais de Medicina (CRMs) ao longo de 2015. Em meio ao calhamaço de informações, um ponto se destaca: o descaso para com a infraestrutura da rede pública de atenção primária.

É justamente nas 41 mil unidades básicas de saúde (UBS) espalhadas pelo país que os pacientes deveriam ter acesso às ações de promoção da saúde, de prevenção de doenças e de cuidados.

Plenamente eficientes, ajudariam a reduzir a incidência de doenças e a controlar os problemas crônicos, com menos sequelas e mortes, esvaziando hospitais e, o que mais gostam de ouvir os gestores, diminuindo custos. Contudo, os dados mostram uma rede à margem de suas possibilidades. [...]

Das 1.266 UBS vistoriadas pelos CRMs em 2015, um total de 739 (58%) apresentava mais de 30 itens em desconformidade com o estabelecido pelas normas legais em vigor. Sob a responsabilidade dos atuais gestores, deixaram de cumprir exigências criadas pelo próprio Ministério da Saúde.

O descaso transparece em contextos incompatíveis com a dignidade humana e a responsabilidade técnica. Em 41% das unidades, não havia um negatoscópio (aparelho para avaliar uma radiografia) e a falta de estetoscópio foi registrada em 23% das fiscalizações.

A precariedade das instalações em locais onde a limpeza é fundamental também foi percebida. Em 3% das UBS visitadas não havia sanitários para os funcionários; em 8% faltavam pias ou lavabos; sabonete líquido e papel toalha eram itens faltantes em 16% das unidades.

A pediatria é uma das especialidades que mais sofrem com essa situação, que beira o surreal. No Brasil, há 35 mil especialistas na área. Pouco mais de 70% deles atuam na rede pública, principalmente nessa rede que carece de quase tudo. Mesmo assim, num contexto completamente adverso, eles têm se desdobrado para oferecer às crianças e adolescentes o mínimo do que precisam.

Por isso, cuidam da saúde de 50 milhões de brasileiros, com idades de 0 a 18 anos, que dependem exclusivamente do Sistema Único de Saúde (SUS) para ter acesso a consultas médicas, exames, internações e cirurgias. No entanto, no cenário atual, profissionais e pacientes enfrentam situações-limite, que causam desespero nas famílias e impõem dilemas éticos aos médicos, cerceados por fatores que fogem ao seu controle.

Em nome da saúde e do bem-estar dos jovens brasileiros, essa realidade deve ser transformada com urgência. Nesse contexto, a assistência pediátrica de qualidade tem de ser vista como prioridade, pois se ocupa fundamentalmente daqueles que, mais que todos, precisam de uma sociedade que respeite a cidadania.

SILVA, Luciana Rodrigues; FERREIRA, Sidnei. Risco pediátrico. *CFM*.
Disponível em: <http://migre.me/wf9Wn>.
Acesso em: 15 mar. 2017 (Fragmento adaptado).

01. Assinale o trecho que melhor justifica o título do texto.

a) "A precariedade das instalações em locais onde a limpeza é fundamental também foi percebida."

b) "A falta de instalações adequadas, de equipamentos e insumos não permite que as equipes cumpram suas missões."

c) "Pouco mais de 70% deles atuam na rede pública, principalmente nessa rede que carece de quase tudo."

d) "Em meio ao calhamaço de informações, um ponto se destaca: o descaso para com a infraestrutura da rede pública de atenção primária."

02. São motivos que, de acordo com o texto, indicam precariedade na infraestrutura da rede pública de atenção primária, **EXCETO**:

a) Falta de equipamentos médicos.

b) Falta de materiais de higiene.

c) Falta de infraestrutura.

d) Falta de profissionais capacitados.

03. São elementos utilizados pelos autores no decorrer do texto, **EXCETO**:

a) Ironia.

b) Dados estatísticos.

c) Argumentação lógica, por causa e consequência.

d) Apelo sentimental.

04. Releia o trecho a seguir.

"No entanto, no cenário atual, profissionais e pacientes enfrentam situações-limite, que causam desespero nas famílias e impõem dilemas éticos aos médicos, **cerceados** por fatores que fogem ao seu controle."

O verbo "cercear", destacado nesse trecho, pode ser substituído por:

a) abolir.

b) limitar.

c) suprimir.

d) cortar.

05. Releia o trecho a seguir.

"Plenamente eficientes, ajudariam a reduzir a incidência de doenças e a controlar os problemas crônicos, com menos sequelas e mortes, esvaziando hospitais e, o que mais gostam de ouvir os gestores, diminuindo custos.**Contudo**, os dados mostram uma rede à margem de suas possibilidades."

Assinale a alternativa em que a reescrita do trecho mantém o sentido original desse trecho.

a) Plenamente eficientes, ajudariam a reduzir a incidência de doenças e a controlar os problemas crônicos, com menos sequelas e mortes, esvaziando hospitais e, o que mais gostam de ouvir os gestores, diminuindo custos. **Portanto**, os dados mostram uma rede à margem de suas possibilidades.

b) Plenamente eficientes, ajudariam a reduzir a incidência de doenças e a controlar os problemas crônicos, com menos sequelas e mortes, esvaziando hospitais e, o que mais gostam de ouvir os gestores, diminuindo custos. **Todavia**, os dados mostram uma rede à margem de suas possibilidades.

c) Plenamente eficientes, ajudariam a reduzir a incidência de doenças e a controlar os problemas crônicos, com menos sequelas e mortes, esvaziando hospitais e, o que mais gostam de ouvir os gestores, diminuindo custos. **Consequentemente**, os dados mostram uma rede à margem de suas possibilidades.

d) Plenamente eficientes, ajudariam a reduzir a incidência de doenças e a controlar os problemas crônicos, com menos sequelas e mortes, esvaziando hospitais e, o que mais gostam de ouvir os gestores, diminuindo custos. **Conforme**, os dados mostram uma rede à margem de suas possibilidades.

06. Assinale a alternativa cuja ideia entre colchetes **não** está presente no respectivo trecho.

a) "Das 1.266 UBS vistoriadas pelos CMRs em 2015, um total de 739 (58%) apresentava mais de 30 itens em desconformidade com o estabelecido pelas normas legais em vigor." [MAIORIA]

b) "Em meio ao calhamaço de informações, um ponto se destaca: o descaso para com a infraestrutura da rede pública de atenção primária." [EXCLUSIVIDADE]

c) [...] essa realidade deve ser transformada com urgência." [PREMÊNCIA]

d) "Pouco mais de 70% deles atuam na rede pública, principalmente nessa rede que carece de quase tudo." [MAIORIA]

07. Releia o trecho a seguir.

"A precariedade das instalações em locais **onde** a limpeza é fundamental também foi percebida."

Em relação à palavra destacada, de acordo com a norma padrão da língua portuguesa, assinale alternativa **CORRETA**.

a) É usada com verbos que indicam movimento.

b) Pode ser substituída por "aonde"

c) Foi utilizado corretamente, assim como em "Existem lances onde os juízes erram".

d) Pode ser substituída pela locução "em que".

08. Releia o trecho a seguir.

"[...] os dados mostram uma rede **à margem de** suas possibilidades."

De acordo com o que pode ser interpretado do texto, a locução destacada indica que a rede:

a) necessita de melhor infraestrutura.

b) é superdimensionada.

c) poderia ser melhor aproveitada.

d) atende um método de pacientes superior ao que é capaz.

09. Releia o trecho a seguir.

"Em 41% das unidades, não havia um negatoscópio (aparelho para avaliar uma radiografia) [...]"

De acordo com a norma padrão da língua portuguesa e com o contexto em que aparecem, assinale a alternativa **incorreta** sobre o uso dos parênteses.

a) Podem ser substituídos por travessões.

b) Servem para inserir uma nova informação no texto.

c) Podem ser substituídos por vírgulas.

d) Servem para demarcar uma oração fora do contexto textual.

10. Releia o trecho a seguir.

"[...] eles têm se desdobrado para oferecer às crianças e adolescentes o mínimo do que precisam."

Analise as afirmativas a seguir a respeito do acento indicativo de crase desse trecho.

I. É regido pelo verbo "oferecer".

II. Indica a fusão de um artigo com uma preposição.

III. É facultativo.

De acordo com a norma padrão da língua portuguesa, estão **corretas** as afirmativas:

a) I e II, apenas.

b) I e III, apenas.

c) II e III, apenas.

d) I, II e III.

GABARITOS

QUESTÃO DE PROVAS

1 – B
2 – B
3 – B
4 – A
5 – C
6 – C
7 – B
8 – C
9 – D
10 – B
11 – D
12 – B
13 – A
14 – D
15 – A

LENDO E INTERPRETANDO

1 – C
2 – D
3 – A
4 – D
5 – D
6 – B
7 – D
8 – C
9 – D
10 – A

AS PAUSAS NA ESCRITA – PONTUAÇÃO

1. PRA COMEÇO DE CONVERSA

Cidadezinha qualquer
Casa entre bananeiras
Mulheres entre laranjeira
Pomar amor cantar.

Um homem vai devagar.
Um cachorro vai devagar.
Um burro vai devagar.

Devagar... as janelas olham.
Eta vida besta, meu Deus.

ANDRADE, Carlos D. de. In: Alguma poesia (1930)

Em "Cidadezinha qualquer", Carlos Drummond de Andrade, mesmo não sendo con-si-derado um escritor que tenha na ruptura com o padrão estabelecido sua marca maior, utiliza a pontuação com finalidade expressiva.

Na primeira estrofe, há um único sinal de pontuação: o ponto-final, no fim da estrofe. Os sintagmas "casas entre bananeiras", "mulheres entre laranjeiras", "pomar", "amor e cantar", segundo a gramática, deveriam estar separados por vírgula, pelo fato de serem elementos de uma enumeração, mas não estão, devido ao efeito pretendido por meio da organização descritiva da referida estrofe.

a) Que possível relação sugestiva de conteúdo justificaria essa desobediência gramatical? (Como se trata de interpretação relativa à poesia, não se sinta obrigado a acertar; apresente sua visão sugestiva.)

Na segunda estrofe, cada um dos três períodos, que constituem os versos, apresenta um ponto-final.

b) O que nos sugere tal procedimento?

Na última, o conteúdo semântico do sintagma "devagar" amplia-se com o uso de reticências.

c) Qual é a possível intenção do uso desse recurso?

A pontuação não se mostra relevante unicamente quando se apresenta como ruptura do modelo lógico-gramatical. Afinal, a construção sintática não está destituída de sentido e, por isso, também deve ser considerada.

2. TEORIZANDO

O texto a seguir é de autoria da professora Tania Maria Nunes de Lima Camara (UNI-SUAM)

> Os sinais de pontuação datam de época relativamente recente na história da língua escrita. No sistema hoje empregado, é possível observar, porém, a permanência de alguns sinais usados desde os gregos, os latinos e a Alta Idade Média. [...]
>
> A lógica do pensamento, orientada por um raciocínio eminentemente matemático, mu-dou os princípios sobre os quais se deveria pautar a pontuação. A partir daí, a estruturação lógica passou a ser considerada como a base de uso da pontuação, deixando de levar em conta as questões relativas a ritmo, à lógica aparentemente desorganizada do pensamento em si. [...]
>
> Considerado signo, a relação significante-significado mostra-se presente nos textos em geral, ligada à produção de sentido.
>
> Desse modo, pontuar, na língua escrita, é mais do que empregar sinais gráficos obe-decendo a um critério estritamente lógico-gramatical, como atestam renomados gramáticos e estudiosos da língua portuguesa. Restringir a pontuação à sintaxe é limitar-lhe o emprego; é desconsiderar o seu importante papel como operador de textualidade. [...]
>
> Trabalhando o texto literário na sala de aula, percebe-se que o aluno, de modo geral, envolve-se diretamente com aspectos relativos ao que comumente se chama "interpretação do texto", na medida em que se prende diretamente ao conteúdo. Somente quando habilmente conduzido, é capaz de destacar algum fato gramatical e relacioná-lo ao sentido.
>
> In: http://www.filologia.org.br/viiicnlf/anais/caderno05-17.html

3. USO DA VÍRGULA NO PERÍODO SIMPLES

Caso 1 – Separa termos deslocados na oração.

Exemplo: Antes das 18h, o médico terá cumprido sua agenda.

Caso 2 – Separa o lugar da data.

Exemplo: Belo Horizonte, 18 de julho de 2017.

Caso 3 – Separa expressões explicativas ou corretivas, como: isto é, quer dizer, por exemplo, ou melhor.

Exemplo: Tudo se resolveu, isto é, expulsaram os desordeiros.

Caso 4 – Separa termos com a mesma função.

Exemplo: Muitos objetos estavam na promoção: óculos, pulseiras, colares e anéis.

Caso 5 – Separa complemento verbal pleonástico antecipado.

Exemplo: Esta moça, já a vi muitas vezes na Escola.

Caso 6 – Separa vocativo.

Exemplo: Colegas, contem comigo.

Caso 7 – Separa aposto.

Exemplo: Carolina, professora do curso de Direito, estará em férias no mês que vem.

Caso 8 – Indica a elipse do verbo.

Exemplo: Fomos de carro, e eles, a pé.

4. NÃO SE USA A VÍRGULA

Caso 1 – Não se separa sujeito de predicado.

Exemplo: Todas as alunas do segundo período (,) estarão presentes no evento.

Caso 2 – Não se separa verbo do complemento verbal.

Exemplo: O funcionário finalmente havia instalado (,) o telefone solicitado.

Caso 3 – Não se separa adjunto adnominal de seu núcleo.

Exemplo: A mãe (,) de Diana (,) estava internada até ontem.

Caso 4 – Não se separa complemento nominal de substantivo ou adjetivo.

Exemplo: A aritmética é útil (,) aos alunos.

5. USO DOS DOIS-PONTOS

Caso 1 – Citação.

Exemplo: Machado de Assis já afirmara: "O menino é o pai do homem".

Caso 2 – Para discriminar as partes de um todo.

Exemplo: Preciso de três coisas: amor, saúde e dinheiro.

6. USO DO PONTO E VÍRGULA

Caso 1 – Marca uma pausa mais longa que a vírgula. Usa-se entre orações coordenadas, quando se quer estabelecer uma marcação mais forte que a da vírgula.

Exemplo: Os homens conversavam na sala; as mulheres bebiam na cozinha.

7. USO DO PONTO DE EXCLAMAÇÃO

Caso 1 – Aparece no final de orações que traduzem tom de surpresa, espanto etc.

Exemplo: Que lindo homem!

8. USO DO PONTO DE INTERROGAÇÃO

Caso 1 – Usa-se em frase interrogativas diretas.

Exemplo: Quem te contou isso?

9. USO DO TRAVESSÃO

Caso 1 - Para marcar a mudança das falas das personagens nos diálogos.

Exemplo: – *Que horas são, por favor?*

– São 17 horas.

Caso 2 – Para enfatizar palavras e expressões.

Exemplo: Encontramos aquele professor – uma pessoa muito agradável.

Caso 3 – Para ligar palavras em cadeia de um itinerário.

Exemplo: Linha aérea Rio – Belo Horizonte. Ponte Rio – Niterói.

10. USO DOS PARÊNTESES

Caso 1 – Os parênteses são usados para isolar explicações, indicações ou algum comentário.

Exemplo: Acredito (se é que ainda tenho capacidade para crer) no poder da justiça.

11. USO DAS RETICÊNCIAS

Caso 1 – Deixa o leitor concluir aquilo que está de certa forma implícito no enunciado.

Exemplo: Quem não tem cão...

12. USO DE ASPAS ("")

Caso 1 – Para assinalar um trecho citado ou transcrito.

Exemplo: Disse Pilatos: "O que escrevi, escrevi".

Caso 2 – Para realçar expressões ou conceitos que se deseja pôr em evidência.

Exemplo: O que se chama "melhor idade" é um termo politicamente correto.

Caso 3 – Para indicar palavras ou expressões paralelas à norma culta, como gírias e expressões estrangeiras.

Exemplo: Não deixo de assistir ao "Big Brother".

QUESTÕES DE PROVA

Questão 1 (IDIB – 2017)

Muitas vezes temos mais de uma forma de utilizar a pontuação em um texto, sem que cometamos nenhuma incorreção quanto à gramática normativa. Sabendo disso, assinale a única alteração da pontuação do período abaixo que permanece sem erros.

"Minha mãe é idosa, mora no interior, e a última vez que falei com ela, ao telefone, foi no Ano Novo."

a) Minha mãe é idosa, mora no interior, e a última vez que falei com ela ao telefone foi no Ano Novo.

b) Minha mãe é idosa mora no interior e a última vez que falei com ela, ao telefone, foi no Ano Novo.

c) Minha mãe é idosa, mora no interior e a última vez que falei com ela, ao telefone, foi no Ano Novo.

d) Minha mãe é idosa, mora no interior, e a última vez que falei com ela ao telefone, foi no Ano Novo.

Questão 2 (VUNESP – 2017)

Redigida com base em passagem do texto, a frase que apresenta emprego da vírgula de acordo com a norma-padrão é:

a) No meio da balbúrdia dos amigos, a concentração no sentir era difícil.

b) Antes tão boa a brisa fina, tornara-se quente e árida ao sol do meio-dia.

c) Do chafariz de pedra entre arbustos brotava num filete, a água sonhada.

d) Ele conseguiu ser, o primeiro a chegar antes de todos ao chafariz de pedra.

e) Sentia-se intrigado intuitivamente confuso, na sua inocência.

Questão 3 (VUNESP – 2017)

A regra de pontuação que determina o emprego da vírgula em "Muita gente não gosta de Floriano Peixoto, o 'Marechal de Ferro'." também se aplica ao trecho adaptado do editorial "Nem tão livres" *(Folha de S.Paulo, 04.04.2017)*:

a) Passou o tempo, diz o ativista Joel Simon, em que se acreditava ser impossível censurar ou controlar a informação na internet.

b) Notícias falsas e quantidade nauseante de calúnias e ofensas circulam pelas redes sociais – tornando-as, ainda que livres, inconfiáveis em larga medida.

c) Todavia, a própria sensação de que exista uma tão ampla liberdade se vê passível de contestações.

d) A guerra da informação e da contrainformação, se não ameaça diretamente a vida de jornalistas, não deixa, entretanto, de pôr em risco a verdade dos fatos.

e) O diretor do Comitê de Proteção aos Jornalistas, ONG com sede em Nova York, talvez surpreenda quem comemora as facilidades dos meios eletrônicos.

Questão 4 (CREFITO – 2017)

No período: ***Ter o "coração partido" é uma das experiências mais traumáticas da vida.***, as aspas foram usadas para indicar

a) ironia.

b) ênfase.

c) coloquialismo.

d) linguagem figurada.

e) neologismo.

Questão 5 (FUNDEP – 2017)

Releia o trecho a seguir.

"Em 41% das unidades, não havia um negatoscópio (aparelho para avaliar uma radiografia) [...]"

De acordo com a norma padrão da língua portuguesa e com o contexto em que aparecem, assinale a alternativa **incorreta** sobre o uso dos parênteses.

a) Podem ser substituídos por travessões.

b) Servem para inserir uma nova informação no texto.

c) Podem ser substituídos por vírgulas.

d) Servem para demarcar uma oração fora do contexto textual.

Questão 6 (FUNDEP – 2017)

Releia o trecho a seguir.

"Os pesquisadores acreditam, contudo, que vermes intestinais – que atenuam as reações do sistema imunológico – podem ser mais comuns nos organismos dos integrantes do povo indígena, ajudando, assim, a proteger seus corações."

Em relação ao uso dos travessões nesse trecho, analise as afirmativas a seguir.

I. Podem ser substituídos por vírgulas.

II. Isolam um aposto oracional.

III. Separam uma oração explicativa.

De acordo com a norma padrão, estão **corretas** as afirmativas:

a) I e II, apenas.

b) I e III, apenas.

c) II e III, apenas.

d) I, II e III.

Questão 7 (INAZ-PA – 2017)

Em "uma doméstica conseguiu juntar, ao longo dos anos, o suficiente para comprar uma quitinete no centro de São Paulo.", as vírgulas foram empregadas para:

a) Isolar uma expressão adverbial.

b) Separar uma enumeração.

c) Separar a oração principal de uma oração subordinada.

d) Isolar um aposto.

e) Isolar termos com a mesma função sintática.

Questão 8 (IBADE – 2017)

"(como os de índios puros - tais os remanescentes de tribos que certos antropólogos querem manter isolados, geneticamente puros - fósseis vivos - para eles estudarem...)". Em relação à "como os de índios puros", o trecho entre travessões tem o objetivo principal de apresentar uma:

a) enumeração

b) comparação.

c) ressalva.

d) contradição

e) especificação.

Questão 9 (IESES – 2017)

Há alguns pontos em que o texto não obedece rigorosamente à norma padrão. A seguir foram elencadas algumas possibilidades de ajustes para que a correção seja assegurada. Avalie-as e, em seguida, assinale a alternativa que contenha análise correta sobre as mesmas.

I. No trecho: "Em média, o de cobre falha para 0,5 de cada 100 usuárias por ano, próximo a de pílulas", deveria haver crase em "próximo **à** de pílulas", pois o substantivo "falha" está subentendido.

II. Há uma vírgula sobrando em: "'A mulher que tem muito fluxo e cólica, pode optar por este método', afirma Dardes", pois NÃO se separa sujeito de predicado.

III. "Segundo o ginecologista Zlotnki, também não existem casos de malformação do bebê decorrente do uso do dispositivo". Nesse trecho, há uma transgressão ortográfica, pois o correto seria má- formação.

IV. "Segundo o ginecologista Zlotnki, também não existem casos de malformação do bebê decorrente do uso do dispositivo". Nesse trecho, o verbo existir é impessoal, portanto, NÃO deveria estar no plural.

A análise correta é:

a) Apenas as assertivas I e II estão corretas.

b) Apenas as assertivas III e IV estão corretas.

c) Todas as assertivas estão corretas.

d) Apenas as assertivas I, II e IV estão corretas.

Questão 10 (VUNESP – 2017)

Leia a crônica de Walcyr Carrasco para responder à questão.

Febre de fama

Há uma inflação de candidatos a astro e estrela. Toda família tem um aspirante aos holofotes. Desde que comecei a escrever para televisão, sou acossado por gênios indomáveis.

Dias desses, fui ouvir as mensagens do celular. Uma voz aflita de mulher:

– Preciso falar urgentemente com o senhor.

"É desgraça!", assustei-me. Digitei o número.

– Quero trabalhar em novela – disse a voz.

Perguntei (já pensando em trucidar quem havia dado o número do meu celular) se tinha experiência como atriz. Não. Nem curso de interpretação. Apenas uma certeza inabalável de ter nascido para a telinha mágica. Com calma, tentei explicar que, antes de mais nada, era preciso estudar para ser atriz. Estudar? Ofendeu-se:

– Obrigada por ser tão grosseiro! e desligou o telefone.

Incrível também é a reação dos familiares. Conheci a mãe de uma moça que dança em um dos inúmeros conjuntos em que as integrantes rebolam em trajes mínimos. Bastante orgulhosa da pimpolha, a mãe revelou:

– Quando pequena ela queria ser professora, mas escolheu a carreira artística. Ainda bem!

Comentei, muito discreto:

– É... ela vai longe...

– Nem me fale. Daqui a pouco, vai estar numa novela!

Essa febre de fama me dá calafrios. Fico pensando na reação de grandes artistas como Marília

Pêra, Tony Ramos, Juca de Oliveira diante desse vale-tudo, desse desejo insano por ser famoso a qualquer preço.

(Veja SP, 21.10.1998. Adaptado)

Assinale a alternativa em que a pontuação está empregada corretamente e preserva o sentido original do texto.

a) Preciso falar urgentemente com o senhor! (3° parágrafo)

b) Perguntei (já pensando em trucidar quem havia dado o número do meu celular) se tinha experiência como atriz? (6° parágrafo)

c) Quando pequena; ela queria ser professora, mas escolheu a carreira artística. (9° parágrafo)

d) É, ela vai longe! (11° parágrafo)

e) Essa (febre de fama) me dá calafrios. (último parágrafo)

Questão 11 (FUNDAÇÃ LA SALLE – 2017)

Moradores fixam placas em ruas no RS para avisar sobre furtos e assaltos

01 Moradores de duas das principais cidades do Rio Grande do Sul fixaram placas
02 para denunciar o perigo em regiões onde acontecem crimes. A iniciativa, registrada
03 em Porto Alegre e em Caxias do Sul, na Serra, tem como objetivo alertar quem passa
04 por locais onde já ocorreram furtos e assaltos.
05 Uma placa amarela fixada na parede de um prédio na Travessa Cauduro no
06 Bairro Bom Fim, Região Central de Porto Alegre, alerta que os carros estacionados na
07 região costumam ser arrombados. A professora Mariú Jardim concorda com o aviso.
08 "Quase todos os dias, sempre há assalto. E o pior,____mão armada", diz a moradora.
09 O DJ Jonathan Trevisan conta que um colega teve o carro roubado em frente ao
10 prédio onde mora. "O cara estava com a arma no peito dele. O outro percebeu que eu
11 estava na janela, apontou a arma para mim e me mandou entrar e ficar quieto", conta.
12 No Centro da capital, a Rua Chaves Barcellos também virou alvo dos bandidos,
13 de acordo com o relato de quem vive ou trabalha na região. "Não____para deixar
14 dinheiro na bolsa, celular também, _______ eles sempre estão pegando", conta a
15 atendente Natália Cristiane dos Santos.
16 Escrito à mão em um pedaço de papelão fixado em um poste, um pedido
17 deixado por um comerciante mostra que a situação chegou ao limite: "Prezados
18 ladrões, peço a gentileza de respeitar esta rua".
19 A Brigada Militar diz que planeja aperfeiçoar o uso de um aplicativo de celular
20 para receber informações da comunidade, segundo o comandante interino do 9o
21 Batalhão, major Macarthur Vilanova. "A comunidade que está no terreno, que está
22 vivenciando o dia a dia da sua área, do seu bairro, nos informa coisas que a polícia às
23 vezes não enxerga, pontos em que os delinquentes estão se concentrando, locais mais
24 vulneráveis e horários", explica.
25 Em Caxias do Sul, na Serra gaúcha, uma placa próxima ____ uma das
26 principais universidades da cidade diz que lá há um alto índice de arrombamento de
27 veículos. O empresário Mateus Pasquali conta ter idealizado ____ iniciativa após
28 encontrar pelo chão material que, segundo ele acredita, foi furtado dos carros
29 estacionados.
30 "Já recolhi jaleco de funcionário e de estagiário do hospital geral. Muitas vezes,
31 alguma capa de câmera fotográfica, porque acho que a câmera acabaram furtando. E
32 como isso se repete há alguns meses, desde dezembro eu venho acompanhando, eu e
33 um funcionário que trabalha comigo tomamos a atitude de produzir essa placa e

34 colocarmos aí para tentar evitar que o pessoal estacione nesse ponto", conta.
35 A Brigada Militar pede que as vítimas registrem as ocorrências. "Não temos
36 nenhum registro do ano passado e até agora, em janeiro de 2017, também não temos
37 registro, então é importante que as pessoas registrem os furtos e roubos de veículos
38 porque _______ disso que a Brigada Militar faz seu planejamento", diz o
39 subcomandante do 12° Batalhão da cidade gaúcha, major Emerson Ubirajara.

Disponível em <http://g1.globo.eom/rs/rio-grande-do-sul/noticia/2017/02/moradores-fixam-placas-em-ruas-no-rs-para-a-visar-sobre-furtose-assaltos.html> (adaptado). Acesso em 11 fev. 2017.

Com base no texto, analise as afirmativas abaixo.

I. Todas as aspas que aparecem no texto foram utilizadas para marcar o discurso de outrem.

II. Carros estacionados na Travessa Cauduro, na Serra, correm um maior risco de serem arrombados.

III. Todas as pessoas mencionadas na reportagem já foram vítimas de assaltos e/ou furtos.

Das afirmativas acima, qual(is) está(ão) correta(s)?

a) Apenas I e II.
b) Apenas a II.
c) Apenas I e III.
d) Apenas II e III.
e) Apenas a I.

Questão 12 (FUNDAÇÃO LA SALLE – 2017)

01 A onda de violência no Espírito Santo após a falta de policiamento alterou a
02 rotina de moradores de cidades do Estado, que relatam episódios de roubos e assaltos.
03 Ao menos parte do comércio fechou. Pacientes desmarcaram consultas médicas
04 com receio de saírem às ruas. Uma academia de Vitória enviou mensagens na
05 madrugada a frequentadores avisando que não funcionaria nesta segunda-feira, 6, por
06 causa do aumento da violência.
07 A dona de casa Marileia Souza, moradora de Serra, na Grande Vitória, a maior
08 cidade do Estado, com cerca de 500 mil habitantes, afirmou ter recebido ligações de
09 amigos sugerindo que não saísse de casa pela falta de policiamento.
10 "Só de chegar na porta já dá para perceber que há problemas. A cidade está
11 parada. É complicado. Com os guardas nas ruas a situação já está difícil, imagina
12 sem", disse Marileia. Ela afirmou que pretende seguir o conselho dos amigos de não
13 sair às ruas.
14 Uma funcionária de consultório médico localizado na Praia do Canto, zona nobre
15 de Vitória, declarou que houve vários assaltos e que escolas e bancos não abriram na
16 região.
17 "Aqui na frente costuma ter trânsito intenso. Hoje, não tem nada. Muitos
18 pacientes ligaram desmarcando consultas", disse a funcionária, que preferiu não se
19 identificar. "Acordei hoje por volta das 4 horas com o pessoal da academia em que
20 faço ginástica dizendo que não funcionaria hoje, por causa da violência."
21 A funcionária do consultório afirmou ter recebido pelo WhatsApp fotos de corpos
22 de pessoas que teriam sido mortas na cidade durante a onda de violência. Porém, até o
23 momento, não há confirmação da Secretaria de Segurança Pública do Espírito Santo de
24 quantas ocorrências nesse sentido foram registradas.
25 O responsável pela pasta, André Garcia, em entrevista na manhã desta
26 segunda-feira à Rádio Estadão, no entanto, afirmou ter aumentado o número de
27 homicídios no Estado nos últimos dias, de modo a afetar a queda nesse tipo de crime
28 que vinha sendo registrada nos últimos anos.
29 Também funcionária de consultório médico, na Enseada do Suá, Taianara
30 Oliveira afirmou que a cidade teve, nos últimos dias, assaltos a shopping centers e
31 número elevado de roubos de carros.
32 Já o dentista Paulo Sérgio Curto de Oliveira, do bairro Santa Lúcia, relatou ter
33 visto lojas fechadas e disse que o trânsito na região em que trabalha está menos
34 movimentado do que o normal. Porém, afirmou que não pretende deixar de trabalhar.
35 "Não podemos nos apegar a isso."

Disponível em http://exame.abril.com.br/brasil/sem-policia-espirito-santo-vive-dias-de-caos-e-inseguranca/ (adaptado. Acesso em fev. 2017)

Sobre os sinais de pontuação do texto, considere as afirmativas abaixo.

I. A segunda vírgula, na linha 07, poderia ser retirada, sem prejuízo às normas de pontuação vigentes.

II. Na linha 17, a vírgula depois do vocábulo "Hoje" poderia ser retirada, sem prejuízo às normas de pontuação vigentes, por se tratar de um adjunto adverbial de pequena extensão.

III. As vírgulas antes e depois da expressão "nos últimos dias", linha 30, poderiam ser substituídas por travessão duplo, sem prejuízo às normas de pontuação vigentes.

Das afirmações acima, qual(is) está(ão) correta(s)?

a) Apenas I e II.
b) Apenas a I.
c) Apenas I e III.
d) Apenas II e III.
e) Apenas a III.

Questão 13 (FUNDEP – 2017)

Releia o trecho a seguir.

"[...] diversas partes do córtex visual (região responsável pelo controle da visão) das crianças se modificavam com a idade."

Em relação ao uso dos parênteses nesse trecho, assinale a alternativa **INCORRETA**.

a) Podem ser substituídos por travessões.
b) Podem ser substituídos por aspas.
c) Inserem uma nova informação no texto.
d) Inserem uma explicação do autor.

Questão 14 (FUNDEP – 2017)

Por trás do "raciocínio lógico" do equino, o que havia era uma capacidade ímpar de observação.

Nesse caso, as aspas foram utilizadas para:

a) marcar a fala de outrem.
b) indicar frases feitas, comuns na língua.
c) assinalar ironia.
d) separar orações.

Questão 15 (UFAL – 2017)

No período destacado O músculo, por exemplo, fica numa parte do corpo do animal que exige mais esforço, justifica-se o emprego das vírgulas por

a) separar o sujeito do predicado.
b) haver uma expressão explicativa.
c) isolar um adjunto adverbial deslocado.
d) separar uma oração adjetiva explicativa.
e) se tratar de um período composto com oração intercalada.

Questão 16 (FEPESE – 2017)

Assinale a alternativa que apresenta **correta** pontuação.

a) Hoje, exatamente, às 21h a lua se aproximará, da Terra como nunca antes visto.
b) Os funcionários da CIDASC, cumprem com zelo as normas estabelecidas, pela chefia.
c) Falei com Paulo meu vizinho de outrora, e recordei, dos bons momentos vividos.
d) Aqueles, que não concordarem com o regulamento, deste certame, deverão entrar com recurso em tempo hábil.
e) Depois que, há algumas décadas, o homem refez seus valores, houve uma grande transformação na sociedade.

Questão 17 (FCC – 2017)

Muito antes de nos ensinarem e de aprendermos as regras de bom comportamento socialmente construídas e promovidas, e de sermos exortados a seguir certos padrões e nos abster de seguir outros, já estamos numa situação de escolha moral. Somos, por assim dizer, inevitavelmente – existencialmente –, seres morais: somos confrontados com o desafio do outro, o desafio da responsabilidade pelo outro, uma condição do ser-para.

Afirmar que a condição humana é moral antes de significar ou poder significar qualquer outra coisa representa que, muito antes de alguma autoridade nos dizer o que é "bem" e "mal" (e por vezes o que não é uma coisa nem outra), deparamo-nos com a escolha entre "bem" e "mal". E a enfrentamos desde o primeiro momento do encontro com o outro. Isso, por sua vez, significa que, quer escolhamos quer não, enfrentamos nossas situações como problemas morais, e nossas opções de vida como dilemas morais.

Esse fato primordial de nosso ser no mundo, em primeiro lugar, como uma condição de escolha moral não promete uma vida alegre e despreocupada. Pelo contrário, torna nossa condição bastante desagradável. Enfrentar a escolha entre bem e mal significa encontrar-se em situação de ambivalência. Esta poderia ser uma preocupação relativamente menor, estivesse a ambiguidade de escolha limitada à preferência direta por bem ou mal, cada um definido de forma clara e inequívoca; limitada em particular à escolha entre atuar baseado na responsabilidade pelo outro ou desistir dessa ação – de novo com uma ideia bastante clara do que envolve "atuar baseado na responsabilidade".

(Adaptado de: BAUMAN, Zygmunt. **Vida em fragmentos: sobre a ética pós-moderna**. Trad. Alexandre Werneck. Rio de Janeiro, Zahar, 2011, p. 11-12)

A alternativa que apresenta um comentário correto acerca da pontuação de um trecho do texto é:

a) em ... *muito antes de alguma autoridade nos dizer o que é "bem" e "mal" (e por vezes o que não é uma coisa nem outra)...* (2° parágrafo), os parênteses intercalam uma expressão que precisa o sentido do vocábulo autoridade.

b) em *Somos [...] seres morais: somos confrontados com o desafio do outro, o desafio da responsabilidade pelo outro...* (1° parágrafo), os dois-pontos introduzem uma ressalva a uma afirmação de tom categórico.

c) em *Somos, por assim dizer, inevitavelmente – existencialmente –, seres morais...* (1° parágrafo), os travessões são usados para dar ênfase a uma palavra que expressa circunstância de modo.

d) em *Esse fato primordial de nosso ser no mundo, em primeiro lugar, como uma condição de escolha moral...* (3° parágrafo), as vírgulas destacam uma expressão com valor temporal, imprimindo no texto um tom de memória.

e) em ... *uma ideia bastante clara do que envolve "atuar baseado na responsabilidade".* (3° parágrafo), as aspas demarcam uma expressão empregada com teor irônico e que, portanto, relativiza o que foi exposto anteriormente.

Questão 18 (FCC – 2017)

As peças em geral trazem à tona temas referentes ao Pantanal e às populações indígenas, são feitas em cores da paisagem regional e, **além da fauna e da flora,** podem retratar tipos humanos e costumes da região. (3° parágrafo)

Após o deslocamento da expressão destacada, sem alterar o sentido da frase original, o uso da vírgula fica correto em:

a) As peças em geral além da fauna e da flora, trazem à tona temas referentes ao Pantanal e às populações indígenas, são feitas nas cores da paisagem regional e podem retratar tipos humanos e costumes da região.

b) As peças em geral trazem à tona temas referentes ao Pantanal e às populações indígenas, são feitas nas cores da paisagem regional e podem além da fauna e da flora, retratar tipos humanos e costumes da região.

c) As peças em geral trazem à tona temas referentes ao Pantanal e às populações indígenas, além da fauna e da flora são feitas nas cores da paisagem regional e podem retratar tipos humanos e costumes da região.

d) Além da fauna e da flora as peças em geral trazem à tona temas referentes ao Pantanal e às populações indígenas, são feitas nas cores da paisagem regional e, podem retratar tipos humanos e costumes da região.

e) As peças em geral trazem à tona temas referentes ao Pantanal e às populações indígenas, são feitas nas cores da paisagem regional e podem retratar tipos humanos e costumes da região, além da fauna e da flora.

Questão 19 (MPE-RS – 2017)

01 A ignorância acerca da natureza do homem lança incerteza e obscuridade sobre a definição verdadeira do
02 direito natural. O direito e, mais ainda, o direito natural são evidentemente ideias relativas à natureza do homem;
03 é, pois, dessa natureza que se .... os princípios dessa ciência.
04 Os jurisconsultos romanos submetem o homem e todos os outros animais à mesma lei natural, porque a
05 consideram a lei que a natureza se impõe a si mesma, isto é, o conjunto das relações gerais que estabelece entre
06 todos os seres animados para a sua comum conservação. Os filósofos modernos, só reconhecendo sob o nome de
07 lei uma regra prescrita a um ser moral – inteligente, livre e considerado nas suas relações com outros seres –,
08 limitam, consequentemente, ao homem a competência da lei natural. Mas, definindo essa lei cada qual à sua
09 moda, estabelecem-na sobre princípios tão metafísicos que há, mesmo entre nós, muito pouca gente capaz de
10 compreender esses princípios ou de os .... em si própria. De sorte que as definições desses sábios homens
11 concordam somente em que é impossível entender a lei da natureza e, por conseguinte, obedecê-la, sem ser um
12 grande raciocinador e profundo metafísico. Tais definições recorrem a conhecimentos que os homens
13 naturalmente não têm, e a vantagens que só podem perceber depois de terem saído do estado de natureza.
14 O que podemos ver claramente em relação à lei da natureza é que é preciso não só que a vontade daquele
15 que ela obriga possa submeter-se a ela com conhecimento, mas principalmente que ela fale imediatamente, pela
16 voz da natureza. Meditando sobre as mais simples operações da alma humana, creio perceber dois princípios
17 anteriores à razão: primeiro, interessa-nos ardentemente nosso bem-estar e a conservação de nós mesmos; e,
18 segundo, inspira-nos uma repugnância natural ver morrer ou sofrer qualquer ser sensível, principalmente nossos

19 semelhantes. Do concurso e da combinação que nosso espírito é capaz de fazer desses princípios, sem que seja
20 necessário o da sociabilidade, é que me .... todas as regras do direito natural.
21 Portanto, não somos obrigados a fazer do homem um filósofo, em lugar de homem; seus deveres para com
22 outrem não lhe são ditados unicamente por tardias lições da sabedoria. Enquanto não resistir ao impulso interior
23 da comiseração, jamais fará mal a outro homem, ou a outro ser sensível, exceto no caso legítimo em que,
24 achando-se sua conservação ameaçada, é obrigado a dar-lhe preferência. Por esse meio terminam também as
25 disputas sobre a participação dos animais na lei natural. Desprovidos de luz e liberdade, não podem reconhecer
26 essa lei; mas, unidos de algum modo à nossa natureza pela sensibilidade de que são dotados, julgar-se-á que
27 devem também participar do direito natural e que o homem está obrigado, para com eles, a certos deveres: se o
28 homem é obrigado a não fazer mal algum a seu semelhante, é menos porque é racional do que porque é sensível;
29 essa qualidade é comum aos animais e deve dar-lhes ao menos o direito de não ser maltratados inutilmente.

Extraído e adaptado de: Jean-Jacques Rousseau, Discurso sobre a desigualdade. Trad. de Maria Lacerda Moura. Ed. Ridendo Castigat Mores, s/d. p.31-35. Disponível em: <http://ebooksbrasil.org/adobeebook/desigualdade.pdf>

Considere as seguintes afirmações sobre o uso do sinal de ponto e vírgula no texto.

I. A ocorrência da linha 02 poderia ser substituída por uma vírgula.

II. A ocorrência da linha 21 poderia ser substituída por dois-pontos.

III. A ocorrência da linha 28 poderia ser substituída por ponto final.

Quais afirmações são corretas?

a) Apenas I.
b) Apenas II.
c) Apenas I e III.
d) Apenas II e III.
e) I, II e III.

Questão 20 (NUCEPE – 2017)

A seguir, apresenta-se um trecho do artigo "Sociedade, violência e políticas de segurança pública: da intolerância à construção do ato violento", (Texto 01), escrito pela psicóloga e pesquisadora Márcia Mathias de Miranda, Coordenadora do Espaço de Estudos e Pesquisas das Violências e Criminalidade – EepViC – Machado Sobrinho.

Texto 01

(...)

Para o cientista, a violência é parte intrínseca da vida social e resultante das relações, da comunicação e dos conflitos de poder. O fato que reforça este argumento é o de nunca ter existido uma sociedade sem violência. A violência, conceitualmente, é um processo social diferente do crime (...). Ela é anterior ao crime e não é codificada no Código Penal.

Trata-se de um fenômeno que não pode ser separado da condição humana e nem tratado fora da sociedade - a sociedade produz a violência em sua especificidade e em sua particularidade histórica. Há, na sociedade e no processo dinâmico que ela envolve, modificações na construção dos objetos sociais que são, muitas vezes, expressos como um problema social. Bater nos filhos, como um bom exemplo a ser citado, já foi uma estratégia para educá-los.

A violência se presentifica até entre as expectativas do processo civilizatório que são, por sua vez, as de criação de indivíduos socialmente "adestrados" a partir do controle e da repressão dos impulsos internos a favor de uma convivência coletiva possível. O entendimento do processo de civilização deixa claro o quanto este processo é, em si, um processo violento. Segundo Freud o processo de civilização é o que responde pela "condição humana" (com o indivíduo deixando de necessitar e passando a desejar) e, segundo este autor, não é possível acabar com os conflitos violentos, uma vez que eles são intrínsecos ao homem – participam de sua constituição. Há, segundo esta compreensão, uma impossibilidade de normatização para se incidir sobre a condição psicológica e acabar com a violência – a violência é tida como o epifenômeno da condição humana.

A violência para Freud circula no campo do sujeito (e não no campo do outro). O que nos interessa tomar como contribuição deste autor, entretanto, é o fato discutido por ele de que a violência estará sempre presente no campo social e histórico (por fazer parte da constituição humana). Este pressuposto tira-nos a ingenuidade de que é possível exterminar a violência das relações sociais e nos remete a uma racionalidade com relação a esta problemática. A compreensão da violência por meio desta perspectiva se opõe ao pânico e ao horror de uma "nova" condição existencial – a de pertencimento a uma sociedade atual completamente perdida, agressiva e perigosa.

A violência é, de fato, algo indelével da experiência humana; o que não significa banalizá-la e favorecer uma "naturalização" deste ato, mas sim questionar todo exagero e intolerância destinados a ela, sustentados pelo quadro de medo da violência no qual a sociedade atualmente se encontra.

(...)

(MIRANDA, Márcia Mathias de. SOCIEDADE, VIOLÊNCIA E POLÍTICAS DE SEGURANÇA PÚBLICA: DA INTOLERÂNCIA À CONSTRUÇÃO DO ATO VIOLENTO. http://www.machadosobrinho.com.br. Acesso: 15.2.2017).

Releia o **terceiro parágrafo** do **Texto 01**, para responder à questão.

Na escrita, utilizam-se algumas notações e sinais de pontuação como recursos importantes para assegurar a organização, a progressão e a clareza daquilo que se deseja comunicar. Neste sentido, é **CORRETO** afirmar que

a) o travessão é utilizado como recurso que aproximaria o texto da modalidade oral da língua para, assim, facilitar a compreensão do seu conteúdo, em: ...***incidir sobre a condição psicológica e acabar com a violência – a violência é tida como o epifenômeno da condição humana.***

b) o travessão é utilizado como recurso que sinaliza a inserção de um novo interlocutor, na discussão, em: ...***uma vez que eles são intrínsecos ao homem – participam de sua constituição***.

c) as aspas são utilizadas como um recurso para fazer ressaltar uma nova palavra, um neologismo, em: ...***as de criação de indivíduos socialmente "adestrados" a partir do controle e da repressão***...

d) as aspas são os únicos recursos que garantiriam, no contexto, a correção gramatical, em: ***Segundo Freud o processo de civilização é o que responde pela "condição humana"...***

e) o travessão em: "... ***e acabar com a violência – a violência*** *é tida como o epifenômeno...*" é utilizado para enfatizar e esclarecer ainda mais as ideias apresentadas anteriormente; e as aspas em: "... ***é o que responde pela "condição humana*** ..."" são empregadas para acentuar ainda mais o valor significativo das ideias expressas pelas palavras que as recebem.

Questão 21 (CESPE – 2017)

Seriam mantidas a correção gramatical e o sentido original do texto, caso, no trecho "Como lembra Marilena Chaui, a cidadania se define pelos princípios da democracia, significando necessariamente conquista e consolidação social e política" (*l.* 21 a 23),

a) o vocábulo "necessariamente" fosse isolado por vírgulas.

b) fosse suprimida a vírgula empregada logo após "Chaui".

c) fosse inserida uma vírgula logo após "significando".

d) a vírgula empregada logo após "democracia" fosse substituída por ponto e vírgula.

e) o trecho "pelos princípios da democracia" fosse isolado por vírgulas.

Questão 22 (CESPE – 2017)

1 A moralidade, que deve ser uma característica do
conjunto de indivíduos da sociedade, deve caracterizar
de modo mais intenso ainda aqueles que exercem funções
4 administrativas e de gestão pública ou privada. Com relação a
essa ideia, vale destacar que o alcance da moralidade
vincula-se a princípios ou normas de conduta, aos padrões de
7 comportamento geralmente reconhecidos, pelos quais são
julgados os atos dos membros de determinada coletividade.
Disso é possível deduzir que os membros de uma corporação
10 profissional — no caso, funcionários e servidores da
administração pública — também devem ser submetidos ao
julgamento ético-moral. A administração pública deve
13 pautar-se nos princípios constitucionais que a regem. É
necessário ainda, que tais princípios estejam pública e
legalmente disponíveis ao conhecimento de todos os cidadãos,
16 para que estes possam respeitá-los e vivenciá-los. Nesse
contexto, destacam-se os princípios constitucionais tidos como

base da função pública e que, sem dúvida, constituem pilares
19 de sustentabilidade da função gestora.

O Estado constitui uma esfera ético-política
caracterizada pela união de partes que lhe conferem a
22 característica de um organismo vivo, composto pela
participação dos cidadãos e de todos aqueles que se abrigam
em sua circunscrição constitucional e legal, ou seja, se abrigam
25 sob a égide de uma Constituição.

A ética e a cidadania não se desvinculam da questão
dos princípios da ação do Estado e da moralidade
28 administrativa, uma vez que, por mais alargados que pareçam
os direitos e as esferas individuais — as quais parecem ser
extremamente flexíveis nos atuais contextos —, urge que sejam
31 regulamentadas as vinculações estreitas que existem entre
esferas individuais e esferas coletivas, pressupondo-se, assim,
níveis de avanço no campo do progresso moral da sociedade.

Z. A. L. Rodriguez. Ética na gestão pública. Curitiba: InterSaberes, 2016, p. 130-1 (com adaptações).

A correção gramatical do texto seria mantida caso

a) fosse suprimida a vírgula empregada imediatamente após o travessão na linha 30.
b) fosse inserida uma vírgula imediatamente após "gestão" (l.4).
c) fosse suprimida a vírgula empregada logo após "dúvida" (l.18).
d) fossem suprimidas as vírgulas que isolam o conectivo "ou seja" (l.24).
e) fosse empregada vírgula imediatamente após o travessão na linha 11.

Questão 23 (IADES – 2017)

Com relação à pontuação, assinale a alternativa que apresenta trecho do texto em que a inserção da vírgula é facultativa.

a) "Para reforçar a importância da doação de sangue, sensibilizar novos doadores e fidelizar os que já existem" (linhas de 1 a 3).
b) "mais brasileiros tenham a doação de sangue como um hábito, não apenas em datas específicas" (linhas de 6 a 8).
c) "Atualmente, 1,8% da população brasileira doa sangue." (linhas 10 e 11).
d) "aproximadamente um milhão de pessoas doaram sangue pela primeira vez, o que representa" (linhas 22 e 23).
e) "Apesar disso, os serviços do Sistema Único de Saúde e da Hemorrede Pública Nacional encontram-se com os estoques no limite" (linhas de 28 a 30).

Questão 24 (IBEG – 2017)

Parte inferior do formulário

Leia o texto abaixo para responder a questão.

https://cageos.files.wordpress.com/2012/09/428490_401302409917802_1557459998_n.jpg acesso em 20\11\2016

O uso das reticências, presente nos dois balões do quadrinho, denota:

a) Interrupção do discurso, para reforço da reflexão em relação à ideia que vem em seguida.
b) Uma pausa para tomar fôlego, pois o personagem ficou sem ar ao ver o desmatamento.
c) Interrupção do pensamento, pois o personagem mudou a intenção do discurso.
d) Uma pausa obrigatória, pela sequência frasal conotar exagero.
e) Uso desnecessário desse tipo de pontuação.

Questão 25 (EDUCA – 2017)

Leia as seguintes passagens do texto:

"(...) Odin recebeu a sabedoria das runas, símbolos mágicos do antigo alfabeto germânico, com os quais os homens podem prever o futuro.

"(...) após ter roubado o hidromel, bebida favorita

dos deuses, feito de mel e do sangue do sábio Kvasir".

Sobre o uso da vírgula presentes nos trechos acima, pode-se afirmar que:

a) Em ambos os casos, as vírgulas apresentam um aposto.

b) Tanto no primeiro quanto no segundo caso, as vírgulas separam um vocativo.

c) Na primeira passagem as vírgulas separam uma oração subordinada; na segunda passagem, uma oração coordenada.

d) Nas duas passagens as vírgulas separam orações adverbiais sintaticamente deslocadas.

e) As vírgulas foram empregadas de maneira inadequada.

Questão 26 (FGV – 2017)

"Entender os debates mais recentes sobre a colonização, as práticas humanitárias, a bioética, o choque de culturas também / supõe um conhecimento do cristianismo, dos elementos fundamentais da sua doutrina, das peripécias que marcaram sua história, das etapas da sua adaptação ao mundo".

O trecho acima foi separado em duas partes por uma barra inclinada. Sobre o emprego das vírgulas nessas duas partes, é correto afirmar que:

a) marcam a presença de enumerações de termos nas duas partes;

b) indicam, respectivamente, a presença de aposto e da enumeração de termos;

c) documentam a presença de apostos explicativos nos dois segmentos;

d) mostram, nos dois segmentos, inserções de termos;

e) indicam, respectivamente, a presença de enumeração e de aposto explicativo.

Questão 27 (IESES – 2017)

Nós sintetizamos (vossa mercê vira você e daí surge o internético vc), colocamos vogais, adaptamos, decompomos e refazemos. O império de Napoleão (o gramático) dá origem a muitas pequenas repúblicas, vivas, pulsantes e indiferentes às vestais oficiais e oficiosas do tabernáculo das regras.

Nas alternativas a seguir encontram-se justificativas para o emprego das vírgulas nesse trecho. Assinale a única correta:

a) A primeira, a segunda e a terceira vírgulas presentes nesse trecho separam orações coordenadas.

b) "Vivas" é um vocativo, por isso aparece entre vírgulas.

c) Poderia ter sido empregada uma vírgula depois de "você" sem prejuízo à correção.

d) As vírgulas que isolam "vivas" poderiam ser omitidas, pois são apenas um recurso de ênfase, na leitura.

Questão 28 (VUNESP – 2017)

Carta a Beatriz

Cara Beatriz: na última terça (8) você escreveu aqui pro jornal se dizendo espantada com a minha crônica de domingo (6); "após uma semana de fatos surpreendentes na política", "num momento tão importante para uma boa análise", um de seus "colunistas preferidos" havia se saído com um texto "bobo e sem propósito".

Fico feliz por me citar entre seus "colunistas preferidos", mas me pergunto se o elogio foi sincero ou só uma gentileza. Afinal, quase toda semana o Brasil nos brinda com "fatos surpreendentes na política" e quase todo domingo, em vez de uma "boa análise", publico textos que poderiam ser considerados bobos e sem propósito.

Não o faço por desvio de caráter nem para irritá-la, Beatriz, mas por dever de ofício. O cronista é um cara pago para lubrificar as engrenagens do maquinário noticioso com um pouco de graça, de despropósito e – vá lá, por que não? – de bobagem. Minha função é lembrar o leitor desolado entre bombas na Síria, tiros na Rocinha e patacoadas em Brasília que este mundo também comporta mangas maduras, Monty Python, Pixinguinha.

O Rubem Braga atravessou duas ditaduras e seu maior libelo à liberdade não é um texto contra o pau de arara, mas uma carta/crônica ao vizinho que havia reclamado do barulho.

Lamento, Beatriz, mas atualmente a única "boa análise" que tenho sido capaz de fazer é às quintas, 15h, deitado num divã na rua Apiacás – e nem sempre é assim tão boa.

Um abraço,

(Antonio Prata. *Folha de S.Paulo*, 13.03.2016. Adaptado)

No primeiro parágrafo do texto, empregam-se as aspas para

a) ironizar as ideias expressas pela leitora.

b) indicar o pensamento do próprio autor.

c) dar ênfase às ideias do jornal.

d) indicar transcrição do discurso da leitora.

e) criar o efeito de humor no texto.

Questão 29 (FCC – 2017)

O museu não é uma estrutura sagrada e quem o frequenta deve permanecer em contato com a natureza do lado de fora... (1° parágrafo)

Quanto à pontuação do período acima, pode-se

I. acrescentar uma vírgula imediatamente antes da conjunção "e", uma vez que separaria orações com sujeitos diferentes.

II. substituir a conjunção "e" por dois-pontos, pois o que se segue pode ser entendido como uma explicação da primeira parte da frase.

III. isolar com vírgulas a expressão "em contato", uma vez que se trata de locução adverbial, sem alteração do sentido original.

Está correto o que consta em

a) II, apenas.
b) I, II e III.
c) II e III, apenas.
d) I e III, apenas.
e) I e II, apenas.

Questão 30 (FCC – 2017)

Atente para as frases abaixo.

I. Sendo a amizade, um exercício de limites afetivos, há que se considerar alguma insatisfação, que disso decorra.

II. A própria passagem do tempo faz com que, nossas amizades, venham a encontrar uma boa forma de depuração.

III. Uma amizade, ainda que imperfeita, não nos decepcionará, a menos que lhe dermos um valor absoluto.

É inteiramente adequada a virgulação do que está APENAS em

a) I.
b) II.
c) I e III.
d) III.
e) II e III.

Questão 31 (FCC – 2017)

Atenção: Para responder à questão, considere o texto abaixo.

Discussão – o que é isso?

A palavra **discussão** tem sentido bastante controverso: tanto pode indicar a hostilidade de um confronto insanável ("a discussão entre vizinhos acabou na delegacia") como a operação necessária para se esclarecer um assunto ou chegar a um acordo ("discutiram, discutiram e acabaram concordando"). Mas o que toda discussão supõe, sempre, é a presença de um outro diante de nós, para quem somos o outro. A dificuldade geral está nesse reconhecimento a um tempo simples e difícil: o outro existe, e pode estar certo, sua posição pode ser mais justa do que a minha.

Entre dois antagonistas há as palavras e, com elas, os argumentos. Uma discussão proveitosa deverá ocorrer entre os argumentos, não entre as pessoas dos contendores. Se eu trago para uma discussão meu juízo já estabelecido sobre o caráter, a índole, a personalidade do meu interlocutor, a discussão apenas servirá para a exposição desses valores já incorporados em mim: quero destruir a pessoa, não quero avaliar seu pensamento. Nesses casos, a discussão é inútil, porque já desistiu de qualquer racionalização

As formas de discussão têm muito a ver, não há dúvida, com a cultura de um povo. Numa sociedade em que as emoções mais fortes têm livre curso, a discussão pode adotar com naturalidade uma veemência que em sociedades mais "frias" não teria lugar. Estão na cultura de cada povo os ingredientes básicos que temperam uma discussão. Seja como for, sem o compromisso com o exame atento das razões do outro, já não haverá o que discutir: estaremos simplesmente fincando pé na necessidade de proclamar a verdade absoluta, que seria a nossa. Em casos assim, falar ao outro é o mesmo que falar sozinho, diante de um espelho complacente, que refletirá sempre a arrogância da nossa vaidade.

(COSTA, Teobaldo, *inédito*)

Atente para as seguintes frases:

I. O sentido controverso da palavra *discussão*, deve-se ao modo pelo qual costumam agir, os contendores, ao exporem seus argumentos.

II. Há discussões nas quais, por excesso de paixão, os argumentos sequer são considerados, dada a exacerbação dos ânimos.

III. Parece improvável que numa discussão acirrada, possa imperar a racionalidade dos argumentos que sequer são analisados.

Quanto à virgulação, está inteiramente correto o que consta APENAS em

a) II.
b) I.
c) III.
d) I e II.
e) II e III.

Questão 32 (FUNDEP – GESTÃO DE CONCURSOS - 2017)

Lendo e Interpretando

Risco pediátrico

O Tribunal de Contas da União (TCU) pediu acesso ao resultado de centenas de fiscalizações realizadas pelos Conselhos Regionais de Medicina (CRMs) ao longo de 2015. Em meio ao calhamaço de informações, um ponto se destaca: o descaso para com a infraestrutura da rede pública de atenção primária.

É justamente nas 41 mil unidades básicas de saúde (UBS) espalhadas pelo país que os pacientes deveriam ter acesso às ações de promoção da saúde, de prevenção de doenças e de cuidados.

Plenamente eficientes, ajudariam a reduzir a incidência de doenças e a controlar os problemas crônicos, com menos sequelas e mortes, esvaziando hospitais e, o que mais gostam de ouvir os gestores, diminuindo custos. Contudo, os dados mostram uma rede à margem de suas possibilidades. [...]

Das 1.266 UBS vistoriadas pelos CRMs em 2015, um total de 739 (58%) apresentava mais de 30 itens em desconformidade com o estabelecido pelas normas legais em vigor. Sob a responsabilidade dos atuais gestores, deixaram de cumprir exigências criadas pelo próprio Ministério da Saúde.

O descaso transparece em contextos incompatíveis com a dignidade humana e a responsabilidade técnica. Em 41% das unidades, não havia um negatoscópio (aparelho para avaliar uma radiografia) e a falta de estetoscópio foi registrada em 23% das fiscalizações.

A precariedade das instalações em locais onde a limpeza é fundamental também foi percebida. Em 3% das UBS visitadas não havia sanitários para os funcionários; em 8% faltavam pias ou lavabos; sabonete líquido e papel toalha eram itens faltantes em 16% das unidades.

A pediatria é uma das especialidades que mais sofrem com essa situação, que beira o surreal. No Brasil, há 35 mil especialistas na área. Pouco mais de 70% deles atuam na rede pública, principalmente nessa rede que carece de quase tudo. Mesmo assim, num contexto completamente adverso, eles têm se desdobrado para oferecer às crianças e adolescentes o mínimo do que precisam.

Por isso, cuidam da saúde de 50 milhões de brasileiros, com idades de 0 a 18 anos, que dependem exclusivamente do Sistema Único de Saúde (SUS) para ter acesso a consultas médicas, exames, internações e cirurgias. No entanto, no cenário atual, profissionais e pacientes enfrentam situações-limite, que causam desespero nas famílias e impõem dilemas éticos aos médicos, cerceados por fatores que fogem ao seu controle.

Em nome da saúde e do bem-estar dos jovens brasileiros, essa realidade deve ser transformada com urgência. Nesse contexto, a assistência pediátrica de qualidade tem de ser vista como prioridade, pois se ocupa fundamentalmente daqueles que, mais que todos, precisam de uma sociedade que respeite a cidadania.

SILVA, Luciana Rodrigues; FERREIRA, Sidnei. Risco pediátrico. *CFM.*

Disponível em: <http://migre.me/wf9Wn>.

Acesso em: 15 mar. 2017 (Fragmento adaptado).

01. Assinale o trecho que **melhor** justifica o título do texto.

a) "A precariedade das instalações em locais onde a limpeza é fundamental também foi percebida."

b) "A falta de instalações adequadas, de equipamentos e insumos não permite que as equipes cumpram suas missões."

c) "Pouco mais de 70% deles atuam na rede pública, principalmente nessa rede que carece de quase tudo."

d) "Em meio ao calhamaço de informações, um ponto se destaca: o descaso para com a infraestrutura da rede pública de atenção primária."

02. São motivos que, de acordo com o texto, indicam precariedade na infraestrutura da rede pública de atenção primária, **EXCETO**:

a) Falta de equipamentos médicos.

b) Falta de materiais de higiene.

c) Falta de infraestrutura.

d) Falta de profissionais capacitados.

03. São elementos utilizados pelos autores no decorrer do texto, **EXCETO**:

a) Ironia.

b) Dados estatísticos.

c) Argumentação lógica, por causa e consequência.

d) Apelo sentimental.

04. Releia o trecho a seguir.

"No entanto, no cenário atual, profissionais e pacientes enfrentam situações-limite, que causam desespero nas famílias e impõem dilemas éticos aos médicos, **cerceados** por fatores que fogem ao seu controle."

O verbo "cercear", destacado nesse trecho, pode ser substituído por:

a) abolir.
b) limitar.
c) suprimir.
d) cortar.

05. Releia o trecho a seguir.

"Plenamente eficientes, ajudariam a reduzir a incidência de doenças e a controlar os problemas crônicos, com menos sequelas e mortes, esvaziando hospitais e, o que mais gostam de ouvir os gestores, diminuindo custos.**Contudo**, os dados mostram uma rede à margem de suas possibilidades."

Assinale a alternativa em que a reescrita do trecho mantém o sentido original desse trecho.

a) Plenamente eficientes, ajudariam a reduzir a incidência de doenças e a controlar os problemas crônicos, com menos sequelas e mortes, esvaziando hospitais e, o que mais gostam de ouvir os gestores, diminuindo custos. **Portanto**, os dados mostram uma rede à margem de suas possibilidades.
b) Plenamente eficientes, ajudariam a reduzir a incidência de doenças e a controlar os problemas crônicos, com menos sequelas e mortes, esvaziando hospitais e, o que mais gostam de ouvir os gestores, diminuindo custos. **Todavia**, os dados mostram uma rede à margem de suas possibilidades.
c) Plenamente eficientes, ajudariam a reduzir a incidência de doenças e a controlar os problemas crônicos, com menos sequelas e mortes, esvaziando hospitais e, o que mais gostam de ouvir os gestores, diminuindo custos. **Consequentemente**, os dados mostram uma rede à margem de suas possibilidades.
d) Plenamente eficientes, ajudariam a reduzir a incidência de doenças e a controlar os problemas crônicos, com menos sequelas e mortes, esvaziando hospitais e, o que mais gostam de ouvir os gestores, diminuindo custos. **Conforme**, os dados mostram uma rede à margem de suas possibilidades.

06. Assinale a alternativa cuja ideia entre colchetes **não** está presente no respectivo trecho.

a) "Das 1.266 UBS vistoriadas pelos CMRs em 2015, um total de 739 (58%) apresentava mais de 30 itens em desconformidade com o estabelecido pelas normas legais em vigor." [MAIORIA]
b) "Em meio ao calhamaço de informações, um ponto se destaca: o descaso para com a infraestrutura da rede pública de atenção primária." [EXCLUSIVIDADE]
c) [...] essa realidade deve ser transformada com urgência." [PREMÊNCIA]
d) "Pouco mais de 70% deles atuam na rede pública, principalmente nessa rede que carece de quase tudo." [MAIORIA]

07. Releia o trecho a seguir.

"[...] os dados mostram uma rede **à margem de** suas possibilidades."

De acordo com o que pode ser interpretado do texto, a locução destacada indica que a rede:

a) necessita de melhor infraestrutura.
b) é superdimensionada.
c) poderia ser melhor aproveitada.
d) atende um método de pacientes superior ao que é capaz.

08. O texto apresentado é, predominantemente, um(a):

a) notícia, porque o texto se limita a expor os fatos, sem emitir opiniões.
b) artigo de opinião, pois é possível verificar, pela leitura do texto, um determinado ponto de vista.
c) artigo científico, pois vale-se de dados científicos para embasar o texto.
d) resenha, uma vez que analisa e expõe os dados de uma pesquisa realizada.

GABARITOS

QUESTÕES DE PROVAS

1 – A
2 – D
3 – E
4 – D
5 – D
6 – B
7 – A
8 – B
9 – A
10 – A
11 – E
12 – D
13 – B
14 – C
15 – B
16 – E
17 – C
18 – E
19 – B
20 – E
21 – A
22 – B
23 – C
24 – A
25 – A
26 – A
27 – A
28 – D
29 – E
30 – D
31 – A

LENDO E INTERPRETANDO

1 – C
2 – D
3 – A
4 – B
5 – B
6 – B
7 – C
8 – B

PONTUAÇÃO NO PERÍODO COMPOSTO

1. PRA COMEÇO DE CONVERSA

Texto 1

Uma questão de pontuação

Um homem rico estava
muito mal. Pediu papel e
pena e escreveu assim:

Deixo meus bens à minha
irmã não a meu sobrinho
jamais será paga a conta
do alfaiate nada
aos pobres.

Morreu antes de fazer a
pontuação. A quem
deixava ele a fortuna?
Eram quatro concorrentes.

1) O sobrinho fez a
seguinte pontuação:
Deixo meus bens à minha
irmã? Não! A meu
sobrinho. Jamais será
paga a conta do alfaiate.
Nada aos pobres.

2) A irmã chegou em
seguida. Pontuou assim o
escrito:
Deixo meus bens à minha
irmã. Não a meu
sobrinho. Jamais será
paga a conta do alfaiate.
Nada aos pobres.

3) O alfaiate pediu cópia do
original. Puxou a brasa pra
sardinha dele:
Deixo meus bens à minha
irmã? Não! A meu
sobrinho? Jamais! Será
paga a conta do alfaiate.
Nada aos pobres.

4) Aí, chegaram
os descamisados da cidade.
Um deles, esperto, fez esta
interpretação:

Deixo meus bens à minha
irmã? Não! A meu
sobrinho? Jamais! Será
paga a conta do alfaiate?
Nada! Aos pobres.

Assim é a vida. Nós é que
colocamos os pontos. E
isso faz a diferença.

REDIJA um texto, comentando a importância da pontuação na linguagem escrita.

Texto 2

Já passava da meia noite quando perdi o sono. E nestas horas não adianta fazer nada. A não ser esperar. Levantei-me da cama e fui até o quarto onde fica meu pequeno escritório. Passei os olhos pelos livros e não achei nada que interessasse. Resolvi então sentar-me um pouco.

De repente aquela coisa pequena, mirrada, apareceu em cima da escrivaninha. Aproximei-me para olhar com mais atenção. Parecia um sinal. Era um sinal. Um sinal de pontuação; mais precisamente uma vírgula. E ela gesticulava como que querendo me dizer alguma coisa. Cheguei mais perto e consegui ouvir. A vírgula também perdera o sono e queria alguém para trocar algumas ideias. Apresentou-se como sendo o presidente de uma espécie de ONG voltada para o trato de questões que envolviam o uso e o abuso da pontuação, com ênfase na vírgula.

Achei o caso interessante. E começamos o diálogo. Perguntei o porquê daquela associação. Como foi fundada, como funcionava, qual seria sua missão, seus objetivos, enfim, estas coisas de sempre. E a vírgula fez uma expressão de quem já esperava por aquelas perguntas. Perguntas que lhe dariam a chance de falar sobre um tema que gostava e que dominava bastante. Tive a sensação de que essa conversa iria render alguma satisfação, além de servir para passar o tempo enquanto o sono não chegasse. Uma maneira de unir o útil ao agradável, como dizem.

A vírgula tomou a palavra e começou sua explanação dizendo que durante muito tempo vem acompanhando o preconceito que existe em relação aos sinais de pontuação, mais especificamente em relação à vírgula. E continuou dizendo que ia delimitar o assunto em torno da vírgula a fim de torná-lo mais compreensível. Concordei com ela. E assim fomos nos entendendo.

Na verdade, até escritores famosos costumam agir de forma preconceituosa em relação à vírgula. E outros não levam muito a sério o seu emprego correto. Dizem que não têm tempo e que, na maioria dos casos, quando surgem as dúvidas, preferem não colocar a vírgula para errar menos. E alguns profissionais, como é o caso dos jornalistas, alegam que este problema é da competência dos revisores, que são pagos pra isso. E que eles se preocupam em usar a vírgula apenas nos casos em que o fato torne evidente a alteração do sentido que se pretendia dar ao texto.

Por um instante passou-me pela cabeça a ideia de que talvez estivéssemos diante de mais um tipo de machismo contra as mulheres. Desta vez contra a vírgula. Um machismo do tipo ortográfico, sei lá. O fato é que em relação aos homens, no caso o ponto, não existe tanta polêmica. O ponto é sempre usado, de maneira automática e racional, sem contestação. Ele é empregado, fundamentalmente, para indicar o término de uma oração declarativa, seja ela absoluta ou derradeira de um período composto. E quando há um encadeamento de períodos (simples ou compostos) pelos pensamentos que expressam, sucedendo-se uns aos outros, na mesma linha, também se usa o ponto, desta feita com a denominação de ponto simples. E o ponto tem sido utilizado, ainda, pelos escritores modernos, no lugar onde os antigos poriam o ponto e vírgula. É mais uma invasão do ponto no espaço feminino.

E não para por aí. É grande o aproveitamento do ponto em detrimento da vírgula. Usam-se os dois-pontos, por exemplo, para marcar, na escrita, uma sensível suspensão da voz na melodia de uma frase não concluída. Não satisfeitos com os dois-pontos, criaram os três pontos, na horizontal, as chamadas reticências, com função bastante parecida. Isto poderia ser considerado, sob o meu ponto de vista, verdadeiro nepotismo. Empregar parentes para fazer, praticamente, a mesma coisa.

E o privilégio toma conotações assombrosas quando verificamos que até o ponto de interrogação tem um pontinho logo em baixo. E o ponto de exclamação, idem. Sobra muito pouco emprego para a vírgula que, em alguns casos, é até facultativa, o que demonstra o descaso e o desinteresse pelas vírgulas, incentivando seu desuso.

Até mesmo no caso de ponto e vírgula, sinal que serve de intermediário entre o ponto e a vírgula, o ponto tem que estar junto. Neste sinal, quando a aproximação é mais para o ponto, segundo os valores pausais e melódicos que representa no texto, chama-se ponto reduzido. E, ao contrário, quando a aproximação se dá mais em relação à vírgula, chama-se vírgula alongada.

E assim nossa conversa fluía pela madrugada adentro. Com o intuito de provocar a discussão, fiz-lhe uma indagação um pouco maliciosa. Perguntei à vírgula como a Organização via os casos de escritores que, apesar de não fazerem uso correto da vírgula, por qualquer motivo - de ordem material, pressa, ansiedade, enfim -, tinham excelentes ideias e seus escritos transmitiam profundidade de raciocínio e alto conteúdo criativo. Enquanto outros, a despeito de observarem rigorosamente a correta aplicação dos sinais de pontuação, seus textos não se faziam profundos nem criativos, e em alguns casos não apresentavam qualquer valor literário. E em outros casos, apesar da sinalização correta, eram ininteligíveis devido ao alto grau de prolixidade.

A vírgula pensou um pouco e reconheceu que todos os exemplos relacionados realmente aconteciam, mas que não prejudicavam o uso correto da linguagem, posto que se limitavam ao campo das exceções. Além do mais, ditas exceções são passíveis de correção. No caso do jornalista, por exemplo, o revisor impede o mau uso e, de igual modo, no caso do escritor, a editora não deixa por menos. Mas o problema existe, e precisa ser tratado com rigor.

O ideal continua sendo a observância do uso correto de nossa língua, pois o uso incorreto sempre deixa margem para desconfianças e denigre a imagem de pessoas e empresas que se utilizam da palavra escrita. O uso incorreto da vírgula, em proporções diminutas, até que dá para suportar. Quem nunca cometeu, aqui ou acolá, um escorregão? Mas se o conteúdo do texto é de boa qualidade, e desde que em pequenas proporções, sem alteração do sentido da frase, até que é suportável aquele cisco na vista.

O que não se pode aceitar, por exemplo, é o abuso indiscriminado. A indiferença generalizada e constante em relação ao uso incorreto da vírgula. Por analogia, seria como se estivéssemos diante de um muro bem branquinho, pichado em preto e vermelho, com garranchos indecifráveis. Verdadeira poluição visual. Não seria um texto digno de leitura. Do mesmo modo que uma pauta musical, já que estamos falando de melodia: uma nota colocada em lugar errado quebra a harmonia da canção. Soará ruim aos ouvidos.

O ideal é ser rigoroso. Até porque a língua integra o conceito de nacionalidade. É por intermédio da linguagem que nos comunicamos e nos afirmamos como Nação. E Nação, todos sabemos, é o agrupamento humano, mais ou menos numeroso, cujos membros, geralmente fixados num mesmo território, se ligam por laços históricos, culturais, econômicos e linguísticos.

Assim, os que tiverem o talento inato da criatividade e das boas ideias, que façam um pequeno esforço adicional e aprimorem o conhecimento da língua pátria, posto que, sem sombra de dúvidas, tal fato só virá a enriquecer, ainda mais, sua produção literária, ampliando os recursos para expressar melhor suas ideias. Pode-se começar com um bom dicionário e uma boa gramática. E o tempo, dedicado à leitura e à escrita, encarregar-se-á de fazer o resto.

Neste instante, uma voz rouca, vinda não sei de onde, chamou pela vírgula. Era o ponto, seu marido, dizendo que o barulho o incomodava. E que ele precisaria dormir, pois no outro dia teria que estar preparado para o trabalho. Que a gente encerrasse aquele bate-papo. E foi assim, obedecendo aos reclamos do maridão da vírgula, que colocamos mais um ponto-final na história, e fomos dormir.

Domingos Oliveira Medeiros. 13. Fev. 2002. (Adaptação)

REDIJA um parágrafo, JUSTIFICANDO a afirmação de que o texto transita entre a modalidade narrativa e a dissertativa.

REDIJA um texto, IDENTIFICANDO e COMENTANDO duas questões, presentes no texto, que envolvem a utilização da vírgula.

REDIJA um pequeno texto, ASSOCIANDO "uso de vírgula" e "musicalidade frasal".

2. TEORIZANDO

2.1. Uso da vírgula - período composto

A vírgula continua sendo o mais recorrente marcador de pontuação, também no período composto. Vejamos alguns casos de emprego desse sinal de pontuação.

1. Ela é usada para separar as orações coordenadas assindéticas (sem conectivos).

Saiu de casa, andou por dois quarteirões, chegou à farmácia, comprou o que queria.

2. A vírgula também é usada para separar as orações coordenadas sindéticas, quando os sujeitos das duas orações forem diferentes.

O prefeito não era um bom administrador, e a comunidade o apoiava incondicionalmente.

Observação: Vejamos as especificidades de pontuação, em relação à conjunção "e":

a) Não se emprega nas numerações dos tipos das seguintes:

Ex.: Comprei um CD e um perfume / Fui ao shopping e à padaria.

b) Usa-se quando vier em polissíndeto.

Ex.: E fala, e resmunga, e chora, e pede socorro.

c) A vírgula separa elementos com a mesma função sintática, exceto se estiverem ligados pela conjunção "e".

Ex.: O Paulo, o Tiago, a Renata e o Bruno foram passear.

d) Pode-se usar a vírgula se os sujeitos forem diferentes.

Ex.: Eles explicam seus projetos, e a diretoria os critica.

e) Se o "e" assumir outros valores que não o aditivo, cabe o emprego de vírgula.

Ex.: Responderam à professora, e não foram expulsos. (adversidade)

3. Usa-se a vírgula para separar as coordenadas adversativas. É bom saber que não se pode usar vírgula depois do mas e que quando porém, contudo, todavia, no entanto e entretanto iniciarem a frase, poderão ou não ser seguidos de vírgula. Essas últimas conjunções sempre terão uma vírgula antes e outra depois quando estiverem intercaladas no período.

ERRO:
Mas, eles nunca deveriam ter feito isso!!!

Observação: Usa-se vírgula após o "mas" quando houver termos intercalados. Ex.: Iria sair, mas, devido à chuva, não pôde.

PERÍODOS CORRETOS

Iria sair, mas, devido à chuva, não pôde.

Contudo, o evento foi um verdadeiro sucesso.

Ou

Contudo o evento foi um verdadeiro sucesso.

Não tardaram, porém, a perceber o que estava acontecendo.

4. A vírgula é colocada para separar as coordenadas sindéticas alternativas em que haja as conjunções **ou... ou, ora... ora, quer... quer, seja... seja.**

Ela é instável; ou revela-se dona de um equilíbrio incrível, ou mostra-se uma doida de hospício.

5. As vírgulas separam as coordenadas sindéticas conclusivas (**logo, pois, portanto**). O **pois** com valor conclusivo (= **portanto**) sempre deve vir entre vírgulas.

Ela é mentirosa; portanto, não merece crédito algum.

Não era alfabetizado; não podia, pois, exercer o cargo de controlador de estoque.

6. Separam-se por vírgulas as coordenadas sindéticas explicativas.

Não fale assim, porque alguém pode ofender-se com tais comentários.

7. Também se utilizam as vírgulas para separar as adverbiais reduzidas e as adverbiais antepostas à principal ou intercaladas nela.

Vieram do interior, para trabalhar nas obras da Prefeitura da capital.

(oração adverbial final, reduzida de infinitivo).

Quando você precisar de mim, não hesite em procurar-me.

(oração adverbial temporal, anteposta à principal).

A cidade de Salvador, quando chega o mês de Janeiro, fica repleta de turistas do mundo inteiro.

(oração subordinada adverbial temporal, intercalada na principal).

8. Utilizam-se as vírgulas para separar as orações consecutivas (com ideia de consequência).

Eles são tão insensatos, que acabarão perdendo o cargo pelas atitudes insensatas.

9. Duas vírgulas são usadas para isolar as subordinadas adjetivas explicativas, quando intercaladas.

A cidade de salvador, que já foi capital do Brasil, continua sendo símbolo da cultura do país.

Observação:

As restritivas geralmente não se separam por vírgula. Podem terminar por vírgula em casos de ter certa extensão ou quando os verbos se sucedem. Entretanto, nunca devem começar por vírgula.

QUESTÕES DE CONCURSO

Questão 1 (IDECAN – 2017)

Em "Se insistirmos nos dogmas ditos revolucionários – como a luta de classes e a demonização da iniciativa privada –, não sairemos do impasse que inviabilizou o regime comunista onde ele se implantou." (4º§), a vírgula logo após o segundo travessão

a) tem seu emprego justificado já que separa oração adverbial anteposta à principal, conferindo correção gramatical ao trecho.

b) é facultativa, seu emprego advém da necessidade de ser atribuída uma maior ênfase à oração imediatamente posposta.

c) é obrigatória e separa objetos pleonásticos conferindo à argumentação a ênfase necessária à compreensão do discurso apresentado.

d) poderia ser omitida preservando-se a correção gramatical do texto já que seu emprego tem por objetivo apenas conferir ênfase à informação limitada pelos travessões.

Questão 2 (IDECAN – 2017) "

Por isso penso: o debate sobre a legalização das drogas está completamente ultrapassado." (11º§)
O uso de dois-pontos (:) no trecho em destaque foram utilizados para anunciar:

a) Uma causa.

b) Uma explicação enumerativa.

c) Uma síntese sobre o que foi exposto anteriormente.

d) Uma informação ligada ao que foi anunciado anteriormente.

03. (AOCP – 2017)

A partir dos trechos do texto, assinale a alternativa correta.

a) Em "A solidão interativa grassa nas redes sociais, especialmente no facebook.", a vírgula antecede uma conjunção explicativa.

b) Em "Enquanto teclamos a torto e a direito, sugerindo que estamos sempre ON, a vida verdadeira continua OFF.", a vírgula destacada separa o sujeito do verbo.

c) Em "[...] a comunicação humana não foi, não é e nunca será algo tão simples [...]", a vírgula antecede uma conjunção aditiva.

d) Em "[...] a internet é incrível para a comunicação entre pessoas e grupos que tenham os mesmos interesses, mas está longe de ser uma ferramenta de comunicação de coesão entre pessoas e grupos diferentes.", a vírgula antecede conjunção adversativa.

e) Em "Afinal, foi ele quem criou o hit que Genésio Tocantins espalhou pelo Brasil por meio do Domingão do Faustão [...]", a vírgula marca a presença de um vocativo.

Questão 4 (INSTITUTO EXCELÊNCIA – 2017)

Analise a pontuação das seguintes falas retiradas da tirinha:

I. "Eu vi a mais linda garota hoje no açougue, Garfield".

II. "Foi uma visão linda, ela em pé no balcão, bem em frente ao fígado moído...".

III. "E de repente, eu me vi em uma missão!".

Assinale a alternativa com a explicação CORRETA para o uso da pontuação.

a) Em I, a vírgula é utilizada a fim de separar o aposto.

b) Em II, as vírgulas são utilizadas a fim de separar o vocativo.

c) Em III, a vírgula é utilizada a fim de separar o adjunto adverbial antecipado.

d) Nenhuma das alternativas.

Questão 5 (IBFC – 2017)

Vivendo e...

Eu sabia fazer pipa e hoje não sei mais. Duvido que se hoje pegasse uma bola de gude conseguisse equilibrá-la na dobra do dedo indicador sobre a unha do polegar, e quanto mais jogá-la com a precisão que eu tinha quando era garoto. Outra coisa: acabo de procurar no dicionário, pela primeira vez, o significado da palavra "gude". Quando era garoto nunca pensei nisso, eu sabia o que era gude. Gude era gude.

Juntando-se as duas mãos de um determinado jeito, com os polegares para dentro, e assoprando pelo buraquinho, tirava-se um silvo bonito que inclusive variava de tom conforme o posicionamento das mãos. Hoje não sei que jeito é esse. [...]

(VERÍSSIMO, Luis Fernando. *Comédias para se ler na escola.* Rio de Janeiro: Objetiva. 2001)

Utilize o Texto I para responder a questão.

O emprego das reticências no título, sugere:

a) a incapacidade do autor em completar a ideia.
b) a caracterização de uma enumeração infinita.
c) um convite para que o leitor refita sobre o tema.
d) a sinalização de um questionamento do leitor.
e) a representação de uma ideia polêmica.

Questão 6 (VUNESP – 2017)

Acerca da pontuação, de acordo com a norma-padrão da língua, está correto o que se afirma em:

a) o trecho – Animais bastante similares aos humanos modernos surgiram por volta de 2,5 milhões de anos atrás. – permanecerá correto se uma vírgula for acrescida após a palavra "humanos".
b) o trecho – Em um passeio pela África Oriental de 2 milhões de anos atrás, você poderia muito bem observar certas características humanas familiares... – permanecerá correto após a substituição da vírgula por ponto final.
c) a mensagem do trecho – ... mães ansiosas acariciando seus bebês e bandos de crianças despreocupadas brincando na lama... – permanecerá inalterada caso seja acrescida uma vírgula após "ansiosas" e outra após "despreocupadas".
d) o trecho – Ninguém, muito menos eles próprios, tinha qualquer suspeita de que seus descendentes um dia viajariam à Lua... – permanecerá correto caso as vírgulas sejam substituídas por travessões.
e) a mensagem do trecho – A coisa mais importante a saber acerca dos humanos pré-históricos é que eles eram animais insignificantes... – permanecerá inalterada se a expressão "a saber" ficar entre parênteses.

Questão 7 (IESES – 2017)

Analise as proposições a seguir sobre a pontuação do seguinte trecho:

Curiosamente, uma das formas de manifestar chateação, com perdão da expressão, é "p*** que o pariu"! Aqui, o pronome oblíquo aparece! Entretanto, ninguém vai dizer que esse é um argumento para sustentar que o pronome oblíquo está vivo. Se disser...

I. A primeira vírgula é opcional, ou seja, sua presença é apenas um recurso de entonação.
II. A segunda e a terceira vírgula estão isolando uma oração explicativa.
III. As aspas foram empregadas para indicar que a expressão é própria da linguagem verbal.
IV. O segundo ponto de exclamação que aparece no trecho foi empregado para indicar espanto.

Agora assinale a alternativa que contenha análise correta sobre as proposições.

a) Estão corretas apenas as proposições I, II e IV.
b) Estão corretas apenas as proposições I, III e IV.
c) Estão corretas apenas as proposições II e IV.
d) Estão corretas apenas as proposições I e III

Questão 8 (IESES – 2017)

Naomi estudou os hábitos de leitura de 300 estudantes universitários em quatro países".

Sobre o emprego dos sinais de pontuação, assinale a única alternativa em que o período acima foi reescrito corretamente.

a) Naomi estudou os hábitos de leitura em quatro países de 300 estudantes universitários.
b) Naomi estudou, em quatro países os hábitos de leitura de 300 estudantes universitários.
c) Naomi estudou, em quatro países, os hábitos de leitura de 300 estudantes universitários.
d) Em quatro países Naomi estudou os hábitos de leitura de 300 estudantes universitários.

Questão 9 (IESES – 2017)

Leia: Foram várias as tentativas de acordo de 1931 a 2008. A única reescritura em que se empregam adequadamente os sinais de pontuação, sem alteração de sentido, está em qual das alternativas? Assinale-a.

a) As tentativas foram várias de acordo, de 1931 a 2008.
b) De acordo foram várias as tentativas, de 1931 a 2008.
c) De 1931 a 2008, foram várias as tentativas de acordo.
d) Foram várias, de 1931 a 2008 as tentativas, de acordo.

Questão 10 (IBGP – 2017) Releia o primeiro parágrafo do texto I:

<u>Superlotação, ausência de médicos e enfermeiros, falta de estrutura física, pacientes dispersos por corredores de hospitais e Pronto-Socorro, demora no atendimento, falta de medicamentos e outros problemas a mais,</u> essa é a triste realidade da saúde pública do Brasil nos dias atuais.

Acerca do trecho sublinhado, é **CORRETO** afirmar que as vírgulas foram utilizadas para:

a) separar vários sujeitos.
b) fazer uma enumeração.
c) separar vocativos.
d) isolar apostos.

Questão 11

Lendo e interpretando.

VUNESP – 2017

01.

Examine a charge do cartunista argentino Quino (1932-).

(Quino. *Potentes, prepotentes e impotentes*, 2003.)

A charge explora, sobretudo, a oposição

a) inocência x malícia.

b) público x privado.

c) progresso x estagnação.

d) natureza x cidade.

e) liberdade x repressão.

Para responder à questão, leia a crônica "Seu 'Afredo'", de Vinicius de Moraes (1913-1980), publicada originalmente em setembro de 1953.

Seu Afredo (ele sempre subtraía o "l" do nome, ao se apresentar com uma ligeira curvatura: "Afredo Paiva, um seu criado...") tornou-se inesquecível à minha infância porque tratava-se muito mais de um linguista que de um encerador. Como encerador, não ia muito lá das pernas. Lembro-me que, sempre depois de seu trabalho, minha mãe ficava passeando pela sala com uma flanelinha debaixo de cada pé, para melhorar o lustro. Mas, como linguista, cultor do vernáculo[1] e aplicador de sutilezas gramaticais, seu Afredo estava sozinho.

Tratava-se de um mulato quarentão, ultrarrespeitador, mas em quem a preocupação linguística perturbava às vezes a colocação pronominal. Um dia, numa fila de ônibus, minha mãe ficou ligeiramente ressabiada[2] quando seu Afredo, casualmente de passagem, parou junto a ela e perguntou-lhe à queima-roupa, na segunda do singular:

– Onde *vais* assim tão elegante?

Nós lhe dávamos uma bruta corda. Ele falava horas a fio, no ritmo do trabalho, fazendo os mais deliciosos pedantismos que já me foi dado ouvir. Uma vez, minha mãe, em meio à lide[3] caseira, queixou-se do fatigante ramerrão[4] do trabalho doméstico. Seu Afredo virou-se para ela e disse:

– Dona Lídia, o que a senhora precisa fazer é ir a um médico e tomar a sua *quilometragem*. Diz que é muito *bão*.

De outra feita, minha tia Graziela, recém-chegada de fora, cantarolava ao piano enquanto seu Afredo, acocorado perto dela, esfregava cera no soalho. Seu Afredo nunca tinha visto minha tia mais gorda. Pois bem: chegou-se a ela e perguntou-lhe:

– Cantas? Minha tia, meio surpresa, respondeu com um riso amarelo:

– É, canto às vezes, de brincadeira...

Mas, um tanto formalizada, foi queixar-se a minha mãe, que lhe explicou o temperamento do nosso encerador:

– Não, ele é assim mesmo. Isso não é falta de respeito, não. É excesso de... gramática.

Conta ela que seu Afredo, mal viu minha tia sair, chegou-se a ela com ar disfarçado e falou:

– Olhe aqui, dona Lídia, não leve a mal, mas essa menina, sua irmã, se ela pensa que pode cantar no rádio com essa voz, 'tá redondamente enganada. Nem em programa de calouro!

E, a seguir, ponderou:

– Agora, piano é diferente. Pianista ela é!

E acrescentou:

– *Eximinista* pianista!

(Para uma menina com uma flor, 2009.)

[1] vernáculo: a língua própria de um país; língua nacional.

[2] ressabiado: desconfiado.

[3] lide: trabalho penoso, labuta.

[4] ramerrão: rotina.

02. Na crônica, o personagem seu Afredo é descrito como uma pessoa

a) pedante e cansativa.

b) intrometida e desconfiada.

c) expansiva e divertida.

d) discreta e preguiçosa.

e) temperamental e bajuladora.

03. Em "Mas, como linguista, cultor do vernáculo e aplicador de sutilezas gramaticais, seu Afredo estava sozinho." (1° parágrafo), o cronista sugere que seu Afredo

a) mostrava-se incomodado por não ter com quem conversar sobre questões gramaticais.

b) revelava orgulho ao ostentar conhecimentos linguísticos pouco usuais.

c) sentia-se solitário por ser um dos poucos a dispor de sólidos conhecimentos gramaticais.

d) sentia-se amargurado por notar que seus conhecimentos linguísticos não eram reconhecidos.

e) revelava originalidade no modo como empregava seus conhecimentos linguísticos.

04. Um traço característico do gênero crônica, visível no texto de Vinicius de Moraes, é

a) o tom coloquial.

b) a sintaxe rebuscada.

c) o vocabulário opulento.

d) a finalidade pedagógica.

e) a crítica política.

05. "[Seu Afredo] perguntou-lhe à queima-roupa, na segunda do singular:

– Onde *vais* assim tão elegante?" (2° parágrafo/3° parágrafo)

Ao se adaptar este trecho para o discurso indireto, o verbo "vais" assume a seguinte forma:

a) foi.

b) fora.

c) vai.

d) ia.

e) iria.

GABARITOS

Questões de provas

1 – A

2 – D

3 – D

4 – C

5 – C

6 – D

7 – B

8 – C

9 – C

10 – B

LENDO E INTERPRETANDO

1 – E

2 – C

3 – E

4 – A

5 – D

Capítulo 29

ENEM

1. ENEM

Criado em 1998, o Exame Nacional do Ensino Médio (Enem) tem o objetivo de avaliar o desempenho do estudante ao fim da escolaridade básica. O exame é realizado anualmente pelo Instituto Nacional de Estudos e Pesquisas Educacionais Anísio Teixeira (Inep) e Ministério da Educação (MEC). Podem participar do exame alunos que estão concluindo ou que já concluíram o ensino médio em anos anteriores. Entretanto, participantes com menos de 18 anos no primeiro dia de realização do Exame que concluirão o Ensino Médio após o ano letivo de 2017, os chamados treineiros, podem usar o resultado somente para uma autoavaliação de conhecimentos. A partir de 2017, o Enem deixa de certificar a conclusão do Ensino Médio, o que volta a ser feito pelo Exame Nacional de Certificação de Jovens e Adultos (Encceja).

O Enem é utilizado como critério de seleção para os estudantes que pretendem concorrer a bolsa no Programa Universidade para Todos (ProUni). Além disso, cerca de 500 universidades já usam o resultado do exame como critério de seleção para o ingresso no ensino superior, seja complementando ou substituindo o vestibular.

2. OBJETIVOS DO ENEM

O principal objetivo do Enem é avaliar o desempenho do aluno ao término da escolaridade bá-sica, para aferir desenvolvimento de competências fundamentais ao exercício pleno da cidada-nia. Desde a sua concepção, porém, o Exame foi pensado também como modalidade alternativa ou complementar aos exames de acesso aos cursos profissionalizantes pós-médio e ao ensino superior. Este objetivo vem sendo atingido um pouco mais a cada ano, graças ao esforço do Ministério da Educação na sensibilização e convencimento das instituições de ensino superior (IES) para o uso dos resultados do Enem como componente dos seus processos seletivos. Muitas IES já aderiram.

Além disso, o Enem tem como meta possibilitar a participação em programas governamentais de acesso ao ensino superior, como o ProUni, por exemplo, que utiliza os resultados do Exame como pré-requisito para a distribuição de bolsas de ensino em instituições privadas de ensino superior.O Enem tem sido usado com sucesso como mecanismo de acesso à educação superior, tanto em programas do Ministério da Educação – Sisu e Prouni –, quanto em processos de permanência – Fies. Também tem sido utilizado em processos de governos estaduais e da iniciativa privada, e também para Pronatec e Instituições Portuguesas.

O Enem busca, ainda, oferecer uma referência para autoavaliação com vistas a auxiliar nas escolhas futuras dos cidadãos, tanto com relação à continuidade dos estudos quanto à sua inclusão no mundo do trabalho. A avaliação pode servir como complemento do currículo para a seleção de emprego.

As informações obtidas a partir dos resultados do Enem são utilizadas para:

- permitir a auto-avaliação do participante, bem como, a continuidade de sua formação e inserção no mercado de trabalho;

- criar uma referência nacional para o aperfeiçoamento dos currículos do Ensino Médio;

- acessar a educação superior, como mecanismo único, alternativo ou complementar;

- acessar programas governamentais de financiamento ou o apoio ao estudante da educação superior;

- ingressar em diferentes setores do mundo do trabalho;

- desenvolver estudos e indicadores sobre a educação brasileira.

2.1. Provas e Gabaritos

Entre 1998 e 2008, as provas eram estruturadas a partir de uma matriz de 21 habilidades, em que cada uma delas era avaliada por três questões. Assim, a parte objetiva das provas era composta por 63 itens interdisciplinares aplicados em um único caderno.

A partir de 2009, as provas objetivas passaram a ser estruturadas em quatro matrizes, uma para cada área de conhecimento. Cada uma das quatro áreas é composta por 45 questões. Cada um dos cadernos, na nova edição do exame, é composto por duas áreas de conhecimento, totalizando 90 questões por caderno. As habilidades continuam sendo utilizadas, porem, em novo formato.

2.2. Para entendermos o Enem de modo geral

4 Provas Objetivas, sendo 45 questões cada

Ciências Humanas e suas Tecnologias

Ciências da Natureza e suas Tecnologias

Linguagens, Códigos e suas Tecnologias

Matemática e suas Tecnologias

1 Redação

Texto dissertativo-argumentativo a partir de uma situação-problema (política, social ou cultural)

30 linhas no máximo

2.3. Novidades a partir de 2017

Provas em dois domingos consecutivos

Redação no primeiro dia

Nada de certificação

Provas com o seu nome

Vídeo Prova em Libras

Solicitação de tempo adicional no ato da inscrição
Declaração de comparecimento impressa por você
Novas regras para isenção e ausência

2.4. Informações importantes

Solicite Atendimento

Se você precisa de algum atendimento especializado pode contar com o Inep.
Mas para ter direito aos recursos você precisa enviar um laudo médico.
Acompanhe sua inscrição para saber se o pedido foi aceito.

O Enem é para todos:

Autismo / Baixa visão / Cegueira / Deficiência auditiva / Deficiência física / Deficiência / intelectual (mental) / Déficit de atenção/ Discalculia / Dislexia / Surdez / Surdocegueira / Visão / Monocular

Possui atendimento Específico para:

Gestante / Idoso / Lactante / Estudante em Classe Hospitalar / Outra Situação Específica
Além de Nome Social: Tratamento pela Identidade de Gênero

Como é corrigida a redação?

A redação é corrigida por dois corretores de forma independente.

Cada corretor atribui uma nota entre 0 (zero) e 200 (duzentos) pontos para cada uma das cinco competências. A nota total de cada corretor corresponde à soma das notas atribuídas a cada uma das competências.

Considera-se que existe discrepância entre dois corretores se suas notas totais diferirem por mais de 100 (cem) pontos ou se a diferença de suas notas em qualquer uma das competências for superior a 80 (oitenta) pontos.

A nota final da redação do participante será atribuída da seguinte forma:

a) Caso não haja discrepância entre os dois corretores, a nota final do participante será a média aritmética das notas totais atribuídas pelos dois corretores.

b) Caso haja discrepância entre os dois corretores, haverá recurso de ofício (automático) e a redação será corrigida, de forma independente, por um terceiro corretor.

c) Caso não haja discrepância entre o terceiro corretor e os outros dois corretores ou caso haja discrepância entre o terceiro corretor e apenas um dos corretores, a nota final do participante será a média aritmética entre as duas notas totais que mais se aproximarem, sendo descartadas as demais notas.

d) Na ocorrência do previsto no item "c" e sendo a nota total do terceiro corretor equidistante das notas totais atribuídas pelos outros dois corretores, a redação será corrigida por uma banca composta por três corretores, que atribuirá a nota final do participante, sendo descartadas as notas anteriores.

e) Caso o terceiro corretor apresente discrepância com os outros dois corretores, haverá novo recurso de ofício e a redação será corrigida por uma banca composta por três corretores, que atribuirá a nota final ao participante, sendo descartadas as notas anteriores.

Fonte textos adaptados a partir do texto dos autores. Acréscimo das informações diretamente retiradas do site: http://portal.inep.gov.br/web/guest/enem21/07/17 8:58

http://portal.inep.gov.br/web/guest/perguntas-frequentes 21/07/17 8:58

3. EIXOS COGNITIVOS (COMUNS A TODAS AS ÁREAS DE CONHECIMENTO)

I. **Dominar linguagens (DL)**: dominar a norma culta da Língua Portuguesa e fazer uso das linguagens matemática, artística e científica e das línguas espanhola e inglesa.

II. **Compreender fenômenos (CF)**: construir e aplicar conceitos das várias áreas do conhecimento para a compreensão de fenômenos naturais, de processos histórico-geográficos, da produção tecnológica e das manifestações artísticas.

III. **Enfrentar situações-problema (SP)**: selecionar, organizar, relacionar, interpretar dados e informações representados de diferentes formas, para tomar decisões e enfrentar situações-problema.

IV. **Construir argumentação (CA)**: relacionar informações, representadas em diferentes formas, e conhecimentos disponíveis em situações concretas, para construir argumentação consistente.

V. **Elaborar propostas (EP)**: recorrer aos conhecimentos desenvolvidos na escola para elaboração de propostas de intervenção solidária na realidade, respeitando os valores humanos e considerando a diversidade sociocultural.

4. MATRIZ DE REFERÊNCIA DE LINGUAGENS, CÓDIGOS E SUAS TECNOLOGIAS

Anteriormente a prova era dividida em habilidades, conforme explicado no texto acima. A estrutura da prova mudou a partir de 2017, mas saber as habilidades e aprofundar nos exemplos, melhora a sua visão de como as questões são estruturadas e como raciocinar para melhorar o seu desempenho. Ao final do estudo você terá provas na íntegra para que se sinta seguro para o novo Enem! Uma outra informação relevante é que a área de linguagens auxilia no entendimento de quaisquer outras questões das áreas diversas; estar bem preparado para as linguagens para seu desempenho subir.

4.1. Competência de área 1

Aplicar as tecnologias da comunicação e da informação na escola, no trabalho e em outros contextos relevantes para sua vida.

H1 - Identificar as diferentes linguagens e seus recursos expressivos como elementos de caracterização dos sistemas de comunicação.

Item exemplo:

Paulo mora em Natal; Ana, em Fortaleza; Carlos, em Teresina. Antes de saírem de casa, essas pessoas resolveram consultar o mapa meteorológico a seguir, publicado em um jornal diário, para saber se deveriam ou não levar um guarda-chuva.

Atmosfera nas capitais. *Folha de S. Paulo.*

De acordo com o mapa, deverá(ão) usar guarda-chuva

(A) apenas Paulo.

(B) Paulo e Ana.

(C) apenas Carlos.

(D) Carlos e Ana.

(E) apenas Ana.

H2 - Recorrer aos conhecimentos sobre as linguagens dos sistemas de comunicação e informação para resolver problemas sociais.

Item exemplo:

José Dias precisa sair de sua casa e chegar até o trabalho, conforme mostra o Quadro 1. Ele vai de ônibus e pega três linhas: 1) de sua casa até o terminal de integração entre a zona norte e a zona central; 2) deste terminal até outro entre as zonas central e sul; 3) deste último terminal até onde trabalha. Sabe-se que há uma correspondência numérica, nominal e cromática das linhas que José toma, conforme o Quadro 2.

Quadro 1	**Quadro 2**
ZONA NORTE (CASA)	Linha 100 Circular zona sul Linha Amarela
ZONA CENTRAL	Linha 101 Circular zona central Linha Vermelha
ZONA SUL (TRABALHO)	Linha 102 Circular zona norte Linha Azul

José Dias deverá, então, tomar a seguinte sequência de linhas de ônibus, para ir de casa ao trabalho:

(A) L. 102 – Circular zona central – L. Vermelha.

(B) L. Azul – L. 101 – Circular zona norte.

(C) Circular zona norte – L. Vermelha – L. 100.

(D) L. 100 – Circular zona central – L. Azul.

(E) L. Amarela – L. 102 – Circular zona sul.

H3 - Relacionar informações geradas nos sistemas de comunicação e informação, considerando a função social desses sistemas.

Item exemplo:

Os amigos F. V. S., 17 anos, M. J. S., 18 anos, e J. S., 20 anos, moradores de Bom Jesus, cidade paraibana na divisa com o Ceará, trabalham o dia inteiro nas roças de milho e feijão. "*Não ganhamos salário, é 'de meia'. Metade da produção fica para o dono da terra e metade para a gente.*"

Folha de S. Paulo.

Os jovens conversam com o repórter sobre sua relação de trabalho. Utilizam a expressão *de meia* e, logo em seguida, explicam o que isso significa. Ao dar a explicação, eles

(A) alteram o sentido da expressão.

(B) consideram que o repórter talvez não conheça aquele modo de falar.

(C) dificultam a comunicação com o repórter.

(D) desrespeitam a formação profissional do repórter.

(E) demonstram não ter conhecimento da expressão.

H4 - Reconhecer posições críticas aos usos sociais que são feitos das linguagens e dos sistemas de comunicação e informação.

Item exemplo:

ESTÃO TIRANDO O VERDE DA NOSSA TERRA

Disponível em :http// w.w.w.heliorubiales.zip.net

A figura é uma adaptação da Bandeira Nacional O uso dessa imagem no anúncio tem como principal objetivo

(A) mostrar a população que a Mata Atlântica é mais importante para o País do que a ordem e progresso.

(B) criticar a estética da Bandeira Nacional que não reflete com exatidão a essência do País que representa.

(C) informar à população sobre a alteração que a bandeira oficial do país sofrerá.

(D) alertar a população para o desmatamento da Mata Atlântica e fazer um apelo para que as derrubadas acabem.

(E) incentivar as campanhas ambientalistas e ecológicas em defesa da Amazônia.

4.2. Competência de área 2*

Conhecer e usar língua(s) estrangeira(s) moderna(s) como instrumento de acesso a informações e a outras culturas e grupos sociais*.

H5 – Associar vocábulos e expressões de um texto em LEM ao seu tema.

H6 - Utilizar os conhecimentos da LEM e de seus mecanismos como meio de ampliar as possibilidades de acesso a informações, tecnologias e culturas.

H7 – Relacionar um texto em LEM, as estruturas linguísticas, sua função e seu uso social.

H8 - Reconhecer a importância da produção cultural em LEM como representação da diversidade cultural e linguística.

4.3. Competência de área 3

Compreender e usar a linguagem corporal como relevante para a própria vida, integradora social e formadora da identidade.

H9 - Reconhecer as manifestações corporais de movimento como originárias de necessidades cotidianas de um grupo social.

Item exemplo:

A dança é importante para o índio preparar o corpo e a garganta e significa energia para o corpo, que fica robusto. Na aldeia, para preparo físico, dançamos desde cinco horas da manhã até seis horas da tarde, passa-se o dia inteiro dançando quando os padrinhos planejam a dança dos adolescentes. O padrinho é como um professor, um preparador físico dos adolescentes. Por exemplo, o padrinho sonha com um determinado canto e planeja para todos entoarem. Todos os tipos de dança vêm dos primeiros xavantes: Wamarĩdzadadzeiwawẽ, Butséwawẽ, Tseretomodzatsewawẽ, que foram descobrindo através da sabedoria como iria ser a cultura Xavante. Até hoje existe essa cultura, essa celebração. Quando o adolescente fura a orelha é obrigatório ele dançar toda a noite, tem de acordar meia-noite para dançar e cantar, é obrigatório, eles vão chamando um ao outro com um grito especial.

WÉRÉ' É TSI'RÓBÓ, E. A dança e o canto-celebração da existência xavante. **VIS-Revista do Programa de Pós-Graduação em Arte da UnB**. V. 5, n. 2, dez. 2006.

---

* A área 2 foi incluída apenas a partir de 2010

A partir das informações sobre a dança Xavante, conclui-se que o valor da diversidade artística e da tradição cultural apresentados originam-se da

(A) iniciativa individual do indígena para a prática da dança e do canto.

(B) excelente forma física apresentada pelo povo Xavante.

(C) multiculturalidade presente na sua manifestação cênica.

(D) inexistência de um planejamento da estética da dança, caracterizada pelo ineditismo.

(E) preservação de uma identidade entre a gestualidade ancestral e a novidade dos cantos a serem entoados.

H10 - Reconhecer a necessidade de transformação de hábitos corporais em função das necessidades cinestésicas.

Item exemplo:

Luciana trabalha em uma loja de venda de carros. Ela tem um papel muito importante de fazer a conexão entre os vendedores, os compradores e o serviço de acessórios. Durante o dia, ela se desloca inúmeras vezes da sua mesa para resolver os problemas dos vendedores e dos compradores. No final do dia, Luciana só pensa em deitar e descansar as pernas. Na função de chefe preocupado com a produtividade (número de carros vendidos) e com a saúde e a satisfação dos seus funcionários, a atitude correta frente ao problema seria

(A) propor a criação de um programa de ginástica laboral no início da jornada de trabalho.

(B) sugerir a modificação do piso da loja para diminuir o atrito do solo e reduzir as dores nas pernas.

(C) afirmar que os problemas de dores nas pernas são causados por problemas genéticos.

(D) ressaltar que a utilização de roupas bonitas e do salto alto são condições necessárias para compor o bom aspecto da loja.

(E) escolher um de seus funcionários para conduzir as atividades de ginástica laboral em intervalos de 2 em 2 horas.

H11 - Reconhecer a linguagem corporal como meio de interação social, considerando os limites de desempenho e as alternativas de adaptação para diferentes indivíduos.

O convívio com outras pessoas e os padrões sociais estabelecidos moldam a imagem corporal na mente das pessoas. A imagem corporal idealizada pelos pais, pela mídia, pelos grupos sociais e pelas próprias pessoas desencadeia comportamentos estereotipados que podem comprometer a saúde. A busca pela imagem corporal perfeita tem levado muitas pessoas a procurar alternativas ilegais e até mesmo nocivas à saúde.

Revista Corpoconsciência. FEFISA, v 10, n°2. Santo André, jul/dez. 2006, (adaptado).

A imagem corporal tem recebido grande destaque e valorização na sociedade atual. Como consequência,

(A) a ênfase na magreza tem levado muitas mulheres a depreciar sua autoimagem, apresentando insatisfação crescente com o corpo.

(B) as pessoas adquirem a liberdade para desenvolver seus corpos de acordo com critérios estéticos que elas mesmas criam e que recebem pouca influência do meio em que vive.

(C) a modelagem corporal é um processo em que o indivíduo observa o comportamento de outros, sem, contudo, imitá-los.

(D) o culto ao corpo produz uma busca incansável, trilhada por meio de árdua rotina de exercícios, com pouco interesse no aperfeiçoamento estético.

(E) o corpo tornou-se um objeto de consumo importante para as pessoas criarem padrões de beleza que valorizam a raça à qual pertencem.

4.4. Competência de área 4

Compreender a arte como saber cultural e estético gerador de significação e integrador da organização do mundo e da própria identidade.

H12 - Reconhecer diferentes funções da arte,
do trabalho da produção dos artistas em seus meios culturais.

Item exemplo:

O pintor Portinari representou em seus quadros muitos problemas sociais do Brasil de sua época.

O quadro ***Café*** faz uma representação exagerada dos pés e mãos dos trabalhadores. Tal exagero cumpre a função de sugerir que os trabalhadores

(A) ganhavam pouco pelos serviços prestados.

(B) usavam muita força física no trabalho rural.

(C) plantavam e colhiam para seu próprio benefício.

(D) eram solidários na divisão do trabalho.

(E) eram tratados como escravos.

H13 - Analisar as diversas produções artísticas como meio
de explicar diferentes culturas, padrões de beleza e preconceitos.

Item exemplo:

ECKHOUT, A. "Índio Tapuia" (1610-1666). Disponível em: http://www.diaadia.pr.gov.br. Acesso em: 9 jul. 2009.

A feição deles é serem pardos, maneira d'avermelhados, de bons rostos e bons narizes, bem feitos. Andam nus, sem nenhuma cobertura, nem estimam nenhuma cousa cobrir, nem mostrar suas vergonhas. E estão acerca disso com tanta inocência como têm em mostrar o rosto.

CAMINHA, P. V. **A carta**. Disponível em: www.dominiopublico.gov.br. Acesso em: 12 ago. 2009.

Ao se estabelecer uma relação entre a obra de Eckhout e o trecho do texto de Caminha, conclui- se que

(A) ambos se identificam pelas características estéticas marcantes, como tristeza e melancolia, do movimento romântico das artes plásticas.

(B) o artista, na pintura, foi fiel ao seu objeto, representando-o de maneira realista, ao passo que o texto é apenas fantasioso.

(C) a pintura e o texto têm uma característica em comum, que é representar o habitante das terras que sofreriam processo colonizador.

(D) o texto e a pintura são baseados no contraste entre a cultura europeia e a cultura indígena.

(E) há forte direcionamento religioso no texto e na pintura, uma vez que o índio representado é objeto da catequização jesuítica.

H14 - Reconhecer o valor da diversidade artística e das inter-relações de elementos que se apresentam nas manifestações de vários grupos sociais e étnicos.

Item exemplo:

Quando olhei a terra ardendo
Qual fogueira de São João
Eu perguntei a Deus do céu, ai!
Porque tamanha judiação
Que braseiro, que fornalha
Nem um pé de plantação
Por falta d'água perdi meu gado
Morreu de sede meu alazão

Luiz Gonzaga e Humberto Teixeira, Asa Branca.

O pintor brasileiro Cândido Portinari representa, no quadro ***Retirantes***, uma cena brasileira semelhante ao que expressa a letra da música ***Asa Branca***, de Luiz Gonzaga e Humberto Teixeira. Essa cena representa o problema

(A) da falta d'água nas plantações de todo o Brasil.

(B) da seca no Nordeste brasileiro.

(C) do incêndio no Nordeste brasileiro.

(D) do sofrimento de todas as crianças brasileiras.

(E) do desmatamento no norte brasileiro.

4.5. Competência de área 5

Analisar, interpretar e aplicar recursos expressivos das linguagens, relacionando textos com seus contextos, mediante a natureza, função, organização, estrutura das manifestações, de acordo com as condições de produção e recepção.

H15 - Estabelecer relações entre o texto literário e o momento de sua produção, situando aspectos do contexto histórico, social e político.

Item exemplo:

O apanhador de desperdícios

Uso a palavra para compor meus silêncios.
Não gosto das palavras
fatigadas de informar.
Dou mais respeito
às que vivem de barriga no chão
tipo água pedra sapo.
Entendo bem o sotaque das águas
Dou respeito às coisas desimportantes
e aos seres desimportantes.
Prezo insetos mais que aviões.
Prezo a velocidade
das tartarugas mais que a dos mísseis.
Tenho em mim um atraso de nascença.
Eu fui aparelhado
para gostar de passarinhos.
Tenho abundância de ser feliz por isso.
Meu quintal é maior do que o mundo.
Sou um apanhador de desperdícios:
Amo os restos
como as boas moscas.
Queria que a minha voz tivesse um formato
de canto.
Porque eu não sou da informática:
eu sou da invencionática.
Só uso a palavra para compor meus silêncios.

BARROS, Manoel de. O apanhador de desperdícios. In. PINTO, Manuel da Costa. Antologia comentada da poesia brasileira do século 21. São Paulo: Publifolha, 2006. p. 73-74.

Considerando o papel da arte poética e a leitura do poema de Manoel de Barros, afirma-se que

(A) informática e invencionática são ações que, para o poeta, correlacionam-se: ambas têm o mesmo valor na sua poesia.

(B) arte é criação e, como tal, consegue dar voz às diversas maneiras que o homem encontra para dar sentido à própria vida.

(C) a capacidade do ser humano de criar está condicionada aos processos de modernização tecnológicos.

(D) a invenção poética, para dar sentido ao desperdício, precisou se render às inovações da informática.

(E) as palavras no cotidiano estão desgastadas, por isso à poesia resta o silêncio da não comunicabilidade.

H16 - Relacionar informações sobre concepções artísticas e procedimentos de construção do texto literário.

Item exemplo:

"(...) no começo de 1937, utilizei num conto a lembrança de um cachorro sacrificado na Maniçoba, interior de Pernambuco, há muitos anos. Transformei o velho Pedro Ferro, meu avô, no vaqueiro Fabiano; minha avó tomou a figura de Sinhá Vitória, meus tios pequenos, machos e fêmeas, reduziram-se a dois meninos (...)"

(fragmento de carta de Graciliano Ramos a João Conde, 1944, in http:// www.navedapalavra.com.br)

Sinhá Vitória, Fabiano, Baleia e os dois meninos são personagens do romance *Vidas Secas* (1938). A carta acima é de seu autor, Graciliano Ramos (1892- 1953). Ela nos informa que, para compor a identidade das personagens citadas, o escritor

(A) fez pesquisas em livros de história.

(B) recriou elementos de suas memórias.

(C) entrevistou parentes e amigos.

(D) inspirou-se em outros romances.

(E) viajou ao interior de Pernambuco.

H17 - Reconhecer a presença de valores sociais e humanos atualizáveis e permanentes no patrimônio literário nacional.

Item exemplo:

CANTEIROS

E eu ainda sou bem moço
pra tanta tristeza,
Deixemos de coisa,
cuidemos da vida,
Senão chega a morte
Ou coisa parecida
E nos arrasta moço
Sem ter visto a vida.

MEIRELES, Cecília. *Canteiros*. In: Raimundo Fagner ao vivo. Ed Warner / Chappel, 2000.

Recentemente, o compositor e intérprete Fagner acrescentou música ao poema ***Canteiros***, de Cecília Meireles, associando duas manifestações artísticas. Com isso, o compositor

(A) prestigiou tanto a literatura quanto a música popular.

(B) divulgou a temática das belezas naturais do Nordeste.

(C) valorizou aspectos ainda pouco conhecidos da história do País.

(D) prejudicou o valor literário do poema na medida em que o popularizou.

(E) prejudicou a compreensão do poema.

4.6. Competência de área 6

Compreender e usar os sistemas simbólicos das diferentes linguagens como meios de organização cognitiva da realidade pela constituição de significados, expressão, comunicação e informação.

H18 - Identificar os elementos que concorrem para a progressão temática e para a organização e estruturação de textos de diferentes gêneros e tipos.

Item exemplo:

Aumento do efeito estufa ameaça plantas, diz estudo.

O aumento de dióxido de carbono na atmosfera, resultante do uso de combustíveis fósseis e das queimadas, pode ter consequências calamitosas para o clima mundial, mas também pode afetar diretamente o crescimento das plantas. Cientistas da Universidade de Basel, na Suíça, mostraram que, embora o dióxido de carbono seja essencial para o crescimento dos vegetais, quantidades excessivas desse gás prejudicam a saúde das plantas e têm efeitos incalculáveis na agricultura de vários países.

O Estado de São Paulo, 20 set. 1992, p.32.

O texto acima possui elementos coesivos que promovem sua manutenção temática. A partir dessa perspectiva, conclui-se que

(A) a palavra "mas", na linha 5, contradiz a afirmação inicial do texto: linhas 1 e 2.

(B) a palavra "embora", na linha 8, introduz uma explicação que não encontra complemento no restante do texto

(C) as expressões: "consequências calamitosas", na linha 4, e "efeitos incalculáveis", na linhas 1 e 2, reforçam a ideia que perpassa o texto sobre o perigo do efeito estufa.

(D) o uso da palavra "cientistas", na linha 7, é desnecessário para dar credibilidade ao texto, uma vez que se fala em "estudo" no título do texto.

(E) a palavra "gás", na linha 11, refere-se a "combustíveis fósseis" e "queimadas", nas linha 3, reforçando a ideia de catástrofe.

H19 - Analisar a função da linguagem predominante nos textos em situações específicas de interlocução.

Item exemplo:

"Um levantamento feito por um Centro de Medicina Diagnóstica revelou que a saúde dos executivos vai mal. De acordo com a análise realizada com 161 profissionais que se submeteram a um *check-up*, foi constatado que 66% estavam com excesso de peso e 40% eram sedentários. Além disso, 42% tinham colesterol elevado e 13% apresentaram hipertensão".

Revista Isto É, 24/03/2004, com adaptações.

Pode-se perceber que o texto acima tem um caráter

(A) literário

(B) político.

(C) informativo.

(D) dissertativo.

(E) publicitário.

H20 - Reconhecer a importância do patrimônio linguístico para a preservação da memória e da identidade nacional.

Item exemplo:

Nestes últimos anos, a situação mudou bastante e o Brasil, normalizado, já não nos parece tão mítico, no bem e no mal. Houve um mútuo reconhecimento entre os dois países de expressão portuguesa de um lado e do outro do Atlântico: o Brasil descobriu Portugal e Portugal, em um retorno das caravelas, voltou a descobrir o Brasil e a ser, por seu lado, colonizado por expressões linguísticas, as telenovelas, os romances, a poesia, a comida e as formas de tratamento brasileiros. O mesmo, embora em nível superficial, dele excluído o plano da língua, aconteceu com a Europa, que, depois da diáspora dos anos 70, depois da inserção na cultura da bossa-nova e da música popular brasileira, da problemática ecológica centrada na Amazônia, ou da problemática social emergente do fenômeno dos meninos de rua, e até do álibi ocultista dos romances de Paulo Coelho, continua todos os dias a descobrir, no bem e no mal, o novo Brasil. Se, no fim do século XIX, Sílvio Romero definia a literatura brasileira como manifestação de um país mestiço, será fácil para nós defini-la como expressão de um país polifônico: em que já não é determinante o eixo Rio-São Paulo, mas que, em cada região, desenvolve originalmente a sua unitária e particular tradição cultural. É esse, para nós, no início do século XXI, o novo estilo brasileiro.

STEGAGNO-PICCHIO, L. **História da literatura brasileira.** Rio de Janeiro: Nova Aguilar, 2004 (adaptado).

No texto, a autora mostra como o Brasil, ao longo de sua história, foi, aos poucos, construindo uma identidade cultural e literária relativamente autônoma frente à identidade europeia, em geral, e à portuguesa em particular. Sua análise pressupõe, de modo especial, o papel do patrimônio literário e linguístico, que favoreceu o surgimento daquilo que ela chama de "estilo brasileiro". Diante desse pressuposto, e levando em consideração o texto e as diferentes etapas de consolidação da cultura brasileira, constata-se que

(A) o Brasil redescobriu a cultura portuguesa no século XIX, o que o fez assimilar novos gêneros artísticos e culturais, assim como usos originais do idioma, conforme ilustra o caso do escritor Machado de Assis.

(B) a Europa reconheceu a importância da língua portuguesa no mundo, a partir da projeção que poetas brasileiros ganharam naqueles países, a partir do século XX.

(C) ocorre, no início do século XXI, promovido pela solidificação da cultura nacional, maior reconhecimento do Brasil por ele mesmo, tanto nos aspectos positivos quanto nos negativos.

(D) o Brasil continua sendo, como no século XIX, uma nação culturalmente mestiça, embora a expressão dominante seja aquela produzida no eixo Rio-São Paulo, em especial aquela ligada às telenovelas.

(E) o novo estilo cultural brasileiro se caracteriza por uma união bastante significativa entre as diversas matrizes culturais advindas das várias regiões do país, como se pode comprovar na obra de Paulo Coelho.

4.7. Competência de área 7

Confrontar opiniões e pontos de vista sobre as diferentes linguagens e suas manifestações específicas.

H21 - Reconhecer em textos de diferentes gêneros, recursos verbais e não-verbais utilizados com a finalidade de criar e mudar comportamentos e hábitos.

Item exemplo:

1. Deite a vítima de costas sobre uma superfície dura, levante-lhe as pernas e apoie-as numa cadeira, por exemplo. Por vezes, somente esta medida basta para reativar a circulação do sangue.

2. Se a vítima for um adulto, dê dois ou três golpes em seu peito, com a mão fechada. Também esses golpes podem ser suficientes para reativar o coração parado.

ATENÇÃO: Nunca dê esses golpes em crianças ou em pessoas idosas.

Saúde Primeiros Socorros, São Paulo: Editora Nova Cultural, 2001.

O texto acima dá instruções ao leitor sobre o que fazer em caso de ocorrer uma parada cardíaca. Para isso, utiliza verbos que indicam como o leitor deve agir. Esses verbos são:

(A) deite – levante – apoie – dê.

(B) deite – apóie – reativar – podem.

(C) levante - dê – for – basta.

(D) levante – basta – reativar – podem.

(E) for – podem – dê – reativar

H22 - Relacionar, em diferentes textos, opiniões, temas, assuntos e recursos linguísticos.

Item exemplo:

Texto I

Ser brotinho não é viver em um píncaro azulado; é muito mais! Ser brotinho é sorrir bastante dos homens e rir interminavelmente das mulheres, rir como se o ridículo, visível ou invisível, provocasse uma tosse de riso irresistível.

CAMPOS, Paulo Mendes. Ser brotinho. In: SANTOS, Joaquim Ferreira dos (Org.).As cem melhores crônicas brasileiras. Rio de Janeiro: Objetiva, 2005. p. 91.

Texto II

Ser gagá não é viver apenas nos idos do passado: é muito mais! É saber que todos os amigos já morreram e os que teimam em viver são entrevados. É sorrir, interminavelmente, não por necessidade interior, mas porque a boca não fecha ou a dentadura é maior que a arcada.

FERNANDES, Millôr. Ser gagá. In: SANTOS, Joaquim Ferreira dos (Org.).As cem melhores crônicas brasileiras. Rio de Janeiro: Objetiva, 2005. p. 225.

Os textos utilizam os mesmos recursos expressivos para definir as fases da vida, entre eles,

(A) expressões coloquiais com significados semelhantes.

(B) ênfase no aspecto contraditório da vida dos seres humanos.

(C) recursos específicos de textos escritos em linguagem formal.

(D) termos denotativos que se realizam com sentido objetivo.

(E) metalinguagem que explica com humor o sentido de palavras.

H23 - Inferir em um texto quais são os objetivos de seu produtor e quem é seu público alvo, pela análise dos procedimentos argumentativos utilizados.

Item exemplo:

Recado ao senhor 903

Vizinho

Quem fala aqui é o homem do 1.003. Recebi outro dia, consternado, a visita do zelador, que me mostrou a carta em que o senhor reclamava contra o barulho em meu apartamento. (...)

Peço-lhe desculpas — e prometo silêncio.

Mas que me seja permitido sonhar com outra vida e com outro mundo, em que um homem batesse à porta do outro e dissesse: "Vizinho, são três horas da manhã e ouvi música em tua casa. Aqui estou". E o outro respondesse: "Entra, vizinho, e come de meu pão e bebe de meu vinho. Aqui estamos todos a bailar e cantar, pois descobrimos que a vida é curta e a lua é bela".

Rubem Braga.100 Crônicas Escolhidas. Rio de Janeiro: José Olímpio, 1953.

A reação do autor do texto acima diante da reclamação que lhe foi feita é de

(A) cordialidade.

(B) indiferença.

(C) animosidade.

(D) antipatia.

(E) alegria.

H24 - Reconhecer no texto estratégias argumentativas empregadas para o convencimento do público, tais como a intimidação, sedução, comoção, chantagem, entre outras.

Item exemplo:

Apesar da ciência, ainda é possível acreditar no sopro divino – o momento em que o Criador deu vida até ao mais insignificante dos micro-organismos?

Resposta de Dom Odilo Scherer, cardeal arcebispo de São Paulo, nomeado pelo papa Bento XVI em 2007:

"Claro que sim. Estaremos falando sempre que, em algum momento, começou a existir algo, para poder evoluir em seguida. O ato do criador precede a possibilidade de evolução: só evolui algo que existe. Do nada, nada surge e evolui."

LIMA, Eduardo. Testemunha de Deus. SuperInteressante, São Paulo, n. 263-A, p. 9, mar. 2009 (com adaptações).

Resposta de Daniel Dennet, filósofo americano ateu e evolucionista radical, formado em Harvard e Doutor por Oxford:

> *"É claro que é possível, assim como se pode acreditar que um super-homem veio para a Terra há 530 milhões de anos e ajustou o DNA da fauna cambriana, provocando a explosão da vida daquele período. Mas não há razão para crer em fantasias desse tipo."*

LIMA, Eduardo. Advogado do Diabo. SuperInteressante, São Paulo, n. 263-A, p. 11, mar. 2009 (com adaptações).

Os dois entrevistados responderam a questões idênticas, e as respostas a uma delas foram reproduzidas aqui. Tais respostas revelam opiniões opostas: um defende a existência de Deus e o outro não concorda com isso. Para defender seu ponto de vista,

(A) o religioso ataca a ciência, desqualificando a Teoria da Evolução, e o ateu apresenta comprovações científicas dessa teoria para derrubar a ideia de que Deus existe.

(B) Scherer impõe sua opinião, pela expressão "claro que sim", por se considerar autoridade competente para definir o assunto, enquanto Dennett expressa dúvida, com expressões como "é possível", assumindo não ter opinião formada.

(C) o arcebispo critica a teoria do Design Inteligente, pondo em dúvida a existência de Deus, e o ateu argumenta com base no fato de que algo só pode evoluir se, antes, existir.

(D) o arcebispo usa uma lacuna da ciência para defender a existência de Deus, enquanto o filósofo faz uma ironia, sugerindo que qualquer coisa inventada poderia preencher essa lacuna.

(E) o filósofo utiliza dados históricos em sua argumentação, ao afirmar que a crença em Deus é algo primitivo, criado na época cambriana, enquanto o religioso baseia sua argumentação no fato de que algumas coisas podem "surgir do nada".

4.8. Competência de área 8

Compreender e usar a Língua Portuguesa como língua materna, geradora de significação e integradora da organização do mundo e da própria identidade.

> **H25** - Identificar, em textos de diferentes gêneros, as marcas linguísticas que singularizam as variedades linguísticas sociais, regionais e de registro.

Item exemplo:

O personagem Chico Bento pode ser considerado um típico habitante da zona rural, comumente chamado de "roceiro" ou "caipira". Considerando a sua fala, essa tipicidade é confirmada primordialmente pela

(A) transcrição da fala característica de áreas rurais.

(B) redução do nome "José" para "Zé", comum nas comunidades rurais.

(C) emprego de elementos que caracterizam sua linguagem como coloquial.

(D) escolha de palavras ligadas ao meio rural, incomuns nos meios urbanos.

E) utilização da palavra "coisa", pouco frequente nas zonas mais urbanizadas.

H26 - Relacionar as variedades linguísticas a situações específicas de uso social.

Item exemplo:

Atenção, malandrage! Eu num vô pedir nada, vô te dá um alô! Te liga aí: Aids é uma praga que rói até os mais fortes, e rói devagarinho. Deixa o corpo sem defesa contra a doença. Quem pegá essa praga está ralado de verde e amarelo, de primeiro ao quinto, e sem vaselina. Num tem dotô que dê jeito, nem reza brava, nem choro, nem vela, nem ai, Jesus (...).

Agência Adag. Realização: TV Cultura, 1988.

O trecho acima foi tirado de um vídeo exibido na Casa de Detenção de São Paulo e foi produzido com o objetivo de ensinar aos presos formas de prevenção contra a Aids.

A escolha da linguagem utilizada tem a finalidade de

(A) mostrar a fala do dia a dia das pessoas.

(B) imitar a fala de um advogado no tribunal.

(C) expressar proximidade com a fala dos presidiários.

(D) reproduzir a fala de uma determinada região.

(E) distanciar-se da fala do público-alvo.

H27 - Reconhecer os usos da norma padrão da Língua Portuguesa nas diferentes situações de comunicação.

Item exemplo:

Compare os textos I e II a seguir, que tratam de aspectos ligados a variedades da Língua Portuguesa no mundo e no Brasil.

Texto I

Acompanhando os navegadores, colonizadores e comerciantes portugueses em todas as suas incríveis viagens, a partir do século XV, o português se transformou na língua de um império. Nesse processo, entrou em contato — forçado, o mais das vezes; amigável, em alguns casos — com as mais diversas línguas, passando por processos de variação e de mudança linguística. Assim, contar a história do português do Brasil é mergulhar na sua história colonial e de país independente, já que as línguas não são mecanismos desgarrados dos povos que as utilizam. Nesse cenário, são muitos os aspectos da estrutura linguística que não só expressam a diferença entre Portugal e Brasil como também definem, no Brasil, diferenças regionais e sociais.

PAGOTTO, E. P. **Línguas do Brasil**. Disponível em: http://cienciaecultura.bvs.br. Acesso em: 5 jul. 2009 (adaptado).

Texto II

Barbarismo é vício que se comete na escritura de cada uma das partes da construção ou na pronunciação. E em nenhuma parte da Terra se comete mais essa figura da pronunciação que nestes reinos, por causa das muitas nações que trouxemos ao jugo do nosso serviço. Porque bem como os Gregos e Romanos haviam por *bárbaras* todas as outras nações estranhas a eles, por não poderem formar sua linguagem, assim nós podemos dizer que as nações de África, Guiné, Ásia, Brasil barbarizam quando querem imitar a nossa.

BARROS, J. **Gramática da língua portuguesa**. Porto: Porto Editora, 1957 (adaptado).

Os textos abordam o contato da Língua Portuguesa com outras línguas e processos de variação e de mudança decorridos desse contato. Da comparação entre os textos, conclui-se que a posição de João de Barros (Texto II), em relação aos usos sociais da linguagem, revela

(A) atitude crítica do autor quanto à gramática que as nações a serviço de Portugal possuíam e, ao mesmo tempo, de benevolência quanto ao conhecimento que os povos tinham de suas línguas.

(B) atitude preconceituosa relativa a vícios culturais das nações sob domínio português, dado o interesse dos falantes dessa línguas em copiar a língua do império, o que implicou a falência do idioma falado em Portugal.

(C) o desejo de conservar, em Portugal, as estruturas da variante padrão da língua grega — em oposição às consideradas bárbaras —, em vista da necessidade de preservação do padrão de correção dessa língua à época.

(D) adesão à concepção de língua como entidade homogênea e invariável, e negação da ideia de que a língua portuguesa pertence a outros povos.

(E) atitude crítica, que se estende à própria língua portuguesa, por se tratar de sistema que não disporia de elementos necessários para a plena inserção sociocultural de falantes não nativos do português.

4.9. Competência de área 9

Entender os princípios, a natureza, a função e o impacto das tecnologias da comunicação e da informação na sua vida pessoal e social, no desenvolvimento do conhecimento, associando-o aos conhecimentos científicos, às linguagens que lhes dão suporte, às demais tecnologias, aos processos de produção e aos problemas que se propõem solucionar.

H28 - Reconhecer a função e o impacto social
das diferentes tecnologias da comunicação e informação.

O código de barras, presente em embalagens, tem várias finalidades de informação. Uma delas é permitir às empresas

(A) controlar o estoque dos produtos.
(B) atrair os consumidores.
(C) ocultar os preços dos produtos.
(D) fazer propaganda dos produtos.
(E) decorar as embalagens.

H29 - Identificar pela análise de suas linguagens, as tecnologias da comunicação e informação.

Item exemplo:

O ouvinte imagina visualmente aquilo que o ______está transmitindo. O imaginar é algo personalizado, único, pessoal, intransferível. O ouvinte ouve a voz e a partir de experiências pessoais constrói a forma física, reelabora os seus desejos. Já a ____________ oferece algo pronto. É mais impositiva.

Ricardo Alexino Ferreira. Internet:<radio.unesp.br>.

O texto acima compara dois meios de comunicação e informação, que são
(A) o telegrama e a revista impressa.
(B) o jornal impresso e a Internet.
(C) o rádio e a televisão.
(D) o telefone e a carta.
(E) o computador e a revista impressa.

H30 - Relacionar as tecnologias de comunicação e informação ao desenvolvimento das sociedades e ao conhecimento que elas produzem.

Item exemplo:

A sociedade atual testemunha a influência determinante das tecnologias digitais na vida do homem moderno, sobretudo daquelas relacionadas com o computador e a internet. Entretanto, parcelas significativas da população não têm acesso a tais tecnologias. Essa limitação tem pelo menos dois motivos: a impossibilidade financeira de custear os aparelhos e os provedores de acesso, e a impossibilidade de saber utilizar o equipamento e usufruir das novas tecnologias. A essa problemática, dá-se o nome de exclusão digital.

No contexto das políticas de inclusão digital, as escolas, nos usos pedagógicos das tecnologias de informação, devem estar voltadas principalmente para:

(A) proporcionar aulas que capacitem os estudantes a montar e desmontar computadores, para garantir a compreensão sobre o que são as tecnologias digitais.

(B) explorar a facilidade de ler e escrever textos e receber comentários na internet para desenvolver a interatividade e a análise crítica, promovendo a construção do conhecimento.

(C) estudar o uso de programas de processamento para imagens e vídeos de alta complexidade para capacitar profissionais em tecnologia digital.

(D) exercitar a navegação pela rede em busca de jogos que possam ser "baixados" gratuitamente para serem utilizados como entretenimento.

(E) estimular as habilidades psicomotoras relacionadas ao uso físico do computador, como mouse, teclado, monitor etc.

PROVA DO ENEM – NA ÍNTEGRA

Questão 96

Ler não é decifrar, como num jogo de adivinhações, o sentido de um texto. É, a partir do texto, ser capaz de atribuir-lhe significado, conseguir relacioná-lo a todos os outros textos significativos para cada um, reconhecer nele o tipo de leitura que o seu autor pretendia e, dono da própria vontade, entregar-se a essa leitura, ou rebelar-secontra ela, propondo uma outra não prevista.

LAJOLO, M. Do mundo da leitura para a leitura do mundo. São Paulo: Ática, 1993.

Nesse texto, a autora apresenta reflexões sobre o processo de produção de sentidos, valendo-se da metalinguagem.Essa função da linguagem torna-se evidente pelo fato de o texto

A) ressaltar a importância da intertextualidade.

B) propor leituras diferentes das previsíveis.

C) apresentar o ponto de vista da autora.

D) discorrer sobre o ato de leitura.

E) focar a participação do leitor.

Questão 97

O *hoax*, como é chamado qualquer boato ou farsa na internet, pode espalhar vírus entre os seus contatos. Falsos sorteios de celulares ou frases que Clarice Lispector nunca disse são exemplos de *hoax*. Trata-sede boatos recebidos por *e-mail* ou compartilhados em

redes sociais. Em geral, são mensagens dramá- tica sou alarmantes que acompanham imagens chocantes ,falam de crianças doentes ou avisam sobre falsos vírus.O objetivo de quem cria esse tipo de mensagem pode ser apenas se divertir com a brincadeira (de mau gosto),prejudicar a imagem de uma empresa ou espalhar uma ideologia política.

Se o *hoax* for do tipo *phishing* (derivado de *fishing*, pescaria, em inglês) o problema pode ser mais grave: o usuário que clicar pode ter seus dados pessoais ou bancários roubados por golpistas. Por isso é tão importante ficar atento.

VIMERCATE, N. Disponível em: www.techtudo.com.br. Acesso em: 1 maio 2013 (adaptado).

Ao discorrer sobre os *hoaxes*, o texto sugere ao leitor, como estratégia para evitar essa ameaça,

A) recusar convites de jogos e brincadeiras feitos pela internet.

B) analisar a linguagem utilizada nas mensagens recebidas.

C) classificar os contatos presentes em suas redes sociais.

D) utilizar programas que identifiquem falsos vírus.

E) desprezar mensagens que causem comoção.

Questão 98

TOZZI, C. Colcha de retalhos. Mosaico figurativo. Estação de Metrô Sé. Disponível em: www.arteforadomuseu.com.br. Acesso em: 8 mar. 2013.

Colcha de retalhos representa a essência do mural e convida o público a

A) apreciar a estética do cotidiano.

B) interagir com os elementos da composição.

C) refletir sobre elementos da composição.

D) reconhecer a estética clássica das formas.

E) contemplar a obra por meio da movimentação física.

Questão 99

PINHÃO sai ao mesmo tempo que BENONA entra.

BENONA: Eurico, Eudoro Vicente está lá fora e quer falar com você.

EURICÃO: Benona, minha irmã, eu sei que ele está lá fora, mas não quero falar com ele.

BENONA: Mas Eurico, nós lhe devemos certas atenções.

EURICÃO: Você, que foi noiva dele. Eu não!

BENONA: Isso são coisas passadas.

EURICÃO: Passadas para você, mas o prejuízo foi meu. Esperava que Eudoro, com todo aquele dinheiro,se tornasse meu cunhado. Era uma boca a menos e um patrimônio a mais. E o peste me traiu. Agora, parece que ouviu dizer que eu tenho um tesouro. E vem louco

atrás dele, sedento, atacado de verdadeira hidrofobia. Vive farejando ouro, como um cachorro da molest'a, como um urubu, atrás do sangue dos outros. Mas ele está enganado. Santo Antônio há de proteger minha pobreza e minha devoção.

SUASSUNA, A. O santo e a porca. Rio de Janeiro: José Olympio, 2013 (fragmento).

nesse texto teatral, o emprego das expressões "o peste" e "cachorro da molest'a" contribui para

A) marcar a classe social das personagens.
B) caracterizar usos linguísticos de uma região.
C) enfatizar a relação familiar entre as personagens.
D) sinalizar a influência do gênero nas escolhas vocabulares.
E) demonstrar o tom autoritário da fala de uma das personagens.

Questão 100

Soneto VII

Onde estou? Este sítio desconheço:
Quem fez tão diferente aquele prado?
Tudo outra natureza tem tomado;
E em contemplá-lo tímido esmoreço.

Uma fonte aqui houve; eu não me esqueço
De estar a ela um dia reclinado:
Ali em vale um monte está mudado:
Quanto pode dos anos o progresso!
Árvores aqui vi tão florescentes,
Que faziam perpétua a primavera:
Nem troncos vejo agora decadentes.

Eu me engano: a região esta não era;
Mas que venho a estranhar, se estão presentes
Meus males, com que tudo degenera!

COSTA, C. M. Poemas. Disponível em: www.dominiopublico.gov.br. Acesso em: 7 jul. 2012.

No soneto de Cláudio Manuel da Costa, a contemplação da paisagem permite ao eu lírico uma reflexão em que transparece uma

A) angústia provocada pela sensação de solidão.
B) resignação diante das mudanças do meio ambiente.
C) dúvida existencial em face do espaço desconhecido.
D) intenção de recriar o passado por meio da paisagem.
E) empatia entre os sofrimentos do eu e a agonia da terra.

Questão 101

O senso comum é que só os seres humanos são capazes de rir. Isso não é verdade?

Não. O riso básico — o da brincadeira, da diversão, da expressão física do riso, do movimento da face e da vocalização — nós compartilhamos com diversos animais. Em ratos, já foram observadas vocalizações ultrassônicas— que nós não somos capazes de perceber — e que eles emitem quando estão brincando de "rolar no chão". Acontecendo de o cientista provocar um dano em um local específico no cérebro, o rato deixa de fazer essa vocalização e a brincadeira vira briga séria. Sem o riso, o outro pensa que está sendo atacado. O que nos diferenciados animais é que não temos apenas esse mecanismo básico. Temos um outro mais evoluído. Os animais têm o senso de brincadeira, como nós, mas não têm senso de humor. O córtex, a parte superficial do cérebro deles, não é tão evoluído como o nosso. Temos mecanismos corticais que nos permitem, por exemplo, interpretar uma piada.

Disponível em: http://globonews.globo.com. Acesso em: 31 maio 2012 (adaptado).

A coesão textual é responsável por estabelecer relações entre as partes do texto. Analisando o trecho "Acontecendo de o cientista provocar um dano em um local específico no cérebro", verifica-se que ele estabelece com a oração seguinte uma relação de

A) finalidade, porque os danos causados ao cérebro têm por finalidade provocar a falta de vocalização dos ratos.
B) oposição, visto que o dano causado em um local específico no cérebro é contrário à vocalização dos ratos.
C) condição, pois é preciso que se tenha lesão específica no cérebro para que não haja vocalização dos ratos.
D) consequência, uma vez que o motivo de não haver mais vocalização dos ratos é o dano causado no cérebro.
E) proporção, já que à medida que se lesiona o cérebro não é mais possível que haja vocalização dos ratos.

Questão 102

Mandinga — Era a denominação que, no período das grandes navegações, os portugueses davam à costa ocidental da África. A palavra se tornou sinônimo de feitiçaria porque os exploradores lusitanos consideravam bruxos os africanos que ali habitavam — é que eles davam indicações sobre a existência de ouro na região. Em idioma nativo, manding designava terra de feiticeiros. A palavra acabou virando sinônimo de feitiço, sortilégio.

COTRIM, M. O pulo do gato 3. São Paulo: Geração Editorial, 2009 (fragmento).

No texto, evidencia-se que a construção do significado da palavra *mandinga* resulta de um(a)

A) contexto sócio-histórico.
B) diversidade étnica.
C) descoberta geográfica.
D) apropriação religiosa.
E) contraste cultural.

Questão 103

TEXTO I

Nesta época do ano, em que comprar compulsivamente é a principal preocupação de boa parte da população, é imprescindível refletirmos sobre a importância da mídia na propagação de determinados comportamentos que induzem ao consumismo exacerbado. No clássico livro *O capital*, Karl Marx aponta que no capitalismo os bens materiais, ao serem *fetichizados*, passam a assumir qualidades que vão além da mera materialidade. As coisas são personificadas e as pessoas são coisificadas. Em outros termos, um automóvel de luxo, uma mansão em um bairro nobre ou a ostentação de objetos de determinadas marcas famosas são alguns dos fatores que conferem maior valorização e visibilidade social a um indivíduo.

LADEIRA, F. F. Reflexões sobre o consumismo. Disponível em:

http://observatoriodaimprensa.com.br. Acesso em: 18 jan. 2015.

TEXTO II

Todos os dias, em algum nível, o consumo atinge nossa vida, modifica nossas relações, gera e rege sentimentos, engendra fantasias, aciona comportamentos, faz sofrer, faz gozar. Às vezes constrangendo-nos em nossas ações no mundo, humilhando e aprisionando, às vezes ampliando nossa imaginação e nossa capacidade de desejar,- consumimos e somos consumidos. Numa época toda codificada como a nossa, o código da alma (o código do ser) virou código do consumidor! Fascínio pelo consumo, fascínio do consumo. Felicidade, luxo, bem-estar, boa forma, lazer, elevação espiritual, saúde, turismo, sexo, família e corpo são hoje reféns da engrenagem do consumo.

BARCELLOS, G. A alma do consumo. Disponível em: www.diplomatique.org.br.

Acesso em: 18 jan. 2015.

Esses textos propõem uma reflexão crítica sobre o consumismo. Ambos partem do ponto de vista de que esse hábito

A) desperta o desejo de ascensão social.
B) provoca mudanças nos valores sociais.
C) advém de necessidades suscitadas pela publicidade.
D) deriva da inerente busca por felicidade pelo ser humano.
E) resulta de um apelo do mercado em determinadas datas.

Questão 104

Quem procura a essência de um conto no espaço que fica entre a obra e seu autor comete um erro: é muito melhor procurar não no terreno que fica entre o escritor e sua obra, mas justamente no terreno que fica entre o texto e seu leitor.

OZ, A. De amor e trevas. São Paulo: Cia. das Letras, 2005 (fragmento).

A progressão temática de um texto pode ser estruturada por meio de diferentes recursos coesivos, entre os quais se destaca a pontuação. Nesse texto, o emprego dos dois pontos caracteriza uma operação textual realizada com a finalidade de

A) comparar elementos opostos.
B) relacionar informações gradativas.
C) intensificar um problema conceitual.
D) introduzir um argumento esclarecedor.
E) assinalar uma consequência hipotética.

QUESTÃO 105

National Geographic Brasil, n. 151, out. 2012 (adaptado).

Nessa campanha publicitária, para estimular a economia de água, o leitor é incitado a

A) adotar práticas de consumo consciente.
B) alterar hábitos de higienização pessoal e residencial.
C) contrapor-se a formas indiretas de exportação de água.
D) optar por vestuário produzido com matéria -prima reciclável.
E) conscientizar produtores rurais sobre os custos de produção.

Questão 106

Até que ponto replicar conteúdo é crime? "A internet e a pirataria são inseparáveis", diz o diretor do instituto de pesquisas americano Social Science Research Council. "Há uma infraestrutura pequena para controlar quem é o dono dos arquivos que circulam na rede. Isso

acabou com o controle sobre a propriedade e tem sido descrito como pirataria, mas é inerente à tecnologia", afirma o diretor. O ato de distribuir cópias de um trabalho sem a autorização dos seus produtores pode,sim, ser considerado crime, mas nem sempre essa distribuição gratuita lesa os donos dos direitos autorais.Pelo contrário. Veja o caso do livro *O alquimista*, do escritor Paulo Coelho. Após publicar, para *download* gratuito, uma versão traduzida da obra em seu *blog*, Coelho viu as vendas do livro em papel explodirem.

BARRETO, J.; MORAES, M. A internet existe sem pirataria? Veja, n. 2 308, 13 fev. 2013 (adaptado).

De acordo com o texto, o impacto causado pela internet propicia a

A) banalização da pirataria na rede.
B) adoção de medidas favoráveis aos editores.
C) implementação de leis contra crimes eletrônicos.
D) reavaliação do conceito de propriedade intelectual.
E) ampliação do acesso a obras de autores reconhecidos.

Questão 107

Em casa, Hideo ainda podia seguir fiel ao imperador japonês e às tradições que trouxera no navio que aportara em Santos. [...] Por isso Hideo exigia que, aos domingos, todos estivessem juntos durante o almoço. Ele se sentava à cabeceira da mesa; à direita ficava Hanashiro, que era o primeiro filho, e Hitoshi, o segundo, e à esquerda, Haruo, depois Hiroshi, que era o mais novo. [...]. A esposa, que também era mãe, e as filhas, que também eram irmãs, aguardavam de pé ao redor da mesa [...]. Haruo reclamava, não se cansava de reclamar: que se sentassem também as mulheres à mesa, que era um absurdo aquele costume. Quando se casasse, se sentariam à mesa a esposa e o marido, um em frente ao outro, porque não era o homem melhor que a mulher para ser o primeiro [...]. Elas seguiam de pé, a mãe um pouco cansada dos protestos do filho, pois o momento do almoço era sagrado, não era hora de levantar bandeiras inúteis [...].

NAKASATO, O. Nihonjin. São Paulo: Benvirá, 2011 (fragmento).

Referindo-se a práticas culturais de origem nipônica, o narrador registra as reações que elas provocam na família e mostra um contexto em que

A) a obediência ao imperador leva ao prestígio pessoal.
B) as novas gerações abandonam seus antigos hábitos.
C) a refeição é o que determina a agregação familiar.
D) os conflitos de gênero tendem a ser neutralizados.
E) o lugar à mesa metaforiza uma estrutura de poder.

Questão 108

Centro das atenções em um planeta cada vez mais interconectado, a Floresta Amazônica expõe inúmeros dilemas. Um dos mais candentes diz respeito à madeira e sua exploração econômica, uma saga que envolve os muitos desafios para a conservação dos recursos naturais às gerações futuras.

Com o olhar jornalístico, crítico e ao mesmo tempo didático, adentramos a Amazônia em busca de histórias e sutilezas que os dados nem sempre revelam. Lapidamos estatísticas e estudos científicos para construir uma síntese útil a quem direciona esforços para conservar a

floresta, seja no setor público, seja no setor privado, seja na sociedade civil.

Guiada como uma reportagem, rica em informações ilustradas, a obra Madeira de ponta a ponta revela a diversidade de fraudes na cadeia de produção, transporte e comercialização da madeira, bem como as iniciativas de boas práticas que se disseminam e trazem esperança rumo a um modelo de convivência entre desenvolvimento e manutenção da floresta.

VILLELA, M.; SPINK, P. In: ADEODATO, S. et al. Madeira de ponta a ponta: o caminho desde a floresta até o consumo. São Paulo: FGV RAE, 2011 (adaptado)

A fim de alcançar seus objetivos comunicativos, os autores escreveram esse texto para

A) apresentar informações e comentários sobre o livro.

B) noticiar as descobertas científicas oriundas da pesquisa.

C) defender as práticas sustentáveis de manejo da madeira.

D) ensinar formas de combate à exploração ilegal de madeira.

E) demonstrar a importância de parcerias para a realizaçãoda pesquisa.

Questão 109

Disponível em: www.paradapelavida.com.br. Acesso em: 15 nov. 2014.

Nesse texto, a combinação de elementos verbais e não verbais configura-se como estratégia **argumentativa** para

A) manifestar a preocupação do governo com a segurança dos pedestres.

B) associar a utilização do celular às ocorrências de atropelamento de crianças.

C) orientar pedestres e motoristas quanto à utilização responsável do telefone móvel.

D) influenciar o comportamento de motoristas em relação ao uso de celular no trânsito.

E) alertar a população para os riscos da falta de atenção no trânsito das grandes cidades.

Questão 110

Pérolas absolutas

Há, no seio de uma ostra, um movimento — ainda que imperceptível. Qualquer coisa imiscuiu-se pela fissura, uma partícula qualquer, diminuta e invisível. Venceu as paredes lacradas, que se fecham como a boca que tem medo de deixar escapar um segredo. Venceu. E agora penetra o núcleo da ostra, contaminando-lhe a própria substância. A ostra reage, imediatamente. E começa a secretar o nácar. É um mecanismo de defesa, uma tentativa de purificação contra a partícula invasora. Com uma paciência de fundo de mar, a ostra profanada

continua seu trabalho incansável, secretando por anos a fio o nácar que aos poucos se vai solidificando. É dessa solidificação que nascem as pérolas.

As pérolas são, assim, o resultado de uma contaminação. A arte por vezes também. A arte é quase sempre a transformação da dor. [...] Escrever é preciso. É preciso continuar secretando o nácar, formar a pérola que talvez seja imperfeita, que talvez jamais seja encontrada e viva para sempre encerrada no fundo do mar. Talvez estas, as pérolas esquecidas, jamais achadas, as pérolas intocadas e por isso absolutas em si mesmas, guardem em si uma parcela faiscante da eternidade.

SEIXAS, H. Uma ilha chamada livro. Rio de Janeiro: Record, 2009 (fragmento).

Considerando os aspectos estéticos e semânticos presentes no texto, a imagem da pérola configura uma percepção que

A) reforça o valor do sofrimento e do esquecimento para o processo criativo.

B) ilustra o conflito entre a procura do novo e a rejeição ao elemento exótico.

C) concebe a criação literária como trabalho progressivo e de autoconhecimento.

D) expressa a ideia de atividade poética como experiência anônima e involuntária.

E) destaca o efeito introspectivo gerado pelo contato com o inusitado e com o desconhecido.

Questão 111

Querido diário

Hoje topei com alguns conhecidos meus
Me dão bom-dia, cheios de carinho
Dizem para eu ter muita luz, ficar com Deus
Eles têm pena de eu viver sozinho
[...]
Hoje o inimigo veio me espreitar
Armou tocaia lá na curva do rio
Trouxe um porrete a mó de me quebrar
Mas eu não quebro porque sou macio, viu

HOLANDA, C. B. Chico. Rio de Janeiro: Biscoito Fino, 2013 (fragmento).

Uma característica do gênero diário que aparece na letrada canção de Chico Buarque é o(a)

A) diálogo com interlocutores próximos.
B) recorrência de verbos no infinitivo.
C) predominância de tom poético.
D) uso de rimas na composição.
E) narrativa autorreflexiva.

QUESTÃO 112

Galinha cega

O dono correu atrás de sua branquinha, agarrou-a,-lhe examinou os olhos. Estavam direitinhos, graças aDeus, e muito pretos. Soltou-a no terreiro e lhe atirou maismilho. A galinha continuou a bicar o chão desorientada.Atirou ainda mais, com paciência, até que ela se fartasse.Mas não conseguiu com o gasto de milho, de que asoutras se aproveitaram, atinar com a origem daqueladesorientação. Que é que seria aquilo, meu Deus docéu? Se fosse efeito de uma pedrada na cabeça e sesoubesse quem havia mandado a pedra, algum molequeda vizinhança, aí... Nem por sombra imaginou que era acegueira irremediável que principiava.

Também a galinha, coitada, não compreendia nada,absolutamente nada daquilo. Por que não vinham maisos dias luminosos em que procurava a sombra daspitangueiras? Sentia ainda o calor do sol, mas tudo quasesempre tão escuro. Quase que já não sabia onde é que
estava a luz, onde é que estava a sombra.

GUIMARAENS, J.A. Contos e novelas. Rio de Janeiro: Imago, 1976 (fragmento).

Ao apresentar uma cena em que um menino atira milhoàs galinhas e observa com atenção uma delas, o narradorexplora um recurso que conduz a uma expressividadefundamentada na

A) captura de elementos da vida rural, de feições peculiares.
B) caracterização de um quintal de sítio, espaço dedescobertas.
C) confusão intencional da marcação do tempo, centradona infância.
D) apropriação de diferentes pontos de vista,incorporados afetivamente.
E)fragmentação do conflito gerador, distendido como apoio à emotividade.

QUESTÃO 113

Sem acessórios nem som

Escrever só para me livrar
de escrever.
Escrever sem ver, com riscos
sentindo falta dos acompanhamentos
com as mesmas lesmas
e figuras sem força de expressão.
Mas tudo desafina:
o pensamento pesa
tanto quanto o corpo
enquanto corto os conectivos
corto as palavras rentes
com tesoura de jardim
cega e bruta
com facão de mato.
Mas a marca deste corte
tem que ficar
nas palavras que sobraram.
Qualquer coisa do que desapareceu
continuou nas margens, nos talos
no atalho aberto a talhe de foice
no caminho de rato.

FREITAS FILHO, A. Máquina de escrever: poesia reunida e revista.
Rio de Janeiro: Nova Fronteira, 2003.

Nesse texto, a reflexão sobre o processo criativo aponta para uma concepção de atividade poética que põe em evidência o(a)

A) angustiante necessidade de produção, presente em "Escrever só para me livrar/ de escrever".
B) imprevisível percurso da composição, presente em "no atalho aberto a talhe de foice / no caminho de rato".
C) agressivo trabalho de supressão, presente em "corto as palavras rentes/ com tesoura de jardim/ cega e bruta".

D) inevitável frustração diante do poema, presente em "Mas tudo desafina:/ o pensamento pesa/ tanto quanto o corpo".

E) conflituosa relação com a inspiração, presente em "sentindo falta dos acompanhamentos/ e figuras sem força de expressão".

Questão 114

A origem da obra de arte (2002) é uma instalação seminalna obra de Marilá Dardot. Apresentada originalmente em sua primeira exposição individual, no Museu de Arte da Pampulha, em Belo Horizonte, a obra constitui um convite para a interação do espectador, instigado a compor palavras e sentenças e a distribuí-las pelo campo. Cada letra temo feitio de um vaso de cerâmica (ou será o contrário?) e,à disposição do espectador, encontram-se utensílios de plantio, terra e sementes. Para abrigar a obra e servir de ponto de partida para a criação dos textos, foi construído um pequeno galpão, evocando uma estufa ou um ateliê de jardinagem. As 1 500 letras-vaso foram produzidas pela cerâmica que funciona no Instituto Inhotim, em Minas Gerais, num processo que durou vários meses e contou com a participação de dezenas de mulheres das comunidades do entorno. Plantar palavras, semear ideias é o que no spropõe o trabalho. No contexto de Inhotim, onde natureza e arte dialogam de maneira privilegiada, esta proposição se torna, de certa maneira, mais perto da possibilidade.

Disponível em: www.inhotim.org.br. Acesso em: 22 maio 2013 (adaptado).

A função da obra de arte como possibilidade de experimentação e de construção pode ser constatada no trabalho de Marilá Dardot porque

A) o projeto artístico acontece ao ar livre.

B) o observador da obra atua como seu criador.

C) a obra integra-se ao espaço artístico e botânico.

D) as letras-vaso são utilizadas para o plantio de mudas.

E) as mulheres da comunidade participam na confecção das peças.

Questão 115

O nome do inseto pirilampo (vaga-lume) tem uma interessante certidão de nascimento. De repente, no fim do século XVII, os poetas de Lisboa reparam que não podiam cantar o inseto luminoso, apesar de ele ser um manancial de metáforas, pois possuía um nome

"indecoroso" que não podia ser "usado em papéis sérios": caga-lume. Foi então que o dicionarista Raphael Bluteau inventou a nova palavra, pirilampo, a partir do grego **pyr**, significando 'fogo' e **lampas**, 'candeia'.

FERREIRA, M. B. Caminhos do português: exposição comemorativa do Ano Europeu das Línguas. Portugal: Biblioteca Nacional, 2001 (adaptado).

O texto descreve a mudança ocorrida na nomeação do inseto, por questões de tabu linguístico. Esse tabu diz respeito à

A) recuperação histórica do significado.

B) ampliação do sentido de uma palavra.

C) produção imprópria de poetas portugueses.

D) denominação científica com base em termos gregos.

E) restrição ao uso de um vocábulo pouco aceito socialmente.

Questão 116

Primeira lição

Os gêneros de poesia são: lírico, satírico, didático, épico, ligeiro.

O gênero lírico compreende o lirismo.

Lirismo é a tradução de um sentimento subjetivo, sincero e pessoal.

É a linguagem do coração, do amor.

O lirismo é assim denominado porque em outros tempos os versos sentimentais eram declamados ao som da lira.

O lirismo pode ser:

a) Elegíaco, quando trata de assuntos tristes, quase sempre a morte.

b) Bucólico, quando versa sobre assuntos campestres.

c) Erótico, quando versa sobre o amor.

O lirismo elegíaco compreende a elegia, a nênia, a endecha, o epitáfio e o epicédio.

Elegia é uma poesia que trata de assuntos tristes.

Nênia é uma poesia em homenagem a uma pessoa morta.

Era declamada junto à fogueira onde o cadáver era incinerado.

Endecha é uma poesia que revela as dores do coração.

Epitáfio é um pequeno verso gravado em pedras tumulares.

Epicédio é uma poesia onde o poeta relata a vida de uma pessoa morta.

CESAR, A. C. Poética. São Paulo: Companhia das Letras, 2013.

No poema de Ana Cristina Cesar, a relação entre as definições apresentadas e o processo de construção do texto indica que o(a)

A) caráter descritivo dos versos assinala uma concepção irônica de lirismo.
B) tom explicativo e contido constitui uma forma peculiar de expressão poética.
C) seleção e o recorte do tema revelam uma visão pessimista da criação artística.
D) enumeração de distintas manifestações líricas produz um efeito de impessoalidade.
E) referência a gêneros poéticos clássicos expressa a adesão do eu lírico às tradições literárias.

Questão 117

Você pode não acreditar

Você pode não acreditar: mas houve um tempo em que os leiteiros deixavam as garrafinhas de leite do lado de fora das casas, seja ao pé da porta, seja na janela.

A gente ia de uniforme azul e branco para o grupo, de manhãzinha, passava pelas casas e não ocorria que alguém pudesse roubar aquilo.

Você pode não acreditar: mas houve um tempo em que os padeiros deixavam o pão na soleira da porta ou na janela que dava para a rua. A gente passava e via aquilo como uma coisa normal.

Você pode não acreditar: mas houve um tempo em que você saía à noite para namorar e voltava andando pelas ruas da cidade, caminhando displicentemente, sentindo cheiro de jasmim e de alecrim, sem olhar para trás, sem temer as sombras.

Você pode não acreditar: houve um tempo em que as pessoas se visitavam airosamente. Chegavam no meio da tarde ou à noite, contavam casos, tomavam café, falavam

da saúde, tricotavam sobre a vida alheia e voltavam de bonde às suas casas.

Você pode não acreditar: mas houve um tempo em que o namorado primeiro ficava andando com a moça numa rua perto da casa dela, depois passava a namorar no portão, depois tinha ingresso na sala da família. Era sinal de que já estava praticamente noivo e seguro.

Houve um tempo em que havia tempo.

Houve um tempo.

SANT'ANNA, A. R. Estado de Minas, 5 maio 2013 (fragmento).

Nessa crônica, a repetição do trecho "Você pode não acreditar: mas houve um tempo em que..." configura-se como uma estratégia argumentativa que visa

A) surpreender o leitor com a descrição do que as pessoas faziam durante o seu tempo livre antigamente.
B) sensibilizar o leitor sobre o modo como as pessoas se relacionavam entre si num tempo mais aprazível.
C) advertir o leitor mais jovem sobre o mau uso que se faz do tempo nos dias atuais.
D) incentivar o leitor a organizar melhor o seu tempo sem deixar de ser nostálgico.
E) convencer o leitor sobre a veracidade de fatos relativos à vida no passado.

Questão 118

O livro *A fórmula* secreta conta a história de um episódio fundamental para o nascimento da matemática moderna e retrata uma das disputas mais virulentas da ciência renascentista. Fórmulas misteriosas, duelos públicos, traições, genialidade, ambição – e matermática! Esse é o instigante universo apresentado no livro, que resgata a história dos italianos Tartaglia e Cardano e da fórmula revolucionária para resolução de equações de

terceiro grau. A obra reconstitui um episódio polêmico que marca, para muitos, o início do período moderno da matemática.

Em última análise, *A fórmula* secreta apresenta-se como uma ótima opção para conhecer um pouco mais sobre a história da matemática e acompanhar um dos debates científicos mais inflamados do século XVI no campo. Mais do que isso, é uma obra de fácil leitura e uma boa mostra de que é possível abordar temas como álgebra de forma interessante, inteligente e acessível ao grande público.

GARCIA, M. Duelos, segredos e matemática. Disponível em: http://cienciahoje.uol.com.br. Acesso em: 6 out. 2015 (adaptado).

Na construção textual, o autor realiza escolhas para cumprir determinados objetivos. Nesse sentido, a função social desse texto é

A) interpretar a obra a partir dos acontecimentos da narrativa.

B) apresentar o resumo do conteúdo da obra de modo impessoal.

C) fazer a apreciação de uma obra a partir de uma síntese crítica.

D) informar o leitor sobre a veracidade dos fatos de scritos na obra.

E) classificar a obra como uma referência para estudiosos da matemática.

Questão 119

A partida de trem

Marcava seis horas da manhã. Angela Pralini pagou o táxi e pegou sua pequena valise. Dona Maria Rita de Alvarenga Chagas Souza Melo desceu do Opala da filha e encaminharam-se para os trilhos. A velha bem-vestida e com joias. Das rugas que a disfarçavam saía a forma pura de um nariz perdido na idade, e de uma boca que outrora devia ter sido cheia e sensível. Masque importa? Chega-se a um certo ponto — e o que foi não importa. Começa uma nova raça. Uma velha não pode comunicar-se. Recebeu o beijo gelado de sua filha que foi embora antes do trem partir. Ajudara-a antes a subir no vagão. Sem que neste houvesse um centro, ela se colocara do lado. Quando a locomotiva se pôs em movimento, surpreendeu-se um pouco: não esperava que o trem seguisse nessa direção e sentara-se de costas para o caminho.

Angela Pralini percebeu-lhe o movimento e perguntou:

— A senhora deseja trocar de lugar comigo?

Dona Maria Rita se espantou com a delicadeza, disse que não, obrigada, para ela dava no mesmo. Mas parecia ter-se perturbado. Passou a mão sobre o camafeu filigranado de ouro, espetado no peito, passou a mão pelo broche. Seca. Ofendida? Perguntou afinal a Angela Pralini:

— É por causa de mim que a senhorita deseja trocar de lugar?

LISPECTOR, C. Onde estivestes de noite. Rio de Janeiro: Nova Fronteira, 1980 (fragmento).

A descoberta de experiências emocionais com base no cotidiano é recorrente na obra de Clarice Lispector.No fragmento, o narrador enfatiza o(a)

A) comportamento vaidoso de mulheres de condição social privilegiada.

B) anulação das diferenças sociais no espaço público de uma estação.

C) incompatibilidade psicológica entre mulheres de gerações diferentes.

D) constrangimento da aproximação formal de pessoas desconhecidas.

E) sentimento de solidão alimentado pelo processo de envelhecimento.

Questão 120

Esses chopes dourados

[...]

quando a geração de meu pai
batia na minha
a minha achava que era normal
que a geração de cima
só podia educar a de baixo
batendo

quando a minha geração batia na de vocês
ainda não sabia que estava errado
mas a geração de vocês já sabia
e cresceu odiando a geração de cima

aí chegou esta hora
em que todas as gerações já sabem de tudo
e é péssimo
ter pertencido à geração do meio
tendo errado quando apanhou da de cima
e errado quando bateu na de baixo

e sabendo que apesar de amaldiçoados
éramos todos inocentes.

WANDERLEY, J. In: MORICONI, I. (Org.). Os cem melhores poemas brasileiros do século. Rio de Janeiro: Objetiva, 2001 (fragmento).

Ao expressar uma percepção de atitudes e valores situados na passagem do tempo, o eu lírico manifesta uma angústia sintetizada na

A) compreensão da efemeridade das convicções antes vistas como sólidas.

B) consciência das imperfeições aceitas na construção do senso comum.

C) revolta das novas gerações contra modelos tradicionais de educação.

D) incerteza da expectativa de mudança por parte das futuras gerações.

E) crueldade atribuída à forma de punição praticada pelos mais velhos.

Questão 121

Antiode

Poesia, não será esse
o sentido em que
ainda te escrevo:

flor! (Te escrevo:
flor! Não uma
flor, nem aquela
flor-virtude – em
disfarçados urinóis).

Flor é a palavra
flor; verso inscrito
no verso, como as
manhãs no tempo.

Flor é o salto
da ave para o voo:
o salto fora do sono
quando seu tecido
se rompe; é uma explosão
posta a funcionar,
como uma máquina,
uma jarra de flores.

MELO NETO, J. C. Psicologia da composição. Rio de Janeiro: Nova Fronteira, 1997 (fragmento).

A poesia é marcada pela recriação do objeto por meio da linguagem, sem necessariamente explicá -lo. Nesse fragmento de João Cabral de Melo Neto, poetada geração de 1945, o sujeito lírico propõe a recriação poética de

A) uma palavra, a partir de imagens com as quais ela pode ser comparada, a fim de assumir novos significados.
B) um urinol, em referência às artes visuais ligadas às vanguardas do início do século XX.
C) uma ave, que compõe, com seus movimentos, uma imagem historicamente ligada à palavra poética.
D) uma máquina, levando em consideração a relevância do discurso técnico-científico pós-Revolução Industrial.
E) um tecido, visto que sua composição depende de elementos intrínsecos ao eu lírico.

Questão 122

Qual é a segurança do sangue?

Para que o sangue esteja disponível para aqueles que necessitam, os indivíduos saudáveis devem criar o hábito de doar sangue e encorajar amigos e familiares saudáveis a praticarem o mesmo ato.

A prática de selecionar criteriosamente os doadores, bem como as rígidas normas aplicadas para testar,transportar, estocar e transfundir o sangue doado fizeram dele um produto muito mais seguro do que já foi anteriormente.

Apenas pessoas saudáveis e que não sejam de risco para adquirir doenças infecciosas transmissíveis pelo sangue, como hepatites B e C, HIV, sífilis e Chagas, podem doar sangue.

Se você acha que sua saúde ou comportamento pode colocar em risco a vida de quem for receber seu sangue, ou tem a real intenção de apenas realizar o teste para o vírus HIV, NÃO DOE SANGUE.

Cumpre destacar que apesar de o sangue doado ser testado para as doenças transmissíveis conhecidas no momento, existe um período chamado de janela imunológica em que um doador contaminado por um determinado vírus pode transmitir a doença através do seu sangue.

DA SUA HONESTIDADE DEPENDE A VIDA DE QUEM VAI RECEBER SEU SANGUE.

Disponível em: www.prosangue.sp.gov.br. Acesso em: 24 abr. 2015 (adaptado).

Nessa campanha, as informações apresentadas têm como objetivo principal

A) conscientizar o doador de sua corresponsabilidade pela qualidade do sangue.
B) garantir a segurança de pessoas de grupos de risco durante a doação de sangue.
C) esclarecer o público sobre a segurança do processo de captação do sangue.
D) alertar os doadores sobre as dificuldades enfrentadas na coleta de sangue.
E) ampliar o número de doadores para manter o banco de sangue.

Questão 123

TEXTO I

Entrevistadora — eu vou conversar aqui com a professora A. D. ... o português então não é uma língua difícil?

Professora — olha se você parte do princípio... quea língua portuguesa não é só regras gramaticais... não se você se apaixona pela língua que você... já domina que você já fala ao chegar na escola se o teu professor cativa você a ler obras da literatura... obras da/ dos meios de comunicação... se você tem acesso a revistas... é... a livros didáticos... a... livros de literatura o mais formal o e/o difícil é porque a escola transforma como eu já disse as aulas de língua portuguesa em análises gramaticais.

TEXTO II

Entrevistadora — Vou conversar com a professora A. D. O português é uma língua difícil?

Professora — Não, se você parte do princípio que a língua portuguesa não é só regras gramaticais. Ao chegar à escola, o aluno já domina e fala a língua. Se o professor motivá-lo a ler obras literárias, e se tem acesso a revistas,a livros didáticos, você se apaixona pela língua. O que torna difícil é que a escola transforma as aulas de língua portuguesa em análises gramaticais.

MARCUSCHI, L. A. Da fala para a escrita: atividades de retextualização. São Paulo: Cortez, 2001 (adaptado).

O Texto I é a transcrição de uma entrevista concedida por uma professora de português a um programa de rádio. O Texto II é a adaptação dessa entrevista para a modalidade escrita. Em comum, esses textos

A) apresentam ocorrências de hesitações e reformulações.
B) são modelos de emprego de regras gramaticais.
C) são exemplos de uso não planejado da língua.
D) apresentam marcas da linguagem literária.
E) são amostras do português culto urbano.

Questão 124

De domingo

— Outrossim...

— O quê?

— O que o quê?

— O que você disse.

— Outrossim?

— É.

— O que é que tem?

— Nada. Só achei engraçado.

— Não vejo a graça.

— Você vai concordar que não é uma palavra de todos os dias.

— Ah, não é. Aliás, eu só uso domingo.

— Se bem que parece mais uma palavra de segunda-feira.

— Não. Palavra de segunda-feira é "óbice".

—"Ônus".

—"Ônus" também. "Desiderato". "Resquício".

— "Resquício" é de domingo.

— Não, não. Segunda. No máximo terça.

— Mas "outrossim", francamente...

— Qual o problema?

— Retira o "outrossim".

— Não retiro. É uma ótima palavra. Aliás é uma palavra difícil

de usar. Não é qualquer um que usa "outrossim".

VERISSIMO, L. F. Comédias da vida privada. Porto Alegre: L&PM, 1996 (fragmento).

No texto, há uma discussão sobre o uso de algumas palavras da língua portuguesa. Esse uso promove o(a)

A) marcação temporal, evidenciada pela presença de palavras indicativas dos dias da semana.
B) tom humorístico, ocasionado pela ocorrência de palavras empregadas em contextos formais.
C) caracterização da identidade linguística dos interlocutores, percebida pela recorrência de **palavras regionais.**
D) distanciamento entre os interlocutores, provocado pelo emprego de palavras com significados pouco conhecidos.
E) inadequação vocabular, demonstrada pela seleção de palavras desconhecidas por parte de um dos interlocutores do diálogo.

Questão 125

Receita

Tome-se um poeta não cansado,
Uma nuvem de sonho e uma flor,
Três gotas de tristeza, um tom dourado,
Uma veia sangrando de pavor.
Quando a massa já ferve e se retorce
Deita-se a luz dum corpo de mulher,
Duma pitada de morte se reforce,
Que um amor de poeta assim requer.

SARAMAGO, J. Os poemas possíveis. Alfragide: Caminho, 1997.

Os gêneros textuais caracterizam-se por serem relativamente estáveis e podem reconfigurar-se em função do propósito comunicativo. Esse texto constitui uma mescla de gêneros, pois

A) introduz procedimentos prescritivos na composição do poema.

B) explicita as etapas essenciais à preparação de uma receita.

C) explora elementos temáticos presentes em uma receita.

D) apresenta organização estrutural típica de um poema.

E) utiliza linguagem figurada na construção do poema.

Questão 126

Espetáculo Romeu e Julieta, Grupo Galpão.

GUTO MUNIZ. Disponível em: www.focoincena.com.br. Acesso em: 30 maio 2016.

A principal razão pela qual se infere que o espetáculo retratado na fotografia é uma manifestação do teatro de rua é o fato de

A) dispensar o edifício teatral para a sua realização.

B) utilizar figurinos com adereços cômicos.

C) empregar elementos circenses na atuação.

D) excluir o uso de cenário na ambientação.

E) negar o uso de iluminação artificial.

Questão 127

O humor e a língua

Há algum tempo, venho estudando as piadas, com ênfase em sua constituição linguística. Por isso, embora a afirmação a seguir possa parecer surpreendente, creio que posso garantir que se trata de uma verdade quase banal: as piadas fornecem simultaneamente um dos melhores retratos dos valores e problemas de uma sociedade, por um lado, e uma coleção de fatos e dados impressionantes para quem quer saber o que é e como funciona uma língua, por outro. Se se quiser descobrir os problemas com os quais uma sociedade se debate, uma coleção de piadas fornecerá excelente pista: sexualidade, etnia/raça e outras diferenças, instituições (igreja, escola, casamento, política), morte, tudo isso está sempre presente nas piadas que circulam anonimamente e que são ouvidas e contadas por todo mundo em todo o mundo. Os antropólogos ainda não prestaram a devida atenção a esse material, que poderia substituir com vantagem muitas entrevistas e pesquisas participantes. Saberemos mais a quantas andam o machismo e o racismo, por exemplo, se pesquisarmos uma coleção de piadas do que qualquer outro corpus.

POSSENTI, S. Ciência Hoje, n. 176, out. 2001 (adaptado).

A piada é um gênero textual que figura entre os mais recorrentes na cultura brasileira, sobretudo na tradição oral. Nessa reflexão, a piada é enfatizada por

A) sua função humorística.

B) sua ocorrência universal.

C) sua diversidade temática.

D) seu papel como veículo de preconceitos.

E) seu potencial como objeto de investigação.

Questão 128

O filme *Menina de ouro* conta a história de Maggie Fitzgerald, uma garçonete de 31 anos que vive sozinha em condições humildes e sonha em se tornar uma boxeadora profissional treinada por Frankie Dunn.

Em uma cena, assim que o treinador atravessa aporta do corredor onde ela se encontra, Maggie o aborda e, a caminho da saída, pergunta a ele se está interessado em treiná-la. Frankie reponde: "Eu não treino garotas". Após essa fala, ele vira as costas e vai embora. Aqui, percebemos, em Frankie, um comportamento ancorado na representação de que boxe é esporte de homem e,em Maggie, a superação da concepção de que os ringues são tradicionalmente masculinos.

Historicamente construída, a feminilidade dominante atribui a submissão, a fragilidade e a passividade a uma "natureza feminina". Numa concepção hegemônica dos gêneros, feminilidades e masculinidades encontram-se em extremidades opostas.

No entanto, algumas mulheres, indiferentes às convenções sociais, sentem-se seduzidas e desafiadas a aderirem à prática das modalidades consideradas masculinas. É o que observamos em Maggie, que se mostra determinada e insiste em seu objetivo de ser treinada por Frankie.

FERNANDES, V.; MOURÃO, L. Menina de ouro e a representação de feminilidades plurais. Movimento, n. 4, out.-dez. 2014 (adaptado).

A inserção da personagem Maggie na prática corporal do boxe indica a possibilidade da construção de uma feminilidade marcada pela

A) adequação da mulher a uma modalidade esportiva alinhada a seu gênero.

B) valorização de comportamentos e atitudes normalmente associados à mulher.

C) transposição de limites impostos à mulher num espaço de predomínio masculino.

D) aceitação de padrões sociais acerca da participação da mulher nas lutas corporais.

E) naturalização de barreiras socioculturais responsáveis pela exclusão da mulher no boxe.

Questão 129

Entrevista com Terezinha Guilhermina

Terezinha Guilhermina é uma das atletas mais premiadas da história paraolímpica do Brasil e um dos principais nomes do atletismo mundial. Está no *Guinness Book* de 2013/14 como a "cega" mais rápida do mundo.

Observatório: Quais os desafios você teve que superar para se consagrar como atleta profissional?

Terezinha Guilhermina: Considero a ausência de recursos financeiros, nos três primeiros anos da minha carreira, como meu principal desafio. A falta de um atleta-guia, para me auxiliar nos treinamentos, me obrigava a treinar sozinha e, por não enxergar bem, acabava

sofrendo alguns acidentes como trombadas e quedas.

Observatório: Como está a preparação para os Jogos Paraolímpicos de 2016?

Terezinha Guilhermina: Estou trabalhando intensamente, com vistas a chegar lá bem melhor do que estive em Londres. E, por isso, posso me dedicar a treinos diários, trabalhos preventivos de lesões e acompanhamento psicológico e nutricional da melhor qualidade.

Revista do Observatório Brasil de Igualdade de Gênero, n. 6, dez. 2014 (adaptado).

O texto permite relacionar uma prática corporal com uma visão ampliada de saúde. O fator que possibilita identificar essa perspectiva é o(a)

A) aspecto nutricional.

B) condição financeira.

C) prevenção de lesões.

D) treinamento esportivo.

E) acompanhamento psicológico.

Questão 130

É possível considerar as modalidades esportivas coletivas dentro de uma mesma lógica, pois possuem uma estrutura comum: seis princípios operacionais divididos em dois grupos, o ataque e a defesa. Os três princípios operacionais de ataque são: conservação individual e coletiva da bola, progressão da equipe com a posse da bola em direção ao alvo adversário e finalização da jogada, visando a obtenção de ponto. Os três princípios operacionais da defesa são: recuperação da bola, impedimento do avanço da equipe contrária com a posse da bola e proteção do alvo para impedir a finalização da equipe adversária.

DAOLIO, J. Jogos esportivos coletivos: dos princípios operacionais aos gestos técnicos — modelo pendular a partir das ideias de Claude Bayer. Revista Brasileira de Ciência e Movimento, out. 2002 (adaptado).

Considerando os princípios expostos no texto, o drible no handebol caracteriza o princípio de

A) recuperação da bola.

B) progressão da equipe.

C) finalização da jogada.

D) proteção do próprio alvo.

E) impedimento do avanço adversário.

QUESTÃO 131

BONS DIAS!

14 de junho de 1889

Ó doce, ó longa, ó inexprimível melancolia dos jornais velho! Conhece-se um homem diante de um deles. Pessoa que não sentir alguma coisa ao ler folhas de meio século, bem pode crer que não terá nunca uma das mais profundas sensações da vida, — igual ou quase igual à que dá a vista das ruínas de uma civilização. Não é a saudade piegas, mas a recomposição do extinto, a revivescência do passado.

ASSIS, M. Bons dias! (Crônicas 1888-1889). Campinas: Editora da Unicamp;

São Paulo: Hucitec, 1990.

O jornal impresso é parte integrante do que hoje se compreende por tecnologias de informação e comunicação. Nesse texto, o jornal é reconhecido como

A) objeto de devoção pessoal.

B) elemento de afirmação da cultura.

C) instrumento de reconstrução da memória.

D) ferramenta de investigação do ser humano.

E) veículo de produção de fatos da realidade.

QUESTÃO 132

TEXTO I

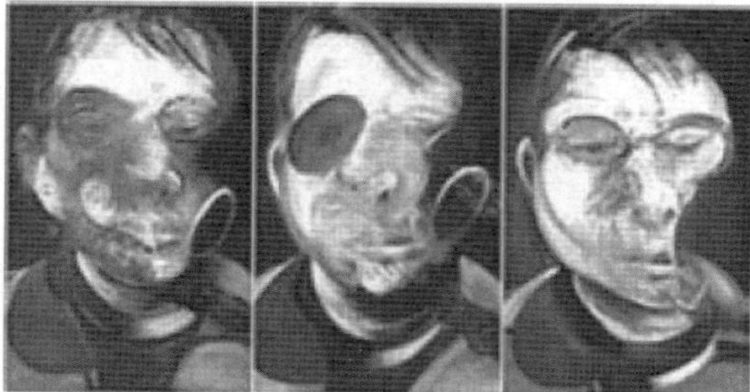

BACON, F. **Três estudos para um autorretrato.** Óleo sobre tela, 37,5 x 31,8 cm (cada). 1974. Disponível em: www.metmuseum.org. Acesso em: 30 maio 2016.

TEXTO II

Tenho um rosto lacerado por rugas secas e profundas, sulcos na pele. Não é um rosto desfeito, como acontece com pessoas de traços delicados, o contorno é o mesmo mas a matéria foi destruída. Tenho um rosto destruído.

DURAS, M. O amante. Rio de Janeiro: Nova Fronteira, 1985.

Na imagem e no texto do romance de Marguerite Duras, os dois autorretratos apontam para o modo de representação da subjetividade moderna. Na pintura e na literatura modernas, o rosto humano deforma-se, destrói-se ou fragmenta-se em razão

A) da adesão à estética do grotesco, herdada do romantismo europeu, que trouxe novas possibilidades de representação.

B) das catástrofes que assolaram o século XX e da descoberta de uma realidade psíquica pela psicanálise.

C) da opção em demonstrarem oposição aos limites estéticos da revolução permanente trazida pela arte moderna.

D) do posicionamento do artista do século XX contra a negação do passado, que se torna prática dominante na sociedade burguesa.

E) da intenção de garantir uma forma de criar obras de arte independentes da matéria presente em sua história pessoal.

Questão 133

Lições de motim

DONA COTINHA – É claro! Só gosta de solidão quem nasceu pra ser solitário. Só o solitário gosta de solidão. Quem vive só e não gosta da solidão não é um solitário, é só um desacompanhado. (A reflexão escorrega lá pro fundo da alma.) Solidão é vocação, besta de quem pensa que é sina. Por isso, tem de ser valorizada. E não é qualquer um que pode ser solitário, não. Ah, mas não é mesmo! É preciso ter competência pra isso. (De súbito pedagógica, volta-se para o homem.) É como poesia, sabe, moço? Tem de ser recitada em voz alta, que é pra gente sentir o gosto. (FAZ UMA PAUSA.) Você gosta de poesia? (O HOMEM TORNA A SE DEBATER. A VELHAINTERROMPE O DISCURSO E VOLTA A LHE DAR AS COSTAS, COMO SEMPRE, IMPASSÍVEL. O HOMEM, MAIS UMA VEZ, CANSADO, DESISTE.) Bem, como eu ia dizendo, pra viver bem com a solidão temos de ser proprietários dela e não inquilinos, me entende? Quem é inquilino da solidão não passa de um abandonado.

É isso aí.

ZORZETTI, H. Lições de motim. Goiânia: Kelps, 2010 (adaptado).

Nesse trecho, o que caracteriza *Lições de motim* como texto teatral?

A) O tom melancólico presente na cena.

B) As perguntas retóricas da personagem.

C) A interferência do narrador no desfecho da cena.

D) O uso de rubricas para construir a ação dramática.

E) As analogias sobre a solidão feitas pela personagem.

Questão 134

A obra de Túlio Piva poderia ser objeto de estudo nos bancos escolares, ao lado de Noel, Ataulfo e Lupicínio.Se o criador optou por permanecer em sua querência— Santiago, e depois Porto Alegre, a obra alçou voos mais altos, com passagens na Rússia, Estados Unidos e Venezuela. *Tem que ter mulata*, seu samba maior, é coisa de craque. Um retrato feito de ritmo e poesia, uma ode ao gênero que amou desde sempre. E o paradoxo: misto de gaúcho e italiano, nascido na fronteira com a Argentina, falando de samba, morro e mulata, com categoria. E que categoria! Uma batida de violão que fez história. O tango transmudado em samba.

RAMIREZ, H.; PIVA, R. (Org.). Túlio Piva: pra ser samba brasileiro.

Porto Alegre: Programa Petrobras Cultural, 2005 (adaptado).

O texto é um trecho da crítica musical sobre a obra de Túlio Piva. Para enfatizar a qualidade do artista, usou-se como recurso argumentativo o(a)

A) contraste entre o local de nascimento e a escolha pelo gênero samba.

B) exemplo de temáticas gaúchas abordadas nas letras de sambas.

C) alusão a gêneros musicais brasileiros e argentinos.
D) comparação entre sambistas de diferentes regiões.
E) aproximação entre a cultura brasileira e a argentina.

Questão 135

L.J.C.

— 5 tiros?

— É.

— Brincando de pegador?

— É. O PM pensou que...

— Hoje?

— Cedinho.

COELHO, M. In: FREIRE, M. (Org.). Os cem menores contos brasileiros do século. São Paulo: Ateliê Editorial, 2004.

Os sinais de pontuação são elementos com importantes funções para a progressão temática. Nesse miniconto, as reticências foram utilizadas para indicar

A) uma fala hesitante.
B) uma informação implícita.
C) uma situação incoerente.
D) a eliminação de uma ideia.
E) a interrupção de uma ação.

GABARITO

2° DIA

CADERNO 7 – AZUL Ano 2016

LINGUAGENS, CÓDIGOS E SUAS TECNOLOGIAS

QUESTÃO	GABARITO
96	D
97	B
98	A
99	B
100	E
101	C
102	A
103	B
104	D
105	A
106	D
107	E
108	A
109	D
110	C
111	E
112	D
113	C
114	B
115	E
116	B
117	B
118	C
119	E
120	B
121	A
122	A
123	E
124	B
125	A
126	A
127	E
128	C
129	B
130	B
131	C
132	B
133	D
134	A
135	B

GABARITOS

H1 – B
H2 – C
H3 – B
H4 – D
H9 – E
H10 – A
H11 – A
H12 – B
H13 – B
H14 – B
H15 – B
H16 – E
H17 – A
H18 – A
H19 – C
H20 – C
H21 – A
H22 – E
H23 – A
H24 – D
H 25 – A
H26 – C
H27 – C
H28 – A
H29 – C
H30 – D

PROVAS EXTRAS – CONCURSOS

PROVA 1

FCC – TRT – 24ª. REG. (MS)

ANALISTA JUDICIÁRIO – 2017

Houve um tempo em que eu comia um monte de coisas e não precisava contar nada para ninguém. Na civilização contemporânea, on-line, conectada o tempo todo, se não for registrado e postado, não aconteceu. Comeu, jantou, bebeu? Então, prove. Não está na rede? Então, não vale.

Não estou aqui desfiando lamúrias de dinossauro tecnológico. Pelo contrário: interajo com muita gente e publico ativamente fotos de minhas fornadas. A vida, hoje, é digital. Contudo, presumo que algumas coisas não precisam deixar de pertencer à esfera privada. Sendo tudo tão novo nessa área, ainda engatinhamos a respeito de uma etiqueta que equilibre a convivência entre câmeras, pratos, extroversão, intimidade.

Em meados da década passada, quando a cozinha espanhola de vanguarda ainda povoava os debates e as fantasias de muitos gourmets, fotografar pratos envolvia um dilema: devorar ou clicar? A criação saía da cozinha, muitas vezes verticalizada, comumente finalizada com esferas delicadas, espumas fugazes... O que fazer, capturá-la em seu melhor instante cenográfico, considerando luzes e sombras, e comê-la depois, já desfigurada, derretida, escorrida? Ou prová-la imediatamente, abrindo mão da imagem? Nunca tive dúvidas desse tipo (o que talvez faça de mim um bom comensal, mas um mau divulgador).

Fotos e quitutes tornaram-se indissociáveis, e acho que já estamos nos acostumando. Mas será que precisa acontecer durante todo o repasto? Não dá para fazer só na chegada do prato e depois comer sossegado, à maneira analógica? Provavelmente não: há o tratamento da imagem, a publicação, os comentários, as discussões, a contabilidade das curtidas. Reconheço que, talvez antiquadamente, ainda sinto desconforto em ver casais e famílias à mesa, nos salões, cada qual com seu smartphone, sem diálogos presenciais ou interações reais. A pizza esfria e perde o viço; mas a foto chega tinindo aos amigos de rede.

(Adaptado de: CAMARGO, Luiz Américo. Comeu e não postou? Então, não valeu. Disponível em: http://brasil.elpais.com/brasil/2017/01/09/opinion/1483977251_216185.html)

01. Depreende-se corretamente do texto que

a) as pessoas, hoje, preferem partilhar com os amigos os momentos que consideram mais importantes em seu cotidiano, o que justifica as fotos de refeições realizadas em família, já que o convívio familiar continua sendo valorizado, apesar da expansão do meio virtual.

b) o autor vê com desaprovação a postagem de fotos de pratos em redes sociais, motivo pelo qual prefere acessar a internet para a interação com pessoas com as quais partilha desse mesmo sentimento, já que tem consciência de que não será ouvido pela maior parte das pessoas.

c) a experiência com a cozinha espanhola de vanguarda legou ao autor um olhar crítico para a apresentação estética dos pratos, o que fez com que ele aprendesse a conter sua ansiedade em degustá-los para antes fotografá-los em seu esplendor.

d) o hábito de fotografar os pratos, característico da sociedade contemporânea, deveria ser abandonado, na opinião do autor, na medida em que a falta de uma distinção clara entre vida pessoal e profissional tem prejudicado a rotina de amantes da gastronomia.

e) o autor, embora não desaprove integralmente o uso das redes sociais para a postagem de fotos das refeições, considera necessário que se imponha um limite para isso, a fim de se preservar não apenas a apreciação do prato como também a interação presencial.

02. Percebe-se uma relação de causa e efeito, nessa ordem, entre as orações na seguinte passagem do texto:

a) *Na civilização contemporânea, on-line, conectada o tempo todo, se não for registrado e postado, não aconteceu.* (1° parágrafo)

b) *Sendo tudo tão novo nessa área, ainda engatinhamos a respeito de uma etiqueta que equilibre a convivência entre câmeras, pratos, extroversão, intimidade.* (2° parágrafo)

c) *Houve um tempo em que eu comia um monte de coisas e não precisava contar nada para ninguém.* (1° parágrafo)

d) *Reconheço que, talvez antiquadamente, ainda sinto desconforto em ver casais e famílias à mesa, nos salões, cada qual com seu smartphone, sem diálogos presenciais ou interações reais.* (4° parágrafo)

e) *Contudo, presumo que algumas coisas não precisam deixar de pertencer à esfera privada.* (2° parágrafo)

03. A construção que pode ser reescrita com o verbo na voz passiva é:

a) ... *a foto chega tinindo aos amigos*... (4° parágrafo)

b) *A criação saía da cozinha*... (3° parágrafo)

c) ... *interajo com muita gente*... (2° parágrafo)

d) ... *publico ativamente fotos de minhas fornadas*... (2° parágrafo)

e) *Não está na rede?* (1° parágrafo)

4. Está reescrito conforme a norma-padrão da língua e com o sentido preservado em linhas gerais o seguinte trecho do texto:

a) *Contudo, presumo que*... (2° parágrafo) / Porquanto, afirmo por conjectura que...

b) ... *acho que já estamos nos acostumando.* (4° parágrafo) / ... tenho a impressão que já tornamo-nos resignados.

c) ... *não precisava contar nada para ninguém.* (1° parágrafo) / ... não era impelido de me reportar à quem quer que fosse.

d) ... *ainda sinto desconforto em ver*... (4° parágrafo) / ... continuo a sentir-me incomodado ao testemunhar...

e) ... *fotografar pratos envolvia um dilema*... (3° parágrafo) / ... fotografar pratos abrangia-se de uma controvérsia...

05. Quanto à concordância padrão, está escrita corretamente a frase:

a) O homem sempre buscou capturar o instante em imagens, e isso nunca foi tão fácil quanto hoje, quando o ato de registrar se tornou mais importante que o próprio registro.

b) Atualmente, constata-se muitas maneiras de compartilhar informação, mas nenhum meio de comunicação vem se mostrando tão poderoso quanto as redes sociais.

c) Em meados da década passada, fotografar alimentos envolviam uma série de questionamentos que parecem não fazer mais sentido na sociedade dos dias de hoje.

d) Em 2016, uma pesquisa com usuários da internet concluiu que algumas pessoas que postam excessivamente nas redes sociais o faz por necessidade de aprovação.

e) Decidir entre devorar ou clicar têm perturbado aqueles que oscilam entre desfrutar o momento da refeição e partilhá-lo, ainda que a distância, com amigos e familiares.

Muito antes de nos ensinarem e de aprendermos as regras de bom comportamento socialmente construídas e promovidas, e de sermos exortados a seguir certos padrões e nos abster de seguir outros, já estamos numa situação de escolha moral. Somos, por assim dizer, inevitavelmente – existencialmente –, seres morais: somos confrontados com o desafio do outro, o desafio da responsabilidade pelo outro, uma condição do ser-para.

Afirmar que a condição humana é moral antes de significar ou poder significar qualquer outra coisa representa que, muito antes de alguma autoridade nos dizer o que é "bem" e "mal" (e por vezes o que não é uma coisa nem outra), deparamo-nos com a escolha entre "bem" e "mal". E a enfrentamos desde o primeiro momento do encontro com o outro. Isso, por sua vez, significa que, quer escolhamos quer não, enfrentamos nossas situações como problemas morais, e nossas opções de vida como dilemas morais.

Esse fato primordial de nosso ser no mundo, em primeiro lugar, como uma condição de escolha moral não promete uma vida alegre e despreocupada. Pelo contrário, torna nossa condição bastante desagradável. Enfrentar a escolha entre bem e mal significa encontrar-se em situação de ambivalência. Esta poderia ser uma preocupação relativamente menor, estivesse a ambiguidade de escolha limitada à preferência direta por bem ou mal, cada um definido de forma clara e inequívoca; limitada em particular à escolha entre atuar baseado na responsabilidade pelo outro ou desistir dessa ação – de novo com uma ideia bastante clara do que envolve "atuar baseado na responsabilidade".

(Adaptado de: BAUMAN, Zygmunt. **Vida em fragmentos: sobre a ética pós-moderna**. Trad. Alexandre Werneck. Rio de Janeiro, Zahar, 2011, p. 11-12)

06. Uma afirmação em consonância com as ideias defendidas no texto está em:

a) Embora os resultados de uma escolha moral estejam sujeitos a fatores externos à intenção do ator, o esforço de se fazer o bem não é empreendido sem satisfação.

b) Uma vez que as linhas divisórias entre bem e mal tenham sido previamente traçadas, a ação em prol do outro terá uma consequência facilmente mensurável.

c) A responsabilidade pelo outro não apresenta limites óbvios, nem se traduz facilmente em medidas práticas a serem adotadas ou das quais se abster.

d) Na medida em que o bem e o mal não são discerníveis em sua essência, as ações dos indivíduos devem se espelhar na conduta de figuras de autoridade.

e) As incertezas estão na raiz dos problemas morais e a única receita infalível para a escolha correta são as regras de bom comportamento aprendidas na infância.

07. No que se refere ao sentido, duas expressões intercambiáveis, no texto, são:

a) *uma condição do ser-para* (1° parágrafo) e *atuar baseado na responsabilidade* (3° parágrafo).

b) *desafio da responsabilidade pelo outro* (1° parágrafo) e *preocupação relativamente menor* (2° parágrafo).

c) *somos confrontados com o desafio do outro* (1° parágrafo) e *alguma autoridade nos dizer o que é "bem" e "mal"* (2° parágrafo).

d) *regras de bom comportamento* (1° parágrafo) e *nossas opções de vida* (2° parágrafo).

e) *vida alegre e despreocupada* (3° parágrafo) e *situação de ambivalência* (3° parágrafo).

08. A alternativa que apresenta um comentário correto acerca da pontuação de um trecho do texto é:

a) em ... *muito antes de alguma autoridade nos dizer o que é "bem" e "mal" (e por vezes o que não é uma coisa nem outra)*... (2° parágrafo), os parênteses intercalam uma expressão que precisa o sentido do vocábulo autoridade.

b) em *Somos [...] seres morais: somos confrontados com o desafio do outro, o desafio da responsabilidade pelo outro*... (1° parágrafo), os dois-pontos introduzem uma ressalva a uma afirmação de tom categórico.

c) em *Somos, por assim dizer, inevitavelmente – existencialmente –, seres morais*... (1° parágrafo), os travessões são usados para dar ênfase a uma palavra que expressa circunstância de modo.

d) em *Esse fato primordial de nosso ser no mundo, em primeiro lugar, como uma condição de escolha moral*... (3° parágrafo), as vírgulas destacam uma expressão com valor temporal, imprimindo no texto um tom de memória.

e) em ... *uma ideia bastante clara do que envolve "atuar baseado na responsabilidade".* (3° parágrafo), as aspas demarcam uma expressão empregada com teor irônico e que, portanto, relativiza o que foi exposto anteriormente.

09. *Esta poderia ser uma preocupação relativamente menor, estivesse a ambiguidade de escolha limitada à preferência direta por bem ou mal*... (3° parágrafo)

Ao reescrever-se o trecho acima com o verbo *poder* flexionado no futuro do presente do indicativo, a forma verbal "estivesse" deverá ser substituída, conforme a norma-padrão da língua, por

a) estar.

b) estará.

c) estiver.

d) está.

e) esteja.

PROVA 2
CESPE – INSTITUTO RIO BRANCO
DIPLOMATA - 2017

Texto 1

1 O ano de 1881 foi dos mais significativos e
importantes para a ficção no Brasil, pois que nele se
publicaram as **Memórias Póstumas de Brás Cubas**,
4 de Machado de Assis (saídas na **Revista Brasileira**, no ano
anterior) e **O Mulato**, de Aluísio Azevedo. Com estes livros
se encerrava a indecisão da década de setenta, e tomavam
7 corpo duas das tendências nela delineadas, a da análise,
prenunciada nos primeiros trabalhos do próprio Machado
de Assis, e a naturalista, prefigurada principalmente pelo
10 **Coronel Sangrado**, de Inglês de Sousa, e por **Um Casamento.**
no Arrabalde, de Franklin Távora. A terceira, a regionalista,
só um pouco depois ganharia feição mais nítida.
13 No momento, impressionou muito mais a novidade
do Mulato — sob muitos aspectos ainda tão preso às

deformações românticas — do que a do **Brás Cubas**,
16 muito mais completa e audaciosa. É que aquele não só trazia
um rotulo em moda, como, parecendo revolucionário e
de fato o sendo pelo tema, continuava a velha linha nacional
19 de romances que encontravam na descrição de costumes o seu
centro de gravidade; foi por isso mais facilmente entendido
e admirado. Pelos livros de Zola e Ecça de Queirós, estavam
22 o meio intelectual e o público que lia preparados para receber
afinal uma obra naturalista brasileira, que na verdade se fazia
esperar, ao passo que nada os habituara de antemão à nova
25 maneira de Machado de Assis, já que nenhum crítico
vislumbrara as sondagens psicológicas escondidas sob os casos
sentimentais que até então de preferência contara. Toda a gente
28 se deslumbrou — ou se escandalizou — com **O Mulato**,
sem perceber que o espírito de inovação e de rebeldia
estava mais nas **Memórias Póstumas de Brás Cubas.**
31 Aqui, ousadamente, varriam-se de um golpe o sentimentalismo,
o moralismo superficial, a fictícia unidade da pessoa humana,
as frases piegas, o receio de chocar preconceitos, a concepção
34 do predomínio do amor sobre todas as outras paixões;
afirmava-se a possibilidade de construir um grande livro sem
recorrer à natureza, desdenhava-se a cor local, colocava-se um
37 autor pela primeira vez dentro das personagens; surgiam afinal
homens e mulheres, e não brasileiros, ou gaúchos, ou nortistas,
e – *last but nor least* – patenteava-se a influência inglesa em
40 lugares da francesa, introduzia-se entre nós o humorismo.
A independência literária, que tanto se buscara,
só com este livro foi selada. Independência que não significa,
43 nem poderia significar, autossuficiência, e sim o estado
da maturidade intelectual e social que permite a liberdade
de concepção e expressão. Criando personagem e ambientes
46 brasileiros – bem brasileiros –, Machado não se julgou
obrigado a fazê-los pitorescamente típicos, porque a
consciência da nacionalidade, já sendo nele total, não carecia
49 de elementos decorativos. Aquilo que reputava indispensável
ao escritor, "certo sentimento íntimo que o torne homem do seu
tempo e do seu país, ainda quando se trate de assuntos remotos
52 no tempo e no espaço", ele o possuiu inteiramente, com
uma posse tranquila e pacífica. E por isso pôde – o primeiro
entre nós – ser universal sem deixar de ser brasileiro.
55 Todas essas qualidades, das quais algumas já se
haviam delineado nos livros anteriores do seu autor, fizeram
das **Memórias Póstumas de Brás Cubas** um acontecimento
58 literário de imenso alcance. Tanto no presente como no
passado alterava o nosso panorama literário, porque exigia a
revisão de valores que, segundo T. S. Eliot, se dá cada vez
61 que surge uma obra realmente nova. Aplicando ao restrito
patrimônio das letras brasileiras a fórmula empregada um
plano muito mais vasto pelo crítico inglês, podemos dizer
64 que o aparecimento do **Brás Cubas** modificou a ordem
estabelecida. (...)
Descontada a parte do coeficiente pessoal – sem
67 dúvida a mais importante – a obra de Machado de Assis
revela que já possuímos, no fim do Segundo Reinado,
um organismo social melhor definido do que faria supor
70 a confusão reinante nos domínios literários entre o indivíduo
e o meio físico ou clã a que pertencia. (...) Abandonando
os episódios sentimentais a que até esse momento mais ou
73 menos se ativera, instalando-se no íntimo de duas criaturas,

Machado de Assis descobriu seres cujas reações
especificamente brasileiras não contrariavam o caráter mais
76 larga e profundamente humano.
E, entretanto – tais são os erros e perspectivas
dos contemporâneos –, o que a todos pareceu novidade
79 completa foi **O Mulato**, que inaugurava muito mais uma
maneira literária do que um ângulo de visão diferente.
O movimento naturalista a que deu início empolgaria os
82 escritores, marcaria com o seu sinete não apenas o decênio
que começava, mas também em boa parte o que se lhe seguiria,
enquanto que, na época, só Raul Pompéia se deixaria seduzir
85 pelas análises praticadas no **Brás Cubas**. Havia, porém,
nesses dois livros de índole tão diversa, um traço comum:
em ambos triunfava a observação.

Lúcia Miguel Pereira. História da literatura brasileira – Prosa de ficção – de 1870 a 1920. Rio de Janeiro: José Olympio/INL, 1973, 3.a ed., p. 53-5 (com adaptações)

01. Com base nas ideias expressas no texto I, julgue (**C** ou **E**) o item a seguir.

Embora seja um objeto importante nos dois romances mencionados — **O Mulato** e **Memórias Póstumas de Brás Cubas** —, o "sinete" (l.82) mostra-se fundamental no romance de Aluísio Azevedo, de feição naturalista.

Certo

Errado

02. Com base nas ideias expressas no texto I, julgue (**C** ou **E**) o item a seguir.

Segundo a autora do texto, o elemento de escândalo social intrínseco à temática de **Memórias Póstumas de Brás Cubas** não foi compreendido pelo meio intelectual, nem pelo público, no momento da publicação do romance na **Revista Brasileira**, em 1880, tampouco em seu lançamento em formato de livro, em 1881.

Certo

Errado

03. Com base nas ideias expressas no texto I, julgue (**C** ou **E**) o item a seguir.

A autora argumenta, no texto, que o romance de Machado de Assis é representante de uma tendência analítica em literatura, ao passo que **O Mulato** demonstra tendência descritiva, tendo alcançado, na época de sua publicação, maior popularidade que **Memórias Póstumas de Brás Cubas**.

Certo

Errado

04. Com base nas ideias expressas no texto I, julgue (**C** ou **E**) o item a seguir.

É possível concluir do texto que, tal como aconteceu em 1822 no plano político, a "independência literária" (l.41) de 1881 caracterizou-se como um movimento de "liberdade de concepção e expressão" (l. 44 e 45), uma vez que tanto **O Mulato** quanto **Memórias Póstumas de Brás Cubas** expressaram o afastamento de seus autores da submissão intelectual a escritores estrangeiros, como Zola e Eça de Queirós.

Certo

Errado

05. Com relação a aspectos gramaticais do texto I, julgue (**C** ou **E**) o item que se segue.

Sem prejuízo das informações originais do texto e de sua correção gramatical, o trecho "Abandonando os episódios sentimentais (...) larga e profundamente humano" (l. 71 a 76) poderia ser reescrito da seguinte forma: Ao abandonar os episódios sentimentais que até esse momento se tenha privilegiado e ao instalar-se no íntimo de suas criaturas, descobriu, Machado de Assis, seres em que reações tipicamente brasileiras não eram contrárias ao caráter humano no sentido mais largo e profundo.

Certo

Errado

06. Com relação a aspectos gramaticais do texto I, julgue (**C** ou **E**) o item que se segue.

Em "Descontada a parte do coeficiente pessoal" (l.66), a palavra "coeficiente" foi empregada no sentido de **fator, circunstância**.

Certo

Errado

07. Com relação a aspectos gramaticais do texto I, julgue (**C** ou **E**) o item que se segue.

A retirada do pronome oblíquo na oração "ele o possuiu inteiramente" (l.52) preservaria a correção gramatical e o sentido original do texto.

Certo

Errado

08. Com relação a aspectos gramaticais do texto I, julgue (**C** ou **E**) o item que se segue.

Os sujeitos das formas verbais "varriam-se" (l.31) e "afirmava-se" (l. 35) estão elípticos, e seu referente é a obra **Memórias Póstumas de Brás Cubas**.

Certo

Errado

Texto II

1 Dei em passear de bonde, saltando de um para outro,
aventurando-me por travessas afastadas, para buscar o veiculo
em outros bairros. Da Tijuca ia ao Andaraí e dai à Vila Isabel;
4 e assim, passando de um bairro para outro, procurando
travessas despovoadas e sem calçamento, conheci a cidade -
tal qual os bondes a fizeram alternativamente povoada
7 e despovoada, com grandes hiatos entre ruas de população.
condensada, e toda ela, agitada, dividida, convulsionada
pelas colinas e contrafortes da montanha em cujas vertentes
10 crescera. Jantava, uns dias; em outros, almoçava unicamente;
e houve muitos que nem uma coisa ou outra fiz.(...)
Abelardo Leiva, o meu recente conhecimento, era poeta
13 e revolucionário. Como poeta tinha a mais sincera admiração
pela beleza das meninas e senhoras de Botafogo. Não faltava
às regatas, às quermesses, às tômbolas, a todos os lugares
16 em que elas apareciam em massa; (...) Como revolucionário,
dizia-se socialista adiantado, apoiando-se nas prédicas
e brochuras do Senhor Teixeira Mendes, lendo também
19 formidáveis folhetos de capa vermelha, e era secretário
do Centro de Resistência dos Varredores de Rua. Vivia
pobremente, curtindo misérias e lendo, entre duas refeições
22 afastadas, as suas obras prediletas e enchendo a cidade com
os longos passos de homem de grandes pernas.
Depois de nossas relações, era frequente passearmos
25 juntos. Saiamos às dez horas, tomávamos café e andávamos
até às três ou quatro da tarde. A essa hora separávamo-nos
em obediência a uma convenção tácita. Tratava-se de jantar
28 e cada um de nós ia arranjar-se. À tarde, encontrávamo-nos
e íamos conversar a um café com alguns outros amigos dele,
na mor parte desprovidos de dinheiro, com magros e humildes
31 empregos, pretendendo virar a face do mundo para ter almoço
e jantar diariamente. Leiva era o chefe, era a inteligência
do grupo, pois, além de poeta, tinha todos os preparatórios
34 para o curso de dentista. Eu gostava de notar a adoração
pela violência que as suas almas pacificas tinham,
e a facilidade com que explicavam tudo e apresentavam
37 remédios. Embora mais moço que eles, várias vezes cheguei
a sorrir aos seus entusiasmos. Creio que lhes não faltava
inteligência, sinceridade também; o que não encontravam
40 era uma soma de necessidades a que viessem responder
e sobre as quais apoiassem as suas furiosas declamações.
Insurgiam-se contra o seu estado particular, oriundo talvez
43 mais de suas qualidades de caráter do que de falhas
de temperamento. Eram todos honestos, orgulhosos,
independentes e isso não leva ninguém à riqueza e à
46 abastança. Leiva era quem mais exagerava nos traços
do caráter comum e se encarregava de pintar os sofrimentos
da massa humana. Era um grupo de protestantes, detestando

49 a política, dando-se ares de trabalhar para obra maior,
a quem as periódicas "revoluções" não serviam. Um ou outro
acontecimento vinha-lhes dar a ilusão de que eram guias da
52 opinião. Leiva gabava-se de ter feito duas greves e de ter
modificado as opiniões do operariado do Bangu com as suas
conferências aplaudidas. Os outros, sem a sua enfibratura,
55 os seus rompantes de atrevimento e a sua ambição oculta, mais
sinceros talvez por isso, limitavam-se a falar e a manifestar as
suas terríveis opiniões em publicações pouco lidas
58 No entanto, Leiva parecia-me mais sincero na
sua poesia palaciana e de modista do que nas ideias
revolucionárias. Não o julgava perfeitamente hipócrita;
61 era a sua situação que lhe determinava aquelas opiniões; o seu
fundo era cético e amoroso das comodidades que a riqueza dá.
Cessassem as suas dificuldades, elas desapareceriam e surgiria
64 então o verdadeiro Leiva, indiferente aos destinos da turba,
dando uma esmola em dia de mau humor e preocupado com
uma ruga no fraque novo que viera do alfaiate.

Lima Barreto. Recordações do escrivão Isaias Caminha. São Paulo: Brasiliense, 1956, p.133-6 (com adaptações).

09. Com relação às ideias desenvolvidas no texto II, julgue (**C** ou **E**) o item subsequente.

No texto, o narrador emprega a expressão "grandes hiatos"(l.7) para se referir a locais despovoados da cidade, que ele ia conhecendo de bonde.

Certo

Errado

10. Com relação às ideias desenvolvidas no texto II, julgue (**C** ou **E**) o item subsequente.

O narrador supõe existir um "verdadeiro Leiva" (l.64), que se vislumbra na "poesia palaciana e de modista" (l.59) deste personagem, e imagina que, caso passasse a viver em condições econômicas mais favoráveis, Leiva se revelaria descrente dos ideais revolucionários e atraído pelo conforto material.

Certo

Errado

11. Com relação às ideias desenvolvidas no texto II, julgue (**C** ou **E**) o item subsequente.

O narrador discorda da opinião geral dos amigos de Leiva, que o julgam "perfeitamente hipócrita" (l.60), e considera que tal julgamento advém do meio pobre e humilde que Leiva frequenta.

Certo

Errado

12. Com relação às ideias desenvolvidas no texto II, julgue (**C** ou **E**) o item subsequente.

Nos trechos "Eu gostava de notar a adoração pela violência que as suas almas pacíficas tinham" (l. 34 e 35) e "Era um grupo de protestantes, detestando a política" (l. 48 e 49), o narrador alude a uma ambivalência no comportamento de Leiva e de seus amigos.

Certo

Errado

13. Considerando as relações semântico-sintáticas estabelecidas no texto II, julgue (**C** ou **E**) o item a seguir.

No período "Creio que lhes não faltava inteligência, sinceridade também; o que não encontravam era uma soma de necessidades a que viessem responder e sobre as quais apoiassem as suas furiosas declamações" (l. 38 a 41), as negações enfatizam a sequência de características depreciativas atribuídas ao grupo de Leiva, para o que contribui o emprego do adjetivo "furiosas" e do modo subjuntivo, que destaca a inconsistência de suas ações.

Certo

Errado

14. Considerando as relações semântico-sintáticas estabelecidas no texto II, julgue (**C** ou **E**) o item a seguir.

A conjunção "Embora" (l.37) pode ser substituída por **Posto que**, mantendo-se o sentido e a correção gramatical do texto.

Certo

Errado

15. Considerando as relações semântico-sintáticas estabelecidas no texto II, julgue (**C** ou **E**) o item a seguir.

O tom memorialista do primeiro parágrafo manifesta-se pelo uso predominante de formas verbais que denotam o início de determinadas ações, das quais são exemplos "Jantava" e "almoçava", ambas na linha 10, e "Vivia" (l.20).

Certo

Errado

16. Considerando as relações semântico-sintáticas estabelecidas no texto II, julgue (**C** ou **E**) o item a seguir.

Da leitura do período "Como revolucionário, (...) dos Varredores de Rua" (l. 16 a 20), é correto inferir que, além de "formidáveis folhetos de capa vermelha", o senhor Teixeira Mendes lia "prédicas e brochuras".

Certo

Errado

Texto III

1 Escrita em prosa e verso, a **Carta Marítima** é
formalmente um poema sui generis, que supera as divisões
convencionais do discurso. Quanto à mensagem, tem elementos
4 de uma alegre sátira ideologicamente avançada para
o acanhado meio português do tempo, na qual Sousa Caldas
censura os privilégios e a vida materializada, presa a uma
7 educação artificial e obsoleta, sugerindo a regeneração
da sociedade por meio de uma transformação como a
que lhe parecia estar em curso na França revolucionária.
10 No plano cultural, satiriza a tirania da herança greco-latina
e aspira a algo diferente, que não formula, sendo porém
significativo que enquanto menciona Homero como exemplo
13 de poeta desligado do real, fechado num mundo factício, louve
um moderno, Cervantes, que assim privilegia como autor
de obra-prima mais adequada ao tempo, e que de mais a mais
16 reforça o seu propósito na **Carta**, por ser ela própria uma sátira
contra costumes e convenções cediças. Portanto, já em 1790
Caldas insinuava a necessidade de mudar os padrões, e o fazia
19 com mais força e originalidade do que faria seis anos depois
o francês Joseph Berchoux, na citadíssima e medíocre **Elegia
sobre os Gregos e os Romanos**, onde os acusa de lhe
22 infelicitarem a vida. (...)
A mudança sugerida na **Carta** levaria o tempo de uma
geração para acontecer. Mas mesmo sem propor novos rumos
25 Sousa Caldas contribuiria a seu modo, ao descartar no resto
da obra a imitação da Antiguidade e voltar-se para os temas
religiosos, que o Romantismo consideraria mais tarde como um
28 dos seus timbres diferenciadores. Pelo fato de ter remontado
na tradução dos **Salmos** à poesia bíblica, embora nada tenha
de pré-romântico ele foi considerado mais ou menos precursor
31 a partir do decênio de 1830; mas é inexplicável que
os românticos nunca tenham mencionado a Carta, que
poderia, na perspectiva deles, ser lida como verdadeiro
34 manifesto modernizador.
Curioso a este respeito é o caso de Gonçalves de
Magalhães, que publicou em 1832 o pífio volume **Poesias**,
37 encharcado da rotina mais banal daquele momento de exaustão
literária, inclusive com recurso constante à mitologia clássica.
Mas no ano seguinte escreveu que não queria mais saber dela,

40 por clara influência da **Carta Marítima**, imitada quase
ritualmente numa **Carta ao Meu Amigo Dr. Cândido Borges Monteiro** (datada do Havre, 1833), onde narra a sua própria
43 viagem à França. Vistas as coisas de hoje, isto parece uma
inflexão por influência de Sousa Caldas, antes da conversão
estética ocorrida em Paris e manifestada na revista **Niterói**.
46 Por que então nos escritos renovadores Magalhães não
mencionou esta sua precoce mudança de rota, nem mesmo
quando se referia a Sousa Caldas? Difícil imaginar os motivos,
49 sobretudo quando pensamos que os primeiros românticos
queriam a todo custo encontrar precursores, evocando
Durão, Basílio, São Carlos e Sousa Caldas entre os principais.
52 Talvez porque para quem tinha andado de braço com as musas
clássicas, como o Magalhães de Poesias, a carga mitológica
da **Carta Marítima** parecesse, na hora de renovar,
55 incompatível com a nova moda. Por isso, não apenas deixou
a sua própria **Carta** fora dos **Suspiros Poéticos**, mas só
se animou a publicá-la em 1864, no volume **Poesias Avulsas**
58 das suas obras completas, onde recolheu pecados da mocidade.
No entanto, se a tivesse divulgado na altura da sua pregação
renovadora ela teria sido (apesar da péssima qualidade)
61 um argumento de certo peso no rastreamento de sinais
precursores e da sua própria antecipação. (...)
No rasto de Magalhães, os primeiros românticos
64 também puseram de lado a **Carta** de Sousa Caldas, que talvez
tenham mesmo treslido, sem perceberem a força renovadora
que está implícita na sua brincadeira profilática e faz dela
67 indício precursor de certos aspectos que o nosso Romantismo
assumiria, sem deixar com isso de ser um documento,
plantado no solo setecentista da Ilustração.

Antonio Candido. Carta Marítima. In: O discurso e a cidade. São Paulo: Duas Cidades, 1998, p. 220-2 (com adaptações).

17. Julgue (**C** ou **E**) o item seguinte, relacionados às ideias desenvolvidas no texto III.

Antonio Candido afirma que Sousa Caldas, em **Carta Marítima**, escreveu um poema satírico que mostrava avanços em relação ao seu tempo, até mesmo pelo fato de o poeta fazer referência laudatória a um escritor como Miguel de Cervantes.

Certo

Errado

18. Julgue (**C** ou **E**) o item seguinte, relacionados às ideias desenvolvidas no texto III.

De acordo com Antonio Candido, os autores românticos, entre eles Gonçalves de Magalhães, não fizeram referência à **Carta Marítima**, apesar de Sousa Caldas ser um poeta conhecido naquele momento e de o poema conter aspectos modernizadores buscados pela poesia romântica.

Certo

Errado

19. Julgue (**C** ou **E**) o item seguinte, relacionados às ideias desenvolvidas no texto III.

Segundo o texto, Sousa Caldas, em **Carta Marítima**, repudiou os temas religiosos e preferiu salientar os mitos da Antiguidade clássica que permitissem fazer uma sátira surpreendente no meio social do seu tempo.

Certo

Errado

20. Julgue (**C** ou **E**) o item seguinte, relacionados às ideias desenvolvidas no texto III.

Conclui-se do texto que Sousa Caldas, ao escrever a **Carta Marítima**, prenunciou o Romantismo brasileiro, tendo criticado a "exaustão literária" (l. 37 e 38) da poesia de Gonçalves de Magalhães, que, no ano anterior, havia publicado um volume pífio intitulado **Poesias**.

Certo

Errado

PROVA 3
ESAF – FUNAI
TODOS OS CARGOS – 2016

01. Em meio a catástrofes ambientais causadas pela ação do homem, aumento de doenças físicas e mentais nos centros urbanos e intolerância às diferenças sociais, religiosas e culturais, sobressai, das entranhas do Brasil, um modelo saudável de harmonia entre homens e natureza: o Parque Indígena do Xingu, criado há 55 anos.

Essa experiência nacional, que oferece lições de respeito e de resiliência aos problemas enfrentados pelo dito mundo civilizado, é prova de que a ideia dos índios como seres primitivos está superada. Eles desenvolvem culturas riquíssimas e conhecimentos interessantíssimos de tecnologia leve – de clima, solo, espécies, plantas.

(Adaptado de *Planeta/abr.*2016, p.19.)

As informações do texto acima permitem concluir que

a) a concepção do índio como ser primitivo é equivocada e obsoleta.
b) modelos saudáveis de harmonia entre o ser humano e a natureza são incompatíveis com a urbanização.
c) a humanidade é a causadora da maioria das catástrofes ambientais.
d) os centros urbanos se caracterizam pela disseminação incessante de endemias e de doenças mentais.
e) as práticas sociais dos indígenas do Xingu fundamentam-se no respeito à natureza e no conformismo diante de desastres naturais.

Enquanto os 26 mil km2 do Parque Indígena do
Xingu permanecem preservados, sucessivas
degradações têm marcado seu entorno, que sofreu
com a derrubada de árvores por madeireiros,
5 passando grande parte dos campos desmatados
a ser ocupados pela pecuária extensiva e pelo
garimpo.
Nos últimos 15 anos, cada vez mais plantações de
soja e cidades em crescimento cercam o parque.
10 Em 1980, havia apenas três municípios na região;
hoje, são dez. Os índios chamam essa situação
de "abraço de morte", porque chegam de fora os
problemas ambientais enfrentados no parque, como
o assoreamento do leito dos rios, a contaminação
15 das águas, a invasão de porcos selvagens, as
mudanças nos marcadores do tempo.

(Adaptado de Planeta/abr.2016, p.19.)

02. Mantém o sentido e a correção do texto a substituição de

a) "Enquanto" (l.1) por "À medida que".
b) "seu entorno" (l.3) por "seus arredores".
c) "a ser ocupados" (l.6) por "a ser ocupada".
d) "havia" (l.10) por "existia".
e) "chegam de fora" (l.12) por "vem de fora".

03. A mata preservada do Parque Indígena do Xingu segue previlegiando [1] os chamados "serviços sistêmicos". A natureza contribue [2] para o equilíbrio do clima e o bem-estar [3] das pessoas, seja na forma de umidade do ar, que leva chuva pelo Brasil a fora [4], seja na manutenção da biodiversidade, da polinização, da absorsão [5] de carbono.

(Adaptado de Planeta/abr.2016, p.20.)

Assinale a opção cujo número corresponde ao segmento corretamente grafado.

a) 1
b) 2
c) 3
d) 4
e) 5

04. Os trechos abaixo constituem um texto, mas estão desordenados. Ordene-os de forma a comporem um texto coeso e coerente. A seguir, assinale a opção correta.

( ) Com esse objetivo, uma equipe do ISA, composta de 50 integrantes, presta assessoria aos índios sobre questões burocráticas, trabalhos de vigilância e geração de renda, defesa e segurança do território, visando, entre outras coisas, a apoiá-los no desenvolvimento de atividades sustentáveis.

( ) Meio século depois da criação do Parque Indígena do Xingu, os índios provam diariamente sua autonomia. Várias aldeias e etnias se organizaram em associações, que desenvolvem projetos e levantam recursos para resolver questões internas e externas.

( ) O coordenador adjunto do Programa Xingu do Instituto Socioambiental (ISA) informa que o eixo principal de atuação desse Instituto é contribuir para a solução dessas questões e para a efetiva apropriação do parque pelos índios, de modo a evitar que o assédio do mundo externo os induza a práticas prejudiciais ao meio ambiente, como venda de peixes, madeira e areia, em condições ambientais inadequadas.

( ) De 2007 até hoje, já foram vendidas 150 toneladas dessas sementes, empregadas no reflorestamento ao longo dos rios da bacia do Xingu. Além da atuação positiva em favor do meio ambiente, os índios agem de modo cada vez mais eficaz na defesa e segurança do seu território.

( ) Como resultado dessa assessoria e da atitude afirmativa dos xinguanos, estes passaram a comercializar diferentes tipos de pimenta, mel e sementes florestais, com resultados expressivos de geração de renda. Isso é importante, já que, nesse processo, os índios incorporaram bens de consumo ao seu dia a dia e querem dinheiro para comprar, entre outras coisas, roupas, sabão em pó, panela, barco motorizado.

(Adaptado de *Planeta/abr.*2016, p.22-3.)

a) 3 – 1 – 2 – 5 – 4
b) 4 – 3 – 1 – 5 – 2
c) 5 – 4 – 2 – 3 – 1
d) 2 – 4 – 1 – 3 – 5
e) 3 – 5 – 4 – 2 – 1

05. Indique o conector que corretamente pode ocupar a posição inicial do período abaixo, assinalada por [...].

[...] as principais investidas contra a identidade dos índios e a integridade do Parque Indígena do Xingu surgem na forma de projetos de hidrelétricas e de leis que preveem mineração nas reservas e demarcação de terras indígenas, os xinguanos mantêm intensa mobilização política para defender seus direitos e fazer a sociedade atual reconhecer as contribuições que eles podem oferecer-lhe.

a) Conquanto
b) Porquanto
c) Como
d) Embora
e) Por mais que

06. O texto abaixo foi transcrito com erros. Assinale o único trecho gramaticalmente correto.

a) Nas aldeias indígenas, o aumento da violência vitima, sobretudo, às mulheres. Quase todos relatos de agressividade vieram à tona nos últimos anos. As penalidades para a agressão à mulher varia de acordo com a região e, em geral, vai de carpir a terra à expulsão da aldeia.

b) Está assegurado às mulheres indígenas de aldeias urbanas a mesma proteção das demais moradoras das cidades. No entanto, persistem barreiras que lhes impedem de alcançar seus direitos. Elas, por exemplo, desconhecem a Lei Maria da Penha.

c) Na tradição indígena, quando a mulher se casa, passa a morar com a família do marido e assim, ao denunciar o agressor, pode perder a moradia, e a família que lhe acolhe.

d) Um estudo sobre tribos da África, Ásia e América Latina, realizado pela ONU em 2013, revelou que a violência contra meninas e mulheres indígenas é velada na maioria dos países.

e) De acordo com levantamento realizado pela ONU, o histórico de dominação colonial, a exclusão política e a falta de serviços básicos é que intensifica a violência. Tem sido verificado, no entanto, tendências de empoderamento das mulheres indígenas de aldeias urbanas.

(Adaptado de *Planeta/abr.*2016, p.29.

07. Assinale o trecho em que foram plenamente atendidas as regras de emprego dos sinais de pontuação.

a) No Brasil, a função do índio romântico foi significativa e extravasou do campo da literatura. Já inexistente nas regiões civilizadas, o índio se tornou a imagem ideal, que permitia, a identificação do brasileiro com o sonho de originalidade e de passado honroso; além de contribuir para reforçar o sentimento de unidade nacional.

b) Como escreveu Roger Bastide, o índio romântico serviu de álibi para se conceituar, de maneira confortadora, a mestiçagem, que lhe foi atribuída estrategicamente. A mestiçagem com o negro, mais frequente, era considerada humilhante em virtude da escravidão.

c) O indianismo criou um antepassado mítico a quem foram atribuídas arbitrariamente virtudes convencionais, incluindo-se, as relacionadas ao cavaleiro medieval, tão em voga, na literatura romântica.

d) Até hoje é geral, o uso de prenomes e sobrenomes indígenas, não raro tomados de textos literários; a própria Monarquia ao distribuir títulos de sua nobreza improvisada, associouos à convenção nativista, em combinações pitorescas como: barão de Pindamonhangaba, marquês de Quixeramobim...

e) Função paralela à do índio, foi exercida no Romantismo, pela exaltação à natureza. Com efeito, na falta de uma ilustre tradição local que permitisse evocar paladinos e varões sábios desde a Antiguidade (como ocorria na Europa) a natureza brasileira entrou, de certo modo, em seu lugar como motivo de orgulho.

(Adaptado de *O Romantismo no Brasil*, de Antonio Candido, p.88.)

No Brasil, não tinha havido batalhas memoráveis,
nem catedrais, nem divinas comédias, mas o
Amazonas era o maior rio do mundo, as nossas
florestas eram monumentais, os nossos pássaros
5 mais brilhantes e canoros. É o que vemos em
tantas obras do Romantismo brasileiro.
Essa natureza, mãe e fonte de orgulho, funcionou
como correlativo dos sentimentos que o brasileiro
desejava exprimir como próprios, não apenas
10 na poesia patriótica e intimista, mas também na
narrativa em prosa.
Alguns contemporâneos de Álvares de Azevedo
diziam que, apesar do grande talento, ele não
era "brasileiro". Por quê? Porque falava pouco do
15 mundo exterior e preferia temas universais.

(Adaptado de O Romantismo no Brasil, de Antonio Candido, p.89.)

08. Há elementos no texto que permitem a seguinte inferência:

a) o patrimônio natural do Brasil é superior ao patrimônio cultural das demais nações do planeta.
b) a exaltação da natureza e o nacionalismo preencheram, no Romantismo brasileiro, a lacuna de uma nação sem passado glorioso.
c) a apologia de um passado glorioso e bélico cedeu lugar, no Romantismo brasileiro, à incipiente consciência ecológica diante do patrimônio natural brasileiro.
d) os temas universais foram rejeitados pelos escritores românticos, que subestimavam a matriz étnica do povo brasileiro.
e) o patriotismo exacerbado dos escritores românticos estava principalmente alicerçado na mentalidade escravocrata.

09. Assinale a afirmação correta a respeito de aspecto gramatical do texto.

a) A substituição da forma composta "tinha havido" pela forma simples do mesmo tempo verbal não acarretaria prejuízo para a informação expressa no primeiro período.
b) Na expressão "divinas comédias" (l. 2), a escolha do adjetivo bem como a sua posição resultam em sentido enfático para o substantivo, coerente com a descrição dos exageros nacionalistas do momento histórico abordado no texto.
c) Sem se contrariar os sentidos do texto, o trecho "diziam que, apesar do grande talento, ele não era 'brasileiro'" (l. 13-14) poderia ser reescrito da seguinte forma: "ele tinha grande talento, mas não tratava de temas nacionais".
d) No texto, o adjetivo "brasileiro" está entre aspas porque foi empregado com sentido pejorativo.
e) A inserção da expressão "do que temas regionais" após o vocábulo "universais" (l. 15) tornaria mais precisa a comparação que encerra o texto e atenderia à norma gramatical.

Há séculos os índios mundurucus ocupam parte
do Amazonas, do Pará e de Mato Grosso. Por seu
costume de cortar e mumificar a cabeça dos inimigos,
foram primeiro combatidos e depois utilizados pelo
5 colonizador português para garantir a ocupação do
interior da Amazônia. Mais tarde, durante os ciclos
da borracha, sucumbiram à indústria seringueira
e deixaram suas terras em direção ao rio Tapajós.
Atualmente, uma das maiores preocupações
10 da etnia é com o complexo de, pelo menos, oito
hidrelétricas, a serem implantadas na bacia do rio
Tapajós até 2021.

(Adaptado de IstoÉ, 10/7/13.)

10. Atende à norma gramatical da língua padrão e preserva os sentidos do texto original a seguinte substituição:

a) "Há séculos" (l.1) por "Fazem séculos que".
b) "Por seu costume" (l.2-3) por "Devido o seu costume".
c) "primeiro combatidos" (l.4) por "os primeiros a serem combatidos".
d) "sucumbiram à indústria seringueira" (l.7) por "feneceram frente ao ciclo da borracha".
e) "a serem implantadas" (l.11) por "a ser construído".

Forcadas pelas novas condições uniformizadoras,
as antigas áreas culturais brasileiras se vão
tornando cada vez mais homogêneas, por
imperativo do processo geral de industrialização,

5 que a todos afeta, e da ação uniformizadora
dos sistemas de comunicação de massa, que
aproximam os gaúchos dos caboclos amazônicos
e os fazem interagir com os centros dinâmicos do
processo de industrialização.
10 Isso significa que, apesar de tudo, somos uma
província da civilização ocidental, uma nova Roma,
uma matriz ativa da civilização neolatina, melhor
que as outras, porque lavada em sangue negro e
em sangue índio, e cujo papel, doravante, menos
15 que o de absorver *europeidades*, será o de ensinar
o mundo a viver mais alegre e mais feliz.

(Adaptado de O povo brasileiro – a formação e o sentido do Brasil, de Darcy Ribeiro, p.265.)

11. Assinale a opção correta a respeito desse fragmento de texto.

a) Os dois parágrafos do excerto apresentam descrição que atende aos requisitos de clareza, precisão e objetividade da comunicação oficial e, portanto, poderiam compor o corpo de um relatório sobre o contexto atual da cultura popular brasileira.
b) O autor do texto relativiza os efeitos do processo de homogeneização no Brasil, como evidencia o termo "apesar de tudo" no início do segundo parágrafo.
c) A referência a Roma e o emprego do neologismo "*europeidades*" atestam a aversão do autor do texto aos traços culturais estrangeiros presentes na cultura brasileira.
d) A tese de superioridade da cultura brasileira é sustentada pelo argumento de que a alegria e a felicidade são traços marcantes do povo brasileiro que o afastam de visões pessimistas.
e) Uma das ideias implícitas no fragmento de texto é a de que a diversidade étnica favorece a imposição da cultura hegemônica global sobre a cultura popular.

12. Assinale a opção que apresenta análise correta de aspecto gramatical do texto.

a) O emprego da vírgula após o vocábulo "industrialização" (l.4) indica que a crítica se restringe à industrialização nociva à cultura, e não à totalidade do processo de industrialização.
b) Na oração "que a todos afeta" (l.5), a supressão da preposição que introduz o complemento não acarretaria prejuízo para a correção gramatical.
c) No trecho "e os fazem interagir" (l.8), estaria igualmente correta a colocação do pronome depois do verbo, da seguinte forma: "fazem-os interagir".
d) O segundo parágrafo é iniciado por um pronome que retoma o que foi expresso na última oração do parágrafo anterior.
e) A referência do pronome "cujo" (l.14) é a expressão "em sangue negro e em sangue índio" (l.13-14).

13. O texto abaixo foi transcrito com erros. Assinale a opção em que o trecho está gramaticalmente correto.

a) Na primeira época do reinado de D. Pedro II entre 1840 e 1867, até a Guerra do Paraguai, copiava-se, no Brasil, tanto os esplendores do Segundo Império francês quanto os maus costumes. Paris dominava o mundo. O Rio de Janeiro, contagiava-se por imitação. Proliferava, nos diferentes bairros, sociedades com títulos preciosos: Vestal, Sílfide, Ulisseia.
b) A aparência, segundo Gilberto Freyre, tinha muito a dizer sobre homens e mulheres no sistema patriarcal em que vivia-se. O homem tentava fazer da mulher uma criatura tão diferente dele quanto possível. O culto a mulher frágil, que reflete na literatura e erotismo de músicas açucaradas, de pinturas românticas é segundo Freyre, um culto narcisista do homem patriarcal.
c) A cintura feminina era esmagada por poderosos espartilhos. Tal armadura era responsável, segundo alguns médicos, por problemas respiratórios e hemoptises, que ajudava a desenhar a figura da heroina romântica: a pálida virgem dos sonhos do poeta", doente do pulmão.
d) A acentuada diferença nos papéis matrimoniais confirma a afirmação de Gilberto Freyre de que, "quando o brasileiro volta da rua, reencontra no lar uma esposa submissa, que ele trata como criança mimada, trazendo-lhe vestidos, joias e enfeites de toda espécie".
e) Essa mulher, contudo, não é associada pelo marido aos seus negócios, as suas preocupações, e nem aos seus pensamentos. É uma boneca, que, eventualmente, ele a enfeita, mas que na realidade, não passa de primeira escrava da casa.

(Adaptado de Histórias íntimas: sexualidade e erotismo na história do Brasil, de Mary del Priore, p.71.)

Tenho observado um deslocamento significativo
na forma contemporânea dos crimes passionais.
O assassinato de mulheres por ex-companheiro
tem acontecido muito frequentemente na forma
5 de chacina, em que não só a mulher, mas também
membros da família ou amigos são eliminados. É
como se o sentimento de humilhação do homem
rejeitado se estendesse a todas as testemunhas de
seu infortúnio. O abandono ou a traição pela esposa
10 ou namorada deixam de ser questões morais ou de
quebra de contrato, como nos casamentos antigos.
Tornam-se exposição publica de virilidade falhada.
O agravante é que a posição de objeto sexual é
muito mais angustiante para um homem que para
15 uma mulher, pois ameaça a posição masculina, que,
tradicionalmente, é de atividade e conquista. Pior
ainda quando esse objeto é rejeitado, substituído.
A liberdade de escolha das mulheres tornou-se
ameaçadora para os homens. A masculinidade,
20 hoje, parece cada vez mais uma fortificação sitiada.

(Adaptado de A fratria órfã: conversas com a juventude, de Maria Rita Kehl, p.194.)

14. Julgue como verdadeira (V) ou falsa (F) cada uma das afirmações acerca do texto acima e, em seguida, assinale a opção correta.

( )Privilegiando-se a concisão e atendendo-se à prescrição gramatical, a oração que expressa informação complementar do termo "chacina" (l. 5) poderia ser assim reescrita: em que também membros da família ou amigos são eliminados.

( )O emprego da conjunção "ou", no segmento "O abandono ou a traição" (l.9) evidencia que os vocábulos "abandono" e "traição" são sinônimos, pois, conforme as ideias desenvolvidas no texto, ambos foram empregados na acepção de "ardil".

( )Os fatores emocionais de crimes passionais foram preteridos na análise, cujo foco é o papel social dos homens na sociedade contemporânea.

( )Na contemporaneidade, um dos fatores do aumento de práticas cada vez mais violentas contra mulheres é o revide, como demonstra a tendência de as mulheres transformarem o companheiro em objeto sexual.

( )O agravamento do conflito atual entre homens e mulheres resulta do embate entre tendências antagônicas e excludentes: a liberdade de escolha das mulheres e a manutenção da posição de atividade e conquista, tradicionalmente assegurada aos homens.

A sequência correta é:

a) V, F, F, F, V.
b) F, V, V, F, F.
c) F, V, F, F, V.
d) V, F, V, V, V.
e) V, F, F, V, F.

15. A vaidade é uma marca ostensiva do povo zoé, que, desde a primeira dentição, usa como adorno de identidade o ebber'pot: cravo de madeira, que é pendurado no lábio inferior, previamente perfurado. Para os zoés, uma das mais preciosas inovações dos kihari (os não índios) é o espelho. O utensílio, introduzido pela Funai, ajuda as mulheres a embelezarem o corpo com a tintura vermelha de urucum e a conservarem as tiaras de penugem branca de urubu-rei.

Além de vaidosa, a sociedade zoé é poligâmica e poliândrica. As mulheres se casam com vários homens. Geralmente, uma mulher tem de quatro a cinco maridos ao longo de sua vida e convive com dois ou três ao mesmo tempo.

Os zoés formam uma sociedade de 270 indivíduos que vivem em 12 aldeias, de forma itinerante, na Terra Indígena Zoé, em uma área de 6,4 mil km2 de floresta, no noroeste do Pará, às margens do rio Cuminapanema.

(Adaptado de *Planeta/abr.*/2016, p.29.)

As informações expressas no texto asseguram a seguinte inferência:

a) a vaidade é um atributo inato do povo zoé e se manifesta mais intensamente entre as mulheres.
b) o espelho tornou-se utensílio imprescindível para a manutenção do valor prevalente na sociedade zoé: a vaidade.
c) na sociedade zoé, a mulher que se casa com cinco homens tem direito de escolher três deles para conviver com ela ao longo da vida.
d) por ser itinerante, a mulher zoé convive cotidianamente com parte dos homens com quem se casou.
e) o tamanho e a localização da Terra Indígena Zoé são fatores relevantes para a manutenção da tradição cultural desse povo.

PROVA 4
FGV - RECENSEADOR
2017

Texto 1 – A ORIGEM DA VIDA NO UNIVERSO

Uma descoberta anunciada na semana passada joga mais luz sobre a origem da vida no universo. Em um artigo publicado na revista *Nature*– uma das mais importantes publicações científicas do mundo –, pesquisadores ingleses relatam a identificação de microfósseis de bactérias que teriam surgido entre 4,2 bilhões de anos e 3,7 bilhões de anos atrás. Se for confirmado, será o mais antigo registro de vida na Terra.

No texto 1, há três ocorrências do vocábulo "mais": (1) "...joga mais luz sobre a origem da vida"; (2) "... uma das mais importantes publicações científicas" e (3) "...será o mais antigo registro de vida na Terra".

Sobre essas ocorrências, é correto afirmar que em:

a) (1) e (2) "mais" tem valor de intensidade;
b) (1) e (3) "mais" tem valor de quantidade;
c) (2) e (3) "mais" tem valor de intensidade;
d) (2) "mais" tem valor de quantidade indeterminada;
e) (3) "mais" tem valor de quantidade determinada.

02. "...pesquisadores ingleses relatam a identificação de microfósseis de bactérias que teriam surgido entre 4,2 bilhões de anos e 3,7 bilhões de anos atrás. Se for confirmado, será o mais antigo registro de vida na Terra".

Em função da forma verbal "teriam surgido", os leitores tomam conhecimento de que a informação da descoberta é:

a) uma certeza dos estudiosos;
b) uma opinião dos descobridores;
c) uma possibilidade sugerida;
d) uma dúvida sobre a descoberta;
e) uma hipótese já comprovada.

03. Texto 2 – AS DOZE BACTÉRIAS MAIS AMEAÇADORAS

"Pela segunda vez em apenas cinco meses, a Organização Mundial de Saúde (OMS) veio a público para chamar a atenção do mundo a respeito da ameaça causada pelas bactérias super-resistentes à ação dos antibióticos. Na semana passada, a entidade divulgou uma lista com doze famílias de microorganismos considerados de alto risco e contra os quais as opções terapêuticas estão se esgotando.

No documento dirigido aos governos, cientistas e indústrias, a organização enfatiza a necessidade de criação urgente de novos recursos para combater essas bactérias antes que seja tarde demais".

(*Isto É*, março de 2017)

O objetivo do texto 2 é:

a) divulgar uma lista de bactérias;
b) anunciar ao mundo um perigo futuro;
c) alertar para a criação de defesas contra bactérias superresistentes;
d) mostrar em que estado estão as pesquisas contra bactérias;
e) denunciar a irresponsabilidade da ciência atual.

04. No texto 2 há um erro de grafia ou acentuação, segundo as novas regras, que é:

a) microorganismos;
b) super-resistentes;
c) bactérias;
d) antibióticos;
e) indústrias.

05. Texto 3

"Silva, Oliveira, Faria, Ferreira... Todo mundo tem um sobrenome e temos de agradecer aos romanos por isso. Foi esse povo, que há mais de dois mil anos ergueu um império com a conquista de boa parte das terras banhadas pelo Mediterrâneo, o inventor da moda. Eles tiveram a ideia de juntar ao nome comum, ou prenome, um nome.

Por quê? Porque o império romano crescia e eles precisavam indicar o clã a que a pessoa pertencia ou o lugar onde tinha nascido".

(*Ciência Hoje*, março de 2014)

O objetivo do texto 3 é:

a) explicar a significação de nossos sobrenomes;
b) combater informações erradas sobre a origem dos sobrenomes;
c) informar sobre a origem histórica dos sobrenomes;
d) valorizar o estudo de História como veículo de entendimento da modernidade;
e) discutir o valor semântico de alguns sobrenomes citados.

06. Texto 3

"Silva, Oliveira, Faria, Ferreira... Todo mundo tem um sobrenome e temos de agradecer aos romanos por isso. Foi esse povo, que há mais de dois mil anos ergueu um império com a conquista de boa parte das terras banhadas pelo Mediterrâneo, o inventor da moda. Eles tiveram a ideia de juntar ao nome comum, ou prenome, um nome.

Por quê? Porque o império romano crescia e eles precisavam indicar o clã a que a pessoa pertencia ou o lugar onde tinha nascido".

(*Ciência Hoje*, março de 2014)

"Todo mundo tem um sobrenome e temos de agradecer aos romanos por isso". (texto 3)

O pronome "isso", nesse segmento do texto, se refere a(à):

a) todo mundo ter um sobrenome;

b) sobrenomes citados no início do texto;

c) todos os sobrenomes hoje conhecidos;

d) forma latina dos sobrenomes atuais;

e) existência de sobrenomes nos documentos.

07. "Foi esse povo, que há mais de dois mil anos ergueu um império com a conquista de boa parte das terras banhadas pelo Mediterrâneo, o inventor da moda".

A afirmação correta sobre os componentes desse segmento do texto 3 é:

a) o termo "moda" se refere às vestimentas usadas num determinado momento da história;

b) o adjetivo "boa" indica a parte das terras adequada para a atividade econômica;

c) o termo "esse povo" se refere à coletividade dos povos conquistados pelos romanos;

d) "há mais de dois mil anos" marca uma datação precisa dos fatos citados;

e) o termo "conquista" mostra meios militares na formação do império romano.

08. "Porque o império romano crescia e eles precisavam indicar o clã a que a pessoa pertencia ou o lugar onde tinha nascido".

Nesse segmento do texto 3 há o emprego correto do termo "que" precedido da preposição "a" em razão de estar na mesma oração o verbo "pertencer", que exige essa preposição.

A frase abaixo que está correta nesse mesmo aspecto é:

a) O prato que mais gosta é lagosta.

b) O local que fui na semana passada é bastante interessante.

c) Esta é a cena a que todos aplaudiram.

d) Esse foi o questionário a que eles preencheram.

e) Essas foram as ordens a que eles obedeceram.

09. Texto 4

ANIMAIS, NOSSOS IRMÃOS

"Desde o início da vida no planeta Terra, muitas são as espécies animais que foram extintas por vários motivos.

Atualmente, quando se mencionam 'espécies em extinção', afloram as várias atividades humanas que as provocaram, ou estão provocando.

Dentre essas ações, as principais talvez sejam:

I) a caça predatória de animais de grande porte e de alguns animais menores; todos esses animais, de uma forma ou de outra, rendem expressivos lucros;

II) a descuidada aplicação dos chamados 'defensivos agrícolas' ou agrotóxicos, desestabilizando completamente o ecossistema;

III) as grandes tragédias provocadas também pela incúria humana como os incêndios florestais e derramamento de petróleo cru nos mares;

IV) o desmatamento de grandes áreas, fator de cruel desalojamento dos habitats de incontáveis espécies animais".

(Eurípedes Kuhl)

O par abaixo que muda de sentido se for invertida a posição de seus dois elementos é:

a) vários motivos;

b) grande porte;

c) animais menores;

d) grandes áreas;

e) cruel desalojamento.

10. A frase abaixo (texto 4) que mostra uma voz verbal diferente das demais é:

a) "...desestabilizando completamente o ecossistema";

b) "...afloram as várias atividades humanas que as provocaram, ou estão provocando";

c) "Dentre essas ações, as principais talvez sejam...";

d) "... todos esses animais, de uma forma ou de outra, rendem expressivos lucros";

e) "Atualmente, quando se mencionam 'espécies em extinção'...".

11. Texto 4

ANIMAIS, NOSSOS IRMÃOS

"Desde o início da vida no planeta Terra, muitas são as espécies animais que foram extintas por vários motivos.

Atualmente, quando se mencionam 'espécies em extinção', afloram as várias atividades humanas que as provocaram, ou estão provocando.

Dentre essas ações, as principais talvez sejam:

I) a caça predatória de animais de grande porte e de alguns animais menores; todos esses animais, de uma forma ou de outra, rendem expressivos lucros;

II) a descuidada aplicação dos chamados 'defensivos agrícolas' ou agrotóxicos, desestabilizando completamente o ecossistema;

III) as grandes tragédias provocadas também pela incúria humana como os incêndios florestais e derramamento de petróleo cru nos mares;

IV) o desmatamento de grandes áreas, fator de cruel desalojamento dos habitats de incontáveis espécies animais".

(Eurípedes Kuhl)

"a caça predatória de animais de grande porte e de alguns animais menores; todos esses animais, de uma forma ou de outra, rendem expressivos lucros".

O segmento (texto 4) sublinhado, em relação ao trecho anterior, funciona como sua:

a) finalidade;
b) causa;
c) consequência;
d) conclusão;
e) proporção.

12. "as grandes tragédias provocadas também pela incúria humana como os incêndios florestais e derramamento de petróleo cru nos mares".

Nesse segmento do texto 4, os incêndios e o derramamento de óleo são citados como:

a) provas de descuido dos homens;
b) causas da extinção de espécies marítimas;
c) exemplos da incúria humana;
d) termos de comparação com outras tragédias;
e) explicações da ocorrência de grandes tragédias.

13. "...fator de cruel desalojamento dos habitats de incontáveis espécies animais".

Entende-se por esse segmento do texto 4 que:

a) os habitats de algumas espécies são desalojados;
b) os animais sofrem profundamente com o desalojamento dos habitats;
c) inumeráveis espécies são desalojadas de seus habitats;
d) incontáveis espécies animais são obrigadas a modificar seus habitats
e) as mudanças de habitats fazem parte da crueldade dos homens para extinguirem as espécies animais.

14. A finalidade básica do texto 4 é:

a) denunciar os erros humanos que concorrem para a extinção de algumas espécies animais;
b) informar os processos que são empregados pelos homens para a extinção de algumas espécies;
c) condenar a ganância humana por dinheiro, colocando em risco a vida no planeta;
d) ajudar os homens bem intencionados a combater as tragédias ambientais;
e) alertar autoridades para o descaso dos homens em relação aos animais.

15. Entre os termos do texto 4 destacados nesta questão, aquele que tem seu significado corretamente indicado é:

a) caça predatória / caça realizada com permissão legal;
b) petróleo cru / petróleo retirado de locais profundos;
c) expressivos lucros / lucros expressos em dólares;
d) grande porte / que produzem bastantes filhotes;
e) incúria humana / falta de cuidado dos homens.

PROVA 5
VUNESP – TJSP
ESCREVENTE JUDICIÁRIO
2017

Há quatro anos, Chris Nagele fez o que muitos executivos no setor de tecnologia já tinham feito – ele transferiu sua equipe para um chamado escritório aberto, sem paredes e divisórias.

Os funcionários, **até então**, trabalhavam de casa, mas ele queria que todos estivessem juntos, para se conectarem e colaborarem mais facilmente. Mas em pouco tempo ficou claro que Nagele tinha cometido um grande erro. Todos estavam distraídos, a produtividade caiu, e os nove empregados estavam insatisfeitos, sem falar do próprio chefe.

Em abril de 2015, quase três anos após a mudança para o escritório aberto, Nagele transferiu a empresa para um espaço de 900 m² onde hoje todos têm seu próprio espaço, com portas e tudo.

Inúmeras empresas adotaram o conceito de escritório aberto – cerca de 70% dos escritórios nos Estados Unidos são assim – e até onde se sabe poucos retornaram ao modelo de espaços tradicionais com salas e portas.

Pesquisas, **contudo**, mostram que podemos perder até 15% da produtividade, desenvolver problemas graves de concentração e até ter o dobro de chances de ficar doentes em espaços de trabalho abertos – fatores que estão contribuindo para uma reação contra esse tipo de organização.

Desde que se mudou para o formato tradicional, Nagele já ouviu colegas do setor de tecnologia dizerem sentir falta do estilo de trabalho do escritório fechado. "Muita gente concorda – simplesmente não aguentam o escritório aberto. Nunca se consegue terminar as coisas e é preciso levar mais trabalho para casa", diz ele.

É improvável que o conceito de escritório aberto caia em desuso, mas algumas firmas estão seguindo o exemplo de Nagele e voltando aos espaços privados.

Há uma boa razão que explica por que todos adoram um espaço com quatro paredes e uma porta: foco. A verdade é que não conseguimos cumprir várias tarefas ao mesmo tempo, e pequenas distrações podem desviar nosso foco por até 20 minutos.

Retemos mais informações quando nos sentamos em um local fixo, afirma Sally Augustin, psicóloga ambiental e de design de interiores.

(Bryan Borzykowski, "Por que escritórios abertos podem ser ruins para funcionários." Disponível em:<www1.folha.uol.com.br>. Acesso em: 04.04.2017. Adaptado)

01. Segundo o texto, são aspectos desfavoráveis ao trabalho em espaços abertos compartilhados

a) a impossibilidade de cumprir várias tarefas e a restrição à criatividade.

b) a dificuldade de propor soluções tecnológicas e a transferência de atividades para o lar.

c) a dispersão e a menor capacidade de conservar conteúdos.

d) a distração e a possibilidade de haver colaboração de colegas e chefes.

e) o isolamento na realização das tarefas e a vigilância constante dos chefes.

02. Assinale a alternativa em que a nova redação dada ao seguinte trecho do primeiro parágrafo apresenta concordância de acordo com a norma-padrão:

Há quatro anos, Chris Nagele fez o que muitos executivos no setor de tecnologia já tinham feito.

a) Muitos executivos já havia transferido suas equipes para o chamado escritório aberto, como feito por Chris Nagele.

b) Mais de um executivo já tinham transferido suas equipes para escritórios abertos, o que só aconteceu com Chris Nagele fazem mais de quatro anos.

c) O que muitos executivos fizeram, transferindo suas equipes para escritórios abertos, também foi feito por Chris Nagele, faz cerca de quatro anos.

d) Devem fazer uns quatro anos que Chris Nagele transferiu sua equipe para escritórios abertos, tais como foi transferido por muitos executivos.

e) Faz exatamente quatro anos que Chris Nagele fez o que já tinham sido feitos por outros executivos do setor.

03. É correto afirmar que a expressão – **até então** –, em destaque no início do segundo parágrafo, expressa um limite, com referência

a) temporal ao momento em que se deu a transferência da equipe de Nagele para o escritório aberto.

b) espacial aos escritórios fechados onde trabalhava a equipe de Nagele antes da mudança para locais abertos.

c) temporal ao dia em que Nagele decidiu seguir o exemplo de outros executivos, e espacial ao tipo de escritório que adotou.

d) espacial ao caso de sucesso de outros executivos do setor de tecnologia que aboliram paredes e divisórias.

e) espacial ao novo tipo de ambiente de trabalho, e temporal às mudanças favoráveis à integração.]

04. É correto afirmar que a expressão – **contudo** –, destacada no quinto parágrafo, estabelece uma relação de sentido com o parágrafo

a) anterior, confirmando com estatísticas o sucesso das empresas que adotaram o modelo de escritórios abertos.

b) posterior, expondo argumentos favoráveis à adoção do modelo de escritórios abertos.

c) anterior, atestando a eficiência do modelo aberto com base em resultados de pesquisas.

d) anterior, introduzindo informações que se contrapõem à visão positiva acerca dos escritórios abertos.

e) posterior, contestando com dados estatísticos o formato tradicional de escritório fechado.

05. Iniciando-se a frase – **Retemos** mais informações quando nos **sentamos** em um local fixo... (último parágrafo) – com o termo **Talvez**, indicando condição, a sequência que apresenta correlação dos verbos destacados de acordo com a norma -padrão será:

a) reteríamos ... sentarmos

b) retínhamos ... sentássemos

c) reteremos ... sentávamos

d) retivemos ... sentaríamos

e) retivéssemos ... sentássemos

06. O termo **privado** está em relação de sentido com **público**, seu antônimo, da mesma forma que estão as palavras

a) insatisfeitos e desabonados.
b) tradicional e usual.
c) distraídos e atentos.
d) conectar e interligar.
e) improvável e inaceitável.

07. Na frase – É improvável que o conceito de escritório aberto **caia em desuso** ... (7° parágrafo) – a expressão em destaque tem o sentido de

a) sofra censura.
b) torne-se obsoleto.
c) mostre-se alterado.
d) mereça sanção.
e) seja substituído.

08. Assinale a frase do texto em que se identifica expressão do ponto de vista do próprio autor acerca do assunto de que trata.

a) "Nunca se consegue terminar as coisas e é preciso levar mais trabalho para casa", diz ele. (6° parágrafo).
b) Inúmeras empresas adotaram o conceito de escritório aberto... (4° parágrafo).
c) Retemos mais informações quando nos sentamos em um local fixo, afirma Sally Augustin... (último parágrafo).
d) Os funcionários, até então, trabalhavam de casa, mas ele queria que todos estivessem juntos... (2° parágrafo).
e) É improvável que o conceito de escritório aberto caia em desuso... (7° parágrafo).

09. O trecho destacado na passagem – Todos estavam distraídos, a produtividade caiu, e os nove empregados estavam insatisfeitos, **sem falar do próprio chefe**.– tem sentido de:

a) até mesmo o próprio chefe.
b) apesar do próprio chefe.
c) exceto o próprio chefe.
d) diante do próprio chefe.
e) portanto o próprio chefe.

10. Leia o texto dos quadrinhos, para responder à questão.

(Charles M. Schulz. Snoopy- Feliz dia dos namorados!)

É correto afirmar que, na fala da personagem, no último quadrinho, está implícita a ideia de que

a) é irrelevante que seu advogado tenha a competência reconhecida.
b) sua causa está perdida de antemão, graças à ameaça que fez.
c) a garota se convence da opinião de quem ela quer processar.
d) a representação de seu advogado é garantia de sucesso na ação.
e) o processo, para ela, não passa de um artifício para ganhar tempo.

11. Assinale a alternativa que dá outra redação à fala dos quadrinhos, seguindo a norma-padrão de regência, conjugação de verbos e emprego do sinal indicativo de crase.

a) Espero que você nomeie à alguém que trata disso melhor do que seu advogado.
b) Se você não se dispor em ajudar à fazer a lição de casa, vou processar você.
c) Vou acionar à polícia se você não vir me ajudar com à lição de casa.
d) Caso você não me acuda quando eu fizer a lição de casa, apelarei à justiça.
e) Pergunto à você onde está seu advogado; não creio que ele resolva ao caso.

12. A relação de sentido que há entre as partes sinalizadas no período – (I) Se você não me ajudar com a lição de casa, (II) eu vou processar você – é:

a) (I) expressa uma causa; (II) expressa o momento da ação.

b) (I) expressa uma condição; (II) expressa uma possível ação consequente.

c) (I) expressa modo da ação já realizada; (II) expressa sua causa.

d) (I) expressa uma comparação; (II) expressa seu efeito futuro.

e) (I) expressa uma ação possível; (II) expressa uma ação precedente realizada.

13. Assinale a alternativa em que a frase baseada nas falas dos quadrinhos apresenta emprego e colocação de pronomes de acordo com a norma-padrão.

a) O garoto respondeu à menina, perguntando-a onde estava o advogado dela.

b) A menina afirmou ao garoto que poderá processar ele, caso este não ajudar-lhe com a lição de casa.

c) A menina afirmou ao garoto que poderia processá-lo, se este não a ajudasse com a lição de casa.

d) Em resposta à menina, o garoto resolveu perguntá-la onde estava o advogado dela.

e) A menina ameaçou processar-lhe, caso o garoto não ajudasse-a com a lição de casa.

O ônibus da excursão subia lentamente a serra. Ele, um dos garotos no meio da garotada em algazarra, deixava a brisa fresca bater-lhe no rosto e entrar-lhe pelos cabelos com dedos longos, finos e sem peso como os de uma mãe. Ficar às vezes quieto, sem quase pensar, e apenas sentir – era tão bom. A concentração no sentir era difícil no meio da balbúrdia dos companheiros.

E mesmo a sede começara: brincar com a turma, falar bem alto, mais alto que o barulho do motor, rir, gritar, pensar, sentir, puxa vida! Como deixava a garganta seca.

A brisa fina, antes tão boa, agora ao sol do meio-dia tornara-se quente e árida e ao penetrar pelo nariz secava ainda mais a pouca saliva que pacientemente juntava.

Não sabia como e por que mas agora se sentia mais perto da água, pressentia-a mais próxima, e seus olhos saltavam para fora da janela procurando a estrada, penetrando entre os arbustos, espreitando, farejando.

O instinto animal dentro dele não errara: na curva inesperada da estrada, entre arbustos estava... o chafariz de pedra, de onde brotava num filete a água sonhada.

O ônibus parou, todos estavam com sede mas ele conseguiu ser o primeiro a chegar ao chafariz de pedra, antes de todos.

De olhos fechados entreabriu os lábios e colou-os ferozmente no orifício de onde jorrava a água. O primeiro gole fresco desceu, escorrendo pelo peito até a barriga.

Era a vida voltando, e com esta encharcou todo o seu interior arenoso até se saciar. Agora podia abrir os olhos.

Abriu-os e viu bem junto de sua cara dois olhos de estátua fitando-o e viu que era a estátua de uma mulher e que era da boca da mulher que saía a água.

E soube então que havia colado sua boca na boca da estátua da mulher de pedra. A vida havia jorrado dessa boca, de uma boca para outra.

Intuitivamente, confuso na sua inocência, sentia-se intrigado. Olhou a estátua nua.

Ele a havia beijado.

Sofreu um tremor que não se via por fora e que se iniciou bem dentro dele e tomou-lhe o corpo todo estourando pelo rosto em brasa viva.

(Clarice Lispector, "O primeiro beijo". *Felicidade clandestina*. Adaptado)

14. É correto afirmar que o texto tem como personagem um garoto, descrevendo

a) a confusão mental ocasionada pela sede não saciada.

b) o trajeto percorrido pela alma infantil em busca de amizade.

c) experiências sensoriais que o levam a provar a sensualidade.

d) a perda da inocência provocada pela gritaria dos companheiros.

e) uma viagem de ônibus em que ele ficou indiferente ao que acontecia.

15. Assinale a alternativa em que o pronome em destaque está empregado com o mesmo sentido de posse que tem o pronome "lhe", na passagem – Ele, um dos garotos no meio da garotada em algazarra, deixava a brisa fresca bater-**lhe** no rosto e entrar-**lhe** pelos cabelos...

a) Faça-**a** ver que ninguém está questionando sua atitude.

b) Pegou-**me** a mão, tentando encorajar-me a tomar uma decisão.

c) Não vá forçá-**lo** a assumir função para a qual não se acha preparado.

d) Não esperávamos entregar-**lhes** nossos documentos naquele momento.

e) Chegou-**nos** a notícia do desaparecimento do helicóptero.

GABARITOS

PROVA 1

1 – E
2 – B
3 – D
4 – D
5 – A
6 – C
7 – A
8 – C
9 – E

PROVA 2

1 – Certo
2 – Errado
3 – Certo
4 – Errado
5 – Errado
6 – Certo
7 – Certo
8 – Errado
9 – Certo
10 – Certo
11 – Errado
12 – Certo
13 – Errado
14 – Certo
15 – Errado
16 – Certo
17 – Certo
18 – Certo
19 – Errado
20 – Errado

PROVA 3

1 – A
2 – C
3 – C
4 – A
5 – C
6 – D
7 – B
8 – B
9 – C
10 – E
11 – B
12 – B
13 – D
14 – A
15 – E

PROVA 4

1 – C
2 – C
3 – C
4 – A
5 – C
6 – A
7 – E
8 – E
9 – A
10 – E
11 – B
12 – C
13 – A
14 – E

PROVA 5

1 – C
2 – C
3 – A
4 – D
5 – E
6 – C
7 – B
8 – E
9 – A
10 – A
11 – D
12 – B
13 – C
14 – C
15 – B

REFERÊNCIAS BIBLIOGRÁFICAS

BECHARA, E. *Gramática escolar da língua portuguesa.* 6ª ed. Rio de Janeiro: Lucerna, 2006.

__________. *Moderna gramática da língua portuguesa: cursos de 1º e 2º graus.* Edição Revista e ampliada. 37ª ed. São Paulo: Companhia Editora Nacional, 2000.

BRANDÃO, Helena H. Nagamine. *Introdução à Análise do Discurso.* 8ª ed. Campinas: UNICAMP.

CÂMARA JUNIOR, J Mattoso. *Dicionário de Linguística e Gramática.* 15ª ed. Petrópolis: Vozes, 1991.

CEREJA, William Roberto; MAGALHÃES, Thereza Cochar. *Português: linguagens, literatura, produção de textos e Gramática.* 3ª ed. Vol. 2. São Paulo: Atual, 1999

CHEDIAK, Antônio José. Análise Sintática (estrutura e equivalência intraoracionais). 1955. (pp. 9 - 33).

CUNHA, C.; CINTRA, L. *Nova Gramática do Português Contemporâneo.* 3ª ed. Rio de Janeiro: Nova Fronteira, 2001.

ERSE, Ricardo Amaral. *Português: Coleção Tribunais.* 1ª ed. Salvador: Juspodivm, 2011.

FERREIRA, Aurélio Buarque de Holanda (1988). *Novo Dicionário da Língua Portuguesa,* 2002.

FIORIN, José Luiz. *Linguagem e ideologia.* 6ª ed. São Paulo: Ática, 1998.

GARCIA, Othon Moacyr. *Comunicação em prosa moderna: aprender a escrever, aprendendo a pensar.* 17ª. ed. Rio de Janeiro: Fundação Getúlio Vargas, 1997.

HENRIQUE, Ana Lúcia & PEREIRA, Francisca Elisa. *Análise Linguística de Textos Humorísticos: Uma Prática de Leitura e Cidadania.* In: Holos-CEFET, Ano 15, Nº 01, Natal, 1999, p. 37-43.

HILGERT, José Gaston; ROSING, Tania Mariza K. e GRAEFF, Telisa Furlanetto (orgs.). *Anais da vi jornada nacional de literatura.* Passo Fundo: Ediupf, 1997.

INFANTE, Ulisses. *36 Lições Práticas de Gramática.* 2ª ed. São Paulo: Scipione. 1997 (pp. 173-182).

KASPARY, Adalberto José. *Redação oficial: normas e modelos.* 14ª. ed. Porto Alegre: Edita, 1998.

KURY, A da Gama. Novas lições de Análise Sintática. 8ª ed. SP: Ática, 1999.

LIMA, C. H. Rocha. *Gramática Normativa da Língua Portuguesa.* 39ª ed. Rio de Janeiro: José Olympio, 2000.

MELO, Luiz Roberto Dias de; PAGNAN, Celso Leopoldo. *Prática de texto: leitura e redação.* São Paulo: VV3, 2003.

ORLANDI, Eni Puccinelli. *Análise de Discurso: Princípios & Procedimentos.* 4ª ed. Campinas: Pontes, 2002.

PIADÃO COLLECTION, Ano 1, Nº 02. São Paulo: Escala Ltda.

POSSENTI, Sírio. *Os humores da língua: análises linguísticas de piadas.* 3ª ed. Campinas: Mercado de Letras, 2002.

POSSENTI, Sírio. *Discurso, Estilo e Subjetividade.* 2ª ed. São Paulo: Martins Fontes, 2001.

SACCONI, Luiz Antônio. *Gramática Essencial Ilustrada.* 18ª ed. São Paulo: Atual, 1999. (pp. 318-321)

_________. *Nossa Gramática: teoria e prática.* 25ª ed. São Paulo. 1999 (pp. 333-343).

SAUSSURE, Ferdinand de. *Curso de linguística geral.* Trad. de A. Chelini, José P. Paes e I. Blikstein. São Paulo: Cultrix; USP, 1969.

SOBRAL, João Jonas Veiga. *Redação para todos: escrevendo com prática.* São Paulo: Iglu, 1995.

http://www.linguistica.pro.br/Texto%20Textualidade.pdf

Anotações